lonely planet

Autriche

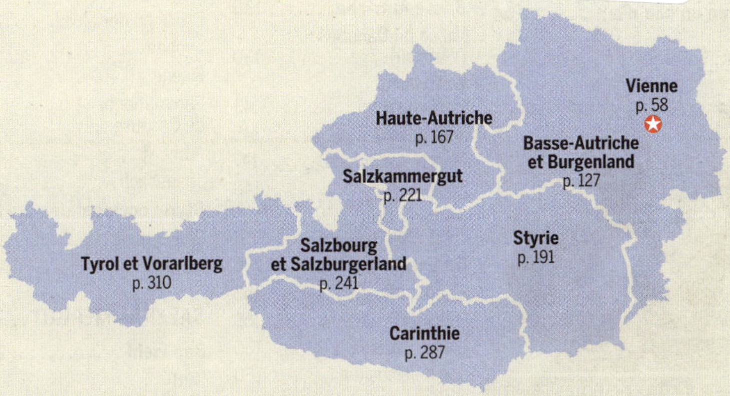

Catherine Le Nevez,
Marc Di Duca, Anthony Haywood, Kerry Walker

PRÉPARER SON VOYAGE

HELEN CATHCART/LONELY PLANET ©

CAFÉ ET GÂTEAU À VIENNE, P. 107

ROBERT NIEDRING/GETTY IMAGES ©

ZILLERTAL, P. 325

SUR LA ROUTE

Sommaire

AVERTISSEMENT

Au moment où nous terminions l'édition de ce guide, la pandémie de Covid-19 impactait fortement le monde du voyage. Les informations que vous trouverez dans cet ouvrage sont donc susceptibles de changements.Renseignez-vous bien avant votre départ car la situation aura probablement évolué quand vous préparerez votre voyage.

Traunkirchen (p. 233), sur les rives du Traunsee

BIENVENUE EN

Autriche

Si l'Autriche paraît petite sur une carte, elle atteint à bien des égards des sommets ! Il y a toujours un col à franchir, une vue sur les Alpes ou un hameau caché à découvrir. En tant que randonneuse, je ne suis jamais aussi heureuse que sur un sentier du Tyrol ou du Salzburgerland, à 2000 m d'altitude, particulièrement à l'heure où le soleil enflamme les crêtes, par ce phénomène appelé Alpenglow. Et puis il y a les fabuleux cafés et l'univers artistique de Vienne, les vignobles de la Wachau, les lacs cristallins du Salzkammergut, les villages médiévaux de Carinthie, sans oublier les châteaux, les abbayes et les gâteaux, un peu partout. Irrésistible...

Par Kerry Walker, auteure
@kerrywalker
Pour en savoir plus sur nos auteurs, voir p. 448.

Autriche

Salzbourg
La ville de Mozart à l'éblouissante architecture baroque (p. 243)
Innsbruck
Un mélange de culture et des paysages sublimes du Tyrol (p. 311)
Eisriesenwelt
Une grotte de glace à la beauté hypnotique (p. 269)
Cascades de Krimml
Les chutes d'eau les plus spectaculaires d'Autriche avec leurs 360 m de hauteur (p. 285)
Pinzgauer Spaziergang
Une randonnée sensationnelle dans les Alpes (p. 277)
Route du Grossglockner
Une route alpine à sensations (p. 283)
Regensburg
Stuttgart
Danube
ALLEMAGNE
Braunau am Inn
Munich
Memmingen
Lac de Constance (Bodensee)
Salzbourg
Bad Reichenhall
Inn
Bregenz
Dornbirn
Hohenems
Schwarzenberg
Bregenzerwald
Oberstdorf
Zugspitze (2 963 m)
Kufstein
Wörgl
SALZBOURG (SALZBURGERLAND)
Kitzbühel
Saalfelden
Pinzgauer Spaziergang
Werfen
Feldkirch
Vaduz
Col de l'Arlberg (1 793 m)
Sankt Anton am Arlberg
Stanz
Sanna
Bludenz
Landeck
Oetz
Innsbruck
Hall
Schwaz
Salzach
Lac de Zell
Zell am See
Route Grossglockner
Mayrhofen
Cascades de Krimml
Edelweissspitze (2 577 m)
VORARLBERG
TYROL
Rhin
Wildspitze (3 774 m)
Col du Brenner (1 374 m)
Grossglockner (3 798 m)
Bad Gastein
Kaiser-Franz-Josefs-Höhe (2 369 m)
Parc national des Hohe Tauern
Davos
SUISSE
Col de Resia (Reschenpass ; 1 508 m)
Col du Rombo (Timmelsjoch ; 2 474 m)
Lienz
Trento
ITALIE
Udine
Portogruaro
Mer Adriatique
ALTITUDE
4 500 m
3 000 m
1 500 m
1 000 m
750 m
500 m
250 m
0

0
100 km
RÉPUBLIQUE TCHÈQUE
Wachau
Délices culinaires et paysages sublimes à découvrir à pied ou à vélo (p. 130)
Vienne
Palais impériaux de légende et musées d'art de premier ordre (p. 58)
Abbaye de Melk
Une merveille baroque sur les rives du Danube (p. 140)
Brno
Drosendorf
Znojmo
Retz
Horn
Passau
Hollabrunn
Freistadt
Krems an der Donau
BASSE-AUTRICHE
Stockerau
SLOVAQUIE
HAUTE-AUTRICHE
Inn
March
Linz
Wachau
Tulln
Vienne
Traun
Melk
Sankt Pölten
Danube
Ansfelden
Schwechat
Bratislava
Wels
Traun
Amstetten
Perchtoldsdorf
Mödling
Steyr
Baden bei Wien
Neusiedl am See
Gmunden
Enns
Waidhofen an der Ybbs
Bad Vöslau
Traunkirchen
Wiener Neustadt
Lac de Neusiedl
Ebensee
Hoher Nock (1 963 m)
Schneeberg (2 076 m)
Eisenstadt
Bad Ischl
Mariazell
Neunkirchen
Parc national des Alpes calcaires (Kalkalpen)
Ternitz
Sopron
SALZKAMMERGUT
Semmering
Gloggnitz
Bad Aussee
Mürzzuschlag
Hallstatt
Admont
Eisenerz
Oberpullendorf
Stainach-Irdning
Kapfenberg
Leoben
Radstadt
Haus
Bruck an der Mur
Oberwart
STYRIE
Szombathely
Unzmarkt-Frauenburg
BURGENLAND
Tamsweg
Judenburg
Güssing
Köflach
Graz
Murau
Bad Blumau
HONGRIE
Rennweg
Voitsberg
Feldbach
CARINTHIE
Wolfsberg
Sankt Veit an der Glan
Bad Radkersburg
Sankt Andrä
Feldkirchen
Ehrenhausen
Klagenfurt
Drau
Villach
Völkermarkt
Lac de Wörth
Train de Semmering
Une ligne ferroviaire qui traverse des paysages spectaculaires (p. 154)
Abbaye d'Admont
De fascinantes expositions dans un superbe édifice baroque (p. 214)
Lac de Hallstatt
Un lac charmant propice à la baignade (p. 225)
Drava
CROATIE
Ljubljana
Nova Gorica
Sava
Zagreb
SLOVÉNIE

Expériences incontournables

1 CAP SUR LES PISTES

Des pics imposants, de la poudreuse à foison et des infrastructures dernier cri : les sports de neige occupent une place fondamentale en Autriche. Ici, les bambins maîtrisent le chasse-neige, les septuagénaires les slaloms et le moindre village est équipé de remontées mécaniques. Sur ce terrain, les possibilités sont infinies. Ski de fond ou de randonnée, sur piste ou sur glacier : l'Autriche saura vous combler.

Ci-dessus : snowboardeur à Mayrhofen (p. 328)

VADIM PETRAKOV/SHUTTERSTOCK ©

Mayrhofen

Ski de randonnée, pistes de luge et balades en raquettes : vous trouverez tout cela à Mayrhofen, tandis que les amateurs d'adrénaline s'attaqueront à de folles descentes, avec la piste la plus pentue d'Autriche, la Harakiri, et son dénivelé de 78%. p. 328

À droite : parapentistes à Mayrhofen

BORIS-B/SHUTTERSTOCK ©

FRANZ FALTERMAIER/GETTY IMAGES ©

Sankt Anton am Arlberg

Sankt Anton am Arlberg est entré dans la légende car c'est le point de départ de la plus longue piste des Alpes – la Run of Fame (85 km), qui traverse les cols de l'Arlberg, de Flexen et du Hochtannberg, avec un dénivelé ahurissant de 18 000 m. Dans la station, les soirées sont aussi la promesse d'émotions fortes ! p. 349

Ci-dessus : skieurs et snowboardeurs à Sankt Anton am Arlberg

Kitzbühel

Le ski autrichien est né à Kitzbühel en 1893, quand Franz Reisch a dévalé le Kitzbüheler Horn sur la première piste alpine. Avec son charmant centre médiéval bien préservé, le village conserve une atmosphère traditionnelle. Aujourd'hui encore, c'est l'une des stations les plus emblématiques du pays pour le ski de descente et le snowboard. p. 332

Ci-dessus : ski de descente à Kitzbühel

2 RANDONNÉES INSPIRANTES

Sommets tutoyant les nuages, vallées profondes ciselées par des glaciers, rivières torrentielles et lacs étincelants : lacez vite vos chaussures de randonnée pour aller explorer les coins les plus reculés du pays. Les habitants adorent dire que le meilleur moyen – en réalité, le seul – d'apprécier ces paysages est la marche à pied. Et ils ont raison. Un fabuleux réseau de sentiers vous mènera au plus près de la nature.

Wasserfallweg

Quand vous serpenterez à travers la forêt sur cette route des cascades, vous entendrez le grondement des cascades de Krimml (380 m), qui se déversent en trois sauts. La plus haute cascade d'Europe s'écrase sur des rochers, produisant des arcs-en-ciel photogéniques. p. 285

Ci-dessus à gauche : cascades de Krimml

Circuit du Zillertal

Partant du Schlegeisspeicher, un lac de retenue couleur turquoise, cette randonnée alpine classique récompense les marcheurs avec de magnifiques points de vue sur les pics glacés des Alpes de Zillertal. p. 325

Ci-dessus, en haut : randonneurs sur le Berliner Höhenweg, une partie du circuit du Zittertal

Pinzgauer Spaziergang

D'une beauté remarquable, cette route de haute montagne traverse lacs, forêts, prairies criblées de fleurs sauvages et falaises de calcaire. Elle offre des vues mémorables sur le parc national des Hohe Tauern et les Alpes de Kitzbühel. p. 277

Ci-dessus, en bas : Pinzgauer Spaziergang

3 DE L'EAU, ENCORE DE L'EAU

L'Autriche compense sa situation de pays enclavé par des rivières puissantes propices aux activités d'aventure et des centaines de lacs scintillants. Quand les températures se réchauffent, ces oasis prennent vie et invitent à barboter, bronzer, nager et pratiquer une foule de sports aquatiques.

Ci-dessous : détente sur le Wörthersee (p. 300)

MARTIN STEINTHALER/GETTY IMAGES ©

DAITOZEN/GETTY IMAGES ©

Lacs du Salzkammergut

Avec ses lacs alpins couleurs pierres précieuses, le Salzkammergut est l'une des régions les plus pittoresques d'Autriche pour un plongeon dans les eaux cristallines du Wolfgangsee, du Mondsee ou du Hallstättersee. Celui-ci jouit d'un emplacement spectaculaire au pied du massif du Dachstein. p. 221

À gauche : Gosausee (p. 226)

WESTEND61/GETTY IMAGES ©

Lacs de la Carinthie

En été, les eaux pures des lacs glaciaires de la Carinthie, par exemple celles du plus vaste de la région, le Wörthersee, et du plus volumineux, le Millstättersee, peuvent atteindre des températures de plus de 25°C. Parfait pour s'adonner au ski nautique, au wakeboard et à la plongée (excellente visibilité). p. 287

À gauche : Millstättersee (p. 302)

Neusiedler See

Dans le Burgenland, le deuxième plus grand lac de steppe d'Europe, le Neusiedler See, est assez chaud lui aussi, grâce à ses eaux peu profondes et ses vents doux. Le kitesurf et la voile ont beaucoup de succès. La principale base nautique se trouve à Podersdorf am See, sur la rive est. p. 160

À gauche : le phare de Podersdorf am See (p. 164)

4 MONASTÈRES BAROQUES

Certains affirment que les plus beaux édifices autrichiens sont ceux qui furent bâtis pour Dieu. Quand vous découvrirez la magnificence des monastères baroques, vous serez sans doute d'accord. Outre leur gigantisme, vous serez émerveillé par l'exubérante beauté de leur architecture et la richesse de leurs ornements – dorures dans toutes les nuances, marbre rutilant, profusion de stucs, chérubins dodus et fresques aux couleurs éclatantes.

Stift Melk

Superbement illuminée la nuit, l'église à deux flèches de cette abbaye-forteresse bénédictine est un tour de force baroque, avec moults angelots et fresques au plafond. L'opulence se poursuit dans la bibliothèque et le hall en marbre, tous deux embellis de trompe-l'œil. p. 140

Ci-dessous : Stift Melk

LEVTSIMBLER/GETTY IMAGES ©

REDFOX1980/SHUTTERSTOCK ©

PYTYCZECH/GETTY IMAGES ©

Abbaye bénédictine d'Admont

Nichée dans les monts de Gesäuse, en Styrie, cette abbaye est une fusion entre paysage, architecture et musées. La bibliothèque baroque est ornée de fresques, tandis que les musées sont consacrés à l'histoire naturelle et à l'art contemporain de la région. p. 214

En haut à gauche : abbaye bénédictine d'Admont

Augustiner Chorherrenstift

Bien que datant de 819, le monastère augustinien de Saint-Florian est un exemple de style baroque. Sa basilique est une merveille, avec un orgue doré du XVIIIe siècle et un autel sculpté dans un bloc de marbre rose de Salzbourg. p. 177

En haut à droite : bibliothèque de l'Augustiner Chorherrenstift

5 SOMPTUEUX PALAIS

Les extravagants palais autrichiens ouvrent une fenêtre sur l'histoire de la nation. Dans ces édifices immenses, l'architecture grandiose, le mobilier et les coffres à trésor sont les témoins de siècles de jeux de pouvoir et de personnalités richissimes qui sollicitèrent les meilleurs artisans de l'époque. Aujourd'hui, les visiteurs peuvent contempler des pièces somptueuses et découvrir des musées instructifs, des attractions uniques et de ravissants jardins.

Hofburg, Vienne

Les Habsbourg furent au pouvoir pendant plus de six siècles. Dans le centre-ville de Vienne, la Hofburg, leur principal palais, vous fera voyager à travers leur règne : admirez les couronnes impériales du trésor, le ballet de l'École espagnole d'équitation et les lustres des appartements de l'impératrice Sissi. p. 59

Ci-dessous : Hofburg, Vienne

SAIKO3P/SHUTTERSTOCK ©

Château d'Ambras, Innsbruck

Comte de Tyrol, l'archiduc Ferdinand II fit du château d'Ambras, à Innsbruck, un véritable joyau. Œuvres d'art, armures et curiosités composent ses collections sensationnelles. p. 314

Ci-dessus : château d'Ambras

Château d'Eggenberg, Graz

Édifié sur ordre de Johann Ulrich, de la dynastie des Eggenberg, le palais de Graz abrite des musées intrigants au sein de ses murs et dans ses jardins. p. 193

À droite : château d'Eggenberg

6 LA MÉLODIE DU BONHEUR

TICHR/SHUTTERSTOCK ©

En matière de musique classique, aucune nation ne peut rivaliser avec l'Autriche. Aux XVIIIe et XIXe siècles, le pays a vu naître une impressionnante lignée de grands compositeurs, dont Mozart, Strauss, Mahler, Haydn et Schubert. Leurs œuvres émouvantes résonnent plus fort que jamais dans des salles de concerts prestigieuses et des festivals renommés comme le Bregenzer Festspiele et le festival de Salzbourg, avec en toile de fond de superbes paysages de lacs ou de montagnes.

Maison natale de Mozart, Salzbourg

Mozart est né dans la vieille-ville baroque de Salzbourg. Sa Geburtshaus abrite aujourd'hui des instruments de musique et des souvenirs. p. 250

Opéra national de Vienne

Les visites guidées s'invitent dans les coulisses de l'opéra, orné de dorures et de cristal. Mais le mieux est d'assister à une représentation dans sa salle, l'une des plus belles du monde. p. 75

Ci-dessus : opéra national de Vienne

Opéra de Graz

L'opéra de la deuxième ville d'Autriche arbore un mélange de styles néo-baroque et néo-rococo. p. 201

7 MUSÉES EXTRAORDINAIRES

Les vénérables musées autrichiens conservent des chefs-d'œuvre inestimables de toutes les périodes, mais ces dernières années, un vent nouveau a soufflé sur les villes, offrant un coup de jeune à la scène muséale. Ainsi, de vénérables collections sont aujourd'hui abritées dans de nouveaux écrins qui constituent en eux-mêmes de véritables curiosités. Les œuvres et installations contemporaines ont aussi trouvé chaussure à leur pied. Préparez-vous à voir l'Autriche sous un nouveau jour.

ALIZADA STUDIOS/SHUTTERSTOCK ©

ARON M/SHUTTERSTOCK ©

MuseumsQuartier, Vienne

Ce quartier englobe 60 institutions culturelles dont le musée Leopold, en calcaire blanc, et le MUMOK, en basalte noir. p. 79

En haut à gauche : le MUMOK

Kunsthaus Graz

Les expos contemporaines se succèdent dans cet édifice en forme de bulle, avec sa façade BIX ("big" et "pixels") composée de 930 lampes fluorescentes ajustables. p. 193

Ci-dessus à gauche : Kunsthaus Grazw

Lentos, Linz

À Linz, l'étonnant musée Lentos, tout en verre et acier, abrite l'une des plus riches collections d'art moderne et contemporain d'Autriche. p. 170

Ci-dessus à droite : Lentos, Linz

8 SAVEURS AUTRICHIENNES

SINA ETTMER PHOTOGRAPHY/SHUTTERSTOCK ©

KEMTER/GETTY IMAGES ©

Bio, cueillette, artisanal, de la ferme à l'assiette : ces concepts ne correspondent pas à un effet de mode en Autriche, mais font partie du quotidien depuis longtemps. Asperges au printemps, *Marillen* (abricots) en été, champignons et gibier à l'automne – sur les marchés comme au restaurant, les ingrédients suivent les saisons. Savourez-les à la source : les fromages dans des laiteries de montagne, le schnaps dans des distilleries, le vin dans les domaines et la bière dans les monastères, où elle est produite par des moines.

Dégustation de vin dans la Wachau

Les dégustations sont courantes dans les 16 régions viticoles répertoriées en Autriche. Lieu charmant pour commencer : le Domäne Wachau, dans la vallée du Danube, festonnée de vignes. Ce secteur est inscrit au patrimoine mondial de l'Unesco. p. 130

En haut à gauche : Domäne Wachau

Route des fromages du Bregenzerwald

Rouler à travers les paysages ruraux du Bregenzerwald, sur la Käsestrasse (route des fromages), offre maintes occasions de visiter une *Sennerei* (laiterie) et de goûter les produits locaux. p. 361

En bas à gauche : producteur de fromage dans le Bregenzerwald

Un petit schnaps à Stanz

Au milieu des vergers de pommiers et de pruniers, le village de Stanz, dans le Tyrol, compte une kyrielle de distilleries de schnaps et de cabanes rustiques pour les dégustations. p. 345

L'essentiel

Pour en savoir plus, consultez le Carnet pratique (p. 411).

Monnaie

Euro (€)

Langue

Allemand

Formalités

Carte d'identité pour les citoyens de l'UE. Passeport pour les Canadiens séjournant moins de 3 mois. À partir de 2022, les citoyens hors UE devront passer par le système ETIAS.

Argent

DAB répandus. CB acceptées dans la plupart des hôtels et restaurants de catégorie moyenne.

Téléphones portables

Cartes SIM locales (15 € environ) disponibles pour les téléphones débloqués. Données en itinérance sans frais supplémentaires pour les résidents européens. Téléphone mobile tri- ou quadribande nécessaire aux ressortissants hors UE.

Heure locale

Même fuseau horaire que la France, la Belgique et la Suisse. Décalage de 6 heures avec le Québec.

Quand partir

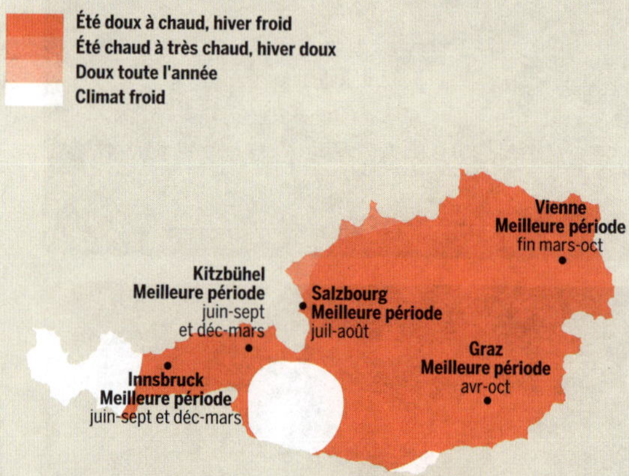

Haute saison

(juin-déb sept)

- Pic touristique en juillet et en août ; Salzbourg est alors très fréquentée à l'occasion de son festival.
- Dans les régions des lacs, le pic d'affluence court de juin à septembre.

Saison intermédiaire

(avr-mai et fin sept-oct)

- Temps changeant. L'eau des lacs est froide, mais les conditions pour la randonnée sont idéales.
- Les sites touristiques sont ouverts mais peu fréquentés.
- Les tarifs sont plus élevés à Pâques.

Basse saison

(nov-mars)

- De nombreux sites sont fermés à cette époque de l'année.
- La programmation culturelle bat son plein à Vienne et dans les capitales régionales.
- La haute saison du ski court de mi-décembre à mars.
- Les tarifs augmentent à Noël.

Sites web

Lonely Planet (www.lonelyplanet.fr/destinations/europe/autriche). Renseignements sur la destination, forum des voyageurs, etc.

Österreich Werbung (www.austria.info). Office du tourisme national.

Tiscover (www.tiscover.com). Renseignements et réservations d'hôtels.

Numéros utiles

Pour joindre les établissements indiqués dans ce guide depuis l'étranger, composez l'indicatif international, suivi de celui de l'Autriche, puis du numéro.

Indicatif international	☎00
Indicatif de l'Autriche	☎43
Opérateur international et renseignements (Autriche, UE et pays limitrophes)	☎118 877
Opérateur international et renseignements (autres pays)	☎090 011 88 77
Secours en montagne	☎140
Urgences (police, pompiers, ambulance)	☎112

Taux de change

Canada	1 $CA	0,69 €
Suisse	1 FS	0,94 €

Pour connaître les taux de change actuels, consultez le site www.xe.com.

Budget quotidien

Moins de 100 €

- Dortoir ou chambre double bon marché : environ 25 €/pers
- Courses ou plat du jour : 8-12 €
- Musée peu cher : 4 €

100-200 €

- Chambre double : 80-200 €
- Repas constitué de 2 plats et d'un verre de vin : 30 €
- Musée important : 12 €

Plus de 200 €

- Suite ou double luxueuse dans une grande ville : à partir de 200 €
- Soins dans un centre de bien-être : 40-100 €
- Excellent repas et bon vin : 70 €

Heures d'ouverture

Banques 8h ou 9h-15h lun-ven, jusqu'à 17h30 jeu.

Bars 17h30-entre minuit et 4h.

Bureaux et services publics 8h-15h30, 16h ou 17h lun-ven.

Cafés 7h ou 8h-23h ou minuit ; les cafés traditionnels ferment à 19h ou 20h.

Magasins 9h-18h30 lun-ven (souvent 21h jeu ou ven dans les grandes villes), 9h-17h sam.

Poste 8h-midi et 14h-18h lun-ven ; certaines sont ouvertes le samedi matin.

Restaurants Généralement 11h-14h30 ou 15h et 18h-23h ou minuit ; cuisine ouverte parfois toute la journée.

Arriver en Autriche

Aéroport international de Vienne Le City Airport Train (CAT ; 11 €, 16 min) rallie l'aéroport à la gare ferroviaire Wien-Mitte toutes les 30 minutes de 6h09 à 23h39, 7j/7. Le bus Vienna Airport Lines (8 €, 20 min) assure la liaison toutes les 30 minutes, 24h/24, avec la Schwedenplatz (centre de Vienne). La course en taxi coûte de 25 à 50 €.

Aéroport de Graz Des trains font la liaison toutes les heures de 4h47 à 23h45 du lundi au samedi, et à partir de 5h10 le dimanche. Le ticket, valable 1 heure, coûte 2,40 €. La course en taxi revient à environ 25 €.

Aéroport d'Innsbruck Les bus F (2,30 €, 16 min) desservent l'aéroport toutes les 15 à 20 minutes depuis la Maria-Theresien-Strasse ; pour le même trajet, un taxi coûte environ 10 €.

Aéroport de Salzbourg Les bus n^{os}2, 10 et 27 (2 €, 19 min), dont l'arrêt se trouve devant le terminal, partent toutes les 15 minutes de 5h30 à 23h. La course en taxi pour le centre-ville coûte entre 15 et 20 €.

Comment circuler

Le réseau des transports en commun quadrille très bien le territoire, zones reculées comprises. Les temps de trajet s'en trouvent cependant rallongés. La plupart des provinces proposent des forfaits à la journée couvrant tout le réseau des bus et des chemins de fer.

Voiture Les petites villes ont souvent une offre limitée, voire inexistante, de location de véhicules ; mieux vaut réserver dans les grandes villes.

Train et bus Le réseau ferré national fait partie du service de bus Postbus. Organisez votre trajet sur les sites des Chemins de fer autrichiens (ÖBB ; www.oebb.at) ou de Postbus (www.postbus.at).

Pour plus de détails sur les **transports**, reportez-vous p. 424.

Quoi de neuf ?

Initiatives vertes en matière d'énergie, solutions novatrices pour encourager un tourisme plus lent, plus responsable et plus gratifiant, nombreux projets à visée sociale, inaugurations et rénovations dans les villes et magnifiques paysages : les arguments ne manquent pas pour inciter les visiteurs à découvrir ou redécouvrir l'Autriche.

Musée de La Mélodie du bonheur

Chantonnez doucement tout en explorant cet attrayant musée de Salzbourg (p. 250), l'occasion d'en savoir plus sur les coulisses du film *La Mélodie du bonheur* et sur la véritable histoire des Trapp, une famille de chanteurs.

Musée Sigmund Freud

Un musée captivant (p. 88) consacré au père de la psychanalyse, dans le quartier viennois d'Alsergrund, où Freud développa ses théories les plus révolutionnaires. Plusieurs millions d'euros ont été récemment investis pour la rénovation et l'agrandissement de ce musée.

Vienne sans hashtag

“Voir Klimt, pas #Klimt” est le slogan de l'initiative viennoise Unhashtag Vienna (www.unhashtag.vienna.info), qui encourage les voyageurs à ranger leur Smartphone et à tenter une détox

100% LOCAL

QUE SE PASSE-T-IL EN AUTRICHE ?

Par Catherine Le Nevez, auteure Lonely Planet

Pour les Autrichiens, toute occasion est bonne pour s'aventurer au grand air. Il n'est donc pas étonnant que le pays soit un modèle en matière de protection de l'environnement. Ainsi, l'Autriche a avancé à 2030 son objectif d'atteindre 100% de recours aux énergies renouvelables (initialement prévu pour 2050) et prévoit de parvenir à la neutralité carbone en 2040. Une taxe sur les émissions de CO_2 sera effective en juillet 2022.

Ces dernières années ont été compliquées pour l'Autriche, avec une résurgence de l'extrême droite, un durcissement des politiques migratoires et des multiples vagues de Covid-19. En outre, le plus jeune chancelier jamais élu dans le pays, Sebastian Kurz, a été impliqué dans deux scandales de corruption – le premier avec l'affaire d'Ibiza en 2019, qui a conduit à la chute du gouvernement, et le second après sa réélection, en 2021. Soupçonné d'avoir financé des sondages d'opinion, il a été contraint à la démission, laissant les rênes de la chancellerie à son ministre des Affaires étrangères, Alexander Schallenberg.

Heureusement, certaines initiatives de tourisme social sont plus réjouissantes, comme un hôtel géré par des réfugiés et des circuits menés par des personnes sans domicile fixe, offrant aux visiteurs une approche inédite et constructive. Enfin, après avoir milité pendant des années, les associations pour les droits des homosexuels ont eu gain de cause : en 2019, la Cour constitutionnelle a légalisé le mariage entre personnes de même sexe.

numérique. Les jardins, marchés et cafés de la ville s'y prêtent parfaitement. Une campagne partenaire, Unrating Vienna (www.unrating.wien.info) lutte contre l'obsession des évaluations en ligne et demande aux visiteurs : "Qui décide de vos goûts ?" Ces deux démarches œuvrent pour des séjours plus authentiques dans la capitale.

Ski + City Pass

Atteindre la poudreuse depuis Innsbruck n'a jamais été plus facile, grâce à ce nouveau pass combinant culture et ski. Il couvre 13 secteurs, dont le glacier de Stubai.

Glass Garden

Admirez la ligne d'horizon de Salzbourg, ponctuée de coupoles baroques, depuis le Glass Garden (p. 262), le restaurant de l'hôtel Schloss Mönchstein (p. 260). Les plats gastronomiques sont servis dans une verrière somptueuse.

Maison de l'Histoire d'Autriche

Nouveau venu dans le palais de la Hofburg à Vienne, le premier musée d'histoire contemporaine en Autriche (p. 67) couvre la période allant du milieu du XIXe siècle à nos jours.

Maison de la Musique

Saluée par la presse et le public, la Haus der Musik d'Innsbruck (p. 322) a offert à la ville une icône architecturale avant-gardiste, avec une façade en céramique couleur bronze. Programmation très pointue de pièces de théâtre, concerts et ateliers.

Musée des Illusions

Tout est illusion dans ce musée interactif et ludique (p. 67) de Vienne, avec des pièces penchées, des mirages, des jeux de miroirs et un kaléidoscope géant. Un très bon moment en perspective.

LE SAVIEZ-VOUS ?

Tendance culinaire Cuisine végétarienne et vegan

Pourcentage d'énergies renouvelables utilisées en Autriche 80%

Pourcentage d'Autrichiens buvant du café 92%

Habitants 8,9 millions

Toboggan du Schlossberg

Une bonne dose d'adrénaline vous attend au toboggan du Schlossberg (p. 196) de Graz. Cette structure de 175 m se veut le plus haut toboggan souterrain du monde. L'affaire est bouclée en 40 secondes, mais quelle descente !

Hotel Taggenbrunn

Passez une nuit au cœur des vignobles dans cet hôtel viticole au style design (p. 299), en Carinthie. Cadre bucolique, chambres décorées sur le thème du raisin, vue sur les vignes et dégustations.

Tourisme social

Vienne affiche son visage social avec de plus en plus d'initiatives en faveur de la population et un tourisme porteur de sens. Renseignez-vous, par exemple, sur les circuits guidés par des personnes sans-abri (Shades Tours, p. 103), sur le boutique-hôtel Magdas, géré par des réfugiés (p. 107) et sur le café intergénérationnel Vollpension (p. 110), tenu par des *Omas* (grands-mères), des *Opas* (grands-pères) et leur famille.

Mois par mois

LE TOP 5

Festival de Salzbourg, juillet

Styriarte, juin

Marchés de Noël, décembre

Bregenzer Festspiele, août

Donauinselfest, juin

Janvier

C'est l'un des mois les plus froids de l'année et le meilleur moment pour partir à l'assaut des montagnes. Au programme : ski alpin, ski de fond et randonnées en raquettes.

Concerts du Nouvel An

Le 1er janvier, Vienne accueille la nouvelle année avec des concerts de musique classique. Celui de l'orchestre philharmonique de l'Opéra national de Vienne est le plus prestigieux. (p. 75)

Semaine de la montgolfière de Hanneshof

À la fin janvier, le ciel de Filzmoos s'emplit de ballons la nuit venue, lorsque la station de ski accueille le spectaculaire trophée des montgolfières de Hanneshof. (p. 271)

Mozartwoche

À Salzbourg, fin janvier, la semaine Mozart honore l'enfant le plus célèbre de la ville avec une série de concerts. (p. 255)

Perchtenlaufen

Les habitants se déguisent en *Perchten* (esprits couronnés de coiffes élaborées) et défilent dans les rues d'une grande partie de l'ouest de l'Autriche, pour s'attirer la bonne fortune et des récoltes abondantes.

Février

La période hivernale est glaciale, mais, à Vienne, les musées et la scène culturelle sont en pleine effervescence. Les visiteurs sont peu nombreux. Sur les pistes, les conditions de ski sont excellentes.

Opernball

Parmi les quelque 300 bals organisés à Vienne en janvier et février, le somptueux Opernball (www.wiener-staatsoper.at) est le plus renommé. (p. 119)

Mars

Le soleil réchauffe les places. On reprend la randonnée et le vélo dès la fin mars, mais de nombreux sites sont toujours endormis hors de Vienne.

Osterfestspiele

Salzbourg célèbre Pâques en grande pompe avec ce festival musical proposant de superbes concerts d'orchestre à la Festspielhaus, ainsi que des chorales et des opéras. (p. 255)

Ostermärkte

À Vienne, l'arrivée du printemps se fête avec de nombreux marchés de Pâques où œufs, fleurs, nourriture et boissons célèbrent la nouvelle saison. (p. 104)

Avril

Le printemps prend ses quartiers et les jardins urbains sont en pleine floraison. Les prix des hébergements restent bas car il y a peu de touristes. La neige coiffe encore les plus hauts sommets des Alpes.

Mai

Les villes sont très agréables au printemps, avec peu de visiteurs et des températures souvent douces. Les *Almen* (prairies) de montagne se prêtent à la randonnée au milieu des fleurs. Tous les sites et activités ont repris leurs horaires d'été depuis avril.

☆ Wiener Festwochen

À Vienne, les arts du monde entier, des représentations de danse et de théâtre aux concerts, sont à l'honneur dans toute la ville jusqu'à la mi-juin. (p. 104)

☆ Musikwochen Millstatt

À Millstatt, en Carinthie, une série de concerts a lieu entre mai et septembre, notamment dans l'abbaye médiévale. (p. 302)

Juin

La neige finit de fondre, et les conditions sont idéales pour pratiquer la randonnée et le kayak, avec très peu de monde et des températures douces. Les lacs de montagne se réchauffent peu à peu. Les grands sites de Vienne et de Salzbourg commencent à être bondés.

☆ SommerSzene

Festival avant-gardiste de danse, théâtre, cinéma, arts visuels et musique à Salzbourg, annonçant l'arrivée de l'été, de la mi-juin à la fin juin. (p. 255)

☆ Donauinselfest

À la fin juin, Vienne se lance pour 3 jours dans un festival gratuit de rock, pop, hard core, folk et musique country sur l'île du Danube. (p. 104)

☆ Styriarte

Le plus important festival culturel de Graz propose des concerts de musique classique quasiment en continu en juin et juillet. Certains sont organisés dans des cours Renaissance. (p. 198)

Juillet

Début des vacances scolaires. Les familles profitent du beau temps sur les lacs et à la montagne. Les villes peuvent être étouffantes et bondées, mais c'est la période idéale pour dîner à l'extérieur.

☆ ImPulsTanz

À la pointe de l'avant-garde, ce prestigieux festival de danse est organisé à Vienne de mi-juillet à mi-août (5 semaines), avec la participation de danseurs, chorégraphes et professeurs. (p. 104)

☆ Festival de Salzbourg

Opéra, musique classique et théâtre d'excellence prennent d'assaut la scène de Salzbourg de la fin juillet à août, dans une ville emportée par la fièvre du festival. (p. 255)

Spectaculum

Le dernier samedi de juillet, les lumières sont éteintes et la ville de Friesach replonge au Moyen Âge. (p. 298)

Août

Les vacances scolaires se poursuivent et les hôtels sont largement fréquentés par les familles. Par beau temps, recherchez des endroits isolés, comme un *Heuriger* (taverne) ou le sommet d'une montagne.

☆ La Strada Graz

Pendant ce festival dynamique, des compagnies de théâtre de rue, danse, marionnettes et nouveau cirque prennent possession des rues de Graz. (p. 198)

☆ Bregenzer Festspiele

De la fin juillet à la fin août, l'événement culturel majeur du Vorarlberg allie musique classique et spectacles sur une scène flottante en plein air. (p. 358)

Septembre

Les températures commencent à baisser et la foule diminue. Cependant, les musées et les activités de plein air sont toujours à l'heure d'été, et plusieurs festivals de haut vol battent leur plein.

Mountain Yoga Festival

Début septembre, la ville de Sankt Anton am Arlberg se met en position du lotus pour son festival de yoga. La station est plus zen que jamais ! (p. 351)

Herbstgold

Pendant une grande partie de septembre, l'œuvre de Josef Haydn est honorée dans sa ville natale, Eisenstadt. (p. 158)

Brucknerfest

Pendant 6 semaines, le plus important festival de Linz met à l'honneur des concerts classiques du compositeur autrichien Anton Bruckner. (p. 173)

Octobre

Goldener Oktober : en octobre, la lumière embrase les bruns dorés de l'automne, il commence à faire froid le soir en montagne, c'est l'époque des vendanges, et certains musées se préparent à fermer leurs portes pour l'hiver.

Steirischer Herbst

Chaque automne à Graz, ce festival avant-gardiste offre notamment une programmation audacieuse de musique, théâtre, cinéma et installations artistiques. (p. 199)

Festival international du film : Viennale

Pendant 2 semaines à partir de la mi-octobre, les cinémas viennois projettent films alternatifs, documentaires, courts et longs métrages. (p. 104)

Novembre

De nombreux musées hors de la capitale sont fermés pendant l'hiver, les journées raccourcissent, et le temps peut être mauvais. Cafés, pubs et restaurants deviennent les points de ralliement.

Saint-Martin

Le vin nouveau fait son apparition autour du 11 novembre, jour de la Saint-Martin, où l'on se régale de plats à base d'oie en trinquant joyeusement.

Wien Modern Festival

Musique contemporaine et culture pop occupent le devant de la scène pendant ce festival de 3 semaines, qui se tient dans une vingtaine de lieux de Vienne. (p. 104)

Décembre

Il neige et les stations de ski affichent complet. À Vienne et dans d'autres grandes villes, les théâtres et salles de concert accueillent un public nombreux – les meilleurs spectacles sont souvent programmés pendant les mois les plus froids.

Marchés de Noël

Du début du mois au 24 décembre, les Christkindlmärkte (marchés de Noël) apportent une ambiance festive à Vienne et au reste de l'Autriche, avec leur artisanat, leur vin chaud et leur bonne humeur. (p. 103)

Silvester

Réservez tôt pour la nuit du 31 décembre, célébrée par des feux d'artifice, des pétards et des fusées dans les rues bondées de Vienne. (p. 104)

Itinéraires

2 SEMAINES De Vienne à Salzbourg

Cet itinéraire est un concentré d'Autriche : il passe des palais opulents et des cafés de Vienne aux vignobles de la vallée de la Wachau, puis continue vers l'ouest jusqu'aux Alpes, dans le Salzburgerland. Le cocktail parfait entre musique, paysages et culture.

Passez quelques jours à **Vienne** pour admirer les palais des Habsbourg, contempler des œuvres, dont celles de Klimt, dans des musées de renommée internationale, et vous détendre dans de somptueux cafés. À 1 heure de train vers l'ouest, vous serez au cœur d'une région viticole et au bord du Danube dans la splendide vallée de la **Wachau**. Pendant 1 ou 2 jours, profitez des châteaux, des abbayes et du riesling.

Continuez vers l'ouest pour passer 2 jours dans le **Salzkammergut**, où des montagnes majestueuses servent d'écrin à des lacs d'un bleu profond. Prenez vos quartiers au bord du lac de Hallstatt pour des baignades avec vue sur les sommets et une visite aux grottes de glace du Dachstein.

Plus à l'ouest, **Salzbourg** vous réserve une plongée culturelle : art baroque, palais, Mozart... Une excursion à la journée vous mènera à **Werfen**, avec son château perché et son extraordinaire Eisriesenwelt (grotte de glace), et le massif de Tennen en toile de fond.

2 SEMAINES De Vienne à Innsbruck

Cet itinéraire est consacré aux grandes villes, avec une bonne dose de culture et des paysages alpins grandioses qui font la renommée du pays.

Commencez par séjourner 3 jours à **Vienne**, pour découvrir la vie des Habsbourg au palais du Belvédère, empli d'œuvres de Klimt, ou dans le château de Schönbrunn, puis cap à l'ouest dans la vallée du Danube jusqu'à **Krems an der Donau**. Visitez les galeries et dégustez du bon vin, avant de vous rendre à l'abbaye-forteresse bénédictine de **Melk**.

Le 7e jour (1 ou 2 jours plus tôt en hiver), continuez jusqu'à **Linz**, ville industrielle qui a retrouvé sa créativité grâce à ses musées avant-gardistes tels que Lentos et Ars Electronica. Le 8e jour, la route vers **Hallstatt** et les lacs du Salzkammergut vous feront renouer avec de fabuleux paysages de montagne.

Depuis Hallstatt, rejoignez **Salzbourg**, ville baroque dominée par un château, ou la lacustre **Zell am See**, où les chemins de randonnée mènent aux plus hauts sommets d'Autriche. Finissez à **Innsbruck** pour sa culture, ses randonnées et ses pistes de ski.

10 JOURS Salzburgerland et Salzkammergut

Bienvenue au cœur de paysages grandioses, où des lacs cristallins nichent au creux de montagnes couronnées de neige.

Démarrez votre périple dans la ville de Mozart : pendant 3 jours, explorez les ruelles de **Salzbourg** et grimpez jusqu'au château perché sur une colline. Vous pourrez participer à un circuit ou faire une virée dans les Alpes. Autres excursions : le château de Hellbrunn au style italianisant ou les mines de sel de **Hallein**.

De Salzbourg, la route part vers le sud jusqu'au plus joli des lacs du Salzkammergut, le **lac Wolfgang** ; en été, c'est un lieu idyllique pour se baigner et se promener. Pendant quelques jours, partez à la découverte de villes moins connues dans les environs, à pied et à vélo.

Depuis Sankt Wolfgang ou Sankt Gilgen, rejoignez **Bad Ischl**, base idéale pour explorer d'autres lacs du Salzkammergut pendant les 3 jours suivants. Le plus marquant est le lac de Hallstatt ; vous pourrez passer la nuit à **Hallstatt** ou à **Obertraun**. Prenez ensuite le téléphérique et visitez les grottes de glace du Dachstein, puis faites une randonnée dans le secteur.

Ci-dessus : Cathédrale Saint-Jacques (Dom Sankt Jakob ; p. 316), Innsbruck

Ci-contre : Île sur la Mur (Murinsel ; p. 197), Graz

WESTEND61/GETTY IMAGES ©

10 JOURS Styrie et Carinthie

Cette escapade dans le Sud permet de découvrir la ville de Graz, les vignobles de Styrie, l'incroyable couleur turquoise du lac de Wörth et d'autres lieux méconnus.

Prévoyez 3 ou 4 jours pour explorer **Graz**. Chaleureuse et propice à la détente, la deuxième ville d'Autriche se targue de musées futuristes, de cours Renaissance, d'une scène gastronomique de qualité et d'une vie nocturne trépidante. Le 3e jour, cap au sud sur les **routes des vins** de Styrie, aux paysages évoquant la Toscane.

Via **Leoben**, dont le MuseumsCenter Leoben mérite la visite, les 5 derniers jours peuvent être consacrés à **Klagenfurt** et au **lac de Wörth**, à **Villach** ou à **Spittal an der Drau**, des villes combinant sites d'intérêt et nombreuses activités. **Hermagor**, dans la vallée de la Gail, offre des possibilités de randonnées et de balades à vélo. Pour le ski, rendez-vous à **Nassfeld**.

Pour un circuit davantage axé sur la gastronomie, le vin et la culture, attardez-vous dans les environs de Graz en Styrie. Si vous préférez nager et pratiquer des activités de plein air, prolongez votre séjour en Carinthie.

2 SEMAINES Tyrol

Chaussez vos chaussures de randonnée ou vos skis pour partir à la découverte des incroyables vallées alpines du Tyrol.

Commencez par passer quelques jours à **Innsbruck**. Dans la vieille ville, appréciez les musées, les trésors des Habsbourg et l'animation nocturne. Le 3e jour, prenez le funiculaire futuriste pour la Nordkette, ou regardez le saut à ski au tremplin olympique de Bergisel. Puis direction le sud pour skier sur le **glacier de Stubai**, ou l'ouest jusqu'à l'abbaye baroque de **Stams**.

Poursuivez vers l'**Ötztal**, pour plonger dans la préhistoire au village d'Ötzi et dans les eaux du spa Aqua Dome. Consacrez les 2 jours suivants au rafting, près de **Landeck**, à l'exploration de la gorge de Rosengartenschlucht, à **Imst**, ou à la randonnée à **Sankt Anton am Arlberg**.

La 2e semaine, retournez à Innsbruck et partez vers l'est. Prévoyez une journée pour la ville médiévale de **Hall in Tirol** et les Swarovski Kristallwelten de **Wattens**. Pratiquez la randonnée, le canyoning, le rafting ou le ski dans le **Zillertal**, puis partez à la découverte de **Kufstein** et de sa forteresse, et des montagnes de **Kitzbühel**.

Sports d'hiver à Mayrhofen (p. 328)

Préparer son voyage

Ski et snowboard

Que le slalom soit votre spécialité, que vous skiiez hors piste ou que vous débutiez à peine, il y aura toujours une pente faite pour vous en Autriche. Les Alpes françaises et suisses ont beau l'emporter en altitude, l'Autriche reste le pays du ski en Europe : c'est la terre d'origine du ski moderne (Hannes Schneider développa la technique d'Arlberg) et le berceau de légendes olympiques. Larges pistes pour des descentes tranquilles, pistes noires riches en sensations, et ski dans les glaciers en été : la perfection faite neige pour tous les goûts et tous les niveaux.

Les meilleurs spots

Voici quelques-uns des meilleurs endroits pour skier, faire monter l'adrénaline ou sortir le soir :

Pour la descente La piste de la Streif, au sommet de l'impressionnant Hahnenkamm, est la reine de l'effroi en matière de ski à Kitzbühel. Avec une inclinaison à 78%, la piste Harakiri à Mayrhofen, plus noire que noire, est la plus raide d'Autriche.

Pour le ski en famille Privilégiez des stations comme Filzmoos, pour ses pistes faciles et peu fréquentées, et Heiligenblut pour son calme et son jardin d'enfants.

Pour le snowboard Mayrhofen est la Mecque du ski freeride. Certains disent du Vans Penken Park qu'il est le meilleur parc à neige du pays.

Pour les sorties en soirée Chants, rythmes entraînants et fêtes arrosées au Jägermeister, à Sankt Anton am Arlberg, haut lieu des soirées après le ski. Ivresse et nuits en boîte sont la règle à Ischgl, sa turbulente rivale.

Pour le ski sur glacier Les pistes du glacier de Stubai garantissent de la neige. Sur celui de Kitzsteinhorn, vous skierez à 3 203 m, avec vue sur les Hohe Tauern.

Les meilleures régions pour le ski

Ski Amadé (p. 270) Avec plus de 760 km de pistes et 25 stations regroupées en 5 régions où la neige est garantie, le gigantesque Ski Amadé du Salzburgerland est le plus vaste domaine skiable d'Autriche. Il abrite notamment la tranquille station de Radstadt et celle, familiale, de Filzmoos. Les aménagements sont prévus pour tous les niveaux, des balades sur des pistes bordées d'arbres aux circuits hors piste.

Ski Arlberg (p. 349) Il s'agit de l'une des régions les plus réputées d'Autriche pour le ski : 306 km de pistes à explorer. Elle abrite en outre Sankt Anton am Arlberg, nirvana du ski et du snowboard de haut niveau, avec un taux d'enneigement exceptionnel, un terrain exigeant et un formidable hors-piste, sans parler des soirées les plus branchées d'Autriche – voire d'Europe. De l'autre côté de la vallée se trouvent les stations de Lech et de Zürs dans le Vorarlberg.

Kitzbühel (p. 332) Le légendaire sommet du Hahnenkamm ("crête du Coq"), 185 km de pentes aménagées, un centre-ville médiéval piéton et une vie nocturne animée font de Kitzbühel l'une des stations les plus appréciées d'Autriche. Les critiques ont beau lui reprocher une neige incertaine (avec une altitude minimale de 762 m), cela n'empêche pas d'y pratiquer le ski de descente, le snowboard ou encore le hors-piste.

Zillertal Arena (p. 328) Joyau du Zillertal Arena, Mayrhofen compte 147 km de pistes et 52 remontées dans un paysage somptueux. En plus d'être un paradis pour les skieurs de niveau intermédiaire, Mayrhofen possède la piste noire la plus raide d'Autriche, Harakiri, et un fantastique parc à neige pour le ski et le snowboard *freestyle*. Même si la neige est peu épaisse dans la vallée, elle est assurée sur le glacier de Hintertux, non loin.

Zell am See-Kaprun (p. 273) Depuis son agrandissement et l'arrivée de deux nouveaux téléphériques, Zell am See-Kaprun totalise 408 km de pistes, toutes accessibles avec un forfait unique. Même si les pentes les plus basses sont peu couvertes, la neige y est fraîche, et le glacier de Kitzsteinhorn abrite un parc à neige. Les soirées dans la vieille ville piétonne de Zell am See sont conviviales sans être tapageuses. Dans toute la région, la vue sur la chaîne des Hohe Tauern, couronnée de glaciers, est superbe.

Silvretta Montafon (p. 370) En forme de flèche, l'emblématique sommet du Piz Buin (3 312 m) surplombe le domaine skiable de Silvretta Montafon. Nichées dans l'angle sud-est du Vorarlberg, les paisibles stations de cette belle vallée attirent familles, amateurs de descentes tranquilles et de circuits à skis. Outre 140 km de pentes, le hors-piste offre aussi de quoi s'amuser, de la luge à la randonnée d'hiver.

Silvretta Arena (p. 346) Ischgl est le clou du spectacle au Silvretta Arena, qui compte 239 km de pistes. Les pentes situées au-dessus de 2 000 m, où la neige est garantie, sont majoritairement prévues pour les skieurs de niveau intermédiaire, les fans de hors-piste et les snowboardeurs. La station s'est fait un nom en tant que site nocturne fréquenté, avec des têtes d'affiche pour les concerts d'ouverture et de clôture de saison, et des soirées animées (voire franchement débridées). Vous recherchez une ambiance plus calme ? Galtür, Kappl et Samnaun (Suisse) sont proches.

Sölden (p. 341) Les montagnes de l'Ötztal comptent parmi les plus hautes et les plus sauvages d'Autriche. La principale station de ski est Sölden, avec 144 km de pentes entre 1 300 et 3 400 m, un réseau de remontées mécaniques dernier cri, des soirées endiablées et de la neige assurée. Petit paradis pour un niveau intermédiaire, elle présente toutefois un défi sur les pistes longues telles que la Big 3 Rally (50 km) et le hors-piste. Ses deux glaciers, le Rettenbach et le Tiefenbach, en font un très bon site pour skier avant ou après la saison.

Remontées mécaniques

D'un coût moyen de 300 € la semaine, les remontées mécaniques pèsent lourd dans le budget. Les forfaits donnent accès à un ou plusieurs domaines skiables et incluent presque toujours des liaisons en bus entre les domaines. Dans les régions peu courues, les forfaits de remontées mécaniques peuvent coûter jusqu'à moitié moins cher que ceux des stations huppées. Comptez 35-50 € pour un pass d'une journée, avec d'importantes réductions pour les pass plus longs. Les enfants skient généralement à moitié prix, gratuitement au-dessous de 5 ans (prévoir une pièce d'identité).

La plupart des forfaits sont désormais dématérialisés : les barrières détectent la puce intégrée au pass. Les réservations en ligne sont souvent possibles.

Sécurité

- Potentiellement mortelles, les avalanches sont une menace réelle dans les zones enneigées.
- Ne faites jamais de ski hors piste en solo. Faites-vous accompagner par un guide professionnel, emportez une sonde d'avalanche (tige pliable pour déterminer l'emplacement d'une victime), un émetteur-récepteur et une pelle.
- Consultez www.lawine.at (en allemand) concernant les risques d'avalanche et le taux d'enneigement par région.
- L'altitude et la réverbération de la neige renforçant les rayons UV, portez des lunettes de ski et appliquez de la crème solaire.
- Préparez-vous physiquement avant d'atteindre les pentes et procédez ensuite progressivement.
- Prévoyez plusieurs couches pour réguler votre température corporelle et assurez-vous que votre tête, vos poignets et vos genoux sont protégés.
- Avant de vous aventurer sur les pistes, vérifiez que votre assurance vous couvrira en cas de problème : les tarifs de secours en montagne peuvent faire grimper la facture très haut.

AURORA OPEN/GETTY IMAGES ©

Ski à Sankt Anton am Arlberg (p. 348)

SKIER EN ÉTÉ

Si l'idée de glisser sur la poudreuse en été vous séduit, filez sur les glaciers de Stubai, de Hintertux et de Kitzsteinhorn où, si le temps le permet, on peut descendre quelques pistes toute l'année.

Sites Internet

Bergfex (www.bergfex.fr). Plans des pistes, météo des neiges et informations sur toutes les stations de ski autrichiennes. Excellent site.

If You Ski (www.ifyouski.com). Guide des stations, offres de ski et renseignements sur la location de matériel et les écoles de ski.

MadDog Ski (www.maddogski.com). Un guide amusant, avec des conseils sur tous les sujets, de l'hébergement aux soirées.

Ski Info (www.skiinfo.fr). Fiches détaillées sur de nombreuses stations autrichiennes, plan des pistes, météo et enneigement.

Where to Ski & Snowboard (www.wheretoskiandsnowboard.com). Brève présentation

BORIS-B/SHUTTERSTOCK ©

Détente après le ski dans une station du Tyrol

des stations, classées selon leurs points forts ou faibles. Également des critiques du public.

World Snowboard Guide (www.worldsnowboardguide.com). Site consacré au snowboard, avec des renseignements complets sur la plupart des stations autrichiennes.

Location de matériel et cours

On peut louer skis (de descente, de fond, télémark), snowboards, bottes, bâtons et casques dans des magasins tels qu'Intersport (www.intersportrent.com), dans n'importe quelle station. Pour un snowboard ou des skis de fond, comptez environ 25 € la journée ou 125 € la semaine (50 €/j ou 200 €/sem pour du matériel haut de gamme). La location de bottes coûte environ 17 € la journée ou 64 € la semaine. Chez Intersport, le matériel pour les 14 ans et moins est à moitié prix, et gratuit pour les moins de 10 ans accompagnés de 2 adultes louant aussi du matériel, et l'on peut skier 7 jours pour le prix de 6.

La plupart des stations de ski possèdent une ou plusieurs écoles de ski ; pour une liste des écoles de ski régionales, consultez le site de Snowsport Austria (www.snowsportaustria.at). Le prix standard d'un cours collectif pour adultes et enfants est de 65 € la journée (2 heures le matin, 2 heures l'après-midi), de 215 € pour 4 jours et de 265 € pour 6 jours. Plus l'on prend de jours, plus le tarif à la journée baisse. Des cours individuels sont disponibles sur demande. Les enfants peuvent prendre des cours à partir de 4 ans.

Ski de fond

En Autriche, le ski de fond (*Skilanglauf*) est infiniment plus écologique et économique que le ski alpin (un forfait journée coûte 3 € avec une carte d'hôte). Le style alternatif (impulsion sur jambe fléchie, puis phase de glisse) sur des pistes de ski de fond (*Loipen*) damées, allant de la bleue à la noire, et le pas de patineur, plus énergique, sont les deux techniques principales. Les bases s'acquièrent rapidement dans une école de ski de fond.

Seefeld (p. 339), avec 246 km de *Loipen* (dont une piste éclairée), figure parmi les meilleures stations de ski de fond d'Autriche. Autre destination de choix, Zell am See (p. 273) possède 408 km de pistes aménagées, qui offrent une vue panoramique sur le massif des Hohe Tauern. Parmi les autres bonnes stations, mentionnons la région de Bad Gastein (p. 279) et ses 83 km de pistes de ski de fond bien balisées. Vous trouverez plus d'informations concernant les régions et les forfaits de ski de fond sur www.langlauf-urlaub.at (en allemand).

LES BONS PLANS SKI

Les offices du tourisme locaux et le site www.austria.info affichent parfois des réductions intéressantes.

Gagnez du temps et de l'argent (jusqu'à 50% moins cher que les magasins de location) en réservant vos skis et snowboard sur le site Snowbrainer (www.snowbrainer.com).

Zillertal (p. 325)

Préparer son voyage

Randonnée

L'appel de la montagne (*Der Berg ruft*) : voilà ce à quoi répondent les Autrichiens lorsqu'ils partent randonner le week-end sur les reliefs, et ce qu'affichent les commerçants lorsqu'ils tirent le rideau en été. Enfants batifolant dans des pâturages, nonnes pratiquant la marche nordique, septuagénaires gravissant des cols à plus de 2000 m – ici, *wandern* (randonner) n'est pas un sport, mais une seconde nature. Avec ses imposants sommets, ses pentes tapissées de forêts et ses vallées verdoyantes, l'Autriche est taillée sur mesure pour les randonnées, qui se déclinent à l'infini.

Le classement des randonnées

L'Autriche est quadrillée de *Wanderwege* (chemins de randonnée) bien entretenus, balisés par des bandes rouges et blanches et des panneaux jaunes. Gardez toutefois à l'esprit que, dans les Alpes, ces indications ne remplacent pas une carte et une bonne boussole. Comme les pistes de ski, les chemins ont un code couleur reflétant leur niveau de difficulté :

Bleu (ou sans couleur) Chemins tous publics. Faciles, les sentiers sont clairement signalisés et majoritairement plats.

Rouge Ces chemins exigent une bonne forme physique, un bon pied d'appel et une expérience élémentaire de la montagne. Abrupts et étroits, ils impliquent parfois de l'escalade ou de se tenir à une corde fixée sur la paroi à certains endroits.

Noir La plupart du temps escarpés, ces chemins nécessitent un matériel approprié et se révèlent dangereux en cas de mauvaises conditions météo. Réservés aux personnes ayant une bonne expérience en alpinisme et insensibles au vertige.

Randonner léger

Vous adorez les randonnées longues mais votre sac à dos est un fardeau ? Nous vous conseillons de voyager sans bagages (*wandern ohne Gepäck*). Nombre de régions autrichiennes proposent désormais ce procédé astucieux : les hôtels transfèrent vos bagages moyennant un petit supplément. Vous trouverez plus d'informations sur www.austria.info ou sur www.wanderhotels.com.

Vous pouvez également opter pour un trek avec un lama, qui vous libère du poids de vos bagages et vous permet d'apprécier pleinement le paysage. De nombreuses villes proposent désormais cette prestation appréciée des familles. Rien ne motive plus les enfants que de faire le chemin au côté de ce compagnon. Pour les autres possibilités, prenez contact avec les offices du tourisme locaux.

Club alpin autrichien

Si vous envisagez d'adhérer au **Club alpin autrichien** (Österreichischer Alpenverein, ÖAV ; www.alpenverein.at), il vous en coûtera 57 € l'année, des tarifs réduits étant appliqués aux étudiants, de même qu'aux moins de 25 ans et aux plus de 61 ans. Les membres bénéficient de réductions allant jusqu'à 50% sur les refuges alpins autrichiens (ÖAV) et allemands (DAV). Parmi les autres avantages : assurance, ateliers, accès à des murs d'escalade dans tout le pays et remises sur les cartes. Le club organise aussi des marches. Attention : prévoir 2 mois minimum pour la prise en compte de votre demande.

Sur les quelque 1000 refuges que comptent les Alpes autrichiennes, 241 sont gérés par l'ÖAV.

Météo

Dans les Alpes autrichiennes, la météo est toujours incertaine. Bien que le temps *semble* ensoleillé, les conditions peuvent changer presque instantanément et le soleil laisser place à de la grêle, des éclairs, du brouillard ou encore des pluies torrentielles. Consultez les prévisions avant de vous lancer dans de longues randonnées d'altitude. Les offices du tourisme affichent ou fournissent la météo des montagnes.

Club alpin autrichien (www.alpenverein.at). Site Internet fiable pour les prévisions météo dans les régions alpines.

Snow Forecast (www.snow-forecast.com). Météo des neiges en temps réel pour les principales stations de ski autrichiennes.

Wetter Österreich (www.wetter.at). Prévisions à 1 et 9 jours, mais aussi alertes météo en temps réel.

Sécurité

En randonnée, la plupart des blessures sont imputables à la fatigue, aux coups de chaleur et à un équipement non adapté. Les chutes causées par une glissade sur l'herbe, sur des éboulis ou des sentiers gelés sont un risque omniprésent. Sur les chemins alpins d'altitude, avalanches et éboulements sont un risque. Voici quelques règles de bon sens pour votre sécurité :

Ci-dessus : Ötztal (p. 340), Tyrol

Ci-contre : Stubaital (p. 322), Tyrol

LE TOP 5 DES RANDONNÉES LONGUE DISTANCE

NOM	DÉPART	ARRIVÉE	DISTANCE	DURÉE	NIVEAU
Adlerweg	Sankt Johann in Tyrol, près de Kitzbühel	Sankt Anton am Arlberg	300 km	3-4 semaines	Moyen
Berliner Höhenweg	Finkenberg, près de Mayrhofen	Mayrhofen	70 km	8 jours	Difficile
Arnoweg	Salzbourg	Salzbourg	1200 km	2 mois	Exigeant
Stubai Höhenweg	Neustift im Stubaital	Neustift im Stubaital	120 km	8 jours	Moyen-difficile
Salzburger Almenweg	Pfarrwerfen, près de Werfen	Pfarrwerfen	350 km	1 mois	Moyen

➡ Ne jamais s'écarter des chemins balisés ou indiqués, notamment par temps de brouillard. Si la visibilité est trop réduite, attendre au bord du sentier que les conditions s'améliorent.

➡ Prendre connaissance des prévisions météo avant de partir, et ne jamais oublier que le temps peut changer soudainement en montagne.

➡ Augmenter progressivement la longueur et l'altitude des marches, de manière à s'acclimater et à prévenir le mal des montagnes et la fatigue.

➡ Si possible, ne pas partir seul en montagne : il faut être deux au minimum pour marcher en sécurité. Si vous êtes au moins trois, quelqu'un peut rester avec une personne blessée pendant qu'un autre part demander de l'aide.

➡ Informer de ses projets une personne de confiance (membre de sa famille, gardien de refuge ou réceptionniste d'hôtel), en indiquant l'heure prévue de retour.

SOS SIX

Six sifflements, 6 appels, 6 nuages de fumée, 6 yodels… : le signal de détresse alpin se compose de 6 signes ou sons, à répéter toutes les 10 secondes pendant 1 minute. Assurez-vous d'avoir un téléphone portable sur vous. Les secours en montagne (☎140) sont très efficaces dans les Alpes, mais extrêmement coûteux : mieux vaut avoir une assurance appropriée (attention au texte en petits caractères).

Ressources

Sites Internet

Vous trouverez itinéraires, cartes et GPS à télécharger sur les sites suivants :

Austria Info (www.austria.info). De très bons renseignements sur la marche en Autriche (des randonnées à thème d'une journée aux treks longue distance), mais aussi des informations sur les parcs nationaux et les réserves naturelles, les "villages de randonnée" (*Wanderdörfer*) et les forfaits randonnée. Brochures régionales à télécharger.

Bergfex (www.bergfex.com). Descriptions détaillées d'itinéraires (pour la plupart en allemand) et cartes, filtrables par région, niveau de forme physique et longueur, pour préparer la randonnée de ses rêves. GPS à télécharger gratuitement.

Naturfreunde Österreich (NFÖ, Amis de la Nature Autriche ; www.naturfreunde.at, en allemand). Itinéraires pédestres, descriptions de marches (dont marche nordique et excursions en raquettes), cartes et GPS à télécharger par centaines. Informations sur les refuges NFÖ, conseils sur la sécurité en montagne et bulletins météo en temps réel.

Österreichischer Alpenverein (www.alpenverein.at, en allemand). Recherche de refuges alpins et infos sur les événements, les circuits, les villages de randonnée et la protection environnementale. Une rubrique est consacrée aux 10 randonnées longue distance (*Weitwanderwege*) d'Autriche : longs de 430 km à 1400 km, ces treks traversent des paysages saisissants dans différents secteurs.

POINTS FORTS	RESSOURCES
Des paysages alpins classiques, des pics calcaires du Kaisergebirge aux crêtes acérées de l'Arlberg	Voir www.tirol.at pour des cartes, des brochures et des descriptifs d'itinéraires
Un parcours de haute montagne, de refuge en refuge, avec les superbes lacs, glaciers et montagnes des Alpes du Zillertal	Voir www.naturpark-zillertal.at pour un descriptif détaillé de l'itinéraire (en allemand) ; la carte n°35 *Zillertaler Alpen* d'Alpenvereinskarte (1/25 000) couvre ce parcours.
Une boucle épique avec des gorges, des vallées, et les paysages glacés des Hohe Tauern	Le guide de randonnée des éditions Rother consacré à l'Arnoweg couvre le parcours en détail.
Une boucle classique de refuge en refuge, ponctuée de glaciers, de pics rocheux et de lacs de montagne sauvages	Téléchargez des cartes et des descriptifs d'itinéraires sur www.stubai.at/stubaier-hoehenweg ; le guide *Trekking in the Stubai Alps* (en anglais), aux éditions britanniques Cicerone, est fiable.
Un itinéraire de refuge en refuge à la découverte des fertiles *Almen* (pâturages alpins) du Salzburgerland, des formations karstiques et des pics des Hohe Tauern	Voir www.salzburger-almenweg.at pour un descriptif détaillé du parcours, des cartes et un circuit virtuel

Cartes

Les librairies, marchands de journaux et bureaux de tabac disposent généralement de cartes locales, mais certaines grandes enseignes proposent un éventail plus large. Les magasins de sport vendent habituellement un choix restreint de cartes de randonnée. Des offices du tourisme distribuent des cartes qui suffisent pour de courtes promenades faciles.

La carte nationale n°730 *Autriche* à l'échelle 1/400 000 de Michelin fournit une vue d'ensemble. L'ANTO (Österreich Werbung, Austrian National Tourist Office ; www.austria.info) peut envoyer un exemplaire gratuit de sa carte du pays au 1/800 000. Le site www.austrianmap.at propose des cartes topographiques avec zoom. Les cartes de randonnée haute définition suivantes sont vendues en ligne :

Freytag & Berndt (www.freytagberndt.com). Large choix de cartes fiables à l'échelle 1/50 000.

Kompass (www.kompass.de). Bonne gamme de cartes à l'échelle 1/50 000, et brochure avec les coordonnées des refuges et des infos générales.

ÖAV (www.alpenverein.at, en allemand). Cartes à grande échelle (1/25 000) claires et précises.

Hébergement

Hôtels de randonnée

L'époque où la randonnée rimait avec tente humide et chaussettes portées toute une semaine est révolue ! En matière de confort, l'Autriche a sensiblement relevé le niveau avec ses hôtels de randonnée (*Wanderhotels*). Gérés par des spécialistes du secteur, ces établissements qui proposent des marches guidées (balades paisibles comme randonnées d'altitude) vous aident à planifier votre itinéraire et louent du matériel (bâtons, gourdes, sacs à dos, etc.). En majorité familiaux, ces hôtels servent des plats régionaux et disposent d'un sauna ou d'un bain à remous pour détendre les pieds fatigués. Sur www.wanderhotels.com, vous en trouverez pour tous les goûts et toutes les bourses, allant des fermes aux palaces avec spa.

Un cran au-dessus, les villages de randonnée (*Wanderdörfer* ;

LA DESCRIPTION DES RANDONNÉES DANS CE GUIDE

➡ La durée et la distance de chaque randonnée sont fournies uniquement à titre indicatif.

➡ Les durées se fondent sur le temps de marche effectif et n'incluent pas les pauses, qu'il vous faut prendre en compte lors de l'organisation de votre randonnée.

➡ Les distances doivent être évaluées en fonction de l'altitude : une élévation sensible en altitude implique un temps de marche bien plus conséquent qu'une distance transversale.

LE MATÉRIEL DE RANDONNÉE : CE QU'IL FAUT EMPORTER

Vêtements

- coupe-vent imperméable
- veste polaire respirante
- pantalon de randonnée ample, de préférence avec jambes amovibles
- short de randonnée
- tee-shirts à manches courtes ou longues
- chaussettes (en polypropylène)
- casquette
- lunettes de soleil
- maillot de bain (facultatif)

Chaussures

- chaussures de marche avec une bonne adhérence
- sandales ou tongs de randonnée
- chaussettes

Autre matériel

- sac à dos de randonnée
- sac de couchage
- bouteille d'eau
- carte
- boussole
- couteau suisse

En cas d'urgence

- denrées alimentaires d'urgence
- trousse de secours
- lampe de poche avec piles et ampoules
- sifflet
- téléphone mobile
- émetteur-récepteur
- pelle
- sonde d'avalanche

Accessoires divers

- appareil photo et objectifs
- parapluie
- répulsif antimoustique
- aliments énergétiques (noix, fruits secs, pain, viande fumée...)
- au moins 1 l d'eau par personne et par jour
- crème solaire (indice 30 ou plus)
- accessoires de toilette, papier toilette et serviette
- sacs de compression

Pour randonner à plus de 2000 m d'altitude

- sous-vêtements thermiques
- vêtements supplémentaires
- guêtres
- gants
- bonnet chaud
- bâtons de marche

www.wanderdoerfer.at) forment un réseau de 43 sites d'hébergement à travers l'Autriche. Randonnées courtes et longues bien signalisées, beaux panoramas et refuges alpins, bonnes infrastructures (tels que trains ou bus pour randonneurs) et hôtes accueillants. Brochure gratuite sur le site Internet.

Randonnées de refuge en refuge

Passer la nuit dans un refuge fait partie des joies de la randonnée en Autriche. Installés au bord des chemins, ces derniers vous donnent la liberté de vous lancer dans des treks de plusieurs jours sans rien de plus qu'un sac à dos. Grâce à ce système bien conçu, vous ne marcherez jamais plus de 5-6 heures entre chaque étape, et nul besoin de s'encombrer d'une tente, d'un réchaud et autre matériel. Les refuges ouvrent généralement de mi-juin à mi-septembre, lorsque les chemins ne sont pas enneigés. Juillet et août étant les mois les plus chargés, nous vous recommandons vivement de réserver bien à l'avance.

Les coordonnées et heures d'ouverture des refuges sont consultables sur le site du Club alpin autrichien (p. 38).

L'hébergement se fait dans de grands dortoirs appelés *Matratzenlager*, ou dans le *Notlager* (refuge d'urgence, s'il y a de la place) quand tous les lits sont pris. Couvertures et oreillers sont fournis, mais il vous faudra peut-être apporter vos propres draps. Dans les zones fréquentées, les refuges ressemblent davantage à des pensions de montagne, avec séchoirs et même de l'eau chaude dans les douches (moyennant généralement un supplément).

La plupart des refuges disposent d'une conviviale *Gaststube* (salle commune) pour rencontrer des gens et discuter randonnées autour d'un verre ou en mangeant un morceau. Les membres du Club alpin autrichien peuvent commander le *Bergsteigeressen* (littéralement, le “repas du montagnard”), à bas prix et pas toujours goûteux, mais riche en calories. Mieux vaut apporter vos propres thé et café : on peut acheter de la *Teewasser* (eau bouillante) auprès de la personne en charge du refuge.

Silvretta Hochalpenstrasse (p. 368)

Préparer son voyage

Cyclisme et sports d'aventure

L'Autriche est un pays qui se prête parfaitement à la pratique du vélo, avec un réseau de chemins cyclables bien balisés. Que vous souhaitiez tester votre endurance en enchaînant les virages en épingle à cheveux des cols de montagne, descendre tout schuss à VTT ou pédaler tranquillement le long des splendides lacs du pays, l'Autriche offre des itinéraires époustouflants.

Le transport

Les trains acceptant les vélos sont indiqués par un pictogramme en haut des horaires ou sur le site Internet de l'ÖBB (Österreiche Bundesbahn, Chemins de fer autrichiens ; www.oebb.at). Pour un trajet en Autriche, le supplément vélo revient à 10% du prix du billet ; pour les liaisons internationales, comptez 12 €.

Conscientes de la popularité du VTT, les principales stations alpines autorisent les cyclistes à transporter leur vélo sur les téléphériques, gratuitement ou pour une somme modique en été.

L'hébergement

En Autriche, en particulier dans les Alpes, hôtels et pensions sont équipés pour les cyclistes. Les *Radhotels* (hôtels pour cyclistes) proposent quantité de services (locaux à vélos, réparations...) et un personnel informé sur les itinéraires alentour. Pour rechercher (par région) les hôtels destinés aux cyclistes, voir www.bike-holidays.com et www.radtouren.at. Les offices du tourisme locaux vous renseigneront, avec parfois des formules spéciales.

Quand partir

Les mois les plus chauds, de mai à octobre, attirent les cyclistes. Les VTTistes, quant à eux, peuvent se mesurer aux Alpes de fin juin à mi-septembre. Si la neige exclut toute pratique hivernale du vélo en altitude, elle n'empêche pas d'explorer en toute sérénité les vallées de basse altitude. Pédaler jusqu'en haut des cols alpins en juillet-août provoque chaleur, soif et fatigue : emportez eau et crème solaire en quantité, et prévoyez des pauses.

Cyclisme et VTT

Sites Internet

Bike Holidays (www.bike-holidays.at). Recherche des chemins de VTT (mountain-bike trails, MTB), itinéraires cyclistes, parcs free ride et hôtels pour cyclistes en Autriche par région.

Radtouren (www.radtouren.at). Excellent site recensant les principaux itinéraires et hôtels pour cyclistes.

Cartes et guides

Les offices du tourisme locaux disposent généralement de brochures et de cartes sur le cyclisme et le VTT. Les clubs cyclistes sont une autre bonne source d'information. Pour des cartes et guides plus détaillés, nous vous recommandons les sites suivants :

Kompass (www.kompass.at). Cartes de parcours cyclistes à des échelles entre 1/125 000 et 1/50 000. Elles couvrent des itinéraires longue distance, dont ceux qui longent le lac de Constance (Bodensee), le Danube et la vallée de l'Inn (Inntal).

Esterbauer (www.esterbauer.com). Ses cartes et guides de la gamme Bikeline® couvrent l'ensemble des principaux itinéraires du pays.

Freytag & Berndt (www.freytagberndt.at). Son Austria Cycling Atlas recense 160 excursions d'une journée. Bon choix de cartes pour cyclistes.

Location

Vous pourrez louer vélos de ville et VTT dans la plupart des villes et stations du pays. Avec un quasi-monopole sur la location de matériel, Intersport (www.intersportrent.com) présente une gamme de vélos de qualité dans ses 260 magasins à travers l'Autriche. Les tarifs à la journée varient d'environ 18 € pour un vélo standard à 25 € pour des vélos électriques. Les casques sont toujours inclus dans le prix, et la location de vélos pour enfants est moitié moins chère. Pour planifier un itinéraire, il est possible de chercher par région et de réserver un vélo en ligne.

Itinéraires cyclistes

Parcourir l'Autriche à vélo est une expérience exaltante, comme vous le constaterez en pédalant cheveux au vent dans une campagne inexplorée, au son de votre chaîne. Quantité de chemins cyclistes faciles vous épargneront la pénibilité sans rien sacrifier à la splendeur : nombre d'entre eux suivent le pourtour des lacs ou longent des rivières.

Piste cyclable du Danube Sur 380 km, de Passau à Bratislava, cet itinéraire longe le Danube et dévoile des paysages qui vous transporteront. Se faufilant à travers des régions boisées, de profondes vallées et des vergers, cette piste est balisée de panneaux vert et blanc des deux côtés du fleuve. Le guide Bikeline *Danube Bike Trail* (Esterbauer) fournit des cartes et des descriptions pratiques de l'itinéraire. Consultez www.donauregion.at pour des détails sur le parcours, ainsi qu'une carte interactive, et www.donau-radweg.info pour des circuits.

Parcours de l'Inn Partant d'Innsbruck pour rejoindre Schärding, le parcours de l'Inn traverse le Tyrol, la Bavière et la Haute-Autriche sur 302 km, en suivant de près les eaux turquoise de l'Inn. Essentiellement en pente descendante, elle passe par des terres cultivées, des vallées alpines et des villes couronnées de châteaux. Le dernier tronçon traverse des villages et une campagne bucolique avant de rejoindre Schärding. L'itinéraire est bien balisé, mais la signalisation varie selon les régions.

Piste cyclable du lac de Constance Au départ de Bregenz, dans le Vorarlberg, ce parcours de 270 km fait le tour du Bodensee (lac de Constance), le troisième plus grand lac d'Europe. Balisé par des panneaux rouge et blanc et la plupart du temps facile, le chemin traverse l'Autriche, l'Allemagne et la Suisse au milieu de forêts, de marais, de vergers, de vignobles et de villes historiques. En vous y rendant au début de l'automne, vous éviterez la foule, goûterez au vin nouveau et verrez les Alpes par temps clair. Le site www.bodensee-radweg.com fournit de plus amples informations.

Parcours du Salzkammergut Cet itinéraire circulaire de 345 km explore les lacs alpins sauvages du Salzkammergut, dont le Hallstättersee, l'Attersee et le Wolfgangsee. Pas tout à fait plate, la piste est toutefois bien balisée (R2) et une bonne forme physique générale fera l'affaire. Pour une exploration en profondeur, procurez-vous le guide Bikeline *Radatlas Salzkammergut* (Esterbauer).

Parcours des Tauern Bordant le parc national des Hohe Tauern à travers des paysages alpins parmi les plus spectaculaires d'Autriche, cet itinéraire de 310 km n'est pas technique, mais pédaler en altitude demande de l'endurance. De Krimml, il serpente le long de la Salzach jusqu'à Salzbourg, puis poursuit vers la vallée de la Saalach et Passau. Le parcours est bien balisé de panneaux vert et blanc dans les deux sens. Pour des cartes et des sentiers GPS, consultez www.salzburgerland.com/de/tauernradweg.

VTT

Les Alpes autrichiennes constituent un paradis du VTT, avec des virages en épingle à cheveux, des montées éreintantes et des descentes palpitantes. Le pays est quadrillé d'itinéraires ; le Tyrol, le Salzburgerland, le Vorarlberg et la Carinthie présentent les terrains les plus exigeants. Ci-après figure un aperçu des circuits et régions qui attirent les fous du guidon.

Circuit du Dachstein Acclamé comme l'un des meilleurs itinéraires de VTT, ce circuit de 3 jours fait le tour des sommets calcaires déchiquetés du massif du Dachstein à travers 3 provinces : le Salzburgerland, la Haute-Autriche et la Styrie. Une bonne condition physique est nécessaire pour s'attaquer à ce circuit de 182 km, qui commence et s'achève à Bad Goisern, avec une halte près de Filzmoos. Le site www.radurlaub.com fournit plus de détails.

Salzburger Almentour Sur ce circuit de 146 km, les cyclistes pédalent à travers 30 *Almen* (pâturages de montagne) pendant 3 jours. Si son nom évoque de douces prairies, l'itinéraire comporte des montées ardues vers des points de vue superbes, tels que le sommet du Zwölferhorn. Des panneaux vert et blanc balisent le parcours d'Annaberg à Edtalm *via* le Wolfgangsee. Les itinéraires et les sites d'intérêt peuvent être consultés en ligne (www.tennengau.com).

Silvretta Mountain Bike Arena Ralliant la Suisse, le Silvretta Arena, dans la vallée de Patznaun (Paznauntal), fait partie des plus grands circuits des Alpes : 1000 km de chemins, dont certains montent jusqu'à 3000 m. Avec un parc d'entraînement et une foule d'informations à l'office du tourisme, Ischgl est un point stratégique. Pour les fous de vitesse, les 15 chemins free ride incluent le Velill Trail et ses 1300 m de descente. Informations sur le circuit sur : www.silvretta-bikeacademy.at (en allemand).

Kitzbühel Avec 800 km de chemins de VTT, la région de Kitzbühel se classe parmi les meilleurs sites d'Autriche pour partir en roue libre. Les itinéraires oscillent entre 700 m et 2300 m d'altitude, et comprennent circuits

LE GPS À VÉLO

Il est plus facile d'explorer les coins reculés d'Autriche et de trouver des parcours de cyclisme peu connus à l'aide d'un circuit GPS. Des circuits à vélo et à VTT sont à télécharger sur le site www.bike-gps.com. Sinon, le site www.gps-tour.info fournit des informations sur des centaines de circuits dans le pays.

Grossglockner (p. 274), parc national des Hohe Tauern

de Trial, pistes de descente et bike parks. Parmi les incontournables, le Hahnenkamm Bike Safari, qui va de Kitzbühel au col du Thurn, offre un vaste panorama qui s'étend sur le Grossglockner et le Wilder Kaiser (sommet du "massif de l'Empereur").

Vallées de Stubai et de la Ziller Ces deux larges vallées qui s'étendent vers le sud depuis l'Inn, dans le Tyrol, sont flanquées de hauts sommets sillonnés de 800 km de chemins de VTT. Le terrain est varié et les paysages splendides : les gorges, les cascades et les glaciers attirent constamment le regard. Citons l'itinéraire alpin reliant Mayrhofen au glacier de Hintertux, et les routes vertigineuses qui montent en sinuant de Ginzling au Schlegeisspeicher.

Sports d'aventure

Escalade et via ferrata

Synonyme d'alpinisme grâce à des légendes comme Peter Habeler ou le Tyrolien du Sud Reinhold Messner, l'Autriche fait le délice des *Kletterer* (grimpeurs) et, dans les Alpes en été, les montées présentent tous les niveaux de difficulté. La location de matériel (environ 10 €) et les circuits accompagnés sont largement répandus.

Dans les Alpes autrichiennes, la quasi-totalité des stations disposent maintenant d'une *Klettersteig* (via ferrata). Ces itinéraires câblés, souvent avec des échelles à la verticale, des tyroliennes et des ponts, sont idéals pour avoir la sensation d'escalader. Vous n'avez besoin que d'un harnais, d'un casque et de ne pas souffrir du vertige.

Sources d'information

ÖAV (www.alpenverein.at). Site officiel du Club alpin autrichien, avec une page dédiée à l'escalade (en allemand).

Bergsteigen (www.bergsteigen.com) Itinéraires d'escalade, via ferrata et parois d'escalade sur glace, par région et niveau.

Rock Climbing (www.rockclimbing.com). Descriptifs détaillés de plus de 1000 circuits d'escalade en Autriche, avec généralement les niveaux de difficulté et des photos.

Régions

Pour les alpinistes chevronnés, escalader le Grossglockner (3798 m), le plus haut

Parapente près d'Innsbruck

sommet d'Autriche, est l'ascension d'une vie. Des guides professionnels peuvent vous emmener sur les hauteurs sauvages du parc national des Hohe Tauern, véritable paradis de l'escalade.

Falaises de granit à pic, formations rocheuses insolites et blocs de roche font des Alpes du Zillertal un haut lieu de l'escalade, particulièrement à Ginzling et à Mayrhofen.

Parmi les autres pôles d'attraction de l'escalade, citons le Pelstein, en Basse-Autriche, les sommets calcaires du Dachstein et le massif de Tennen (Tennengebirge), dans le Salzburgerland.

Canyoning

Pour profiter des beautés qu'offre la nature, rien ne vaut une descente dans un ravin ou en rappel dans une cascade bouillonnante. Ce sport humide et en pleine nature qu'est le canyoning est devenu l'une des activités les plus courues des Alpes autrichiennes. Les nombreux circuits accompagnés coûtent de 50 à 80 € la demi-journée. La plupart des prestataires fournissent tout le matériel, mais il vous faudra emporter votre maillot de bain, des chaussures solides et une serviette, et ne pas avoir le vertige. Une bonne forme physique est recommandée.

Parmi les meilleurs sites pour le canyoning, citons Mayrhofen dans la vallée de la Ziller (Zillertal), l'Ötztal et la région autour de Lienz (Tyrol).

Parapente

En Autriche, partout où il y a une montagne et une brise régulière, on peut faire du parapente et du deltaplane. En levant les yeux par une journée dégagée, on aperçoit le ciel constellé de parapentistes attrapant les courants ascendants pour s'envoler au-dessus des forêts et des sommets alpins. Dans de nombreuses stations, vous pourrez louer du matériel, prendre un cours ou être passager sur un vol en tandem (au moins 100 €). La plupart des amateurs volent en été, mais un vol par une journée parfaitement claire en hiver sera tout aussi magnifique.

Avec ses vallées encaissées et ses nombreux téléphériques, le Tyrol est un centre de parapente avéré, et nous vous recommandons Zell am Ziller. Dans le parc national des Hohe Tauern, aux sommets déchiquetés, Zell am See est, elle aussi, une base de choix pour ses paysages enchanteurs.

Vous trouverez l'endroit où déployer vos ailes sur www.flugschulen.at, un site qui fournit une liste des écoles de parapente et de deltaplane sélectionnées par région.

Sports nautiques

Rafting et canoë

Pagayer dans les eaux tourbillonnantes des rivières alpines fait partie des activités les plus appréciées, que ce soit en rafting, en canoë ou en kayak. Parmi les grandes rivières qui accueillent les sports d'eaux vives, citons l'Enns et la Salza, en Styrie, l'Inn, la Sanna et l'Ötztaler Ache, dans le Tyrol, ainsi que l'Isel, dans le Tyrol oriental. Les circuits coûtent au minimum 30 €, le tarif comprenant généralement le transport et le matériel.

Parmi les centres de rafting connus, mentionnons Landeck ou Innsbruck pour les excursions sur l'Inn, Zell am Ziller et Sankt Anton am Arlberg.

Baignade et plongée

Un bain chaud ou froid et revigorant ? alpin ou bordé de palmiers ? L'Autriche est constellée de lacs aux eaux cristallines et les sports aquatiques y sont légion. La Carinthie est réputée pour ses eaux pures, qui atteignent parfois les 28°C en été, tandis que le lac de Millstatt (Millstättersee) et le lac de Wörth (Wörthersee) permettent des baignades en eaux profondes et une grande visibilité pour la plongée sous-marine. On peut également piquer une tête dans les lacs du Salzkammergut, comme le lac de Hallstatt (Hallstättersee) ou l'Attersee, ou dans le lac de Constance (Bodensee), dans le Vorarlberg.

Sur la plage

La mer est à des kilomètres, mais la quasi-totalité des grands lacs d'Autriche sont bordés de *Strandbäder* (plages équipées de services) invitant à un plongeon vivifiant. Nombre d'entre elles disposent de plages, de piscines en extérieur et d'aires de barbecue. Certaines sont gratuites, d'autres appliquent un tarif modique de 4 € par jour. Pour ceux qui sont prêts à tout enlever, les plages FKK (*Freikörperkultur* ; naturistes), dont celle de **Hard** (hard-sport-freizeit.at ; Hard ; adulte/enfant 5,40/2,80 € ; ⏲9h-20h mi-mai à déb sept), sur le lac de Constance (Bodensee), celles sur le lac de Hallstatt, le lac de Millstatt et même sur l'île du Danube (Donauinsel ; p. 97), à Vienne, accueillent les naturistes.

Préparer son voyage

À table !

Peu connue, voire mésestimée, la cuisine autrichienne est souvent résumée à sa fameuse "escalope viennoise" ou *Wiener Schnitzel*. Pourtant, riche d'un passé multiculturel et de terroirs variés, la gastronomie du pays de Mozart pourrait vous surprendre. Ici, une nouvelle génération de chefs talentueux met à l'honneur les produits régionaux en composant des menus de saison créatifs. Des marchés fermiers, des vins de qualité, et un goût grandissant pour les produits bios font plus que jamais de l'Autriche une destination gourmande.

Scène culinaire

En matière de gastronomie, l'Autriche n'est pas la France ou l'Italie. Cela dit, la table autrichienne ne saurait se réduire à une assiette de *Schnitzel* (au veau, au porc, au poulet, à la dinde...) accompagnée de *Knödel* (sortes de quenelles). D'ailleurs il existe une infinie variété de ces boulettes souvent végétariennes confectionnées à partir d'ingrédients variables – mie de pain, pommes de terre ou semoule –, puis pochées, et agrémentées, suivant les saisons, d'épinards (*Spinat*), d'ail des ours (*Bärlauch*) ou de potiron (*Kürbis*). Il y en a même des versions sucrées. Vous êtes ici dans un pays de petits terroirs, et nombre de produits locaux vous promettent d'agréables surprises : cidre dans les pommeraies du Mostviertel, fromages alpins dans le Bregenzerwald ou poisson frais sur les berges des lacs du Salzkammergut (*Land* de Salzbourg).

Repas d'exception

Esszimmer (p. 262). Magicien des fourneaux, Andreas Kaiblinger travaille les produits frais du marché dans son restaurant de Salzbourg étoilé au Michelin.

Obauer (p. 270). Les frères Obauer sont attentifs à la provenance des ingrédients dans cette

La cuisine de saison

Printemps (mars-mai)

Les chefs ajoutent une note printanière à leurs préparations avec des asperges (*Spargel*) ou de l'ail sauvage (*Bärlauch*). La bière forte (*Maibock*) est de rigueur pour les festivals du mois de mai.

Été (juin-août)

C'est la saison pour goûter aux abricots (*Marillen*) de la Wachau, faire la tournée des laiteries alpines au Tyrol et dans le Bregenzerwald, et déguster des poissons d'eau douce au bord des lacs. Bludenz (dans le Vorarlberg) accueille le festival du chocolat Milka en juillet. Les villages vivent au rythme estival des fêtes de la bière et de la musique folklorique.

Automne (sept-nov)

Les jours d'automne marquent la période des champignons (*Pilze*) et du gibier (*Wild*). Le vin nouveau (*Sturm*) apporte du pétillant dans les tavernes (*Heurigen*), tandis que le cidre (*Most*) et le poiré se dégustent dans les vergers du Mostviertel. Les oies (*Gänse*) font leur apparition sur les tables le jour de la Saint-Martin (11 novembre).

Hiver (déc-fév)

Grands classiques des biscuits de l'Avent, les *Vanillekipferl* se dégustent avec un verre de vin chaud sur les marchés de Noël. On vient se réchauffer dans les cafés de Vienne et d'ailleurs.

adresse réputée au pied des Alpes, à Werfen (*Land* de Salzbourg).

Mayer's (p. 278). Dîner romantique dans un château étoilé au Michelin au bord d'un lac à Zell am See (*Land* de Salzbourg).

Die Wilderin (p. 320). Une table récente, à Innsbruck (Tyrol), où l'accent est mis sur les produits locaux et de saison, dans une ambiance de bistrot. Concerts de jazz à l'occasion.

Waldgasthaus Triendlsäge (p. 339). L'hiver, grimpez dans un traîneau tiré par des chevaux pour atteindre ce restaurant installé dans un paysage de rêve, au milieu d'une forêt sur les hauteurs de Seefeld (Tyrol).

Meierei im Stadtpark (p. 71). Du style, une atmosphère accueillante et le meilleur goulasch de Vienne.

Schulhaus (p. 328). Accrochée au sommet d'une montagne du Zillertal (Tyrol), cette ancienne école s'est muée en restaurant. Au menu, des produits frais de la ferme et une vue imprenable sur les Alpes.

Aiola Upstairs (p. 200). Bonne cuisine et vue sensationnelle sur le centre historique de Graz (Styrie).

Manger à petits prix

Il n'y a pas que la fine cuisine qui compte : certains de vos meilleurs souvenirs culinaires seront aussi associés à des plaisirs simples. Les fameux stands de saucisses (*Würstelstände*) chaudes de Vienne sont légendaires, mais vous trouverez également une grande variété de plats à emporter dans les autres grandes villes autrichiennes, tels que falafels, bagels, burgers bios, wraps frais, salades et sushis.

À chaque coin de rue ou presque, il y a une boulangerie (*Bäckerei*) proposant des sandwichs fraîchement préparés, ou une pâtisserie (*Konditorei*) où acheter en dessert des gâteaux ou des beignets (*Krapfen*) tout juste sortis du four. De nombreuses boucheries (*Metzgereien*) possèdent des comptoirs où vous pourrez vous rassasier pour moins de 5 € avec une saucisse (*Wurst*), un *Schnitzel* ou un pain de viande (*Leberkässemmel*).

Le top 5 des en-cas

Bitzinger Würstelstand am Albertinaplatz (p. 108). Rejoignez les amateurs d'opéra et les fêtards pour une *Käsekrainer* (saucisse au fromage) ou une saucisse *Bosna* épicée au comptoir de la star des stands de saucisses de Vienne.

Organic Pizza Salzburg (p. 261). Pas de surprise ici : des pizzas bios fines, croustillantes et délicieuses.

Swing Kitchen (p. 110). Des burgers végans maison, parmi les meilleurs de Vienne.

Vollpension (p. 110). Des gâteaux succulents exactement comme chez grand-mère, jusque dans l'intérieur cosy, à Leopoldstadt.

Pour les plus aventureux...

Graukäse Le fromage gris, à l'odeur de moisi, de la vallée de la Ziller est meilleur qu'il n'en a l'air !

Käsekrainer Une saucisse de porc farcie au fromage, assez calorique. Un en-cas populaire à tous les stands de saucisses viennois, aux petites heures du matin, après une soirée arrosée.

Leberknödelsuppe Ce bouillon aux boulettes de foie de bœuf, que l'on trouve partout en Autriche, fait office d'entrée (copieuse), ou peut même tenir lieu de plat unique.

Rindfleischsulz Fromage de tête de bœuf en gelée, souvent arrosée de vinaigrette à l'huile de pépins de courge.

Schnecken Les escargots se glissent dans de nombreux menus en Autriche.

Waldviertler Mohn Dans le Waldviertel, réputé depuis des siècles pour sa culture du pavot, les boulettes, les desserts, les *Strudel* (littéralement "tourbillons", sorte de roulés feuilletés aux fruits, souvent à la pomme, aromatisés à la cannelle) et les pâtes aux graines de pavot (*Mohn*), bleues, grises ou blanches, ajoutent une touche florale aux menus.

Zillertaler Bauernschmaus Essayez donc de prononcer correctement ce festin campagnard de charcuterie, de choucroute et de quenelles !

Spécialités régionales

Le mouvement locavore est omniprésent en Autriche, où les habitants sont fiers des produits cultivés localement. Tôt le samedi matin, vous les verrez arpenter les marchés, panier en main, à la recherche des produits de saison. Les Autrichiens soutiennent fermement leurs agriculteurs, leurs fromagers et leurs vignerons, et beaucoup font l'effort d'acheter des produits bios de provenance locale.

Les cuisiniers utilisent autant que possible des ingrédients locaux de saison. Ces dernières années, nombre d'entre eux

Ci-dessus : assiette de viande et de fromage accompagnés de vin

Ci-contre : *Mozartkugel* (p. 50)

PIXELJOY/SHUTTERSTOCK ©

ont rejoint le mouvement Slow Food né en Italie, visant à promouvoir la biodiversité alimentaire et signalé par un logo figurant un escargot. Le *Bergkäse*, fromage piquant de montagne dans le Bregenzerwald (Vorarlberg), le poisson du lac de Neusiedl (Burgenland), l'huile de graines de courge en Styrie et le riesling de la Wachau (vallée du Danube) ne sont jamais aussi savoureux que dégustés sur place.

Vienne

Rien n'est plus typique de la cuisine autrichienne que le *Wiener Schnitzel*, une escalope de veau panée et dorée. D'autres spécialités sont influencées par la Hongrie voisisne, tels le *Fiakergulasch* ("le goulash des cochers") relevé au paprika et le *Tafelspitz mit Kren* (bœuf bouilli à la façon du pot-au-feu avec une purée de raifort), qui aurait été le plat préféré de l'empereur François-Joseph. Les vins produits à proximité de la ville sont servis dans des *Heurigen* (tavernes à vins rustiques), accompagnés de tranches de pain complet et de *Liptauer*, un fromage frais épicé. La *Gemüsesuppe*, soupe de légumes (carottes, céleri, radis et autres légumes-racines), est souvent proposée sur les marchés et dans de nombreux établissements.

C'est également à Vienne que l'on trouve les meilleurs *Kaffeehäuser* (voir encadré p. 117).

Basse-Autriche

Si un fruit devait symboliser cette région, ce serait sans doute l'abricot (*Marille*) de la Wachau (une vallée classée au patrimoine mondial), servant à confectionner de la confiture, du *Schnaps* et des desserts. Au nord de la vallée du Danube, dans le rural et bien nommé Waldviertel (région des forêts), tous les plats, des pâtes aux desserts, sont relevés avec des graines de pavot (*Mohn*), depuis des siècles. Plus au sud, le Mostviertel est, avec ses nombreux vergers, le pays du cidre (*Most*) et du poiré. Certains des meilleurs vins d'Autriche sont produits dans les vignes des collines de la région, dont les blancs grüner veltliner et riesling, et les rouges zweigelt (ou rotburger) et blauburgunder (pinot noir). Truites, carpes et asperges figurent également parmi les spécialités locales.

Salzbourg et Salzburgerland

Le *Mozartkugel* de Salzbourg est un bonbon en chocolat fourré de pâte d'amandes à la pistache et de nougat, qui se traduit littéralement par "boule de Mozart". Comme les habitants de Haute-Autriche, les Salzbourgeois aiment manger des plats de pâtes et de quenelles, tel les *Pinzgauer Kasnocken* (équivalent régional des *Kaspressknödel*) nappés de fromage épicé du Pinzgau (région de Zell am See) et d'oignons, mais ceux-ci font place au poisson dans la région des lacs du Salzkammergut. Le *Salzburger Nockerl*, dessert préféré des Salzbourgeois, est une sorte de gros soufflé aérien saupoudré de sucre glace.

Burgenland

Comme la Basse-Autriche, le Burgenland est une importante région viticole. Mais ce *Land* est également connu pour les poissons du lac de Neusiedl – sandre, brochet, carpe et silure, entre autres. Ajoutez à cela des noix, des fruits et du jambon issu d'une espèce de porcs laineux (mangalitza), et vous avez là une destination gourmande.

Carinthie

Fromages, jambons et salamis, gibier, agneau et bœuf comptent parmi les produits régionaux provenant de la Carinthie. Près des lacs, vous trouverez également au menu des truites et autres poissons d'eau douce. Le vendredi, jour sans viande, les habitants de la région choisissent souvent des pâtes locales, plus connues sous le nom de *Kärntner Nudel*, des ravioles farcis d'un mélange de pommes de terre, fromage, menthe, cerfeuil sauvage et champignons.

Styrie

La Styrie produit également du jambon mangalitza, ainsi que de la viande de bœuf d'alpage *Almochsen*, un bovin élevé dans les prairies alpines de la région, à environ 30 km au nord-est de Graz. Mais ce que le visiteur remarquera immédiatement en Styrie, c'est l'huile de courge que l'on utilise pour assaisonner tous les plats, des salades jusqu'aux viandes. Cette huile foncée, au goût de noix, est souvent présente sur les tables de la région, à côté du sel et du poivre.

LES KAFFEEHÄUSER : UNE INSTITUTION AUTRICHIENNE

Les *Kaffeehäuser* viennois sont un monde à part, sur lequel le temps et les tendances n'ont aucune prise, et où les journaux sont plus nombreux que les smartphones.

En 1683, les Ottomans, menés par le général et grand vizir Kara Mustafa, conduisirent le second siège de Vienne afin de s'assurer le contrôle de l'Occident. La légende raconte qu'un certain Georg Franz Koltschitzky, déguisé en Turc, réussit à franchir les lignes ennemies à la lisière du centre fortifié de Vienne, avec un message du maréchal Charles, duc de Lorraine. En récompense de sa prouesse, il reçut un butin de guerre, dont des sacs de grains de café. Toujours selon la légende, l'astucieux Koltschitzky aurait humé les grains – que certains utilisaient uniquement comme engrais ou pour nourrir les chameaux – et aurait fondé le premier *Kaffeehaus* de Vienne. On dit aussi qu'il aurait été le premier à ajouter du lait et du sucre à l'exotique élixir.

Les Habsbourg ne purent bientôt plus se passer de café, et les *Kaffeehäuser* ne tardèrent pas à prospérer dans la capitale. Au XVIIe siècle, ils abritaient aussi une table de billard, mais les jeux de cartes n'y furent pas autorisés avant la fin du XVIIIe siècle. Peu à peu, les journaux y firent leur apparition. À partir de la fin du XVIIIe siècle, le café-concert (*Konzertcafe*) entra en scène, devenant le lieu où les compositeurs comme Mozart, Beethoven et, plus tard, Johann Strauss père venaient affiner leurs œuvres.

Lorsque l'Autriche adopta l'embargo napoléonien visant la Grande-Bretagne en 1813, elle perdit la quasi-totalité de ses sources d'importation de grains de café. Les *Kaffeehäuser* se mirent alors à servir de la nourriture et du vin. Raison pour laquelle on peut aujourd'hui encore y commander un repas léger ou une boisson autre que le café.

Dès la fin du XIXe siècle, les fameux cafés littéraires fleurirent le long de la Ring à Vienne. Le Café Griensteidl fut le premier du genre, mais le Café Central (p. 123), adresse favorite des écrivains Peter Altenberg et Alfred Polgar, ainsi que de l'architecte Adolf Loos, est le plus célèbre. Stefan Zweig voyait en eux d'inimitables "clubs démocratiques".

Si, de nos jours, les cafés tiennent davantage du *Konditorei* (pâtisserie-salon de thé), ils demeurent néanmoins une sorte de prolongement du salon des Viennois. Ce sont des lieux conviviaux où l'on vient boire du café ou du vin, manger du goulasch ou un repas léger, lire les journaux ou simplement profiter de l'ambiance.

Tyrol et Vorarlberg

Ces deux régions ont en commun leur goût pour le fromage, et plus particulièrement ce qu'on appelle le *Heumilchkäse* (fromage de lait de foin, le lait le plus pur si on en croit les amateurs). Le *Gröstl*, ou *Gröstel* dans d'autres régions, est une fricassée à base de pommes de terre, de lardons et d'oignons, servie avec un œuf au plat, mais on trouve également des variantes à base de saucisses ou de veau, comme l'*Innsbrucker Gröstl* ou le *Gröstl Kalb*.

Haute-Autriche

Land frontalier de la Bavière, en Allemagne, et de la Bohême, en République tchèque, où on en raffole aussi, la Haute-Autriche est l'une des grandes régions des *Knödel* (boulettes). Si vous avez la dent sucrée, essayez la fameuse *Linzer Torte* ("tarte de Linz"), une tarte avec un joli tressage en pâte sur le dessus fourrée d'amandes, d'épices et de confiture de fruits rouges – généralement de groseilles, de framboises ou de cerises noires. On la trouve aussi en Allemagne et en Alsace.

En pratique

Repas

Frühstück (petit-déjeuner) Les Autrichiens sont les premiers à penser que le petit-déjeuner est le repas le plus important de la journée. En semaine, les gens se contentent souvent d'un petit pain (*Semmel*) avec de la confiture et d'un café ou d'un bol de muesli (céréales et fruits secs), mais le week-end, le petit-déjeuner est souvent une affaire de plaisir, qui peut durer une bonne partie de la matinée. Un nombre grandissant de cafés proposent des buffets pour le brunch du dimanche, entre 15 et 20 €, avec œufs, saumon, antipasti, céréales, jus de fruits frais et *Sekt* (vin mousseux). Vous n'aurez ensuite pas besoin de manger avant le dîner !

Ci-dessus : branche suspendue à l'extérieur d'un *Heurigen*

Ci-contre : *Schnitzel* (p. 50)

Mittagessen (déjeuner) Autre repas important, le déjeuner se compose souvent d'une soupe ou d'une salade, suivie d'un plat principal. Il est servi en général entre 11h30 et 14h30.

Kaffee und Kuchen (café et gâteau) Bien qu'il soit préférable de ne pas grignoter entre les repas, succombez avec délice à ce rituel de 15h dans une pâtisserie (*Konditorei*) ou un café.

Apéritif La mode de l'apéritif se répand. La boisson vedette en terrasse ? L'Aperol Spritz.

Abendessen (dîner) Hormis dans les grandes villes, les Autrichiens ont tendance à dîner plus tôt que leurs voisins européens, de 19h à 21h ou 21h30. De nombreux établissements proposent une *Kleine Karte* (petite carte d'en-cas) à toute heure.

Établissements

Beisln/Gasthäuser Auberges rurales avec boiseries, intérieurs chaleureux et menus faisant la part belle à la *Gutbürgerliche Küche* (littéralement "bonne cuisine bourgeoise" ; cuisine maison) – *Tafelspitz*, *Schnitzel*, goulash et autres.

Brauereien De nombreuses microbrasseries servent aussi des plats consistants. Leurs jardins (les fameux *Biergarten*) sont des lieux appréciés où les gens se retrouvent en été.

Cafés Il en existe une grande variété, des cafés-boulangeries, pour un café rapide et un sandwich, aux épiceries fines bios et aux *Eiscafés* (glaciers).

Heurigen Existant depuis l'époque médiévale, les chaleureuses tavernes à vins d'Autriche, où l'on peut aussi se restaurer, sont souvent reconnaissables à la guirlande verte ou à la branche (*Busch'n*) suspendue au-dessus de la porte.

Imbiss Établissement de plats à emporter ou d'en-cas, le plus connu étant le stand à saucisses (*Würstelstand*).

Kaffeehäuser Les cafés de Vienne ne sont pas uniquement célèbres pour leurs délicieux gâteaux, tartes et variétés de cafés. Beaucoup d'entre eux servent aussi des petits-déjeuners, déjeuners et en-cas à toute heure (voir encadré p. 117).

Konditoreien Pâtisseries traditionnelles ; parfois aussi confiseries.

Neo-Beisln Dans les grandes villes, notamment à Vienne, *Beisln* au décor rétro tendance proposant une version créative des classiques autrichiens, à base de produits frais.

Restaurants On en trouve un large éventail, des pizzerias aux restaurants haut de gamme étoilés au Michelin.

Lexique culinaire

Degustationsmenü Menu gourmet de dégustation.

Hauptspeise Plat principal – poisson, viande ou mets végétariens (*Vegetarisch*).

Kindermenü Menu pour enfants comportant deux ou trois plats ; parfois avec boisson.

Laktosefrei/Glutenfrei Sans lactose/gluten.

Mittagstisch/Mittagsmenü Menu fixe au déjeuner ; composé généralement de deux plats : une soupe ou une salade suivie d'un plat de résistance.

Nachtisch Dessert, parfois accompagné d'un café ou d'un verre de schnaps.

Speisekarte Menu à la carte.

Tagesteller Plat du jour à prix modéré ; généralement au déjeuner.

Vorspeise Entrée, hors-d'œuvre.

Weinkarte Carte des vins.

Usages au restaurant

Réservation Il est fortement recommandé de réserver dans les restaurants prisés et de catégorie supérieure, surtout en haute saison. Téléphonez environ une semaine avant.

Menus Les cartes ne sont pas systématiquement en anglais, mais on en trouve fréquemment dans les villes touristiques telles que Salzbourg, Vienne, et les stations de ski.

Bon appétit Si vous dînez avec des Autrichiens, souhaitez-leur *guten Appetit* ou *Mahlzeit* avant de commencer.

Eau Vous pouvez demander de l'eau du robinet gratuite (*Leitungswasser*), mais ce n'est pas l'usage en Autriche, surtout dans les établissements chics. Commandez une *stilles* (plate) ou *prickelndes* (pétillante) *Mineralwasser* (eau minérale).

Style vestimentaire Adoptez une tenue chic décontractée dans les restaurants haut de gamme. Dans les autres établissements, jeans, baskets et tee-shirts sont adaptés.

Payer *Zahlen, bitte* ou *die Rechnung, bitte* sont les formules magiques pour obtenir l'addition.

Pourboire Si vous êtes satisfait du service, il est d'usage de laisser 10% de la note environ. Donnez au serveur ou à la serveuse la somme totalisant l'addition et le pourboire et dites-lui "*Stimmt so*" (gardez la monnaie).

Les régions en un clin d'œil

Vienne

Art et architecture
Musique
Élégance des cafés

Palais impériaux et musées

Palais impérial (Hofburg), château de Schönbrunn, palais du Belvédère, cathédrale Saint-Étienne, MuseumsQuartier ou Albertina : dans la capitale autrichienne, il est littéralement impossible de s'engager dans une rue sans découvrir un chef-d'œuvre architectural ou artistique.

Musique classique

Vous pourrez écouter les œuvres de Mozart dans des salles grandioses et visiter une maison où il vécut, côtoyer le gratin de l'art lyrique à l'Opéra national (Staatsoper), ou vous rendre au Musikverein, dont l'acoustique sans égale sied à l'Orchestre philharmonique de Vienne.

Cafés et bars chics

Des décors somptueux du Café Gloriette à l'atmosphère moderne et tendance du Vollpension, les cafés viennois ne sont pas qu'une légende. Prenez un cocktail dans le minuscule bar de l'architecte Sécession Adolf Loos, ou rendez-vous dans une *Heuriger* (taverne à vins).

p. 58

Basse-Autriche et Burgenland

Art culinaire
Culture
Activités de plein air

Produits locaux

Dans la vallée du Danube, la région de la Wachau compte nombre de restaurants servant d'excellents produits locaux tels que du bœuf, du fromage et des graines de pavot du Waldviertel. Dans le Burgenland, le lac de Neusiedl et ses environs sont réputés pour leurs vins de qualité et leurs *Heurigen*.

Sites de caractère

L'abbaye de Melk constitue l'un des sommets de l'art baroque en Autriche ; le château de Grafenegg permet d'écouter des concerts et opéras à ciel ouvert ; Krems et le château de Schallaburg accueillent de superbes expositions, et Eisenstadt abrite le beau palais Esterházy.

Sports de plein air

La piste cyclable le long du Danube dans la magnifique Wachau est l'une des plus appréciées de Basse-Autriche. Le lac de Neusiedl, dans le Burgenland, est idéal pour pratiquer le vélo et les sports nautiques.

p. 127

Haute-Autriche

Culture
Architecture
Activités de plein air

Art et technologie

À Linz, l'Ars Electronica Center propulse les visiteurs dans le futur par les miracles de la robotique et des voyages virtuels, tandis que le musée d'art Lentos possède l'une des plus belles collections d'art moderne du pays. La Landesgalerie a pour spécialité l'art contemporain.

Édifices religieux

L'abbaye bénédictine de Kremsmünster et celle de Saint-Florian recèlent des trésors d'art religieux, tandis que le monastère de Wilhering est un joyau du style rococo. Ne manquez pas l'ancienne cathédrale de Linz et l'autel gothique de l'église de Kefermarkt.

Escapades champêtres

Le paysage ondoyant de la Haute-Autriche est parsemé de villes de carte postale, telle Steyr, et de stations thermales, telle Bad Hall. Hors des sentiers battus, les fermes du Mühlviertel et du Traunviertel offrent une totale quiétude.
Le parc national des Alpes calcaires (Kalkalpen) se prête à la randonnée.

p. 167

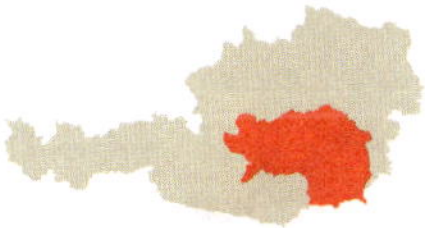

Styrie

Culture
Activités de plein air
Vin

Vie culturelle à Graz

Connue pour ses festivals qui s'y déroulent tout au long de l'année, Graz, capitale de Styrie, compense sa taille modeste par des temps forts culturels et des musées prestigieux, dont le château d'Eggenberg.

Randonnée, vélo et ski

La Styrie ne manque pas de chemins de randonnée (certains faciles, d'autres plus exigeants), et les vallées isolées du parc national du Gesäuse ou les environs de Schladming, plus fréquentés, sont propices aux randonnées et au VTT. Les montagnes y atteignent des hauteurs vertigineuses et les pistes de ski fonctionnent à plein régime en hiver.

Vignobles et routes des vins

Sur les tables, le vin provient souvent des vignobles bordant la frontière slovène, non loin. Outre ses rieslings blancs au goût prononcé et ses pinots rouges bien charpentés, la route des vins de Styrie du Sud compte d'excellents restaurants.

p. 191

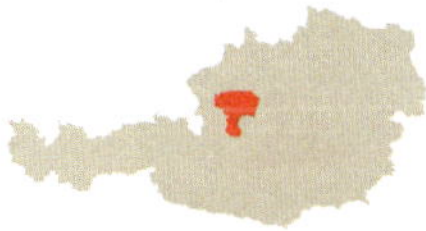

Salzkammergut

Lacs
Activités de plein air
Merveilles naturelles

Baignade dans les lacs

Les lacs du Salzkammergut sont nichés dans des vallées encaissées au pied d'imposantes montagnes. Certains sont très froids, mais d'autres, comme le lac de Hallstatt, le Wolfgangsee ou le Mondsee, sont parfaits pour se baigner.

Randonnée, vélo et ski

Hallstatt et Obertraun sont des points stratégiques pour marcher en bord de lac, s'aventurer sur les hauteurs du massif du Dachstein (ne manquez pas les Cinq Doigts), et pour des randonnées à skis l'hiver. En montagne ou sur des chemins moins ardus, le Salzkammergut est une destination idéale pour le vélo.

Mines de sel et grottes de glace

Vous saurez tout sur le sel (l'"or blanc"), qui a donné son nom à la région, en visitant les mines de Hallstatt. Vous pourrez aussi pénétrer dans un monde de glace dans les grottes étincelantes du Dachstein.

p. 221

Salzbourg et Salzburgerland

Culture
Merveilles naturelles
Boissons et traditions

Palais et eaux

Sa résidence royale, sa vieille ville baroque et la forteresse de Hohensalzburg comptent parmi les trésors culturels de Salzbourg. La ville accueille le célèbre Festival de Salzbourg, tandis que Bad Gastein est réputée pour ses bains riches en radon.

Grottes et cascades

Le massif de Tennen – et son Eisriesenwelt, plus grande grotte de glace accessible du monde – séduit les randonneurs. Avec ses glaciers, ses sommets à 3000 m et les cascades de Krimml (de 380 m), le parc national des Hohe Tauern figure au top des paysages alpins.

Cafés et brasseries

Avec les gâteaux, profitez d'une tranche d'histoire dans les majestueux cafés tels que Bazar et Sacher. Rendez-vous dans une brasserie tenue par des moines, comme Augustiner Bräustübl, ou dans la StieglKeller – ici, c'est l'Oktoberfest toute l'année !

p. 241

Carinthie

Lacs
Sports d'hiver
Vélo

Baignade dans les lacs

Aire de jeux estivale, appréciée notamment par une population huppée, le lac de Wörth baigne dans des eaux agréablement chaudes en été. Ceux qui préfèrent des baignades à la fraîche pourront se rendre au Weissensee, le lac de baignade le plus élevé d'Autriche.

Tout schuss

Près de Hermagor, Nassfeld est un domaine skiable situé dans une région isolée. Le téléphérique Millennium-Express vous hissera sur 6 km en haut des pentes pour une session de ski exceptionnelle. Ski nordique, randonnées à skis et patin à glace y sont également de mise.

VTT

Avec des kilomètres de descente à dévaler, la Carinthie est un terrain de choix pour les amateurs de VTT. On peut également suivre des chemins cyclistes plus aisés aux abords de Hermagor, du Weissensee ou dans les environs de Villach.

p. 287

Tyrol et Vorarlberg

Ski
Activités de plein air
Histoire et patrimoine

Ski de haut vol

Les plus belles pentes du pays sont dans le Tyrol. Les stations de Sankt Anton am Arlberg, Kitzbühel, Mayrhofen et Ischgl brillent pour le ski de descente, le hors-piste… et la vie nocturne. Les pistes de ski de fond de Seefeld sont de renommée olympique.

Randonnée et vélo top niveau

Les panoramas alpins du Tyrol sont magnifiques. L'été, marcheurs et vététistes apprécient la beauté des vallées et des cimes du Zillertal, de l'Ötztal et du Paznauntal. Dans le Vorarlberg, le lac de Constance attire les cyclotouristes.

Palais et fermes

À Innsbruck vous attendent le majestueux palais impérial (Hofburg) et le château d'Ambras et sa galerie des grands maîtres. Dans le Vorarlberg, profitez des paysages vallonnés du Bregenzerwald, émaillés de petites exploitations laitières (séjours à la ferme) et de jolis villages comme Schwarzenberg.

p. 310

Sur la route

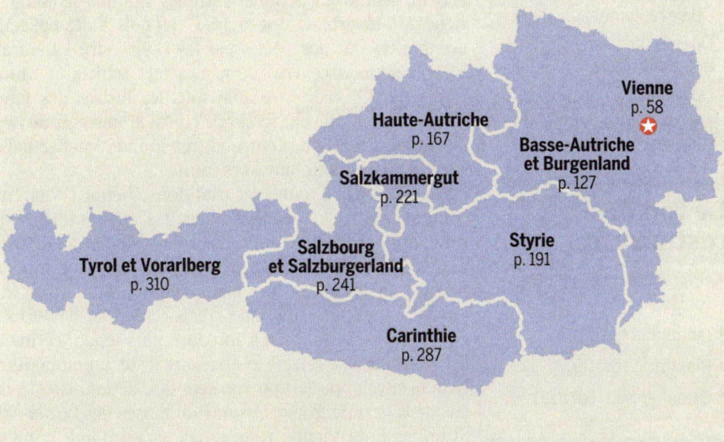

Vienne
p. 58
Haute-Autriche
p. 167
Basse-Autriche
et Burgenland
p. 127
Salzkammergut
p. 221
Styrie
p. 191
Tyrol et Vorarlberg
p. 310
Salzbourg
et Salzburgerland
p. 241
Carinthie
p. 287

Vienne

☎ 01/1888776 HABITANTS

Dans ce chapitre ➡

Le top des restaurants

- Steirereck im Stadtpark (p. 112)
- Lingenhel (p. 111)
- Plachutta (p. 109)
- Griechenbeisl (p. 109)

Le top des hébergements

- Grand Ferdinand (p. 105)
- Magdas (p. 107)
- Grätzlhotel (p. 107)
- DO & CO (p. 105)

Pourquoi y aller

L'empreinte du passé est partout présente dans la capitale autrichienne, où les monuments baroques côtoient le Jugendstil, le style Sécession, comme le plus pur historicisme architectural. Maisons de musiciens et salles de concert illustres font vibrer en nous les airs de Mozart, Haydn, Beethoven, Schubert, Strauss, Brahms ou Mahler. La richesse proverbiale des musées viennois - des collections accumulées sur des siècles par les Habsbourg - tient aussi à la présence d'œuvres de génies tels Schiele et Klimt, à l'aube du XXe siècle. Attablé sous les lustres des fameux *Kaffeehäuser*, on sent ressurgir en soi le souvenir de Zweig, de Kafka, de Freud... entre autres grands intellectuels du siècle passé qui ont hanté ces murs.

Très attachée à toutes ses traditions, Vienne (Wien) ne se contente pas de les conserver vivantes, elle les intègre dans son bouillonnement créatif. Le café troisième vague investit des établissements néo-rétro, la musique contemporaine fleurit sur les rives du "Beau Danube bleu" des valses straussiennes, une myriade d'espaces verts, de terrasses, d'*Heurigen* et *Biergarten* toujours plus tendance invitent les Viennois à se retrouver aux soirs d'été, un monolithe de basalte enveloppe l'art provocateur des "actionnistes" à deux pas de la grandeur néoclassique du musée des Beaux-Arts... Si le passé de Vienne reste vivace aujourd'hui, le présent viennois s'inscrit aussi dans le futur.

Quand partir

- Vienne aligne un tel choix de sites et d'activités qu'elle peut aussi bien se visiter en été qu'en hiver.
- Juillet, août et les périodes de vacances voient affluer les touristes – réservez votre hébergement bien à l'avance.
- Les 2 semaines précédant les fêtes pascales, divers marchés de Pâques célèbrent l'arrivée du printemps.
- La fréquentation est moindre au printemps et en automne, mais la météo est plus incertaine.

Histoire

Vienne avait sans doute déjà rang d'important comptoir de négoce pour les Celtes lorsque les Romains établirent un camp nommé Vindobona vers 15 av. J.-C. La colonie devint cité romaine aux IIIe et IVe siècles, et des vignes furent plantées aux alentours.

En 881, la cité, alors appelée Wenia, fit son apparition sur des documents officiels. Au cours des siècles suivants, Vienne changea de mains à plusieurs reprises avant d'être dirigée par les Babenberg. Les Habsbourg en héritèrent, mais aucun d'eux n'y résida en permanence avant Ferdinand Ier, en 1533. Entre-temps, la ville avait été assiégée par les Ottomans en 1529.

Vienne fut un foyer de révolte et de querelles religieuses pendant la Réforme et la Contre-Réforme. Une épidémie de peste y fit près de 30 000 victimes en 1679, puis elle connut un nouveau siège en 1683, brisé avec l'aide du roi de Pologne. Le début du XVIIIe siècle annonça un âge d'or pour la ville, avec l'apparition de l'architecture baroque, des réformes sociales et l'essor de la musique classique.

La situation se dégrada au début du XIXe siècle, quand l'armée de la France impériale occupa la ville en 1805 et 1809. L'épopée de Napoléon fut cependant brève et, en 1814-1815, le Congrès de Vienne en officialisa le terme. La ville prospéra dans l'Europe de la Restauration et accueillit, en 1873, un nouvel événement international : l'Exposition universelle. La Première Guerre mondiale marqua l'arrêt de cet essor architectural et culturel, et la fin du conflit, celui de la monarchie.

Les années 1920 virent l'émergence du fascisme en Europe. Une guerre civile opposa socialistes et conservateurs en février 1934 ; les premiers furent vaincus et le conseil municipal de Vienne, dissous. Le 15 mars 1938, Hitler entra dans la capitale sous les vivats de 200 000 Viennois.

Vienne fut lourdement touchée par les bombardements des Alliés, et, le 11 avril 1945, les Russes prirent la ville. Les Alliés les rejoignirent, et la capitale fut occupée jusqu'en 1955. À la frontière du rideau de fer durant la guerre froide, elle tient aujourd'hui une place centrale entre les nouveaux et les anciens pays membres de l'Union européenne, tout à la fois au cœur de l'Europe, et avec l'Europe au cœur.

À voir

Superbe enfilade de boulevards, le "Ring" (Ringstrasse) encercle l'Innere Stadt (centre-ville) sur lequel veille la haute silhouette de la cathédrale Saint-Étienne (Stephansdom ; p. 71), le cœur historique et spirituel de Vienne. Le Ring dessine ainsi une sorte d'écrin autour des sites-clés, tel l'ensemble palatial de la Hofburg auquel font face, côté extérieur, le musée des Beaux-Arts (Kunsthistorisches Museum ; p. 80) et le Muséum d'histoire naturelle (Naturhistorisches Museum ; p. 88), prolongés par le MuseumsQuartier (Quartier des musées ; p. 79). Bien plus loin, "au vert", se nichent le somptueux château de Schönbrunn (p. 95), le palais du Belvédère (p. 90), et les pelouses et allées arborées du Prater (p. 96), que domine l'emblématique Riesenrad (p. 97), la grande roue de Vienne.

Hofburg et environs

Hofburg PALAIS

(Palais impérial ; carte p. 68 ; ☎01-533 7570 ; www.sisimuseum-hofburg.at/fr ; 01, Michaelerkuppel ; D, 1, 2, 71 Burgring, U Herrengasse). Nul monument ne saurait mieux symboliser la culture et le patrimoine de l'Autriche que la Hofburg, qui fut la résidence des Habsbourg de 1273 à 1918. Partie la plus ancienne, la **cour des Suisses** (Schweizerhof) date du XIIIe siècle, mais la **Porte suisse**, de style Renaissance, a été construite en 1553. La cour des Suisses jouxte l'immense **In der Burg**, ancienne aire des tournois. La majesté de cette cour intérieure se mesure à sa longue façade rythmée de fenêtres et pilastres, comme à la statue de l'empereur François II en son centre. Le palais accueille aujourd'hui les bureaux présidentiels, les appartements impériaux bien conservés et un ensemble de musées.

Chaque souverain y ayant apporté sa touche, le palais n'a cessé d'être agrandi dans des styles divers, et l'ensemble compte aujourd'hui plus de 2 600 pièces ! Si la **chapelle impériale** (Burgkapelle ; p. 118) est de style gothique, l'**Amalienburg** remonte au XVIe siècle, l'**aile Léopold** relève du baroque précoce, et l'**aile de la Chancellerie impériale** fut ajoutée au XVIIIe siècle.

Voir aussi la visite du palais p. 66.

À ne pas manquer

1. Le faste du **château de Schönbrunn** (p. 98) et la vue plongeante sur Vienne depuis ses jardins.
2. Le tourbillon artistique du **musée des Beaux-Arts** (p. 80) entre trésors des Habsbourg, tombeaux égyptiens et tableaux inestimables.
3. Le sublime décor baroque du **palais du Belvédère** (p. 90), ses jardins émaillés de sculptures, et les chefs-d'œuvre de Klimt.
4. La **cathédrale Saint-Étienne** (p. 71), splendide édifice gothique, cher aux Viennois et emblématique de la capitale.
5. Le dynamisme du **MuseumsQuartier** (p. 79), un espace artistique émaillé de bars.
6. Un tour dans les cabines suspendues de la **Riesenrad** (p. 97), grande roue iconique de Vienne, installée dans le Prater.
7. Une pâtisserie et un café dans l'un des légendaires établissements de la capitale, tel le **Café Sperl** (p. 115).

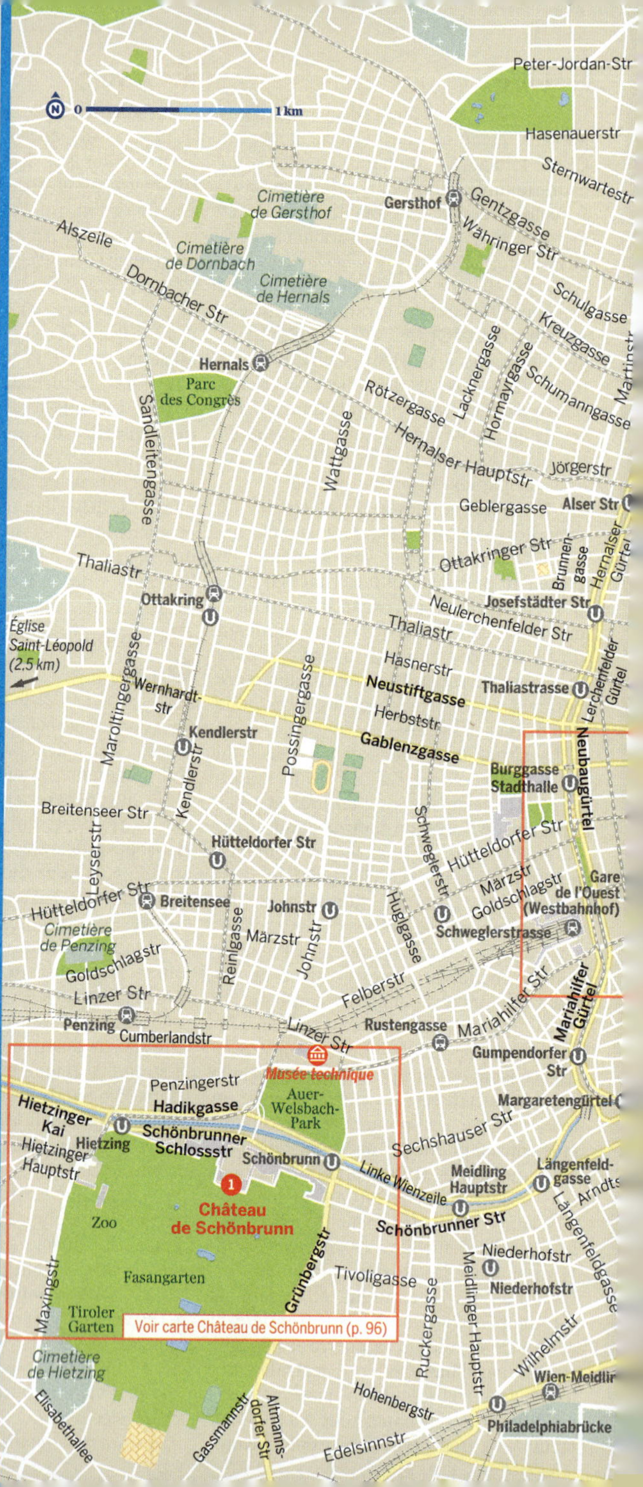

Voir carte Nord-ouest de Vienne (p. 95)
Voir carte Leopoldstadt (p. 86)
Voir carte Innere Stadt (p. 68)
Voir carte Sud-ouest de Vienne (p. 78)
Voir carte Sud-est de Vienne (p. 89)
Nouveau Danube
Île du Danube
Danube (Donau)
Augarten
Liechtenstein-park
Riesenrad
6
Cathédrale Saint-Étienne
4
Musée des Beaux-Arts
2
MuseumsQuartier
5
Café Sperl
7
Palais du Belvédère
3
Belvédère supérieur
Musée d'Histoire militaire
Schweizer Garten
Arenberg-park
Aéroport international de Vienne (17 km)
Dresdner Str
Traisengasse
Jägerstrasse
Leipziger Str
Franz-Josefs-Bahnhof
Nussdorfer Str
Friedensbrücke
Währinger Str/Volksoper
Michelbueren
Taborstrasse
Praterstern
Schottenring
Nestroyplatz
Schwedenplatz
Rathaus
Herrengasse
Stephansplatz
Stubentor
Wien Mitte
Landstrasse
Volkstheater
Museumsquartier
Stadtpark
Karlsplatz
Rochusgasse
Neubaugasse
Zieglergasse
Kettenbrückengasse
Taubstummengasse
Rennweg
Kardinal-Nagl-Platz
Pilgramgasse
Südbahnhof (gare centrale de Vienne)
Südtiroler Platz (gare centrale de Vienne)
Fasangasse
Matzleinsdorfer Platz
Keplerplatz
Reumannplatz
Gymnasiumstr
Billrothstr
Döblinger Hauptstr
Währinger Gürtel
Liechtensteinstr
Spittelauer Lände
Brigittenauer Lände
Klosterneuburger Str
Jägerstr
Wallenstein Str
Nordwestbahnstr
Wasnergasse
Innstr
Engerthstr
Handelskai
Vorgartenstr
Mexikoplatz
Vorgartenstrasse
Ennsgasse
Lassallestr
Nordbahnstr
Ausstellungsstr
Taborstr
Obere Augartenstr
Untere Augartenstr
Rembrandtstr
Rossauer Lände
Alserbachstr
Währinger Str
Türkenstr
Hörlgasse
Maria-Theresien-Str
Obere Donaustr
Praterstr
Hauptallee
Spitalgasse
Alser Str
Landesgerichtstr
Josefstädter Str
Lerchenfelder Str
Neustiftgasse
Burggasse
Westbahnstr
Untere Donaustr
Weissgerberlände
Löwengasse
Vordere Zollamtstr
Hetzgasse
Kegelgasse
Marxergasse
Invalidenstr
Beatrixgasse
Schüttelstr
Erdberger Lände
Rochusplatz
Wassergasse
Erdbergstr
Hainburger Weg
Landstrasser Hauptstr
Ungargasse
Neulinggasse
Juchgasse
Reisnerstr
Rennweg
Schlachthausgasse
Vienne
Lindengasse
Mariahilfer Str
Gumpendorfer Str
Rechte Wienzeile
Margaretenstr
Wiedner Hauptstr
Favoritenstr
Belvederegasse
Linke Wienzeile
Schönbrunner Str
Margaretenstr
Reinprechtsdorfer Str
Rampersdorffergasse
Zentagasse
Spengergasse
Kliebergasse
Rainergasse
Wiedner Gürtel
Landstrasser Gürtel
Ghegastr
Arsenalstr
Leberstr
Margaretengürtel
Gaudenzdorfer Gürtel
Flurschützstr
Eichenstr
Landgutgasse
Sonnwendgasse
Gudrunstr
Quellenstr
Triester Str
Kundratstr
Gussriegelstr
Neilreichgasse
Davidgasse
Inzersdorfer Str
Laxenburger Str
Favoritenstr
Ettenreichgasse
Steudelgasse
Absberggasse
Geiselberg Str

LES QUARTIERS EN UN CLIN D'ŒIL

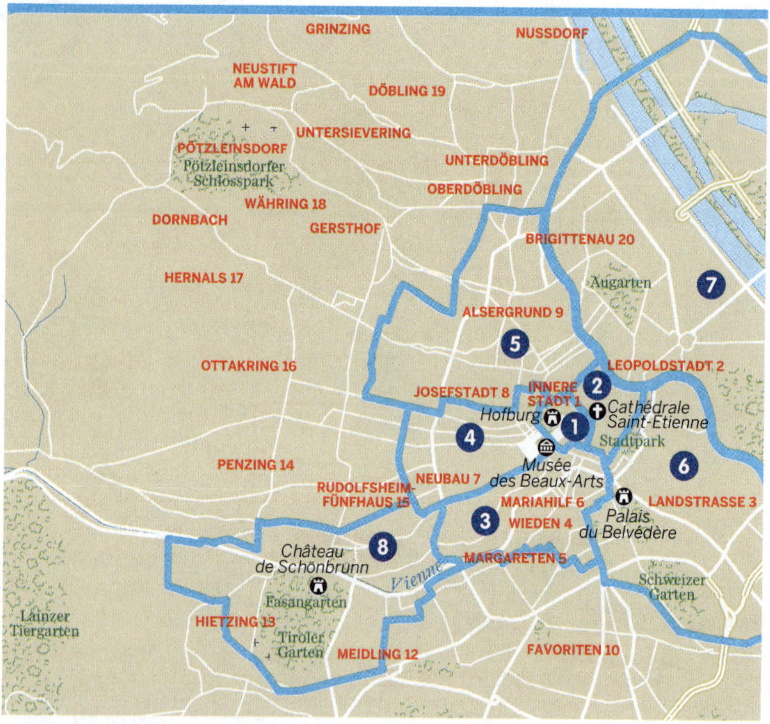

❶ Hofburg et environs (p. 59)

La splendeur impériale de Vienne culmine dans cette partie de l'Innere Stadt. Les sabots des chevaux des *Fiaker* (calèches) martèlent les pavés de ses rues tortueuses. Voisine du palais de la Hofburg – la résidence des Habsbourg regorgeant des trésors accumulés par la dynastie –, l'École espagnole d'équitation perpétue chaque jour la tradition. Sans compter les autres institutions muséales jalonnant les rues en direction de la Stephansplatz au nord.

❷ Cathédrale Saint-Étienne et centre historique (p. 71)

Le cœur de Vienne bat auprès du Stephansdom, son emblématique cathédrale gothique. Avec son lacis de ruelles pavées et d'élégantes artères jalonnées de bâtiments baroques, cette partie la plus ancienne de la ville englobe le quartier juif médiéval au nord-ouest, la portion qui descend à la rive sud du canal du Danube et les zones situées au nord-est et à l'est de la Stephansplatz.

❸ Karlsplatz et environs du Naschmarkt (p. 74)

Bordant le Ring à l'angle sud-est de l'Innere Stadt, ce quartier abrite le Staatsoper, l'opéra national de renommée mondiale, et s'étire au sud au-delà du Naschmarkt, le "ventre" de Vienne. Il couvre les *Vorstädte* (faubourgs intérieurs) les plus intéressants de la ville : Margareten, Mariahilf et Wieden. L'ambiance y est authentique, les occasions de se régaler sont nombreuses, et les sorties du soir multiples.

❹ MuseumsQuartier et Neubau (p. 79)

Temple de l'art ancien et contemporain à la fois, c'est le cœur de la culture viennoise.

À côté de l'incomparable musée des Beaux-Arts et de ses vieux maîtres, les anciennes écuries impériales sont devenues le très moderne Quartier des musées, immense complexe de musées, cafés, restaurants, bars et salles de spectacle. Mozart et Beethoven ont marqué à jamais le Burgtheater (reconstruit en style néo-Renaissance), où furent données certaines de leurs premières œuvres. À l'ouest, les tendances de la mode, de l'art et du design se dessinent dans le Neubau branché.

❺ Alsergrund et quartier universitaire (p. 88)

Enserré par les bâtiments de l'une des plus grandes universités d'Europe, Alsergrund (9e arrondissement) a compté Gustav Mahler et Karl Kraus au nombre de ses habitants. Dans ce quartier culturel émaillé d'églises et de places verdoyantes, Franz Schubert composait et Sigmund Freud explorait l'inconscient. Un héritage intellectuel resté sensible dans l'atmosphère de ses bars et cafés.

Au sud, Alsergrund touche Josefstadt (8e arrondissement), qui pulse au même rythme et respire la décontraction dans ses restaurants, cafés et boutiques. Plus à l'ouest, Ottakring (16e arrondissement) affiche une mixité ethnique, et une nouvelle génération de Viennois apporte un air de gentrification à Yppenplatz.

❻ Du Belvédère au canal (p. 94)

Fleuron de ce quartier artistique, le palais du Belvédère et ses jardins peuvent facilement occuper une journée de visite. Tout autour, on s'aventure volontiers jusqu'au bâtiment façon kaléidoscope du Kunst Haus Wien, sans oublier la richesse des sujets couverts par les musées, de l'histoire militaire aux faussaires. Depuis peu, de fantastiques cafés, traiteurs et restaurants rendent les pauses entre deux visites plus agréables.

❼ Prater et est du Danube (p. 96)

Leopoldstadt, le quartier juif, se révèle l'un des arrondissements les plus branchés et animés de Vienne. Ces derniers temps, outre les bars de plage le long du canal du Danube (Donaukanal), une vague de graffitis, de boutiques, restaurants, galeries et cafés en vogue déferlent sur ses ruelles encore paisibles. Le Prater trône en maître sur l'ensemble, du haut de sa célébrissime Riesenrad (grande roue). Plus à l'est s'étirent le Danube et l'île du Danube (Donauinsel) avec son aire de loisirs.

❽ Château de Schönbrunn et environs (p. 97)

Le jaune d'or des façades du château de Schönbrunn illumine ce quartier résidentiel aisé. À l'extérieur de l'enceinte, les ruelles de village dégagent une atmosphère de banlieue sage. Au nord, l'ensemble des quartiers attenants – Fünfhaus, Rudolfsheim et Ottakring – donne un aperçu intéressant de la vie quotidienne à Vienne.

♥ Appartements impériaux PALAIS

(Kaiserappartements ; carte p. 68 ; ☎01-533 7570 ; www.sisimuseum-hofburg.at/fr ; 01, Michaelerplatz ; adulte/enfant 15/9 €, avec musée Sissi et collection d'argenterie ; visite guidée 18/10,50 € ; ⌚9h-18h juil-août, 10h-17h sept-juin ; 🚊D, 1, 2, 71 Burgring, ⓤHerrengasse). Jadis résidence officielle de François-Joseph Ier et de l'impératrice Élisabeth (la fameuse Sissi), ces appartements se distinguent par leur opulence. Le **musée Sissi**, consacré à l'impératrice chérie des Autrichiens, met en scène, de manière assez lyrique mais non moins documentée, la vie fantasque pour l'époque d'Élisabeth, qui a enflammé l'imaginaire de générations entières. Reconstituée, la salle de gymnastique de Sissi souligne la modernité de cette femme très tôt retirée des fastes de la monarchie et partie jusqu'à Corfou retrouver les racines grecques antiques dans son Achilleion. Audioguide multilingue compris dans le prix d'entrée. La visite guidée couvre les appartements impériaux, le musée Sissi et la **collection d'argenterie** (Silberkammer ; ⌚9h-18h juil-août, 10h-17h sept-juin), à la prodigieuse ménagère avec surtouts et plats tout en argent pour 140 convives.

♥ Chambre du Trésor impérial MUSÉE

(Kaiserliche Schatzkammer ; carte p. 68 ; ☎01-525 24-0 ; www.kaiserliche-schatzkammer.at ; 01, Schweizerhof ; adulte/enfant 14 €/gratuit ; ⌚9h-17h30 mer-lun ; ⓤHerrengasse). On accède aujourd'hui aux joyaux de la couronne par la salle de garde des Suisses, qui veillaient jadis sur le palais. Outre deux vénérables couronnes impériales du Saint-Empire romain germanique – celle d'Otton Ier couronné en 962 et celle de Rodolphe II réalisée à Prague en 1602 –, la chambre du Trésor conserve une foule de pièces profanes comme sacrées d'une valeur inestimable. Au nombre des joyaux impériaux compte aussi le collier de l'ordre de la Toison d'or, devenu propriété des Habsbourg à la mort du dernier des ducs de Bourgogne (la fille de Charles le Téméraire ayant épousé un Habsbourg). Offert par la Ville de Paris, le berceau du roi de Rome est arrivé à Vienne dans les bagages de Marie-Louise (fille de Marie-Thérèse d'Autriche) et de l'Aiglon (plus connu ici sous le nom de duc de Reichstadt) lorsque tous deux gagnèrent Vienne après l'exil de Napoléon Ier à l'île d'Elbe. En parcourant les salles, on va d'émerveillement en émerveillement : rose en or, sabres turcs constellés de diamants, émeraude colombienne de 2 680 carats, immense dent de narval (2,40 m de long), coupe byzantine en agate si large (0,75 m) qu'elle passe pour le Saint Graal, manteau de cour des rois normands (XIIe siècle)... Côté ecclésiastique, des ostensoirs et reliquaires tapissés de pierres précieuses côtoient des reliques vénérées sous l'Empire : clou et fragments de la croix du Christ, épine de la couronne du Christ, parties du voile de sainte Véronique...

♥ Musées de la Neue Burg MUSÉES

(Neue Burg Museums ; carte p. 68 ; ☎01-525 24-0 ; www.khm.at ; 01, Heldenplatz, Hofburg ; adulte/enfant 16 €/gratuit ; ⌚10h-18h mar-dim, 10h-21h jeu, fermé lun sept-mai ; 🚊D, 1, 2, 71 Burgring, ⓤHerrengasse, Museumsquartier). Le Nouveau Palais de la Hofburg accueille trois musées. La **collection des Instruments de musique anciens** (Sammlung Alter Musik Instrumente) réunit des instruments de toutes formes, tailles et sonorités. Le **musée des Armes et des Armures** (Hofjägd und Rüstkammer) possède une belle collection d'armures anciennes, principalement des XVe et XVIe siècles. Enfin, le **musée d'Éphèse** (Ephesos Museum, voir p. 67). Le bille donne accès aux deux premiers musées, celui d'Éphèse est combiné avec la maison de l'Histoire d'Autriche. Audioguide : 6 €.

♥ École espagnole d'équitation SPECTACLE

(Spanische Hofreitschule ; carte p. 68 ; ☎01-533 90 31-0 ; www.srs.at ; 01, Michaelerplatz 1 ; billets 27-225 €, place debout 27 € ; ⌚horaires variables ; ⓤHerrengasse). Cette école d'équitation de renommée mondiale est une institution viennoise héritée de l'époque des Habsbourg. Inégalé, le spectacle équestre a pour vedettes des étalons lipizzans, jadis élevés au haras impérial de Lipica, en Slovénie (d'où leur nom). Dans une salle parée de lustres somptueux se déroule le ballet équestre sur fond de musique classique. Le public y assiste depuis deux balcons à colonnes superposés, voire debout en contrebas, s'agissant des places les moins onéreuses.

Il vous faudra réserver votre place assise plusieurs mois à l'avance. Les dates des représentations sont indiquées sur le site Internet de l'École, et les billets sont

VIENNE EN...

Deux jours

Prenez le tramway n°1 sur la Schwedenplatz (quai B) pour parcourir le Ring et avoir un aperçu des bâtiments qui le bordent. Descendez à Kärntner Strasse et marchez vers le cœur de la ville et sa grandiose cathédrale Saint-Étienne (p. 71). Poursuivez votre chemin jusqu'à la Hofburg (p. 59), avant de traverser le Ring pour rejoindre le musée des Beaux-Arts (p. 80) et sa fabuleuse collection. Reprenez des forces dans l'un des restaurants de l'Innere Stadt avant d'assister à un spectacle à l'Opéra national (p. 119).

Consacrez le 2e jour au château de Schönbrunn (p. 95) avant de regagner la ville et le MuseumsQuartier (p. 79), vaste ensemble de musées, cafés, restaurants et bars rassemblés dans les anciennes écuries impériales. Après un dîner en début de soirée au fameux Naschmarkt (p. 75), traversez la ville pour aller faire un tour sur la Riesenrad (p. 97). Terminez la journée en savourant un verre dans un *Beisl* (bistrot) traditionnel.

Quatre jours

Le 3e jour, commencez par explorer le Belvédère (p. 94), somptueux palais baroque du prince Eugène. Allez admirer la superbe *Frise Beethoven* de Klimt au pavillon de la Sécession (p. 74), puis terminez la soirée dans l'un des bars animés de la ville.

Le 4e jour, suivez le fil de vos envies. Si vous aimez la musique, vous pouvez découvrir la collection d'Instruments de musique anciens dans la Neue Burg (p. 64) du palais impérial. Après une pause dans un café, visitez la maison de la Musique (p. 72) ou la maison de Mozart (p. 72). Puis passez la soirée dans un club ou une salle de concert classique comme le Musikverein (p. 119), pour écouter les œuvres de Beethoven ou de Mozart dans les lieux où elles furent parfois données pour la première fois.

disponibles en ligne. Les spectacles ont généralement lieu à 11h le dimanche de mi-février à juin et de mi-août à décembre, mais des représentations supplémentaires sont souvent données le samedi et parfois en semaine. Pour obtenir une place debout dans la salle, il faut réserver au moins un mois à l'avance. Pendant les congés d'été, l'école accueille les représentations du haras de Piber, "*Piber meets Vienna*" (13-48 €).

Si, bien entendu, ces **représentations** restent la plus belle manière d'admirer les nobles créatures, d'autres formules permettent de les approcher. Le billet pour l'**entraînement du matin** (Morgenarbeit ; adulte/enfant 14/7,50 € ; ⏲10h-11h mar-sam) permet d'aller et de venir à loisir pendant les sessions d'entraînement.

Les **visites guidées** (1 heure ; adulte/enfant 19/10 € ; ⏲13h, 14h, 15h et 16h mar-dim), en anglais et en allemand, donnent accès à la salle de spectacle, aux écuries et autres installations. Possibilité de combiner **visite et entraînement du matin** (adulte/enfant 31/15 €). On peut se procurer des billets au centre des visiteurs de la Michaelerplatz. Ceux pour les entraînements matinaux s'achètent également à l'entrée, aux heures des sessions.

♥ Albertina MUSÉE D'ART

(Carte p. 68 ; www.albertina.at ; 01, Albertinaplatz 1 ; adulte/enfant 17,90 €/gratuit ; ⏲10h-18h, 10h-21h mer et ven ; 🚊D, 1, 2, 71 Kärntner Ring/Oper, Ⓤ Karlsplatz, Stephansplatz). Ce splendide hôtel particulier, dont les appartements accueillaient autrefois les invités des Habsbourg, réunit l'un des plus beaux fonds d'art graphique du monde. L'Albertina doit d'abord sa renommée à sa collection d'œuvres signées par Dürer, Michel-Ange, Raphaël, Rembrandt, Schiele ou Klimt, mais aussi à la collection Baltiner, qui réunit un ensemble de toiles de Monet à Picasso. Ses expositions temporaires sont chaque fois un événement culturel de premier plan. Les audioguides multilingues (4 €) couvrent toutes les sections, dispensant au passage l'histoire des lieux.

Musée du Monde ETHNOLOGIE

(Weltmuseum ; carte p. 68 ; www.weltmuseumwien.at ; Heldenplatz ; adulte/enfant 16 €/gratuit ; ⏲10h-18h jeu-lun, 21h mar ; 🚊D, 1, 2, 71 Burgring, Ⓤ Volkstheater, Museumsquartier).

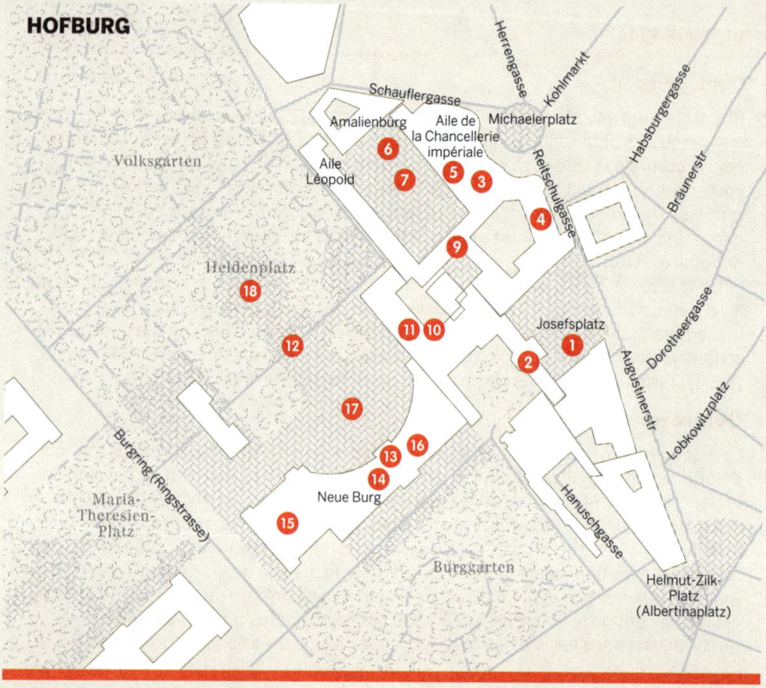

Visite de palais
La Hofburg

DURÉE 1 HEURE À 1 JOURNÉE

La Hofburg est un patchwork de bâtiments imposants. Entrez par la Michaelerplatz, à l'instar des monarques, pour profiter du meilleur effet. Allez ensuite admirer au sud l'harmonieuse 1 **Josefsplatz**, où trône une statue équestre de l'empereur Joseph II, et par laquelle on accède à la Prunksaal de la 2 **Bibliothèque nationale** (p. 67).

Revenu sur vos pas, admirez l'entrée officielle du palais, la 3 **Michaelertor**, encadrée de statues d'Hercule. Cette façade néobaroque en hémicycle, appelée Michaelertrakt, est délimitée par des fontaines évoquant la puissance de l'Autriche sur terre et sur mer. À gauche de l'entrée se trouvent l' 4 **École espagnole d'équitation** (p. 64) et son centre des visiteurs, et à droite les 5 **appartements impériaux** (p. 98).

Droit devant, on atteint la vaste cour 6 **In der Burg**, où la statue de l' 7 **empereur François Ier** rappelle qu'il fut le dernier de la longue lignée d'empereurs du Saint-Empire romain germanique, après la victoire napoléonienne d'Austerlitz.

Partie la plus ancienne de la Hofburg, la 8 **cour des Suisses** (Schweizerhof) doit son nom aux gardes suisses qui protégeaient autrefois le secteur. On y accède par une élégante porte Renaissance (1533), la 9 **Porte suisse**. La cour du XIIIe siècle donne accès à la 10 **chapelle impériale** (p. 118) et à la 11 **chambre du Trésor impérial** (p. 64).

En face de vous, la 12 **Heldenplatz** (place du Héros) et la 13 **Neue Burg** (Nouveau Palais) sont des agrandissements réalisés entre la seconde moitié du XIXe siècle et la Seconde Guerre mondiale. Dans cette dernière aile ont pris place les 14 **musées de la Neue Burg** (p. 64), ainsi que le 15 **musée du Monde**, et la 16 **maison de l'Histoire d'Autriche** (p. 67). Sur la vaste terrasse, Hitler a harangué la foule après l'*Anschluss*. Sur l'Heldenplatz, les statues du 17 **prince Eugène de Savoie** (la plus proche de la Neue Burg) et de l' 18 **archiduc Charles** (Charles d'Autriche) se font face. Rejoignez le Ring par l'Äusseres Burgtor (porte extérieure).

Après avoir effectué des travaux, le musée d'Ethnologie de Vienne, installé dans le corps de logis de la Neue Burg, a rouvert au public ses 14 salles présentant une multitude de merveilles de tous les continents ; parmi celles-ci, une grandiose parure aztèque en plumes de quetzal, véritable pièce maîtresse du musée.

Le billet d'entrée donne accès à la collection des Instruments de musique anciens (Sammlung Alter Musik Instrumente) et au musée des Armes et des Armures de la Neue Burg (Hofjägd und Rüstkammer ; p. 64).

Maison de l'Histoire d'Autriche MUSÉE
(Haus der Geschichte Österreich, Hdgö ; carte p. 68 ; ☎01-534 10-805 ; www.hdgoe.at ; 01, Heldenplatz ; adulte/enfant avec musée d'Éphèse 8 €/gratuit ; ⏲10h-18h mar-dim, 10h-21h jeu ; 🚇D, 1, 2, 71 Burgring). Ouvert au sein de la Hofburg en 2018, le premier musée d'histoire contemporaine d'Autriche couvre la période allant du milieu du XIXe siècle à nos jours. Expositions, documents, photos et vidéos illustrent l'évolution politique, culturelle, économique et sociale du pays : la fondation de la Première République en 1918, l'occupation nazie, les thèmes des migrations, de la culture contestataire, de la démocratie et de la science. La collection s'enrichit au fil du temps et des événements marquant pour la population autrichienne, victoires au foot comprises ! Visites guidées (1 heure 30, adulte/enfant 4/3 €). Le billet donne également accès au **musée d'Éphèse** (Ephesos Museum) qui contient des objets mis au jour par des archéologues autrichiens entre 1895 et 1906 sur le site d'Éphèse, en Turquie.

Bibliothèque nationale BIBLIOTHÈQUE
(Nationalbibliothek ; carte p. 68 ; ☎01-534 10 ; www.onb.ac.at ; 01, Josefsplatz 1 ; adulte/enfant 8 €/gratuit ; ⏲10h-18h ven-mer, ⏲10h-21h jeu juin-sept, fermé lun oct-mai ; 🚇D, 1, 2, 71 Burgring, Ⓤ Herrengasse). L'Österreichische Nationalbibliothek, principale bibliothèque du pays, possède un impressionnant fonds de livres anciens, de cartes, de globes terrestres, ainsi que bien d'autres reliques. Créée par l'empereur Charles VI – dont la statue trône sous la coupole centrale couverte d'une fresque de Daniel Gran représentant son apothéose –, elle compte quelque 200 000 ouvrages savants reliés de cuir. Des volumes rares, pour la plupart du XVe siècle, sont exposés ouverts dans des vitrines, afin que chacun puisse en admirer les enluminures. Majestueux hall baroque construit entre 1723 et 1726, la **Prunksaal** (salle d'apparat) en constitue, aux dires de maints visiteurs, le principal attrait. Audioguide : 3 €.

Un billet combiné (19 €) couvre la visite du **musée de l'Espéranto** (Esperantomuseum ; carte p. 68 ; ☎01-534 10-425 ; www.onb.ac.at ; 01, Herrengasse 9, 1er ét. ; adulte/enfant 5 €/gratuit ; ⏲10h-18h mar-mer et ven-dim, 10h-21h jeu ; 🚇D, 1, 2, 71 Burgring, Ⓤ Herrengasse), du **musée des Globes** (Globenmuseum ; carte p. 68 ; ☎01-534 10-425; www.onb.ac.at ; 01, Herrengasse 9, rdc ; adulte/enfant 5 €/gratuit ; ⏲10h-18h mar-mer et ven-dim, 10h-21h jeu ; 🚇D, 1, 2, 71 Burgring, Ⓤ Herrengasse), du **musée du Papyrus** (Papyrusmuseum ; carte p. 68 ; ☎01-534 10-425 ; www.onb.ac.at ; 01, Heldenplatz ; adulte/enfant 5 €/gratuit ; ⏲10h-18h mar-mer et ven-dim, 10h-21h jeu ; 🚇D, 1, 2, 71 Burgring, Ⓤ Herrengasse), ainsi que du musée de la Littérature (Literaturmuseum ; p. 72).

Musée des Illusions MUSÉE
(Museum der Illusionen ; carte p. 68 ; ☎01-532 22 55 ; www.museumderillusionen.at ; Wallnerstrasse 4 ; adulte/enfant 13/9 € ; ⏲10h-18h lun-ven, 10h-19h sam-dim ; Ⓤ Herrengasse). Depuis son ouverture en 2017, ce site muséal fait tourner la tête à tous les visiteurs, petits et grands. Ses 40 illusions d'optique et installations interactives se jouent de nos sens : stéréogrammes (images 3D avec objets "cachés"), salles inclinées, mirages, kaléidoscope géant, salle des miroirs, tunnel d'images tournantes déjouant l'équilibre (malgré l'immobilité de l'allée centrale).

Burggarten JARDIN
(Jardin du château ; carte p. 68 ; www.bundesgaerten.at ; 01, Burgring ; ⏲6h-22h avr-oct, 7h-17h30 nov-mars ; 🚇D, 1, 2, 46, 49, 71 Burgring, Ⓤ Museumsquartier). GRATUIT Blotti derrière la Hofburg, le jardin d'agrément du palais impérial est une oasis verdoyante au milieu de l'agitation du Ring et de l'Innere Stadt. Un Mozart, de marbre, y ravit la vedette à François-Joseph, en grand uniforme. Du côté de l'Innere Stadt s'élèvent la **serre aux papillons** (Schmetterlinghaus ; carte p. 68 ; ☎01-533 85 70 ; www.schmetterlinghaus.at ; 01, Burggarten ; adulte/enfant 7/5,50 € ; ⏲10h-16h45 lun-ven, 10h-18h15

Innere Stadt

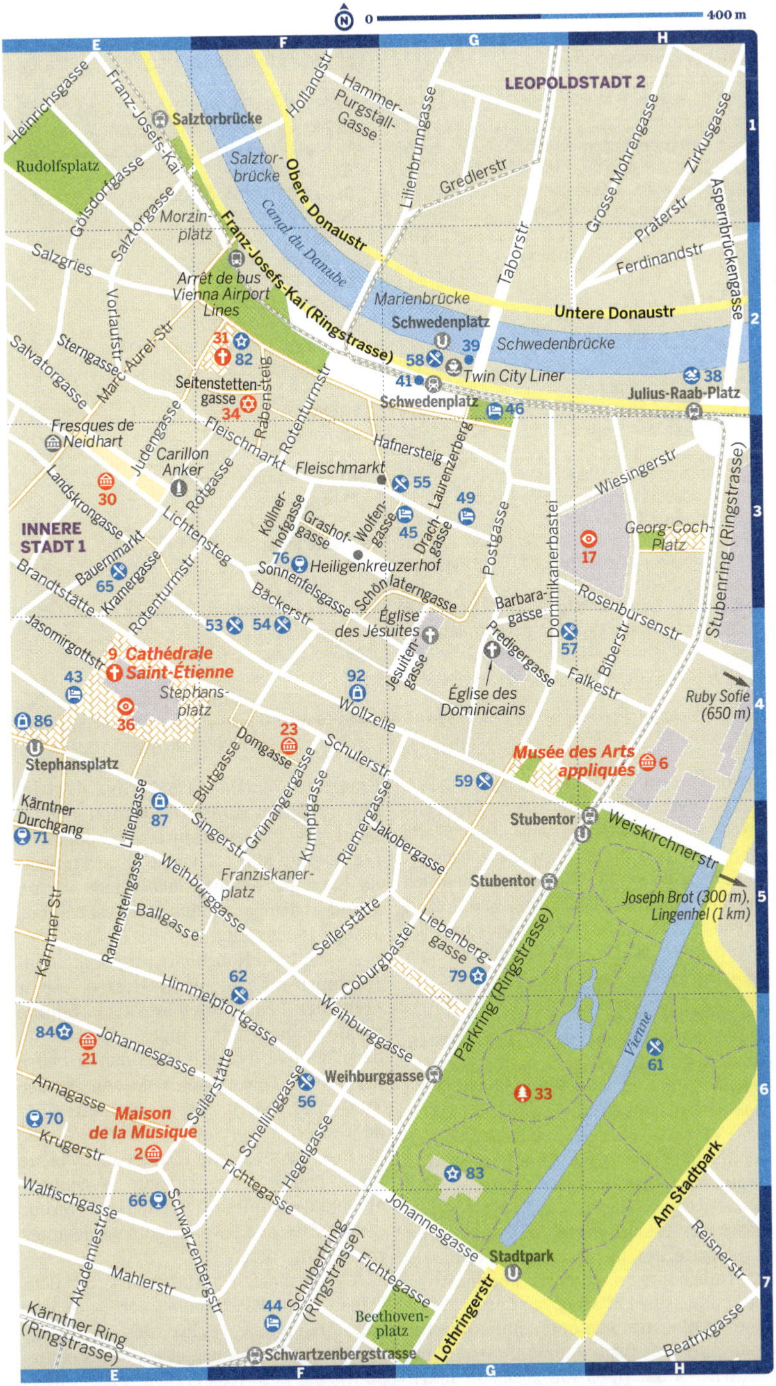
0
400 m
E
F
G
H
1
2
3
4
5
6
7
LEOPOLDSTADT 2
INNERE STADT 1
Heinrichsgasse
Rudolfsplatz
Franz-Josefs-Kai
Salztorbrücke
Salztor-brücke
Hollandstr
Hammer-Purgstall-Gasse
Lilienbrunngasse
Gredlerstr
Grosse Mohrengasse
Zirkusgasse
Praterstr
Ferdinandstr
Asperbrückengasse
Gölsdorfgasse
Salztorgasse
Morzin-platz
Obere Donaustr
Canal du Danube
Franz-Josefs-Kai (Ringstrasse)
Taborstr
Salzgries
Arrêt de bus Vienna Airport Lines
Vorlaufstr
Marienbrücke
Untere Donaustr
Schwedenplatz
Schwedenbrücke
39
58
Twin City Liner
41
Schwedenplatz
38
Julius-Raab-Platz
46
Salvatorgasse
Sterngasse
Marc-Aurel-Str
31
82
Seitenstetten-gasse
34
Rabensteig
Rotenturmstr
Fresques de Neidhart
Judengasse
Carillon Anker
Fleischmarkt
Fleischmarkt
Hafnersteig
Laurenzerberg
55
49
30
Rotgasse
Wiesingerstr
Stubenring (Ringstrasse)
Landskrongasse
Köllner-hofgasse
Grashof-gasse
Wolfen-gasse
45
Drach-gasse
Postgasse
Dominikanerbastei
Georg-Coch-Platz
17
Lichtensteg
Bauernmarkt
65
Kramergasse
76
Heiligenkreuzerhof
Sonnenfelsgasse
Schönlaterngasse
Barbara-gasse
Rosenbursenstr
Brandstätte
Rotenturmstr
Bäckerstr
53
54
Église des Jésuites
Predigergasse
57
Biberstr
Jasomirgottstr
9 Cathédrale Saint-Étienne
Jesuiten-gasse
Église des Dominicains
Falkestr
Ruby Sofie (650 m)
43
Stephans-platz
92
Wollzeile
86
36
23
Domgasse
Schulerstr
Musée des Arts appliqués
6
Stephansplatz
Blutgasse
Grünangergasse
Kumpfgasse
Riemergasse
59
Kärntner Durchgang
71
Liliengasse
87
Singerstr
Jakobergasse
Stubentor
Weiskirchnerstr
Stubentor
Franziskaner-platz
Weihburggasse
Joseph Brot (300 m), Lingenhel (1 km)
Kärntner Str
Rauhensteingasse
Ballgasse
Seilerstätte
Liebenberg-gasse
Coburgbastei
79
Himmelpfortgasse
62
Parkring (Ringstrasse)
84
21
Johannesgasse
Weihburggasse
Vienne
61
Seilerstätte
Weihburggasse
33
Annagasse
56
Maison de la Musique
70
Schellinggasse
Krugerstr
2
Hegelgasse
Am Stadtpark
83
Walfischgasse
66
Fichtegasse
Schwarzenbergstr
Johannesgasse
Reisnerstr
Akademiestr
Stadtpark
Schubertring (Ringstrasse)
Mahlerstr
Fichtegasse
Lothringerstr
44
Kärntner Ring (Ringstrasse)
Beethoven-platz
Beatrixgasse
Schwartzenbergstrasse

Innere Stadt

Les incontournables

1 Albertina D6
2 Maison de la Musique E6
3 Hofburg C5
4 Appartements impériaux C4
5 Chambre du Trésor impérial C5
6 Musée des Arts appliqués H4
7 Musées de la Neue Burg C6
8 Opéra national D7
9 Cathédrale Saint-Étienne E4

À voir

10 Église des Augustins C5
11 Maison de Beethoven B2
12 Burggarten C6
13 Chapelle impériale C5
14 École espagnole d'équitation C4
15 Musée de l'Espéranto C4
Musée des Globes .... (voir 15)
16 Maison de l'Histoire d'Autriche C5
17 Caisse d'épargne de la Poste H3
18 Musée juif de Vienne D5
19 Crypte impériale D5
Église des Capucins .... (voir 19)
20 Kunstforum C3
21 Musée de la Littérature E6
22 Ruines romaines de la Michaelerplatz . C4
23 Maison de Mozart F4
24 Musée des Illusions C3
25 Musée de la Judenplatz D2
26 Bibliothèque nationale C5
27 Musée du Papyrus C6
28 Mémorial de l'Holocauste D2
29 Musée du Monde B6
30 Musée romain E3
31 Église Saint-Rupert F2
32 Serre aux papillons C6
Collection d'argenterie .... (voir 4)
Musée Sissi .... (voir 4)
33 Stadtpark G6
34 Stadttempel F2
35 Musée du Théâtre D5
36 Catacombes de la cathédrale E4
37 Judenplatz D2

Activités

38 Badeschiff H2
39 DDSG Blue Danube G2
40 Redbus City Tours D6
41 Ring Tram G2

Où se loger

42 Aviano D6
43 DO & CO E4
44 Grand Ferdinand F7
45 Hotel Austria G3
46 Hotel Capricorno G2
47 Hotel Sacher D6
48 Pertschy Palais Hotel D4
49 Ruby Lissi G3

sam-dim avr-oct, 10h-15h45 nov-mars ; D, 1, 2, 71 Burgring, Karlsplatz) et une fort belle **serre aux palmiers** (Palmenhaus ; carte p. 68 ; 01-533 10 33 ; www.palmenhaus.at ; 01, Burggarten ; 10h-23h lun-jeu, 10h-minuit ven, 9h-minuit sam, 9h-22h dim ; D, 1, 2, 71 Burgring, Karlsplatz, Museumsquartier) de facture Jugendstil (Art nouveau), qui abrite un café.

Crypte impériale de l'église des Capucins — MAUSOLÉE

(Kapuzinergruft ou Kaisergruft ; carte p. 68 ; www.kapuzinergruft.com ; 01, Tegethoffstrasse 2 ; adulte/enfant 8/4,80 €, avec visite guidée 10,50/7,50 € ; 10h-18h ; Stephansplatz). Depuis 1633, la crypte sous l'**église des Capucins** (Kapuzinerkirche ; carte p. 68 ; www.erzdioezese-wien.at ; 8h-18h ; Stephansplatz) est la dernière demeure de la majorité des membres de la dynastie des Habsbourg, y compris l'impératrice Sissi, assassinée à Genève. Cette imposante et glaçante nécropole impériale fut "inaugurée" par sa commanditaire, l'impératrice Anne (1585-1618), et son mari, l'empereur Matthias (1557-1619), dont les corps y furent transférés dès son achèvement. Mais le tombeau le plus pompeux est celui de Marie-Thérèse et de François de Lorraine, étendus face à face sur un grand lit d'apparat. Plus sobre est celui de Joseph II, leur fils.

Au total, 149 Habsbourg y reposent, dont 12 empereurs, 19 impératrices et moult archiducs. Seuls 3 membres de la famille royale manquent à l'appel : Charles Ier, dernier de la dynastie, inhumé en exil à Madère (à la différence de son épouse Zita, enterrée ici) ; Marie-Antoinette (fille de Marie-Thérèse), morte à Paris ; le duc de Reichstadt, fils de Napoléon Ier et de Marie-Louise – pour lequel l'occupant allemand organisa un "médiatique" retour des cendres aux Invalides, un siècle après celui de son père.

À leur mort, les Habsbourg faisaient l'objet d'une dissection en sorte que leur cœur rejoignait l'église des Augustins contiguë à la Hofburg et les urnes contenant leurs entrailles étaient placées dans

Où se restaurer

50 Bitzinger Würstelstand am Albertinaplatz D6
51 Brezl Gwölb D2
52 Café Mozart D6
53 Figlmüller F4
54 Figlmüller F4
55 Griechenbeisl G3
56 Huth Gastwirtschaft F6
57 Marco Simonis Bastei 10 .... G4
Meierei im Stadtpark .... (voir 62)
58 Motto am Fluss G2
59 Plachutta G4
60 Simply Raw Bakery D3
61 Steirereck H6
62 Tian F5
63 Trześniewski D4
64 Vegiezz C7
65 Wrenkh E3

Où prendre un verre et faire la fête

66 1516 Brewing Company E7
67 Café Central C3
68 Café Leopold Hawelka D4
Café Sacher .... (voir 47)
69 Demel C4
70 Kruger's American Bar E6
71 Loos American Bar E5
Meinl's Weinbar .... (voir 58)
72 Needle Vinyl Bar D2
73 Palmenhaus C6
74 Volksgarten ClubDiskothek A5
75 Why Not? D2
76 Zwölf Apostelkeller F3

Où sortir

77 Bundestheaterkassen D6
Bureau des réservations pour les concerts des Petits Chanteurs .... (voir 13)
78 Burgtheater A3
79 Gartenbaukino G5
80 Salles de concert de la Hofburg C5
81 Info unter den Arkaden D7
82 Jazzland F2
83 Kursalon G6
84 Metro Kinokulturhaus E6
85 Opéra national D7
Wien-Ticket Pavillon .... (voir 84)

Achats

86 Altmann & Kühne E4
87 Cuisinarum E4
88 Dorotheum D5
89 Freytag & Berndt C4
90 J&L Lobmeyr Vienna D6
Julius Meinl am Graben .... (voir 58)
91 Palais Ferstel C3
92 Wald & Wiese F4
93 Zuckerlwerkstatt C4

l'une des niches réservées aux Habsbourg dans les catacombes de la cathédrale.

Visites guidées (1 heure) en anglais (15h30) ou en allemand (14h) du mercredi au samedi.

Église des Augustins — ÉGLISE

(Augustinerkirche ; carte p. 68 ; ☎01-533 70 99 ; augustinerkirche.augustiner.at ; 01, Augustinerstrasse 3 ; ⌚7h30-17h30 lun, mer et ven, 7h30-19h15 mar et jeu, 9h-19h30 sam-dim ; Ⓤ Stephansplatz, Herrengasse). C'est ici qu'Elisabeth de Wittelsbach (Sissi) épousa François-Joseph le 24 avril 1854. Le véritable attrait de cette église gothique du XIVe siècle réside moins dans son intérieur blanc et voûté que dans la *Herzgruft*, la crypte où dorment les cœurs de 54 Habsbourg dans des urnes d'argent. Celle-ci est ouverte au public le dimanche après la messe de 11h (avec chœur et orchestre) – arrivez vers 12h30. On remarquera aussi sur la droite une émouvante entrée de tombeau en marbre signée Canova, le cénotaphe d'une fille de Marie-Thérèse d'Autriche.

Concerts de musique classique réguliers le soir (programme en ligne : hochamt.augustiner.at). Lors d'une visite, on peut surprendre une répétition de la chorale.

Ruines romaines de la Michaelerplatz — SITE ROMAIN

(Carte p. 68 ; 01, Michaelerplatz ; Ⓤ Herrengasse). GRATUIT Au beau milieu des glorieuses façades alentour et des calèches au garde-à-vous, les ruines romaines de la Michaelerplatz nous ramènent à un peu moins de pompe : ces vestiges antiques auraient été le lieu d'un lupanar pour les troupes de centurions.

Cathédrale Saint-Étienne et centre historique

Cathédrale Saint-Étienne — CATHÉDRALE

(Stephansdom ; carte p. 68 ; www.stephanskirche.at ; 01, Stephansplatz 3 ; adulte/enfant avec audioguide ou visite guidée 6/2,50 €, billet "tout compris" 16/5 € ; ⌚9h-11h30 et 13h-16h30 lun-sam, 13h-16h30 dim ; Ⓤ Stephansplatz). Cœur de la cité, ce chef-d'œuvre d'architecture gothique est l'enfant chéri des Viennois, qui le surnomment "Steffl" (Petit Étienne). De l'église qui se dressait ici jusqu'au XIIe siècle demeurent la **Riesentor** (portail des Géants) romane et les **Heidentürme** (tours des Païens). Outre sa splendide **toiture** en tuiles vernissées, avec des rangées de chevrons sur un pan et l'aigle impérial sur l'autre, le sanctuaire a pour fleuron intérieur sa magnifique **chaire** en pierre gothique, réalisée en 1515 par l'architecte-sculpteur morave Anton Pilgram, qui s'est représenté passant la tête par la fenêtre, un ciseau à pierre à la main (au-dessus de la chaire). Ne manquez pas la rampe, ornée de salamandres et de crapauds engagés dans l'éternel combat du Bien contre le Mal.

À l'extrémité de la nef principale, au-dessus du **maître-autel** baroque, un tableau figure la lapidation de saint Étienne. La chapelle située à gauche du chœur abrite le **retable de Wiener Neustadt** (1447), et celle à droite, le **tombeau de Frédéric III**, de style Renaissance, en marbre rouge. Sous son règne, la ville devint un évêché (et l'église, une cathédrale) en 1469. La nef principale est fermée lors des messes (jusqu'à 8/j).

Les visites guidées de l'intérieur de la cathédrale (40 min) ont lieu du lundi au samedi à 10h30 (en anglais) et 15h (en allemand). Le billet "tout compris" inclut un audioguide, et étend la visite guidée (2 heures 30, 9h-17h30) aux **catacombes** (Katakomben ; ☎01-515 523 054 ; circuit 30 min adulte/enfant 6/2,50 € ; ⏲10h-11h30 et 13h30-16h30 lun-sam, 13h30-16h30 dim), ainsi qu'à la **tour sud** (Südturm ; adulte/enfant 5,50/2 € ; ⏲9h-17h30), d'où la vue sur les toits de l'Innere Stadt est spectaculaire, et à la **tour nord** (Pummerin ; adulte/enfant 6/2,50 € ; ⏲9h-17h30), avec son bourdon de 21 tonnes. De juillet à septembre, par beau temps, une visite des combles (1 heure 15) en anglais et en allemand est proposée le samedi soir à 19h : après l'ascension d'un escalier en colimaçon de 120 marches, la promenade le long de la toiture offre des vues exceptionnelles sur les toits et l'ensemble de la ville.

Le site Internet www.dommusik-wien.at dresse la liste des concerts et événements qui ont lieu dans la cathédrale. La messe de 10h15 le dimanche (9h30 en juillet et août), célébrée avec un chœur au grand complet, mérite le détour. Billets disponibles en ligne sur www.kunstkultur.com.

♥ Maison de la Musique — MUSÉE

(Haus der Musik ; carte p. 68 ; www.hausder-musik.com ; 01, Seilerstätte 30 ; adulte/enfant -12 ans 16/7 €, demi-tarif adulte après 20h, avec maison de Mozart 20/8 € ; ⏲10h-22h ; 👪 ; 🚊2, 71 Schwarzenbergplatz, Ⓤ Karlsplatz). Dans ce musée ludique et interactif, l'univers du son est expliqué aux adultes comme aux enfants (en anglais et en allemand). Les expositions, réparties sur 4 niveaux, couvrent tout le thème, de l'Orchestre philharmonique de Vienne aux bruits de la rue. Entre les différents niveaux, l'escalier joue le rôle d'un piano interactif. La cour vitrée du rez-de-chaussée accueille des événements musicaux.

♥ Musée de la Littérature — MUSÉE

(Literaturmuseum ; carte p. 68 ; www.onb.ac.at/museen/literaturmuseum ; 01, Grillparzerhaus, Johannesgasse 6 ; adulte/enfant 7 €/gratuit ; ⏲10h-18h mar-mer et ven-dim, 10h-21h jeu ; Ⓤ Stephansplatz). Un bâtiment Biedermeier (1844) héberge ce musée inauguré en 2015. Il rassemble livres, manuscrits, lettres, photos, illustrations et effets personnels (leurs bureaux notamment) des plus éminents auteurs, dramaturges et poètes autrichiens, du XVIIIe siècle à nos jours, au nombre desquels Günther Anders, Ingeborg Bachmann, Peter Handke, Robert Menasse, Herta Müller et Hilde Spiel. Grâce à un ensemble de 550 heures d'enregistrements audio, il est aisé d'écouter extraits et citations. Brochures explicatives en anglais.

♥ Maison de Mozart — MUSÉE

(Mozarthaus Vienna ; carte p. 68 ; ☎01-512 17 91 ; www.mozarthausvienna.at ; 01, Domgasse 5 ; adulte/enfant 12/4,50 €, avec maison de la Musique 20/8 € ; ⏲10h-18h ; Ⓤ Stephansplatz). Entre 1784 et 1787, Mozart passa 2 années et demie heureuses et prolifiques dans cette maison. Si l'exposition se résume pour l'essentiel à des copies de partitions et des tableaux, l'audioguide gratuit offre une immersion dans l'histoire de Mozart et de son époque. Le célèbre compositeur vécut en tout 11 ans à Vienne. Il y changea souvent de résidence, s'installant, aux périodes moins fastes, de l'autre côté du Ring, dans des faubourgs modestes. De ses multiples habitations ne subsiste que celle-ci.

Promenade à pied
Le centre historique

DÉPART CATHÉDRALE SAINT-ÉTIENNE
ARRIVÉE GRABEN
DISTANCE 3 KM
DURÉE 1 HEURE 30 À 5 HEURES

Commencez par le cœur vibrant de la cité, sa 1 **cathédrale Saint-Étienne** (p. 71), puis remontez un peu la Kärntner Strasse avant de vous glisser jusqu'à la 2 **maison de Mozart** (p. 72), où le compositeur passa 3 ans.

Quelques venelles vous mèneront à l' 3 **église des Jésuites**, dont l'incroyable trompe-l'œil crée l'illusion d'une coupole, et à l' 4 **église des Dominicains** (1634), qui témoigne des débuts du baroque.

Pénétrez dans la 5 **Heiligenkreuzerhof** côté est en journée (à la nuit tombée, l'entrée se fait par la Grasshofgasse). À Noël, cette charmante cour se couvre de décorations traditionnelles. Le 6 **Fleischmarkt**, très fréquenté, est au cœur du quartier grec constitué par les marchands venus d'Hellade à partir du XVIIIe siècle. Gravissez les escaliers et faites une pause dans l'un des bars animés du "Triangle des Bermudes" sur la 7 **Judengasse**, centre du vieux quartier juif. Plus ancienne place de Vienne, la Hoher Markt est aujourd'hui une zone commerçante. Arrêtez-vous devant le 8 **carillon Anker**, chef-d'œuvre mécanique Jugendstil dont les personnages historiques indiquent l'heure. Au 9 **Musée romain** (p. 74) sont préservées des ruines datant du Ier au Ve siècle. Ne manquez pas les scènes médiévales dont témoignent les 10 **fresques de Neidhart** (Neidhart-Fresken ; carte p. 68 ; ☎01-535 90 65 ; www.wienmuseum.at ; 01, Tuchlauben 19 ; adulte/enfant 5 €/gratuit ; ⏲10h-13h et 14h-18h mar-dim ; Ⓤ Stephansplatz) de 1407, avant de rallier l' 11 **église Saint-Pierre**, son majestueux maître-autel et sa coupole à la fresque signée par Johann Michael Rottmayr. Au nord-ouest, une grande colonne mariale domine la place 12 **Am Hof**. En remontant le Graben vers la Stephanplatz, voyez au sous-sol le décor d'acajou et de marbre des 13 **toilettes publiques d'Adolf Loos**, avant d'atteindre la grande 14 **colonne de la Peste** (1693), à la mémoire des 75 000 victimes viennoises.

Judenplatz QUARTIER

Centre de la communauté juive viennoise du XIIIe au XVe siècle, la Judenplatz accueille un **mémorial de l'Holocauste** (Holocaust Denkmal ; carte p. 68 ; 01, Judenplatz ; U Stephansplatz, Herrengasse) dédié aux 65 000 juifs autrichiens victimes de l'extermination nazie. L'œuvre monumentale de l'artiste contemporaine britannique Rachel Whiteread représente une bibliothèque dont le dos des livres est tourné vers l'intérieur, rendant impossible d'en lire les titres. Il symbolise les histoires non dites des disparus. Les noms des camps de concentration autrichiens sont inscrits sur son socle.

Juste en face se trouve l'entrée du **musée de la Judenplatz** (Museum Judenplatz ; carte p. 68 ; ☎01-535 04 31 ; www.jmw.at ; 01, Judenplatz 8 ; adulte/enfant avec Musée juif 12 €/gratuit ; ⊙10h-18h dim-jeu, 10h-14h ven ; U Stephansplatz, Herrengasse), installé dans le palais Eskeles. Ce musée dévoile les fondations de la synagogue médiévale, dont la destruction fut ordonnée en 1421 par le duc Albert V. Une vidéo et de nombreux objets documentent l'histoire du judaïsme à Vienne.

Partant du présent (et des problématiques actuelles), la nouvelle présentation de l'institution mère qu'est le **Musée juif de Vienne** (Jüdisches Museum ; carte p. 68 ; ☎01-535 04 31 ; www.jmw.at ; 01, Dorotheergasse 11 ; adulte/enfant avec musée de la Judenplatz 12 €/gratuit ; ⊙10h-18h dim-ven ; U Stephansplatz) remonte jusqu'aux origines médiévales de la communauté juive. Archives accessibles et visite virtuelle des synagogues détruites. Billet combiné valable 4 jours.

Stadttempel SYNAGOGUE

(Carte p. 68 ; ☎01-531 04-0 ; www.ikg-wien.at ; 01, Seitenstettengasse 4 ; visites adulte/enfant 5 €/gratuit ; ⊙visites guidées 10h lun-ven ; 1, 2 Schwedenplatz, U Schwedenplatz). Achevée en 1826, la grande synagogue de Vienne, pouvant accueillir 500 fidèles, respecte à la lettre les consignes de discrétion architecturale (on dirait un simple immeuble de l'extérieur) contenues dans l'édit de Tolérance (Toleranzpatent) promulgué par Joseph II en 1781 et accordant à toutes les communautés religieuses non catholiques la liberté de culte à condition de ne pas s'afficher. Ainsi, ce fut la seule des 94 synagogues de Vienne à survivre aux pogroms de novembre 1938.

Affichant un délicieux style Biedermeier, la salle de prière est flanquée de 12 colonnes ioniques et surmontée d'une coupole. Document d'identité demandé à l'entrée.

Caisse d'épargne de la Poste ÉDIFICE REMARQUABLE

(Postsparkasse ; carte p. 68 ; www.ottowagner.com ; 01, Georg-Coch-Platz 2 ; ⊙8h-17h lun-ven ; U Schwedenplatz, Stubentor). GRATUIT Élevé entre 1903 et 1912, le bâtiment Jugendstil de la Caisse d'épargne de la Poste est l'œuvre de l'architecte autrichien Otto Wagner, qui en signa aussi l'aménagement intérieur et le mobilier. Joliment éclairée la nuit, cette œuvre d'art totale à la façade de marbre gris sertie de 17 000 clous fait la part belle au verre, au béton armé et surtout à l'aluminium, des matériaux d'une grande modernité pour l'époque. Lors de nos recherches, le bâtiment était fermé pour rénovation jusqu'à nouvel ordre.

Musée romain MUSÉE

(Römermuseum ; carte p. 68 ; ☎01-535 56 06 ; www.wienmuseum.at ; 01, Hoher Markt 3 ; adulte/enfant 7 €/gratuit ; ⊙9h-18h mar-dim ; U Stephansplatz). Ces ruines romaines peu étendues, datant du Ier au Ve siècle, offrent une plongée dans la vie quotidienne du camp romain de Vindobona. On peut y voir les vestiges de murs, des sols carrelés et une petite exposition d'objets, ainsi qu'un film en 3D sous-titré en anglais.

Karlsplatz et environs du Naschmarkt

Pavillon de la Sécession MUSÉE

(Secession ; carte p. 78 ; www.secession.at ; 01, Friedrichstrasse 12 ; adulte/enfant 9,50/6 € ; ⊙10h-18h mar-dim ; U Karlsplatz). En 1897, 19 artistes progressistes s'éloignèrent de l'establishment artistique de la Künstlerhaus pour former la Sécession viennoise (*Wiener Secession*). Parmi eux figuraient Gustav Klimt, Josef Hoffmann, Kolo Moser et Josef Maria Olbrich. Le nouveau centre d'exposition des sécessionnistes fut dessiné par Olbrich, qui allia fonctionnalité épurée et éléments stylistiques. Le bâtiment même est un manifeste, comme l'indique le mot d'ordre en façade : "À chaque époque son art, à l'art sa liberté."

La pièce maîtresse du lieu est la *Frise Beethoven*, de Klimt. Illustrant la synergie entre les arts (notion-clé de la Sécession),

À NE PAS MANQUER

LE NASCHMARKT

Plus célèbre marché viennois, le **Naschmarkt** (carte p. 78 ; www.naschmarkt-vienna.com ; 06, Linke & Rechte Wienzeile ; marchands 6h-19h30 lun-ven, 6h-17h sam, restaurants 6h-23h/minuit lun-sam ; ; Karlsplatz, Kettenbrückengasse) réunit marchands alimentaires et petits restaurants à l'abri de pavillons rétro bordant une longue allée, entre deux artères. Ce fut initialement un simple marché de producteurs au XVIIIe siècle, lorsque le marché aux fruits de la Freyung historique fut déplacé ici. Une curieuse loi de 1793 disposait que les fruits et légumes entrant en ville par chariot devaient être vendus au Naschmarkt, alors que tout ce qui arrivait par bateau pouvait se vendre sur les quais.

Les fruits d'Orient affluèrent, les ancêtres des actuels stands de saucisses se dressèrent, et certaines sections furent réservées au charbon, au bois et aux outils et machines agricoles. Il prit officiellement le nom de Naschmarkt ("marché de bouche") en 1905, quelques années après la canalisation de la rivière Vienne dans un sarcophage de pierre et de béton à ciel ouvert. Cet aménagement urbanistique réalisé sous la houlette d'Otto Wagner (parallèlement à la création du réseau métropolitain) fut une bénédiction pour le Naschmarkt, car elle lui permit de s'étendre. En 1965, le marché a été sauvé (de peu) de la destruction. Très apprécié aujourd'hui, le Naschmarkt se prolonge aussi le samedi par un **marché aux puces** (Flohmarkt ; carte p. 78 ; 05, Linke Wienzeile ; 6h30-18h30 sam ; Kettenbrückengasse).

À proximité du marché, de part et d'autre de la double artère, se dressent plusieurs édifices caractéristiques du Jugendstil, et notamment **deux immeubles d'habitation** (carte p. 78 ; 38 et 40, Linke Wienzeile ; Kettenbrückengasse), qui sont l'œuvre d'Otto Wagner (1898) : ces réalisations connues sous les noms de "maison aux Majoliques" (*Majolikahaus*), au n°40, et "maison aux Médaillons", au n°38, présentent en façade de remarquables ornementations florales, ainsi que des décors de stucs dorés.

elle fut l'une des œuvres présentées autour d'une statue de Beethoven à la 14e exposition du groupe (1902). Tout en dorures et jeu de lumières coupés de plages blanches, elle couvre 3 hauts panneaux transférés en sous-sol depuis 1983, pour son exposition permanente. Visites guidées (1 heure, 3 €) le samedi à 11h en anglais et à 14h en allemand. L'audioguide coûte 3 €.

♥ Église Saint-Charles — ÉGLISE

(Karlskirche ; carte p. 89 ; www.karlskirche.eu ; 04, Karlsplatz ; adulte/enfant 8/4 € ; 9h-18h lun-sam, 11h-18h dim ; Karlsplatz). Construite entre 1716 et 1739, à la suite du serment, prononcé par Charles VI à la fin de l'épidémie de peste de 1713, de faire bâtir une église consacrée à saint Charles Borromée, la Karlskirche, à l'angle sud-est du Resselpark, est la plus belle église baroque de Vienne, avec une étonnante façade à l'antique se reflétant dans le grand miroir d'eau à ses pieds. Elle fut imaginée et commencée par Johann Bernhard Fischer von Erlach et achevée par son fils Joseph. L'énorme **coupole** ovale atteint 72 m de haut. Un ascenseur (compris dans le prix d'entrée) permet de monter dans le dôme pour admirer la fresque de Johann Michael Rottmayr.

♥ Opéra national — ÉDIFICE REMARQUABLE

(Staatsoper ; carte p. 68 ; 01-514 44 2250 ; www.wiener-staatsoper.at ; 01, Opernring 2 ; D, 1, 2, 62, 71 Kärntner Ring/Oper, Karlsplatz). Rares sont les salles de concert à pouvoir rivaliser avec l'Opéra national, temple néo-Renaissance de l'opéra et de la danse classique à Vienne. Si vous n'avez pas pu obtenir de billets pour y assister à un spectacle (p. 119), au moins aurez-vous un aperçu de la magnificence architecturale et du génie musical qui ont forgé ce bastion culturel en vous joignant à la visite guidée en anglais et en allemand (40 min, adulte/enfant 12/7 €) qui démarre généralement toutes les heures entre 10h et 16h.

Construit entre 1861 et 1869 par August Sicard von Sicardsburg et Eduard Van Der Nüll, l'Opéra national a tout d'abord choqué la population viennoise et la famille Habsbourg qui le surnommèrent la "tortue de pierre". L'endroit n'en accueillit pas moins certains des plus illustres directeurs de l'histoire, dont Gustav Mahler, Richard Strauss et Herbert von Karajan.

Le fonds de l'ancien musée de l'Opéra national, fermé en 2014, est actuellement exposé au **musée du Théâtre** (Theatermuseum ; carte p. 68 ; ☎01-525 24 2729 ; www.theatermuseum.at ; 01, Lobkowitzplatz 2 ; adulte/enfant 12 €/gratuit ; ⏲10h-18h mer-lun ; 🚊D, 1, 2, 62, 71 Kärntner Ring/Oper, ⓊStephansplatz), près de la Hofburg.

On découvre, à la faveur des visites guidées, certains éléments phares de l'opéra comme le foyer, jalonné de bustes de Beethoven, de Schubert et de Haydn, ainsi que de fresques d'opéras célèbres, ou encore l'escalier surmonté de statues allégoriques en marbre incarnant les arts libéraux. Le **salon de thé** arbore quant à lui un éblouissant décor en feuilles d'or de 22 carats, tandis que le **foyer Schwind** captive les visiteurs avec ses 16 peintures à l'huile sur l'opéra, réalisées par l'artiste autrichien Moritz von Schwind. Enfin, le **hall Gustav Mahler** est paré de tapisseries inspirées de *La Flûte enchantée*. La visite permet également d'observer, depuis les coulisses, cette

VIENNE POUR LES ENFANTS

Partout accueillis à bras ouverts, les jeunes voyageurs se réservent à Vienne un séjour exemplaire. Dans les musées, un parcours bambins agrémente souvent leur découverte du site, des expositions leur sont même spécifiquement destinées, sans compter activités et ateliers. Des portions adaptées sont servies à de nombreuses tables, et les aires de jeux ne manquent guère pour libérer toute leur énergie !

Au sein du MuseumsQuartier, il existe même un office du tourisme dédié, le **WienXtra-Kinderinfo** (carte p. 78 ; ☎01-4000 84 400 ; www.wienxtra.at/kinderaktiv ; 07, Museumsplatz 1 ; ⏲14h-18h mar-ven, 10h-17h sam-dim ; 👪 ; ⓊMuseumsquartier), une mine d'informations sur les activités dédiées aux enfants.

Voici une sélection de musées taillés pour les plus jeunes :

- Les multiples expositions didactiques de la maison de la Musique (Haus der Musik ; p. 72) dont s'accordent à tous les âges ou presque.
- Le Muséum d'histoire naturelle (Naturhistorisches Museum ; p. 88), ses richesses minéralogiques (météorites au rendez-vous !), ses animaux préhistoriques et sa section anthropologique saisissent les jeunes visiteurs. Surtout lorsque l'on peut se faire tirer le portrait en homme préhistorique ou jouer les experts scientifiques. Mais le summum reste certainement de passer la nuit au musée (*Nacht im Museum* ; p. 88), lampe de poche à la main et duvet dans le sac – les enfants dorment sur place... accompagnés d'un parent bien sûr.
- Les ressources du **Musée technique** (Technisches Museum ; carte p. 96 ; ☎01-899 98-0 ; www.technischesmuseum.at ; 14, Mariahilfer Strasse 212 ; adulte/enfant 14 €/gratuit ; ⏲9h-18h lun-ven, 10h-18h sam-dim ; 👪 ; 🚊10, 46, 49, 52, 60 Winckelmannstrasse) semblent inépuisables aux adultes comme aux enfants. Du haut-fourneau (taille réelle) au facteur de piano, de multiples expériences interactives dévoilent les secrets de la science et de la technologie. On peut largement y passer la journée sans s'ennuyer une seconde !
- Dans le MuseumsQuartier, Zoom (p. 88) multiplie expositions et ateliers interactifs sur l'art et l'artisanat pour les 18 mois à 14 ans.
- Le **Dschungel Wien** (carte p. 78 ; ☎01-522 07 20 20 ; www.dschungelwien.at ; 07, Museumsplatz 1 ; adulte et enfant à partir de 10 € ; ⏲billetterie 16h-18h lun-ven ; 👪 ; ⓊMuseumsquartier, Volkstheater) est un théâtre pour enfants du MuseumsQuartier, où sont donnés des pièces de théâtre et des spectacles de danse.
- Au château de Schönbrunn, la jeune classe a son propre musée, le Kindermuseum (musée des Enfants ; p. 100).
- Toujours à Schönbrunn, le **Marionettentheater** (théâtre de marionnettes ; carte p. 96 ; ☎01-817 32 47 ; www.marionettentheater.at ; 13, Schloss Schönbrunn ; adulte 20-39 €, enfant 15 € ; ⏲lun, mer et ven-dim ; 👪 ; ⓊSchönbrunn) et ses spectacles d'Aladin, de *La Flûte enchantée* ou du *Rêve de Sissi* réjouissent petits et grands.

LES BILLETS COMBINÉS POUR LES MUSÉES

Pour visiter la Hofburg et les musées voisins, il existe diverses offres de billets combinés.

Sisi Ticket (billet Sissi ; adulte/enfant 36/23 €). Il couvre les appartements impériaux, le musée Sissi et la collection d'argenterie (Silberkammer) avec audioguide, ainsi que le château de Schönbrunn et le musée du Meuble (Hofmobiliendepot).

Musées de la Neue Burg (adulte/enfant 16 €/gratuit). Une formule donnant accès deux musées du Nouveau Palais de la Hofburg – la collection des Instruments de musique anciens (Sammlung Alter Musik Instrumente), et le musée des Armes et Armures (Hofjägd und Rüstkammer).

Billet annuel Kunsthistorisches Museum (Jahreskarte ; adulte/enfant 49/25 €). Valable 365 jours, le billet annuel ouvre les portes du musée des Beaux-Arts et de son cabinet de curiosités (Kunstkammer), mais aussi celles des trois musées de la Neue Burg, de la chambre du Trésor impérial (Kaiserliche Schatzkammer), du musée des Carrosses (Wagenburg), ainsi que du musée du Théâtre (Theatermuseum) et du château d'Ambras à Innsbruck.

Schatz der Habsburger (Trésor des Habsbourg ; adulte/enfant 24 €/gratuit). Sont réunis sous cette appellation le musée des Beaux-Arts et la chambre du Trésor impérial.

Masterticket (adulte/enfant 27 €/gratuit). Le musée des Beaux-Arts et le Leopold Museum sont à vous pour ce forfait.

Kostbarkeiten des Kaisers (Trésors des empereurs ; adulte/enfant 25 €/gratuit). Pour admirer les richesses du Trésor impérial et suivre l'entraînement du matin (Morgenarbeit) de l'École espagnole d'équitation (Spanische Hofreitschule).

Nationalbibliothek Universal-Wochenticket (19 €). D'une validité totale de 7 jours, ce billet donne accès au musée de l'Espéranto (Esperantomuseum), au musée des Globes (Globenmuseum), au musée du Papyrus (Papyrusmuseum), à la Bibliothèque nationale (Nationalbibliothek) et au musée de la Littérature (Literaturmuseum).

scène sur laquelle se donnent quelque 300 représentations par an.

Pavillons du Métro — ÉDIFICE REMARQUABLE

(Stadtbahn Pavillons ; carte p. 89 ; www.wienmuseum.at ; 04, Karlsplatz ; adulte/enfant 5 €/gratuit ; ⏲10h-13h et 14h-18h mar-dim avr-oct ; Ⓤ Karlsplatz). Deux des plus beaux édifices d'Otto Wagner surplombent le Resselpark sur la Karlsplatz. Construits en 1898 quand Wagner traçait le premier réseau de transports publics de Vienne (1893-1902), les pavillons constituent de superbes exemples du Jugendstil (Art nouveau) avec des motifs floraux et des bordures dorées sur des structures en acier et en marbre. Le pavillon ouest abrite aujourd'hui une exposition sur les plus grandes œuvres Jugendstil de Wagner : l'**église Saint-Léopold** (Kirche am Steinhof ; carte p. 89 ; www.erzdioezese-wien.at ; 14, Baumgartner Höhe 1 ; visite 8 €, visite Art nouveau incluant église 12 € ; ⏲16h-17h sam, midi-16h dim, visites 15h sam, 16h dim ; 🚌48A Otto-Wagner-Spital) et la Caisse d'épargne de la Poste (Postsparkasse ; p. 74). Le pavillon est accueille aujourd'hui le Club U (p. 115).

En 1977, les pavillons furent démantelés pour faire place au U-Bahn circulant au-dessous et reconstruits 1,5 m plus haut.

Académie des beaux-arts — MUSÉE D'ART

(Akademie der Bildenden Künste ; carte p. 78 ; www.akbild.ac.at ; 01, Schillerplatz 3 ; adulte/enfant 9 €/gratuit ; ⏲10h-18h mar-dim ; 🚋D, 1, 2 Kärntner Ring/Oper, Ⓤ Museumsquartier, Karlsplatz). Créée en 1692, l'Académie des beaux-arts est souvent sous-estimée. Sa collection privilégie les peintres classiques flamands, hollandais, allemands et italiens, dont de grands artistes comme Bosch, Rembrandt, Van Dyck, Rubens, Titien, Guardi et Cranach l'Ancien. Le célébrissime triptyque du *Jugement dernier* (1504-1508) de Jérôme Bosch en est l'incontestable vedette. Le panneau de gauche dépeint l'expulsion d'Adam et Ève du Paradis terrestre, tandis que ceux du milieu et de droite détaillent les tourments de l'Enfer. Audioguide : 2 €.

Sud-ouest de Vienne

Sud-ouest de Vienne

Les incontournables
1 Musée des Beaux-Arts F1
2 MuseumsQuartier F1
3 Muséum d'histoire naturelle F1
4 Pavillon de la Sécession G2

À voir
5 Académie des beaux-arts G2
6 Architekturzentrum E1
7 Musée du Meuble C3
8 Kunsthalle Wien E1
9 Leopold Museum F1
10 MUMOK E1
11 Musée du *Troisième Homme* F3
12 Naschmarkt G3
13 Immeubles d'Otto Wagner F3
14 Zoom F2

Activités
15 Shades Tours C2

Où se loger
16 Boutiquehotel Stadthalle A3
17 Das Tyrol F2
18 Hotel am Brillantengrund C2
19 Wombat's City Hostel The Lounge A4
20 Wombat's City Hostel Naschmarkt F3

Où se restaurer
21 Café Drechsler F3
Café Léopold .... (voir 9)
22 Entler G4
23 Figar D2
24 Liebling D2
25 MiLL B4
26 Swing Kitchen C3
27 Tian Bistro E1
28 Ubl F3
29 Veganista D1
30 Vollpension G3

Où prendre un verre et faire la fête
31 Café Sperl F2
32 Donau E2
33 Felixx F2
34 J Hornig Kaffeebar D2
35 Mango Bar F3
36 Melete Art Design Cocktails E1
37 Siebensternbräu E2
38 Wirr C1

Où sortir
39 Burg Kino G1
40 Dschungel Wien F1
Tanzquartier Wien .... (voir 14)
41 Theater an der Wien G2
42 Volkstheater E1

Achats
43 Beer Lovers E3
44 Blühendes Konfekt C4
45 Die Werkbank E1
46 Gabarage Upcycling Design G3
47 Runway D1
48 Schokov E2
49 Teuchtler Records E2

MuseumsQuartier et Neubau

Musée des Beaux-Arts — MUSÉE

Voir p. 80.

MuseumsQuartier — MUSÉES

(MQ, Quartier des musées ; carte p. 78 ; ☎01-523 58 81 ; www.mqw.at ; 07, Museumsplatz ; 🚋49 Volkstheater, Ⓤ Museumsquartier, Volkstheater). Face à la Hofburg de l'autre côté du Ring, cet exceptionnel ensemble contemporain de musées, cafés, restaurants et bars a pris place dans les anciennes écuries impériales (XVIIIe siècle) construites par le grand architecte de la cour impériale Fischer von Erlach (auteur de l'église Saint-Charles et du château de Schönbrunn). Véritable fer de lance de la vie culturelle viennoise, ses 90 000 m² d'espace d'exposition en font l'un des plus ambitieux carrefours culturels du monde. En voici les lieux phares : le Leopold Museum (ci-dessous), le MUMOK (p. 87), la Kunsthalle Wien (p. 87), l'Architekturzentrum (p. 87) et Zoom (p. 88).

Des billets combinés (29,90 €) permettant de visiter plusieurs musées sont en vente au **MQ Point** (☎01-523 58 81 ; www.mqw.at ; 07, Museumsplatz 1 ; ⏲10h-19h ; Ⓤ Museumsquartier, Volkstheater).

Leopold Museum — ART MODERNE

(Carte page ci-contre ; www.leopoldmuseum.org ; 07, Museumsplatz 1 ; adulte/enfant 15/2,50 € ; ⏲10h-18h mer-lun, 10h-21h jeu juin-août, fermé mar sept-mai ; 🚋49 Volkstheater, Ⓤ Museumsquartier, Volkstheater). Le Leopold Museum doit son nom à Rudolf Leopold qui acquit sa première toile d'Egon Schiele (1890-1918) pour une bouchée de pain en 1950, alors qu'il était encore étudiant. Il se constitua par la suite une immense collection d'œuvres autrichiennes (art du XIXe siècle

(Suite à la page 86)

ANDREI RYBACHUK/SHUTTERSTOCK ©

LES INCONTOURNABLES
MUSÉE DES BEAUX-ARTS

Les palais construits par les Habsbourg ont beau être nombreux et somptueux, aucun n'atteint la richesse artistique du Kunsthistorisches Museum. L'étendue, la diversité et la qualité des collections du musée des Beaux-Arts, majestueux écrin néoclassique, vous convient à une chasse aux trésors inégalée, de la Rome antique à l'Égypte, en passant par la Renaissance. Si votre temps est limité, faites votre priorité des toiles des vieux maîtres à la pinacothèque.

Pinacothèque

La collection de vieux maîtres de la Gemäldegalerie (pinacothèque), de loin la plus fascinante du musée, mérite au minimum 1 à 2 heures de visite pour en apprécier pleinement les chefs-d'œuvre.

Peinture hollandaise, flamande et allemande

Au 1er étage, la **Renaissance allemande** valorise les thèmes bibliques illustrés par *Le Paradis terrestre* (1530) et *La Chute de l'Homme* (*Adam et Ève*, 1537) de Cranach l'Ancien. Point d'orgue de la section, la collection Dürer révèle la puissance des compositions, l'utilisation sophistiquée de la lumière, et l'attention portée au sujet et aux sentiments des personnages par le maître de Nuremberg. Pour s'en convaincre, il suffit d'observer le *Portrait d'une jeune Vénitienne* (1505), le retable de l'*Adoration de la Sainte-Trinité* (1511) ou le macabre *Martyre des dix mille chrétiens* (1508).

Place ensuite au **baroque flamand** avec Rubens, exaltant les grands thèmes de la Contre-Réforme et ceux de la mythologie. Les *Miracles de saint François-Xavier*

À NE PAS MANQUER

- La peinture de l'âge d'or hollandais
- La peinture italienne, espagnole et française
- Le cabinet de curiosités (Kunstkammer)
- Les bas-reliefs du mastaba de Kaninisout

INFOS PRATIQUES

- Kunsthistorisches Museum (KHM)
- Carte p. 78
- www.khm.at
- 01, Maria-Theresien-Platz
- Adulte/enfant 18 €/gratuit
- 10h-18h mar-dim, 10h-21h jeu, tlj juin-août et mi-oct à mi-jan
- U Museumsquartier, Volkstheater

(1617), peints pour l'église des Jésuites d'Anvers, la céleste *Annonciation* (1610), les *Miracles de saint Ignace* (1615-1620) et le *Triptyque de saint Ildefonse* (1630) révèlent tous la maîtrise incomparable de la palette et de la lumière iridescente du maître d'Anvers. En pleine mythologie, on mesurera le contraste entre la sanglante *Tête de Méduse* (1617) grouillant de serpents et l'hymne à l'amour de *La Fête de Vénus* (1636).

La peinture de l'**âge d'or hollandais** s'efforce de représenter fidèlement la réalité avec une extrême attention portée aux détails et une maîtrise accomplie de la technique du clair-obscur où Rembrandt, Ruisdael et Vermeer excellent. Emblématiques de cette période sont l'*Autoportrait* (1652) de Rembrandt, figurant en simple blouse de peintre, *La Grande Forêt* (1655) où Ruisdael rend la nature palpable, ou encore la séduisante allégorie de Vermeer dans *L'Art de la peinture* (1665), représentant la muse Clio dans la lumière diffuse d'un atelier d'artiste.

Parmi les œuvres pieuses intenses du maître baroque flamand Van Dyck, cherchez la *Vision du bienheureux Hermann Joseph* (1630), dans la salle 23, où la Vierge et le moine agenouillé baignent dans une lumière radieuse, et la *Vierge à l'Enfant avec sainte Rosalie, saint Pierre et saint Paul* (1629), dans la salle XIV. La salle X est entièrement dédiée aux scènes de vie et aux paysages flamands du peintre de la Renaissance flamande Pieter Brueghel l'Ancien, outre sa célèbre *Tour de Babel* (1563).

Peinture italienne, espagnole et française

Les trois premières salles de la section consacrent l'œuvre des grands **maîtres vénitiens du XVIe siècle** : Titien, Véronèse et le Tintoret. Ne manquez pas *La Nymphe et le Berger* (1570) de Titien, où la vie pastorale se fond dans la mythologie pour décrire le désir frivole d'un berger au flûtiau pour une belle inaccessible. Autres tableaux incontournables : l'insoutenable vision de *Lucrèce* (1583) portant un poignard à sa poitrine, et le regard libidineux de vieux notables sur la jeunesse peint par Tintoret dans *Suzanne et les Vieillards* (1556).

Raphaël (salle 4) place la dévotion au cœur de sa *Madone à la prairie* (1506), authentique chef-d'œuvre de la **haute Renaissance**. Un siècle plus tard, le **baroque italien** l'affirme pareillement au nom de la Contre-Réforme, à travers la *Madone du Rosaire* (1607), tableau d'autel signé le Caravage (salle V). Ne manquez sous aucun prétexte, salle 7, les très rares portraits anthropomorphiques des

VISITES GUIDÉES

Pour en apprendre davantage, prenez un audioguide multilingue (6 €) près de l'entrée. Le KHM propose des visites guidées (30 min) en allemand (3 €) ; les visites de la Pinacothèque et du cabinet de curiosités partent à 15h et à 16h le dimanche, celles des collections de l'Égypte, du Moyen-Orient et de l'Antiquité ont lieu à 11h et à midi le dimanche. Plus de renseignements sur le site www.khm.at.

Dès que l'on amorce la montée du large escalier de ce palais des arts, le regard est aimanté par les cercles concentriques de la coupole, puis les hautes colonnes de marbre guident l'œil jusqu'aux délicates fresques des voûtes, aux lions rugissants et au vigoureux *Thésée luttant contre le Centaure*, groupe sculpté (1805) commandé à Canova. Les légendaires artistes autrichiens Hans Makart et les frères Klimt ont laissé leur empreinte dans les entrecolonnements et les écoinçons, le premier par la décoration des lunettes sous le plafond, les seconds avec des femmes aux tons dorés inspirées de l'art gréco-romain ou égyptien.

saisons et des éléments par Arcimboldo, tels l'*Été* (1563), l'*Hiver* (1563) et le *Feu* (1566). Admirez aussi la méticulosité avec laquelle le Vénitien Canaletto a représenté *Schönbrunn* (1761) à l'âge d'or impérial.

Vélasquez, peintre de la cour d'Espagne, est la star incontestable des salles dédiées à la **peinture espagnole, française et anglaise**. Sa délicieuse *Infante Marguerite en bleu* (1659), dans la salle 10, rayonnante de soie bouffante et d'innocence, semble sortir de la toile. Et finissez sur le *Portrait d'une jeune femme* (vers 1760-1765) de l'Anglais Sir Joshua Reynolds et *Marie Isabelle de Parme* (1758) signé Jean-Marc Nattier.

Cabinet de curiosités

Avec leur immense fortune et le monde à leurs pieds, les Habsbourg ont amassé dans leur Kunstkammer une collection encyclopédique d'objets rares et précieux, des coupes en défense de narval aux dents de requin fossilisées utilisées en marqueterie. Les 20 salles thématiques où sont exposées 2200 œuvres d'art illustrent cette immense passion pour les cabinets de curiosités qu'eurent princes, ducs, rois et empereurs à la Renaissance et à l'époque baroque.

La vedette en est la salière allégorique (1540) de Benvenuto Cellini (salle XXIX), commande française du roi François Ier, chef-d'œuvre d'orfèvrerie en or, ivoire et émail offert ensuite à l'Autriche par Charles IX, petit-fils du vainqueur de Marignan. Parmi les autres pièces fameuses du cabinet, on citera l'expressive *Furie* sculptée dans l'ivoire au début du XVIIe siècle et attribuée à un anonyme maître des Furies, la sereine vierge gothique de Bohême appelée *Vierge de Krumauer* (1400) et la féroce *Coupe dragon* (1570) de Gasparo Miseroni, tout en lapis-lazuli incrusté de pierres précieuses.

Collection égyptienne et orientale

Située au rez-de-chaussée, la collection égyptienne suit un ordre chronologique. Des merveilles **prédynastiques** et de l'**Ancien Empire**, on passe à la chambre cultuelle du **mastaba de Kaninisout**, extrêmement bien conservée, avec ses bas-reliefs et hiéroglyphes représentant la vie de ce haut fonctionnaire de la Ve dynastie. Une boîte à khol en forme de singe ou une palette de maquillage représentant un poisson témoignent du penchant des Égyptiens pour les ornements.

Stèles, tables d'autel sacrificiel, boîtes à bijoux, bustes de sphinx et statues de pharaons redonnent vie au **Moyen Empire** et au **Nouvel Empire**. Un hippopotame en faïence bleu (2000 av. J.-C.) ou la bague-sceau en or de Ramsès X (1120 av. J.-C.) attestent le talent des artisans égyptiens. La **période tardive** plonge dans le pays des pharaons au moment où la domination passe de l'Égypte à la Perse. Admirez *Le Livre des morts de Khonsoumès*, vieux de 3000 ans, le sarcophage en bois polychrome de Nes-pauti-taui, et les vases canopes aux bouchons à tête de singe, de faucon ou de chacal.

Sarcophages en pierre, masques funéraires dorés et bustes de prêtres et de princes vous transportent aux périodes **ptolémaïque** et **gréco-romaine**. Dans la collection du **Proche-Orient**, l'attraction est un lion provenant de la triomphale porte d'Ishtar (604-562 av. J.-C.) à Babylone.

Collection des antiquités grecques et romaines

La richesse de cette section révèle le goût des Habsbourg pour l'Antiquité. Les quelque 2500 pièces exposées couvrent 3 millénaires, de l'âge du bronze chypriote au début du Moyen Âge.

Les collections d'**art chypriote et mycénien** font remonter le temps bien au-delà de 2500 ans, à l'aube de la civilisation occidentale. La vedette est tenue par une statue votive d'une extrême délicatesse représentant un homme portant une tunique plissée. Parmi les muses, bustes et statuettes mythologiques de

l'**art grec**, on remarquera un fragment de la frise nord du Parthénon avec deux hommes barbus. De la floraison artistique **hellénistique**, on ne saurait ignorer le sarcophage dit des Fugger (de riches marchands d'Augsbourg), représentant le combat des Amazones, plus vrai que nature. Dans la section de l'**Italie préromaine**, cherchez les sculptures d'Athéna, les couronnes funéraires en or délicatement forgé, ainsi qu'un bronze travaillé au repoussé montrant les Titans affrontant les dieux.

L'importante section **romaine** possède une *Mosaïque de Thésée* (IVe siècle) retrouvée à Salzbourg, une merveille géométrique polychrome. Ne ratez pas l'intrigant bas-relief de *La Chasse au lion* du IIIe siècle, ni la *Gemma Augustea,* un camée en sardonyx du Ier siècle. Parmi les splendeurs du début du Moyen Âge, citons la vaisselle d'or du **trésor de Nagyszentmiklós**, mis au jour en 1799 dans l'actuelle Roumanie.

Soirée cocktail sous les ors du musée des Beaux-Arts

Siroter un cocktail sous la magnifique coupole du musée des Beaux-Arts, illuminée par des projections étourdissantes, est un moment inoubliable. Le musée organise un mardi par mois une soirée cocktail Kunstschatzi (19h-23h, 25 € en sus de l'entrée) avec DJ aux platines, les salles de la pinacothèque restant ouvertes toute la soirée. Consultez l'agenda et réservez en ligne.

CABINET DE NUMISMATIQUE

Tirelire digne des Habsbourg, cette collection de monnaies occupe 3 salles et couvre 3 millénaires au 2e étage (salles I, II et III). Les 2000 billets, pièces et médailles exposés ne représentent qu'une infime partie de la collection de numismatique du musée des Beaux-Arts (700000 pièces).

La première salle regroupe des médailles dont les premières datent de la Renaissance italienne, vers 1400. Or et argent rivalisent dans les trésors de la maison Habsbourg. La deuxième salle couvre toute l'histoire des monnaies, de la première frappe en Lydie au VIIe siècle av. J.-C. jusqu'au XXe siècle. Le statère frappé d'une tête de lion était en circulation sous Alyatte, roi des Lydiens de 610 à 560 av. J.-C. Les monnaies athéniennes se reconnaissent à la chouette iconique d'Athéna, déesse protectrice de la cité. La troisième salle est dédiée aux expositions temporaires.

Musée des Beaux-Arts

L'ESSENTIEL EN UNE DEMI-JOURNÉE

Ce musée est si vaste et si fourni que sa visite peut relever d'une gageure. D'où cette proposition de circuit d'une demi-journée.

Dès que l'on gravit le somptueux escalier en marbre, *Thésée luttant contre le Centaure*, le groupe sculpté de Canova, s'impose au visiteur. Sur le palier, tournez à droite vers les collections d'Égypte et du Proche-Orient, et notamment les bas-reliefs de la **1 chapelle du mastaba de Kaninisout**, salle II. Quelques millénaires plus tard, la Rome antique a produit un camée prodigieux, la **2 Gemme Auguste**, à voir salle XVI. L'aile gauche est dévolue à la Kunstkammer, le cabinet de curiosités où s'expose la **3 Saliera** (salière), salle XXIX, pièce d'orfèvrerie commandée par François Ier, roi de France, à Benvenuto Cellini.

Rejoignez la Pinacothèque et son inestimable collection d'œuvres Renaissance et baroques. Commencez par l'aile est avec la peinture néerlandaise, flamande et allemande.

KUNSTHISTORISCHES MUSEUM VIENNA © KHM

Gemme Auguste
Antiquités grecques et romaines, salle XVI
Attribué au graveur Dioscoride, ce camée en sardonyx du Ier siècle de notre ère représente, avec force détails, la déification d'Auguste, figuré sous les traits de Jupiter, assis à côté de la déesse Roma. Les barbares vaincus occupent la partie inférieure du camée.

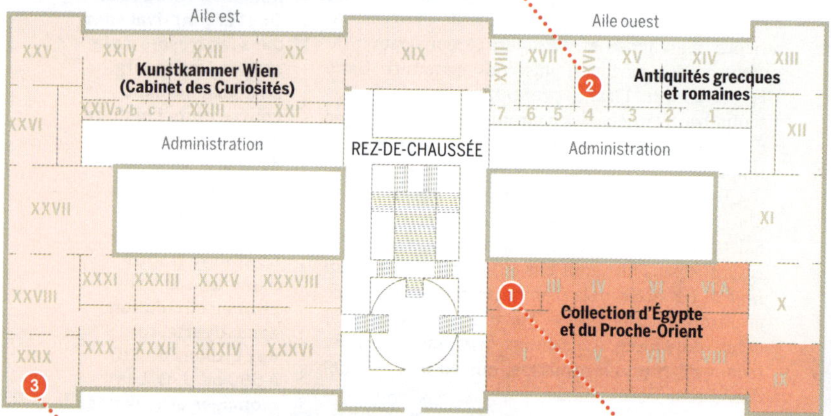

Saliera
Kunstkammer Wien, salle XXIX
Cette salière en or (1543) de Benvenuto Cellini est un portrait allégorique de la Mer et de la Terre, personnifiées par Tellus et Neptune, trident à la main. Y figurent aussi les quatre vents, les quatre étapes de la journée et les activités humaines.

KUNSTHISTORISCHES MUSEUM VIENNA © KHM

Chapelle du mastaba de Kaninisout
Collections d'Égypte et du Proche-Orient, salle II
Bas-reliefs et hiéroglyphes représentant la vie de Kaninisout, haut fonctionnaire de la Ve dynastie, et de sa femme, ses enfants et son entourage composé de prêtres et de serviteurs. Cette chambre funéraire vieille de 4500 ans est comme une capsule vers l'au-delà.

Rubens et Rembrandt ne vous laisseront pas indifférents, avant de découvrir l' **4 Adoration de la Sainte-Trinité** d'Albrecht Dürer, salle IX, puis **5 La Tour de Babel** de Pieter Bruegel l'Ancien, salle X. Consacrez le même temps aux maîtres italiens, espagnols et français, dans l'aile opposée, avec la **6 Madone à la prairie** de Raphaël, salle 4, la **7 Madone du Rosaire** du Caravage, salle V, et l'étonnant portrait anthropomorphique de l' **8 Été** d'Arcimboldo, salle 8.

NOS CONSEILS

- Procurez-vous un audioguide et un plan des étages à l'entrée, afin de ne pas vous perdre.
- Évitez les longues files d'attente en réservant votre billet en ligne.
- Visitez le musée entre 18h et 21h le jeudi pour plus de tranquillité.
- Oubliez bien sûr le flash, toujours interdit pour préserver les œuvres.

La Tour de Babel

Peinture néerlandaise, flamande et allemande, salle X

Les vaines tentatives des hommes d'atteindre les cieux sont magnifiées dans ce tableau (1563) de Brueghel l'Ancien, qui tira son inspiration du Colisée de Rome.

Madone à la prairie

Peinture italienne, espagnole et française, salle 4

Dans ce chef-d'œuvre (1506) de Raphaël, la Vierge Marie, représentée avec le Christ et saint Jean-Baptiste enfants dans une prairie de Toscane, a un aspect presque iridescent.

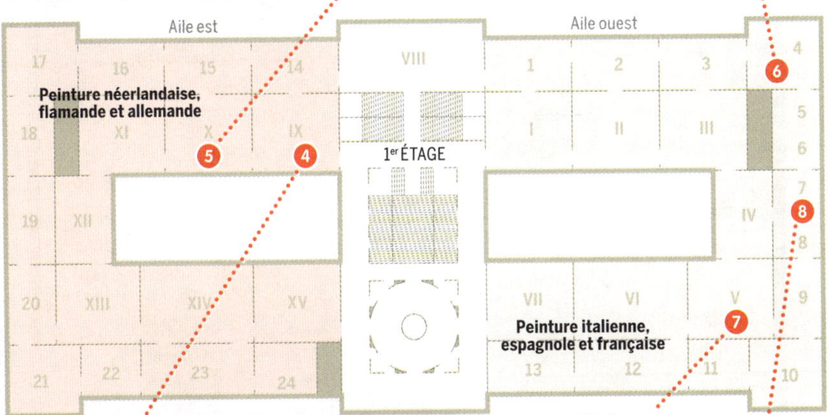

Adoration de la Sainte-Trinité

Peinture néerlandaise, flamande et allemande, salle IX

Ce retable, œuvre majeure de Dürer, fut commandé en 1511. Anges, saints et simples fidèles entourent la Sainte-Trinité. Dürer lui-même se tient dans l'angle inférieur droit.

Madone du Rosaire

Peinture italienne, espagnole et française, salle V

Caractéristique du peintre, le clair-obscur apporte profondeur et emphase à ce chef-d'œuvre (1607) du Caravage. Portant l'enfant Jésus, la Madone y demande à saint Dominique de distribuer des rosaires aux pauvres hères agenouillés devant elle.

Été

Peinture italienne, espagnole et française, salle 8

Cette toile (1563) d'Arcimboldo, peintre italien attitré de la cour, était l'une des favorites des Habsbourg. La plus aboutie de son cycle sur les quatre saisons, elle célèbre l'abondance estivale sous la forme d'un portrait composé de fruits et légumes.

Nord-ouest de Vienne

(Suite de la page 79)

et moderne surtout). En 1994, il vendit l'ensemble (5266 tableaux) au gouvernement, qui créa le musée Léopold. Dans ce bâtiment en pierre calcaire blanche doté d'un atrium couvert haut de 21 m, la plupart des salles bénéficient de la lumière naturelle. Au sein de la plus vaste collection au monde d'œuvres de Schiele, soit 41 peintures et 188 dessins, aquarelles et lithographies, citons plusieurs tableaux remarquables, tels *Un homme et*

Nord-ouest de Vienne

Les incontournables
1 Hôtel de ville C5

À voir
2 Musée du Folklore B4
3 Musée Sigmund Freud D3
4 Bâtiment principal de l'université C4

Activités
5 Wiener Eistraum C5

Où se loger
6 25hours Hotel C6
7 Hotel Harmonie C2
8 Pension Wild B6

Où se restaurer
9 Stomach D2

Où prendre un verre et faire la fête
10 Achtundzwanzig B4
Dachboden .... (voir 6)
11 POC Cafe B4

Où sortir
12 Théâtre anglais de Vienne B5
13 Opéra populaire B1

la Mort (*Visionnaire II*, 1911), *Mère avec deux enfants II* (1915) et *Le Cardinal et la Nonne* (1912), une paraphrase provocatrice du *Baiser* de Gustav Klimt.

Ce panorama de l'art viennois au tournant des XIXe et XXe siècles expose en outre des œuvres d'Oskar Kokoschka, d'Adolf Loos, de Josef Hoffmann, d'Otto Wagner et, bien entendu, de Gustav Klimt, dont l'allégorie célèbre, *La Mort et la Vie* (1910), représente un groupe de figures entrelacées, menacées par la Faucheuse. Le **Café Leopold** (carte p. 68 ; www.cafeleopold.wien ; 9h30-minuit ;) est situé au dernier étage.

MUMOK — ART MODERNE ET CONTEMPORAIN

(Museum Moderner Kunst, musée d'Art moderne ; carte p. 78 ; www.mumok.at ; 07, Museumsplatz 1 ; adulte/enfant 14 €/gratuit ; 10h-18h mar-dim ; 49 Volkstheater, U Museumsquartier, Volkstheater). Le monolithe de basalte qui abrite le musée d'Art moderne contient la plus belle collection d'art viennois contemporain, centrée sur Fluxus, le Nouveau Réalisme, le pop art et le photoréalisme.

L'essentiel de l'expressionnisme, du cubisme, de l'art minimal et de l'actionnisme viennois y est présenté (9 000 œuvres au total, renouvelées régulièrement ; mais la collection permanente cède parfois la place aux expositions temporaires). L'actionnisme viennois des années 1960 est né en rupture complète avec l'art dominant et une Autriche aux mœurs alors très conservatrices. Ses membres visaient à scandaliser par leurs performances violentes, et des œuvres impliquant le corps humain comme support.

Les "classiques" de l'art moderne exposés ici (Mondrian, Kandinsky, Man Ray, Brancusi, Picasso, Klee, Magritte, Giacometti...) semblent aujourd'hui inoffensifs en comparaison. Il est conseillé de vérifier que les expositions sont adaptées aux enfants.

Kunsthalle Wien — MUSÉE

(Musée d'Art de Vienne ; carte p. 78 ; 01-521 890 ; www.kunsthallewien.at ; 07, Museumsplatz 1 ; adulte/enfant 8 €/gratuit ; 11h-19h mar-mer et ven-dim, 11h-21h jeu ; 49 Volkstheater, U Museumsquartier, Volkstheater). Photographie, vidéo, cinéma, installations et nouveaux médias font l'objet d'expositions temporaires, dans deux espaces (*Halle*) pensés pour l'art contemporain international. Le second site déploie ses parois de verre minimalistes sur la Karlsplatz (04, Treitlstrasse 2 ; mêmes tarifs et horaires).

Le week-end, visites guidées d'une heure en anglais et en allemand : thématiques le samedi (Halle 1 à 15h, Halle 2 à 16h), d'ensemble le dimanche (mêmes horaires).

Architekturzentrum — MUSÉE

(Centre d'Architecture de Vienne ; carte p. 78 ; 01-522 31 15 ; www.azw.at ; adulte et enfant 9 € ; centre d'Architecture 10h-19h, bibliothèque 10h-18h mer et ven-dim ; 49 Volkstheater, U Museumsquartier, Volkstheater). L'exposition permanente, consacrée à l'architecture des XXe et XXIe siècles en Autriche, souffre parfois d'un manque de lisibilité. Les expositions temporaires sont tournées vers l'international.

Consultez l'agenda en ligne et réservez bien à l'avance pour les visites thématiques de Vienne (à pied), en anglais et en allemand, organisées par le centre.

Zoom MUSÉE

(Carte p. 78 ; ☎01-524 79 08 ; www.kindermuseum.at ; 07, Museumsplatz 1 ; exposition adulte/enfant 6 €/gratuit, activités enfant avec adulte 5-7 €, adulte accompagnateur supp 6 € ; ⊙mar-dim ; 👪 ; 🚋49 Volkstheater, Ⓤ Museumsquartier, Volkstheater). Les Picasso et Einstein en herbe adorent ce musée interactif, ses ateliers et jeux. Outre des expositions temporaires, la section "Océan" les entraîne dans un parcours ludique stimulant la coordination (tunnels de miroirs, grottes, pont de bateau). Les 8-14 ans ont accès à un studio d'animation et à un laboratoire du futur.

Consultez les horaires sur le site Internet. Les activités durent 1 heure 30 ; réservation au guichet ou en ligne.

♥ **Hôtel de Ville** ÉDIFICE HISTORIQUE

(Rathaus ; carte p. 86 ; ☎01-4000-4001 ; www.wien.gv.at ; 01, Rathausplatz 1 ; ⊙visite guidée 13h lun, mer et ven sept-juin, lun-ven juil-août ; 🚋D, 1, 2, 71 Rathausplatz/Burgtheater, Ⓤ Rathaus). GRATUIT Œuvre de Friedrich von Schmidt, cet édifice néogothique inspiré des hôtels de ville flamands du Moyen Âge date de 1883. Avec sa splendide façade ouvragée, ses fenêtres en ogive, son beffroi et ses tourelles élancées, c'est certainement le joyau de l'ensemble architectural du XIXe siècle du Ring. L'intérieur fait l'objet d'une visite guidée (1 heure) où l'on appréciera à la fois la grandeur rivalisant avec le faste de la Hofburg et le style historiciste de l'époque. La place qui lui fait face, presque toujours en fête (festivals de musique, marché de Noël...) et le **Rathauspark** attenant sont des lieux de rendez-vous des Viennois, entre fontaines et statues, tels les bronzes représentant les pères de la valse viennoise, Joseph Lanner et Johann Strauss père. Audioguide multilingue gratuit.

♥ **Muséum d'histoire naturelle** MUSÉE

(Naturhistorisches Museum ; carte p. 78 ; www.nhm-wien.ac.at ; 01, Maria-Theresien-Platz ; adulte/enfant 14 €/gratuit, supp planétarium 5/3 €, visite guidée du toit 8 € ; ⊙9h-18h30 jeu-lun, 9h-21h mer, visite guidée du toit en anglais 15h ven-dim avr-déc, 15h dim jan-mars ; 👪 ; Ⓤ Volkstheater). Avec ses salles décorées de stucs, fresques et statues-pilastres dans les corniches, cet édifice de la fin du XIXe siècle est le pendant scientifique du musée des Beaux-Arts (p. 80), auquel il fait face. Entre minéraux, fossiles et os de dinosaures par milliers, le visiteur traverse 4 milliards d'années d'histoire naturelle, ponctuées de trésors tels que la fameuse Vénus de Willendorf, minuscule statuette du paléolithique vieille de 25 000 ans, une collection de quelque 1 100 météorites, ou le bouquet de pierres précieuses offert par Marie-Thérèse à son époux. Audioguide : 5 €.

La visite guidée du toit (50 min, interdite aux moins de 12 ans) mène au plus près de la richesse ornementale de la coupole, tout en offrant un panorama inédit sur la ville.

Visitez le musée de nuit à la lueur d'une lampe torche grâce au dispositif **Nacht im Museum** (adulte/enfant 200/75 €). Enfants accompagnés seulement. Prévoyez un sac de couchage. Dates et réservation sur le site Internet ou à la boutique du Muséum.

Musée du Meuble MUSÉE

(Hofmobiliendepot ; carte p. 78 ; ☎01-524 33 57 ; www.moebelmuseumwien.at ; 07, Andreasgasse 7 ; adulte/enfant avec audioguide 11,50/7,50 €, avec visite guidée 1 heure 15,50/9,50 € ; ⊙10h-17h mar-dim ; Ⓤ Zieglergasse). Dans cet édifice d'époque Biedermeier, garde-meuble impérial, se trouve tout le mobilier de la Hofburg, de Schönbrunn, du Belvédère ou d'autres palais qui n'est pas exposé. Sur 4 étages sont réunis quelque 165 000 objets destinés à meubler et décorer les multiples intérieurs des Habsbourg. Cette visite vous invite à un voyage assez inédit à travers l'histoire du mobilier et du quotidien de la dynastie : trônes impériaux de voyage, cercueil de l'empereur Maximilien (fusillé au Mexique), lit néo-Renaissance de Sissi provenant de sa résidence hongroise chérie de Gödöllő. L'un des musées les plus méconnus de la ville (entrée comprise dans le billet Sissi pour la Hofburg ; p. 77).

Alsergrund et quartier universitaire

Musée Sigmund Freud MAISON D'ÉCRIVAIN

(Sigmund Freud Museum ; carte p. 86 ; www.freud-museum.at ; 09, Berggasse 19 ; adulte/enfant 14/5 € ; ⊙10h-18h mer-dim ; 🚋1, D Schlickgasse, Ⓤ Schottentor, Schottenring). C'est dans cette demeure que le père de la psychanalyse passa ses années les plus prolifiques et développa ses théories avant-gardistes. Il s'y installa avec sa famille en 1891 et y resta jusqu'en 1938, lorsque, menacé par la Gestapo, il dut s'exiler à Londres.

Université ÉDIFICE HISTORIQUE

(Carte p. 86 ; ☎01-427 70, visites 01-427 71 7675 ; events.univie.ac.at ; 01, Dr-Karl-Lueger-Ring 1 ; visite guidée adulte/enfant 5/3 € ; ⏲7h-22h lun-ven, 7h-19h sam ; 🚊D, 1, 71 Schottentor, Ⓤ Schottentor). GRATUIT Fondée en 1365, l'université de Vienne est le troisième établissement germanophone créé après l'université Charles de Prague et l'Université jagellonne de Cracovie. Cette vénérable institution accueille aujourd'hui jusqu'à 95 000 étudiants. L'impétueux grand-duc Rodolphe IV (1339-1365) se serait inspiré de la Sorbonne de Paris, passant outre son statut qui n'était ni celui d'un pape, ni celui d'un empereur, ni celui d'un roi, pour créer une telle université. Visite guidée (1 heure) en allemand le samedi à 10h30 et le jeudi à 18h, et en anglais le samedi à 11h30.

Sud-est de Vienne

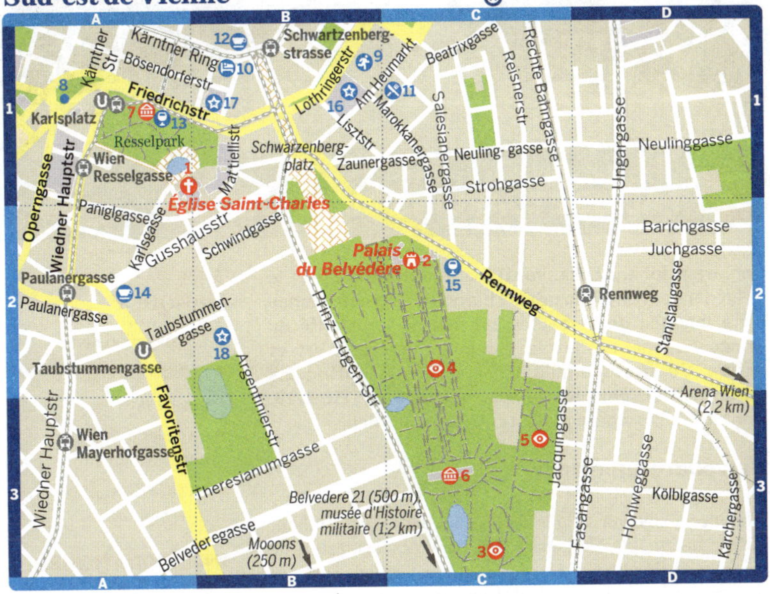

Sud-est de Vienne

Les incontournables

1 Église Saint-Charles A1
2 Palais du Belvédère C2

À voir

3 Jardin alpin C3
4 Jardins du Belvédère C2
5 Jardins botaniques C3
6 Belvédère supérieur C3
7 Pavillons du Métro A1
Belvédère inférieur .... (voir 2)

Activités

8 3.MannTour A1
9 Wiener Eislaufverein B1

Où se loger

10 Hotel Imperial B1

Où se restaurer

11 Gmoakeller C1

Où prendre un verre et faire la fête

12 Café Schwarzenberg B1
13 Club U A1
14 Kaffeefabrik A2
15 Salm Bräu C2

Où sortir

16 Konzerthaus B1
17 Musikverein B1
18 Radiokulturhaus B2

HELEN CATHCART/LONELY PLANET ©

LES INCONTOURNABLES
PALAIS ET JARDINS DU BELVÉDÈRE

Conçu par Johann Lukas von Hildebrandt (1668-1745), le Belvédère est un joyau de l'art baroque. Cette résidence d'été inspirée de Versailles est née de la volonté du prince Eugène de Savoie d'unir architecture, art et nature. Ce stratège militaire, qui défit les Ottomans durant la troisième guerre austro-turque de 1716-1718, avait grandi au contact de la cour du Roi-Soleil.

Belvédère supérieur

Bâti entre 1717 et 1723, l'Oberes Belvedere profite d'une vue imprenable sur la ville de Vienne, dont il est un haut lieu immanquable. Dans ses salles, habillées de marbre, de fresques et de stucs, est exposée une collection d'art qui reflète l'opulence et les goûts des empereurs habsbourgeois, appelée couramment la Galerie nationale du Belvédère.

Art médiéval et moderne (rez-de-chaussée)

La **Sala terrena**, le vaste vestibule aux quatre atlantes colossaux supportant une voûte aux stucs délicats, est un prélude grandiose au rez-de-chaussée. Réparties sur 4 salles aux fresques magnifiques, les **collections médiévales** suivent un ordre chronologique. Entre autres exceptionnels retables et sculptures gothiques, provenant surtout d'abbayes et de monastères autrichiens, on remarquera l'ensemble de statues du maître de Grosslobming, au style fluide et expressif, tel le *Saint Georges terrassant le dragon* (1395), œuvre sans visage. Autres joyaux, deux autels de Joachim : le polyptyque l'*Autel d'Albrecht* (1435), l'un des exemples majeurs de réalisme gothique, et l'*Autel de Znaim* représentant la Passion du Christ.

À NE PAS MANQUER

- La collection Klimt
- La Sala terrena
- Les jardins
- La collection impressionniste
- La salle de marbre (Marmorsaal)

INFOS PRATIQUES

- Carte p. 89
- www.belvedere.at
- 03, Prinz-Eugen-Strasse 27
- Adulte/enfant Belvédère supérieur 18 €/gratuit, Belvédère inférieur 16 €/gratuit, billet combiné 22,90 €/gratuit
- 10h-18h
- D, 71 Schwarzenbergplatz, U Taubstummengasse, Südtiroler Platz

L'expressionnisme autrichien est représenté dans l'espace dédié à l'**art moderne et l'entre-deux-guerres**. On y citera l'étonnant *Portrait de Carl Moll* (1913), peintre cofondateur du mouvement Sécession, par Oskar Kokoschka. Les thèmes et la touche d'Egon Schiele envoûtent et dérangent à la fois, dans *La Jeune Fille et la Mort* (1915) ou le portrait du jeune *Herbert Rainer* (1910), alors âgé de 6 ans. On ne peut rester indifférent face à la fourmillante *Nef des fous* (1923) d'Oskar Laske, ou à *L'Orchestre* (1935) de Max Oppenheimer, où le Philharmonique semble s'envoler sous la baguette de Gustav Mahler.

De Klimt au baroque (1er étage)

Au 1er étage, la collection **Vienne 1880-1914** enchante les admirateurs de Gustav Klimt, subjugués par l'érotisme et la douceur conjugués de sa peinture mosaïque où domine le doré. Voyez *Judith* (1901), *Salomé* (1909), *Adam et Ève* (1917) et *Le Baiser* (1908). Le symboliste allemand Max Klinger est aussi représenté, comme le sécessionniste Koloman Moser et l'expressionniste norvégien Edvard Munch à travers de prodigieux portraits. Au centre, la **salle de marbre** (Marmorsaal) est un tourbillon de marbre rose, de stucs et de trompe-l'œil éclairés de lustres, et dominés par l'apothéose du prince Eugène (1721-1723) peinte à fresque sous la voûte par Carlo Carlone. La section **art baroque et début du XIXe siècle**, hommage aux maîtres autrichiens de l'époque, possède quelques prodiges tels le lumineux *Suzanne et les Vieillards* (1692) de Johann Michael Rottmayr, et *Le Christ sur le mont des Oliviers* (1750) de Paul Troger, au superbe clair-obscur.

Impressionnistes et romantiques (2e étage)

La section **néoclassicisme, romantisme et art Biedermeier** compte des œuvres remarquables comme le *Matin de la Fête-Dieu* (1857) de Georg Waldmüller, une ribambelle d'enfants endimanchés s'égayant dans la lumière dorée. Plus sérieux et formalistes, *Napoléon franchissant le Grand-Saint-Bernard* (1801) de Jacques-Louis David et la *Famille du comte Moritz Christian von Fries* (1804) de François Gérard illustrent le néoclassicisme. La période romantique baigne dans la délicieuse mélancolie des paysages de campagne ou de mer peints par le maître allemand du XIXe siècle, Caspar David Friedrich.

Peintres français, autrichiens et allemands se côtoient dans la section **réalisme et impressionnisme**, où s'expose la force artistique d'Auguste Renoir dans la douceur suggestive d'*Après le bain* (1876), de Claude Monet dans *Une allée dans le jardin* (1902) de Giverny, éclaboussé de soleil, et de Vincent Van Gogh dans les *Champs de blé près d'Auvers* (1890) ondoyant sous des volutes de

BILLETS COMBINÉS

Pour gagner du temps, achetez en ligne vos billets imprimables, mais ni échangeables ni remboursables. Il existe différents billets combinés, l'un permettant de visiter le Belvédère supérieur et inférieur (plein tarif/-19 ans 22,90 €/gratuit), l'autre comprenant le Belvédère 21 (24,90 €/gratuit). Ils sont valables 2 semaines à compter de la première visite.

Chasseur fervent, collectionneur de fossiles et de coquillages, jardinier et zoologue pointu, le prince Eugène a apporté une touche d'exotisme aux jardins du Belvédère en les plantant d'essences rares des quatre coins du globe. Sa fierté était la ménagerie, où vivaient entre autres un lion, un loup des Indes et des autruches.

VISITES GUIDÉES

Des audioguides multilingues se louent pour 5/4 € au Belvédère supérieur/inférieur, en échange d'une pièce d'identité. Les visites à thème (4 €, en allemand) durent 1 heure. En général les circuits partent à 15h et/ou 16h le week-end, plus à 10h30 le dimanche.

nuages. La *Femme à l'aquarium* (1911) de Lovis Corinth et le *Chasseur dans les dunes* (1913) de Max Liebermann incarnent l'impressionnisme allemand.

Jardins

Les jardins baroques reliant les palais inférieur et supérieur furent tracés vers 1700 selon le style français classique par Dominique Girard, élève d'André Le Nôtre, l'architecte paysagiste des jardins de Versailles. Belvédère signifiant “belle vue”, les jardins qui se déploient en pente douce le long de l'**allée centrale** embrassent tout Vienne et, à l'horizon, la cathédrale Saint-Étienne et la Hofburg.

Se développant en trois paliers jalonnés de haies de buis et flanqués de parterres ornementaux, ils mènent du palais du bas, résidence du prince Eugène, à celui du haut, lieu de toutes les réceptions. En vous rendant à la **cascade inférieure**, où s'ébattent des naïades, observez les statues gréco-romaines des huit muses et amours figurant les douze mois de l'année. La **cascade supérieure**, gardée par des animaux mythiques, se déverse dans un bassin cinq marches en aval. Tandis que vous approcherez du Belvédère supérieur, jetez un œil aux sphinx ailés qui, symboles de pouvoir et de sagesse, semblent prêts à s'envoler.

Au sud du Belvédère supérieur, le **jardin alpin** (Alpengarten, www.bundesgaerten.at ; 03, Prinz-Eugen-Strasse 27 ; adulte/enfant 4/3 € ; 10h-18h mi-mars à déb août ; D, O Quartier Belvedere, Hauptbahnhof) embaume au printemps et à l'été, lorsqu'éclosent clématites, rhododendrons, roses et pivoines. Au nord s'étendent les jardins botaniques (p. 96) de l'université de Vienne. Leurs serres tropicales préservent 11500 espèces, tels des bambous nains de Chine et des ifs à prunes du Japon.

Belvédère inférieur

Construit entre 1712 et 1716, le **Belvédère inférieur** (Unteres Belvedere ; carte p. 89 ; 03, Rennweg 6 ; adulte/enfant 16 €/gratuit, billet combiné avec Belvédère supérieur 22,90 €/gratuit ; 10h-18h sam-jeu, 10h-21h ven ; 71 Unteres Belvedere) est un florilège d'architecture baroque où se trouvent réunis appartements privés du prince et salles de réception. La plus somptueuse, la **salle de marbre** (Marmorsaal), chante la gloire du prince Eugène et de ses victoires militaires sur les Turcs. Trophées et médaillons en stuc tapissent les murs, complétés d'une fresque au plafond due à Martino Altomonte, représentant le prince et Apollon entourés de muses. Les sculptures originales de la **fontaine** de Neuer Markt, dessinées par Georg Raphael Donner (1739), ont pris place ici. Portant un serpent, la Providence domine quatre amours capturant chacun un poisson symbolisant un affluent du Danube.

Dans la **salle des Grotesques** (Groteskensaal), feuillage, fruits, oiseaux et animaux mythologiques se mêlent dans ce style fantasque très apprécié à la fin du baroque. Elle mène à la **galerie de marbre** (Marmorgalerie), un déploiement de stuc et de marbre blancs ponctués de chérubins et de trophées de guerre. Le palais doit le **Cabinet doré** (Goldkabinett), ruisselant d'or et de glaces, à Marie-Thérèse.

Les expositions temporaires ont lieu dans l'**Orangerie** (Österreichishe Galerie), reliée par une passerelle au jardin privé du prince. Le **Prunkstall**, autrefois les écuries du prince Eugène, présente une collection de 150 œuvres d'art médiéval autrichien (scènes religieuses, retables, sculptures et triptyques gothiques).

Belvedere 21

Dessiné par Karl Schwanzer en 1958 pour l'Exposition universelle de Bruxelles, le pavillon moderniste de l'Autriche, en verre et acier, connaît une seconde vie. Depuis 2011, le **Belvedere 21** (www.belvedere.at ; 03, Arsenalstrasse 1 ; adulte/-19 ans 10,50 €/gratuit ; 11h-18h mar-dim, jusqu'à 21h jeu ; D, 0, 18 Fasangasse, Quartier Belvedere) accueille des expositions consacrées à l'art des XXe et XXIe siècles, essentiellement autrichien. Adolf Krischanitz a laissé son empreinte dans la galerie ouverte située au sud du Belvédère supérieur dans le Jardin suisse (Schweizergarten).

BELVÉDÈRE SUPÉRIEUR

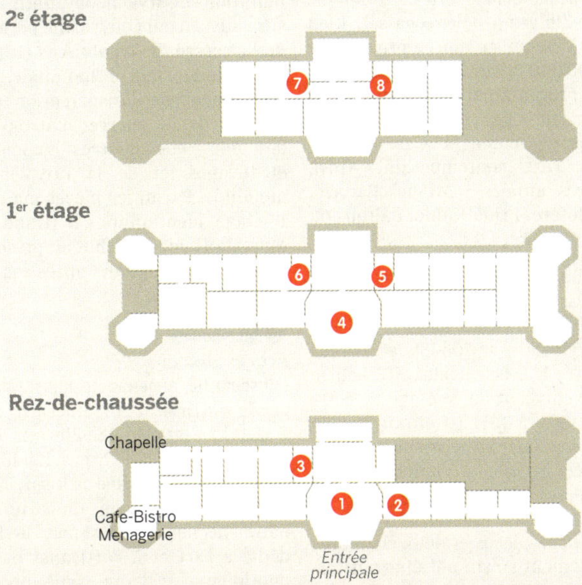

Circuit musée
Le Belvédère supérieur

DURÉE **4 HEURES**

Cet itinéraire d'une demi-journée permet de voir les incontournables du Belvédère supérieur (Oberes Belvedere), mais sachez que les œuvres changent souvent de place.

Admirez les puissants atlantes soutenant la 1 **Sala terrena** et entrez à droite dans la section consacrée à l' 2 **art médiéval**. Entre autres retables et sculptures gothiques, admirez le *Saint Georges terrassant le dragon* du maître de Grosslobming. Remarquez aussi l'*Autel d'Albrecht* et l'*Autel de Znaim*. On doit à Andreas Lackner l'*Autel d'Abtenau* (1518), un trio d'évêques dorés qui ornait autrefois le maître-autel de l'église paroissiale d'Abtenau à Salzbourg. Sortez et prenez à gauche dans l'espace dédié à l' 3 **art moderne et l'entre-deux-guerres**, où trônent *Herbert Rainer*, le portrait expressionniste d'Egon Schiele, et *L'Orchestre* de Max Oppenheimer.

Empruntez le grand escalier décoré de stuc et émerveillez-vous devant l'opulence de la 4 **salle de marbre** (Marmorsaal).

À droite, la collection 5 **Vienne 1880-1914** forme un ensemble unique d'art fin de siècle et sécessionniste. La collection Klimt éblouit par ses chefs-d'œuvre de la période dorée, tels *Judith* et *Le Baiser*. En face, dans la section 6 **art baroque et début du XIXe siècle**, découvrez *Suzanne et les Vieillards* de Johann Michael Rottmayr et *Le Christ sur le mont des Oliviers* de Paul Troger.

Au 2e étage, entrez à gauche dans la section 7 **néoclassicisme, romantisme et art Biedermeier**. Parmi les merveilles néoclassiques, admirez la *Famille du comte Moritz Christian von Fries* signé François Gérard, puis plongez dans l'époque romantique avec le *Paysage rocheux dans la Elbsandsteingebirge* de Caspar David Friedrich. Le joyeux *Matin de la Fête-Dieu* de Georg Waldmüller tient une place de choix dans la collection Biedermeier. Terminez par la salle 8 **réalisme et impressionnisme** et ses chefs-d'œuvre comme le *Chasseur dans les dunes* de Max Liebermann, *Après le bain* d'Auguste Renoir et les *Champs de blé près d'Auvers* de Vincent Van Gogh.

Kunstforum MUSÉE

(Carte p. 68 ; www.kunstforumwien.at ; 01, Freyung 8 ; adulte/enfant 12/6 € ; ⏲10h-19h sam-jeu, 10h-21h ven ; Ⓤ Herrengasse). Rien d'étonnant à ce que ce musée privé attire quelque 300 000 visiteurs par an : son excellente programmation d'expositions temporaires fait la part belle à des artistes modernistes de renom et à de grandes figures de l'art contemporain. Ainsi, ces dernières années : Miquel Barceló, Fernando Botero, Frida Kahlo, Balthus ou Martin Kippenberger.

Maison de Beethoven MUSÉE

(Beethoven Pasqualatihaus ; carte p. 68 ; www.wienmuseum.at ; 01, Mölker Bastei 8 ; adulte/enfant 5 €/gratuit ; ⏲10h-13h et 14h-18h mar-dim ; 🚋D, 1, 2 Schottentor, Ⓤ Schottentor). Beethoven vécut au 4e étage de cette maison de 1804 à 1814 (il aurait occupé quelque 80 logements successifs au cours des 35 années passées à Vienne). Durant cette période, il composa les symphonies nos 4, 5 et 7, et l'opéra *Fidelio*, entre autres œuvres. Le deux-pièces et deux chambres d'un appartement voisin ont été transformés en un musée, où sont présentés des photos, des articles, ainsi que des objets personnels de l'artiste.

La maison porte le nom de son propriétaire de longue date, Josef Benedikt Freiherr von Pasqualati.

Musée du Folklore MUSÉE

(Museum für Volkskunde ; carte p. 86 ; www.volkskundemuseum.at ; 08, Laudongasse 15-19 ; adulte/enfant 8 €/gratuit ; ⏲10h-17h mar-mer et ven-dim, 10h-20h jeu ; 🚋5, 33 Laudongasse, Ⓤ Rathaus). Installé dans le palais Schönborn (XVIIIe siècle), ce musée aborde la vie rurale aux XVIIIe et XIXe siècles à travers une profusion de sculptures artisanales, de peintures et de meubles glanés dans tout le pays et dans les États voisins. Bon nombre de ces objets relèvent de thèmes religieux ou ruraux, et les motifs floraux y dominent. Expositions temporaires régulières.

Du Belvédère au canal

♥ Palais du Belvédère PALAIS

Voir p. 90.

♥ Musée d'Histoire militaire MUSÉE

(Heeresgeschichtliches Museum ; www.hgm.at ; 03, Arsenal ; adulte/enfant 7 €/gratuit, gratuit 1er dim du mois ; ⏲9h-17h ; Ⓤ Südtiroler Platz). Ce remarquable musée est logé dans l'Arsenal, une grande caserne et dépôt de munitions de style néobyzantin. Aménagé sur 2 niveaux, il couvre une période allant de la guerre de Trente Ans (1618-1648) à la Seconde Guerre mondiale, et traite notamment de l'insurrection de Budapest et de la guerre austro-prussienne de 1866, des guerres napoléoniennes et turques, et de la Première Guerre mondiale. Parmi les pièces maîtresses du 1er étage, mentionnons le Grand Sceau de Mustafa II, lequel échut au prince Eugène de Savoie-Carignan après sa victoire à Zenta en 1697.

♥ Musée des Arts appliqués MUSÉE

(Museum für Angewandte Kunst, MAK ; carte p. 68 ; www.mak.at ; 01, Stubenring 5 ; adulte/enfant 15 €/gratuit, 18h-21h mar 7 €, visite guidée 3,50 € ; ⏲10h-21h mar, 10h-18h mer-dim, visite guidée en allemand midi dim ; 🚋2 Stubentor, Ⓤ Stubentor). Logé dans un superbe bâtiment néo-Renaissance, le MAK est dédié à l'art et à l'artisanat dans la vie quotidienne. Chaque salle présente un style différent, Renaissance, baroque, orientalisme, historicisme, Empire, Art déco, sans oublier la ferronnerie caractéristique de la Wiener Werkstätte (Atelier viennois). Des artistes contemporains ont participé à l'agencement des salles, d'où un accrochage singulier et percutant. La salle consacrée au design et à l'architecture du XXe siècle est l'une des plus passionnantes, et le siège en carton de Frank Gehry est une merveille.

Stadtpark PARC

(Parc municipal ; carte p. 68 ; 01, 03 ; 🚋2 Weihburggasse, Ⓤ Stadtpark). GRATUIT Depuis 1862, le Stadtpark est une paisible oasis de verdure aux sentiers sinueux et aux étangs entourés de saules, invitant à flâner ou à se détendre au soleil. Prisé des travailleurs de l'Innere Stadt à l'heure du déjeuner, il enjambe la rivière Vienne, qui se jette dans le canal du Danube.

Kunst Haus Wien MUSÉE

(Maison de l'Art viennois ; carte page ci-contre ; www.kunsthauswien.com ; 03, Untere Weissgerberstrasse 13 ; adulte/enfant 12/5 € ; ⏲10h-18h ; 🚋O, 1 Radetzkyplatz). Céramiques bombées, surfaces inégales, façade en damier, mosaïques colorées et toit végétalisé : le Kunst Haus Wien porte la signature

Leopoldstadt

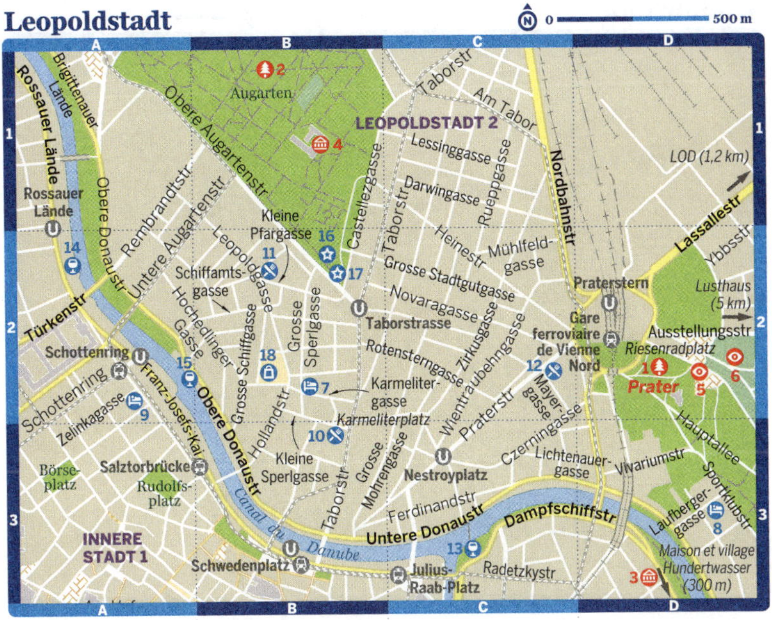

Leopoldstadt

Les incontournables

1 Prater D2

À voir

2 Augarten B1
3 Kunst Haus Wien D3
4 Manufacture de porcelaine d'Augarten B1
5 Riesenrad D2
6 Würstelprater D2

Où se loger

7 Grätzlhotel B2
8 Magdas D3
9 Österreichischer Jugendherbergsverband A2

Où se restaurer

10 Harvest B3
11 Skopik & Lohn B2
12 Supersense C2

Où prendre un verre et faire la fête

13 Strandbar Herrmann C3
14 Summer Stage A2
15 Tel Aviv Beach A2

Où sortir

16 Kino wie noch nie B2
17 MuTh B2

Achats

18 Karmelitermarkt B2

inimitable de l'artiste et militant écologiste viennois Friedensreich Hundertwasser (1928-2000), pour lequel la ligne droite est "sans Dieu". Ce musée est une ode à son œuvre enjouée et audacieusement créative, ainsi qu'à son engagement pour l'environnement.

À moins de 500 m à pied en descendant le long du canal, la **maison Hundertwasser** (Hundertwasserhaus ; 03, angle Löwengasse et Kegelgasse ; 1 Hetzgasse), avec ses lignes courbes, ses couleurs vives et ses détails en mosaïque, affiche le style radical de cet amoureux des surfaces irrégulières. Si l'intérieur de l'immeuble d'habitation ne se visite pas, vous pouvez traverser la rue pour découvrir le **village Hundertwasser** (www.hundertwasser-village.com ; 03, Kegelgasse 37-39 ; 9h-18h) GRATUIT, autre création de l'architecte.

Schönbrunn

Schönbrunn

Les incontournables

1 Château de Schönbrunn C2

À voir

2 Gloriette B3
3 Musée des Enfants C2
4 Jardin du Prince héritier C2
5 Fontaine de Neptune C3
6 Serre aux palmiers A2
7 Ruines romaines C3
8 Jardins du château de Schönbrunn C2
9 Schöner Brunnen C3
10 Musée technique D1
11 Zoo A2
12 Musée des Carosses B2
13 Maison du Désert A2

Activités

14 Dédale végétal B2
15 Schönbrunner Panoramabahn C2

Où se restaurer

16 Brandauers Schlossbräu A2
17 Maxing Stüberl A2

Où prendre un verre et faire la fête

Café Gloriette .... (voir 2)

Où sortir

18 Marionettentheater C2

Achats

19 1130Wein A2

Jardins botaniques JARDINS

(www.botanik.univie.ac.at ; 03, Mechelgasse/Praetoriusgasse ; 10h-17h ; 0, 1, 71 Rennweg). GRATUIT Ces jardins botaniques, qui appartiennent à l'université de Vienne, abritent une serre tropicale, ainsi que 11 500 espèces issues des six continents, dont quelques merveilles comme le bambou chinois nain, le gingko biloba, des tulipiers et des pins japonais à queue de vache.

Prater et est du Danube

Prater PARC

(Carte p. 95 ; www.wiener-prater.at ; ; U Praterstern). GRATUIT S'étalant sur 60 km², le plus grand parc du centre de Vienne, ancienne terre de chasse des Habsbourg, comprend une partie boisée de peupliers et de châtaigniers, des étendues d'herbe, des boulevards bordés d'arbres, ainsi que

LES ARRONDISSEMENTS DE VIENNE

Les 23 arrondissements (*Bezirke*) de Vienne s'enroulent en escargot (dans le sens des aiguilles d'une montre) autour du vieux cœur de ville (même s'ils jouent parfois à saute-mouton). Au centre donc, l'Innere Stadt (01) a pour limite extérieure le Ring. Entre ce dernier et le second boulevard extérieur, appelé Gürtel, sont contenus les *Vorstädte* (faubourgs intérieurs) : Leopoldstadt (02), Landstrasse (03), Wieden (04), Margareten (05), Mariahilf (06), Neubau (07), Josefstadt (08) et Alsergrund (09). Passé le Gürtel, ce sont les *Vororte* (banlieues) : Favoriten (10), Simmering (11), Meidling (12), Hietzing (13), Penzing (14), Rudolfsheim-Fünfhaus (15), Ottakring (16), Hernals (17), Währing (18), Döbling (19) et Brigittenau (20). Les arrondissements Floridsdorf (21) et Donaustadt (22) se trouvent sur le côté nord-est de la ville, tandis que Liesing (23) est à l'extrémité sud-ouest.

Toutes les adresses viennoises commencent par le numéro de l'arrondissement, en partant du 01 pour l'Innere Stadt. Les numéros de rue vont croissant en partant du centre. On identifie le numéro d'arrondissement aux 2 chiffres intérieurs du code postal à 4 chiffres : dans 1010, le 01 indique l'Innere Stadt.

Chaque *Bezirk* a son style et caractère propres. Au sein de chacun, vous trouverez souvent de petits quartiers, par exemple le romantique Spittelberg pavé (07), derrière le MuseumsQuartier, ou Freihausviertel, à cheval sur les arrondissements 04 et 05, un coin apprécié des gourmets.

des aires de jeux, une piscine, un terrain de golf et un circuit. Ceinturée de châtaigniers, bruns roux chatoyants en automne et couverts de fleurs blanches au printemps, l'allée centrale (*Hauptallee*) qui le traverse de part en part s'étire de la gare de Praterstern au café-restaurant Lusthaus (p. 112).

À 65 m au-dessus du parc d'attractions **Würstelprater** (carte p. 95 ; www.prater.at ; Prater 7 ; manèges 1,50-5 € ; ⏲10h-minuit ; 👪) tourne la mythique **Riesenrad** (grande roue ; carte p. 95 ; www.wienerriesenrad.com ; 02, Prater 90 ; adulte/enfant 13,50/6,50 € ; ⏲9h-minuit, horaires réduits l'hiver ; 👪) de Vienne, rescapée des bombardements de 1945 et figure incontournable des tournages viennois. Construite en 1897 et offrant une vue imprenable sur Vienne, elle tient notamment la vedette dans *Le Troisième Homme* (encadré p. 103), en contrepoint au monde souterrain des égouts.

Augarten PARC

(Carte p. 95 ; www.bundesgaerten.at ; 03, Obere Augartenstrasse ; ⏲6h-coucher du soleil ; Ⓤ Taborstrasse). GRATUIT Ce parc paysager créé en 1775 est ponctué de pelouses et de chemins bordés d'ormes, de tilleuls, de châtaigniers et d'érables. On peut y jouer au foot, laisser les enfants profiter d'une aire de jeux, ou visiter la **manufacture de porcelaine d'Augarten** (Porzellanmuseum im Augarten ; carte p. 95 ; www.augarten.at ; 02, Obere Augartenstrasse 1 ; adulte/enfant 7/5 €, avec visite guidée 19/15 € ; ⏲10h-17h lun-sam ; Ⓤ Taborstrasse). Le plus ancien jardin baroque de Vienne est compris dans l'enceinte de ce parc paysager, ainsi que les austères *Flaktürme* (tours anti-aériennes), aux angles nord et ouest.

Château de Schönbrunn et environs

Château de Schönbrunn CHÂTEAU

Voir p. 98.

Activités

Baignade et sports nautiques

Île du Danube PLEIN AIR

(Donauinsel ; Ⓤ Donauinsel). Séparant le Danube du Nouveau Danube (Neue Donau), l'étroite île du Danube s'étire sur 21,5 km face à Klosterneuburg au nord jusqu'au parc national Donau-Auen au sud. Créée en 1970, l'aire de loisirs aquatiques de Vienne déroule des portions de plage (sans beaucoup de sable néanmoins) et se prête à la baignade, au canotage et au ski nautique.

Vieux Danube SPORTS NAUTIQUES

(Alte Donau ; 22, Untere Alte Donau ; Ⓤ Alte Donau). Le Vieux Danube est un ancien

(Suite à la page 102)

CAVAN IMAGES/GETTY IMAGES ©

LES INCONTOURNABLES
CHÂTEAU DE SCHÖNBRUNN

L'Empire des Habsbourg dévoile toute sa splendeur dans les appartements du Schloss Schönbrunn entre fresques, dorures, miroirs et lustres magnifiant le tout. Ce palais des merveilles aux 1441 pièces conserve un intérieur baroque parmi les mieux préservés d'Europe. L'histoire de l'Autriche prend vie au fil des 40 pièces ouvertes au public, dans le salon où le jeune prodige Mozart donna son premier concert devant Marie-Thérèse, face au psyché où se reflétait l'extrême beauté de Sissi, ou encore sous les agrès auxquels la jeune impératrice s'exerçait.

Appartements impériaux

L'Imperial Tour (audioguide gratuit ou application à télécharger) débute par l'ascension – royale ! – de l'**Escalier bleu** paré de fresques. À l'étage s'ouvrent les appartements aménagés au XIXe siècle pour l'empereur François-Joseph et sa femme adorée, Élisabeth de Bavière, célèbre pour sa taille de guêpe et ses longues tresses. On traverse ensuite une succession de salles ornées de superbes lustres et décorations en stuc, telle la **salle de billard**, où les officiers attendaient leur audience, avant d'atteindre le **cabinet de travail** de François-Joseph, à la tâche dès l'aube. De nature disciplinée et profondément pieux, l'empereur goûtait plus le travail que le faste, en témoignent le lit de fer et le lavabo de toilette de sa chambre.

L'impératrice, affectueusement surnommée "Sissi", aimait l'art de la correspondance, passant aussi des heures à écrire des poèmes dans le **cabinet de l'Escalier** aux murs écarlate, quand elle n'étudiait pas les langues européennes

À NE PAS MANQUER

- Les appartements impériaux
- La fontaine de Neptune (Neptunbrunnen)
- La Gloriette
- Le musée des Carrosses (Wagenburg)

INFOS PRATIQUES

- Carte p. 96
- ☎ 01-811 13-0
- www.schoenbrunn.at
- 13, Schönbrunner Schlossstrasse 47
- Adulte/enfant Imperial Tour 22/15 €, Grand Tour 26/19 €, Grand Tour avec guide 30/21 €
- ⏲ 9h-17h30 juil-août, 9h-17h avr-juin et sept-déc, 9h30-17h jan-mars
- Ⓤ Schönbrunn, Hietzing

en laissant brosser ses longs cheveux dans son **cabinet de toilette**. La **chambre à coucher impériale** de François-Joseph et Sissi est tendue de soie bleu et blanc. Dans le **salon de l'Impératrice**, de style néo-rococo, on remarquera les portraits au pastel de certains des 16 enfants de Marie-Thérèse, dont une certaine Marie-Antoinette en tenue de chasse, ignorante du sort qui l'attendra en France en 1793. Dans le **salon de Marie-Antoinette**, la table était dressée avec force verres en cristal au plomb et porcelaine délicate, l'empereur se régalant de roboratifs goulash et *Schnitzel*, tandis que Sissi, soucieuse de sa santé, se contentait d'un bouillon de bœuf (plus quelques fraises en cachette, dit-on).

La nombreuse descendance de Marie-Thérèse et François Ier a fait l'objet de portraits signés par Martin van Meytens réunis dans la **chambre des Enfants** et la **chambre au Balcon**. Remarquez l'extrême beauté de **Marie-Élisabeth**, avant que la variole ne la défigure et qu'elle n'entre au couvent, décidée à se retirer du monde, loin de l'habile politique de mariages menée par sa mère l'impératrice.

Dans la somptueuse **salle des Glaces** aux lambris blanc et or parés de miroirs, le petit Mozart, du haut de ses 6 ans, émerveilla en 1762 l'impératrice. Sur 40 m, la **Grande Galerie**, où les Habsbourg organisaient bals et banquets, déploie un faste de stucs, miroirs et lustres, surmontés par un plafond à la gloire du règne de Marie-Thérèse signé par l'Italien Gregorio Guglielmi. C'est ici qu'eut lieu en 1961 la rencontre historique entre John F. Kennedy et le dirigeant soviétique Nikita Khrouchtchev.

Après avoir déambulé entre les porcelaines des **cabinets chinois**, on parvient au **salon du Carrousel**, ainsi nommé pour le charmant tableau où l'on voit Marie-Thérèse et ses dames de cour à cheval à l'École d'équitation. Suit la **salle des Cérémonies**, ornée de cinq gigantesques tableaux représentant le mariage de Joseph, héritier du trône, à Isabelle de Parme en 1760. Mozart n'avait alors que 4 ans, mais le tableau n'ayant été achevé que bien des années après les noces, le peintre ajouta l'étoile montante de la musique et de la composition qu'était devenu le petit Wolfgang.

Si vous avez un billet Grand Tour, poursuivez avec un guide ou un audioguide dans l'**aile est**. Le sublime **Salon bleu chinois**, dont les papiers peints à motifs floraux sont en papier de riz, marque l'entrée des appartements de François de Lorraine, l'époux de Marie-Thérèse. Les tables en pierre dure incrustée de pierres semi-précieuses illustrent à merveille le savoir-faire des artisans florentins. Ici se déroulèrent en 1918 les négociations qui mirent fin à l'Empire austro-hongrois. Un siècle auparavant, Napoléon

PALMENHAUS

Construite en 1882 par Franz Segenschmid sur le modèle de la Palm House des Kew Gardens de Londres, la **serre aux palmiers** (Palmenhaus ; carte p. 96 ; 13, Maxingstrasse 13b ; adulte/enfant avec maison du Désert et jardin zoologique 28,50/16,50 € ; ⌚ 9h30-18h mai-sept, 9h30-17h oct-avr ; U Hietzing) abrite une véritable jungle de plantes tropicales du monde entier.

Près de la Palmenhaus, la petite maison du Désert (Wüstenhaus ; carte p. 96 ; ☎ 01-877 92 94-500 ; www.zoovienna.at ; 13, Maxingstrasse 13b ; adulte/enfant 7/6 € ; ⌚ 9h-18h mai-sept, 9h-17h oct-avr ; U Hietzing) **recrée des paysages de désert aride dans l'ancienne maison du Cadran solaire (Sonnenuhrhaus). Ses 4 sections – Afrique, Moyen-Orient, Amériques et Madagascar – abritent des espèces rares de cactus et d'animaux du désert, tel le rat-taupe nu d'Afrique de l'Est.**

avait installé son QG à Schönbrunn lors de l'occupation de Vienne en 1805 et 1809, et c'est probablement dans le **salon Napoléon** qu'il rêvait à ses conquêtes futures. Le portrait de l'Aiglon, son unique fils légitime, duc de Reichstadt pour les Autrichiens, figure un petit garçon en élégant costume de jardinier, une couronne de fleurs à la main, dans le parc du château de Laxenburg.

Traversez le splendide **salon du Million**, en bois de rose, le **salon des Gobelins**, couvert de tapisseries bruxelloises du XVIIIe siècle, puis le **Salon rouge**, authentique galerie de portraits des Habsbourg, avant d'accéder à la **chambre à coucher** de Marie-Thérèse, meublée d'un lit à baldaquin aux allures de trône, recouvert de velours rouge et brodé d'or. C'est ici que naquit en 1830 François-Joseph. D'autres portraits de Habsbourg figurent aux murs damassés de rouge du **cabinet de travail** de l'archiduc François-Charles. La visite s'achève dans la **salle de chasse**, où les tableaux rappellent que Schönbrunn était à l'origine un pavillon de chasse.

Jardins du château de Schönbrunn

Attrayants en toute saison, les magnifiques **jardins à la française** (carte p. 96 ; 6h30-coucher du soleil) GRATUIT du parc offrent une symphonie de couleurs en été et des camaïeux de gris et de bruns en hiver. Ouvert au public dès 1779 par Joseph II après un réaménagement dans le goût baroque, le domaine recèle plusieurs curiosités au fil de ses allées arborées, agencées en damier et en étoile entre 1750 et 1755. De 1772 à 1780, Johann Ferdinand Hetzendorf ajouta quelques touches finales aux jardins sur les instructions de Joseph II : de fausses **ruines romaines** (carte p. 96 ; 6h30-coucher du soleil) en 1778 ; la **fontaine de Neptune** (Neptunbrunnen ; carte p. 96 ; 10h-14h mi-avr à mi-oct), également inspirée de la mythologie grecque, en 1781 ; et enfin, la superbe **Gloriette** (carte p. 96 ; 13, Schlosspark ; tarif 4,50 € ; 9h30-18h juil-août, 9h30-17h avr-juin et sept-oct, 9h30-16h déb nov ; 8A, 63A Gassmannstrasse, U Schönbrunn) en 1775, d'où la vue est splendide.

Le château doit son nom à la **Schöner Brunnen** (carte p. 96 ; 10h-16h mi-avr à sept). La "belle fontaine" d'origine se déverse aujourd'hui dans la cruche en pierre d'une nymphe près des ruines romaines. Long de 630 m, le **dédale végétal** (Irrgarten ; carte p. 96 ; tarif 4,50 €, avec musée des Enfants 12/8 €, avec musée des Enfants et zoo 28/16 € ; 9h30-17h avr-juin et sept-oct, 9h30-18h juil-août ;) est formé d'un agencement de haies identique à celui du dédale d'origine, présent de 1720 à 1892 ; à côté, un autre **labyrinthe** a pris place, aire de jeux moderne avec structures d'escalade et kaléidoscope géant à miroirs.

À l'est du palais, le **jardin du Prince héritier** (Kronprinzengarden ; carte p. 96 ; tarif 4,50 € ; 9h30-17h avr-juin et sept-oct, 9h30-18h juil-août), créé pour le fils de François-Joseph et de Sissi, Rodolphe, est une réplique du jardin baroque qui occupait l'endroit vers 1750.

Musée des Enfants

Moult activités et expositions dévoilent aux jeunes visiteurs la vie quotidienne à la cour dans ce **musée des Enfants** (Kindermuseum ; carte p. 96 ; www.kaiserkinder.at ; adulte/enfant 9,50/7,50 €, billet combiné avec labyrinthe 12/8 €, avec labyrinthe et zoo 28/16 € ; 10h-17h ;) de Schönbrunn. Habillés en princes et princesses, ils donnent des ordres à leurs domestiques (les parents) ! Jouets des enfants impériaux, sciences naturelles et archéologie trouvent aussi ici leur place. **Visites guidées** en allemand à 10h30, 13h30 et 15h, sam, dim et jours fériés.

Musée des Carrosses

Vaste collection de véhicules impériaux, le **musée des Carrosses** (Wagenburg ; carte p. 96 ; www.kaiserliche-wagenburg.at ; 13, Schloss Schönbrunn ; adulte/enfant 12 €/gratuit ; 9h-17h mi-mars à nov, 10h-16h déc à mi-mars) conserve notamment le carrosse du couronnement de François Ier de Habsbourg-Lorraine, un monument roulant

Serre aux palmiers (Palmenhaus ; p. 99)

de 4 tonnes, plaqué d'or avec panneaux de verre vénitien et moult chérubins. On peut aussi y voir la voiture d'enfant de l'Aiglon, fils de Napoléon Ier et de Marie-Louise, aux garde-boue en forme d'ailes d'aigle et décorée d'abeilles.

Billets pour le château de Schönbrunn

Le mieux est d'acheter votre billet en ligne à l'avance. Imprimez-le ou scannez votre smartphone à l'entrée. Le billet **Imperial Tour** (adulte/enfant 22/15 €) donne accès à 22 salles commentées par audioguide (ou application). La formule **Grand Tour** (avec audioguide adulte/enfant 26/19 €, avec guide 30/21 €) ajoute au premier parcours 18 pièces supplémentaires.

Si vous envisagez de visiter plusieurs sites, un billet combiné peut être intéressant.

D'avril à octobre, le **Classic Pass** (adulte/enfant 31/24 €) donne accès au Grand Tour du château de Schönbrunn avec audioguide (40 pièces ouvertes au public), outre la visite du jardin du Prince héritier (Kronprinzengarten), du dédale (Irrgarten) et du labyrinthe, et de la Gloriette avec sa terrasse panoramique. Un Classic Pass avec un Grand Tour guidé coûte 35/26 € par adulte/enfant.

L'été (début avril-début novembre), le **Classic Pass Plus** (adulte/enfant 49/26,50 € avec audioguide, 53/28,50 € en visite guidée) permet en plus de visiter le zoo (Tiergarten).

Toute l'année, le Sisi Ticket (p. 77) permet de visiter les principales curiosités de la Hofburg, plus le château de Schönbrunn.

ZOO

La ménagerie impériale ouverte en 1752 est à l'origine du **zoo** (Tiergarten ; carte p. 96 ; www.zoovienna.at ; 13, Maxingstrasse 13b ; adulte/enfant 24/14 €, billet combiné avec labyrinthe et musée des Enfants 28/16 € ; 9h-18h30 avr-sept, 9h-17h30 mars et oct, 9h-17h fév, 9h-16h30 nov-jan ; 56A, 56B, 58A Tiroler Gasse, U Hietzing) de Schönbrunn, plus ancien parc animalier du monde encore en activité. Il compte 8 500 résidents, notamment des pandas géants, des girafes et des tigres de Sibérie. Le zoo est organisé comme une roue de vélo, dont les allées forment les rayons ; un pavillon octogonal en marque le centre.

En été, un petit "train" (sur route) touristique, le Schönbrunner Panoramabahn (carte p. 96 ; www.zoovienna.at ; billet journée adulte/enfant 9/5 € ; 10h-18h avr-oct)**, sillonne le parc du château de Schönbrunn et s'arrête à neuf curiosités, dont le palais, le zoo et le point de vue de la Gloriette. Le circuit dure 50 minutes, mais vous pouvez monter et descendre à votre guise ; pratique pour éviter les pentes raides et reposer les jambes fatiguées.**

(Suite de la page 97)

bras du fleuve aujourd'hui enclavé sur la rive droite de l'île du Danube, qui le sépare du Nouveau Danube (Neue Donau). Cours principal du fleuve jusqu'en 1875, c'est aujourd'hui un endroit prisé pour la voile, le canotage, la baignade, la promenade, la pêche et le patin à glace en hiver.

Badeschiff BAIGNADE

(Carte p. 68 ; www.badeschiff.at ; 01, Danube Canal ; adulte/enfant 6,50/2 € ; 9h-20h mai-sept ; 1, 2 Schwedenplatz, U Schwedenplatz). Cette piscine flottante, longue de 28 m, permet de se baigner sur (et pas dans !) le Danube. Dotée de plusieurs terrasses agrémentées de chaises longues et de parasols, et d'un terrain de foot aménagé sur une plate-forme suspendue, elle borde les rives du fleuve entre la Schwedenplatz et Urania. Le soir, le bateau se transforme en bar. Ouverts toute l'année, la cuisine et le bar servent des plats jusqu'à 22h et des boissons jusqu'à 1h.

Patin à glace

Wiener Eistraum PATINOIRE

(Carte p. 86 ; www.wienereistraum.com ; 01, Rathausplatz ; adulte/enfant à partir de 8,50/6 €, location de patins préchauffés 8/5 € ; 10h-22h fin jan-déb mars ; D, 1, 2, 71 Rathausplatz/Burgtheater, U Schottentor, Volkstheater). Au cœur de l'hiver, la place de l'Hôtel de Ville est investie par deux patinoires reliées pour une surface totale de 8000 m². Attirant les patineurs de tous poils, le site accueille également DJ, stands de nourriture, événements spéciaux et buvettes servant du *Glühwein* (vin chaud). La piste zigzague à travers le parc voisin pour ensuite faire le tour de la place.

Une zone gratuite est à disposition des débutants et des enfants de 9h à 16h du lundi au vendredi et de 8h à 22h les samedi et dimanche (la location de patins est payante). À 17h, en semaine, sont installés huit couloirs de curling.

Wiener Eislaufverein PATINOIRE

(Carte p. 89 ; www.wev1867.at ; 03, Lothringerstrasse 22 ; adulte/enfant 8,50/6,50 €, location de patins 7/4,50 € ; 9h-20h ; D Schwarzenbergplatz, U Stadtpark). Avec ses 6000 m², c'est la plus grande patinoire de plein air du monde. Près du Ring et du Stadtpark. Emportez des gants et un bonnet.

Circuits organisés

Whoosh PROMENADES À PIED

(0680 125 43 54 ; whoosh.wien ; 10 €). Suivez Eugene dans un circuit amusant et décalé en anglais (2 heures 30 environ). L'offre ne cesse de s'étoffer : **Vienna Ugly Tours** se penche sur l'architecture la plus laide de la ville, tandis que **Midnight Tours** vous fait découvrir Vienne de nuit. Calendrier et points de rencontre sur le site Internet.

Fiaker Carriage Rides PROMENADES EN CALÈCHE

(20 min/40 min/1 heure 55/95/120 € ; 10h-21h). Tirées par deux chevaux, ces calèches ouvertes de style traditionnel (accueillant jusqu'à 4 personnes) constituent une façon unique de visiter Vienne. En 2016, la municipalité a introduit des mesures de protection des animaux prévoyant la réduction des heures de travail et l'arrêt des circuits par plus de 35°C. Des files de calèches avec cochers en chapeau melon stationnent sur la Stephansplatz, l'Albertinaplatz et la Heldenplatz à la Hofburg.

La plupart des cochers parlent anglais et désignent les curiosités en chemin. Les circuits courts explorent la vieille ville, alors que les circuits longs comprennent le Ring.

Pour en savoir plus sur les chevaux et leurs soins, le circuit "Secrets of the Fiaker" avec **Riding Dinner** (01 39 10 20 110 ; wien.ridingdinner.com ; circuit Secrets of the Fiaker 27,50 €/pers, circuit dîner à partir de 299 €/calèche) prévoit une visite des écuries et un tour en calèche.

Ring Tram CIRCUIT EN TRAMWAY

(Carte p. 68 ; 01-712 46 83 ; www.wienerlinien.at ; 01, Schwedenplatz, plate-forme C ; adulte/enfant 10/5 € ; 10h-17h30 ; 1, 2 Schwedenplatz, U Schwedenplatz). Le Ring peut être exploré en tramway public, mais ce circuit guidé permanent de 30 minutes avec écrans vidéo et commentaires permet d'en faire le tour d'une traite (sans marquer d'arrêt). Le ticket est valable pour un tour complet.

DDSG Blue Danube CIRCUITS EN BATEAU

(Carte p. 68 ; 01-588 80 ; www.ddsg-blue-danube.at ; 01, Schwedenbrücke ; circuit 2 heures adulte/enfant 25/12,50 € ; horaires variables ; 1, 2 Schwedenplatz, U Schwedenplatz). Parmi les circuits les plus prisés figurent le tour des quartiers de Leopoldstadt et de Brigittenau le long du canal du Danube, celui qui traverse les écluses historiques de Nussdorf (construites par Otto Wagner vers 1900) et celui qui continue jusqu'à la Wachau. Circuits toute l'année si le temps le permet – vérifiez sur Internet.

Redbus City Tours CIRCUITS EN BUS
(Carte p. 68 ; 01-512 40 30 ; www.redbus-citytours.at ; 01, Kärntner Strasse 25 ; billet 24 heures adulte/enfant 35/20 €, 48 heures 45/25 € ; 9h45-19h ; D, 1, 2, 71 Kärntner Ring/Oper, U Karlsplatz). Circuits de 1 heure 30 des curiosités de l'Innere Stadt et des alentours, et circuits de 2 heures des principaux sites de la ville. Possibilité de monter et descendre à volonté. Les bus partent devant l'Albertina.

Shades Tours PROMENADES À PIED
(Carte p. 78 ; 01-997 19 83 ; www.shades-tours.com ; 07, Impact Hub Vienna, Lindengasse 56 ; circuit à pied 18 € ; U Zieglergasse). Ces promenades de 2 heures en anglais et en allemand dans le centre, guidées par d'anciens sans-abri, présentent Vienne sous un angle particulier. Une véritable révélation. Propose également des circuits à visée d'intégration guidés par des réfugiés. Dates, réservations et points de rencontre en ligne. Réservé aux plus de 14 ans.

Fêtes et festivals

Christkindlmärkte MARCHÉS DE NOËL
(www.wien.info/fr/shopping-wining-dining/markets/christmas-markets ; mi-nov au 24 déc). La saison des marchés de Noël, chère aux Viennois, s'étend de mi-novembre à Noël. Les *Christkindlmärkte* (marchés de Noël) fleurissent dans toute la ville avec leurs étals de jouets en bois, de décorations en tout genre et de denrées traditionnelles comme le *Würstel* (saucisse), le *Glühwein* (vin chaud aux épices) ou le punch chaud également. Le plus grand est le **Wiener Weihnachtstraum Christkindlmarkt** (www.wienerweihnachtstraum.at ; 01, Rathausplatz ; mi-nov au 26 déc ; D, 1, 71 Rathausplatz/Burgtheater, U Rathaus) de la place de l'Hôtel de Ville. Après la nuit tombée, même la grande cour du **château**

LE TROISIÈME HOMME

À la suite du traité de Potsdam (1945), Vienne est occupée par les quatre puissances alliées. Le producteur et réalisateur anglais Alexander Korda commande en 1948 à son compatriote Graham Greene un scénario sur le sujet. L'écrivain britannique, lui-même agent secret pendant la Seconde Guerre mondiale, rencontre alors à Vienne un officier des renseignements britanniques qui lui révèle un trafic autour de la pénicilline. De leurs échanges vont naître le canevas d'un roman (publié en 1950) et le scénario du film tourné par Carol Reed (1949).

Un écrivain désœuvré, Holly Martins (Joseph Cotton), se rend à Vienne à la demande de son ancien camarade de classe Harry Lime (Orson Welles), mais l'y trouve mort dans des circonstances obscures. Ses questions sur le décès mettent Martins sur la piste d'un trafic clandestin de pénicilline, auquel participent peut-être certaines des forces aux commandes de la ville... La Riesenrad (grande roue) du Prater devient l'image iconique du film, et le réseau d'égouts, notamment sous le Naschmarkt, fait l'objet d'un fantastique jeu d'ombres et de lumières, parfait reflet du Vienne d'après-guerre.

Grand Prix du Festival de Cannes en 1949, *Le Troisième Homme* a été plusieurs fois distingué et élu en 1999 "meilleur film britannique du XXe siècle". Depuis des années, le **Burg Kino** (carte p. 78 ; 01-587 84 06 ; www.burgkino.at ; 01, Opernring 19 ; billets 8-9,50 € ; D, 1, 2 Burgring, U Museumsquartier) projette le film 3 fois par semaine.

Et surtout est né un **musée du Troisième Homme** (Dritte Mann Museum ; carte p. 78 ; www.3mpc.net ; 04, Pressgasse 25 ; adulte/enfant 9,50/5 €, visite guidée privée 1-10 pers. 120 € ; 14h-18h sam, visite guidée 14h mer ; U Kettenbrückengasse). Les inconditionnels suivront le **Der Dritte Mann Tour** (carte p. 68 ; www.viennawalks.com ; adulte/enfant 24/14 €), un circuit en allemand ou en anglais passant par les principaux sites de tournage du film, ou le **3.MannTour** (carte p. 89 ; 01-4000 3033 ; www.drittemanntour.at ; 01, Girardipark ; adulte/enfant 10/5 € ; sur réservation jeu-dim mai-oct, en anglais 15h ; U Karlsplatz) dans les égouts viennois du XIXe siècle avec des scènes du film projetées sur les murs.

de Schönbrunn (www.weihnachtsmarkt.co.at ; 13, Schloss Schönbrunn ; mi-nov à déb jan ; ; Schönbrunn) a son marché de Noël, qui dure jusqu'au 26 décembre, puis se prolonge jusqu'au 4 janvier sous le nom de marché du Nouvel An.

Ostermärkte MARCHÉS DE PÂQUES
(www.wien.info/fr/shopping-wining-dining/markets/easter-markets ; mars/avr). Éparpillés dans Vienne pendant les 2 semaines précédant Pâques, notamment sur la belle place **Freyung** (ostern.altwiener-markt.at ; 01, Freyung ; avr ; Herrengasse) et à **Am Hof** (www.ostermarkt-hof.at ; 01, Am Hof ; avr ; Herrengasse) dans le centre historique, ainsi qu'au **château de Schönbrunn** (www.ostermarkt.co.at ; 13, Schloss Schönbrunn ; avr ; ; Schönbrunn, Hietzing), ces marchés annoncent l'arrivée du printemps. En plus des traditionnelles décorations et expositions de fleurs et d'œufs de Pâques, vous y trouverez des étals de nourriture, de boissons et d'objets artisanaux, ainsi que moult activités pour les enfants.

Jazz Fest Wien MUSIQUE
(www.jazzfest.wien ; fin juin à mi-juil). Jazz, blues et soul à l'Opéra national (Staatsoper ; p. 75) et dans des clubs de la capitale, plus de nombreux concerts gratuits en extérieur.

Wien Modern MUSIQUE
(www.wienmodern.at ; fin oct-fin nov). Un mois durant, des concerts de musique classique actuelle et de musique d'avant-garde se succèdent dans une vingtaine de lieux, avec nombre de premières mondiales.

Wiener Festwochen ART
(Festival de Vienne ; www.festwochen.at ; mi-mai à mi-juin). Programme très varié de théâtre, concerts, danse et arts visuels avec des artistes du monde entier se produisant en divers points de la ville.

Donauinselfest MUSIQUE
(donauinselfest.at ; fin juin). GRATUIT Ce festival gratuit, qui se tient sur l'île du Danube (Donauinsel ; p. 97) pendant 3 jours, attire près de 3 millions de spectateurs venus écouter des musiciens de rock, pop, folk et country.

Lange Nacht der Museen CULTURE
(Longue nuit des musées ; langenacht.orf.at ; adulte/enfant 15/12 € ; 1er sam oct). Quelque 500 musées à travers tout le pays ouvrent leurs portes aux visiteurs le 1er samedi d'octobre entre 18h et 1h. En vente dans les musées, le billet unique donne accès à plus de 80 musées viennois l'espace de cette soirée, assorti d'une gratuité des transports pour aller de l'un à l'autre.

ImPulsTanz DANSE
(www.impulstanz.com ; mi-juil à mi-août). Consacré à la danse, ce festival estival de renommée internationale programme divers compagnies et danseurs d'avant-garde. Spectacles et ateliers se répartissent entre le MuseumsQuartier (p. 79), le Volkstheater (p. 119) et d'autres scènes.

Viennale Film Festival CINÉMA
(www.viennale.at ; fin oct-déb nov). Le meilleur festival de cinéma du pays présente des films d'art et essai du monde entier, dont des premières mondiales. Pendant 2 semaines, plusieurs salles en ville se partagent les projections.

Nuit de la Saint-Sylvestre NOUVEL AN
(Silvester ; www.wien.info/fr/music-stage-shows/new-years-eve ; 31 déc). Concerts en plein air, stands de nourriture et de boissons, cours de valse et feux d'artifice : l'Innere Stadt célèbre la nouvelle année en grande pompe.

Où se loger

Des demeures grandioses ornées de lustres, de mobilier ancien et de toiles du XIXe siècle aux tout derniers hôtels design au minimalisme huppé, en passant par les auberges de jeunesse bon marché, les hébergements de Vienne répondent à tous les goûts et budgets. On trouve également d'accueillantes *Pensionen* (maisons d'hôtes/pensions) et maints hôtels traditionnels moins opulents, ainsi qu'un choix correct d'appartements.

Hofburg et environs

Pertschy Palais Hotel HÔTEL €€
(Carte p. 68 ; 01-534 490 ; www.pertschy.com ; 01, Habsburgergasse 5 ; s/d/f à partir de 142/157/233 € ; ; Herrengasse, Stephansplatz). Difficile de faire mieux que cet emplacement paisible et central, à deux pas du Graben. Aménagées au sein du palais Cavriani, édifice baroque du XVIIIe siècle, les 55 chambres spacieuses déclinent rouge et or royaux sur un sobre fond crème, avec mobilier ancien et parquet. Les familiales ont conservé leur cheminée d'époque.

Personnel ultra-sympathique et bon accueil réservé aux enfants (chaises hautes et jouets pour les bambins).

Aviano PENSION €€
(Carte p. 68 ; ☎01-512 83 30 ; www.avianoboutiquehotel.com ; 01, Marco-d'Aviano-Gasse 1 ; s/d/ste à partir de 89/119/135 € ; 📶; Ⓤ Stephansplatz). Ultra-centrale, cette pension haut de gamme de bon rapport qualité/prix toute l'année respire un charme tout viennois : hauts plafonds, tons crème pour un mobilier très classique dans les chambres. La petite alcôve et la baie vitrée des chambres d'angle séduisent. Le petit-déjeuner (12 €) est servi dans une pièce ensoleillée et sur un petit balcon donnant sur la cour en été. Lits supplémentaires (30-39 €/personne) pour les familles.

♥ **Hotel Sacher** HÔTEL HISTORIQUE €€€
(Carte p. 68 ; ☎01-514 560 ; www.sacher.com ; 01, Philharmonikerstrasse 4 ; d/ste à partir de 417/767 € ; ❄📶 ; 🚋D, 1, 2, 71 Kärntner Ring/Oper, Ⓤ Karlsplatz). Entrer au Sacher revient à faire un bond d'un siècle dans le passé. La réception, avec ses lambris foncés, ses tons bordeaux et son lustre doré, évoque une luxueuse demeure Belle Époque. Les plus petites chambres sont étonnamment spacieuses, et les suites ont des allures un rien palatiales. Une part de la célèbre *Sachertorte* du café éponyme (p. 113) est offerte à l'arrivée.

Cathédrale Saint-Étienne et centre historique

♥ **Grand Ferdinand** HÔTEL DESIGN €€
(Carte p. 68 ; ☎01-918 80 ; www.grandferdinand.com ; 01, Schubertring 10-12 ; dort/d/ste à partir de 30/176/470 € ; ❄📶🏊 ; 🚋2, 71 Schwarzenbergplatz). Un énorme cheval empaillé trône dans l'entrée de cet établissement branché qui renverse les codes de l'hébergement à Vienne, entre dortoirs pour 8 personnes agrémentés de parquet et de lits en acajou, chambres de designers hautes en couleur et équipées de chaises longues, et suites avec lustres et bar à champagne privatif. Le petit-déjeuner (29 €) est servi sur le toit-terrasse panoramique adjacent à la piscine (chauffée) à débordement...

Hotel Capricorno HÔTEL €€
(Carte p. 68 ; ☎01-533 31 04-0 ; www.hotelcapricorno.wien ; 01, Schwedenplatz 3-4 ; s/d à partir de 124/148 € ; P❄📶 ; 🚋1, 2 Schwedenplatz, Ⓤ Schwedenplatz). Dissimulé derrière une façade peu engageante des années 1950, le Capricorno a fait peau neuve en 2015. Les tons acidulés prédominent et la plupart des 42 chambres possèdent un balcon (les chambres à l'avant donnent sur le canal du Danube, mais celles à l'arrière sont plus calmes). À 600 m au nord-est de la cathédrale (10 min à pied environ).

Ruby Lissi BOUTIQUE-HÔTEL €€
(Carte p. 68 ; ☎01-205 55 18-0 ; www.ruby-hotels.com ; 01, Fleischmarkt 19 ; d à partir de 119 € ; ❄@📶 ; 🚋1, 2 Schwedenplatz, Ⓤ Schwedenplatz). Empruntez une guitare à l'accueil, vous trouverez un ampli Marshall dans les chambres (insonorisées !). L'hôtel a sa propre station de radio, diffusée dans le bar ou à écouter sur les tablettes dans les chambres. Le mobilier marie vintage et design, les salles de bains ouvertes peuvent être occultées par un rideau. Petit-déjeuner bio (16 €) et location de vélos (10 €/j).

Hotel Austria HÔTEL €€
(Carte p. 68 ; ☎01-515 23 ; www.hotelaustria-wien.at ; 01, Fleischmarkt 20 ; s/d/tr/qua à partir de 88/120/174/192 € ; @📶 ; 🚋1, 2 Schwedenplatz, Ⓤ Stephansplatz, Schwedenplatz). Un must dans l'Innere Stadt, cet établissement aux 46 chambres douillettes et élégantes met à disposition un minibar et une bouilloire pour préparer thé ou café. Les simples (à partir de 71 €) et les doubles (à partir de 103 €) ont une douche privative, mais partagent les toilettes. Location de vélos (8 €/j), terrasse au 2ᵉ étage ouverte jusqu'à 22h, berceaux et service de baby-sitting.

♥ **DO & CO** HÔTEL DESIGN €€€
(Carte p. 68 ; ☎01-241 88 ; www.docohotel.com ; 01, Stephansplatz 12 ; d/ste à partir de 248/706 € ; 📶 ; Ⓤ Stephansplatz). Au cœur du centre historique, les chambres les plus chères de cet hôtel huppé ont une vue imprenable sur la cathédrale Saint-Étienne. Les 43 chambres et suites sont équipées de systèmes audio et vidéo dernier cri et de prises universelles. Plusieurs disposent d'un Jacuzzi et les salles de bains (pas les toilettes !) se parent de murs en verre transparents. Le bar, au 6ᵉ étage, et le restaurant-terrasse ont également vue sur la cathédrale.

Karlsplatz et environs du Naschmarkt

Wombat's City Hostel Naschmarkt AUBERGE DE JEUNESSE €€
(Carte p. 78 ; 01-897 23 36 ; www.wombats-hostels.com ; 04, Rechte Wienzeile 35 ; dort/s/d à partir de 22/65/86,50 € ; ; Kettenbrückengasse). Cette lumineuse auberge moderne donne sur le plus grand marché de Vienne. De là, il est aisé de gagner à pied les sites touristiques principaux. Clairs et aérés, dortoirs et chambres privatives incluent salle de bains et casiers gratuits. Cuisine à disposition, buanderie et bar animé. Petit-déjeuner à volonté (4,90 €).

Le premier Wombat's de Vienne, The Lounge, se trouve près de la Westbahnhof.

Das Tyrol HÔTEL DESIGN €€
(Carte p. 78 ; 01-587 54 15 ; www.das-tyrol.at ; 06, Mariahilfer Strasse 15 ; d/studios à partir de 175/215 € ; ; Kettenbrückengasse). Le design est le maître mot ici. Des œuvres d'art originales agrémentent les grandes chambres aux tons taupe, crème et or, dotées d'un petit balcon sur la commerçante Mariahilfer Strasse pour celles en angle. Salle de bains en marbre et machine à expresso dans les chambres pour le confort. Côté détente, le spa au carrelage doré comprend un sauna et une douche de chromothérapie où vous pourrez regarder des poissons évoluer dans un aquarium.

Hotel Imperial HÔTEL HISTORIQUE €€€
(Carte p. 89 ; 01-501 100 ; www.marriott.com ; 01, Kärntner Ring 16 ; d/ste à partir de 364/470 € ; ; D, 1, 71 Karlsplatz, Karlsplatz). Cet ancien palais conserve tout le marbre et la majesté de l'époque des Habsbourg. Le service est aussi poli que ses cristaux. Aux suites, agrémentées de toiles du XIXe siècle et d'authentiques meubles anciens, sont associés les services d'un majordome. Les chambres de style Biedermeier des 4e et 5e étages sont bien plus douillettes, certaines ouvrant de surcroît sur un balcon. Prix du petit-déjeuner : 41 € !

MuseumsQuartier et Neubau

Hotel am Brillantengrund HÔTEL €
(Carte p. 78 ; 01-523 36 62 ; www.brillantengrund.com ; 07, Bandgasse 4 ; s/d/tr/qua à partir de 59/69/89/109 € ; ; 49 Westbahnstrasse/Zieglergasse, Zieglergasse). Une cour plantée de palmiers au vert tranchant sur le jaune d'or des murs mène à cette adresse où se mêlent hôtes de passage et habitués venus s'y détendre. C'est en effet l'antre d'artistes viennois, d'où tout un programme d'expositions, de concerts, de soirées DJ, sans oublier marchés et boutiques éphémères. Les années 1950 à 1970 inspirent les chambres, simples, parquetées et décorées d'œuvres de créateurs locaux sur fond de papier peint et luminaires rétros.

Pension Wild PENSION €
(Carte p. 86 ; 01-406 51 74 ; www.pension-wild.com ; 08, Lange Gasse 10 ; s/d/tr à partir de 59/69/89 €, s/d sans sdb à partir de 49/59 € ; ; 2 Rathaus, Rathaus). À l'abri d'une demeure patricienne de 1904, Wild est l'une des rares *Pensionen* viennoises ouvertement favorables aux homosexuels. Immaculées, les chambres "de luxe" au dernier étage ont des meubles de bois clair, une salle de bains privative et un minibar. Cuisine à disposition, accueil chaleureux, garage à vélos gratuit et location de cycles (15 €/j).

Boutiquehotel Stadthalle HÔTEL €€
(Carte p. 78 ; 01-982 42 72 ; www.hotelstadthalle.at ; 15, Hackengasse 20 ; s/d/f à partir de 78/128/181 € ; ; 9/49 Beingasse). Le premier hôtel urbain au monde à afficher un bilan énergétique nul a recours à l'énergie solaire, à la récupération des eaux de pluie, aux éclairages à LED et son toit est semé de parterres de lavande. Les 79 chambres aux tons violet, rose et pêche mêlent le vintage au moderne. Entre les deux bâtiments, la cour habillée de lierre vous accueille par beau temps pour le petit-déjeuner bio. Le miel est récolté sur place, dans les ruches installées sur le toit.

25hours Hotel HÔTEL DESIGN €€
(Carte p. 86 ; 01-521 51 ; www.25hours-hotels.com ; 07, Lerchenfelder Strasse 1-3 ; d/ste à partir de 115/149 € ; ; 46 Auerspergstrasse, Volkstheater). Les 217 chambres (dont 34 suites avec kitchenette) dessinées par la maison de décoration Dreimeta jouent la carte des couleurs gaies de l'enfance et de la féerie avec des fresques évoquant les grandes figures du cirque. Les baies vitrées des suites fantastiques offrent un panorama imprenable sur la Hofburg. Le bar sur le toit, **Dachboden**

(carte p. 86 ; www.dachbodenwien.at ; 07, Lerchenfelder Strasse 1-3 ; 17h-23h ; ; 46 Auerspergstrasse, UVolkstheater), le sauna décoré d'une incroyable mosaïque à la sirène et le prêt d'élégants vélos de ville Schindelhauer sont autant d'atouts formidables.

Alsergrund et quartier universitaire

Hotel Harmonie HÔTEL €€

(Carte p. 86 ; 01-317 66 04 ; www.harmonie-vienna.at ; 09, Harmoniegasse 5-7 ; s 153-228 €, d 173-243 €, ste 218-258 € ; ; URosauer Lande). Niché dans un authentique édifice signé Otto Wagner, cet hôtel familial écologique est un cran au-dessus des établissements de l'Alsergrund. Les chambres claires adaptées aux allergiques sont dynamisées par des tableaux de Luis Casanova Sorolla. Salle de remise en forme et salon-bibliothèque. Au petit-déjeuner, prosecco et miel d'un apiculteur viennois font honneur aux produits bios et régionaux.

Du Belvédère au canal

Mooons BOUTIQUE-HÔTEL €€

(01-962 26 ; www.mooons.com ; 04, Wiedner Gürtel 16 ; d 89-150 € ; ; UHauptbahnhof). Note chic et contemporaine dans le quartier du Belvédère, la façade noire saisissante, aux fenêtres circulaires, ouvre sur un intérieur monochrome glamour tout doré, très fin de millénaire. Minimalistes, les chambres sont dotées d'une TV intelligente, d'une douche à effet de pluie et d'un "concierge virtuel". La salle de fitness et la terrasse sur le toit dévoilent une vue panoramique sur la capitale autrichienne.

Ruby Sofie BOUTIQUE-HÔTEL €€

(01-20 57 71 20 ; www.ruby-hotels.com ; 03, Marxergasse 17 ; d 103-205 € ; P ; UWien Mitte). Ancienne salle de concert, la Sofiensäle accueille la deuxième des trois adresses viennoises du label hôtelier Ruby. Voué au "luxe sobre" (ce sont ses mots), cet établissement au style dépouillé dégage une atmosphère détendue. Les chambres épurées, avec parquet de chêne, ont un mobilier vintage, des stations d'accueil, ordinateurs et tablettes, et une douche à effet de pluie. Outre la bibliothèque, le bar loue des guitares, on peut pratiquer le yoga sur une terrasse dédiée ou louer un vélo (10 €/j).

100% LOCAL

LE MIEL VIENNOIS

Quelque 5 000 colonies d'abeilles et 600 apiculteurs produisent et récoltent du miel dans Vienne, notamment sur les toits de l'Hôtel de Ville, de l'Opéra national, du musée des Beaux-Arts, du pavillon de la Sécession et de plusieurs hôtels. Le fruit de leur travail est vendu dans le magasin spécialisé **Wald & Wiese** (carte p. 68 ; www.waldundwiese.at ; 01, Wollzeile 19 ; 10h-18h30 lun-ven, 10h-17h sam ; UStephansplatz) , qui distribue également des boissons au miel, comme l'hydromel ou des whiskies et grappas au miel, ainsi que des bougies en cire d'abeille, des crèmes pour les mains, du dentifrice et de la gelée royale, entre autres douceurs.

Prater et est du Danube

Grätzlhotel BOUTIQUE-HÔTEL €€

(Carte p. 95 ; 01-890 17 46 ; www.graetzlhotel.com ; 02, Grosse Sperlgasse 6 ; d sans petit-déj 93-125 € ; UTaborstrasse). Ce boutique-hôtel, à deux pas du marché des Carmélites (Karmelitermarkt), redonne du souffle à Leopoldstadt, ancien quartier d'artisans et de commerçants. Son superbe intérieur est signé par certains des meilleurs architectes de Vienne. Minimalisme épuré et lampes vintage sont de mise dans les suites, dont on apprécie les petits détails : machine à café siglée, radio rétro et produits de toilette issus de la Saint Charles Apotheke.

Magdas BOUTIQUE-HÔTEL €€

(Carte p. 95 ; 01-720 02 88 ; www.magdas-hotel.at ; 02, Laufbergergasse 12 ; d 70-150 € ; UPraterstern). Le Magdas s'inscrit dans un concept social novateur, avec un personnel intégralement constitué de réfugiés. L'ancienne maison de retraite, transformée en boutique-hôtel à prix raisonnable, mise sur le développement durable. Créations uniques offertes à Magdas, abat-jour tricotés par des bénévoles et mobilier restauré dessinent un cadre rétro sans façon. Certaines chambres ouvrent sur un balcon surplombant le Prater tout proche.

Où se restaurer

Les restaurants et cafés de Vienne participent également d'une découverte de l'histoire de la capitale : qu'il s'agisse de son passé avec ses stands de rue où grillent les saucisses, ses caves à vins aux plafonds voûtés, ses *Beisln,* à mi-chemin du bistrot et du pub, qui servent goulash et escalopes viennoises ; de son présent dans les cafés branchés, les marchés multiethniques et les établissements internationaux ; ou encore de son avenir, esquissé par une nouvelle vague de restaurants novateurs.

Hofburg et environs

Bitzinger Würstelstand am Albertinaplatz STAND DE SAUCISSES €

(Carte p. 68 ; www.bitzinger-wien.at ; 01, Albertinaplatz ; saucisses 4-4,70 € ; 9h-22h ; D, 1, 2, 71 Kärntner Ring/Oper, U Karlsplatz, Stephansplatz). Parmi les nombreux stands de saucisses en ville, celui-ci, derrière l'Opéra national, est considéré comme le meilleur. On y croise, aux heures de sortie des spectacles, des hommes et des femmes en tenue de soirée sirotant une bière, du vin ou du champagne en dégustant des saucisses aux tables en plein air ou au comptoir chauffé. Choisissez entre moutarde *süss* (sucrée) ou *scharf* (piquante).

Trześniewski TARTINES €

(Carte p. 68 ; www.trzesniewski.at ; 01, Dorotheergasse 1 ; 1/10 tartines 1,50/15 € ; 8h30-19h30 lun-ven, 9h-18h sam, 10h-17h dim ; U Stephansplatz). Depuis 1902, des gourmets viennent se régaler de tartines au Trześniewski. Faites votre choix parmi les 28 succulentes garnitures composées essentiellement de produits autrichiens (foie de volaille, saumon fumé et fromage frais au raifort, piment et poivre rouge, œuf et concombre) à tartiner sur du pain noir viennois. Cet établissement est la boutique phare des 12 succursales que compte Vienne.

Café Mozart CAFÉ €€

(Carte p. 68 ; 01-241 00-200 ; www.cafe-mozart.at ; 01, Albertinaplatz 2 ; plats 11-25,50 €, gâteaux et pâtisseries 3,50-8 € ; 7h30-minuit ; ; U Karlsplatz). Face au célèbre musée de l'Albertina et dotée d'une terrasse couverte, cette institution régale depuis 1794 habitués comme gourmands de passage de ses pâtisseries viennoises classiques : *Apfelstrudel* (*Strudel* aux pommes), *Esterhazy Torte* (sorte de millefeuille meringué aux amandes), *Sachertorte* (gâteau au chocolat fourré de confiture d'abricots) et *Rehrücken* (mousse au chocolat et amandes nappée de chocolat noir). Mais on s'y attarde aussi pour des nourritures plus consistantes comme le *Tafelspitz* (bœuf bouilli) ou sa salade de pommes de terre aux épinards, ou encore un goulash de bœuf accompagné de boulettes de pain traditionnelles.

Cathédrale Saint-Étienne et centre historique

Simply Raw Bakery VÉGAN €

(Carte p. 68 ; www.simplyrawbakery.at ; 01, Drahtgasse 2 ; plats 8,90-12,90 € ; 9h30-17h lun-sam ; ; U Herrengasse). Super-aliments, noix, graines, légumes et herbes : ici tout est bio, végan et cuit en dessous de 42°C pour préserver les vitamines. Carrelage crème à fines arabesques noires, lustre à pampilles et papier rayé vintage forment un cadre charmant pour déguster du pain à la farine de banane tartiné de pâte chocolat-noisettes maison, un gâteau à l'avocat et à la crème sure ou une tarte à la citrouille et aux graines de pavot.

Marco Simonis Bastei 10 CAFÉ €

(Carte p. 68 ; 01-512 20 10 ; www.marco-simonis.com ; 01, Dominikanerbastei 10 ; plats 12,50-21 € ; 10h-19h lun-mar, 10h-22h mer-ven ; ; U Stubentor). À la fois boutique de décoration design et épicerie fine, le café Marco Simonis offre un cadre stylé pour un petit-déjeuner (goûtez le saumon fumé aux œufs pochés) ou un brunch gourmet composé de sandwichs, soupes, salades, smoothies et jus fraîchement pressés. Hautes tables de bois et tabourets de bar pour le décor, livres de cuisine, bougies, vaisselle et fleurs coupées pour les emplettes.

Wrenkh BISTROT €€

(Carte p. 68 ; 01-533 15 26 ; www.wrenkh-wien.at ; 01, Bauernmarkt 10 ; plats 8,50-25 € ; 11h-23h lun-sam ; ; U Stephansplatz). Outre ses spécialités végétariennes (lentilles au vin blanc et *Knödel*, patate douce rôtie fourrée au chèvre, soufflé de potiron et pesto à la pistache), ce bistrot propose aussi d'excellents plats de poisson (truite de montagne avec salade de pommes de terre et ail fumé) et de viande (faux filet maturé à la crème miso et aux aubergines). Au déjeuner est proposé en semaine un menu de 2/3 plats pour 12,50/13,50 €.

Brezl Gwölb AUTRICHIEN €€

(Carte p. 68 ; ☎01-533 88 11 ; www.brezl.at ; 01, Ledererhof 9 ; plats 12,10-22,50 € ; ⏲11h30-22h ; ⓊHerrengasse). Niché dans une ruelle proche de la place Freyung, Brezl Gwölb s'est constitué une fidèle clientèle grâce à sa cuisine autrichienne maison. Musique classique en fond, chandelles et réverbères en fer forgé, voûtes et colonnes sculptées vous emportent dans un autre temps.

Figlmüller AUTRICHIEN €€

(Carte p. 68 ; ☎01-512 61 77 ; www.figlmueller.at ; 01, Wollzeile 5 ; plats 10,50-22,90 € ; ⏲11h-21h30 ; 📶; ⓊStephansplatz). Que serait Vienne sans Figlmüller ? Le célèbre *Beisl* au décor rustique vous régale de gigantesques (30 cm de diamètre environ) *Schnitzel*. On y boit une authentique cuvée du patron (Figlmüller a réellement son vignoble), mais pas de bière. La succursale de **Bäckerstrasse** (carte p. 68 ; ☎01-512 17 60 ; www.figlmueller.at ; 01, Bäckerstrasse 6 ; plats 10,50-23,90 € ; ⏲11h30-22h ; ⓊStephansplatz) propose une gamme plus étoffée de plats et boissons.

Huth Gastwirtschaft AUTRICHIEN €€

(Carte p. 68 ; ☎01-513 56 44 ; www.huth-gastwirtschaft.at ; 01, Schellinggasse 5 ; plats 12,90-21,90 € ; ⏲midi-23h ; 🚋2 Weihburggasse). L'un des nombreux néo-*Beisln* de cette partie méconnue de l'Innere Stadt, cet établissement décline de superbes classiques viennois : *Wiener Schnitzel* à la sauce aux canneberges et aux pommes de terre persillées, *Selchfleisch* (porc fumé à la choucroute) et *Topfenstrudel* (*Strudel* au quark). À savourer sous les hauts plafonds de la grande salle ou les voûtes de la cave, ou encore l'été en terrasse.

Motto am Fluss INTERNATIONAL €€

(Carte p. 68 ; ☎01-252 55 ; www.mottoamfluss.at ; 01, Franz-Josefs-Kai 2 ; plats restaurant 14-28 €, café 3,80-14,80 € ; ⏲restaurant 18h-23h, café 8h-22h, bar 18h-minuit lun-mer et dim, 18h-1h jeu-sam ; 📶🖉; 🚋1, 2 Schwedenplatz, ⓊSchwedenplatz). À l'intérieur du terminal des ferries Wien-City, ce restaurant avec vue renversante sur le canal du Danube concocte une cuisine austro-internationale avec des produits bios de qualité (viande, poisson comme la truite du Danube, plats végétariens et végans). Toute la journée sont servis de savoureux petits-déjeuners, gâteaux et pâtisseries dans le café à l'étage, et le bar détendu à souhait est parfait pour déguster vins et bières autrichiens, ainsi que cocktails créatifs.

♥ **Griechenbeisl** AUTRICHIEN €€

(Carte p. 68 ; ☎01-533 19 77 ; www.griechenbeisl.at ; 01, Fleischmarkt 11 ; plats 17-23,90 € ; ⏲17h-22h ; 🖉 ; 🚋1, 2, ⓊSchwedenplatz). Fondé en 1447, le plus ancien restaurant de Vienne a accueilli entre ses lambris Beethoven, Brahms, Schubert et Strauss entre autres génies. Aux salles voûtées, on préférera peut-être le jardin fleuri en été. Chaque jour, 3 plats végétariens viennent s'ajouter à tous les grands classiques viennois.

♥ **Plachutta** AUTRICHIEN €€€

(Carte p. 68 ; ☎01-512 15 77 ; www.plachutta-wollzeile.at ; 01, Wollzeile 38 ; plats 25,90-29,80 € ; ⏲11h30-23h30 ; ⓊStubentor). Envie de découvrir le *Tafelspitz* (pot-au-feu autrichien) ? Cette adresse est pour vous ! Tout en boiseries et nappes blanches, le Plachutta propose 13 variantes de ce plat avec différents morceaux de bœufs élevés en Autriche, dont le *Mageres Meisel* (jumeau à bifteck), le *Beinfleisch* (jarret) et le *Lueger Topf* (épaule, langue de bœuf et tête de veau). Gardez de la place pour l'assiette de fromages autrichiens. Terrasse chauffée.

LA GUERRE DES GÂTEAUX : LA SACHERTORTE

Il était une fois la *Sachertorte* inventée par Franz Sacher. Un jour de 1934, son fils Eduard s'en alla travailler chez Demel, emportant avec lui la recette originale et les droits de distribution exclusifs. Ainsi naquit entre les maisons Sacher et Demel une féroce bataille juridique qui allait durer de 1938 à 1963, sur la marque et sur les droits. Un accord entre les parties octroya finalement au Café Sacher le droit d'utiliser la phrase *Original Sachertorte*, et autorisa Demel à décorer ses gâteaux d'un triangle indiquant *Eduard-Sacher-Torte*. Chacun prétend toujours être supérieur à l'autre ; goûtez les deux et tranchez si vous voulez !

Karlsplatz et environs du Naschmarkt

Vollpension CAFÉ €

(Carte p. 78 ; www.vollpension.wien ; 04, Schleifmühlgasse 16 ; plats 5-10 € ; 8h-20h dim-jeu, 8h-22h ven-sam ; ; Karlsplatz). Cet étonnant établissement en brique blanche, au mobilier vintage dépareillé et aux murs ornés de portraits, est tenu par 15 *Omas* (grands-mères) et *Opas* (grands-pères). Accompagnés de leurs familles, ils alignent plus de 200 gâteaux sur leur carte commune. Le petit-déjeuner, composé d'avocat et de féta sur une tranche de pain noir, est servi jusqu'à 16h. Au déjeuner, goulash végan aux pommes de terre et tofu. Paiement en espèces.

Entler AUTRICHIEN €€

(Carte p. 78 ; 01-504 35 85 ; www.entler.at ; 04, Schlüsselgasse 2 ; plats 14,80-34,50 € ; 17h-23h mar-sam ; ; 1, 62 Mayerhofgasse). La cuisine ultra-moderne, à savourer sous un plafond voûté traditionnel, revisite les classiques autrichiens : *Bergkäse* (fromage de vache à pâte dure), soupe à la truffe noire, médaillon de porc farci aux abricots et au jambon fumé, *Strudel* de lièvre rôti, suivis d'une sphère de mousse aux noix et sa glace à la noisette avec éclats.

Ubl AUTRICHIEN €€

(Carte p. 78 ; 01-587 64 37 ; 04, Pressgasse 26 ; plats 12-24 € ; midi-14h et 18h-minuit mer-dim ; Kettenbrückengasse). La carte de ce *Beisl* prisé comporte maints classiques viennois, tels le *Wiener Rindsgulasch* (goulash viennois au bœuf), le *Schweinsbraten* (rôti de porc) et 4 sortes de *Schnitzel*, auxquels s'ajoutent des plats de saison tout au long de l'année. À la fin du repas, un schnaps de prune facilite la digestion. Le jardin ombragé est merveilleux en été.

Veggiezz VÉGAN €€

(Carte p. 68 ; 01-890 00 32 ; www.veggiezz.at ; 01, Opernring 6 ; plats 10-14 € ; 11h-22h lun-ven, midi-22h sam-dim ; ; D, 1, 2, 71 Kärntner Ring, Karlsplatz). Une carte 100% végane servie dans un espace lumineux avec fauteuils vert sauge, parquet en pin et herbes aromatiques accrochées aux murs. Au programme : hamburgers, frites, quinotto (risotto à base de quinoa) et desserts tels qu'une mousse d'avocat aux fruits de saison avec sa limonade maison.

MiLL AUTRICHIEN €€

(Carte p. 78 ; 01-966 40 73 ; www.mill32.at ; 06, Millergasse 32 ; plats 10-22 € ; 15h-22h lun-ven ; Westbahnhof). Avec sa cour cachée pour les beaux jours, ce bistrot a tout du secret bien gardé. Un écarlate éclatant couvre les murs de brique, tranchant sur le bois du parquet, mais créant un chaleureux écrin pour savourer la cuisine de saison : goulash à la patate douce ou salade de poulet styrienne à l'huile de pépins de courge.

Café Drechsler CAFÉ €€

(Carte p. 78 ; www.drechsler-wien.at ; 06, Linke Wienzeile 22 ; plats déj 6,50-13,50 €, ; 8h-15h lun-ven, 9h-16h sam-dim ; ; Kettenbrückengasse). Un patchwork géant de posters recouvre l'un des murs de cette institution viennoise à l'ambiance animée, particulièrement appréciée au brunch pour ses œufs pochés (à l'aïoli truffé ou à l'avocat épicé), ses crêpes et son pain perdu. Outre les plats autrichiens, les menus penchent, midi et soir, vers l'international (curry masala indien et salade de papaye thaïe). Goûtez le cocktail Ho-gu (prosecco, limoncello, sirop de sureau, menthe et eau gazeuse).

MuseumsQuartier et Neubau

Liebling CAFÉ €

(Carte p. 78 ; 01-990 58 77 ; www.facebook.com/liebling1070 ; 07, Zollergasse 6 ; plats 5,50-10,90 € ; 9h-minuit ; ; Neubaugasse). Sans enseigne ni façade remarquable si ce n'est par son côté décrépi, le Liebling joue la carte du brut, avec un plancher nu et un mobilier de bric et de broc créant une ambiance cool et décontractée. Installez-vous pour un petit-déjeuner (jusqu'à 16h30), l'un des jus fraîchement pressés, ou encore un plat du jour à midi (*Strudel* épinards-féta ou wrap au potiron et pignons, suivis d'un gâteau chocolat-lavande). Bar formidable le soir. Espèces uniquement.

Swing Kitchen VÉGAN €

(Carte p. 78 ; www.swingkitchen.com ; 07, Schottenfeldgasse 3 ; plats 5-9 € ; 11h-22h ; ; Zieglergasse). Ici, les hamburgers végans bios ont une empreinte écologique minimale : ils utilisent 93 % de surface agricole, 85 % d'eau, 96 % de céréales et 95 % d'énergie en moins que leurs équivalents carnés, et produisent aussi 92 % de gaz à effet de serre en moins. Choisissez parmi 4 sandwichs, dont un *Wiener Schnitzel* végan et le Swing Burger à la sauce barbecue. Frites et rondelles d'oignon cuites à l'huile végétale, et salades.

Figar CAFÉ €

(Carte p. 78 ; ☎01-890 99 47 ; figar.net ; 07, Kirchengasse 18 ; petit-déj 4,50-9,50 €, plats 10-16 € ; ⏰9h-22h ; 📶 ; 🚌49 Siebensterngasse, ⓤNeubaugasse). Fort apprécié, ce café de quartier agrémenté d'une fresque de style *street art* mitonne de généreux petits-déjeuners jusqu'à 16h, notamment le Working Class Hero (saucisse, champignons, haricots à la tomate maison, épinards et tomates cerises rôties) ou l'Exquisite (jambon Thum, chorizo, emmental et œufs brouillés), mais aussi yogourts, muesli, porridge et pâtisseries. Le soir, l'endroit sert des cocktails artisanaux et passe de la house music.

Veganista GLACIER €

(Carte p. 78 ; www.veganista.at ; 07, Neustiftgasse 23 ; 1/2/3 boules 1,90/3,80/5,60 € ; ⏰midi-20h ; 📝; 🚌49 Volkstheater). Tenu par deux sœurs véganes, Veganista fabrique des glaces sans produits laitiers, avec des ingrédients bios régionaux. Chaque jour, 18 parfums sont proposés, dont quelques-uns originaux (basilic, thé vert, myrtille-lavande ou datte).

♥ **Tian Bistro** VÉGÉTARIEN €€

(Carte p. 78 ; ☎01-526 94 91 ; www.tian-bistro.com ; 07, Schrankgasse 4 ; plats 7-18 € ; ⏰17h-22h mar-ven, midi-14h et 17h-22h sam ; 📝 ; 🚌49 Siebensterngasse). La moins chère et la plus décontractée des succursales du restaurant végétarien **Tian** (carte p. 68 ; ☎01-890 46 65 ; www.tian-restaurant.com ; 01, Himmelpfortgasse 23 ; menus 6/8 plats 132/141 € ; ⏰18h-23h mar-ven, midi-14h et 18h-23h sam ; 📝 ; 🚌2 Weihburggasse, ⓤStephansplatz), étoilé au Michelin. Avec un toit en verre pour tout filtre, la lumière inonde la salle à manger verdoyante, aux allures d'atrium. L'été, le Tian Bistro dresse des tables colorées dans une allée pavée. On y sert une cuisine végétarienne et végane exquise, comme le risotto de truffes noires aux noisettes du Piémont. Petit-déjeuner jusqu'à 14h le week-end.

Alsergrund et quartier universitaire

Stomach AUTRICHIEN €€

(Carte p. 86 ; ☎01-310 20 99 ; 09, Seegasse 26 ; plats 15-30 € ; ⏰16h-minuit mer-sam, 10h-22h dim ; ⓤRossauer Lände). Établi de longue date, le Stomach concocte d'appréciables plats de viande, de poisson et de légumes présentés avec goût, comme le rosbif styrien, la crème de potiron, et, en saison, le sanglier et le chevreuil sauvages. Intérieur rural authentique et joli jardin.

Du Belvédère au canal

♥ **Lingenhel** EUROPÉEN €€

(☎01-710 15 66 ; www.lingenhel.com ; 03, Landstrasser Hauptstrasse 74 ; plats 17-29 €, menus 15-18 € ; ⏰9h-18h lun-mar, 9h-22h mer-ven, 8h-16h sam ; ⓤRochusgasse). Une maison deux fois centenaire accueille cet élégant traiteur doublé d'un bar-restaurant. Salamis, vins et fromages de production maison font de l'œil dans la boutique, tandis que l'étroit restaurant aux murs blanchis à la chaux mijote des plats de saison aux saveurs simples et authentiques (truite aux petits pois, navets et orange, ou risotto aux coquilles Saint-Jacques et asperges).

Joseph Brot BISTROT €€

(www.joseph.co.at ; 03, Landstrasser Hauptstrasse 4 ; petit-déj 8,40-16,40 €, plats déj 6,40-19,80 € ; ⏰boulangerie 7h30-19h lun-ven, 8h-18h sam, 8h-16h dim, bistrot 8h-19h lun-ven et 8h-18h sam, 8h-16h dim ; ⓤWien Mitte). L'enseigne, qui vend l'un des meilleurs pains de Vienne, vient d'ouvrir un nouvel établissement, à la fois boulangerie, bistrot et pâtisserie. Outre ses pains ultra-frais (ciabatta olive-tomate-romarin ou seigle miel-lavande, par exemple), Joseph Brot sert de succulents petits-déjeuners, des thés spéciaux, des smoothies et des pâtisseries divines. Enfin, le menu déjeuner du bistrot à l'arrière fait la part belle aux spécialités de saison, composées d'ingrédients d'une impeccable fraîcheur.

Meierei in Stadtpark AUTRICHIEN €€

(Carte p. 68 ; ☎01-713 31 68 ; www.steirereck.at ; 03, Am Heumarkt 2a ; plats 13-23 €, petit-déj 22-26 € ; ⏰8h-23h lun-ven, 9h-19h sam ; 📝 ; ⓤStadtpark). Surtout réputé pour son goulash au citron, aux câpres et aux *Knödel* fondantes et ses 120 sortes de fromages, le Meierei excelle aussi en matière de petits-déjeuners. Servis jusqu'à midi, ils relèvent de la pure gastronomie avec, par exemple, des œufs de canard pochés aux champignons sauvages et au potiron ou des gaufres de maïs accompagnées d'une salade de tomates chaudes et de fromage de brebis. Dans le Stadtpark.

Gmoakeller AUTRICHIEN €€
(Carte p. 89 ; ☎01-712 53 10 ; www.gmoakeller.at ; 03, Am Heumarkt 25 ; déj 9,80 €, plats 6-38 € ; ⏲11h-minuit lun-sam, 11h-16h dim ; ⓤStadtpark). Depuis 1858, l'animation n'a pas changé entre ces lambris et nombreux sont les convives à fouler son parquet et venir s'attabler dans cette cave tout à fait traditionnelle. L'été, les tables débordent même sur le trottoir. Les plats, classiques – *Zwiebelrostbraten* (rôti de bœuf aux oignons) ou *Kas'nudeln* (nouilles au fromage) de Carinthie –, se marient parfaitement avec les vins autrichiens.

♥ **Steirereck Restaurant** GASTRONOMIQUE €€€
(Carte p. 68 ; ☎01-713 31 68 ; www.steirereck.at ; 03, Am Heumarkt 2a ; plats 28-52 €, menus 6/7 plats 165/185 € ; ⏲11h30-14h30 et 18h30-minuit lun-ven ; ⓤStadtpark). Heinz Reitbauer est aux fourneaux dans ce restaurant doublement étoilé au Michelin, superbement aménagé dans une ancienne laiterie du XXe siècle au cœur du verdoyant Stadtpark. Les menus dégustation sont de somptueux festins aux saveurs naturelles et authentiques, qui révèlent le talent du chef. Comptez 95/105 € (6/7 plats) de plus pour les vins associés.

Prater et est du Danube

♥ **Dogenhof** CAFÉ €€
(Carte p. 95 ; dogenhof.com ; 02, Praterstrasse 70 ; petit-déj 3,80-9,20 €, plats 19-35 €, menu 5 plats 55-65 € ; ⏲17h-22h lun-ven, 9h30-22h sam, 9h30-16h dim ; ⓤPraterstern). Aménagé dans une vieille demeure de 1898 d'inspiration italienne, ce grand café rétro prépare un bon café torréfié localement, de formidables petits-déjeuners et des plats du jour. À l'arrière, la boutique Supersense vend des objets aussi divers que des vinyles ou des Polaroid, des kits de calligraphie ou des cahiers de notes reliés à la main.

Harvest VÉGAN €
(Carte p. 95 ; ☎0676 492 77 90 ; www.harvest-bistrot.at ; 02, Karmeliterplatz 1 ; plats 7,80-12,80 €, brunch 16,60 €, déj 11,80 € ; ⏲11h-23h lun-ven, 10h-23g sam-dim ; ✎ ; 🚍2 Karmeliterplatz, ⓤNestroyplatz). Oasis aux allures bohème, le Harvest mitonne, au gré des saisons, des plats végétariens et végans comme la salade de lentilles, poires, noisettes et tofu fumé ou les curries de légumes à la noix de coco. Bougies, lumières tamisées et mobilier vintage dépareillé posent le décor, prolongé d'une terrasse les soirs d'été. Café torréfié Alt Wien, gâteaux maison et brunch le week-end complètent l'offre.

♥ **Skopik & Lohn** EUROPÉEN €€
(Carte p. 95 ; ☎01-219 89 77 ; www.skopikundlohn.at ; 02, Leopoldsgasse 17 ; plats 9-22 € ; ⏲17h-minuit mer-sam ; ⓤTaborstrasse). Le gribouillis en forme de toile d'araignée qui couvre le plafond apporte une note avant-gardiste à cette brasserie à la française – lambris, lampes globes, tables rapprochées et serveurs en veste blanche. La cuisine européenne moderne, aux fortes influences méditerranéennes, mitonne des plats comme l'agneau lentement braisé à la purée de pois à la menthe, aux amandes et à la polenta, ou encore des pâtes aux truffes d'été et à la lotte.

Lusthaus AUTRICHIEN €€
(☎01-728 95 65 ; 02, Freudenau 254 ; plats 11-24 € ; ⏲midi-17h sam-mar ; 📶 ; 🚍77A Lusthaus). Ouvrez-vous l'appétit dans les allées bordées de châtaigniers du Prater, puis direction cet ancien pavillon de chasse des Habsbourg du XVIe siècle. Reconstruit en 1783 pour accueillir les fêtes impériales, c'est aujourd'hui un café-restaurant éclairé de lustres servant des plats traditionnels : bouillon de bœuf et crêpes en lamelles, *Wiener Schnitzel* et *Marillenknödel* (knödel aux abricots).

Château de Schönbrunn et environs

Maxing Stüberl AUTRICHIEN €€
(Carte p. 96 ; www.maxingstuberl.at ; 13, Maxingstrasse 7 ; plats 8,90-17,90 € ; ⏲17h-minuit lun et mer-ven, midi-minuit sam-dim ; ⓤHietzing). Ce restaurant traditionnel aux boiseries sombres avait la faveur de Johann Strauss. On y concocte de succulents mets viennois à partir des meilleurs produits de Pielachtal en Basse-Autriche, région natale de la propriétaire. Après l'aspic de bœuf bouilli aux oignons et à l'huile de pépins de courge, goûtez le boudin sauté accompagné de choucroute et de pommes de terre rôties, ou un poulet cuit sur une grille. Terminez par les *Knödel* au fromage blanc et compote de baies.

Brandauers Schlossbräu AUTRICHIEN €€

(Carte p. 96 ; 01-879 59 70 ; www.bierig.at ; 13, Am Platz 5 ; plats 7,50-19,50 € ; 10h-22h ; Hietzing). Cette microbrasserie sert les productions maison, des bières de spécialité (dont une bio) et une cuisine au-dessus de la moyenne. Outre les solides plats autrichiens (goulash, *Schnitzel*) figurent à la carte du travers de porc, réputé, et des plats végétariens tels que des salades et boulettes au fromage. Le buffet du déjeuner (10,90 €) présente un bon rapport qualité/prix. Cour verdoyante agréable par beau temps.

Où prendre un verre et faire la fête

À Vienne, où se mêlent histoire et modernité, les endroits où prendre un verre ne manquent pas, des bars à vins aux plafonds voûtés datant de l'époque de Mozart aux *Biergarten* animés, en passant par les cafés étudiants bohèmes ou rétros et les élégants bars à cocktails, ou sur les toits. Enfin, les *Heurigen* (tavernes) qui se regroupent dans les 700 ha de vignobles que comptent les faubourgs de la capitale sont une expérience authentique.

Hofburg et environs

Café Leopold Hawelka CAFÉ

(Carte p. 68 ; www.hawelka.at ; 01, Dorotheergasse 6 ; 9h-minuit lun-jeu, 9h-1h ven-sam, 10h-20h dim ; Stephansplatz). Ouvert en 1939 par Leopold et Josefine Hawelka, ce café aux lumières tamisées et portraits aux murs sert encore aujourd'hui des *Buchteln* (brioches sucrées à la confiture), spécialités maison confectionnées par leur fils Günter et leurs petits-fils Amir et Michael, suivant la recette de famille. Friedensreich Hundertwasser, Elias Canetti, Arthur Miller et Andy Warhol comptent au nombre des personnalités venues ici.

Loos American Bar BAR À COCKTAILS

(Carte p. 68 ; www.loosbar.at ; 01, Kärntner Durchgang 10 ; midi-4h ; Stephansplatz). Ce bar est l'endroit tout trouvé pour un cocktail classique dans l'Innere Stadt, préparé dans les règles de l'art par de talentueux barmen. Dessiné en 1908 par Adolf Loos – figure emblématique de l'architecture fonctionnelle à Vienne –, ce minuscule établissement de 27 m² (pas plus d'une vingtaine de sièges) est couvert du sol au plafond d'onyx, de marbre, d'acajou, de laiton poli et de miroirs, le tout pour donner une illusion d'espace.

> **100% LOCAL**
>
> **LES SCHANIGÄRTEN**
>
> Dès les beaux jours, les Viennois s'installent en terrasse. Ces terrasses sur la voie publique, appelées *Schanigärten*, sont une spécialité viennoise. À l'inverse des brasseries en plein air – les *Gastgärten* –, les *Schanigärten* investissent trottoirs, zones piétonnes, emplacements de stationnement et places, autant de lieux dont la jouissance est accordée contre une modeste redevance par les autorités, sur la période du 1er mars au 15 novembre (les dates dépendent en réalité de la météo).

Volksgarten ClubDiskothek NIGHT-CLUB

(Carte p. 68 ; www.volksgarten.at ; 01, Burgring 1 ; 22h-6h jeu-sam mars à mi-sept ; D, 1, 2, 71 Ring/Volkstheater, Herrengasse, Volkstheater). Installés sur les pelouses du Volksgarten, ces locaux du début du XIXe siècle sont divisés en 3 parties : le bar lounge Wintergarten avec mobilier vintage des années 1950 et palmiers, la Säulenhalle (salle des colonnes) qui accueille concerts et soirées à thème, et le très fréquenté ClubDiskothek. Consultez l'agenda en ligne.

Café Sacher CAFÉ

(Carte p. 68 ; www.sacher.com ; 01, Philharmonikerstrasse 4 ; 8h-20h ; D, 1, 2, 71 Kärntner Ring/Oper, Karlsplatz). Avec son armée de serveurs, ce grand café respirant la noblesse est célèbre pour sa *Sachertorte*, délicieux gâteau au chocolat fourré de confiture d'abricots dont raffolait l'empereur François-Joseph. Installez-vous à l'intérieur sous les lustres, en terrasse (couverte) sur le trottoir ou, sinon, au salon de thé voisin des années 1920, le Salon Sacher.

Demel CAFÉ

(Carte p. 68 ; www.demel.at ; 01, Kohlmarkt 14 ; 10h-19h ; 1A, 2A Michaelerplatz, Herrengasse, Stephansplatz). Ce café élégant et majestueux à portée de vue de la Hofburg s'agrémente d'un sublime salon rococo. Le Demel a pour spécialité renommée l'*Annatorte,* bombe calorique de crème et nougat. Mais sa *Fächertorte* (aux pommes, noix, graines de pavot et confiture de prunes) a aussi ses adeptes. Dans ses vitrines, sont désormais exposées des œuvres d'art comestibles régulièrement changées (danseuses étoiles ou bonsaïs, par exemple).

Cathédrale Saint-Étienne et centre historique

Kruger's American Bar BAR

(Carte p. 68 ; www.krugers.at ; 01, Krugerstrasse 5 ; 18h-minuit mar-sam ; D, 1, 2, 71 Kärntner Ring/Oper, U Stephansplatz). Véritable légende, ce bar lambrissé à l'américaine a conservé son décor des années 1920 et 1930. Éclairage tamisé, canapés Chesterfield en cuir et Frank Sinatra, Dean Martin ou jazz contemporain en fond sonore complètent le décor. Les cocktails (highball, fizz, daïquiri et Collins) sont proposés en version classique ou revisitée (par exemple Pisco Collins ou daïquiri au litchi).

Needle Vinyl Bar BAR

(Carte p. 68 ; www.needlevinylbar.com ; 01, Färbergasse 8 ; 11h-1h lun-ven, 14h-1h sam-dim ; ; U Herrengasse). Brique nue aux murs, mobilier dépareillé et abat-jour fabriqués à partir d'anciens gramophones confèrent au lieu un look vraiment rétro. Avant de passer commande au bar, chinez dans la discothèque proposant vinyles de jazz, blues et rock. Sur la carte des boissons façon 33 tours, sont proposés cocktails classiques, vins locaux et bières viennoises. Par beau temps, l'établissement ouvre grand ses portes-fenêtres en façade.

Zwölf Apostelkeller PUB

(Cave des Douze Apôtres ; carte p. 68 ; 01-512 67 77 ; www.zwoelf-apostelkeller.at ; 01, Sonnenfelsgasse 3 ; 11h-minuit ; U Stephansplatz). Sur 3 niveaux de caves romanes et gothiques, cet établissement à l'éclairage tamisé passe de la musique traditionnelle de *Heuriger* dès 19h. À sa belle liste de vins locaux s'ajoute une large palette de *Schnaps* et de bières. Côté nourritures terrestres, on se revigore de classiques autrichiens (*Schnitzel*, cochon

VIENNE LGBT+

Principal centre de renseignements pour la communauté gay et lesbienne à Vienne, **Die Villa** (01-586 8150 ; dievilla.at ; 06, Linke Wienzeile 102 ; 17h-20h mer ; U Pilgramgasse) diffuse conseils et informations sur l'agenda LGBT+ viennois et les adresses *gayfriendly*. Les pages spécifiques du site Internet de l'office du tourisme (www.wien.info/en/vienna-for/gay-lesbian) sont également très fournies.

Principal événement du calendrier homosexuel, la Marche des fiertés viennoise, baptisée **Regenbogen Parade** (Parade arc-en-ciel ; www.viennapride.at/regenbogenparade), a lieu à la mi-juin.

Mariahilf (6e arrondissement) et Margareten (5e arrondissement), autour du Naschmarkt, regroupent plus de bars gays et lesbiens que les autres quartiers.

Voici un choix d'adresses appréciées de la communauté :

Felixx (carte p. 78 ; www.felixx-bar.at ; 06, Gumpendorfer Strasse 5 ; 18h-3h ven-sam, 18h-2h dim-jeu ; U Karlsplatz). Lustres, boules à facettes, papier peint à rayures et canapés en cuir : c'est l'un des bars gays les plus élégants de Vienne. Soirées à thème, par exemple "groupes de filles" ou "rétro" avec de la musique des années 1970 et 1980 ; consultez l'agenda en ligne. Le **café** est très apprécié pour le "drag brunch" du dimanche.

Why Not? (carte p. 68 ; www.why-not.at ; 01, Tiefer Graben 22 ; 22h-6h ven-sam ; ; U Herrengasse). Institution de la scène gay viennoise, ce petit club se remplit rapidement, essentiellement de jeunes hommes. Trois bars et une piste de danse. Le prix de l'entrée dépend de l'événement.

Mango Bar (carte p. 78 ; www.mangobar.at ; 06, Laimgrubengasse 3 ; 20h-4h ; U Kettenbrückengasse). Le Mango attire une clientèle jeune avec sa bonne musique, son personnel sympathique et ses innombrables miroirs. Trois bars, une piste de danse et une *backroom* pour ceux qui veulent prolonger la soirée.

de lait, *Tafelspitz*), tous élaborés à partir de produits 100% locaux.

1516 Brewing Company MICROBRASSERIE
(Carte p. 68 ; www.1516brewingcompany.com ; 01, Schwarzenbergstrasse 2 ; 10h-1h ; 2 Schwarzenbergstrasse, Karlsplatz). Cuves en cuivre et murs en brique apparente confèrent à ce rendez-vous couru un cadre parfaitement en accord avec l'activité de brasseur. On y déguste des bières de blé, de seigle ou de riz, et des variétés originales (goûtez la Heidi's Blueberry Ale à la myrtille). La terrasse protégée par un auvent est bondée en été. Arrivez tôt les soirs de diffusion de matchs de foot !

Karlsplatz et environs du Naschmarkt

Café Sperl CAFÉ
(Carte p. 78 ; www.cafesperl.at ; 06, Gumpendorfer Strasse 11 ; 7h-22h lun-sam, 10h-20h dim, fermé dim juil-août ; ; Museumsquartier, Kettenbrückengasse). Avec de somptueux éléments Jugendstil, une vaste salle, de douillettes banquettes en alcôve et un certain charme languide, le Sperl (1880) est l'un des plus beaux cafés de Vienne. La carte, tout aussi séduisante, comprend la *Sperl Torte*, succulent mélange d'amandes et de crème au chocolat. Prenez un journal (plus de 10 quotidiens en français, anglais et allemand), commandez un café corsé (34 sortes) et, comme les autres clients, laissez-vous aller à un moment de contemplation. Un pianiste joue de 15h30 à 17h30 le dimanche. Des classiques viennois sont aussi proposés pour dîner.

Café Schwarzenberg CAFÉ
(Carte p. 89 ; www.cafe-schwarzenberg.at ; 01, Kärntner Ring 17 ; 7h30-minuit lun-ven, 8h30-minuit sam-dim ; ; 2, 71 Schwarzenbergplatz). Contemporain du tout nouveau Ring achevé en 1861, le Schwarzenberg est l'un des derniers grands cafés viennois sur le Ring. Ses lustres, ses lambris et ses draperies légères aux grandes fenêtres, complétés de tables en marbre et de fauteuils en cuir capitonné, rendent parfaitement l'atmosphère dans laquelle l'architecte et designer Josef Hoffmann, grande figure du mouvement de la Sécession, venait déjeuner, lire des quotidiens et parfois coucher quelques idées sur le papier pour dépoussiérer la Vienne impériale. Les habitants y font toujours halte (souvent longue !) pour le café, la presse internationale, le *warmer Topfenstrudel* (*Strudel* au fromage blanc chaud) et la sublime *Sachertorte*.

Kaffeefabrik CAFÉ
(Carte p. 89 ; www.kaffeefabrik.at ; 04, Favoritenstrasse 4-6 ; 8h-18h lun-ven, 11h-17h sam ; Taubstummengasse). Ce petit café aux murs blanchis à la chaux propose des cafés de spécialité torréfiés en petite quantité dans le Burgenland pour révéler les arômes des grains issus du commerce équitable (Sumatra, Inde, Éthiopie, Équateur, Brésil et Nicaragua). Une Dalla Corte Evolution (le nec plus ultra en matière de machines à expresso) et deux moulins à café Fiorenzato F64 Evo garantissent des cafés professionnels.

Club U CLUB
(Carte p. 89 ; club-u.at ; 01, Künstlerhauspassage ; 21h-4h ; ; Karlsplatz). Occupant l'un des pavillons du Métro (p. 77) dessinés par Otto Wagner, ce petit club étudiant a ses DJ réguliers et un fantastique espace extérieur donnant sur les pavillons et le parc. Happy hour de 21h à 23h.

MuseumsQuartier et Neubau

Melete Art Design Cocktails BAR À COCKTAILS
(Carte p. 78 ; www.melete.at ; 07, Spittelberggasse 18 ; 17h-22h jeu-ven et 15h-22h sam mars à mi-nov, 17h-21h mi-nov à déc ; ; 49 Volkstheater). À la fois galerie d'art et bar dynamique, Melete accorde ingénieusement ses expositions temporaires à des boissons inventives. Ainsi, l'exposition sur l'Afrique proposait-elle un cocktail Madagascan Sunrise (rhum arrangé à la vanille, sirop d'hibiscus et jus de mangue) et "Art of Light" inspira notamment le Solar (chartreuse jaune, gin, vermouth doux et yuzu). Les œuvres exposées sont à vendre. Programme en ligne.

J Hornig Kaffeebar CAFÉ
(Carte p. 78 ; www.jhornig.com ; 07, Siebensterngasse 29 ; 8h-19h lun-ven, 9h-19h sam-dim ; ; Siebensterngasse). Ce spécialiste du café de la troisième vague torréfie sur place les grains en provenance directe des producteurs. Expresso, café filtre, Aeropress, extraction à froid goutte-à-goutte ou infusion à froid : choisissez votre technique ainsi qu'un gâteau local.

LE CASSE-TÊTE DE LA COMMANDE

Dans les *Kaffeehäuser* viennois, on ne se contente généralement pas de commander... un café. Il suffit en effet d'un rapide coup d'œil à la carte pour constater à quel point elle est longue. La liste ci-dessous vous aidera à faire votre choix. Dans les bonnes maisons, on sert la tasse de café sur une assiette en argent, avec un verre d'eau et une douceur.

Brauner Café noir servi avec un trait de lait ; servi *Gross* (grand) ou *Klein* (petit).

Einspänner Avec de la chantilly, servi dans un verre.

Fiaker Café noir allongé (*Verlängterter*), avec rhum et chantilly.

Kapuziner Avec un peu de lait et parfois des copeaux de chocolat.

Maria Theresia Avec de la liqueur d'orange et de la chantilly.

Masagran, Mazagran Café frappé au marasquin.

Melange Grand classique viennois ; servi avec du lait et parfois de la chantilly ; semblable au cappuccino.

Mocca, Mokka, Schwarzer Café noir.

Pharisäer Café noir corsé nappé de chantilly, servi avec un verre de rhum.

Türkische Servi dans une cafetière en cuivre avec du marc de café et du sucre.

Verlängerter Café noir (*Brauner*) allongé.

Wiener Eiskaffee Café frappé avec glace à la vanille et chantilly.

Ultra-moderne, le lieu décline plafond en acier inoxydable, équipements industriels, chaises de créateur en contreplaqué et moult prises électriques.

Donau CLUB

(Carte p. 78 ; www.donautechno.com ; 07, Karl-Schweighofer-Gasse 10 ; 20h-2h lun-mer, 20h-4h jeu, 19h-6h ven-sam ; U Neubaugasse). Les DJ mixent de la techno pour une foule enthousiaste dans ce club en sous-sol. Colonnes élancées, projections numériques sur les murs et stand de saucisses sur place. Cherchez la porte en métal grise, discrète. Les horaires peuvent varier.

Siebensternbräu MICROBRASSERIE

(Carte p. 78 ; www.7stern.at ; 07, Siebensterngasse 19 ; 11h-22h dim-mer, 11h-23h jeu-sam ; ; 49 Siebensterngasse). Dégustez les meilleurs crus des microbrasseries viennoises dans ce pub animé sans chichis. Pour accompagner les bières de garde ou maltées, et les variétés inhabituelles (au piment ou bois fumé), on peut commander des bretzels comme des *Schnitzel*, un goulash ou des jarrets de porc (plats déj 7,50 €, dîner 5,10-17,50 €). En été, le jardin clos se remplit rapidement.

Wirr BAR, CLUB

(Carte p. 78 ; www.wirr.at ; 07, Burggasse 70 ; 8h-2h dim-mer, 8h-4h jeu-sam ; 46 Strozzigasse). Le week-end, il faut souvent jouer des coudes pour se glisser sur l'un des canapés fatigués de ce bar alternatif et coloré aux murs couverts d'œuvres d'artistes locaux. Des soirées électro sont organisées au **Dual** (www.clubdual.at) au sous-sol.

Alsergrund et quartier universitaire

POC Cafe CAFÉ

(Carte p. 86 ; www.facebook.com/pg/poccafe ; 08, Schlösselgasse 21 ; 8h-17h lun-ven ; 5, 43, 44 Lange Gasse, U Schottentor). Le nom de ce beau café aux allures de laboratoire donne le ton : POC signifie "People on Caffeine" (littéralement "personnes accros au café") et ce breuvage y est omniprésent, sous toutes ses formes, même frappé en été. L'endroit est également réputé pour ses pâtisseries succulentes (gâteau aux graines de pavot, cheesecake ou tartes aux fruits de saison).

Beaver Brewing BIÈRES ARTISANALES

(www.beaverbrewing.at ; 09, Liechtensteinstrasse 69 ; 16h30-minuit lun-jeu, midi-00h30 ven-sam, midi-22h dim ; U Wien Währinger Strasse). Une atmosphère post-industrielle règne sur cette microbrasserie de style américain. La bière artisanale comme la Magog (bière brune vieillie en fût) ou les IPA bien fraîches s'accompagnent d'une nourriture roborative (nachos au porc effiloché, hamburgers et travers de porc fumés). Le personnel est aux petits soins et ce n'est pas un rendez-vous pour hipsters.

Achtundzwanzig BAR À VINS

(Carte p. 86 ; achtundzwanzig.business.site ; 08, Schlösselgasse 28 ; 16h-minuit lun-ven,

19h-minuit sam ; 1, 43, 44 Lange Gasse, Schottentor). Amateurs de vins autrichiens et de rock & roll, voici votre paradis. Sous un air décontracté, cette vinothèque aux murs tapissés de noir prend le vin au sérieux. Les crus (moins de 4 € le verre) proviennent tous de petits producteurs, la plupart en agriculture bio ou presque, et amis des propriétaires.

Café CI CAFÉ

(www.ci.or.at ; 16, Payergasse 14 ; 8h-1h lun-sam, à partir de 10h dim ; 2 Neulerchenfelder Strasse, Brunnengasse, Josefstädter Strasse). Fondé il y a 30 ans pour aider les immigrés, ce café toujours dynamique organise lectures, expositions et cours de langue ou de danse. L'été, les habitants du quartier envahissent sa terrasse pour siroter des bières bios, tandis qu'en hiver, ils se réchauffent à l'intérieur avec du goulash ou des *ćevapčići* (saucisses serbes épicées) tout en lisant le journal (plats 7-11 €, en-cas 4,50-7,50 €).

Summer Stage BIERGARTEN

(Carte p. 95 ; 01-315 52 02 ; www.summerstage.at ; 09, Rossauer Lände ; 17h-1h mai-sept ; Schottenring, Rossauer Lände). Très apprécié en été pour son immense terrasse au bord de la rivière, son *food truck* et sa salle vitrée couverte lorsque le temps se gâte.

Du Belvédère au canal

Strandbar Herrmann BAR

(Carte p. 95 ; www.strandbarherrmann.at ; 03, Herrmannpark ; 10h-2h avr-déb oct ; ; O Hintere Zollamstrasse, Schwedenplatz). Ce bar de plage au bord du canal, avec chaises longues, sable et DJ, a de faux airs balnéaires. Les Viennois s'y pressent aux chauds soirs d'été. Réductions sur les cocktails de 17h à 18h. Et, pour la petite histoire, l'Herrmannpark qui l'abrite doit son nom à l'inventeur de la carte postale, Emanuel Herrmann (1839-1902).

Salm Bräu MICROBRASSERIE

(Carte p. 89 ; www.salmbraeu.com ; 03, Rennweg 8 ; 11h-22h ; 71 Unteres Belvedere, Karlsplatz). Très fréquentée, Salm Bräu brasse ses propres *Helles* (bières blondes), *Pils* (pilsner), *Märzen* (bière rousse au goût de malt prononcé), *G'mischt* (moitié *Dunkles* – sombre – et moitié *Helles*) et *Weizen* (bière de froment corsée, légèrement sucrée). À côté du palais du Belvédère.

Prater et est du Danube

Tel Aviv Beach BAR

(Carte p. 95 ; 02, Obere Donaustrasse 65 ; midi-minuit avr-oct ; Schottenring). Bar éphémère devenu permanent en été, Tel Aviv apporte à Vienne un vent de Méditerranée. Le soleil couché, il fait bon enfoncer ses doigts de pied dans le sable sur fond de mélodies douces diffusées par les DJ, en sirotant un cocktail comme en réjouissant ses papilles de saveurs orientales. L'établissement était fermé temporairement lors de nos recherches.

Château de Schönbrunn et environs

Café Gloriette CAFÉ

(Carte p. 96 ; www.gloriette-cafe.at ; 13, Gloriette, Schloss Schönbrunn ; 9h-coucher du soleil ; Schönbrunn, Hietzing). Perché sur la colline derrière le château de Schönbrunn, dans la gloriette néoclassique construite en 1775 pour Marie-Thérèse, ce café profite d'une vue dégagée – peut-être la plus belle de Vienne – sur le château, ses somptueux jardins et les quartiers au nord. Une halte appréciée après l'effort déployé pour grimper là-haut !

Où sortir

Qu'il s'agisse d'opéra, de musique classique, de théâtre, de concerts de rock ou de jazz, les possibilités de sorties à Vienne sont innombrables. Après tout, cette capitale est celle du Burgtheater (p. 119), plus vieux théâtre de langue allemande du monde, des célèbres Petits Chanteurs de Vienne (encadré p. 118) et de l'Orchestre philharmonique de Vienne (p. 119).

Hofburg et environs

Salles de concert de la Hofburg MUSIQUE CLASSIQUE

(Carte p. 68 ; 01-587 25 52 ; www.hofburg-orchester.at ; 01, Heldenplatz ; billets 45-110 € ; D, 1, 2, 71 Burgring, Herrengasse). Strauss et Mozart emplissent les superbes salles de concert du palais impérial que sont la Festsaal et la Redoutensaal. Le Hofburg Orchestra y joue en résidence, accompagné des solistes de l'Opéra national et de l'Opéra populaire. Billetterie en ligne. Début du spectacle à 20h30 ; les sièges n'étant pas numérotés, arrivez tôt pour être bien placé.

À NE PAS MANQUER

LES PETITS CHANTEURS DE VIENNE

Fondés il y a plus de 5 siècles par Maximilien Ier en tant que chœur impérial, les Petits Chanteurs de Vienne (Die Wiener Sängerknaben) sont aujourd'hui le chœur de garçons le plus connu au monde. Les occasions d'assister à l'une de leurs démonstrations ne manquent pas, et leur répertoire, aussi bien sacré que profane, est varié. Qu'il s'agisse de chants liturgiques à la chapelle impériale (Burgkapelle) ou, en d'autres lieux et occasions, de reprises de morceaux de pop ou de musique du monde, la beauté et l'harmonie de cette manécanterie vous laisseront invariablement sans voix.

Représentations

Le chœur chante la messe dominicale à la **chapelle impériale** (Burgkapelle ; carte p. 68 ; ☎01-533 99 27 ; www.hofmusikkapelle.gv.at ; 01, Schweizer Hof ; 12-43 € ; ⏲10h-14h lun et mar, 11h-13h ven ; 🚊D, 1, 2, 71 Burgring, Ⓤ Herrengasse) de la Hofburg, de mi-septembre à juin, à 9h15. Les Petits Chanteurs se produisent également ailleurs en semaine, notamment dans leur salle de résidence à Augarten, le **MuTh** (carte p. 95 ; ☎01-347 80 80 ; www.muth.at ; 02, Am Augartenspitz 1 ; concert Petits Chanteurs ven 30-50 € ; ⏲16h-18h30 lun-ven et 1 heure avant le spectacle ; Ⓤ Taborstrasse), où est donné le vendredi un concert de 2 heures.

Le site Internet des Petits Chanteurs de Vienne (www.wienersaengerknaben.at) contient des liens vers les différentes salles avec les dates des concerts.

Billets

Réservez vos billets directement auprès du lieu de représentation. Pour la messe chantée du dimanche à la chapelle impériale, adressez-vous par courriel ou par fax au **bureau des réservations** (carte p. 68 ; ☎01-533 992 711). Il est préférable de réserver au moins 6 semaines à l'avance.

Pour les commandes de moins de 60 €, le règlement s'effectue au retrait des billets le vendredi précédant le concert (11h-13h et 15h-17h) au bureau des réservations de la chapelle, situé dans la Schweizerhof de la Hofburg. Pour les paiements supérieurs à 60 €, vous devrez effectuer un virement bancaire (cartes bancaires et chèques non acceptés). Les places à 12 € n'ont pas vue sur la chorale.

Les *Stehplatz* (place debout) gratuites sont délivrées à partir de 8h30. Par ailleurs, les billets non retirés sont remis en vente le jour même ; pour tenter d'obtenir l'un des deux, il vous faudra arriver vers 7h et vous joindre à la longue file d'attente.

☆ Cathédrale Saint-Étienne et centre historique

Jazzland — JAZZ

(Carte p. 68 ; ☎01-533 25 75 ; www.jazzland.at ; 01, Franz-Josefs-Kai 29 ; 11-20 € ; ⏲19h-1h lun-sam mi-août à mi-juil, concerts à partir de 21h ; 🚊1, 2, Ⓤ Schwedenplatz). Aménagé dans une cave cinq fois centenaire sous l'**église Saint-Rupert** (Ruprechtskirche ; carte p. 68 ; ☎01-535 60 03 ; www.ruprechtskirche.at ; 01, Ruprechtsplatz 1 ; ⏲10h-midi lun-mar, 10h-midi et 15h-17h mer, 10h-17h jeu-ven, 11h30-15h30 sam ; 🚊1, 2 Schwedenplatz, Ⓤ Schwedenplatz), le plus ancien club de jazz de la capitale fait swinguer les Viennois depuis 1972. Tous les styles de jazz sont représentés, et la cave accueille des musiciens locaux et internationaux tels que Ray Brown, Teddy Wilson, Big Joe Williams et Max Kaminsky. Pas de réservation ; arrivez tôt.

Metro Kinokulturhaus — CINÉMA

(Carte p. 68 ; ☎01-512 18 03 ; www.filmarchiv.at ; 01, Johannesgasse 4 ; cinéma 8,50 €, exposition 7,50 €, billet combiné 13 € ; ⏲14h-20h ; Ⓤ Stephansplatz). Riche de quelque 200 000 films, 2 millions de photographies, 50 000 programmes et 16 000 posters, la Metro Kinokulturhaus appartient aux Archives du cinéma autrichien. Des expositions y sont programmées, et d'anciens films autrichiens ou d'art et d'essai sont projetés (en allemand) dans son cinéma de 1924, restauré avec ses boiseries et son velours rouge d'origine.

Gartenbaukino CINÉMA

(Carte p. 68 ; ☎01-512 23 54 ; www.gartenbaukino.at ; 01, Parkring 12 ; 9-13 € ; 🚋2, ⓤStubentor, Stadtpark). Difficile d'y trouver une place pendant la Viennale, le festival du film de Vienne (p. 103). Les 736 sièges de ce cinéma au décor années 1960 sont alors généralement occupés. Le programme inclut nombre de films d'art et essai, souvent en version originale (notamment en anglais) sous-titrée en allemand.

☆ Karlsplatz et environs du Naschmarkt

♥ Opéra national ART LYRIQUE

(Staatsoper ; carte p. 68 ; ☎01-514 44 7880 ; www.wiener-staatsoper.at ; 01, Opernring 2 ; sièges 6-287 €, debout 2-10 € ; 🚋D, 1, 2, 62, 71 Kärntner Ring/Oper, ⓤKarlsplatz). Véritable temple de l'opéra et de la danse classique à Vienne, l'Opéra national (p. 75) accueille des représentations somptueuses, et les Viennois s'habillent en conséquence. À l'entracte, faites un tour dans le foyer et au bar pour apprécier les ors et cristaux du décor. Il n'y a pas d'opéras en juillet et août (les visites sont maintenues). Mise en vente des **billets** (☎01-514 44 7880 ; www.bundestheater.at ; 01, Operngasse 2 ; ⏲10h-18h lun-sam, 10h-13 dim ; ⓤStephansplatz) 2 mois à l'avance.

Des quelque 300 bals qui ont lieu en janvier et février à Vienne, l'Opernball, d'une élégance extrême, est le plus prestigieux. Organisé le jeudi précédant le mercredi des Cendres, il réunit des messieurs en queue-de-pie et des dames aux toilettes d'un blanc immaculé. Vendus des années à l'avance, les billets coûtent de 315 € à… 23 600 € !

♥ Musikverein MUSIQUE CLASSIQUE

(Carte p. 89 ; ☎01-505 81 90 ; www.musikverein.at ; 01, Musikvereinsplatz 1 ; sièges 8-94 €, debout 7-15 € ; ⏲billetterie 9h-19h lun-ven, 9h-13h sam sept-juin, 9h-midi lun-ven juil-août ; ⓤKarlsplatz). Le Musikverein est fort de la meilleure acoustique de toutes les salles de concert du pays : un atout dont l'Orchestre philharmonique de Vienne, qui s'y produit régulièrement, tire le meilleur parti. L'intérieur, somptueux, fait l'objet de visites guidées en anglais à 13h ou en allemand à 13h45 (45 min, adulte/enfant 10/6 €) du lundi au samedi. La Brahms Saal accueille les représentations de moindre envergure. Pas de tarif étudiant.

Les billets pour le célèbre concert du Nouvel An, qui se déroule le 1er janvier à 11h15, coûtent de 35 € (place debout) à 1200 €. En raison de la forte demande, un tirage au sort a lieu en janvier ou février de l'année précédente (inscriptions sur www.wienerphilharmoniker.at). Les places debout sont vendues jusqu'à 7 semaines à l'avance. Comptez de 25 € à 860 € pour le concert de la Saint-Sylvestre, le 31 décembre à 19h30, et de 20 € à 495 € pour la répétition générale, qui a lieu le 30 décembre à 11h.

Theater an der Wien ART LYRIQUE

(Carte p. 78 ; ☎01-588 85-111 ; www.theater-wien.at ; 06, Linke Wienzeile 6 ; 5-165 € ; ⏲billetterie 10h-18h lun-sam, 14h-18h dim ; ⓤKarlsplatz). Le théâtre de Vienne compte à son actif plusieurs premières légendaires, dont *Fidelio*, le seul opéra composé par Beethoven, *La Flûte enchantée* de Mozart et *La Chauve-Souris* de Johann Strauss fils. Il a désormais renoué avec cette image pionnière.

Billets étudiants vendus 30 minutes avant les représentations ; places debout 1 heure avant.

☆ MuseumsQuartier et Neubau

♥ Burgtheater THÉÂTRE

(Théâtre national ; carte p. 68 ; ☎01-514 44 4140 ; www.burgtheater.at ; 01, Universitätsring 2 ; sièges 7,50-62 €, debout 4 €, étudiants 10 € ; ⏲billetterie 9h-17h lun-ven, fermé juil-août, visite guidée en allemand 15h jeu-ven, 11h sam-dim ; 🚋D, 1, 71 Rathausplatz/Burgtheater). Avec quelque 800 pièces par an, de Shakespeare à Woody Allen, le Burgtheater est l'un des plus éminents théâtres du monde germanophone. Il gère également l'Akademietheater, de 500 places, construit entre 1911 et 1913.

Réduction de 25% sur les billets 1 heure avant le spectacle (pour les deux théâtres). Réservation recommandée même si, pour certaines représentations, il est possible d'acheter des billets à la dernière minute.

Volkstheater THÉÂTRE

(Carte p. 78 ; ☎01-521 11-400 ; www.volkstheater.at ; 07, Arthur-Schnitzler-Platz 1 ; sièges 9-58 €, -27 ans 10 € ; ⏲billetterie midi-19h30 lun-sam ;

Ⓤ Neubaugasse, Karlsplatz). Avec près de 1000 places assises, le Volkstheater, qui date de 1889, est l'un des plus grands théâtres de Vienne. Bien que nombre de pièces soient étrangères (Woody Allen, Ingmar Bergman ou encore Molière), toutes sont jouées en allemand. Réservation nécessaire ; places étudiantes 1 heure avant le spectacle.

Théâtre anglais de Vienne THÉÂTRE
(Vienna's English Theatre ; carte p. 86 ; ☎01-402 12 60-0 ; www.englishtheatre.at ; 08, Josefsgasse 12 ; sièges 25-48 €, debout 10 € ; ⊙billetterie 10h-19h lun-ven, 17h-19h sam jours de représentation, fermé juil à mi-août ; 🚊2 Rathaus, Ⓤ Rathaus). Fondé en 1963, c'est le plus vieux théâtre de langue étrangère de la capitale (avec quelques représentations également en français ou en italien). On y joue les classiques de Shakespeare, mais aussi des pièces et comédies contemporaines. Places debout en vente 15 minutes avant le spectacle et réduction de 20% pour les étudiants.

Tanzquartier Wien DANSE
(Carte p. 78 ; ☎01-581 35 91 ; www.tqw.at ; 07, Museumsplatz 1 ; 15-25 € ; ⊙billetterie 10h-16h30 mi-juil à août, 9h-19h30 lun-ven, 10h-19h30 sam sept à mi-juil ; Ⓤ Neubaugasse, Karlsplatz). Le Tanzquartier Wien, dans le MuseumsQuartier (p. 79), programme divers spectacles de danse, plutôt expérimentale, de troupes et d'artistes autrichiens comme internationaux. Réduction de 10 € pour les étudiants sur les billets achetés à l'avance, et tarif de 5 € pour les invendus 15 minutes avant le spectacle.

☆ Alsergrund et quartier universitaire

Opéra populaire OPÉRA
(Volksoper ; carte p. 86 ; ☎01-513 15 13; www.volksoper.at ; 09, Währinger Strasse 78 ; ⊙10h-19h sept-juin ; Ⓤ Währinger Strasse). Dans une ambiance intime, le Volksoper propose opérettes, ballets, comédies musicales et quelques opéras classiques. Places debout de 3 à 8 € et, comme dans beaucoup de salles, nombreuses réductions et billets moins chers 30 minutes avant les représentations. Fermeture annuelle en juillet-août.

B72 CONCERTS
(www.b72.at ; 08, Hernalser Gürtel 72 ; ⊙20h-4h dim-jeu, 20h-6h ven-sam ; 🚊44 Hernalser

ⓘ LES BILLETS DE SPECTACLE

Les billetteries fédérales **Bundestheaterkassen** (carte p. 68 ; ☎01-514 44 7880 ; www.bundestheater.at ; 01, Operngasse 2 ; ⊙8h-18h lun-ven, 9h-midi sam-dim, horaires réduits en été ; Ⓤ Stephansplatz) distribuent exclusivement des billets pour les salles nationales : l'Akademietheater, le Burgtheater (théâtre national), le Staatsoper (opéra national) et le Volksoper (opéra populaire). Aucune commission n'est appliquée. La billetterie pour le Staatsoper ouvre 2 mois avant le spectacle. On peut aussi réserver en ligne ou par téléphone. La succursale **Info unter den Arkaden** (carte p. 68 ; www.bundestheater.at ; 01, Herbert-von-Karajan-Platz 1 ; ⊙8h-18h lun-ven, 9h-midi sam-dim, horaires réduits en été) se trouve côté Kärntner Strasse du Staatsoper.

Le **Wien-Ticket Pavillon** (carte p. 68 ; ☎01-588 85 ; www.wien-ticket.at ; 01, Kärntner Strasse ; ⊙10h-19h lun-sam ; 🚊D, 1, 2, 71 Kärntner Ring/Oper, Ⓤ Karlsplatz) facture entre 0 et 12% de commission sur tous les billets, sauf ceux du Staatsoper, du Burgtheater et du Volksoper.

Places debout

Avec un peu d'anticipation, on peut goûter à la culture de haut vol pour un prix dérisoire. Pour les salles de concert nationales, les places debout sont la meilleure affaire qui soit. Elles sont vendues à compter de 1 heure 20 avant le début de la représentation à la billetterie de la salle de concert. Comptez 4 à 10 € le billet d'opéra au Staatsoper (p. 119) – chacun ne peut en acheter qu'un.

Si vous souhaitez entendre l'Orchestre philharmonique de Vienne sous les ors de la Grosser Saal du Musikverein (p. 119), son lieu de résidence, il faut en revanche prévoir une réservation jusqu'à 7 semaines à l'avance pour une place debout (7-15 €), concert du Nouvel An exclu bien sûr !

Gürtel, Ⓤ Alser Strasse). Performances musicales, sons alternatifs et lancements d'albums sont le credo du B72 (B pour *Bogen* – pont ferroviaire – et 72 comme le numéro), qui séduit une clientèle jeune. Ses grandes baies vitrées et ses voûtes en brique sont typiques des bars situés le long du Gürtel, tout comme son côté joyeusement interlope.

☆ Du Belvédère au canal

♥ Radiokulturhaus CONCERTS

(Carte p. 89 ; ☎01-501 703 77; radiokulturhaus.orf.at ; 04, Argentinierstrasse 30a ; 19 € ; ⊙billetterie 16h-19h lun-ven ; 🚋D Plösslgasse, Ⓤ Taubstummengasse). Cette institution viennoise aux multiples salles de concert programme de la musique classique comme des quintets de jazz ou des soirées cabaret. La Grosser Sendesaal a pour résidents l'Orchestre symphonique de la radio de Vienne et le Klangtheater (initialement dédié aux pièces radiophoniques). Spectacles de danse, conférences et lectures littéraires s'y déroulent également, sans oublier les petites représentations données dans son café.

♥ Konzerthaus CONCERTS

(Carte p. 89 ; ☎01-242 002 ; www.konzerthaus.at ; 03, Lothringerstrasse 20 ; ⊙billetterie 10h-18h lun-ven, 10h-14h sam sept-juin et 10h-14h lun-ven juil-août ; 🚋D Gusshausstrasse, Ⓤ Stadtpark). Si la Konzerthaus occupe une place majeure dans l'univers de la musique classique, ses salles vénérables et magnifiques accueillent également des concerts de musique du monde, de rock, de pop ou de jazz. Le vaste complexe, qui abrite en tout 7 salles, peut accueillir jusqu'à 3 représentations concomitantes dans les Grosser Saal, Mozart Saal et Schubert Saal.

Arena Wien CONCERTS

(arena.wien ; 03, Baumgasse 80 ; environ 15 € ; Ⓤ Erdberg, Gasometer). Ces anciens abattoirs constituent un décor singulier pour voir un concert ou un film. De mai à septembre, la scène extérieure passe hard rock, rock, metal, reggae et soul (et des films) ; l'hiver, les groupes jouent dans l'une des deux salles intérieures. Événements réguliers, comme les soirées mensuelles "Iceberg", où la new wave germano-britannique des années 1970 est à l'honneur.

Kursalon MUSIQUE CLASSIQUE

(Carte p. 68 ; ☎01-512 57 90 ; www.kursalonwien.at ; 01, Johannesgasse 33 ; 63-105 €, concert avec dîner 3 plats à partir de 100 €/4 plats à partir de 105 € ; 🚋2 Weihburggasse, Ⓤ Stadtpark). Les amateurs de Strauss et de Mozart adoreront le Kursalon, qui organise tous les soirs à 20h15 des concerts de ces deux maîtres dans un magnifique bâtiment néo-Renaissance rénové. Le dîner (repas 3 ou 4 plats, boisson non comprise) est servi à 18h dans le somptueux restaurant, puis suivi du concert. Une formule très courue.

☆ Prater et est du Danube

Kino wie noch nie CINÉMA

(Carte p. 95 ; www.filmarchiv.at ; 02, Augarten ; adulte/étudiant 8,50/7 € ; Ⓤ Taborstrasse). Chaque été, 2 mois durant, l'Augarten sert de cadre à des projections en plein air, de succès internationaux comme de films cultes, classiques ou d'art et essai.

Achats

À Vienne, l'artisanat relève d'une tradition de longue date qui a su conquérir ces dernières années le monde du design et de la mode. Des porcelaines peintes à la main de l'Innere Stadt au *streetwear* nouvelle vague de Neubau, en passant par les délices de Freihausviertel, tout ici traduit la créativité, la qualité et le goût du détail.

Hofburg et environs

♥ J&L Lobmeyr Vienna ARTICLES DE MAISON

(Carte p. 68 ; www.lobmeyr.at ; 01, Kärntner Strasse 26 ; ⊙10h-18h lun-sam ; Ⓤ Stephansplatz). On gravit un bel escalier en fer forgé pour rejoindre l'une des plus belles boutiques de Vienne. La collection de pièces Biedermeier, les services dessinés par Alfred Loos, les verres et les porcelaines exposés brillent sous les lumières des lustres de l'atrium. Ouverte en 1823, la maison travaillait alors exclusivement pour la cour impériale.

♥ Zuckerlwerkstatt ALIMENTATION

(Carte p. 68 ; www.zuckerlwerkstatt.at ; 01, Herrengasse 6-8 ; ⊙10h-18h lun-sam ; Ⓤ Herrengasse). L'"atelier du sucre" travaille à l'ancienne selon des recettes de bonbons traditionnels et à partir d'ingrédients entièrement naturels (sucre de betterave autrichien compris). Bonbons rayés en forme de coussins, pâtes de fruits, sucettes, sucres d'orge et berlingots font saliver à travers leurs bocaux en verre.

Dorotheum ANTIQUITÉS

(Carte p. 68 ; www.dorotheum.com ; 01, Dorotheergasse 17 ; 10h-18h lun-ven, 9h-17h sam ; U Stephansplatz). C'est l'une des plus grandes salles de ventes aux enchères d'Europe. La qualité des objets et œuvres mis en vente fait aussi de Dorotheum un musée pour qui passe entre ses allées, entre jouets anciens, vaisselle, autographes, armes et surtout nombre de toiles de qualité.

Gmundner CÉRAMIQUES

(Carte p. 68 ; www.gmundnerkeramikshop.at ; 01, Stadiongasse 7 ; 10h-18h lun-ven, 10h-12h30 sam ; U Schottentor). Depuis 1492 sont ici modelées toutes sortes de pièces de vaisselle. Plus de la moitié des foyers autrichiens posséderaient au moins une pièce provenant de chez Gmundner. Assiettes, cocottes, tasses à thé et café, etc. passent tous au micro-ondes et lave-vaisselle. Livraison à l'étranger.

Freytag & Berndt LIVRES

(Carte p. 68 ; www.freytagberndt.com ; 01, Wallnerstrasse 3 ; 9h30-18h30 lun-ven, 9h30-18h sam ; 1A, 2A Michaelerplatz, U Herrengasse). Entre guides et cartes (bon nombre en anglais) de Vienne, d'Autriche (notamment des cartes de randonnée très détaillées) et de destinations du monde entier, on ne peut que se sentir porté à voyager.

Cathédrale Saint-Étienne et centre historique

Cuisinarum ARTICLES DE MAISON

(Carte p. 68 ; www.cuisinarum.at ; 01, Singerstrasse 14 ; 9h30-18h30 lun-ven, 9h30-18h sam ; U Stephansplatz). Si vous cherchez de quoi rééditer les fameuses *Spätzle* une fois de retour à la maison, vous trouverez ici la *Spätzle Sieb* (râpe métallique) indispensable. Que vous ayez l'âme d'un cuisinier ou non, difficile de ne pas être épaté par la profusion de casseroles, poêles et cocottes (du fabricant autrichien Riess), les livres de recettes autrichiennes (en anglais et en allemand) et une floraison d'emporte-pièces et moules à gâteaux aux formes viennoises et autrichiennes.

Altmann & Kühne CHOCOLAT

(Carte p. 68 ; shop.altmann-kuehne.at ; 01, Graben 30 ; 10h-18h lun-ven, 11h-17h sam ; U Stephansplatz). Cette charmante petite boutique est la vitrine de l'artisan chocolatier centenaire Altmann & Kühne. Sa façade moderniste est signée par Josef Hoffmann, membre fondateur du collectif pour les arts visuels Wiener Werkstätte (Atelier viennois, issu de la Sécession). L'architecte designer a également conçu l'intérieur, ainsi que le packaging emblématique : boîtes à chapeau miniatures, malles de voyage, armoires vitrées et bibliothèques.

Karlsplatz et environs du Naschmarkt

Blühendes Konfekt ALIMENTATION

(Carte p. 78 ; 0660 341 1985 ; www.bluehendes-konfekt.com ; 06, Schmalzhofgasse 19 ; 10h-18h30 mer-ven, sur réservation lun-mar ; U Zieglergasse, Westbahnhof). Michael Diewald utilise tout ce qui pousse, dans son jardin ou dans la nature, pour faire ses confiseries de saison pleines de saveurs (violettes, fraises des bois, fleurs de cerisier, menthe et origan). On gagne à jeter un œil à son atelier, pour y voir les fleurs et les herbes qu'il met savamment à contribution dans la confection de bonbons et de bouquets miniatures, véritables œuvres d'art comestibles uniques en leur genre. Espèces uniquement.

Beer Lovers BOISSONS

(Carte p. 78 ; www.beerlovers.at ; 06, Gumpendorfer Strasse 35 ; 11h-20h lun-ven, 10h-17h sam ; U Kettenbrückengasse). Paradis de la bière artisanale, ce grand magasin stocke plus de 1000 marques et 70 différents types de bière issus de 125 brasseries. Des dégustations sont régulièrement organisées, et les bières fraîches sont disponibles en bouteille dans le grand réfrigérateur, ou à la pression, dans des chopes réutilisables. On y trouve également du cidre, quelques alcools forts et des boissons non alcoolisées comme des sodas au gingembre.

Teuchtler Records MUSIQUE

(Carte p. 78 ; 01-586 21 33 ; Windmühlgasse 10 ; 13h-18h lun et ven, 10h-13h sam ; U Neubaugasse). Les cinéphiles reconnaîtront d'emblée l'affiche de *Before Sunrise*, bel hommage à Vienne signé Richard Linklater. Elle trône au-dessus de la caisse au milieu de portraits dédicacés de stars du jazz, de posters de punk rock et de gramophones vintage. Cette caverne d'Ali

Baba musicale propose tout, des Beatles aux disques d'opéra rares.

Gabarage Upcycling Design DESIGN

(Carte p. 78 ; www.gabarage.at ; 04, Schleifmühlgasse 6 ; 10h-18h mar-ven, 10h-16h sam ; U Taubstummengasse). Créations recyclées, écologie et responsabilité sociale sont les maîtres mots de Gabarage : quilles de bowling devenues vases, poubelles changées en tables ou chaises, bâches publicitaires recyclées en sacs, et feux tricolores convertis en luminaires originaux.

MuseumsQuartier et Neubau

Die Werkbank DESIGN

(Carte p. 78 ; www.werkbank.cc ; 07, Breite Gasse 1 ; 14h-18h mer-ven, 13h-17h sam ; 49 Volkstheater). Meubles, lampes, tapis, vases, bijoux, montres, art graphique, et même des vélos ! Voilà ce que l'on peut trouver à “L'Établi”, espace immaculé accueillant un collectif de designers où certains, parmi les plus novateurs sur la place viennoise, présentent leurs travaux.

Runway MODE, ACCESSOIRES

(Carte p. 78 ; www.runwayvienna.at ; 07, Kirchengasse 48 ; midi-18h mar-sam ; 46 Strozzigasse). Les jeunes créateurs autrichiens trouvent chez Runway une vitrine pour leurs lignes encore inconnues à côté de designers déjà largement diffusés. Cadre blanc immaculé, arches sobres, blanches aussi, en devanture, parquet impeccable et portants alignés sagement le long des murs déclinent les tendances de la mode féminine du moment à travers des collections sans cesse renouvelées.

Schokov CHOCOLAT

(Carte p. 78 ; www.schokov.com ; 07, Siebensterngasse 20 ; midi-18h30 lun-ven, 10h-18h sam ; 49 Siebensterngasse). Thomas Kovazh vit ici ses rêves chocolatés depuis qu'il a ouvert cette boutique-galerie. Vous y hésiterez entre plus de 200 variétés de pralinés et truffes, parmi les meilleures de Vienne. On décline aussi piment, lavande, sel, pomme de terre et poivre comme autant d'alliés du chocolat en tablettes de chocolat. Les grandes griffes autrichiennes, telles que Zotter et Scharffen Berger, se trouvent aussi chez Schokov, qui organise également des ateliers dégustation de 20 variétés (29 €, 1 heure 30, possible en anglais).

LES RUES COMMERÇANTES

Kärntner Strasse La principale rue commerçante de l'Innere Stadt, toujours bondée.

Kohlmarkt Un déferlement de luxe menant jusqu'à la place impériale de la Hofburg – la plus belle perspective sur le palais.

Neubau Les principaux créateurs viennois, au fil de rues bordées de boutiques, comme Kirchengasse, Lindengasse et Neubaugasse.

Mariahilfer Strasse La rue des grandes marques et des bains de foule.

Freihausviertel Des rues bordées de boutiques de mode, de créateurs et d'alimentation au sud du Naschmarkt.

Theobaldgasse De petites échoppes vendent toutes sortes d'articles, des vêtements issus du commerce équitable aux produits alimentaires bios.

Alsergrund et quartier universitaire

Palais Ferstel CENTRE COMMERCIAL

(Carte p. 68 ; 01, Strauchgasse 4 ; 10h-20h ; U Herrengasse). Avec son dôme hexagonal, ses sculptures allégoriques et ses arcades magnifiquement éclairées, le tout dans un style néo-Renaissance, le palais Ferstel rappelle un âge de la consommation autrement plus élitiste. Ouvert en 1860, il se dresse à côté du **Café Central** (carte p. 68 ; www.cafecentral.wien ; 01, Herrengasse 14 ; 8h-21h lun-sam, 10h-21h dim ; ; U Herrengasse) et porte comme lui la marque de l'architecte Heinrich von Ferstel.

Le palais est désormais le temple du shopping raffiné : épiceries fines, bijouteries, chocolatiers... Sans vider sa bourse, on peut simplement y faire un tour pour le plaisir des yeux.

Bauernmarkt Yppenplatz MARCHÉ

(16, Yppenplatz ; 8h-13h sam ; 44 Yppengasse, Neulerchenfelder Strasse, U Josefstädter Strasse). Outre les étals quotidiens, le marché accueille le samedi matin les fermiers (*Bauern*) locaux venus vendre en ville leurs viandes, produits laitiers, fruits et légumes, ainsi que certains producteurs artisanaux des alentours de Vienne, voire, plus sporadiquement, de Styrie, de Carinthie et de Slovénie.

Brunnenmarkt MARCHÉ
(16, Brunnengasse ; ⏲6h-21h lun-ven, 6h-17h sam ; 🚊2 Neulerchenfelder Strasse, Ⓤ Josefstädter Strasse). Plus de 170 marchands s'affairent entre Thaliastrasse et Ottakringer Strasse le samedi dans ce qui tient du plus grand marché de rue de Vienne. L'endroit déborde de maraîchers turcs, de producteurs de fruits et légumes et de vendeurs de babioles, qui s'étendent désormais jusqu'au marché branché de Yppenmarkt.

Prater et est du Danube

Karmelitermarkt MARCHÉ
(Carte p. 95 ; 02, Karmelitermarkt ; ⏲6h-21h lun-ven, 17h sam ; 🚊2 Karmeliterplatz, Ⓤ Taborstrasse). Marché établi depuis des lustres, le Karmelitermarkt reflète la diversité ethnique de son quartier. On y croise des juifs hassidiques à vélo ou à scooter qui font leurs courses. Niché sur une place pittoresque, le marché prend vie vers midi, tandis que les restaurants sont pris d'assaut. On y vend, pêle-mêle, fruits et légumes et viandes casher et halal.

Château de Schönbrunn et environs

Die Schwalbe MODE, ACCESSOIRES
(☎01-952 98 40 ; www.die-schwalbe.at ; 05, Kohlgasse 8 ; ⏲14h-19h lun-ven, 10h-17h sam ; 🚊6, 18, 62 Matzleinsdorfer Platz). On trouve ici pléthore de vêtements *streetwear* de style "éco-urbain", du sweat à capuche au tee-shirt en passant par les pantalons, vestes ou shorts, ainsi que des accessoires comme les casquettes, bonnets ou écharpes, de différentes marques, notamment Blueberry Rockster, Habu San, Hemp Hoodlamb et Plasma Lab. Salon de piercing sur place.

1130Wein ALIMENTATION
(Carte p. 96 ; www.1130wein.at ; 13, Lainzerstrasse 1 ; ⏲10h-19h Lun-ven, 10h-15h sam ; Ⓤ Hietzing). Dans ce *Vinothek* de quartier, le fort sympathique Robert Sponer-Triulzi vend (pas obligatoirement cher) d'excellents vins de toute l'Autriche, avec des crus assez étonnants. Il s'assurera que vous repartirez le palais satisfait. Blanc bien frais prêt pour pique-niquer.

ℹ Renseignements

CARTES DE RÉDUCTION

La **Vienna City Card** (Wien-Karte ; www.viennacitycard.at ; 17/25/29 € pour 24/48/72 heures) garantit des trajets illimités dans les transports publics (métro, tramway et bus, y compris de nuit). Un enfant de moins de 15 ans peut voyager gratuitement en compagnie du détenteur de la carte. Elle ouvre aussi droit à réduction (comprise entre 5 et 25%) sur les entrées dans les musées, dans certains cafés, *Heurigen*, restaurants et boutiques, ainsi que pour les visites guidées et le City Airport Train (CAT). Cette carte s'achète en ligne ou auprès du principal office du tourisme de Vienne, et dans de nombreux hôtels haut de gamme. Offre d'un certain intérêt si vous logez à distance de la vieille ville.

Le **Vienna Pass** (www.viennapass.de ; adulte 85/119/149/189 € pour 24/48/72 heures/6 jours, demi-tarif pour les enfants) donne accès à une soixantaine de musées et sites touristiques viennois, ainsi que de manière illimitée aux différentes lignes de bus Hop on Hop off Vienna Sightseeing Tours. En vente sur le site Internet.

OFFICES DU TOURISME

Centre d'information de l'Hôtel de Ville (carte p. 68 ; ☎01-502 55 ; www.wien.gv.at ; 01, Rathaus ; ⏲7h30-18h lun-ven ; 🚊D, 1, 2, 71 Rathausplatz/Burgtheater, Ⓤ Rathaus). Informations sur les thématiques sociales, culturelles et d'ordre pratique, tant pour les locaux que pour les touristes. Tableau d'information très utile.

Guichet d'information de l'aéroport (www.wien.info ; ⏲9h-16h). Service complet ; cartes, Vienna City Card (Wien-Karte), Vienna Pass et réservation d'hôtels. Dans le hall d'arrivée de l'aéroport international de Vienne (page ci-contre).

Jugendinfo (Point info jeunes ; carte p. 68 ; ☎01-4000 84 100 ; www.wienxtra.at/jugendinfo ; 01, Babenbergerstrasse 1 ; ⏲14h30-18h30 lun-ven ; 🚊D, 1, 2, 71 Burgring, Ⓤ Karlsplatz). Jugendinfo propose informations touristiques, agenda des événements et billets à tarif réduit pour les 14-26 ans.

Office du tourisme de Vienne (carte p. 86 ; ☎01-245 55 ; www.wien.info ; 01, Albertinaplatz ; ⏲10h-16h ; 📶 ; 🚊D, 1, 2, 71 Kärntner Ring/Oper, Ⓤ Stephansplatz). Principal office du tourisme. Billetterie, réservation d'hôtels, et nombreux plans et brochures gratuits.

WienXtra-Kinderinfo (encadré p. 76). Office du tourisme dédié aux plus jeunes.

SERVICES MÉDICAUX

Allgemeines Krankenhaus (AKH ; ☎01-40 40 00 ; www.akhwien.at ; 09, Währinger Gürtel 18-20 ; Ⓤ Michelbeuern-AKH) est le principal hôpital de Vienne. Service d'urgences ouvert 24h/24.

Les pharmacies de garde (*Nachtapotheken*) alternent : consultez les adresses et horaires d'ouverture sur www.nachtapotheke.wien.

ℹ Depuis/vers Vienne

AVION

Situé à 19 km au sud-ouest de Vienne, l'**aéroport international de Vienne** (VIE ; ☎01-700 722 233 ; www.viennaairport.com ; Wi-Fi) dessert des destinations dans le monde entier. On y trouve des restaurants, des bars, des banques, des DAB, des bureaux de change, des supermarchés, une poste, des agences de location de voitures et 2 consignes à bagages ouvertes de 5h30 à 23h (4-8 € pour 24 heures ; durée maximale de 6 mois).

Bratislava, la capitale slovaque, n'est qu'à 60 km à l'est de Vienne, et l'**aéroport de Bratislava** (BTS ; ☎02-3303 3353 ; www.bts.aero ; Ivanská cesta) est une solution intéressante si l'on n'arrive pas par celui de Vienne.

BATEAU

Le Danube constitue un moyen d'accès facile pour arriver à Vienne ou en partir, l'Europe de l'Est restant la destination principale. **Twin City Liner** (carte p. 68 ; ☎01-904 88 80 ; www.twincityliner.com ; 01, Schiffstation, Schwedenplatz ; aller adulte 31-36 € ; tram 1, 2 Schwedenplatz, Ⓤ Schwedenplatz) relie Vienne à Bratislava en 1 heure 15.

La société de ferries slovaque **LOD** (☎ en Slovaquie 421 2 529 32 226 ; www.lod.sk ; 02 Schiffstation Reichsbrücke, Handelskai 265 (départ de Vienne) ; aller/aller-retour 24/39 € ; Ⓤ Vorgartenstrasse) assure par hydroptères le trajet entre Bratislava et Vienne en 1 heure 30, 5 à 7 fois par semaine, entre fin avril et début octobre. La saison varie en fonction de la météo.

BUS

Eurolines (www.eurolines.eu) assure des liaisons entre l'Autriche et le reste de l'Europe. Son principal terminal se trouve à la station Erdberg de la ligne U3 de l'U-Bahn, mais certains bus s'arrêtent sur la Südtiroler Platz, près de la gare ferroviaire centrale (Hauptbahnhof).

FlixBus (www.flixbus.com) dessert de nombreuses villes d'Europe. Terminal à la station Erdberg de la ligne U3 de l'U-Bahn.

TRAIN

Le réseau ferroviaire autrichien, très dense, dessert même les points les plus reculés du pays. Il est également rapide, efficace et bien exploité. L'**Österreiche Bundesbahn** (ÖBB ; www.oebb.at) en est l'opérateur principal et dispose de guichets d'information dans toutes les grandes gares de Vienne. On peut acheter les billets en ligne, aux guichets ou bien sur les bornes en gare. Les billets longue distance peuvent aussi être achetés à bord, moyennant un supplément de 3 €. En revanche, pour les trajets courts, régionaux et intercités, on doit être en possession de son billet avant de monter à bord.

Le réseau ferré international propose de nombreux trains de nuit ; voir www.night-trains.com.

ℹ Comment circuler

DEPUIS/VERS L'AÉROPORT

Le **City Airport Train** (CAT ; www.cityairporttrain.com ; aller/aller-retour 12/21 € ; tram 1 Landstrasse-Wien Mitte, Ⓤ Landstrasse) démarre de l'aéroport toutes les 30 minutes de 6h08 à 23h38, 7 j/7. Le train de banlieue S7, plus lent mais moins cher (4,40 €, 25 min), circule également toutes les 30 minutes de 5h18 à 0h18 entre l'aéroport et la gare ferroviaire Wien-Mitte.

Les bus **Vienna Airport Lines** (☎517 17 ; www.viennaairportlines.at) couvre 3 lignes entre l'aéroport et différents secteurs de Vienne. La ligne 2 dessert le centre historique jusqu'à l'**arrêt de bus Vienna Airport Lines** (carte p. 68 ; 01, Morzinplatz) de Morzinplatz/Schwedenplatz (bus n°1185 ; aller/aller-retour 8/13 €, 20 min), en passant par la gare Wien-Mitte.

Une course en taxi depuis/vers l'aéroport coûte de 25 à 50 €. Les Taxis 40100, jaunes, dans le hall des arrivées, près du kiosque, proposent un prix fixe pour l'aéroport de 36 €, et les prix pratiqués par **Airport Driver** (☎01-444 44 ; www.airportdriver.at) commencent à 38 €.

Slovaklines (www.slovaklines.sk) et **Eurolines** assurent des liaisons en bus entre les aéroports de Bratislava et de Vienne, et jusqu'à la Südtiroler Platz à côté de la gare ferroviaire centrale (Hauptbahnhof) de Vienne (aller/aller-retour 7,90/15,90 €, 1 heure 30, 1/h ou plus).

Les bus partent du hall des arrivées de l'aéroport de Bratislava entre 8h30 et 21h35 tous les jours, et de la Südtiroler Platz à côté de la gare centrale de Vienne aux mêmes horaires.

TAXI

Les taxis sont fiables et relativement bon marché, au regard des standards ouest-européens. Ils utilisent un compteur en ville ; comptez une prise en charge minimale de 3,80 € de 6h à 23h du lundi au samedi et de

4,30 € le reste du temps, plus un supplément de 1,42 €/km. La réservation par téléphone revient à 2,80 €. Un pourboire de 10% est attendu. On trouve facilement des taxis aux gares ferroviaires et aux stations de taxis partout en ville. Pour en commander un, appelez **Taxi 40100** (☎ 01-401 00 ; www.taxi40100.at) ou **31300 Taxi** (☎ 01-31 300 ; www.taxi31300.at). Ces compagnies acceptent les cartes bancaires courantes (vérifiez avant de réserver). L'entreprise Uber est présente à Vienne.

TRANSPORTS PUBLICS

Le réseau de transports publics viennois est l'un des meilleurs en Europe. Les billets à tarif unique (2,40 € ou 2,60 € dans le bus ou le tramway) sont valables dans les trains, les tramways, les bus, le métro (U-Bahn) et les trains de banlieue (S-Bahn). Les services sont fréquents, et l'attente dépasse rarement 10 minutes.

Des plans des transports sont affichés dans toutes les stations d'U-Bahn, ainsi que dans nombre de celles de bus et de tramway. Des plans gratuits sont disponibles auprès de **Wiener Linien** (☎ 01-7909-100 ; www.wienerlinien.at), présent dans 9 stations d'U-Bahn. Les bureaux d'information de la Karlsplatz, la Stephansplatz et de la gare de l'Ouest (Westbahnhof) sont ouverts de 6h30 à 19h du lundi au vendredi, et de 9h à 16h le samedi. Ceux des stations Schottentor, Praterstern, Floridsdorf, Philadelphiabrücke et Erdberg sont fermés le week-end.

VÉLO

Vienne est parfaitement adaptée au vélo. On peut monter dans le train ou le métro avec sa bicyclette, sans frais supplémentaires, dans les wagons affichant un petit vélo, entre 9h et 15h et après 18h du lundi au vendredi, après 9h le samedi et toute la journée le dimanche, mais il est interdit de monter avec son vélo à bord d'un tramway ou d'un bus. La ville propose également **Citybike Wien** (www.citybikewien.at ; pour 1/2/3 heures gratuit/1/2 €, par heure supp 4 €), des bicyclettes en libre accès avec des stations un peu partout dans la capitale.

VOITURE ET MOTO

On peut louer une voiture pour visiter les alentours de Vienne, mais, quant à explorer la ville en soi, rien ne vaut l'excellent réseau de transports publics et la marche !

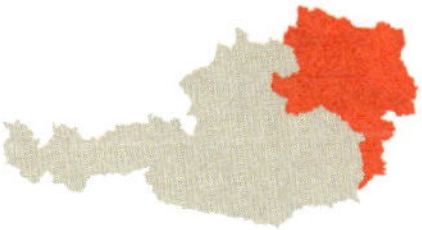

Basse-Autriche et Burgenland

Dans ce chapitre ➜

Le top des restaurants

- Zur Dankbarkeit (p. 165)
- Zum Kaiser von Österreich (p. 136)
- Restaurant Loibnerhof (p. 138)
- Schau.Spiel (p. 151)
- Gut Oggau (p. 162)

Le top des hébergements

- Gut Purbach (p. 164)
- Château de Bernstein (p. 161)
- Hotel Looshaus (p. 153)
- Seewirt (p. 164)
- Raffelsberger Hof (p. 131)

Pourquoi y aller

Se déployant autour de Vienne, la Basse-Autriche (Niederösterreich, ou NÖ) est le berceau de la civilisation autrichienne. Cette région offre donc au visiteur un paysage culturel parmi les plus vivants et les plus contrastés du pays. Activités de plein air, grands musées, vin, gastronomie ou vestiges de la Rome antique sont autant d'excellentes raisons de laisser la capitale derrière soi le temps d'une journée, voire plus.

Et puis, bien sûr, tout le monde a entendu parler du Danube, qui coule au fond de la majestueuse vallée de la Wachau, dans le nord-ouest de la Basse-Autriche. Une région d'une grande beauté naturelle, émaillée de vignobles, de châteaux, d'abbayes et de villages médiévaux, qui font d'elle l'un des joyaux du pays.

Au sud de la capitale, le Burgenland (ou B), peu visité, est aux antipodes de l'Autriche vantée dans les dépliants touristiques. Ici, vous ne trouverez ni montagnes imposantes, ni lacs glaciaires ou architecture monumentale, mais simplement des plaines bucoliques servant d'écrin au merveilleux lac de Neusiedl, qui se prête aussi bien aux sports nautiques qu'aux baignades des tout-petits.

Quand partir

- Visitez le Burgenland, en particulier la région du lac de Neusiedl au nord, entre avril et octobre.
- De novembre à mars, le Burgenland entre en hibernation. C'est la basse saison, et les activités de plein air – son grand atout – perdent de leur intérêt en raison du froid, de la grisaille et du vent.
- Découvrez la Basse-Autriche à la belle saison, d'avril à octobre, lorsqu'une douce lumière sublime la Wachau. C'est le moment rêvé pour profiter de la beauté du Danube et de toute sa palette d'activités.
- L'automne est la meilleure période pour goûter aux vins de la Wachau. Chaque année à partir du 11 novembre, jour de la Saint-Martin, on vend du vin nouveau.

À ne pas manquer

1. Les merveilles culturelles de la Wachau, à découvrir à pied, à vélo ou en voiture dans la **vallée du Danube** (p. 130).
2. La Kunstmeile, un parcours d'art sous toutes ses formes, à **Krems an der Donau** (p. 130).
3. Une dégustation de vins dans l'un des charmants *Heurigen* (tavernes à vins) de **Rust** (p. 161).
4. La splendide **abbaye de Melk** (p. 140) de style baroque, sur les rives du Danube.
5. Les joies de la baignade dans le **lac de Neusiedl** (p. 160), grand lac de steppe d'Autriche.
6. Un trajet sur la **ligne de chemin de fer de Semmering** (p. 154), véritable prouesse d'ingénierie de l'époque des Habsbourg.
7. Le **parc national de Neusiedler See-Seewinkel** (p. 165), paradis des oiseaux.
8. Le joli village de **Dürnstein** (p. 136) et son château, où fut détenu Richard Cœur de Lion.
9. L'ascension, à pied ou en train, du **Schneeberg** (p. 152), point culminant de la Basse-Autriche.

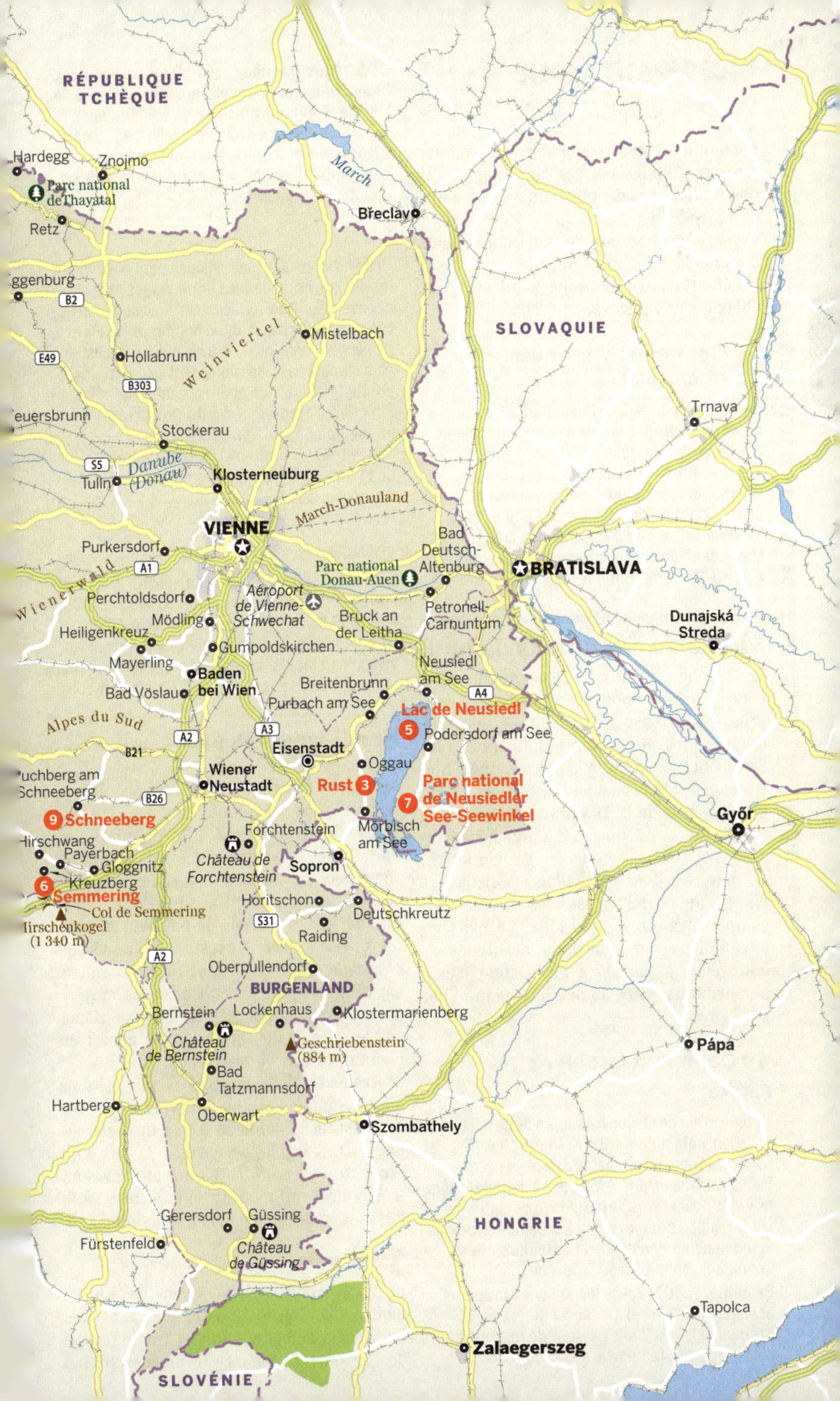

RÉPUBLIQUE TCHÈQUE
Hardegg
Znojmo
Parc national de Thayatal
Retz
ggenburg
B2
March
Breclav
Mistelbach
E49
Hollabrunn
B303
Weinviertel
SLOVAQUIE
euersbrunn
Stockerau
Trnava
S5
Danube (Donau)
Tulln
Klosterneuburg
March-Donauland
VIENNE
Bad Deutsch-Altenburg
Purkersdorf
Parc national Donau-Auen
BRATISLAVA
A1
Wienerwald
Aéroport de Vienne-Schwechat
Perchtoldsdorf
Petronell-Carnuntum
Mödling
Bruck an der Leitha
Dunajská Streda
Heiligenkreuz
Gumpoldskirchen
Mayerling
Neusiedl am See
Baden bei Wien
Breitenbrunn
Bad Vöslau
A4
Purbach am See
Lac de Neusiedl
Alpes du Sud
5
Podersdorf am See
A3
A2
B21
Eisenstadt
Ogqau
Puchberg am Schneeberg
Wiener Neustadt
Rust
3
Parc national de Neusiedler See-Seewinkel
7
B26
9
Schneeberg
Győr
Forchtenstein
Mörbisch am See
Hirschwang
Payerbach
Château de Forchtenstein
Sopron
Gloggnitz
6
Kreuzberg
Semmering
Horitschon
Deutschkreutz
Col de Semmering
S31
Hirschenkogel (1 340 m)
Raiding
A2
Oberpullendorf
BURGENLAND
Bernstein
Lockenhaus
Klostermarienberg
Château de Bernstein
Geschriebenstein (884 m)
Pápa
Bad Tatzmannsdorf
Hartberg
Oberwart
Szombathely
Gerersdorf
Güssing
HONGRIE
Fürstenfeld
Château de Güssing
Tapolca
Zalaegerszeg
SLOVÉNIE

BASSE-AUTRICHE

La Basse-Autriche possède de superbes atouts culturels et naturels, mêlant harmonieusement vignobles, art, monastères et collines boisées, qui en font une destination prisée pour une excursion à la journée depuis Vienne. Traversant ce paysage enchanteur, le puissant Danube dessine la Wachau, l'une des plus belles vallées fluviales d'Europe, gardée par des châteaux et villages médiévaux.

Comment s'y rendre et circuler

La majeure partie de la Basse-Autriche est reliée au reste du pays *via* un excellent réseau d'autoroutes, de trains et de bus. On peut sillonner presque toute la province en train. En revanche, les connexions ferroviaires pour le Waldviertel, au nord du Danube, et le Mostviertel, au sud du fleuve, sont limitées. Mieux vaut donc disposer d'une voiture ou d'un vélo, ou emprunter les bus locaux.

Vallée du Danube (Wachau)

Le Danube, qui entre en Basse-Autriche par l'ouest, près d'Ybbs, et la quitte par l'est, près de Bratislava, la capitale slovaque, dessine un tracé pittoresque à travers les collines et les champs de la province. Son tronçon le plus spectaculaire, en Autriche, que l'on appelle la **Wachau**, s'étend entre Krems an der Donau et Melk. Le splendide paysage se compose de vignobles, de pentes boisées, de villages viticoles et d'imposantes forteresses se dressant à chaque méandre ou presque. Le mariage harmonieux entre beautés naturelles et culturelles a permis à la Wachau d'être aujourd'hui classée au patrimoine mondial par l'Unesco.

Comment circuler

BATEAU

Le bateau est un moyen très apprécié de découvrir la région, notamment entre Krems et Melk (à travers la Wachau). On peut aussi naviguer de Passau, en Allemagne, à Vienne. La période la plus pratique pour faire de la navigation de plaisance sur le Danube s'étend de mai à septembre, lorsque les compagnies fonctionnent en horaires d'été. Les enfants ont droit à 50% de réduction.

Brandner (☎07433-25 90 21 ; www.brandner.at ; Ufer 15, Wallsee). Dessert l'itinéraire Krems-Melk 1 ou 2 fois par jour de mi-avril à fin octobre ; Spitz fait partie des escales.

DDSG Blue Danube (☎01-588 80 ; www.ddsg-blue-danube.at ; Handelskai 265, Reichsbrücke, Vienne ; Ⓤ Vorgartenstrasse). Fait circuler des bateaux entre Krems et Melk, avec escale à Dürnstein et à Spitz, d'avril à octobre. On peut embarquer son vélo gratuitement à bord de tous les bateaux.

VÉLO

Une piste cyclable merveilleusement plate longe les deux rives du Danube entre Vienne et Melk, et passe par Krems, Dürnstein, Weissenkirchen et Spitz sur la rive nord. De nombreux hôtels et *Pensionen* (pensions) s'adressent aux cyclistes, et la plupart des villes comptent au moins une boutique de location et de réparation de vélos. Pour plus de renseignements, procurez-vous un exemplaire gratuit du *Donauradweg – Von Passau bis Bratislava* (auprès des offices du tourisme). Il fournit des précisions sur les distances, les hôtels et les bureaux d'information touristique qui jalonnent le parcours.

VOITURE

Les routes situées de part et d'autre du Danube, entre Krems et Melk, à l'endroit où la B3 et la B33 épousent les méandres du fleuve, se prêtent très bien au tourisme. Des ponts supportant les véhicules à moteur enjambent le Danube à Krems (deux points de passage), Melk, Pöchlarn et Ybbs.

Krems an der Donau

☎02732/24 600 HABITANTS

Marquant le début de la Wachau, Krems, comme on la surnomme, est l'une des plus jolies villes construites au bord du Danube. Sa scène gastronomique d'inspiration régionale, son centre historique préservé, ses grüner veltliner et riesling de première qualité, et ses musées de haut vol attirent les touristes en été. Le restant de l'année, en revanche, elle est des plus calmes. Le mieux est d'entrer dans les églises et les musées au gré d'une balade dans la ville, de flâner sur les berges du Danube et de goûter en chemin les vins blancs locaux.

Krems se divise en trois parties : Krems à l'est, Stein (à l'origine une ville distincte), à l'ouest, et la banlieue d'Und qui relie les deux. D'où la blague locale : *Krems und Stein sind drei Städte* (Krems et Stein sont trois villes), qui joue sur le mot *und* – à la fois le nom de la ville et le "et" en allemand.

À voir

Principale curiosité de Krems, le Kunstmeile (le "*mile* artistique") est une institution s'étendant sur 1,6 km de l'église des Frères mineurs (Minoritenkirche) à l'église des Dominicains (Dominikanerkirche). Les huit sites artistiques ouverts aux visiteurs ont chacun leurs horaires d'ouverture et leur billet d'entrée, mais un billet combiné (18 €), en vente auprès de l'office du tourisme et à d'autres endroits, permet de tous les visiter.

Landesgalerie NÖ GALERIE

(02732-908-010 www.lgnoe.at ; Museumsplatz 1 ; adulte/enfant 10/3,50 € ; 10h-18h mar-dim mars-oct, 10h-17h nov-fév). Dernier ajout au Kunstmeile sur la nouvelle Museumsplatz, ce bâtiment audacieux recouvert de tuiles d'aluminium gris ressemble à un cube écrasé d'un côté, et semble sur le point de s'effondrer de l'autre. Il constitue un endroit tout désigné pour accueillir les expositions sans cesse renouvelées d'art moderne et contemporain, et apporte au Kunstmeile une perspective qui lui manquait jusqu'à son ouverture en 2019.

Forum Frohner MUSÉE

(Kunstmeile ; 02732-908 010 ; www.forum-frohner.at ; Minoritenplatz 4 ; adulte/enfant 5/2 € ; 11h-17h mar-dim). Aménagée dans l'ancien monastère minorite, ce musée d'art contemporain évoquant un cube blanc doit son nom à l'artiste Adolf Frohner et fait partie du réseau de musées et de galeries de la Kunsthalle de Krems. Impressionnante programmation d'œuvres conceptuelles, aussi bien autrichiennes qu'internationales.

Kunsthalle Krems MUSÉES ET GALERIES D'ART

(www.kunsthalle.at ; Museumsplatz 5 ; adulte/enfant 10/3,50 € ; 10h-18h mar-dim). Le fleuron du Kunstmeile, ensemble éclectique de musées et de galeries d'art, accueille d'excellentes expositions renouvelées régulièrement – des paysages du milieu du XIXe siècle aux œuvres purement conceptuelles.

Abbaye de Göttweig MONASTÈRE

(Stift Göttweig ; 02732-855 81-0 ; www.stift-goettweig.at ; Furth bei Göttweig ; adulte/enfant 8,50/5 € ; 10h-18h avr-oct). Fondée en 1083, l'abbaye fut restaurée après avoir été ravagée par un incendie au début du XVIIIe siècle, ce qui explique son remarquable intérieur baroque. Outre la vue grandiose sur la vallée du Danube, dont on jouit depuis son restaurant et sa terrasse verdoyante, cette abbaye, toujours en activité, s'enorgueillit d'un escalier impérial. La superbe fresque du plafond a été réalisée par Paul Troger en 1739. Citons aussi l'opulent intérieur baroque de l'église abbatiale (Stiftskirche), dont la crypte abrite une œuvre de Kremser Schmidt.

Les visites guidées complètes incluent l'aile impériale, l'église et la sacristie d'été ; des visites plus courtes permettent de découvrir soit l'aile impériale, soit l'église et la sacristie.

Le train est le meilleur moyen de rejoindre Göttweig depuis Krems (10 min, 1/h), mais sachez qu'il faut gravir une pente raide depuis la gare du village.

Église des Piaristes ÉGLISE

(Piaristenkirche ; Frauenbergplatz ; lever-coucher du soleil). Accessible par un escalier couvert venant de l'église paroissiale (Pfarrkirche), l'église la plus impressionnante de Krems compte un splendide plafond gothique ornementé, et d'immenses fenêtres d'allure austère. Elle a beaucoup de cachet le soir, moment le plus propice pour imaginer à quel point son autel baroque devait en imposer aux fidèles du XVIIIe siècle.

VAUT LE DÉTOUR

WEISSENKIRCHEN

Malgré son cachet historique et son atmosphère décontractée, Weissenkirchen, à 12 km de Krems, n'attire curieusement pas les foules. Ses principales curiosités sont son église paroissiale fortifiée et, en contrebas, la charmante **Teisenhoferhof**, cour à arcades dotée d'une galerie couverte et richement ornée de fleurs et d'épis de maïs séchés. Juste au-dessous de l'église, le joli petit **musée de la Wachau** (Wachau Museum ; 02715-22 68 ; Weissenkirchen 32 ; adulte/enfant 6/2,50 € ; 10h-17h mar-dim avr-oct) présente des artistes de l'école du Danube.

Weissenkirchen est reliée à Dürnstein par train et par bateau, mais le plus simple est de s'y rendre en bus (6 min, 18/j). Si vous y passez la nuit, l'hôtel **Raffelsberger Hof** (02715-22 01 ; www.raffelsbergerhof.at ; Freisingerplatz 54 ; s/d à partir de 98/138 € ; mi-avr à nov ; P), à l'atmosphère exceptionnelle, occupe un château Renaissance subtilement modernisé.

Krems an der Donau

Krems an der Donau

Les incontournables
1 Forum Frohner B3
2 Landesgalerie NÖ C3

À voir
3 Kunsthalle Krems C3
Musée de la Caricature .... (voir 2)
4 Musée de Krems E1
5 Église paroissiale Saint-Guy E1
6 Église des Piaristes E1

Activités
7 Weingut der Stadt Krems E1

Où se loger
8 Arte Hotel Krems B3
9 Hotel Alte Poste E1
10 Hotel Unter den Linden D2
11 ÖAMTC Donaupark Camping D3
12 Radfahrerherberge Krems D3

Où se restaurer
13 Jell F1
14 MOYOme E1
15 Salzstadl C4
16 Schwarze Kuchl F1
17 Zum Kaiser von Österreich E1

Où prendre un verre et faire la fête
18 Piano C4
19 Stadtcafe Ulrich E2
20 Weinstein B4

Achats
Volkskultur .... (voir 20)

Musée de la Caricature MUSÉE
(Karikaturmuseum ; ☎02732-908-010 ; www.karikaturmuseum.at ; Museumsplatz 3 ; adulte/enfant 10/3,50 € ; ⏲10h-18h mars-oct et 10h-17h nov-fév). Le seul musée autrichien de la Caricature occupe un amusant édifice construit dans cette intention, dont la façade hérissée de piquants déchire le ciel. Au programme : des expositions temporaires et une vaste collection permanente de caricatures d'importants personnages autrichiens et étrangers, qui apportent un peu de légèreté à la Kunstmeile.

Église paroissiale Saint-Guy ÉGLISE
(Pfarrkirche Sankt Veit ; Pfarrplatz 5 ; ⏲lever-coucher du soleil). Appelée la "cathédrale de la Wachau", cette grande église baroque est dotée de fresques colorées peintes par Martin Johann Schmidt, artiste local du XVIIIe siècle, connu aussi sous le nom de Kremser Schmidt. À partir de 1756, il vécut dans une maison proche de la Linzer Tor, à Stein. L'église elle-même est l'œuvre de Cipriano Biasino qui travailla à plusieurs églises de la Wachau, dont l'abbaye de Göttweig (p. 131). Parsemée de chérubins et de couronnes de lauriers dorés, la nef unique comporte de nombreux trompe-l'œil lui conférant un effet en 3D.

Musée de Krems MUSÉE
(Museum Krems ; www.museumkrems.at ; Körnermarkt 14 ; 7,50 € ; ⏲10h-18h fin-mars à oct ; P). Aménagé dans un ancien monastère dominicain, le musée de la ville abrite des collections d'art sacré et d'art moderne (dont des œuvres de Kremser Schmidt), ainsi que des objets ayant trait à la fabrication du vin, et une section consacrée à la fameuse moutarde de Krems.

Activités

Weingut der Stadt Krems VIN
(☎02732-801 441 ; www.weingutstadtkrems.at ; Stadtgraben 11 ; ⏲9h-midi et 13h-17h lun-ven). Ce vignoble, propriété de la ville, produit quelque 200 000 bouteilles par an (pratiquement tous des grüner veltliner et riesling) et propose un grand choix de vins à la dégustation et à l'achat.

Où se loger

ÖAMTC DONAU Camping Krems CAMPING €
(☎02732-844 55 ; www.campingkrems.at ; Yachthafenstrasse 19 ; empl par adulte/enfant/voiture 6,30/3,30/5 €, par tente 5-9 € ; ⏲avr-oct ; P Wi-Fi). Camping bien entretenu au bord du Danube, à l'emplacement étonnamment central ; location de vélos et snack-bar.

Radfahrerherberge Krems AUBERGE DE JEUNESSE €
(☎02732-834 52 ; www.oejhv.at ; Ringstrasse 77 ; dort 20 € ; ⏲avr-oct ; P Wi-Fi). Auberge prisée appartenant au réseau Hostelling International (HI), idéale pour les cyclistes : garage, atelier de réparation sur place et paniers pique-nique. Dortoirs propres mais rudimentaires.

Arte Hotel Krems HÔTEL DESIGN €€
(☎02732-711 23 ; www.arte-krems.at ; Dr-Karl-Dorrek-Strasse 23 ; s/d 105/157 € ; P Wi-Fi). Pas vraiment d'art ici, mais de grandes chambres bien conçues avec salles de

bains ouvertes, toutes avec du mobilier années 1960 et de grands motifs aux couleurs vives. Centre de bien-être dans le même bâtiment (mais il ne fait pas partie de l'hôtel) et bon grill dans le complexe.

Hotel Unter den Linden HÔTEL €€
(☎02732-821 15 ; www.udl.at ; Schillerstrasse 5 ; s/d à partir de 72/98 € ; P Wi-Fi). Ce grand hôtel aux chambres modernes et parquetées est tenu par une famille aussi serviable que bien informée. Emplacement pratique. La décoration marie harmonieusement œuvres anciennes et contemporaines. Petit-déjeuner servi dans la salle à manger de style rustique. Réservez.

Hotel Alte Poste HÔTEL €€
(☎02732-822 76 ; www.altepost-krems.at ; Obere Landstrasse 32 ; s 42-65 €, d 72-100 € ; Wi-Fi). Une pension petit budget, aménagée dans l'ancien relais de poste vieux de 500 ans près de la Steinertor (porte médiévale de la vieille ville), disposant de 23 chambres basiques mais bien tenues, disposées autour d'une cour ravissante. Salles de bains communes immaculées. Petit-déjeuner compris.

Où se restaurer

Salzstadl AUTRICHIEN €
(☎02732-703 12 ; www.salzstadl.at ; Steiner Donaulände 32 ; plats 6-15 € ; ⏲11h-15h et 18h-23h, lun-mar et jeu-sam oct-mai, lun-ven juin-sept ; Wi-Fi). Dans un ancien entrepôt de sel, ce restaurant mijote depuis plus de 20 ans des spécialités locales : sandre, goulash et poulet grillé. Au moins une fois par mois, il accueille des représentations de théâtre et des concerts de jazz ou autre. Consultez le programme sur le site Internet.

MOYOme BISTROT €
(☎0664 514 4686 ; moyo.moyome.com ; Obere Landstrasse 10 ; plats 4,10-9,90 € ; ⏲8h-19h lun-ven, 8h30-18h sam, 9h-17h dim ; Wi-Fi). Manger local n'est pas forcément plus cher, comme l'atteste MOYOme, dont les tables débordent sur la Obere Landstrasse piétonne. Ce bistrot qui ne désemplit jamais concocte de fantastiques petits-déjeuners toute la journée et des déjeuners légers. Boissons bon marché, et plats végétariens.

Schwarze Kuchl AUTRICHIEN €
(☎0273 2831 28 ; www.schwarze-kuchl.at ; Untere Landstrasse 8 ; menu 10,80 € ; ⏲9h-19h30 lun-ven, 9h-17h sam). Véritable institution à Krems, cette taverne de l'artère

Balade en voiture et à vélo
Les méandres de la Wachau

Au départ du rond-point de Krems-Stein à ❶ **Krems an der Donau** (p. 130), prenez la B3 vers le sud-ouest direction Spitz. À 3 km, vous verrez le village d'Unterloiben. Sur la droite se dresse le ❷ **Monument français** (Franzosendenkmal), célébrant la victoire des troupes autrichiennes et russes sur Napoléon. Plus loin, on aperçoit ❸ **Dürnstein** (p. 136), à 6 km de Krems, avec son abbaye au beffroi bleu. Derrière elle se profile le Kuenringerburg, où Richard Cœur de Lion fut emprisonné en 1192.

De jolis vignobles en terrasse émaillent la vallée lorsqu'on pénètre au cœur de la Wachau. À ❹ **Weissenkirchen** (p. 131), à 12 km de Krems, une belle église paroissiale fortifiée se dresse au sommet d'une colline. Le musée de la Wachau expose les œuvres de l'école du Danube.

Quelques kilomètres plus loin, après Wösendorf, l' ❺ **église Saint-Michel** se dresse dans un hameau de 13 maisons. Si vos enfants sont du voyage, c'est le moment de les amuser en leur demandant de compter les lièvres en terre cuite qui ornent le toit de l'église (7 au total).

À environ 17 km de Krems, voici ❻ **Spitz** (p. 139) et ses ruelles pavées, au cœur des vignobles. Au départ de l'église, des sentiers franchissent les collines et conduisent à des *Heurigen* (tavernes).

À Spitz, prenez à droite pour vous engager sur la B217 (Ottenschläger Strasse). La colline en terrasses sur votre droite, 1000-Eimer-Berg, tient son nom de sa supposée capacité à produire 1000 seaux de vin à chaque saison. Sur la gauche se dressent les ruines du château de Hinterhaus. Continuez sur la B217 jusqu'à la roue de moulin et tournez à droite en direction du ❼ **château d'Oberranna** (p. 139), situé à Mühldorf, à 6 km à l'ouest de Spitz.

De là, rebroussez chemin sur la B3. La vallée s'élargit alors et, sur la gauche, de l'autre côté du Danube, on aperçoit les ruines du château d'Aggstein.

À ❽ **Willendorf**, à 21 km de Krems, fut découverte une statuette de Vénus

vieille de 25 000 ans. L'original est exposé au Muséum d'histoire naturelle de Vienne. En continuant sur la B3, on voit bientôt l'abbaye de Melk, de l'autre côté du fleuve. À cet endroit, les eaux du Danube sont propices à la baignade.

À Klein-Pöchlarn, un panneau indique un premier embranchement dans l'Artstettner Strasse (L7255) ; suivez-la sur 5 km jusqu'à **9 Artstetten** (p. 140), château qui se distingue par ses tours coiffées d'un bulbe. De là, la petite route L7257 serpente sur 6,5 km à travers un paysage grandiose pour rejoindre **10 Maria Taferl** (p. 140) où l'église baroque Pfarr- und Wallfahrtskirche Maria Taferl domine la vallée.

Après 6 km en direction de la B3, prenez à gauche vers Krems. Suivez la rampe qui bifurque à gauche et franchit le fleuve (pont de Klein-Pöchlarn). Continuez jusqu'à la B1, que vous emprunterez avant de tourner à gauche pour Melk.

Le premier tronçon, le long de la rive sud, est sans intérêt, mais, très vite, le paysage se fait plus agréable. À moins que le temps ne soit couvert, on distingue Artstetten au loin, et bientôt, face à vous, se dressera l'incontournable **11 abbaye de Melk** (p. 140) et son célèbre monastère doré.

De l'abbaye, un détour de 7 km mène au sud au **12 château de Schallaburg** (p. 141). Suivez les panneaux jusqu'à la gare ferroviaire (*Bahnhof*) et à la Lindestrasse à l'est, tournez à droite dans la Hummelstrasse/Kirschengraben (L5340), et suivez les panneaux jusqu'au château.

Ensuite, rebroussez chemin jusqu'à la B33. Veillez à rester sur la rive sud du fleuve. Une fois parvenu à l'angle de l'Abt-Karl-Strasse et de la Bahnhofstrasse, prenez à droite, puis encore à droite à hauteur du fleuve. Suivez la B1 sur 4 km jusqu'au **13 château de Schönbühel**, édifice du XIIe siècle dressé sur un rocher à 5 km au nord-est de Melk. Poursuivez le long de ce ravissant tronçon de la B33 en direction de Krems. À 10 km du château de Schönbühel apparaissent les ruines du **14 château d'Aggstein** (www.ruineaggstein.at ; Aggsbach Dorf ; adulte/enfant 7,90/5,90 € ; ⌚9h-18h mi-mars à oct), édifice du XIIe siècle qui offre aujourd'hui une vue panoramique sur le Danube.

À 27 km de Melk, de belles falaises s'élèvent au-dessus de la route. De Mautern, il faut effectuer un détour de 6 km pour rejoindre l' **15 abbaye de Göttweig** (p. 131), autre somptueux monastère. De là, retournez à Krems.

principale, ouverte dès le matin, propose une copieuse cuisine locale. Au menu, salades, goulash de veau, pancakes aux abricots et *Gröstl* (ragoût de bœuf et pommes de terre) du Waldviertel. Un immense four carrelé réchauffe l'atmosphère. Les tables s'installent dans la rue les jours d'affluence.

Jell AUTRICHIEN €€
(www.amon-jell.at ; Hoher Markt 8-9 ; plats 13-29 € ; 11h-14h30 et 18h-23h mar-sam ; P). Ambiance rustique et vin de qualité issu des vignes de l'établissement : difficile de faire mieux que ce restaurant installé dans une ravissante maison en pierre, qui propose d'excellentes spécialités régionales. Personnel très sympathique et terrasse où s'installer par beau temps. Immédiatement à l'est de l'église paroissiale Saint-Guy.

Zum Kaiser von Österreich AUTRICHIEN €€€
(02732 860 01 ; www.kaiser-von-oesterreich.at ; Körnermarkt 9 ; menus 42,50-72,50 €, entrée 4,60 € ; 18h-22h mar-sam). "Chez l'Empereur d'Autriche" compte parmi les restaurants haut de gamme les plus appréciés de Krems. Sa salle évoque un pavillon de chasse et ses menus sont élaborés autour du gibier abondant de la région (cerf, faisan, lapin, etc.). Pommes, abricots, herbes aromatiques et champignons de la Wachau, poisson du Waldviertel et potiron du Weinviertel entrent également dans la composition des plats créatifs réalisés avec soin.

Lors de la réservation (indispensable), indiquez au personnel si vous êtes végétarien ou allergique.

Où prendre un verre et faire la fête

Piano BAR
(www.piano-krems.at ; Steiner Landstrasse 21 ; 17h-2h lun-sam, 17h-minuit dim ;). Une clientèle d'étudiants, d'employés et d'amateurs de jazz se presse dans ce bar à l'ambiance joyeuse, où en-cas à la saucisse et sandwichs accompagnent une belle sélection de bières. C'est l'un des derniers établissements à fermer dans la tranquille Krems.

Weinstein BAR À VINS
(0664 1300 331 ; www.weinstein.at ; Steiner Donaulände 56 ; 17h-21h lun-sam). Un bar à vins donnant sur le Danube qui propose un choix très complet de vins locaux au verre, que vous pourrez accompagner d'excellents plats, par exemple d'un carpaccio en été et de burgers en hiver.

Stadtcafe Ulrich CAFÉ
(stadtcafe-ulrich.at ; Südtirolerplatz 7 ; 7h-23h lun-sam, 9h-23h dim ;). Cet élégant café viennois à la belle hauteur sous plafond, à côté de la Steinertor, est le plus animé de Krems. Pour un petit-déjeuner parfait, prenez un café accompagné d'un *Strudel*. Petite terrasse à l'avant.

Achats

Volkskultur SOUVENIRS
(02732-850 15 ; www.volkskulturnoe.at ; Haus der Regionen, Steiner Donaulände 56 ; 10h-midi et 13h-18h lun-sam). Pas de place pour le mauvais goût dans cette boutique d'artisanat autrichien de qualité qui vend vêtements, tissus, foulards, bijoux et articles pour la cuisine, notamment les fameux émaux Riess aux motifs traditionnels, des spécialités à base d'abricots et des peintures sur verre.

Renseignements

Krems Tourismus (02732-826 76 ; www.krems.info ; Körnermarkt 14 ; 10h-18h lun-sam, 10h-16h dim avr à oct, 10h-16h lun-sam nov à mars). Office du tourisme très utile qui fournit des informations et de nombreuses cartes.

Depuis/vers Krems an der Donau

L'**embarcadère** pour bateaux se trouve près de la Donaustrasse, à 1,5 km à l'ouest de la gare ferroviaire. Brandner (p. 130) gère des bateaux de plaisance vers Spitz et Melk ; consultez les horaires sur Internet.

Des trains fréquents relient quotidiennement Krems à Vienne (19,30 €, 1 heure 10) et Tulln (10,90 €, 39 min).

Les bus de **Wachau Linien** (www.vor.at) partent près de la gare ferroviaire centrale (Hauptbahnhof) à destination de Wachau.

Le parking coûte 4 €/jour ; le plus pratique pour le centre se situe à Südtirolerplatz.

Dürnstein

02711/875 HABITANTS

Le joli village de Dürnstein, niché dans un méandre très photogénique du Danube, est réputé pour son architecture rococo, mais aussi pour le château qui le surplombe, où

LE MYSTÈRE DE MAYERLING

Ce pourrait être l'esquisse de scénario d'une histoire à sensation : l'héritier du trône des Habsbourg retrouvé mort dans un pavillon de chasse avec sa jeune maîtresse. Mais c'est bel et bien ce qui est arrivé à Mayerling le 30 janvier 1889. Durant de longues années, l'affaire resta nimbée de mystère, voire carrément niée et, aujourd'hui encore, il est difficile d'y voir parfaitement clair parmi les multiples théories échafaudées.

L'héritier du trône était l'archiduc Rodolphe, fils de l'empereur François-Joseph et de l'impératrice Élisabeth (Sissi). Ce trentenaire libertin, acquis aux idées libérales, noceur invétéré mais dépressif, avait épousé sans enthousiasme Stéphanie de Belgique. Son mariage n'était plus qu'une mascarade lorsqu'il rencontra Marie Vetsera, jeune baronne de 17 ans, à l'automne 1888. Ils devinrent amants le 13 janvier de l'année suivante, date que Marie fit graver sur un étui à cigarettes qu'elle offrit à Rodolphe.

Le 28 janvier, Rodolphe emmena en secret sa jeune maîtresse pour une partie de chasse dans son pavillon de Mayerling. La nuit du 29 janvier, le valet Loschek entendit le couple bavarder jusqu'à l'aube. Vers 5h30, Rodolphe vint le voir pour lui ordonner de préparer une calèche et un cheval. Comme il s'exécutait, Loschek aurait entendu deux coups de feu. Regagnant en hâte le pavillon, il découvrit l'archiduc sans vie allongé sur son lit, un revolver à ses côtés. Marie était allongée sur son propre lit, morte elle aussi. À peine 2 jours plus tôt, Rodolphe avait proposé à Mizzi Caspar, sa maîtresse de longue date, de se suicider avec lui.

C'est l'impératrice Élisabeth, la fameuse Sissi, qui donna la version officielle selon laquelle son fils serait mort d'une crise cardiaque. Les journaux crurent à cette histoire ; toutefois, quelques-uns spéculèrent sur un possible accident de chasse. Puis, vint la rumeur : selon certains, Marie avait empoisonné son amant ; pour d'autres, Rodolphe avait contracté une maladie vénérienne incurable, pour d'autres encore, il avait été assassiné par les services secrets autrichiens en raison de ses positions politiques progressistes. En 1982, soit près d'un siècle plus tard, l'ancienne impératrice Zita de Bourbon-Parme prétendait encore que l'héritier du trône avait été tué par des agents secrets français. De nombreux livres ont été écrits sur le sujet, mais personne ne saurait dire ce qui s'est véritablement passé lors de cette funeste matinée.

Au-delà de tous ces soupçons de complot, Marie apparaît comme la principale victime de cette tragédie. On ne saura jamais jusqu'à quel point elle était partie prenante dans ce suicide apparent. En revanche, sa mort aux côtés de l'archiduc faisait peser le risque d'un scandale très gênant. Restée intouchée 38 heures durant, sa dépouille fut évacuée à bord d'une calèche de manière à faire croire qu'il s'agissait d'une personne vivante. L'enterrement fut ensuite expédié dans le plus grand secret. Son corps fut plus tard transféré à Heiligenkreuz. Aujourd'hui, un couvent de Carmélites se tient à la place du pavillon de chasse.

fut jadis emprisonné Richard Ier d'Angleterre, dit Richard Cœur de Lion.

Très fréquenté en été, Dürnstein s'assoupit totalement en hiver.

À voir

Domäne Wachau DOMAINE VITICOLE

(☎ 02711-371 ; www.domaene-wachau.at ; Dürnstein 107 ; ⏲10h-17h lun-sam avr-oct, fermé sam nov-mars). Si vous désirez goûter à ce que la Wachau a de meilleur, visitez une large gamme de vignobles, aussi bien des exploitations familiales innovantes que des géants comme le Domäne Wachau, l'un des producteurs régionaux les plus connus dans le monde. Dans la vaste salle de dégustation moderne, aménagée un peu en retrait du fleuve, se mobilise une armée de jeunes assistants passionnés. Si vous n'êtes pas amateur de vin, vous y trouverez aussi d'excellents produits locaux.

Kuenringerburg CHÂTEAU

GRATUIT C'est au Kuenringerburg, château perché sur une colline en surplomb du village, que fut emprisonné Richard Cœur de Lion de 1192 à 1193. Il avait offensé le duc d'Autriche Léopold V de Babenberg lors de la troisième croisade. Jouant de malchance, il fut reconnu, malgré son déguisement, alors qu'il traversait l'Autriche pour rentrer en Angleterre, de retour de Terre sainte. Il ne recouvra la liberté qu'en échange d'une énorme rançon de 3,5 tonnes d'argent (qui servirent en partie à financer la construction de la ville de Wiener Neustadt).

Un sentier jaune facile, fléché "Burgruine", part de la porte de Krems (Kremser Tor) ; un itinéraire plus difficile démarre de la vieille ville (Altstadt). Comptez 25 minutes environ pour monter aux ruines, quel que soit le chemin. On peut explorer les vestiges et voir une sorte d'exposition en plein air expliquant l'histoire du château et des personnalités qui y sont liés.

Collégiale ANCIENNE ABBATIALE

(Chorherrenstift ; www.stift-duernstein.at ; Stiftshof ; adulte/enfant 7,50/5 € ; ⏲9h-18h lun-sam, 10h-18h dim fin mars à oct). Parmi les pittoresques demeures du XVIe siècle et autres beaux édifices bordant les rues de Dürnstein, la collégiale, minutieusement restaurée, est sans conteste le bâtiment le plus marquant. C'est tout ce qu'il reste de l'ancienne abbatiale des Augustins, fondée en 1410. Celle-ci a été remaniée dans le style baroque au XVIIIe siècle, sous la supervision de Josef Munggenast, entre autres. On doit à Kremser Schmidt un grand nombre de peintures qui ornent le plafond et l'autel. L'entrée inclut l'accès au porche qui surplombe le Danube et à l'exposition sur les moines augustins qui vécurent ici jusqu'en 1788.

Où se loger

Pension Böhmer PENSION €

(☎02711-239 ; Gneixendorfer Hauptstrasse 22 ; s 45 €, d 55-68 € ; P 📶). Petite pension au cœur du bourg, dont les chambres confortables donnent sur la rue principale. Le rez-de-chaussée compte quelques chambres pleines de charme et une grande entrée pavée, endroit idéal pour savourer un verre de vin. Vos hôtes pourront également vous faire goûter les meilleurs schnaps et confitures d'abricots locaux.

Hotel Sänger Blondel HÔTEL €€

(☎02711-253 ; www.saengerblondel.at ; Klosterplatz/Dürnstein 64 ; s €83-93, d €126-146 ; P 📶). Le meilleur rapport qualité/prix en ville. Chambres aux dimensions généreuses, meublées de bois clair, certaines avec canapé. Quelques-unes ont vue sur le Danube, d'autres sur le château ou le jardin.

Hotel Schloss Dürnstein HÔTEL €€€

(☎02711-212 ; www.schloss.at ; Dürnstein 2 ; s 169-199 €, d 295-399 € ; ⏲avr à mi-oct ; P 📶 🏊). L'"autre" château de Dürnstein est un hôtel qui donne dans le luxe à l'ancienne. Les chambres somptueuses sont garnies de meubles anciens et de canapés bien rembourrés. Il est possible de programmer un massage pour votre arrivée, et l'établissement abrite un sauna et un hammam. Le restaurant en terrasse jouit d'une vue impressionnante sur le fleuve. Hôtel fermé en hiver.

Où se restaurer

Weinschenke Altes Presshaus CAFÉ €

(www.altes-presshaus.at ; Dürnstein 10 ; en-cas et plats 4-11 € ; ⏲11h30-22h mar, jeu et sam, 11h30-17h mer et ven, 10h-15h dim). Emplacement central pour cet établissement de style *Heuriger* très prisé des excursionnistes qui sert des vins locaux (dont de nombreux veltliners), ainsi qu'un grand choix d'en-cas typiques (boudin noir, couenne rôtie et gras de porc, ou encore pâté de foie sur du pain complet) et de plats roboratifs (goulash, *Schnitzel* et steaks de sanglier).

Fesslhütte AUTRICHIEN €

(☎02732-41 277 ; www.fesslhuette.at ; Dürsteiner Waldhütten 23 ; plats 8-13 € ; ⏲9h30-18h mar-dim avr-oct). Ce charmant restaurant à l'ancienne situé en forêt propose diverses assiettes, un plat chaud pour le déjeuner, ainsi que des pâtisseries maison. On peut aussi s'installer dans le jardin pour siroter un verre de vin issu d'un vignoble de la Wachau. À la croisée de plusieurs sentiers de randonnée, c'est l'endroit idéal pour faire une pause.

♥ **Restaurant Loibnerhof** AUTRICHIEN €€

(☎02732-828 90 ; www.loibnerhof.at ; Unterloiben 7 ; plats 15-26 € ; ⏲11h30-minuit mer-dim ; 📶).

UNE RANDONNÉE AU DÉPART DE DÜRNSTEIN

Après avoir visité le **Kuenringerburg** (p. 137), où fut emprisonné Richard Cœur de Lion, partez en randonnée sur le Schlossbergweg (indiqué en vert) pour rejoindre la Fesslhütte (ci-dessus), à environ 1 heure de marche du château. Dans cette taverne en forêt, vous vous régalerez de saucisses et de soupe, et goûterez du bon vin. Une route y conduit également au départ de Weissenkirchen.

Aménagé dans une cave voûtée de style Biedermeier, vieille de 400 ans, à 1,5 km à l'est du centre de Dürnstein, ce restaurant tenu par une famille réinterprète avec créativité la cuisine du Waldviertel. En été, on dispose des tables dans le verger familial. Schnaps de noix, confiture d'abricots et foie gras maison en vente sur place.

Renseignements

Malgré le grand nombre de visiteurs, Dürnstein a supprimé son office du tourisme en 2013. Tâchez de vous renseigner à l'**hôtel de ville** (Rathaus ; ☎ 02711-219 ; www.duernstein.at ; Hauptstrasse 25 ; ⏲ 8h-midi lun et ven, 8h-midi et 13h-18h mar, 8h-13h jeu).

Depuis/vers Dürnstein

Des bateaux **Brandner** (www.brandner.at) relient Dürnstein à Krems (20-30 min) de 1 à 2 fois/j entre mi-avril et fin octobre.

Des bus relient également Dürnstein à Melk (53 min, ttes les heures) et à Krems (15 min, ttes les heures). Le principal arrêt se trouve sur le grand parking au sud de la ville. C'est de loin le moyen de transport le plus pratique.

La gare ferroviaire de Dürnstein (Dürnstein-Oberloiben) assure la liaison en train avec Krems (14 min, 4/j) et Weissenkirchen (6 min, 4/j).

Spitz

☎ 02713/1600 HABITANTS

Jolie petite ville située sur la rive nord du Danube, Spitz est agréable et moins prise d'assaut par les touristes que sa voisine Dürnstein. Les forêts et vignobles alentour se prêtent à de belles randonnées. Pour rejoindre sa vieille ville pleine de charme, tournez à gauche au sortir de la gare, puis remontez la Marktstrasse tout droit jusqu'à la Kirchenplatz.

À 6 km à l'ouest de Spitz, Mühldorf abrite le château médiéval d'Oberranna. Entouré de forêts et surplombant la vallée, cet édifice harmonieusement restauré a conservé sa structure d'origine, notamment une crypte romane ancienne.

Hotel Mariandl HÔTEL €€

(☎ 02713 23 11 ; www.hotel-mariandl.at ; Kremserstrasse 2 ; dort 105-140 € ; P 📶). Près de la gare ferroviaire, le délicieux Mariandl occupe une villa de la fin du XIXe siècle. Il propose des chambres élégantes au mobilier ancien et des modernes plus ordinaires. Excellent restaurant sur place, où le buffet du petit-déjeuner est servi.

L'établissement compte deux atouts inattendus : un cinéma d'époque où regarder d'anciens films autrichiens, et le musée du propriétaire, consacré à l'acteur et metteur en scène Gunther Philipp.

Renseignements

L'**office du tourisme** (☎ 02713-23 63 ; www.spitz-wachau.com ; Mittergasse 3a ; ⏲ 9h30-13h et 14h-16h lun-sam avr-oct), à 400 m à l'ouest de la gare, propose d'excellentes cartes gratuites de la ville indiquant les sentiers de randonnée et maintient à jour une liste complète des *Heurigen*. Heures d'ouverture non précisées et irrégulières en basse saison.

Le **Tourismusverband Wachau Nibelungengau** (☎ 02713-300 60 60 ; www.donau.com ; Schlossgasse 3 ; ⏲ 8h30-16h lun-jeu, 8h30-14h ven) donne des renseignements complets sur la Wachau et les environs.

Depuis/vers Spitz

Des trains relient Spitz et Krems (30 min, 4/j), mais mieux vaut prendre le bus (28 min, 20/j). Ceux-ci s'arrêtent à l'extérieur de la gare.

Pour explorer les environs, louez un vélo chez **Wachau Touristik Bernhardt** (☎ 02713-022 22 ; www.wachau-touristik.at ; Bahnhofstrasse 6 ; 15 €/j).

Feuersbrunn

À environ 10 km à l'est de Krems, près de la route pour Tulln, se dresse le château de Grafenegg (Schloss Grafenegg), une fantaisie du milieu du XIXe siècle, aujourd'hui musée et lieu d'exposition et de concert. À 2 km de là, dans le hameau de Feuersbrunn, on trouve certains des meilleurs restaurants et hôtels de la région.

Château de Grafenegg CHÂTEAU

(Schloss Grafenegg ; www.grafenegg.com ; Grafenegg 10 ; adulte/enfant 6/4 € ; ⏲ 11h-17h mar-dim mars à mi-déc ; P). Situé à environ 6 km au sud de Diendorf, ce château historiciste évoque à s'y méprendre un manoir Tudor niché au milieu de la campagne anglaise. Cependant, lorsqu'on l'observe d'un peu plus près, on découvre de faux éléments gothiques, baroques et Biedermeier. La visite guidée obligatoire comprend la bibliothèque et les appartements privés dépourvus de mobilier, le château ayant été partiellement détruit par l'Armée rouge qui y avait installé son QG après la Seconde Guerre mondiale. Les jardins, datant du XIXe siècle, sont très soignés et idéals pour un pique-nique.

VAUT LE DÉTOUR

MARIA TAFERL ET ARTSTETTEN

Près du fleuve, sur la rive nord du Danube dans le Waldviertel, la bourgade de Maria Taferl doit sa renommée à sa **basilique** (Pfarr- und Wallfahrtskirche, église paroissiale et de pèlerinage ; www.basilika.at ; Maria Taferl 1 ; 7h-20h), qui domine la vallée du Danube. Créée par Jakob Prandtauer (qui a reconstruit la célèbre abbaye bénédictine de Melk), cette église baroque comporte deux coupoles en forme de bulbe dont la face interne est décorée de fresques. Son autel arbore un entrelacs complexe de personnages en or.

À 6 km environ à l'est de Maria Taferl et à peu près à la même distance du Danube, Artstetten abrite un château construit à partir des ruines d'un château médiéval du XIIIe siècle. Rénové pendant 700 ans, le **château d'Artstetten** (www.schloss-artstetten.at ; Artstetten 1 ; adulte/enfant 12,80/9,20 € ; 10h-16h30 avr-oct ; P) acquit sa renommée au début du XIXe siècle en passant aux mains de l'archiduc François-Ferdinand. Son musée, consacré au malheureux héritier des Habsbourg, contient des photos et relate la vie que son épouse tchèque et lui menaient au château, ainsi que leur voyage fatal à Sarajevo, où son assassinat déclencha la Première Guerre mondiale. Les époux sont enterrés dans le tombeau familial, le *Familiengruft*, lieu de pèlerinage paisible pour les fans des Habsbourg.

Ces deux destinations constituent une halte intéressante pour les visiteurs véhiculés.

Au moment de nos recherches, le château n'était pas ouvert au public, renseignez-vous avant de vous y rendre.

Hotel Villa Katharina HÔTEL €€
(02738-229 80 ; www.moerwald.at/de/schlafen/house/8 ; Kleine Zeile 10 ; s 90-100 €, d 150-180 € ; P). Au milieu des vignes, ce joli petit hôtel de campagne propose des chambres sobres, lumineuses et élégantes, ponctuées de couleurs de la région viticole. Son restaurant, le **Zur Traube** (www.moerwald.at/de/essen/detail/relais-chateaux-restaurant-zur-traube ; Kleine Zeile 13-17 ; plats 13-34 € ; midi-14h et 18h-22h lun-ven, non-stop sam-dim ;), vaut à lui seul le détour.

Restaurant & Hotel Schloss Grafenegg RESTAURANT €€
(02735-2616-0 ; www.moerwald.at/de/essen/detail/restaurant-schloss-grafenegg ; Grafenegg 12 ; plats 13-30 € ; 10h-22h mer-dim Pâques à déc ; P). Un hôtel-restaurant traditionnel, dont l'intérieur est empreint d'un charme rétro, qui appartient au chef et viticulteur vedette Toni Mörwald, connu pour son souci du détail. Menu quasi exclusivement autrichien.

Depuis/vers Feuersbrunn

Pour vous rendre au château de Grafenegg depuis Vienne, prenez le train jusqu'à Wagram-Grafenegg (15 €, 50 min, ttes les heures) et rejoignez le château (à 2 km en direction du nord-est) à pied ou en taxi. En voiture depuis Vienne, comptez 40 à 50 minutes.

Melk

02752/5 250 HABITANTS

Sa célèbre abbaye-forteresse surplombant le Danube fait de Melk l'étape incontournable de tout périple dans la région. Séparée du fleuve par une étendue boisée, cette jolie ville peut faire l'objet d'une agréable excursion depuis Krems ou même Vienne.

Melk étant l'une des destinations les plus populaires d'Autriche, vous croiserez plus d'un touriste dans ses rues pavées. C'est aussi l'un des rares endroits de la Wachau qui reste animé en hiver, raison pour laquelle on la visite toute l'année.

À voir

Abbaye bénédictine de Melk ABBAYE
(Stift Melk ; www.stiftmelk.at ; Abt Berthold Dietmayr Strasse 1 ; adulte/enfant 13/6,50 €, visite guidée 16/9,50 € ; 9h-17h30 avr-oct, visites guidées 11h et 14h nov-mars). Cette abbaye est la plus célèbre du pays et la plus représentative du baroque autrichien à son apogée. Sans doute la plus belle de Basse-Autriche, l'église abbatiale, entourée de plusieurs bâtiments, domine l'ensemble grâce à ses deux flèches jumelles et à sa haute coupole octogonale. L'intérieur est une ode à l'opulence baroque, avec sa profusion de joyeux chérubins, de torsades dorées et de faux marbre poli. Le maître-autel est orné de statues de Pierre et Paul, les saints patrons de l'église, que l'on doit à Peter Widerin. Johann Michael Rottmayr a peint la quasi-totalité

des fresques du plafond, y compris celles de la coupole.

Historiquement, Melk fut d'une grande importance pour les Romains, et par la suite pour les Babenberg, qui y construisirent un château. En 1089, Léopold II, margrave de Babenberg, donna le château aux moines bénédictins, lesquels en firent une abbaye fortifiée. Un incendie ravagea le bâtiment d'origine, qui fut complètement reconstruit dans le style baroque entre 1702 et 1738 d'après les plans de Jakob Prandtauer et de son élève, Joseph Munggenast. On prétend qu'il fallut 9 millions de briques pour construire les 500 pièces (impossible de les visiter toutes, puisque l'essentiel de l'édifice est occupé par une école, des bureaux et les cellules et lieux de vie des moines).

Hormis l'église abbatiale, il est intéressant de découvrir la **bibliothèque** (Bibliothek) et la **salle de marbre** (Marmorsaal), dont les saisissants trompe-l'œil peints au plafond (exécutés par Paul Troger) donnent l'illusion d'une hauteur plus élevée (l'effet est renforcé par la forme légèrement incurvée des plafonds). Onze des appartements impériaux, où logeaient les hauts dignitaires (parmi lesquels Napoléon), abritent aujourd'hui un musée conceptuel quelque peu surfait.

Avant ou après la visite du bâtiment principal, faites le tour du **bastion nord** (Nordbastei) où vous attendent d'insolites expositions temporaires, une terrasse panoramique et la boutique de souvenirs.

D'avril à octobre sont proposées des visites guidées en français tous les jours à 15h05 (environ 50 min) ; de novembre à mars, la visite ne peut se faire qu'avec un guide (en allemand et en anglais) à 11h et à 14h. Possibilité de réserver une visite guidée privée en français.

Château de Schallaburg PALAIS
(Schloss Schallaburg ; 02754-6317 ; www.schallaburg.at ; Schallaburg 1 ; adulte/enfant 12/4 € ; 9h-17h lun-ven, 9h-18h sam-dim déb avr à déb nov). Renommé pour sa splendide architecture, ce palais l'est aussi pour les expositions novatrices qu'il accueille, ainsi que ses ravissants jardins. Il s'enorgueillit de 400 statues en terre cuite réalisées entre 1572 et 1573, dont les plus grandes soutiennent les arches de l'étage supérieur. Les excellentes expositions annuelles portent sur des thèmes variés, de l'artisanat du monde aux Beatles.

Billet combiné avec l'abbaye de Melk 22,50 €. Pour rejoindre Schallaburg, prenez la navette (2,30 €) qui part de la gare ferroviaire de Melk à 9h30, 10h30, 12h30 et 14h45.

Où se loger

Hotel Wachau HÔTEL €€
(02752-525-31 ; www.hotel-wachau.at ; Am Wachberg 3 ; s 80-99 €, d 129-149 € ; P). Avec ses chambres lumineuses et propres, cet établissement situé à 2 km au sud-est de la gare ferroviaire s'est taillé une place entre les hôtels d'affaires modernes et ceux de style autrichien traditionnel. Cuisine régionale bien préparée dans le restaurant sur place.

Hotel Restaurant zur Post HÔTEL €€
(02752-523 45 ; www.post-melk.at ; Linzer Strasse 1 ; s 65-90 €, d 120-140 €, f 155-180 € ; P). Hôtel pimpant et agréable au cœur de la ville, doté de 25 chambres spacieuses et confortables, agrémentées de touches raffinées telles que des lampes de chevet en laiton. Sauna, possibilité de massages et vélos gratuits pour les hôtes. Le restaurant minimaliste mijote essentiellement des classiques autrichiens sans chichis.

Où se restaurer

Zum Fürsten INTERNATIONAL €
(02752-523 43 ; Rathausplatz 3 ; plats 6-12 € ; 7h-23h ;). Ce café très prisé au pied de l'abbaye concocte des pâtes, du chili con carne et d'autres plats internationaux, ainsi que des *Strudel*.

Zur Post AUTRICHIEN €€
(02752-523 45 ; Linzer Strasse 1 ; plats 11,50-24 € ; 11h30-22h, fermé dim soir et lun ;). Ce restaurant traditionnel discret se trouve dans l'hôtel du même nom, sur l'artère principale de Melk. On y sert du *Tafelspitz* (bœuf braisé), des *Wiener Schnitzel* (escalopes de veau panées), du gibier local et de l'agneau bio, ainsi que plusieurs plats végétariens.

Renseignements

Office du tourisme de Melk (02752-511 60 ; www.visitmelk.com ; Kremser Strasse 5 ; 10h-18h lun-ven, 9h30-17h sam ; 9h30-15h30 dim mi-mai à sept, horaires réduits le reste de l'année, fermé de mi-déc à fév). Tous les renseignements utiles sur la ville et la vallée.

Depuis/vers Melk

Des bateaux Brandner (p. 130) partent du canal près de la Pionierstrasse, à 400 m au nord de l'abbaye, vers Krems et Spitz.

Les bus Wachau Linien (p. 136) circulent dans la vallée du Danube entre Melk et Krems (9,80 €, 1 heure, ttes les heures).

Wachau Touristik Bernhardt (p. 139) loue des vélos à la gare des ferries de Melk et à la gare ferroviaire de Spitz.

Des trains réguliers desservent Melk au départ de Sankt Pölten (6 €, 15-23 min, 2/h), de Vienne (19,30 €, 50 min, 2/h) et de Salzbourg (45,60 €, 2 heures 30, avec changement à Sankt Pölten ou Amstetten, au moins 1/h).

Tulln

☎ 02272/15 700 HABITANTS

Tulln, ville natale du peintre Egon Schiele, se situe à 30 km au nord-ouest de Vienne, au bord du Danube. Elle compte quelques musées intéressants et se visite aisément en excursion d'une journée depuis Vienne ou Krems.

À voir

Musée Egon Schiele MUSÉE

(Egon Schiele Museum ; www.schielemuseum.at ; Donaulände 28 ; adulte/enfant 5,50/3,50 € ; ⏲10h-17h mar-dim avr-oct). Le musée Egon Schiele, installé dans une ancienne prison non loin du Danube, retrace avec éclat l'histoire et la vie du maître de l'expressionnisme autrichien, natif de Tulln. On y découvre une centaine de ses peintures et croquis, et une reconstitution de la cellule où il fut brièvement emprisonné en 1912, après que plus d'une centaine de ses dessins eurent été saisis pour leur caractère érotique. Des expositions temporaires sur le peintre permettent d'en apprendre encore davantage sur l'artiste.

Lieu de naissance d'Egon Schiele MUSÉE

(Bahnhofstrasse 69, Hauptbahnhof Tulln ; 2 € ; ⏲9h-20h avr-oct, 9h-17h nov-mars). Ce musée interprétatif prend place dans une émouvante reconstitution de la maison natale du peintre. Fils du chef de gare Adolf Schiele, Egon Schiele (1890-1918) passa les 11 premières années de sa vie dans l'appartement de fonction de son père à la gare ferroviaire. L'exposition est axée sur son enfance et les influences auxquelles il fut exposé petit.

Museum im Minoritenkloster MUSÉE

(Minoritenplatz 1). Ce musée attenant à l'église des Minorites, et soutenu par la Ville, accueille d'excellentes expositions temporaires présentant en majorité des artistes autrichiens. Schiele (ô surprise) a notamment été exposé plusieurs fois. Prix d'entrée et horaires d'ouverture variables suivant l'exposition.

Église des Minorites ART ROCOCO

(Minoritenkirche ; Minoritenplatz 1 ; ⏲8h-17h). À côté de l'office du tourisme, cette église rococo de 1739 est décorée de magnifiques plafonds à fresques dédiées à saint Jean Népomucène.

Église paroissiale Saint-Étienne CHAPELLE ROMANE

(Pfarrkirche St Stephan ; Wiener Strasse 20 ; ⏲8h-19h lun-ven, 8h-20h sam, 8h-18h dim). Cette église marie éléments gothiques et baroques, et possède une sublime chapelle funéraire romane du XIIIe siècle ornée de fresques.

Où se loger et se restaurer

Junges Hotel Tulln AUBERGE DE JEUNESSE €

(☎ 02272-651 65 10 ; www.tulln.noejhw.at ; Marc-Aurel-Park 1 ; dort/s/d 25/37/56 € ; P 📶). Auberge de jeunesse proche du Danube accueillant aussi bien des clients participant à des séminaires que des touristes. Les dortoirs, clairs et meublés chichement, logent de 4 à 8 personnes. La réception est fermée les samedi et dimanche matin.

Donaupark Camping CAMPING €

(☎ 02272-652 00 ; www.campingtulln.at ; Donaulände 76 ; empl par adulte/tente et voiture 9/7 € ; ⏲avr à mi-oct ; 📶). Camping bien situé juste à l'est du centre, au bord du fleuve et à côté d'une joli forêt.

Hotel Nibelungenhof HÔTEL €€

(☎ 02272-626 58 ; www.nibelungenhof.info ; Donaulände 34 ; s 69-81 €, d 122-138 € ; P 📶). Au bord du Danube, cet hôtel, doté d'un ravissant jardin en terrasse et d'un café-restaurant au rez-de-chaussée, compte des chambres lumineuses et colorées à la décoration personnalisée et au mobilier de style ancien. Le salon comprend une grande bibliothèque remplie de livres et une vraie cheminée.

Gasthaus zur Sonne AUTRICHIEN €€

(☎ 02272-646 16 ; Bahnhofstrasse 48 ; plats 12-35 € ; ⏲11h30-15h et 18h-22h30 mar-sam ; 📶). Un restaurant traditionnel qui revisite avec brio des classiques autrichiens, notamment un goulash de foie de veau au vinaigre balsamique. L'endroit est très fréquenté ; réservez.

Renseignements

L'**office du tourisme** (02272-675 660 ; www.tulln.at ; Minoritenplatz 2 ; 10h-17h lun-ven, 10h-14h sam-dim mai-sept, 10h-15h lun-ven oct-avr) est à un pâté de maisons au nord de la Hauptplatz à partir de la fontaine.

Depuis/vers Tulln

Toutes les heures, plusieurs trains régionaux et trains S-Bahn relient Tulln à la gare Franz-Josefs-Bahnhof à Vienne (9,60 €, 30-45 min). Il y a aussi des trains toutes les heures pour Krems (10,90 €, 39 min).

Comment circuler

Tulln et son office du tourisme sont tournés vers les cyclistes : la piste cyclable du Danube longe le fleuve sur le bord nord de la ville. De nombreuses stations Leihradl, où louer un vélo, sont éparpillées en ville.

Waldviertel et Weinviertel

Formant une large étendue comprise entre le nord du Danube et la République tchèque, le Waldviertel ("quartier des forêts") débute, dans sa partie orientale, près de Krems et de la vallée de la Kamp. Composée de collines ondoyantes et de villages de campagne, cette magnifique région, peu visitée, se distingue moins par ses forêts que par ses nombreux sites d'intérêt et ses lieux d'escapade isolés. Le Kamptal, en particulier, est idéal pour échapper à la foule des touristes. La région du Weinviertel ("quartier du vin"), se déployant à l'est du Waldviertel, est dédiée à l'arboriculture et à la viticulture.

Le parc national de Thayatal, petite zone protégée s'étirant des deux côtés de la frontière, est le joyau de la région.

Drosendorf

02915/1200 HABITANTS

Située à l'extrême limite nord du Waldviertel, à la frontière tchèque, la magnifique ville fortifiée de Drosendorf est souvent négligée, en raison de sa position excentrée. Elle mérite pourtant une visite, ne serait-ce que pour admirer ses remparts parfaitement intacts. Le circuit de la forteresse débute au service d'information ; il passe par le château, un édifice principalement baroque érigé sur des fondations romanes, et sort par la Hornertor, la porte principale au sud-est, construite entre les XIIIe et XVe siècles. Franchissez les douves, puis longez les murailles dans le sens des aiguilles d'une montre.

Château de Drosendorf HÔTEL €

(Schloss Drosendorf ; 02915-232 10 ; www.schloss-drosendorf.com ; Schlossplatz 1 ; s/d 47/74 € ; P). Le meilleur hébergement de la ville, installé dans le château, loue des chambres immenses au style ancien et à l'ambiance aristocratique. Très bon rapport qualité/prix.

MOKA CAFÉ €

(02915-22 27 ; www.moka.at ; Hauptplatz 5 ; plats 5-12 € ; 9h-18h jeu-lun avr-oct). Le MOKA décline à l'envi le gâteau aux graines de pavot. Aux côtés de la version traditionnelle au parfum intense : gâteaux aux graines de pavot blanches, aux amandes ou recouverts de chocolat. Un vrai régal ! On y propose aussi de l'excellent café et divers Spritz. Terrasse pour les beaux jours.

Renseignements

Commencez votre visite de Drosendorf par le **service de renseignements** (02915-232 10 ; Schlossplatz 1 ; 8h-16h30 lun-jeu, 8h-12h30 ven), ouvert uniquement en semaine.

À l'intérieur des remparts, sur la Hauptplatz, ce kiosque d'information fournit un dépliant pratique détaillant une balade à pied avec sites numérotés (en allemand), ainsi qu'une liste d'hébergements.

Depuis/vers Drosendorf

Pour rejoindre Drosendorf depuis Vienne (gare de Praterstern), prenez le train qui part toutes les heures pour Retz (18,20 €, 1 heure 15), et assurez-vous qu'il coïncide avec l'un des bus qui circulent en semaine (8,60 €, 1 heure). De là, l'unique moyen de se rendre en République tchèque consiste à rebrousser chemin jusqu'à Retz, d'où des trains partent pour Znojmo, ou bien à parcourir 6 km à pied (ou en taxi) jusqu'au premier village (Vratěnín) de l'autre côté de la frontière, d'où des bus partent à destination de la Moravie.

Langenlois

02734/7600 HABITANTS

Pleine de charme, la ville industrieuse de Langenlois est au centre de la région viticole du Kamptal, où les plaines verdoyantes rencontrent de douces collines et les rangs de vignes s'étendent à perte de vue. Les vins blancs – grüner veltliner, riesling, welschriesling et weissburgunder notamment – y atteignent des sommets. La place de la ville est bordée de *Vinotheken* (œnothèques) et, dans chaque rue et ruelle, fleurissent des *Heurigen* ou des caves à vins.

Weingut Hirsch DOMAINE VITICOLE
(02735-24 60 ; www.weingut-hirsch.at ; Hauptstrasse 76, Kammern). Les vins produits par Johannes Hirsch et sa famille comptent parmi les meilleurs d'Autriche. La vigne, cultivée selon des méthodes agricoles biodynamiques, fait l'objet d'une taille douce (une caractéristique régionale), le raisin est vendangé à la main, et le vin est produit en cave selon un mélange fructueux de pratiques traditionnelles et modernes de type "slow". L'exploitation se concentre uniquement sur le grüner veltliner et le riesling, et chacun des vins est issu d'une seule et même vigne.

Non loin de Langenlois en voiture, dans le hameau de Kammern, ce vignoble propose des dégustations sur rendez-vous uniquement. Planifiez votre passage.

Loisium Weinwelt VIN
(www.loisium.com/weinwelt-langenlois/home ; Loisium Allee 2 ; visite audioguidée de 1 heure 30 adulte/enfant 15/7,50 € ; 11h-17h lun-ven, 10h-17h sam-dim). Le Loisium Weinwelt est un hymne à la longue et riche tradition viticole de Langenlois. L'édifice lui-même, un cube en aluminium dessiné par l'architecte new-yorkais Steven Holl, est impressionnant. Des visites audioguidées en plusieurs langues, y compris en français (départ ttes les 30 min), parcourent un réseau de galeries anciennes très profondes, long de 1,5 km, où le vin est entreposé. Boutique et café à l'étage, où déguster et acheter des vins régionaux.

Loisium Hotel HÔTEL €€
(02734-77 100-0 ; www.loisium.com ; Loisium Allee 2 ; d 144-203 ; P). Cet hôtel contemporain se dresse dans un paysage viticole. Grandes, lumineuses et modernes, les chambres ont une salle de bains à l'élégance épurée et sont toutes dotées d'un balcon. On trouve un excellent bar-restaurant sur place, mais le véritable atout du lieu est son spa, pourvu d'un grand espace sauna et hammam, ainsi que d'une jolie piscine extérieure chauffée, longue de 20 m (ouverte toute l'année).

Les massages et soins du spa sont faits avec des produits Aveda ou à base de vin.

Renseignements

Le grand magasin dédié au vin d'**Ursin Haus** (02734-20 00 ; www.langenlois.at ; Kamptalstrasse ; 10h-18h) assure aussi le service d'information touristique de la ville. Il offre ainsi des renseignements sur tout ce qui a trait aux vins de la localité, dont les *Heurigen* saisonnières, les caves et les restaurants. Le site Internet fournit également les adresses ; une carte de la route des vins de Langenlois peut être téléchargée.

Depuis/vers Langenlois

Si la voiture est le meilleur moyen de rejoindre Langenlois, des trains réguliers s'y rendent depuis Vienne (1 heure-1 heure 30, 18,20 €, correspondance à Hadersdorf/Kamp) et des bus depuis Krems (40 min, 4,90 €).

Parc national de Thayatal (Nationalpark Thayatal)

Dans les confins nord-ouest du Weinviertel, à la frontière de l'Autriche et de la République tchèque, le Thayatal, ancien tronçon du rideau de fer, est le plus petit des parcs nationaux autrichiens. Il fait partie de l'une des dernières vallées naturelles d'Europe centrale et se prolonge au-delà de la frontière tchèque, avec le parc national de Podyjí. Sur les 3000 espèces végétales répertoriées en Autriche, environ 1300 poussent dans le Thayatal. Ce parc se compose d'un profond canyon creusé par la Thaya (Dyje en tchèque), de nombreuses formations rocheuses, de pentes escarpées, de prairies sèches et de vastes étendues de forêt primaire aux arbres noueux. La randonnée y est de loin l'activité la plus prisée, les sentiers passant quelquefois d'un côté et de l'autre de la frontière.

Nationalparkhaus EXPOSITION
(Nationalpark Thayatal ; 02949-700 50 ; www.np-thayatal.at ; Hardegg ; 9h-18h mi-mars à sept, 10h-17h oct). Véritable mine d'informations, le Nationalparkhaus, près de Hardegg, propose une exposition sur les divers écosystèmes du parc et les animaux qui le peuplent, comme les chats sauvages, les cigognes et les lézards. Hardegg, base naturelle pour l'exploration du parc, est difficile d'accès si l'on ne dispose pas d'un véhicule.

Château de Starrein APPARTEMENT €€
(Schloss Starrein ; 0664 35 02 084 ; www.gutstarrein.org ; Starrein 1 ; app 85 € ; P). À quelques minutes de route du parc

national, au cœur de la région agricole du Waldviertel, les jeunes propriétaires, Peter et Sabine, louent un appartement (d'autres seront bientôt proposés) au dernier étage du *Schloss* familial, un merveilleux château Renaissance du XIIe siècle, partiellement restauré. Clair et spacieux, l'appartement est décoré avec simplicité et élégance, et comprend une cuisine équipée et un lit très confortable. Une fenêtre donne sur la ravissante chapelle d'origine du château, d'autres sur les champs au-delà.

Depuis/vers le parc national de Thayatal

Si l'on n'est pas motorisé, le mieux est de prendre le train de Vienne à Retz (18,20 €, 1 heure 20), puis un bus pour Pleising, et enfin un autre bus pour Hardegg. C'est bien plus simple en voiture. Depuis la République tchèque, on accède au parc à pied depuis la ville de Znojmo.

Wienerwald

Le Wienerwald (bois de Vienne) englobe les vallons boisés à l'ouest et au sud-ouest de Vienne, ainsi que la région viticole juste au sud de la capitale. Pour les Viennois, c'est l'endroit où l'on va marcher, faire de l'escalade et du VTT.

À voir et à faire

De jolies bourgades viticoles, comme **Perchtoldsdorf** et **Gumpoldskirchen**, émaillent le Wienerwald. La ravissante **Mödling**, à 15 km au sud de Vienne, avait jadis les faveurs des artistes : Beethoven vécut au n°79 de la Hauptstrasse de 1818 à 1820, et le compositeur autrichien Arnold Schönberg au n°6 de la Bernhardgasse de 1918 à 1925.

À 20 km environ de Mödling, **Heiligenkreuz** (02258-8703 ; www.stift-heiligenkreuz.at ; Heiligenkreuz 1 ; adulte/enfant 11,30/6,80 € ; avec audioguide 9h-11h30, 14h-17h15 lun-sam, 14h-17h15 dim ; visites guidées 10h, 11h, 14h, 15h et 16h lun-sam) compte une abbaye cistercienne du XIIe siècle. **Mayerling**, à 6 km au sud-ouest de là, présente aujourd'hui peu d'intérêt, mais le drame qui s'y produisit en 1889 (encadré p. 137) – un meurtre et un suicide royaux – attire encore les visiteurs.

Entre Mayerling et Weissenbach-Neuhaus, distantes chacune de 5 km, se trouve le **mont Peilstein** (716 m). La commune, sur la L4004, est accessible depuis le parking et l'arrêt de bus du Schwarzensee. On peut faire de l'escalade sur le **Peilstein Klettersteig** (www.bergsteigen.com), qui offre l'une des plus belles ascensions de la région et attire de nombreux Viennois. Le refuge et restaurant de Peilsteinhaus, qui compte une aire de jeux pour enfants, est accessible depuis Heiligenkreuz (16 km, 4 heures 30 jusqu'à Peilstein) par des sentiers de randonnée passant par Mayerling. Comptez une demi-heure de marche de l'arrêt de bus Schwarzensee-Peilstein, et 1 heure 30 depuis Weisenbach.

Renseignements

Pour planifier votre voyage et obtenir des renseignements sur la région, consultez le site www.wienerwald.info.

Le **Tourismus Information Mödling** (02236-400 125 ; www.moedling.at ; Kaiserin Elisabeth-Strasse 2 ; 9h-17h lun-ven) distribue cartes et informations.

Depuis/vers le Wienerwald

Pour découvrir pleinement la région, mieux vaut disposer d'une voiture ou d'un vélo. Cependant, les trains et les bus vous conduiront dans les localités importantes. L'A21, principale route qui traverse la région, descend de Vienne, passe par Heiligenkreuz, puis décrit une courbe vers le nord pour rejoindre l'A1 à l'est d'Altlengbach.

Des bus relient Baden à Schwarzensee (7,20 €, 1 heure 30, 1/j lun-sam).

Pour venir en train, prenez le S1 ou le S2 au départ de Wien-Meidling *via* Perchtoldsdorf (4,30 €, 11 min, 4/h) jusqu'à Gumpoldskirchen (4,90 €, 28 min, ttes les heures).

Baden bei Wien

02252/24800 HABITANTS

Avec ses sources sulfureuses et ses parcs, forêts et jardins luxuriants, cette station thermale à la lisière orientale du Wienerwald tranche de manière pittoresque avec le paysage. Baden reçoit depuis longtemps des visiteurs de marque : les Romains y prenaient les eaux pour se soigner, Beethoven est venu dans l'espoir de guérir sa surdité et, au début du XIXe siècle, la ville est devenue la villégiature d'été favorite des Habsbourg. L'essentiel de l'architecture du centre est d'ailleurs de style Biedermeier (XIXe siècle). Sachez toutefois que Baden hiberne partiellement d'octobre à mars.

Le centre de Baden est à un quart d'heure de marche environ de la gare ferroviaire. Suivez le Kaiser-Franz-Joseph-Ring vers l'ouest et tournez à droite dans la Wassergasse.

À voir

Musée Arnulf Rainer — MUSÉE

(Arnulf Rainer Museum ; www.arnulf-rainer-museum.at ; Josefsplatz 5 ; adulte/enfant 8/6 € ; 10h-17h mar-dim). Dans l'ancien Frauenbad (bain des Femmes), près du terminus du tramway, cet intéressant musée expose l'œuvre d'Arnulf Rainer, né à Baden en 1929. Abandonnant ses études artistiques, l'artiste rebelle commença par peindre dans un style surréaliste avant de développer son propre style à travers divers supports et performances.

Au cours d'une de ses "expériences", Rainer n'hésita pas à peindre en compagnie de plusieurs chimpanzés peintres, cherchant à imiter leurs gestes... jusqu'à ce qu'il se fît pourchasser par l'un de ses collaborateurs peu coopératifs. Le musée a conservé les superbes ornementations en marbre des thermes de style Biedermeier datant de 1815 – raison de plus pour le visiter. Les expositions sont renouvelées 2 fois par an.

Kurpark — PARC

Le Kurpark (parc des Thermes) offre un cadre magnifique, tant pour se promener que pour se reposer sur les bancs devant le kiosque à musique, où des concerts gratuits ont lieu de mai à septembre. De beaux massifs de fleurs forment un bel écrin aux monuments dédiés à de grands artistes (Mozart, Beethoven, Strauss, Grillparzer, etc.). Près de l'entrée sud du parc, l'Undine-Brunnen (fontaine) marie harmonieusement des statues en forme de poisson et d'autres à forme humaine.

Colonne de La Trinité — MONUMENT

(Dreifaltigkeitssäule ; Hauptplatz). De style baroque, ce monument érigé sur la Hauptplatz en hommage à la Sainte Trinité en 1714 est l'un des plus étonnants du pays en raison de sa colonne tout à fait inhabituelle (on a l'impression d'y voir un amoncellement de boules de glace en train de fondre).

Musée Rollett — HISTOIRE LOCALE

(Rollett Museum ; 02252-8680 0580 ; www.rollettmuseum.at ; Weikersdorfer Platz 1 ; adulte/enfant 6/3 € ; 15h-18h mer-lun). Au sud-ouest du centre-ville, tout près de la Weilburgstrasse (à 5 min à pied au sud-est du Thermalstrandbad), ce musée retrace les moments importants de l'histoire de la ville. L'exposition la plus insolite est la collection de crânes, de bustes et de masques mortuaires rassemblée par l'inventeur de la phrénologie, Franz Joseph Gall (1758-1828), étude qui suscita l'idée, très en vogue pendant un temps, selon laquelle on pourrait inférer des caractéristiques criminelles chez un individu à partir de la forme de son crâne. Sinistre.

Activités

Thermalstrandbad — BAIGNADE

(Helenenstrasse 19-21 ; tte la journée adulte/enfant 10,10/5,90 € ; 8h30-19h30 mai-sept). Un bâtiment de style fonctionnaliste a été spécialement construit en 1926 pour accueillir ce complexe aquatique, qui comprend une bande de précieux sable, venu de loin. Le bâtiment lui-même est intéressant à découvrir, mais il est aussi agréable à la belle saison de se détendre sur l'herbe ou de se baigner dans la piscine. L'odeur "d'œuf pourri" caractéristique de Baden – provenant du soufre que contiennent ses eaux thermales – chatouillera par moments vos narines, même si elle n'est pas toujours si présente.

Kronprinz-Rudolf-Weg — VÉLO

Se promener à vélo ou à pied sur les 12 km du Kronprinz-Rudolf-Weg, le long de la Schwechat jusqu'à Mayerling, est une solution très agréable si l'on veut éviter les musées et les bains en été. L'office du tourisme propose une description gratuite du parcours (en allemand) et l'on peut louer des vélos en ville. La randonnée peut se combiner avec un itinéraire de 6 km aller-retour qui bifurque au nord en direction de Heiligenkreuz.

Römertherme — SPA

(Thermes romains ; 02252-450 30 ; www.roemertherme.at ; Brusattiplatz 4 ; 3 heures/journée entière 15,60/19,80 € ; 10h-22h). Un centre thermal moderne dédié au bien-être, comprenant plusieurs bassins thérapeutiques et un grand choix de soins. L'entrée coûte un peu moins cher en semaine.

Où se loger et se restaurer

Villa Inge — PENSION €

(02252-431 71 ; www.pensioninge.cz ; Weilburgstrasse 24-26 ; s/d 32/53 € ; avr-oct ;

(P ❄ wifi). Cette grande villa au bord du fleuve est proche du Thermalstrandbad. Les chambres sont spacieuses. La salle du petit-déjeuner, jolie et lumineuse, donne sur le jardin. Un bon rapport qualité/prix pour Baden, en particulier l'appartement familial (à partir de 100 €).

Hotel Schloss Weikersdorf HÔTEL €€
(☎02252-48 301 0 ; www.hotelschlossweikersdorf.at ; Schlossgasse 9-11 ; s/d à partir de 80/100 € ; P wifi piscine). Pour sublimer votre séjour à Baden, ne cherchez pas plus loin que ce luxueux hôtel niché au cœur de splendides jardins. Les chambres sont décorées avec goût et, pour certaines, pourvues de balcons. L'établissement propose coins détente, salons, massages et autres prestations de bien-être. On peut profiter sur place de 3 restaurants, dont le Rosenkavalier, l'un des meilleurs de Baden.

Hotel Herzoghof HÔTEL €€
(☎02252-872 97 ; www.hotel-herzoghof.at ; Kaiser-Franz-Ring 10 ; s/d 100/149 € ; P wifi). De bon rapport qualité/prix, cet hôtel du centre, en face du Kurpark, propose des chambres sobres et modernes. Sauna et hammam sur place.

Cafe Central CAFÉ
(Hauptplatz 19 ; ⏲8h-20h ; wifi). Ce café emblématique de la Hauptplatz se distingue par son délicieux intérieur du milieu du XXe siècle et ses serveurs en uniforme, qui servent des classiques de la cuisine autrichienne.

Renseignements

Baden Tourismus (☎02252-8680 0600 ; www.tourismus.baden.at ; Brusattiplatz 3 ; ⏲9h-18h lun-sam, 9h-15h dim mai-sept, 9h-17h lun-ven oct-avr) vous renseignera sur les bains et le reste.

Depuis/vers Baden bei Wien

Le bus n°303 part toutes les heures entre 18h05 et 3h05 (6,10 €, 50 min) de l'Oper à Vienne. À Baden, le bus n°306 circule entre le Thermalstrandbad et la gare ferroviaire *via* le centre.

Des trains régionaux et S-Bahn relient Baden à Wien-Meidling (6,10 €, 20 min, 2/h).

Un tramway *Lokalbahn* (6,10 €, 1 heure, ttes les 15 min) circule entre l'Oper, à Vienne, et la Josefsplatz, à Baden.

Baden bei Wien se situe non loin de la sortie de l'autoroute A2, au sud de Vienne.

March-Donauland

Le March-Donauland, qui s'étend de la limite orientale de Vienne à la frontière slovaque, est dominé par le Danube et ses plaines inondables, une région parsemée d'usines au cœur d'une campagne jolie mais peu exaltante. Carnuntum, un important campement sous l'Empire romain, et le parc national Donau-Auen en font une destination tout indiquée pour une excursion d'une journée depuis Vienne et Bratislava, la capitale slovaque, où les hébergements sont considérablement moins chers. Les deux villes sont bien accessibles par les transports en commun.

Parc national Donau-Auen PARC NATUREL
(www.donauauen.at ; Schlossplatz 1, Orth an der Donau ; ⏲9h-18h mi-mars à sept, 9h-17h oct). Ce parc naturel forme une étroite bande de plaines inondables naturelles de part et d'autre du Danube, et s'étire de Vienne jusqu'à la frontière slovaque. Le parc national existe depuis 1997, résultat de 13 années de contestations et d'actions écologistes contre la construction d'une centrale hydroélectrique à Hainburg an der Donau. Il renferme une faune et une flore abondantes, notamment 700 espèces de fougères et de fleurs, et une forte densité de martins-pêcheurs se nourrissant de 50 espèces de poissons.

Renseignements

Le **Nationalparkhaus Wien-lobAU** (☎01-4000-49495 ; www.donauauen.at ; Dechantweg 8, Vienne ; ⏲10h-18h mer-dim mars-oct), à Vienne, est le centre d'information sur le parc national Donau-Auen.

Depuis/vers le March-Donauland

Les environs de Vienne sont desservis par des trains et des bus réguliers, et sillonnés de pistes cyclables. En outre, des trains et des bus rallient Bratislava, la capitale slovaque toute proche.

Petronell-Carnuntum et ses environs

☎02165/1240 HABITANTS

La ville de Carnuntum était le centre politique et militaire le plus important du nord-est de l'Empire romain, autrefois nommé Pannonie supérieure. À son apogée, elle comptait une population de 50 000 âmes. En comparaison, Vienne avait l'air d'un village. Édifiée sur la route de l'ambre jaune, reliant la Baltique à l'Italie, la cité se développa vers l'an 40 et fut abandonnée quelque 400 ans plus tard. Les principaux vestiges romains sont disséminés entre l'actuelle Petronell-Carnuntum, la station thermale de Bad Deutsch-Altenburg, ville plus importante située à 4 km, et Hainburg an der Donau, à 4 km à l'est de cette dernière. Prévoyez au moins une demi-journée pour tout voir.

À voir

Musée en plein air de Petronell VESTIGES ROMAINS

(Freilichtmuseum Petronell ; www.carnuntum.at ; Hauptstrasse 1a, Petronell-Carnuntum ; adulte/enfant 12/6 € ; 9h-17h mi-mars à mi-nov). Site phare de Petronell-Carnuntum, le musée occupe le même emplacement que l'ancienne cité civile. Il comprend les ruines des bains publics et un temple de Diane entièrement reconstruit. En tuniques et en toges, de jeunes comédiens conduisent les visites, et vous pouvez acheter sur place des répliques de sandales et de tenues romaines. Très touristique, ce parc archéologique reste intéressant à visiter.

Museum Carnuntinum ARCHÉOLOGIE

(www.carnuntum.at ; Badgasse 40-46, Bad Deutsch-Altenburg ; adulte/enfant 12/6 € ; 9h-17h mi-mars à nov). Ce musée archéologique est le plus grand du genre en Autriche. En 100 ans d'existence, la collection s'est enrichie de plus de 3300 trésors romains. La pièce maîtresse en est la *Tanzende Mänade* (*Ménade dansante*). Cette splendide statuette en marbre est habituellement exposée.

Amphithéâtre Bad Deutsch-Altenburg RUINES

(www.carnuntum.at ; Wienerstrasse 52, Petronell-Carnuntum ; 9h-17h mi-mars à mi-nov). GRATUIT Cet amphithéâtre recouvert d'herbe pouvait recevoir 15 000 spectateurs. Aujourd'hui, il accueille un festival de théâtre en été.

Où se loger

Hotel-Gasthof Stöckl HÔTEL €

(02165-623 37 ; www.gasthof-stoeckl.at ; Hauptplatz 3, Bad Deutsch-Altenburg ; s/d à partir de 50/76 € ; P). Un hôtel central et confortable, avec piscine extérieure chauffée à l'énergie solaire, sauna et hammam. Le restaurant constitue un refuge bienvenu après une journée dans les vestiges romains. La meilleure option des environs.

Hotel Altes Kloster HÔTEL €€

(02165-640 20 ; www.alteskloster.at ; Fabriksplatz 1, Hainburg an der Donau ; s/d 70/160 € ; P). Un hôtel moderne à l'élégance épurée, qui occupe un ancien monastère du XVIIe siècle dans la vieille ville historique de Hainburg. Les chambres sont spacieuses, et on profite sur place d'un espace spa avec sauna, hammam et cabine infrarouge. La formule demi-pension (tarif de la chambre plus 21 € ; plus 28 € en pension complète) offre un bon rapport qualité/prix ; le restaurant de l'hôtel est l'un des meilleurs des environs.

Renseignements

Les **offices du tourisme de Bad Deutsch-Altenburg** (02165-629 00 ; www.bad-deutsch-altenburg.gv.at ; Erhardgasse 2 ; 8h-midi et 13h-16h lun, 8h-13h ven) et de **Petronell-Carnuntum** (02163-337 70 ; www.carnuntum.at ; Hauptstrasse 1a ; 9h-17h mi-mars à mi-nov), au musée en plein air, sont les 2 points d'information sur la région.

Depuis/vers Petronell-Carnuntum

Toutes les heures, des trains S-Bahn partent de Wien-Mitte pour Petronell-Carnuntum, Bad Deutsch-Altenburg (11 € chaque trajet, 1 heure) et Hainburg an der Donau (12,20 €, 1 heure).

En voiture, prenez l'A4 depuis Vienne puis bifurquez sur la route régionale 9 en direction de Bratislava.

La piste cyclable en provenance de Vienne longe la rive nord du Danube. Elle passe près de Bad Deutsch-Altenburg et continue jusqu'en Slovaquie.

Sankt Pölten

02742/52 100 HABITANTS

Sankt Pölten a beau être la capitale de la Basse-Autriche, elle semble profondément endormie. Et, de fait, peu de gens s'y arrêtent, pressés qu'ils sont de se rendre directement de Vienne à Salzbourg. Pourtant, la vieille ville (Altstadt) est plutôt pittoresque et offre un contraste saisissant avec le tout nouveau Landhausviertel (quartier du Parlement), très XXIe siècle. En outre, ses musées et sa cathédrale méritent bien une halte.

Sankt Pölten

Sankt Pölten

À voir

1 Cathédrale ... B2
2 Colonne de La Trinité ... A2
3 Église des Franciscains ... A2
4 Klangturm ... D4
5 Musée de la Basse-Autriche ... C4
6 Rathausplatz ... A2
7 Musée de la Ville ... A3
8 Synagogue ... C3

Où se loger

9 Jugendherberge St Pölten ... B1
10 Metropol ... B3
11 Stadthotel Hauser Eck ... B3

Où se restaurer

12 Landhaus Stüberl ... D4
13 Schau.Spiel ... A2

Histoire

Les frontières de la Basse-Autriche ont été dessinées par la maison de Babenberg au XIIIe siècle. Mais, en 1278, leurs possessions tombèrent dans le giron des Habsbourg. La ville dut pourtant attendre 1986 pour devenir la capitale de la Basse-Autriche : la région était auparavant rattachée administrativement à Vienne, tout en étant une province distincte. En outre, Sankt Pölten bénéficiait depuis 1159 d'une charte municipale – la plus ancienne que l'on connaisse. L'Altstadt se distingue par ses édifices baroques : le grand maître de l'architecture baroque Jakob Prandtauer vécut et mourut à Sankt Pölten.

À voir

Rathausplatz PLACE

Cette jolie place est bordée de cafés et de bâtiments aux tons pastel. Elle est dominée par l'**hôtel de ville** (Rathaus) sur son flanc sud, qui arbore une façade baroque (1727) dessinée par Joseph Munggenast. À la lisière nord se dresse l'**église des Franciscains** (Franziskanerkirche ; Rathausplatz 12 ; ⌚lever-coucher du soleil). Achevée en 1770, celle-ci abrite un autel grandiose rehaussé de retables de Kremser Schmidt. Entre les deux se tient la haute **colonne de La Trinité** (Dreifaltigkeitssäule) datant de 1782. Cette belle colonne blanche aux motifs torsadés est en partie une colonne votive érigée après une épidémie de peste.

Synagogue ART NOUVEAU

(Synagoge ; Dr-Karl-Renner-Promenade 22 ; ⌚9h-13h lun-ven). La principale synagogue de Sankt Pölten, datant de 1912, est ornée de beaux éléments Art nouveau. Les nazis l'ont profanée pendant les pogroms de 1938. L'édifice revint à la municipalité, qui en fit un camp de travail destiné aux prisonniers russes. Ensuite, l'Armée rouge la transforma en entrepôt à grains. Elle a depuis été restaurée et abrite aujourd'hui un institut consacré à l'histoire juive.

Cathédrale ART BAROQUE

(Dom ; Domplatz 1 ; ⌚lever-coucher du soleil). Jakob Prandtauer fut l'un des plus éminents architectes de l'époque baroque. La cathédrale de Sankt Pölten, édifice remontant au XIIe siècle qu'il remania à partir de 1722, est son chef-d'œuvre. Elle abrite une profusion de faux marbre et d'or, que rehaussent des fresques de Daniel Gran. Ne manquez pas de visiter le cloître et ses pierres tombales sculptées.

Abbaye de Herzogenburg ABBAYE BAROQUE

(Stift Herzogenburg ; ☎02782-83112 13 ; www.stift-herzogenburg.at ; Herzogenburg ; adulte/enfant 9/7 € ; ⌚visites guidées 11h, 14h, 15h30 avr-oct ; P). À quelques minutes de la ville en train ou en voiture, cette abbaye est l'un des joyaux baroques du Danube. On ne peut la découvrir que dans le cadre d'une visite qui comprend l'église collégiale (Stiftskirche) et une collection de peintures constituée notamment de panneaux gothiques exécutés par des artistes locaux, de vitraux et de surprenants tableaux baroques non religieux.

Musée de la Basse-Autriche MUSÉE

(Museum Niederösterreich ; ☎02742-90 80 90 ; www.museumnoe.at ; Kulturbezirk 5 ; adulte/enfant 10/5 € ; ⌚9h-17h mar-dim). Ce musée abrite une intéressante collection sur l'histoire, l'art et l'environnement de la région. La grande vague en verre dominant l'entrée de l'édifice annonce le thème de l'eau, qui accompagne le visiteur tout au long de sa visite. Le Lion de Schöngrabern, datant du XIIIe siècle, est la pièce maîtresse de la collection d'art couvrant la période allant du Moyen Âge à nos jours.

Le musée se situe dans le Landhausviertel (quartier du Parlement) de la ville, un ensemble de bâtiments publics modernes le long de la rivière.

Musée de la Ville ART ET HISTOIRE

(Stadtmuseum ; ☎02742-333 2643 ; www.stadtmuseum-stpoelten.at ; Prandtauerstrasse 2 ; adulte/enfant 5/2 € ; ⌚10h-17h mer-dim). L'excellent musée de la Ville mérite amplement la visite. Sa collection permanente, au 1er étage, met à l'honneur l'Art nouveau à Sankt Pölten, et une autre section au rez-de-chaussée est consacrée aux trésors archéologiques découverts dans la région. Le droit d'entrée comprend l'accès à des expositions temporaires de qualité.

Klangturm TOUR

(Landhausplatz ; ⌚8h-18h). GRATUIT Pour une vue panoramique sur le Landhausviertel, prenez l'ascenseur jusqu'au sommet de cette tour qui accueille fréquemment des expositions d'art temporaires.

Où se loger

Jugendherberge St Pölten AUBERGE DE JEUNESSE €

(☎02742-321 96 ; www.oejhv.at ; Bahnhofplatz 1a ; dort/s/d 21/29/50 € ; @📶). On peut difficilement faire plus pratique pour accéder à la gare ferroviaire, car cette auberge de jeunesse se trouve dans le même bâtiment. Propreté irréprochable et buffet basique de petit-déjeuner compris.

Stadthotel Hauser Eck HÔTEL €€

(☎02742-733 36 ; www.hausereck.at ; Schulgasse 2 ; s 43-55 €, d 120-140 € ; 📶). Hôtel bien tenu, dans un vaste édifice Art nouveau du centre historique, proposant le meilleur rapport qualité/prix de la ville, surtout pour les voyageurs seuls. Les 28 chambres bien équipées quoiqu'un peu petites, sont équipées de salles de bains d'une propreté étincelante.

Metropol HÔTEL €€

(☎02742-707 00 ; www.hotel-metropol.at ; Schillerplatz 1 ; s 92-108 €, d 142-158 € ; P 🚭 📶). Douillet et haut de gamme, cet hôtel ciblant une clientèle d'affaires ou aisée est onéreux (surtout les chambres dites économiques), mais l'on a accès gracieusement au sauna, au hammam et aux lampes de soin à infrarouge. Le restaurant sert de la viande et de bons repas de type affaires.

Où se restaurer

Landhaus Stüberl AUTRICHIEN €

(☎02742-24524 ; www.landhausstueberl.at ; Landhausboulevard 27 ; petit-déj 6,30-9,30 €, menu déj 9,40 €, plats 6,60-15,90 € ; ⏲7h30-19h lun-jeu, 7h30-17h ven). Ce restaurant ultra-contemporain du Landhausviertel cible surtout une clientèle de fonctionnaires (ce qui explique les heures d'ouverture) travaillant au Landtag voisin et d'employés des services culturels. La cuisine italo-autrichienne est servie en salle ou en terrasse, avec vue sur la Traisen.

♥ **Schau.Spiel** INTERNATIONAL €€

(☎02742-43742 ; www.schauspiel.at ; Rathausgasse 1 ; plats 9,90-28,90 € ; ⏲7h30-23h lun-jeu, 7h30-minuit ven-sam ; 📶). Petit-déjeuner, brunch, dîner, boissons... ce fabuleux bar-restaurant du XXIe siècle, dans le centre, joue – et gagne – sur tous les tableaux. Chacun, même les végans, trouvera son bonheur sur la carte diversifiée, et l'ambiance est toujours animée. Parfait si votre hébergement ne sert pas de petit-déjeuner.

Renseignements

L'**office du tourisme municipal** (☎02742 333 5000 ; www.stpoeltentourismus.at ; Rathausplatz 1 ; ⏲8h-17h, 9h-17h sam, 10h-17h dim avr-oct, fermé sam-dim nov-mars) donne des plans et des renseignements sur la ville et les environs.

Depuis/vers Sankt Pölten

Sankt Pölten est facilement accessible par la route : l'A1/E60, l'axe est-ouest, passe à quelques kilomètres au sud de la ville, et la S33 bifurque vers le nord à partir de là, pour contourner Sankt Pölten à l'est et poursuivre en direction de Krems.

Il y a environ 2 trains/heure depuis la gare de l'Ouest (Westbahnhof) de Vienne jusqu'à Sankt Pölten (14,40 €, 30 min/1 heure). Des trains directs partent toutes les heures pour Krems (7,20 €, 36 min), 2 fois/heure pour Melk (6 €, 16-19 min) et au moins 4 fois/jour pour Mariazell (18,90 €, 2 heures 20).

Alpes du Sud (Süd-Alpin)

La partie sud de la Basse-Autriche, appelée Süd-Alpin (Alpes du Sud), abrite des paysages parmi les plus beaux de la province. Les collines s'élèvent ici à la rencontre des Alpes, pour culminer au Schneeberg (2076 m), montagne appréciée des Viennois qui pratiquent le ski et la randonnée. Non loin, Semmering est de longue date le rendez-vous favori des habitants de la capitale en raison de son air pur et frais. Toutefois, l'un des plus beaux atouts de la région reste le trajet qui y conduit : la ligne ferroviaire sinueuse qui franchit le col de Semmering est, en effet, classée au patrimoine mondial par l'Unesco.

Wiener Neustadt

☎02622/44800 HABITANTS

En retrait du circuit touristique de la région, Wiener Neustadt possède une cathédrale et une grand-place qui valent le détour, ainsi qu'une atmosphère authentique et détendue.

Wiener Neustadt, que l'on appelait simplement Neustadt ("ville nouvelle") ou Nova Civitas, fut construite en 1194 par les Babenberg à l'aide de la rançon payée par les Anglais pour la libération de leur souverain, Richard Ier d'Angleterre (voir p. 137). Elle devint une résidence des Habsbourg au XVe siècle sous le règne de Frédéric III. On retrouve sa fameuse devise AEIOU (*Alles Erdreich Ist Österreich Untertan*, "Toute la Terre est sujette à l'Autriche") gravée dans toute la ville. Celle-ci ayant été dévastée pendant la Seconde Guerre mondiale (seules 18 maisons sont restées indemnes), les constructions que l'on voit aujourd'hui datent pour la plupart de l'après-guerre.

À voir

Hauptplatz PLACE

La place principale est flanquée d'un côté par l'**hôtel de ville** (Rathaus), construction au style hybride, qui fut à l'origine gothique. Ornementé dans le style Renaissance à partir de la fin du XVIe siècle, il fut enrichi d'une flèche néogothique au début du XIXe siècle, période à laquelle l'imitation était en vogue. Au centre de la place se dresse la **colonne mariale** (Mariensäule) de 1678, à côté de laquelle on distingue un ensemble de saints à l'expression de profonde affliction.

Cathédrale ÉDIFICE RELIGIEUX
(Dom ; Domplatz ; ⏲ lever-coucher du soleil). Cet édifice, qui date de la fin du XIIIe siècle, témoigne de divers styles architecturaux, allant du roman au gothique et au baroque. On est d'abord saisi par la simplicité de sa façade et ses lignes épurées. En revanche, à l'intérieur, la nef se démarque de façon notable de la symétrie typiquement romane.

Admirez les apôtres en bois du XVe siècle perchés sur leurs colonnes, ainsi que le maître-autel baroque et la chaire. Pour visiter le musée de la tour isolée et bénéficier d'une vue panoramique sur les toits de la ville, demandez à l'intérieur du Stadtmuseum. Quelqu'un vous accompagnera en haut, mais seulement par beau temps.

Neukloster ÉGLISE
(Ungargasse ; ⏲ lever-coucher du soleil). Cette église du XIVe siècle doit sa renommée au *Requiem* de Mozart joué ici pour la première fois en 1793. Si l'architecture d'ensemble est plus ou moins gothique, avec un plafond voûté et de hautes fenêtres, l'intérieur a été en grande partie remanié dans le style baroque ; le choc des styles laisse quelque peu à désirer. Le cloître paisible, auquel on accède par une porte non indiquée sur la droite, est certainement, avec son puits Renaissance, le plus bel atout de l'édifice.

Museum Sankt Peter an der Sperr MUSÉE
(Stadtmuseum ; www.museum-wn.at/de/startseite ; Johannes-von-Nepomuk-Platz 1). Occupant en partie l'ancien monastère Saint-Pierre, il a rouvert après une période de restauration au printemps 2020.

Académie militaire CHÂTEAU
(Militärakademie ; Burgplatz 1). GRATUIT Datant du XIIIe siècle, cet ancien château fut transformé en académie militaire au milieu du XVIIIe siècle (académie fondée par l'impératrice Marie-Thérèse). Elle fut même dirigée par Erwin Rommel (général allemand du IIIe Reich), avant son départ pour sa campagne en Afrique du Nord qui lui valut le surnom de "Renard du désert". L'académie dut être complètement reconstruite après la Seconde Guerre mondiale. Son véritable atout est la cathédrale Saint-Georges (Sankt-Georgs-Kathedrale), ornée d'un bel intérieur gothique. Maximilien Ier, né au château, est inhumé sous l'autel. On entre dans l'église par le côté sud (enregistrez-vous auprès du garde).

Le mur est de l'église, seule partie rescapée de la Seconde Guerre mondiale, est couvert de blasons datant de 1453. Le bas-relief représente la généalogie des monarques autrichiens. Seuls 19 des blasons sont authentiques – le reste fut inventé par Peter von Pusica, l'artisan qui les fabriqua.

Où se loger et se restaurer

Hotel Freizeittempel BOUTIQUE-HÔTEL €€
(☎ 02622-20 720 ; www.freizeittempel.at ; Wiener Strasse 109 ; s/d 59/91 € ; P 📶). Le "temple des loisirs" ne manque pas de cachet, avec ses 14 chambres à la décoration à thème inventive (Mexique, Indonésie, chambre d'ado industrielle, maison de campagne...), un buffet correct au petit-déjeuner et des équipements de fitness/bien-être. Au nord du centre-ville, près de la gare ferroviaire Wiener Neustadt Nord.

Hartig's AUTRICHIEN €
(☎ 02622-22 258 ; www.gasthauszumdom.at ; Domplatz 2 ; plats 8-18 € ; ⏲ 11h30-minuit lun-sam, 11h30-22h dim ; 📶). À l'ombre de la cathédrale, cette *Gasthöfe* (auberge) sert un choix de classiques autrichiens dans une ambiance de *Beisl* (pub-bistrot). Le *Biergarten* à l'arrière est l'un des plus agréables de la ville.

Renseignements

Office du tourisme (☎ 02622-373 311 ; tourismus.wiener-neustadt.at ; Hauptplatz 1-3, Altes Rathaus ; ⏲ 6h30-19h lun-ven, 8h-13h sam). Dispose d'une brochure en anglais gratuite, *Cultural Promenade*, qui détaille les principaux sites et monuments du centre, et les situe sur la carte.

Depuis/vers Wiener Neustadt

Plusieurs trains par heure relient Wiener Neustadt et Vienne-Meidling (12,20 €, 20 min-1 heure). Les Postbus partent de l'extrémité nord de la gare ferroviaire de Wiener Neustadt.

La ville est juste à la sortie de l'autoroute A2 en direction du sud depuis Vienne.

Schneeberg, Rax et Höllental

Au nord de Semmering se dressent deux des plus hauts sommets de Basse-Autriche, le Schneeberg (2 076 m) et le Rax (Raxalpe ; 2 007 m). Aisément accessible en train depuis Vienne, la région est très appréciée pour la randonnée. Puchberg am Schneeberg est le point de départ du sentier de randonnée et du train à crémaillère.

Sur le versant sud du Schneeberg se trouve le bel Höllental (vallée de l'Enfer), gorge étroite et encaissée creusée par la rivière Schwarza. Au départ de Hirschwang, petit village du Höllental, le **Raxseilbahn** (02666-524 97 ; www.raxalpe.com ; aller/aller-retour 17,50/29,50 €) monte jusqu'à 1547 m, où débutent nombre de sentiers de randonnée. Datant de 1926, c'est le tout premier téléphérique du pays ; il a cependant été modernisé depuis.

Activités

Ligne de chemin de fer du Schneeberg TRAIN

(Schneebergbahn ; www.schneebergbahn.at ; Bahnhofplatz 1, Puchberg am Schneeberg ; aller/aller-retour 31/41 € ; mai à mi-nov). Au départ de Puchberg am Schneeberg, le trajet dure environ 1 heure en Salamander (ou Salamandre, le train à crémaillère) ; les horaires figurent sur le site Internet.

Où se loger et se restaurer

Gasthof Pension Schmirl PENSION €

(02636-2277 ; www.schmirl.at ; Muthenhofer Strasse 8, Puchberg am Schneeberg ; s/d 36/72 € ; P). Cette pension alpine, à la lisière de la ville près de la voie ferrée, propose des chambres confortables et modernes. Certaines ont un balcon, d'autres une fenêtre avec vue sur les pentes vertigineuses du Schneeberg.

Damböckhaus REFUGE €

(02636-22 59 ; www.damboeckhaus.at ; Hochschneeberg 8, Puchberg am Schneeberg ; lits jum 66 € ; mai-oct ;). Situé sur le plateau à plus de 1800 m, ce refuge très accueillant est tenu avec amour par Willi et Gisi. Les chambres sont basiques, mais propres et confortables, et vos hôtes servent de bons plats roboratifs et des desserts maison.

Baumgartenhütte REFUGE €

(072099 1234 ; www.schneebergbahn.at ; Hochschneeberg 5, Puchberg am Schneeberg ; tlj lorsque le train circule). Un refuge de montagne douillet, le long de la ligne ferroviaire ; réputé pour sa bonne cuisine maison.

Hotel Looshaus HÔTEL HISTORIQUE €€

(02666-529 11 ; www.looshaus.at ; Kreuzberg 60, Payerbach ; s/d 60/104 €, sans sdb 53/90 € ; P). Surtout fréquenté par les Viennois amateurs de randonnée, cet hôtel est aussi une sorte de lieu de pèlerinage pour les amateurs d'architecture du XXe siècle. Œuvre tardive d'Adolf Loos, cette ancienne maison de campagne privée fut achevée en 1930. La Looshaus est tenue – et ce, de manière impeccable – par la même famille depuis 1959, année de sa transformation en hôtel.

Berghaus Hochschneeberg REFUGE €€

(02636-22 57 ; www.berghaushochschneeberg.at ; Hochschneeberg 6, Puchberg am Schneeberg ; s/d 42/84 €). Véritable concentré d'Autriche, ce refuge, situé à la station ferroviaire de la montagne, comprend de jolies chambres à l'ancienne et un restaurant mijotant des plats traditionnels. Supplément de 12 € par nuit pour la demi-pension.

Hotel Marienhof HÔTEL €€

(02666-529 95 ; www.marienhof.at ; Hauptstrasse 71-73, Reichenau ; s/d 104/172 € ; P). Le majestueux Hotel Marienhof possède une immense salle de restaurant traditionnelle, des bars aux allures de club et une terrasse donnant sur un ravissant jardin. Les chambres possèdent de hauts plafonds, du mobilier rembourré et des rideaux vaporeux.

Hengsthütte AUTRICHIEN €€

(02636-21 03 ; www.hengsthuette.at ; Hochschneeberg 1, Puchberg am Schneeberg ; 8h-20h mer-dim mai à mi-nov, sam-dim mi-nov à mars ;). Ce refuge situé le long de la ligne ferroviaire sert des spécialités de montagne – porc, *Knödel*, gâteau aux pommes –, ainsi que des vins et des jus bios. Aucun lit proposé.

Renseignements

L'**office du tourisme** de Puchberg am Schneeberg (02636-22 56 ; www.puchberg.at ; Sticklergasse 3, Puchberg am Schneeberg ; 9h-midi et 14h-16h30 lun-jeu, 9h-midi ven) fournit des renseignements sur les conditions de randonnée sur le Schneeberg. Tient un guichet à la gare ferroviaire de 8h à 16h entre mai et octobre.

Depuis/vers le Schneeberg, le Rax et le Höllental

Depuis la gare Wien-Meidling (18,20 €, 1 heure 20, ttes les heures), à Vienne, il faut changer à Wiener Neustadt pour arriver à Puchberg am Schneeberg. Pour rejoindre Hirschwang (21 €, 1 heure 30) depuis Vienne, prenez un premier train jusqu'à Payerbach, d'où des bus remontent toutes les heures le Höllental.

Semmering

☎02664/600 HABITANTS

Avec son air pur et ses sommets somptueux s'élevant de vallées profondes, la station alpine de Semmering est très appréciée des Viennois, en particulier des seniors qui viennent en été s'y promener ou emprunter la ligne ferroviaire spectaculaire. Une foule plus jeune s'élance quant à elle sur les pistes de ski en hiver. Il n'existe pas de centre à proprement parler : cette bourgade tranquille s'étend pour l'essentiel le long de la Hochstrasse, qui se déploie en arc de cercle derrière la gare ferroviaire.

À NE PAS MANQUER

LE COL DE SEMMERING EN TRAIN

Inscrite au patrimoine mondial par l'Unesco depuis 1998, la **Semmeringbahn** (ligne de chemin de fer de Semmering ; www.semmeringbahn.at) fut la première ligne de montagne construite en Europe. Plus de 20 000 ouvriers furent mobilisés plusieurs années pour sa construction, qui s'acheva en 1854.

Sa conception, confiée à Carl Ritter von Ghega, constitue pour l'époque une véritable prouesse d'ingénierie. Long de 42 km, le tronçon part de Gloggnitz et grimpe de 455 m jusqu'à son point le plus élevé, 896 m, à la gare de Semmering (Semmering Bahnhof), à travers un paysage de falaises vertigineuses et de pentes boisées. Aujourd'hui, ses multiples lacets, ses 15 tunnels et ses 16 viaducs impressionnent toujours autant. Le tronçon de 30 minutes entre Semmering et Payerbach offre la vue la plus spectaculaire.

De Vienne, la plupart des trains express à destination de Graz s'arrêtent à Mürzzuschlag, d'où il faut prendre un train régional pour Semmering (25,90 €, 1 heure 45).

Activités

Idéale pour la randonnée, la région compte aussi un agréable parcours de golf alpin et des pistes de ski plutôt faciles.

Randonnée

Dominant Semmering au sud, le **Hirschenkogel** ("Zauberberg" ; 1340 m) est équipé d'un téléphérique moderne qui conduit marcheurs (aller/aller-retour 12/16,50 €) et skieurs au sommet. L'office du tourisme et Infostelle disposent de brochures et de cartes pour la randonnée.

Deux sentiers assez faciles suivent le tracé panoramique de la ligne de chemin de fer de Semmering. Ils débutent derrière la gare. Le premier longe la ligne sur 17 km jusqu'à Mürzzuschlag en Styrie, d'où des trains fréquents ramènent les voyageurs à Semmering. Le second mène à Breitenstein et à Klamm (en Basse-Autriche), à respectivement 9,5 km et 15 km du point de départ. À Klamm, le sentier se scinde : l'une des branches mène à Payerbach (à 21 km du point de départ), l'autre à Gloggnitz (à 23 km du point de départ).

Ski

L'office du tourisme renseigne sur les écoles de ski. Un forfait de ski journalier en hiver pour le téléphérique du Hirschenkogel coûte 34 €. Des forfaits de ski régionaux à la journée sont également proposés moyennant 39,50 €.

Vélo

L'été, l'office du tourisme loue des vélos (12 €/24 heures).

Où se loger et se restaurer

Pension Löffler PENSION €

(☎02664-2304 ; www.derloeffler.at ; Hochstrasse 20 ; s/d 57/77 € ; wifi). À quelques pas des pistes et des soirées après-ski de Semmering, cette adresse plaira aux skieurs. Chambres sans prétention, mais confortables, et bon café-restaurant au rez-de-chaussée.

♥ **Panorama Hotel Wagner** HÔTEL €€

(☎02664-25 12 ; www.panoramahotel-wagner.at ; Hochstrasse 62 ; s 40-155 €, d 65-170 € ; P @ wifi). Dans cet hôtel écologique (meubles en bois non traité, draps en coton naturel, etc.), la famille Wagner prend soin de votre corps et de votre esprit : vue sensationnelle sur la vallée, chaussons en feutre, joli jardin, bibliothèque bien garnie avec hamacs, sauna, spa, massage...

Le restaurant panoramique, très bien noté, utilise autant d'ingrédients bios que possible. La boutique bio bien fournie est pratique pour se ravitailler.

Hotel-Restaurant Belvedere HÔTEL €€
(☎02664-22 70 ; www.belvedere-semmering.at ; Hochstrasse 6 ; s/d à partir de 48/92 € ; P ≋). Tenu par une famille, cet établissement simple mais très agréable propose des chambres avec balcon, une petite piscine, un sauna et un vaste jardin pourvu d'une terrasse. Les doubles avec portes communicantes sont idéales pour les familles. Tout proche de la gare ferroviaire de Semmering et d'excellents sentiers de randonnée.

ℹ Renseignements

Infostelle Bahnhof (☎02664-845 20 ; www.semmeringbahn.at ; ⊙9h-15h30 jeu-dim mai-oct). Géré par des passionnés du rail, ce bureau fournit des renseignements et des documents sur la ligne de chemin de fer de Semmering et sur la ville.

Tourismusbüro Semmering (☎02664-200 25 ; www.semmering.at ; Hochstrasse 1 ; ⊙8h-midi, 13h-16h lun-ven et 9h-12h sam sauf nov et avr). Renseignements généraux sur la région.

ℹ Depuis/vers Semmering

Si vous êtes motorisé, nous vous conseillons d'emprunter la petite route secondaire au nord-ouest de Semmering qui va jusqu'au Höllental *via* Breitenstein ; elle descend la montagne en serpentant, passe sous la ligne de chemin de fer plusieurs fois et permet d'admirer le même paysage spectaculaire qu'en train.

La liaison ferroviaire est assurée entre Semmering et Breitenstein (2,50 €, 8 min), Klamm (2,50 €, 15 min), Payerbach (3,70 €, 30 min) et Gloggnitz (4,90 €, 21 min). Au moins 5 trains directs EuroCity (EC)/InterCity (IC) circulent entre Graz (21 €, 1 heure 20) et Vienne (21,30 €, 1 heure 15) et s'arrêtent à Semmering.

BURGENLAND

Aussi plat qu'une crêpe, le Burgenland vaut principalement pour le lac bucolique de Neusiedl (Neusiedler See), qui attire vacanciers et oiseaux d'Europe. Outre les joies aquatiques, cette région viticole a pour atout ses vins rouges et blancs parmi les meilleurs d'Autriche. Enfin, la capitale, Eisenstadt, possède le plus grand château de la province, ainsi qu'une association Haydn très dynamique.

Histoire

Au Xe siècle, la région tomba dans le giron de la Hongrie, mais les paysans germanophones colonisèrent peu à peu les terres situées entre les hameaux hongrois. Arrivés au XVIe siècle, les Turcs envahirent la région et chassèrent aussi bien les Hongrois que les Austro-Allemands. Les propriétaires terriens, privés de métayers pour s'occuper de leurs fermes, firent venir en nombre des Croates. Les influences des minorités hongroises et croates se ressentent encore aujourd'hui : environ 10% de la population est croate, et la langue croate et le hongrois sont officiellement reconnus. Dans quelques bourgades du centre de la province, les panneaux sont en croate.

Avec la chute de l'Empire des Habsbourg après la Première Guerre mondiale, l'Autriche perdit le contrôle de la Hongrie. Elle parvint toutefois à en conserver la partie occidentale, germanophone, grâce au traité de Saint-Germain-en-Laye (1919). C'est ainsi que vit le jour la nouvelle province du Burgenland, nom formé à partir du suffixe "burg" contenu dans le nom des 4 comitats de l'ouest de la Hongrie de l'époque : Pressburg (Presbourg, aujourd'hui Bratislava), Wieselburg (Moson), Ödenburg (Sopron) et Eisenburg (Vas). Cependant, la Hongrie n'était pas disposée à abandonner le comitat de Sopron (Ödenburg) à l'Autriche. À l'issue d'un plébiscite organisé en décembre 1921 dans des circonstances controversées, l'Ödenburg resta donc en Hongrie. Le Burgenland perdit sa capitale historique et Eisenstadt fut promue au rang de nouvelle *Hauptstadt* (capitale) provinciale.

ℹ Comment s'y rendre et circuler

L'autoroute A2, qui part de Vienne vers le sud en direction de Graz et de la Carinthie, est parallèle à la frontière occidentale du Burgenland. Ses nombreuses sorties offrent un accès facile et rapide à presque toute la province. L'A4 mène à Neusiedl am See. Eisenstadt et le prolongement nord du lac de Neusiedl sont aisément accessibles en train ou en bus depuis Vienne et la Basse-Autriche.

ℹ Comment circuler

Le sud et le centre du Burgenland sont essentiellement desservis par des bus ; toutefois, le service est très restreint voire inexistant le dimanche. Louer une voiture permet de visiter bien plus d'endroits.

LES VINS DU BURGENLAND

Le vin produit dans cette région est l'un des meilleurs d'Autriche, ce qui est dû en grande partie aux 300 jours d'ensoleillement annuels, à la richesse des sols et à leur excellent drainage. Si les blancs classiques sont de plus haute tenue, les rouges ont quelque chose de plus inhabituel, et le meilleur cru est sans conteste le blaufränkisch, un vin rouge. Remontant au XVIIIe siècle, il est cultivé ici depuis plus longtemps que dans la région du Danube et qu'en Allemagne.

Au centre du Burgenland, en particulier autour des villages de Horitschon et de Deutschkreutz, il existe une longue tradition de fabrication du blaufränkisch. Mais ce vin est aussi chez lui dans le sud de la province.

Des vins doux y sont également produits. Ne manquez pas de goûter au *Schilfwein* (vin de paille), dont les raisins sont mis à sécher sur des claies en roseau (*Schilf*), au Weingut Gerhard Nekowitsch (p. 165). Le lac de Neusiedl, faisant partie de la plus petite région viticole d'Autriche, est aussi connu pour ses viticulteurs pionniers et innovants, nombreux à produire des vins biodynamiques selon des méthodes naturelles privilégiant une intervention minimale. Avec cet essor et la forte présence de la jeune génération, cette région viticole très engagée est peut-être plus intéressante à découvrir que celles bordant le Danube. L'un des moyens les plus simples de déguster ses vins est de louer un vélo à Neusiedl am See et de pédaler vers le sud à travers les vignobles en direction du parc national.

VÉLO

Le Burgenland est le paradis des cyclistes. Le paysage, plat hormis quelques petits vallons, est sillonné de pistes cyclables très bien balisées. Les offices du tourisme locaux fournissent des cartes. Au départ de Neusiedl am See, la piste cyclable du lac de Neusiedl, longue de 135 km, traverse la Hongrie (munissez-vous de votre passeport) sur 38 km, puis regagne l'Autriche au sud de Mörbisch am See, sur la berge occidentale du lac.

Nextbike (www.nextbike.at). Comporte environ 16 bornes autour du lac de Neusiedl et à Eisenstadt qui permettent de prendre ou de déposer un vélo de location. Le site Internet explique la marche à suivre pour s'inscrire et utiliser le service (penser à le faire à l'avance).

Fahrräder Bucsis (☎02167-207 90 ; www.fahrraeder-bucsis.at ; gare ferroviaire, Neusiedl am See ; 17 € ; ⏲9h-19h mars-août, 9h-18h sept-oct). La piste cyclable débute ici.

Eisenstadt

☎02682/14 300 HABITANTS

La petite capitale du Burgenland est surtout connue pour avoir hébergé le musicien et compositeur du XVIIIe siècle Joseph Haydn. Dominée par un superbe palais, elle possède quelques bons musées et de jolies rues où se promener. On peut aisément la visiter en une journée au départ de Vienne. Eisenstadt constitue par ailleurs un point de chute plus abordable que les villes bordant le lac de Neusiedl pour découvrir les vignobles de la région.

À voir et à faire

♥ Château Esterházy — PALAIS

(Schloss Esterházy ; www.esterhazy.at ; Esterházyplatz 5 ; adulte/enfant 15/13 € ; ⏲10h-18h juil-août, 10h-17h mar-dim sept-juin). Au cœur de la vieille ville d'Eisenstadt, ce gigantesque palais-château, dont la couleur ocre évoque celle du château de Schönbrunn, domine l'Esterházyplatz. Datant du XIVe siècle, il a d'abord été remanié dans le style baroque, puis dans le style néoclassique. La majorité de ses 256 pièces sont occupées par l'administration provinciale, mais environ 25 d'entre elles sont ouvertes au public (visite guidée). La visite standard couvre environ 7 salles, et offre un aperçu de l'histoire du palais et des personnages qui y ont vécu.

Musée des Juifs d'Autriche — MUSÉE

(Österreichisches Jüdisches Museum ; ☎02682-651 45 ; www.ojm.at ; Unterbergstrasse 6 ; adulte/enfant 5/3 € ; ⏲10h-17h mar-ven et dim mai-oct). Situé dans l'ancienne Judengasse (rue où était regroupée la population juive d'Eisenstadt au Moyen Âge), dans l'élégante maison (1719) du grand rabbin Samson Wertheimer, ce musée abrite une exposition permanente illustrant les rituels et le mode de vie de la communauté

Eisenstadt

Eisenstadt

Les incontournables

1 Château Esterházy B1

À voir

2 Église du Calvaire A2
3 Maison Haydn C1
4 Musée du Burgenland B1
5 Musée des Juifs d'Autriche B1

Où se loger

6 Hotel-Pension Vicedom C2

Où se restaurer

7 Haydnbräu C2
8 Kredenz C2
9 Restaurant Henrici B2
10 Ruckendorfer C1
11 Weinschwein C1

Où prendre un verre et faire la fête

12 Selektion Vinothek Burgenland B2

juive de la ville. Les cartouches sont rédigés en allemand et en hébreu. Né en 1658 à Worms, en Allemagne, Wertheimer finança la construction de la synagogue privée (au 1er étage), l'une des rares à avoir survécu aux pogroms de 1938.

Église du Calvaire ÉGLISE

(Bergkirche ; ☎02682-626 38 ; www.martinus.at/haydnkirche ; Haydnplatz 1 ; adulte/enfant 7/3 € ; ⏲9h-17h lun-sam et 13h-17h dim avr-oct, 10h-18h lun-sam et 14h-18h dim mai-sept, 10h-16h sam et 13h-16h dim nov-déc). Cette étonnante église bosselée, dont l'extérieur est orné d'anges et de saints grandeur nature, abrite le mausolée de Joseph Haydn, en marbre blanc. C'était à l'origine une petite chapelle, qui fut édifiée en 1701 sur le "mont du Calvaire" (le calvaire étant la colline située à l'extérieur de Jérusalem sur laquelle le Christ aurait été crucifié), un chemin de croix construit sur une colline artificielle.

La visite de l'église est gratuite, mais il faut payer pour voir le mausolée et la vue du haut du bâtiment.

Maison Haydn MUSÉE

(Haydn Haus ; www.haydnhaus.at ; Josef-Haydn-Gasse 21 ; adulte/enfant 6/5 € ; ⏲9h-17h mar-ven, 10h-17h sam-dim). Ce musée consacré au grand compositeur occupe une maison du début du XVIIIe siècle où il vécut de 1766 à 1778. La collection, qui intéressera en particulier les férus de Haydn, offre un aperçu intéressant de sa vie privée et certaines parties de l'habitation ont été réaménagées avec du mobilier d'époque. Des portraits d'origine ornent les murs, et l'on peut voir des pièces rares, notamment un piano-forte fabriqué à Eisenstadt.

Musée du Burgenland HISTOIRE LOCALE

(Landesmuseum ; ☎02682-719 4000 ; www.landesmuseum-burgenland.at ; Museumgasse 1-5 ; adulte/enfant 6/5 € ; ⏲9h-17h mar-ven, à partir de 10h sam-dim). Ce musée vous plonge dans l'histoire de la région à travers une riche collection comprenant des mosaïques romaines, des urnes funéraires, des pressoirs pour la vinification ou d'intéressantes affiches de propagande des années 1920. On trouve aussi une salle consacrée à Franz Liszt, abritant, entre autres, le masque mortuaire du compositeur hongrois.

Weingut Esterházy DOMAINE VITICOLE
(www.esterhazywein.at ; Trausdorf 1, Trausdorf ; ⏲10h-18h lun-sam avr-oct, fermé dim nov-mars). Porte d'entrée de la région viticole du lac de Neusiedl, cette grande entreprise vinicole fait partie des plus importants producteurs de la région. Elle se situe dans un cadre champêtre, à 10 minutes de route du centre d'Eisenstadt. Les vins Esterházy, toujours produits par la famille de la vieille noblesse locale, sont excellents.

Dégustez quelques vins sur place, ou optez pour une visite et une dégustation plus complète accompagnée d'en-cas locaux (14 €).

Fêtes et festivals

Herbstgold MUSIQUE
(www.herbstgold.at ; ⏲sept). Pendant 10 jours, le plus grand festival d'Eisenstadt (qui s'appelait Haydn Festival jusqu'en 2017) propose des concerts de musique classique. La plupart sont organisés dans la salle Haydn et quelques groupes de jazz, musique des Balkans et tzigane se produisent ailleurs en ville.

Où se loger

Hotel Ohr HÔTEL €€
(☎02682-624 60 ; www.hotel-ohr.at ; Rusterstrasse 51 ; s 70 €, d 99-185 € ; P 📶). Dans le sud de la ville, ce grand hôtel familial loue des chambres basiques un peu vieillottes mais à prix raisonnables. L'écart de prix est important entre les chambres 3 étoiles et les 4 étoiles, qui sont meilleures. Le restaurant de style rustique est une bénédiction après une journée de visite ; sinon, un supermarché vient d'ouvrir à côté.

Hotel-Pension Vicedom PENSION €€
(☎02682-642 22 ; www.vicedom.at ; Vicedom 5 ; s/d 67/133 € ; P 📶). Cette pension 3 étoiles aux chambres basiques, mais de style contemporain, occupe un bâtiment du XXIe siècle à l'emplacement très central. Salles de bains étincelantes et buffet du petit-déjeuner excellent pour un établissement de cette catégorie. L'établissement était temporairement fermé lors de nos recherches.

Où se restaurer

Weinschwein AUTRICHIEN €
(www.hofpassage.at ; Hofpassage ; plats 9,90-13,90 € ; ⏲10h-23h mer-sam, 11h-15h dim ; 📶). 🍃 Passez outre le cochon géant en plastique qui vous accueille à l'entrée du Hofpassage, jolie cour en retrait de la Hauptstrasse, pour arriver à ce café tendance de type *Heuriger* à la grande terrasse décontractée. Carte de spécialités autrichiennes et quelques plats espagnols.

Kredenz INTERNATIONAL €
(www.kredenz.at ; Pfarrgasse 33 ; plats 9-18 € ; ⏲11h30-14h lun-ven, plus 18h-minuit jeu-sam. ; 📶). Les autocollants sur la porte attestent des bonnes références de ce petit café-restaurant de style bistrot. Choix restreint de plats internationaux, mais ils sont bien préparés. Parfait pour un déjeuner rapide et bon marché ou un dîner romantique dans la cour.

Restaurant Henrici AUTRICHIEN €€
(www.henrici.at ; Esterházyplatz 5 ; plats 12-39 € ; ⏲11h-17h30 lun-mer, 11h-22h jeu-ven, 9h-22h sam, 9h-16h dim ; 📶). Cet élégant restaurant partage l'ancien corps de garde du château Esterházy avec le bar à vins **Selektion Vinothek Burgenland** (☎02682-633 45 ; www.selektion-burgenland.at ; Esterházyplatz 4 ; ⏲16h-22h lun-mer, 16h-minuit jeu, 11h-minuit ven-sam), appartenant au même propriétaire. Un cadre charmant pour manger un morceau ou dîner, avec une carte faisant la part belle aux hamburgers, pâtes, plats de poisson de style méditerranéen ou encore spécialités locales comme l'*Esterházy-Rostbraten* (rôti

CARTE DE RÉDUCTION

Si vous passez la nuit à Eisenstadt ou dans l'une des localités au bord du lac de Neusiedl, pensez à vous procurer la Neusiedler See Card (neusiedlersee.com). Cette carte donne droit au transport gratuit dans les bus et trains autour du lac, dans les bus circulant en ville, ainsi qu'à des réductions ou à la gratuité pour accéder à de nombreux sites. Transmettez le formulaire d'inscription donné par votre hôtel à un bureau délivrant cette carte (le plus simple est de se rendre dans les offices du tourisme). On vous donnera en échange cette carte gratuite valable le temps de votre séjour.

VAUT LE DÉTOUR

BURG FORCHTENSTEIN

Perché sur un éperon rocheux en dolomite à 20 km au sud-ouest d'Eisenstadt, le **château de Forchtenstein** (Burg Forchtenstein ; www.esterhazy.at ; Melinda Esterházy-Platz 1 ; sans guide adulte/enfant 15/13 €, avec guide 18/16 € ; ⏲10h-17h juil-août, 10h-17h mer-lun avr-juin et sept-oct, visite guidée seulement 11h et 13h lun et mer-ven, 11h, 13h et 15h sam nov-déc) est l'un des plus imposants du Burgenland.

Érigé au XIVe siècle et agrandi en 1635 par les Esterházy (qui en sont encore aujourd'hui les propriétaires), le château abrite une impressionnante collection d'armes et d'armures, des portraits des souverains Esterházy dans l'Ahnengalerie, ainsi que des butins de guerre pris aux Turcs (Forchtenstein est, en effet, le seul château de la région à ne pas être tombé aux mains des Turcs). Depuis les remparts, la vue est sublime. La Schatzkammer conserve une riche collection de bijoux et de porcelaines. De mai à août, la petite ville de Wiesen, à 5 km de Forchtenstein, accueille une succession de **festivals** (www.wiesen.at) qui balaient tous les styles de musique.

Pour vous rendre à Wiesen, prenez n'importe quel train de la gare Wien-Meidling en direction de Wiener Neustadt, où il faudra prendre une correspondance (train ou bus, 14,40 €, 50 min).

de bœuf accompagné de *Spätzle* de pomme de terre) et le gâteau à la crème Esterházy.

Ruckendorfer ALPIN €€
(☎02682-646 88 ; www.ruckendorfer.com ; Joseph-Haydn-Gasse 43 ; plats 14,90-23,90 € ; ⏲11h-14h et 18h-23h mer-sam, 11h-21h dim ; 📶). Intérieur élégant, jardin calme et idyllique, carte austro-italienne et emplacement dans un quartier qui se modernise rapidement : voici un excellent choix pour un déjeuner sophistiqué à prix doux ou un dîner plus formel. L'endroit est prisé des employés à midi, et des couples le soir.

Haydnbräu AUTRICHIEN €€
(www.haydnbraeu.at ; Pfarrgasse 22 ; plats 11-23 € ; ⏲9h30-23h lun-sam, 9h30-21h dim ; 📶👪). Cette micro-brasserie-restaurant offre l'un des meilleurs rapports qualité/prix de la ville. Les classiques, tels que les *Wiener Schnitzel* (escalopes de veau panées) et le goulash, sont complétés par des plats de saison. Le menu déjeuner copieux est une véritable affaire (7,90/8,90 €) et le menu d'en-cas, avec ses petites portions, idéal pour les enfants.

ℹ Renseignements

Eisenstadt Tourismus (☎02682-673 90 ; www.eisenstadt-tourismus.at ; Hauptstrasse 21 ; ⏲9h-16h30 lun-ven, 9h-13h sam avr-oct, fermé sam nov-mars). Bien situé sur la principale rue commerçante, non loin du château.

ℹ Depuis/vers Eisenstadt

Des bus directs pour la **gare routière principale** (Domplatz) d'Eisenstadt partent toutes les heures de la Südtiroler Platz à Vienne (12,20 €, 1 heure/1 heure 20). Des trains directs démarrent aussi de la gare ferroviaire centrale (Hauptbahnhof, 12,20 €, 1 heure 20, ttes les heures). Les places de stationnement ne manquent pas à Eisenstadt, et le château a même son parking souterrain (onéreux).

Güssing

☎03322/3 820 HABITANTS

Güssing, à 40 km au sud de Bad Tatzmannsdorf, est une ville paisible sur les berges de la Strembach. Ses attraits principaux sont le château, digne d'un conte de fées, et un musée en plein air. Malgré sa petite taille, l'exploration de Güssing peut facilement prendre une journée entière.

Château de Güssing CHÂTEAU
(Burg Güssing ; ☎03322-434 00 ; www.burggues-sing.info ; Batthyanystrasse 10 ; adulte/enfant 7,50/4 € ; ⏲10h-17h mar-dim mi-mars à oct ; Ⓟ). Le spectaculaire Burg Güssing domine la ville et la rivière. À demi rénové, il abrite diverses armes ayant appartenu aux envahisseurs turcs et hongrois, de saisissants portraits du XVIe siècle et une tour offrant une vue à 360 degrés sur les environs. Le panorama depuis les remparts est lui aussi imprenable.

Freilichtmuseum MUSÉE
(☎03328-32 255 ; www.freilichtmuseum-gerers-dorf.at ; Gerersdorf bei Güssing 66, Gerersdorf ; adulte/enfant 6/3,50 € ; ⏲10h-18h avr-juin et sept à mi-oct, 9h-18h juil-août, 10h-16h mi-oct à mi-nov ; Ⓟ). À 5 km à l'ouest de Güssing,

une trentaine de bâtiments renfermant mobilier et objets traditionnels, avec leurs toits de chaume et poutres massives, font revivre la culture rurale du Burgenland aux XVIIIe et XIXe siècles. Leur visite constitue un détour agréable. L'été, concerts et événements y sont organisés.

Restaurant du château de Güssing AUTRICHIEN €€
(Burgrestaurant Güssing ; ☎03322-425 79 ; www.burgrestaurant.net ; Batthyanystrasse 10 ; plats 13-28,50 € ; ⏲10h-17h mer-ven, 10h-22h sam et 10h-16h dim avr-oct, 10h-17h sam et 10h-16h dim mars). Savourez un plat traditionnel ou un hamburger au restaurant du château. Salle à manger de 300 couverts, prix raisonnables et cave à vins fournie.

Renseignements

Office du tourisme (☎03353 7015 ; www.suedburgenland.info ; Hauptplatz 7 ; ⏲9h-16h lun-ven et 9h30-11h30 sam).

Depuis/vers Güssing

Chaque jour, des bus directs relient Güssing (9,80 €, 45 min-1 heure 10) à Oberwart toutes les 1 à 2 heures. En semaine et le samedi, plusieurs bus directs assurent la liaison entre Güssing et Geresdorf (2,50 €, 10 min).

Comment circuler

Un **funiculaire** (Schrägaufzug ; aller/aller-retour 2/4 € ; ⏲10h-17h mar-dim Pâques-oct) doté de minuscules cabines monte au château, 100 m plus haut.

Lockenhaus

☎03353/2000 HABITANTS

Lockenhaus, au centre du Burgenland, doit sa renommée à son château ou, plus précisément, à son ancienne occupante, Élisabeth Báthory (la "comtesse sanglante").

À 13 km à l'est de Lockenhaus, le minuscule bourg de Klostermarienberg abrite un ancien monastère devenu l'Europäisches Hundemuseum, un musée consacré aux chiens.

Château de Lockenhaus CHÂTEAU
(Burg Lockenhaus ; ☎02616-239 40 ; www.ritterburg.at ; Günserstrasse 5 ; adulte/enfant 9/4 € ; ⏲9h-18h avr-oct, horaires réduits en hiver). Plus connue sous le surnom de "comtesse sanglante", Élisabeth Báthory, l'ancienne occupante du château, est entrée dans l'histoire pour avoir fait régner la terreur au début du XVIIe siècle. Elle aurait en effet torturé et assassiné plus de 600 femmes, essentiellement des paysannes, par pur plaisir sadique. Le château renferme encore une sinistre salle de torture avec une vierge en fer.

Il abrite également un hôtel et un restaurant.

Europäisches Hundemuseum MUSÉE
(☎02611-2292 ; Klostermarienberg ; 5 € ; ⏲14h-17h dim mai-août ; P). C'est le seul musée d'Europe consacré aux chiens. La collection insolite se compose de tableaux, de statues et de photos de chiens "en tenue de combat" pour la Première et la Seconde Guerre mondiale, avec notamment des masques à gaz. Prenez quelques minutes pour visiter la crypte du monastère, qui renferme des découvertes archéologiques des XIIIe et XIVe siècles. Les horaires d'ouverture sont très restreints.

Burghotel Lockenhaus HÔTEL HISTORIQUE €€
(☎02616-23 94 ; www.ritterburg.at ; s/d 99/137 € ; P 📶). Chambres avec mobilier ancien, et sauna à disposition. Le petit-déjeuner coûte 8 € ; 15 € en supplément pour le chauffage d'octobre à mars. Également, appartements avec kitchenette attenants au château (161 € avec petit-déjeuner).

Depuis/vers Lockenhaus

Dans cette région, mieux vaut avoir son propre véhicule, car les transports en commun sont rares. En semaine, 3 bus directs relient Lockenhaus et Eisenstadt (13,50 €, 1 heure 40). D'autres bus directs (1/h lun-ven, 2/h le samedi) se rendent au nord d'Oberwart (qui compte une gare ferroviaire) à Bad Tatzmannsdorf (2,50 €, 10 min) ; le trajet d'Oberwart à Bernstein (4,90 €, 30 min, ttes les 1-3 heures) ou Lockenhaus (7,20 €, 1 heure, 5/j lun-ven) est également possible.

Lac de Neusiedl

Le lac de Neusiedl (Neusiedler See), le deuxième lac de steppe d'Europe par sa superficie, est le point le plus bas d'Autriche. La profondeur moyenne du lac étant de 1,50 m, ses eaux se réchauffent vite en été. Si l'on ajoute à cela les vents chauds dominants qui soufflent du nord-ouest, on peut facilement qualifier l'endroit de petit paradis (ou presque).

Pour couronner le tout, la région possède des hectares de vignes qui donnent certains

VAUT LE DÉTOUR

BERNSTEIN ET BAD TATZMANNSDORF

Bernstein, à 15 km à l'ouest de Lockenhaus, est dominé par l'imposant **château de Bernstein** (Burg Bernstein ; ☎03354-63 82 ; www.burgbernstein.at ; Schlossweg 1, Berstein ; s 95-190 €, d 190-380 € ; ⏲mai-oct ; P 📶), aujourd'hui un hôtel. On ne peut rêver mieux comme hôtel que ce château, dont les fondations datent de 1199 et qui a conservé son charme, avec une magnifique cour intérieure, un délicieux jardin arboré et des douves.

Dans le centre-ville, le petit **Felsenmuseum** (☎03354-66 20 ; www.felsenmuseum.at ; Hauptplatz 5 ; entrée 8 € ; ⏲9h-18h mars-oct, 9h-17h nov-déc, fermé jan-fév) traite de la serpentine et de son exploitation locale (la toute première extraction de cette gemme remonte au milieu du XIXe siècle). Vous pourrez vous sustenter près du lac dans un sympathique **café** (☎03354-200 23 ; www.kantine48.at ; Badgasse 48 ; plats 8-12 € ; ⏲10h-minuit ven-sam, 10h-18h dim mai-juin, 11h-23h lun-sam, 10h-18h dim juil-août).

Si votre corps réclame un moment de détente après des jours de visite, faites étape dans la station thermale de Bad Tatzmannsdorf, à 15 km au sud de Bernstein, et prenez les eaux du vaste complexe thermal moderne de **Burgenland Therme** (☎03353-89 90 ; www.burgenlandtherme.at ; Am Thermenplatz 1, pass journée adulte/enfant 29,50/20 € ; ⏲9h-22h dim-jeu, 9h-12h30 ven, 9h-23h sam), aujourd'hui géré par Avita. En été, l'étang naturel est idéal pour la baignade, et l'endroit propose une kyrielle de soins bien-être à essayer.

Près de là, l'agréable petit musée en plein air **Südburgenländisches Freilichtmuseum** (www.freilichtmuseum-badtatzmannsdorf.at ; Josef Hölzel-Allee ; 2 € ; ⏲9h-18h ; P) compte nombre d'édifices au toit de chaume typiques du Burgenland du XIXe siècle.

Le principal **office du tourisme** (☎03353-70 15 ; www.bad.tatzmannsdorf.at ; Joseph-Haydn-Platz 3, Bad Tatzmannsdorf ; ⏲9h-midi lun-ven, 9h30-11h30 sam) de la région se situe à Bad Tatzmannsdorf. Il faut être véhiculé pour accéder facilement à ces deux villes.

des vins autrichiens les plus innovants et les plus recherchés. Rust, sur la rive occidentale du lac, est l'endroit rêvé pour déguster du vin dans un *Heuriger* (taverne), expérience incontournable dans la région.

ℹ Renseignements

Neusiedler See Tourismus (☎02167-86 00 ; www.neusiedlersee.com ; Obere Hauptstrasse 24, Neusiedl am See ; ⏲8h-16h30 lun-ven). Le principal office du tourisme couvrant toute la région du lac.

ℹ Depuis/vers le lac de Neusiedl

De la gare du sud (Südbahnhof) de Vienne, des trains partent toutes les heures pour Neusiedl am See. De là, des bus et des trains desservent toutes les villes de la région. L'office du tourisme de Neusiedler See organise des excursions en voiture avec chauffeur au départ de Vienne.

ℹ Comment circuler

De la fin du printemps au début de l'automne, des ferries relient Illmitz à Mörbisch, Rust et Fertörákos (en Hongrie) ; Rust à Podersdorf, Breitenbrunn et Fertörákos ; et, enfin, Breitenbrunn à Podersdorf. Consultez les horaires et les tarifs sur www.neusiedlersee.com.

Les liaisons en bus sont fréquentes et Purbach et Neusiedl am See sont desservies par des trains régionaux.

Rust

☎02685/1900 HABITANTS

Rust, à 14 km à l'est d'Eisenstadt, est l'une des localités les plus agréables des bords du lac de Neusiedl. Son rivage frangé de roseaux et de petits abris à bateaux a des airs de marais assoupi lorsqu'il fait chaud, et, durant les mois d'été, on voit passer les cigognes qui volent tranquillement jusqu'à leur nid, sur les toits (des webcams suivent leurs moindres mouvements sur www.freistadt-rust.at).

Elles sont d'ailleurs nombreuses à élire domicile sur les cheminées. Ce ne sont pourtant pas ces volatiles, mais bien le vin qui a fait la prospérité de Rust. En 1524, l'empereur accorda en effet aux vignerons locaux le droit d'apposer la lettre "R" (sorte d'appellation d'origine pour signifier "Rust") sur leurs tonneaux de vin. Aujourd'hui encore, la tradition se perpétue sur les bouchons de liège. Le mieux pour "goûter" à ce pan d'histoire de la ville est de se rendre dans l'un de ses nombreux *Heurigen*.

À voir

Église catholique ÉGLISE
(Katholische Kirche ; Haydengasse ; 10h30-midi et 14h30-17h lun-sam, 15h-17h dim). Le beffroi de l'église offre un excellent point de vue pour observer les cigognes. L'édifice se trouve à l'extrémité est de la Rathausplatz.

Église des Pêcheurs ÉGLISE
(Fischerkirche ; Rathausplatz 16 ; lever-coucher du soleil avr-oct). En face de l'église catholique, à l'autre extrémité de la Rathausplatz, la Fischerkirche est l'église la plus ancienne des environs. Elle a été érigée entre le XIIe et le XVIe siècle.

Activités

Seebad Rust BAIGNADE
(www.seebadrust.at ; Ruster Bucht 2 ; adulte/enfant 5,50/3 € ; 9h-19h, mai à mi-sept). On accède au lac et aux équipements de baignade en descendant la Seepromenade sur 1 km. Nager au milieu des roseaux n'est pas idéal, mais on s'y fait et l'expérience s'avère très rafraîchissante. Le site comprend des toboggans, des pelouses, ainsi que plusieurs bars, cafés et restaurants.

Où se loger

Storchencamp Rust AUBERGE DE JEUNESSE, CAMPING €
(02685-595 ; www.gmeiner.co.at ; Ruster Bucht 2 ; s/d 40/60 €, empl par adulte/enfant/tente/voiture 8/5/7/5,50 € ;). Dans le port, cette accueillante auberge de jeunesse aux chambres propres et modernes fait partie du complexe de baignade. Des tipis sont aussi disponibles pour 17 € la nuit. L'établissement gère également un sympathique camping de 200 emplacements, très prisé, à proximité du lac (l'accès à la zone de baignade est inclus). Il comprend une vaste aire de jeux pour enfants et un service de location de vélos bon marché. Camping ouvert d'avril à octobre.

Hotel Sifkovits HÔTEL €€
(02685-204-60 ; www.sifkovits.at ; Am Seekanal 8 ; s/d 87/156 € ; haute saison uniquement ; P). Proche du centre-ville, ce bel hôtel tenu en famille abrite 25 chambres aménagées sobrement, un ascenseur et un salon au rez-de-chaussée, où vous attendent fruits frais et réfrigérateur approvisionné en eau minérale gratuite. Il comporte aussi un bon restaurant et un jardin très calme.

TiMiMoo Boutique Hotel Bürgerhaus BOUTIQUE-HÔTEL €€€
(02685-6162 ; timimoo.at ; Hauptstrasse 1 ; ste 275-310 € ; P). Installé dans une ancienne boulangerie (1537) avec un escalier en colimaçon et des chambres de style Biedermeier, au plafond voûté et grands dessus de lit, ce bel hôtel dégage une douce nostalgie. Les meubles anciens, vrais et faux, créent une atmosphère où il fait bon séjourner. Grand jardin, service excellent et tout est prévu pour les enfants.

Le restaurant (fermé le lundi) sert spécialités régionales et vins locaux dans le jardin.

Où se restaurer

Peter Schandl AUTRICHIEN €
(www.buschenschankschandl.at ; Hauptstrasse 20 ; plats 8-15 € ; 16h-tard lun et jeu-ven, à partir de 11h sam-dim mi-mars à mi-déc ;). Le célèbre viticulteur Peter Schandl vous accueille dans une maison de ville du XVIIIe siècle agrémentée d'une cour ombragée. La carte, très élaborée, peut comprendre selon la saison une soupe de potiron à la crème, au gingembre et aux graines de potiron grillées, une saucisse de pâté de foie servie avec une sauce aux concombres et à la moutarde, ou encore un pain de viande au chou. L'adresse est située tout près de la Rathausplatz.

Weingut Gabriel BUFFET €
(www.weingut-gabriel.at ; Hauptstrasse 25 ; assiettes froides 14 € ; à partir de 16h ven, à partir de 14h sam-dim avr à mi-oct ;). Si vous mangez à Rust, ne manquez pas cette taverne à vins rustique de l'artère principale. Le buffet (paiement au poids) croule sous les saucisses succulentes et autres charcuteries, le vin est délicieux et, en saison, la ravissante cour pavée est idéale pour observer les cigognes.

Où prendre un verre et faire la fête

Gut Oggau DOMAINE VITICOLE
(0664 2069 298 ; www.gutoggau.com ; Hauptstrasse 31, Oggau ; midi-22h avr-sept ;). Ce merveilleux établissement viticole,

à quelques kilomètres au nord de Rust, dans le hameau d'Oggau, vaut amplement le détour. Eduard Tscheppe et Stephanie Tscheppe-Eselböck, de jeunes viticulteurs, créent pour leur splendide *Heuriger* nouvelle génération des vins très originaux selon des méthodes biodynamiques et avec un minimum d'intervention. D'autres crus autrichiens et italiens du même acabit sont également vendus à prix raisonnables.

Renseignements

Office du tourisme (☎02685-502 ; www.freistadt-rust.at ; Conradplatz 1, Rathaus ; ⌚9h-midi et 13h-16h lun-jeu, 9h-midi ven). Fournit la liste des viticulteurs proposant des dégustations, ainsi que les coordonnées des hôtels et chambres chez l'habitant de la ville.

Depuis/vers Rust

Toutes les heures, des bus relient Eisenstadt à Rust (2,50 €, 25 min). Pour rejoindre Neusiedl am See (3,70 €, 40 min, ttes les 1-2 heures), prenez une correspondance en train à la gare de Schützen am Gebirge. Des ferries traversent le lac à destination de Podersdorf, Breitenbrunn et Fertörákos (en Hongrie).

Mörbisch am See

☎02685/2300 HABITANTS

Mörbisch, petite bourgade assoupie, est à 6 km au sud de Rust et à 2 km seulement de la frontière hongroise. On s'y rend pour s'imprégner d'une atmosphère paisible et contempler les pittoresques maisons blanchies à la chaux, ornées de balcons fleuris et d'épis de maïs séchant au soleil.

Seefestspiele ARTS DU SPECTACLE
(www.seefestspiele-moerbisch.at). L'ambiance alanguie de la ville change du tout au tout les soirs d'été, de mi-juillet à août, lors de ce festival d'opérette qui attire chaque année quelque 200 000 visiteurs.

Oper im Steinbruch ARTS DU SPECTACLE
(www.operimsteinbruch.at ; ⌚mi-juil à mi-août). Un festival d'opéra qui prend ses quartiers dans une ancienne carrière romaine près de Margareten, à 7 km au nord-ouest de Mörbisch.

Renseignements

L'**office du tourisme** (☎02685-8430 ; moerbisch.com ; Hauptstrasse 23 ; ⌚9h-17h juil-août, horaires réduits le reste de l'année, fermé sam-dim nov-mars) local renseigne sur les hébergements, les festivals et les équipements du lac ; fournit une liste des *Heurigen*.

Depuis/vers Mörbisch am See

Des bus circulent fréquemment entre Mörbisch et Eisenstadt *via* Rust (3,70 €, 35 min). Le passage de la frontière pour entrer en Hongrie (accessible uniquement aux piétons et aux cyclistes), à 2 km au sud de Mörbisch, est pratique pour ceux qui font le tour du lac. Les contrôles à la frontière sont rares, mais prenez votre passeport le cas échéant. Sinon, prenez le ferry pour traverser le lac de manière à rester en Autriche.

Purbach am See

☎02683/2835 HABITANTS

Purbach am See, l'une des plus jolies bourgades du bord du lac, possède un petit centre où se serrent des maisons trapues. Le quartier est encore protégé par des bastions et 3 portes, vestiges des guerres contre les Turcs. Le bourg n'a pas d'accès direct au lac de Neusiedl, mais il est très agréable de flâner d'une cave à l'autre dans la Kellergasse et sur la Kellerplatz, toutes deux à l'extérieur des remparts.

Activités

Purbach ne se situe pas directement au bord du lac, mais dans une réserve naturelle dont les berges frangées de roseaux invitent à la balade à pied ou à vélo. La Kirchengasse/Gartengasse, à un pâté de maisons au nord de l'office du tourisme, mène aux roseaux. De là, un sentier de 2,5 km longe un canal qui conduit au lac. Autre itinéraire possible, là encore à pied ou à vélo : suivre le Kirschblutenradweg (B12) au nord, le long des roseaux, jusqu'à Breitenbrunn (environ 4,5 km), prendre à droite le Schilflehrpfad ("sentier pédagogique des roseaux") et le suivre jusqu'au lac (environ 3 km), où l'on peut se baigner. Vous pourrez louer des vélos au camping (p. 164) ou vous renseigner à l'office du tourisme (p. 164).

Où se loger et se restaurer

Gasthof zum Türkentor PENSION €
(☎02683-34 00 ; Hauptgasse 2 ; s/d 45/70 € ; P 📶). Une charmante pension à l'ancienne, à l'intérieur des remparts, donnant sur la partie historique de la ville. Les chambres, rudimentaires mais propres, sont une aubaine pour toutes les bourses. Restaurant sans chichis sur place.

Storchencamp Camping Purbach & Jugendherberge CAMPING €
(☎02683-55 38 ; www.gmeiner.co.at ; Türkenstrasse 13 ; empl adulte/tente 6/3,50 €, dort 23 € ; ⊙avr-oct ; @ ;). Camping bien tenu, bien équipé (et auberge de jeunesse bon marché), en bordure des roseaux. Apprécié des clubs de sport pour ses infrastructures.

Gut Purbach HÔTEL €€€
(☎02683-560 86 ; www.gutpurbach.at ; Hauptgasse 64 ; ch/ste 195/295 € ;). L'adresse la plus chic de la région du lac propose 4 chambres et une suite associant à merveille bâti ancien, meubles rustiques et objets design contemporains. Toutes différentes, elles sont équipées de grands lits ultra-confortables. En outre, l'excellent restaurant de Max Stiegl est sur place. Au menu, du cabri de la ferme de Stiegl, du porc élevé dans les environs, et du poisson fraîchement pêché dans le lac.

Fossil AUTRICHIEN €€
(☎02683-210 25 ; www.restaurant-fossil.at ; Kellergasse 6 ; plats 12,50-34,50 € ; ⊙midi-22h jeu-dim ;). La meilleure table de Purbach est installée dans une cave à vins reconvertie. Le menu local, qui change au gré des saisons, affiche des plats contemporains, locaux et inventifs, tous accordés à des vins.

Renseignements

L'**office du tourisme** (☎02683-5920 ; www.purbach.at ; Am Kellerplatz 1 ; ⊙9h-19h) renseigne sur les hébergements et les dégustations de vin.

Depuis/vers Purbach am See

Des trains directs circulent entre Purbach et Neusiedl am See (1,90 €, 12 min, ttes les heures), Eisenstadt (2,50 €, 15 min, ttes les heures) et la gare centrale de Vienne (12,20 €, 1 heure, ttes les heures). Des bus directs relient aussi la ville à Eisenstadt (2,50 €, 20 min, au moins un ttes les 2 heures). En venant de Rust, descendez à Schützen am Gebirge (centre) et parcourez 300 m à pied pour rejoindre la gare ferroviaire et prendre un train régional.

Podersdorf am See

☎02177/2100 HABITANTS

Podersdorf am See, sur la rive orientale du lac, est la seule ville qui mérite vraiment l'appellation d'*Am See* (au bord du lac). Cela – ajouté au fait qu'il n'y a pas de roseaux – explique peut-être qu'elle soit devenue la destination de vacances la plus populaire de la région du lac de Neusiedl (et du Burgenland).

Activités

St Martins Therme & Lodge Spa Resort SPA
(☎02172-205 00 ; www.stmartins.at ; Im Seewinkel 1, Frauenkirchen ; billet à la journée adulte/enfant 33/22 € ; ⊙9h-21h). Profitez des sources chaudes de ce centre de balnéothérapie moderne de Frauenkirchen, à 8 km au sud-est de Podersdorf. On peut aussi se baigner à l'extérieur, dans le lac alimenté en eau de source thermale, au cœur d'un remarquable paysage de zones humides. Si vous n'êtes pas client, vous serez invité à visiter les vastes infrastructures thermales.

Réservez auprès de l'hôtel pour qu'on vienne vous chercher gratuitement à la gare ferroviaire de Frauenkirchen si vous arrivez en train ou en bus. Sankt Martins est aussi facilement accessible à vélo en faisant un détour depuis la piste cyclable principale. Il y a une borne Nextbike au centre thermal, et d'autres à la gare et à la basilique de Frauenkirchen ; consultez www.nextbike.at.

Mission to Surf SPORTS NAUTIQUES
(☎0680-234 6529 ; www.surf-schule.at). Location de matériel et cours de kitesurf.

Surf & Segelschule Nordstrand SPORTS NAUTIQUES
(☎0676 933 75 52 ; www.nordstrand.at ; Seeufergasse 17). Location de bateaux à voile et cours de voile en semaine.

Où se loger

Strandcamping CAMPING €
(☎02177-22 79 ; www.podersdorfamsee.at ; Strandplatz 19 ; empl adulte/tente 9/6 € ; ⊙mi-mars à mi-nov ;). Juste à côté de la place, ce camping très fréquenté (réservez bien en avance pour juillet-août) est l'un des plus grands du secteur. Il bénéficie de toute l'ombre nécessaire pour se protéger de la chaleur étouffante qui règne en plein été.

Seewirt HÔTEL €€
(☎02177-24 15 ; www.seewirtkarner.at ; Strandplatz 1 ; s 70-100 €, d 120-200 € ; P ;). Tout près du terminal des ferries et de la plage, ce 4-étoiles affiche rapidement complet. Chambres impeccables et sans chichis, très lumineuses grâce à la lumière réfléchie par

les eaux du lac, et restaurant servant des plats autrichiens très corrects.

Hotel-Restaurant Pannonia HÔTEL €€
(☎02177-22 45 ; Seezeile 20 ; s 51-79 €, d 102-160 € ; P). Un peu en retrait du lac, cet hôtel élégant au mobilier contemporain dispose d'une vaste pelouse où les enfants peuvent courir. Les propriétaires tiennent un second hôtel avec chambres familiales de l'autre côté de la rue. Le restaurant offre une carte des vins interminable et prépare des plats de saison, tel un carpaccio de gibier servi sur pesto à l'ail sauvage et aux tomates.

Steiner MAISON D'HÔTES €€
(☎0699 19 88 88 84 ; www.steinergg.at ; Seestrasse 33 ; s/d 42,50/88 € ; P). *Gästehaus* (pension) centrale aux nombreux atouts : un personnel accueillant, une ambiance calme et familiale, et des chambres simples d'une propreté impeccable avec salles de bains rénovées. Certaines ont un balcon. Espace extérieur agréable où les enfants peuvent jouer.

St Martins Therme & Lodge HÔTEL-SPA €€€
(☎02172-205 00 ; www.stmartins.at ; Im Seewinkel 1, Frauenkirchen ; d 209-319 € ; P@). À Frauenkirchen, à 8 km de Podersdorf et des rives du lac, ce vaste complexe (page ci-contre) moderne propose des chambres luxueuses donnant sur les paisibles zones humides. Les congressistes prennent parfois d'assaut le lodge. Si vous arrivez en train ou en bus, demandez, lors de la réservation, que l'on vienne vous chercher gratuitement à la gare ferroviaire de Frauenkirchen.

Où se restaurer

Heuriger & Vinothek Fabian AUTRICHIEN €
(☎699-119 503 13 ; www.sloboda.at ; Alte Satz ; plats 7,20-9,20 € ; 13h-21h30 sam-mar avr-oct ;). Un *Heuriger* moderne parfait pour un déjeuner léger composé de fromage local ou de saucisses de gibier local, ou une soirée avec dégustation de vins accompagnés de plats plus solides (*Schnitzel*, goulash). Au sud du centre-ville. Fabian Sloboda, le propriétaire, propose des dizaines d'excellents vins de la région, qu'il accorde aux mets servis.

Zur Dankbarkeit AUTRICHIEN €€
(☎02177-22 23 ; www.dankbarkeit.at ; Hauptstrasse 39 ; plats 7,50-29,50 € ; 11h30-14h et 18h-21h jeu-ven, 11h30-21h sam-dim ;). Ce vieil établissement tout à fait charmant sert l'une des meilleures cuisines de la région depuis plus de 20 ans. La cour intérieure, agrémentée d'arbres, baigne dans une ambiance champêtre idéale pour déguster un vin du cru.

Où prendre un verre et faire la fête

Weinklub 21 BAR À VINS
(www.weinclub21.at ; Seestrasse 37 ; dégustations 6-13 € ; 9h-midi et 16h-21h mai-sept). Excellente *Vinothek* représentant 15 viticulteurs de la ville et de la région. Organise régulièrement des dégustations et autres manifestations sur le thème du vin.

Renseignements

L'**office du tourisme** (☎02177-2227 ; www.podersdorfamsee.at ; Hauptstrasse 4-8 ; 8h-16h30 lun-jeu, 8h-15h ven, mars-oct) local vous aidera pour tout, des transports publics à l'hébergement.

Depuis/vers Podersdorf am See

Des bus circulent 1 à 2 fois/heure entre Neusiedl et Podersdorf (4,90 €, 17 min). Des ferries relient Podersdorf à Rust et à Breitenbrunn sur la rive occidentale.

Seewinkel

☎02175

Seewinkel est le cœur du **parc national de Neusiedler See-Seewinkel**, ensemble de prairies et de marais où vivent nombre d'oiseaux et autres animaux. Les vignes, les roseaux, les eaux scintillantes et le gazouillis incessant des oiseaux enchantent les voyageurs. C'est évidemment un lieu privilégié d'observation ornithologique, mais aussi de balade à pied ou à vélo.

La ville d'**Illmitz**, à 4 km du lac, entourée par le parc national, fait une excellente base d'exploration. Le personnel de son office du tourisme peut vous fournir des informations sur la région.

Weingut Gerhard Nekowitsch VIN
(☎0699 1234 1468 ; www.weinbau-nekowitsch.at ; Urbanusgasse 2, Illmitz). Les vins doux à boire au dessert connaissent actuellement un regain en Autriche. À l'*Eiswein* (vin de glace) et aux vins doux

ou liquoreux de vendanges tardives vient s'ajouter le *Schilfwein* (vin de paille), dont les raisins sont mis à sécher sur des claies en paille ou roseau (*Schilf*) pour se concentrer en sucre. Le maître incontesté du *Schilfwein* est Gerhard Nekowitsch ; goûtez-le ici.

Arkadenweingut-Gästehaus PENSION €
(☎02175-33 45 ; www.arkadenweingut-heiss.at ; Obere Hauptstrasse 20, Illmitz ; s/d 37/74 € ; P 🚭). Une grande pension toute simple occupant une jolie propriété à arcades dans le centre d'Illmitz. Sans cachet particulier, les chambres sont néanmoins confortables et impeccables.

Office du tourisme de Waidhofen an der Ybbs RENSEIGNEMENTS TOURISTIQUES
(☎07442-93 049 ; www.waidhofen.at ; Schlossweg 2, Waidhofen an der Ybbs ; ⏲9h-13h et 14h-17h mer-sam, 9h-13h mar, 10h-16h dim mai-sept). Le personnel donne des renseignements sur la ville et les 8 sentiers de VTT de difficultés variables dans les environs de Waidhofen.

ℹ Renseignements

Vous trouverez des plans et d'autres informations sur Seewinkel à la **Nationalparkhaus** (☎02175-3442 ; www.nationalparkneusiedlersee.at ; ⏲8h-17h lun-dim avr-oct, 9h-16h lun-jeu, 9h-midi ven nov-mars).

L'**office du tourisme** (☎02175-2383 ; www.illmitz.co.at ; Obere Hauptstrasse 2-4 ; ⏲8h-midi et 13h-16h30 lun-ven, 9h-midi et 13h-16h sam, 9h-midi dim, fermé sam-dim nov-avr) aide à réserver des hébergements et fournit des informations sur la région.

ℹ Depuis/vers Illmitz

Illmitz est reliée à Möbisch, à Rust et à Fertörákos (en Hongrie) par ferry, et à Neusiedl am See par des bus qui circulent toutes les heures (6 €, 30 min).

Haute-Autriche

Dans ce chapitre ➜

Le top des restaurants

- Cafe Jindrak (p. 174)
- Lukas Restaurant (p. 189)
- Freistadt Brauhaus (p. 188)
- Knapp am Eck (p. 182)
- Löwenkeller (p. 186)

Le top des hébergements

- Hotel am Domplatz (p. 173)
- Hotel Christkindlwirt (p. 182)
- Baumhotel (p. 190)

Pourquoi y aller

Assez méconnue des visiteurs, la Haute-Autriche (Oberösterreich, ou OÖ) s'étend au cœur d'une campagne vallonnée, parcourue par les superbes méandres du Danube (Donau), qui coule ici d'ouest en est, venu de Forêt-Noire et de Passau (Bavière). Au fil du fleuve se succèdent bourgades médiévales nichées au pied de châteaux, splendides abbayes baroques (Saint-Florian et Wilhering) et cités thermales.

Au-delà des cafés à l'ancienne, des musées high-tech et des galeries d'avant-garde de Linz, sa capitale, grande cité danubienne où séjournèrent notamment Mozart et Beethoven, s'étend un pays en miniature qui a bien des attraits, des fermes rustiques où déguster du *Most* (cidre) artisanal aux sommets karstiques et aux forêts sauvages des Kalkalpen (Alpes calcaires), en passant par des bourgs pittoresques comme Steyr et Schärding, aux ravissantes maisons pastel. Collines drapées de brume se déployant jusqu'à la République tchèque au nord-est ou champs de blé aux couleurs mordorées qui furent jadis le jardin de la monarchie autrichienne, les paysages se distinguent ici par leur beauté singulière, empreinte de sérénité.

Quand partir

- L'été est une période agréable pour faire du vélo le long du Danube et dans la campagne alentour. À Linz, septembre est le mois des festivals high-tech et des concerts gratuits sur les rives du fleuve. Les chambres étant prises d'assaut de juin à septembre, pensez à réserver.
- L'automne est idéal pour les balades en forêt. Dès octobre, la fréquentation touristique et le prix des chambres chutent.
- Avec l'hiver s'installent les marchés de Noël. De début décembre à mi-avril, les skieurs de fond sillonnent le parc national des Alpes calcaires (Kalkalpen), et les skieurs alpins dévalent les pistes de Wurzeralm et de Hinterstoder.
- Le printemps, de mars à mai, permet d'admirer les vergers en fleurs et de rendre hommage à Schubert, à Steyr.

À ne pas manquer

❶ L'**Ars Electronica Center** (p. 171), centre des médias numériques et des technologies ultra-moderne de Linz.

❷ La vieille ville de **Steyr** (p. 180), lacis de ruelles pittoresques et de cours d'eau.

❸ Le **Baumkronenweg** (p. 190) de Kopfing, pour séjourner dans la canopée.

❹ Une randonnée au cœur du **parc national des Alpes calcaires** (Kalkalpen ; p. 183).

❺ Une visite de l'**abbaye de Kremsmünster** (p. 187), riche en stucs et en fresques baroques.

❻ Un concert d'orgue dans l'**abbaye de Saint-Florian** (p. 177).

❼ Le **mémorial de Mauthausen** (p. 177), ancien camp de concentration, pour en savoir plus sur le douloureux passé autrichien.

❽ Une dégustation de bières et de fromages à l'**abbaye d'Engelszell** (p. 186), seule brasserie trappiste d'Autriche.

Comment s'y rendre et circuler

AVION

Aéroport de Linz (Blue Danube Airport ; LNZ ; 07221-6000 ; www.linz-airport.com ; Flughafenstrasse 1, Hörsching). Des vols desservent toute l'année Vienne, Francfort et Düsseldorf, et plusieurs autres villes d'Europe en été.

TRANSPORTS PUBLICS

Les bus et les trains sillonnant la Haute-Autriche sont gérés par l'**Oberösterreichischer Verkehrsverbund** (www.ooevv.at). Le prix du billet dépend du nombre de zones traversées (une zone coûte 2,40 €). Outre les billets aller simple, des forfaits à la journée, à la semaine, au mois et à l'année sont proposés. Les trains express entre Vienne et Salzbourg passent par Linz et traversent une grande partie du sud de la Haute-Autriche. Il existe aussi des trains express se rendant au sud depuis Linz jusqu'à Sankt Michael en Styrie, d'où il est possible de prendre une correspondance pour Klagenfurt et Graz.

VOITURE ET MOTO

L'autoroute (*Autobahn*) A1, d'axe est-ouest, rallie Vienne et Salzbourg ; l'A8 remonte vers le nord-ouest jusqu'à Passau (Bavière) et vers le reste de l'Allemagne ; l'A9 se dirige vers le sud jusqu'en Styrie. Depuis Linz, la S10 part vers le nord en direction de Prague (République tchèque).

LINZ

0732/204 845 HABITANTS

"*In Linz beginnt's*" ("Tout commence à Linz"), dit-on en Autriche. Remarque pertinente pour cette superbe ville en mouvement, à la pointe du secteur des nouvelles technologies. Audacieuses installations artistiques publiques, scène culturelle riche et en plein essor, pôle des technologies cybernétiques ou galerie d'avant-garde semblant sortie d'un film de science-fiction... Voilà qui annonce l'Autriche de demain.

Capitale européenne de la culture en 2009, la troisième ville d'Autriche fut également désignée Ville des arts numériques par l'Unesco en 2014. Linz n'est cependant pas qu'une plaque tournante tournée vers le futur ; à cheval sur le Danube dont elle est une grande cité portuaire, elle possède une charmante vieille ville aux nombreux édifices baroques très bien préservés.

Histoire

Modeste village fortifié à l'époque celte, Linz fut établie par les Romains (qui la baptisèrent Lentia), en tant que citadelle, à un carrefour stratégique permettant de contrôler à la fois d'importants territoires danubiens et la route du sel. Au VIIIe siècle, la ville passa sous domination bavaroise et prit le nom de Linze. Dès le XIIIe siècle, la cité était un important carrefour commercial pour le transport des matières premières hors de Styrie. En 1489, Linz devint brièvement capitale impériale sous le règne de Frédéric III de Habsbourg (1415-1493), jusqu'à la mort du souverain. Après quoi elle n'en continua pas moins à prospérer.

À l'instar de la majeure partie de la Haute-Autriche, Linz vit se développer le protestantisme aux XVIe et XVIIe siècles, avant que le catholicisme ne revienne en force pendant la Contre-Réforme. Son statut de cité industrielle en plein développement s'affirma dès le XIXe grâce à l'arrivée du chemin de fer, en 1832.

Né non loin de la ville, à Braunau am Inn, Adolf Hitler fit sa scolarité à Linz. À l'époque du IIIe Reich, le Führer, dans sa mégalomanie, voulait en faire l'une des cinq grandes métropoles de son empire (avec Berlin, Hambourg, Nuremberg et Munich). En définitive, ce sont surtout de grandes usines sidérurgiques et chimiques qui furent construites pour la machine de guerre nazie, en plus du fameux pont Nibelungen. En 1945, ce pont séparait la rive droite, occupée par les forces américaines, et la rive gauche du Danube, tenue par l'armée russe, et servait de frontière. Depuis les années 1950, Linz est devenue un grand pôle industriel autrichien, son port est l'un des plus modernes et actifs du Haut-Danube, et cette capitale provinciale de premier plan, troisième ville la plus peuplée du pays après Vienne et Graz (Styrie), a également su mettre en valeur son patrimoine des siècles passés.

Au nombre des citoyens célèbres de la ville, on peut citer Johannes (Jean) Kepler (1571-1630), l'un des créateurs de l'astronomie moderne, l'écrivain, peintre et pédagogue Adalbert Stifter (1805-1868), personnalité singulière du post-romantisme allemand, et le compositeur Anton Bruckner (1824-1896), le "maître de Saint-Florian" (p. 179), qui y fut notamment organiste. Côté musique toujours, est-il besoin de rappeler que Mozart composa ici la *Symphonie n°36* et la *Sonate n°13*, dites de Linz en 1783, à l'âge de 27 ans.

Linz

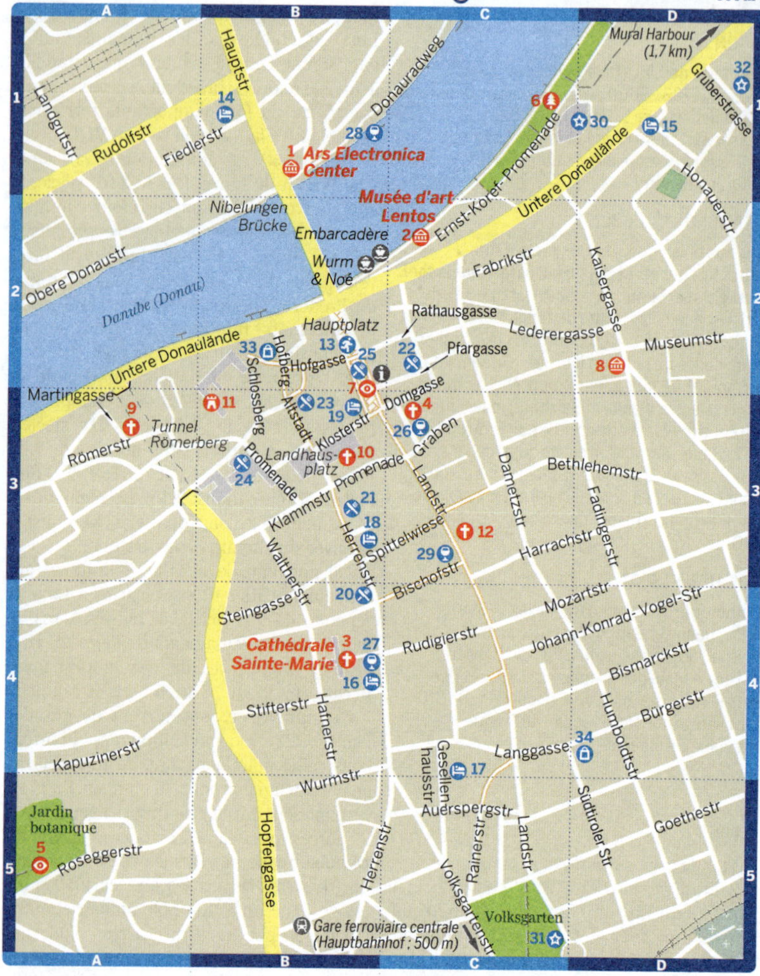

À voir

Musée d'art Lentos MUSÉE

(Lentos Kunstmuseum ; www.lentos.at ; Ernst-Koref-Promenade 1 ; adulte/enfant 10/5 € ; 10h-18h mar, mer et ven-dim, 10h-20h jeu). Donnant sur le Danube et faisant écho à l'Ars Electronica Center, également emblématique de l'architecture contemporaine de la ville, sur l'autre rive, ce grand édifice rectangulaire (2003), telle une longue arche de verre et d'acier, est encore plus beau lorsqu'il est illuminé le soir. Le Lentos abrite l'une des plus belles collections d'art moderne du pays, centrée sur l'art autrichien et européen des avant-gardes du XIXe siècle à l'art d'aujourd'hui. Les œuvres des grands artistes du tournant du XXe siècle indissociables de l'esprit viennois – Egon Schiele (1890-1918), Gustav Klimt (1862-1918), Oskar Kokoschka (1886-1980)... – y sont bien représentées, à côté de nombreux artistes allemands (Lovis Corinth, Max Pechstein notamment), français (André Masson, Georges Mathieu) et européens. Il y a même une œuvre d'Andy Warhol. Possibilité de visites guidées en allemand et en anglais, et "conversation française" avec l'artiste Cécile Belmont autour de l'art, des

Linz

Les incontournables
1 Ars Electronica Center B1
2 Musée d'art Lentos C2
3 Cathédrale Sainte-Marie B4

À voir
4 Ancienne cathédrale Sainte-Ignace C3
5 Jardin botanique A5
6 Parc du Danube C1
7 Hauptplatz B2
8 Galerie régionale D2
9 Église Saint-Martin A3
10 Église des Minorites B3
11 Musée du Château B3
12 Église des Ursulines C3

Activités
13 Pöstlingbergbahn B2

Où se loger
14 Arte Hotel B1
15 Etagerie D1
16 Hotel am Domplatz B4
17 Hotel Kolping C4
18 Hotel Schwarzer Bär B3
19 Wolfinger B3

Où se restaurer
20 Cafe Jindrak B4
Cubus .... (voir 1)
21 Deli Linz B3
22 k.u.k. Hofbäckerei C2
23 Muto B3
24 Promenadenhof B3
25 Marché municipal B2

Où prendre un verre et faire la fête
26 Boiler Room C3
27 Paul's B4
28 Salonschiff Fräulen Florentine B1
29 Stiegelbräu zum Klosterhof C3

Où sortir
30 Brucknerhaus D1
31 Opéra de Linz-Musiktheater C5
32 Tabakfabrik D1

Achats
33 A/T Store B2
34 Vinyl Corner D4

histoires des collections du musée et des expositions actuelles le jeudi à 18h et le dimanche à 16h. On peut aussi télécharger l'application du musée sur le site Internet, ou louer un guide multimédia (4 €).

Cathédrale Sainte-Marie CATHÉDRALE

(Mariendom/Neuer Dom ; www.dioezese-linz.at ; Herrenstrasse 26 ; 8h-19h). Également appelée Neuer Dom (nouvelle cathédrale), cette gigantesque cathédrale néogothique est la plus grande d'Autriche – elle peut accueillir 2000 personnes. Elle est ornée d'un nombre impressionnant de flèches, d'arcs-boutants et de fenêtres à dentelle de pierre. Édifiée dans la seconde partie du XIXe siècle, à partir de 1862, sous la direction de l'architecte Vincenz Statz (1819-1898), en 4 phases, elle ne fut achevée qu'en 1922. La flèche de son clocher ne s'élève "qu'à 134 m de haut", de sorte à ne pas dépasser celle de la cathédrale Saint-Étienne (Stephansdom) de Vienne. L'intérieur est éclairé par un véritable rideau de vitraux, notamment le fameux *Linzer Fenster* qui met en scène l'histoire de Linz.

Ars Electronica Center MUSÉE

(AEC ; ars.electronica.art ; Ars-Electronica-Strasse 1 ; adulte/enfant 11,50/9 € ; 10h-17h mar-dim). Technologies, sciences et médias numériques du futur sont à l'honneur dans ce musée (2009), l'un des sites culturels phares de Linz. Dans les "laboratoires", on peut interagir avec des robots, animer des objets numériques, imprimer des structures en 3D, faire de son corps un instrument de musique ou entreprendre un voyage (virtuel) dans l'espace. Les enfants adorent. Dessiné par le cabinet d'architectes Treusch, l'édifice, sur les berges du Danube, évoque un vaisseau futuriste lorsque, à la nuit tombée, la façade en verre incrustée de LED brille de mille couleurs.

Mural Harbor STREET ART

(www.muralharbor.at ; Industriezeile 40 ; circuit guidé à pied/en bateau/combiné 18/30/25-40 €, atelier street art 4 heures 75 €). Dans le quartier du port (Hafenviertel) de Linz, le *street art* s'affiche sur les façades industrielles bardées de graffitis. On peut y voir des œuvres gigantesques signées Roa (Belgique), Lords (États-Unis), Aryz (Espagne) et d'artistes autrichiens. Pour plus d'informations, joignez-vous à l'un des circuits à pied ou en bateau, ou aux ateliers. Des circuits combinés incluent des cours de dessin au pochoir ou à la bombe (les cours peuvent être suivis séparément). Horaires et dates sur le site Internet.

Galerie régionale GALERIE
(Landesgalerie ; www.ooekultur.at ; Museumstrasse 14, Francisco Carolinum ; adulte/enfant 6,50/4,50 € ; ⏲10h-18h mar-dim). Aménagée dans un somptueux bâtiment de la fin du XIXe siècle, la Landesgalerie est dédiée à la peinture, à la photographie et aux installations contemporaines. Les expositions tournantes mettent régulièrement à l'honneur les œuvres d'artistes de Haute-Autriche, par exemple les fantaisies expressionnistes d'Alfred Kubin (1877-1959) ou les œuvres radicales de Valie Export (de son vrai nom Waltraud Lehner ; plasticienne et performeuse née en 1940), inspirées de l'actionnisme viennois. Le **parc de sculptures** en plein air souligne le contraste entre la sculpture moderne et l'architecture néoclassique de la galerie.

Musée du Château CHÂTEAU, MUSÉE
(Schlossmuseum ; www.ooekultur.at ; Schlossberg 1 ; adulte/enfant 6,50/4,50 € ; ⏲10h-18h mar-dim). De sa construction sous l'empereur Frédéric III de Habsbourg, au XVe siècle, à l'incendie qui le ravagea en 1800, le château de Linz, situé sur une colline, a vécu une histoire mouvementée. Profitez de la vue panoramique sur la ville, puis admirez les trésors du musée, collectés au fil des siècles dans des abbayes et autres palais. Bon aperçu des arts du Moyen Âge aux temps modernes à travers différentes collections : archéologie, armes et instruments de musique anciens, technologie et ethnographie régionale. Mention spéciale aux splendides œuvres de peinture gothique.

Hauptplatz GRAND-PLACE
Cette place rectangulaire aux dimensions impressionnantes est bordée de charmants édifices baroques et de maisons Renaissance aux tons pastel. Les nombreuses terrasses de café autour de la place attirent habitants et touristes. Par beau temps, des artistes de rue divertissent les passants. En son centre trône la **colonne de La Trinité** (Dreifaltigkeitssäule), monument en marbre de Salzbourg d'une vingtaine de mètres de hauteur. Elle fut érigée en 1723 en hommage aux survivants des guerres, des incendies et des épidémies de peste. Elle brille de mille feux sous les rayons du soleil.

Église Saint-Martin ÉGLISE
(Pfarre Linz-St. Martin am Römerberg ; www.dioezese-linz.at/linz-stmartin ; Römerstrasse 21 ; ⏲9h-11h mer, 14h-16h ven et dim). Mentionnée pour la première fois en 799, cette église compte parmi les plus anciennes d'Autriche. Elle comprend des inscriptions et un four de l'époque romaine, ainsi qu'une peinture représentant le fameux Crucifix de Lucques, en Italie, qui daterait du début du XIIIe siècle.

Ancienne cathédrale Saint-Ignace ART BAROQUE
(Alter Dom ; www.dioezese-linz.at/ignatiuskirche ; Domgasse 3 ; ⏲8h-18h lun, mer-sam, 8h-19h mar, 7h-18h dim). Édifiée à la fin du XVIIe siècle, en style baroque, sur les plans de l'architecte Pietro Francesco Carlone (1607-1681), ce fut d'abord une église jésuite dédiée à saint Ignace de Loyola. Elle ne devint cathédrale (de 1785 à 1909) que sous l'empereur Joseph II. L'intérieur est ornementé de stucs, de piliers dorés et d'un autel en marbre rose. De 1856 à 1868, le compositeur Anton Bruckner y a officié en qualité d'organiste attitré (après l'avoir été à Saint-Florian, où il fut formé). Les tours jumelles de l'Alter Dom dominent la ligne des toits

Église des Minorites ART ROCOCO
(Minoritenkirche ; www.dioezese-linz.at ; Promenade 24 ; ⏲9h-19h mai-sept, 9h-17h lun-sam, 10h-17h dim oct-avr). Fondée en 1236 comme église du couvent des Frères mineurs (franciscains), cette église fut remaniée dans un style rococo au XVIIIe siècle par Johann Matthias Krinner. À l'intérieur, on peut admirer de délicats stucs roses de Kaspar Modler, et les peintures du maître-autel de Bartolomeo Altomonte (nom italianisé de Bartholomaüs Hohenberg ; vers 1694-1783), et les autels latéraux de Martin Johann Schmidt (1718-1801).

Église des Ursulines ART BAROQUE
(Ursulinenkirche ; www.dioezese-linz.at/ursulinenkirche ; Landstrasse 31 ; ⏲7h-19h). Dans cet ancien couvent baroque, surmonté de deux dômes, on trouve des peintures d'autel baroques signées du prolifique Martin Altomonte (Hohenberg ; 1657-1745), père de Bartolomeo.

Parc du Danube PARC
(Donau Park ; Ernst-Koref-Promenade ; ⏲24h/24). À proximité du Lentos, sur la rive sud du fleuve, le parc du Danube est le poumon vert de la ville. Des sculptures modernes agrémentent les jardins soignés, lesquels attirent promeneurs, joggeurs, skateurs,

amateurs de pique-nique et autres habitants en quête d'air frais en été.

Jardin botanique JARDIN
(Botanischer Garten ; www.botanischergarten.linz.at ; Roseggerstrasse 20 ; adulte/enfant 3,70/2,70 € ; 9h-19h avr-sept, 9h-17h mars et oct, 9h-16h nov-fév). Ce paisible jardin botanique, à 1,7 km au sud-ouest du centre-ville, recèle plus de 10 000 espèces, entre autres plantes indigènes alpines, orchidées, rhododendrons et palmiers tropicaux, ainsi que l'une des plus importantes collections de cactus d'Europe. Des concerts et des expositions y sont organisés toute l'année.

Activités

Pöstlingbergbahn CHEMIN DE FER HISTORIQUE
(www.linzag.at ; Hauptplatz ; adulte/enfant aller-retour 7,20/3,60 € ; 6h-22h lun-sam, 7h30-22h dim avr-oct, 6h-20h30 lun-sam, 7h30-20h30 dim nov-mars). Pour gagner le sommet du **Pöstlingberg** (537 m), gravissez à pied le chemin en pente douce ou prenez le Pöstlingbergbahn pour un trajet vertigineux de 20 à 30 minutes. Il s'agit du chemin de fer à adhérence (le train fonctionne à l'électricité, sans câble, ni crémaillère) le plus raide d'Autriche – et même l'un des plus raides au monde.

Fêtes et festivals

Pflasterspektakel CARNAVAL
(www.pflasterspektakel.at ; mi-juil). Musiciens, jongleurs, comédiens, poètes, cracheurs de feu et acrobates venus de toute l'Europe se rassemblent à Linz pour ce festival de rue qui dure 3 jours.

Ars Electronica Festival CULTURE
(ars.electronica.art ; déb sept). Organisée sous l'égide de l'Ars Electronica Center, cette manifestation avant-gardiste de 5 jours met à l'honneur, dans divers lieux de la ville, art numérique, musique composée et jouée par des ordinateurs et autres rencontres entre art et technologie.

Brucknerfest MUSIQUE
(www.brucknerhaus.at ; mi-sept à fin oct). Linz rend hommage au grand compositeur et organiste Anton Bruckner, natif de la région, ainsi qu'à d'autres artistes comme Stravinsky, Brahms, Mahler ou Liszt, avec ce festival de musique classique de 6 semaines, qui se déroule à la Brucknerhaus (p. 176).

> À NE PAS MANQUER
>
> **LA LINZER TORTE**
>
> Dans des cafés à l'ancienne comme le Cafe Jindrak (p. 174) et le k.u.k. Hofbäckerei (p. 174), vous aurez la chance de goûter à la classique *Linzer Torte* (tarte de Linz). Concoctée selon une recette de 1653, avec des noisettes, des épices et de la confiture de groseilles acidulée, cette tarte surmontée de jolis croisillons en pâte est la rivale incontestée de la *Sachertorte* viennoise.

Voestalpine Klangwolke MUSIQUE
(www.brucknerhaus.at/das-haus/klangwolken ; Donaupark ; mi-sept). Des concerts gratuits de musique moderne ou classique, et des comédies musicales pour enfants sont organisés pendant une semaine mi-septembre dans le parc du Danube (p. 97) lors de ce festival des "Nuages sonores".

Où se loger

Etagerie APPARTEMENTS €
(0732-323 000 ; www.etagerie.com ; Untere Donaulände 62-64 ; app 3/5/7 pers à partir de 67/88/129 € ;). À la pointe de l'architecture, le cabinet Urbanauts a aménagé des appartements ultra-élégants dans les anciens quartiers ouvriers d'une manufacture de tabac. De 3 tailles différentes (moyenne, grande et très grande), ils accueillent respectivement 3, 5 et 7 personnes et arborent sols parquetés, mobilier ancien et esthétique épurée. Près du fleuve et du Lentos ; depuis la gare ferroviaire centrale (*Hauptbahnhof*), prenez le bus n°12 jusqu'à Haltestelle Parkbad.

Hotel am Domplatz HÔTEL DESIGN €€
(0732-773 000 ; www.hotelamdomplatz.at ; Stifterstrasse 4 ; d/ste à partir de 159/325 € ; P). Ce cube de verre et de béton, dont l'intérieur est décoré de remarquables sculptures métalliques, jouxte la cathédrale Sainte-Marie (p. 171 ; demandez une chambre donnant sur celle-ci). Il y a quelque 70 chambres toutes de blanc et de bois blond, aux lignes épurées (salle de bains semi-ouverte), et 2 suites. Le spa sur le toit permet de se délasser en profitant de la vue. Par temps clair, la terrasse donnant sur la

cathédrale est idéale au petit-déjeuner (19 € ; incluant un verre de vin mousseux).

Arte Hotel HÔTEL DESIGN €€
(☎0732-733 733 ; www.arte-linz.at ; Fiedlerstrasse 6 ; d/studio/ste à partir de 116/135/165 € ; P ❄ @ 📶). L'architecte autrichienne Isa Stein a laissé son empreinte avant-gardiste sur cet hôtel, des meubles en plastique moulé du lobby à l'éclairage futuriste. Les chambres de style minimaliste mettent en lumière divers aspects de la scène artistique de Linz grâce à des œuvres locales créées sur commande. Parquet, salle de bains cloisonnée ou décloisonnée, cafetière et, pour certaines chambres, balcon.

Hotel Kolping HÔTEL €€
(☎0732-661 690 ; www.hotel-kolping.at ; Gesellenhausstrasse 5 ; s/d à partir de 89/117 € ; P ❄ 📶). Niché dans une ruelle du centre de Linz, cet hôtel dispose de chambres lumineuses impeccables, au mobilier en pin. Petit-déjeuner de style buffet (inclus dans le prix) remarquable, composé de produits bios locaux – fromages, fruits de saison, etc.). Service attentionné. Paniers-repas préparés sur demande.

Hotel Schwarzer Bär HÔTEL €€
(☎0732-772 477 ; www.linz-hotel.at ; Herrenstrasse 11 ; s/d/ste à partir de 89/109/169 € ; P ❄ 📶). Maison natale du grand ténor Richard Tauber (1891-1948), l'"Ours noir" est tenu par la sympathique famille Nell. Donnant sur une cour, les 54 chambres et suites, avec parquet, ont été rénovées dans des tons monochromes. Certaines ont des matelas d'eau. Le restaurant lambrissé est dédié aux classiques de la cuisine autrichienne ; vue dégagée depuis le bar sur le toit.

Wolfinger HÔTEL HISTORIQUE €€
(☎0732-773 29 10 ; www.hotelwolfinger.at ; Hauptplatz 19 ; s/d/tr/qua à partir de 88/114/138/165 € ; P @ 📶). Situé sur la grand-place de la ville, cet hôtel dont l'origine remonte au XVe siècle a l'élégance de la belle époque. Arcades, stucs et mobilier ancien confèrent leur cachet aux chambres. Celles de l'arrière sont plus calmes, et certaines ont un balcon. Très bon accueil réservé aux enfants.

Où se restaurer

♥ Cafe Jindrak CAFÉ €
(www.jindrak.at ; Herrenstrasse 22 ; plats 7-9,30 € ; ⌚8h30-18h lun-sam, 9h-18h dim). Le célèbre café Jindrak – cette boutique d'origine (1929) est devenue une chaîne de 9 enseignes – produit chaque année plus de 100 000 *Linzer Torten*, sa fameuse tarte confectionnée selon la recette familiale. La *Linzer Torte* admise dans le *Guinness des records* en 1999 mesurait 4 m de haut et pesait 650 kg.

ℹ LA LINZ CARD

La Linz Card (adulte/enfant 1 jour 16/9 €, 3 jours 35/19 €) donne droit à l'usage illimité des transports publics, mais aussi à l'entrée dans les principaux musées de Linz, tels l'Ars Electronica Center, le musée du Château, le musée d'art Lentos ou la Galerie régionale (*Landesgalerie*). À cela s'ajoutent des réductions pour d'autres sites, des visites guidées de la ville et des croisières sur le Danube. La carte, valable 3 jours, comprend un aller-retour à bord du train à crémaillère *Pöstlingbergbahn*. La Linz Card est en vente à l'office du tourisme, à l'aéroport, dans les musées et dans certains hôtels.

Deli Linz CAFÉ €
(www.deli-linz.at ; Herrenstrasse 7 ; plats 5-12 € ; ⌚9h-20h lun-sam ; 📶🌱). Saladiers pour petit-déjeuner et déjeuner, tacos, burgers et tartines grillées sont préparés ici, dans ce café tendance, à partir d'ingrédients végétariens, végans, ou de viande bio, notamment des super-aliments (quinoa, chou kale, spiruline et graines de chanvre). On y sert aussi des jus fraîchement pressés (par exemple betterave, pomme et céleri). La formule déjeuner (2 plats) coûte 7,50 €. Pour dîner, installez-vous dans la salle voûtée ou sur la terrasse partiellement couverte.

Promenadenhof AUTRICHIEN €
(☎0732-777 661 ; www.promenadenhof.at ; Promenade 39 ; plats 7,20-35 € ; ⌚cuisine 11h-22h lun-sam, bar 17h-1h lun-sam). La clientèle fidèle du Promenadenhof apprécie les délicieux plats autrichiens, tels le fameux *Tafelspitz* (bœuf braisé à la façon du pot-au-feu) et la salade de poulet à la styrienne – servis dans les *Stuben* (salons) voûtés ou dans le *Biergarten* – accompagnés d'un choix de plus de 100 vins, principalement autrichiens.

k.u.k. Hofbäckerei CAFÉ €
(Pfarrgasse 17 ; plats 3-6 € ; ⌚6h30-18h30 lun-ven, 8h-13h30 sam). Dans un bâtiment de

1371 à charpente de bois, ce splendide café n'a pas beaucoup changé depuis l'époque de l'Empire austro-hongrois. Fritz Rath prépare ici l'une des meilleures *Linzer Torten* de la ville – savoureuse et avec des croisillons de pâte croustillante à souhait. En été, les meilleures tables sont celles de la cour ombragée.

Marché municipal MARCHÉ
(Stadtmarkt ; www.stadtmarkt-linz.at ; Hauptplatz ; ⏲9h-14h ven). Marché de producteurs bi-hebdomadaire (quelque 25 étals et stands), idéal pour préparer un pique-nique.

Verdi AUTRICHIEN €€
(☎0732-733 005 ; www.verdi.at ; Pachmayrstrasse 137 ; plats 17-33 €, menu 6 plats 85 € ; ⏲17h-23h mar-sam). Le Verdi, à 5 km au nord du centre de Linz, a plus d'un atout, dont sa terrasse qui donne sur la ville. Erich Lukas prépare ici des plats de saison avec brio et précision, comme le filet de caille servi avec un risotto aux herbes et le gibier accompagné de gnocchis aux truffes, suivis d'une banane caramélisée en croûte de noix et sa ganache de chocolat noir.

Cubus FUSION €€
(☎0732-944 149 ; www.cubus.at ; Ars-Electronica-Strasse 1 ; plats 13-33 € ; ⏲cuisine 11h-15h mar-mer, 11h-23h jeu, 9h-23h ven, 9h-16h sam-dim, bar jusqu'à minuit mar-jeu, jusqu'à 1h ven-sam ; wifi). Au 3e niveau de l'Ars Electronica Center (p. 171), ce cube de verre jouit d'une vue sublime sur le Danube et ses méandres, et brille d'une lumière pourpre à la nuit tombée. Les produits frais de saison donnent le ton à la carte contemporaine – sandre grillé à la polenta, *Schnitzel* à la sauce aux herbes. La formule déjeuner (2 plats, 11 €), en semaine uniquement, est une affaire. Le soir venu, sirotez un cocktail en contemplant l'horizon urbain.

Muto BISTROT €€€
(☎0732-770 377 ; www.mutolinz.at ; Altstadt 7 ; menu végétarien 5 plats 62 €, viande et poisson 78 € ; ⏲18h-22h mer-sam ; ✎). Les cuisiniers magiciens du Muto ("transformer" en latin) concoctent des menus à base de viande et de poisson (par exemple des cailles fumées accompagnées d'une mousse de noisette et d'un gel aux morilles, ou du sandre au sorbet petits pois-ail des ours avec un croustillant de fromage de montagne à l'encre de calamar) et des menus végétariens (chou-rave rôti aux cubes de concombre pressé et au radis noir en saumure, entre autres). Un sans faute

Où prendre un verre et faire la fête

Paul's BAR
(www.pauls-linz.at ; Domplatz 3 ; ⏲11h-23h lun-jeu, 11h-minuit ven, 9h30-minuit sam ; wifi). Donnant sur la monumentale cathédrale Sainte-Marie, la façade de ce bâtiment en A est divisée en 2 parts égales : l'une en pierre, l'autre entièrement vitrée, illuminée le soir en rouge vif. Choix de bières autrichiennes, dont des variétés bios et sans gluten, ainsi que la *pale ale* de la maison, brassée par la Hofbräu Kaltenhausen à Salzbourg. On y sert aussi des vins autrichiens au verre et à la bouteille.

Salonschiff Fräulein Florentine BAR
(www.frl-florentine.at ; Donauradweg ; ⏲14h-3h lun-ven, midi-3h sam, midi-1h dim ; wifi). Amarrée de façon permanente sur le Danube en face du centre historique de Linz, cette grande péniche possède un grand pont extérieur ensoleillé au-dessus d'un salon douillet troué de hublots. Vins et bières exclusivement autrichiens et allemands. Accueille des concerts presque tous les week-ends de l'année, et parfois en semaine l'été. Superbe vue au crépuscule et la nuit.

Boiler Room BAR À COCKTAILS
(www.boiler-room.at ; Domgasse 5 ; ⏲18h-23h mer-jeu, 18h-1h ven-sam ; wifi). Bar chic installé dans une cave voûtée tout en longueur, réputé pour ses cocktails maison de saison, par exemple le CHM (vodka au citron vert et à l'épicéa, purée de framboise, sirop de chocolat blanc, jus de pomme et piment fumé), ou le Green Poison Daiquiri vert vif (gin au basilic, rhum aux orties et jus de citron vert). Les DJ sont aux platines jusqu'à tard.

Stiegelbräu zum Klosterhof MICROBRASSERIE
(www.klosterhof.at ; Landstrasse 30 ; ⏲16h-minuit mar, 10h-minuit mer-sam, 10h-14h dim). Dans la salle sombre du Klosterhof, datant de 1929, choisissez directement une bière pression Stiegl. Aménagé autour d'une immense fontaine, à l'ombre des châtaigniers, le *Biergarten* peut accueillir jusqu'à 1350 personnes. Musique live chaque soir en été et la plupart des week-ends en hiver.

Où sortir

Tabakfabrik CENTRE CULTUREL
(☎0732-77 22 72 ; www.tabakfabrik-linz.at ; Peter-Behrens-Platz 1-15). Bon exemple de la renaissance culturelle de Linz, ce centre culturel occupe une ancienne fabrique de tabac. Consultez le site Internet pour connaître la programmation et les dates des événements à venir (expositions, lectures, projections de films, concerts et soirées).

Brucknerhaus SALLE DE CONCERT, CENTRE DE FESTIVAL ET DE CONGRÈS
(☎0732-7612-0 ; www.brucknerhaus.at ; Untere Donaulände 7). La plus grande salle de concert de Linz, dans un superbe bâtiment circulaire (1974), comprend en fait 3 salles : la Brucknersaal qui peut accueillir 1540 spectateurs, la Stiftersaal (nommée d'après Adalbert Stifter) de 392 places, et la plus petite, Keplersaal (d'après Johannes Kepler), de 100-150 personnes. À l'affiche, un programme unique de musique classique, de jazz et de musique du monde. Programmes spéciaux pour enfant dès 3 ans. Le très réputé Brucknerorchester Linz est en résidence ici.

Opéra de Linz-Musiktheater OPÉRA, SALLE DE SPECTACLE
(☎0732-7611-400 ; www.landestheater-linz.at ; Am Volksgarten 1). Cet opéra inauguré en 2013, d'une capacité de 1000 personnes, occupe un impressionnant bâtiment géométrique dessiné par l'architecte britannique Terry Pawson. C'est la principale salle de spectacle de la ville. Elle accueille opéras, opérettes, ballets, comédies musicales et spectacles pour enfants.

Achats

Vinyl Corner MUSIQUE
(www.vinylcorner.at ; Bürgerstrasse 14 ; ⊙11h-18h lun-ven, 9h-15h sam). Musique traditionnelle autrichienne, chanson française, funk, jazz, rock, reggae, métal, rap, classique, cabaret… on trouve de tout dans ce magasin de vinyles, paradis pour collectionneurs. Également posters, platines et kits de nettoyage.

A/T Store DESIGN
(www.facebook.com/AT.STORE.LINZ ; Hofburg 10 ; ⊙10h-18h lun-ven, 10h-15h sam). La plupart des articles proposés dans ce *concept store* sont réalisés par des designers autrichiens, les autres étant l'œuvre de Scandinaves et de Néerlandais partageant la même esthétique minimaliste. On y vend des vêtements (homme et femme), chaussures, montres, bijoux, parfums, lotions mains et corps, mais aussi des produits d'épicerie fine, tels que des glaces, conserves et assortiments d'épices et d'herbes fines des Alpes.

Renseignements

Centre hospitalier universitaire Kepler (Kepler Universitätsklinikum ; ☎05 7680 82-0 ; www.kepleruniklinikum.at ; Krankenhausstrasse 9). Principal hôpital, à 1 km à l'est du centre. Urgences 24h/24.

Office du tourisme de Linz (☎0732-7070 2009 ; www.linztourismus.at ; Hauptplatz 1 ; ⊙10h-17h). Brochures, listes d'hébergements et informations sur la Haute-Autriche.

Depuis/vers Linz

AVION

L'**aéroport Blue Danube de Linz** (p. 424) est à 12 km au sud-est de la ville. Une navette directe, le bus n°601, relie la gare ferroviaire centrale (Hauptbahnhof ; 3,60 €, 22 min) à l'aéroport toutes les heures entre 5h14 et 20h37 du lundi au vendredi ; les trains sont moins nombreux le week-end. Autrement, des trains relient toutes les heures Linz à Hörsching (10 min, 2,80 €), à 3 minutes de l'aéroport en navette gratuite. Utilisez la cabine téléphonique gratuite pour composer le 0800 20 66 00, afin que l'on vienne vous chercher. Ce service très fiable fonctionne chaque jour de 5h à 23h.

BATEAU

L'**embarcadère** (Schiffstation ; Untere Donaulände 1) est situé sur la rive sud du Danube, à côté du musée d'art Lentos. De mi-août à début octobre, **Wurm & Noé** (☎0732-783 607 ; www.donauschifffahrt.eu ; Untere Donaulände 1) assure la liaison en bateau vers l'ouest avec Passau, en Allemagne (aller 33 €, 6 heures 30, 14h20 sam-dim) et vers l'est avec Krems (50 €, 7 heures 20, 9h sam), d'où des bus et des trains rejoignent Vienne.

BUS

Les bus régionaux partent d'arrêts situés à la gare routière principale, attenante à la gare ferroviaire (Hauptbahnhof).

TRAIN

Linz se trouve sur la principale voie ferroviaire entre Vienne (37€, 1 heure 15) et Salzbourg (28,40 €, 1 heure 15). Des trains express circulent 2 fois/heure dans les 2 directions.

Quatre trains par jour partent pour Prague (54,20 €, 4 heures). Billets sur www.oebb.at.

MAUTHAUSEN

Quelques mois après l'Anschluss, l'annexion de l'Autriche au Reich allemand, les nazis établirent un camp de concentration à Mauthausen, important centre d'extraction minière. Les prisonniers venus du camp de Dachau travaillaient dans les carrières de granit et beaucoup moururent sur le tragique *Todesstiege* ("escalier de la mort"), qui menait de la carrière au camp. Près de 100 000 prisonniers périrent ou furent exécutés en ce lieu entre 1938 et 1945. Sur place, le **mémorial de Mauthausen** (07238-2269-0 ; www.mauthausen-memorial.org ; Erinnerungsstrasse 1, Mauthausen ; 9h-17h30 mars-oct, 9h-15h mar-dim nov-fév) retrace l'histoire du site, et celle d'autres camps, comme ceux d'Ebensee et de Melk.

Bien que l'aspect actuel du mémorial diffère de celui du camp à sa libération en mai 1945, le visiteur peut entrer dans les vestiges des baraquements (conçus pour 200 personnes, ils en hébergeaient jusqu'à 500) et voir les terribles chambres à gaz. L'ancien baraquement des malades abrite aujourd'hui l'essentiel des "souvenirs" poignants du camp (dossiers, objets, et photos de prisonniers).

Des visites guidées (2 heures) en anglais partent à 10h de mars à octobre. Un audioguide coûte 3 €.

Depuis Linz, le bus n°360 (6 €, 41 min, 1/h) vous dépose à l'arrêt Mauthausen OÖ Linzer Strasse/Hauptschule ; de là, il faut gravir une pente raide vers le nord-ouest jusqu'au mémorial (1,5 km).

Des trains permettent de rejoindre Mauthausen au départ de Linz (6 €, 20 min, ttes les heures), mais un changement est nécessaire à Sankt Valentin pour la plupart. Le mémorial de Mauthausen se situe à 4 km au nord-ouest de la gare routière (suivez les panneaux KZ Mauthausen) ; comptez environ 1 heure de marche, en montée pour le dernier tronçon de 1,5 km.

Comment circuler

TRANSPORTS PUBLICS

Linz AG (www.linzag.at) dispose d'un vaste réseau de bus et de tramways. Les billets (1,20 €), les forfaits journaliers (5,20 €) et les forfaits hebdomadaires (16,50 €) sont en vente aux distributeurs automatiques installés sur le trottoir, dans les bureaux de tabac (*Tabakladen*) et à la gare centrale. Les chauffeurs ne vendent pas de titres de transport ; achetez et compostez votre billet avant de monter à bord.

VÉLO

Linz est une étape importante sur la superbe **piste cyclable du Danube** (www.danube-cycle-path.com), et on dénombre plus de 200 km de voies cyclables. On peut louer des vélos auprès de **Donau Touristik** (0732-2080 ; www.donaureisen.at ; Lederergasse 4-12 ; VTT 17/92 € par jour/sem ; 8h-18h mai-sept, 9h-16h30 lun-jeu, 9h-13h ven, sur demande sam-dim avr et oct).

VOITURE ET MOTO

Sens uniques, bouchons et parking onéreux – mieux vaut éviter la voiture dans le centre de Linz et préférer les transports publics. Toutefois, être motorisé est un plus pour explorer la Haute-Autriche. Les grandes agences de location ont des comptoirs à l'aéroport et à la *Hauptbahnhof*.

ENVIRONS DE LINZ

Sankt Florian (Saint-Florian)

07224/6175 HABITANTS

Modeste bourg historique à 18 km au sud-est de Linz, Sankt Florian s'enorgueillit de l'une des plus belles abbayes augustiniennes du pays. On raconte que saint Florian, officier romain torturé puis noyé dans l'Enns en l'an 304 sous l'empereur Dioclétien, pour s'être converti au christianisme, est enterré sous l'édifice. Saint patron de la Haute-Autriche et des pompiers, il aurait selon la légende sauvé un village en feu avec un seul seau rempli d'eau. Dans nombre d'églises autrichiennes, il est représenté sous les traits d'un guerrier romain combattant le feu.

À voir

Abbaye de Saint-Florian ÉGLISE ABBATIALE (Augustiner Chorherrenstift, www.stift-st-florian.at ; Stiftstrasse 1 ; visite guidée 11,50 € ; visites guidées 11h, 13h et 15h mai-oct). Dominant la ville, l'abbaye de Saint-Florian (Stift Sankt Florian), dont la première mention remonte à l'an 819, aurait été édifiée à l'emplacement

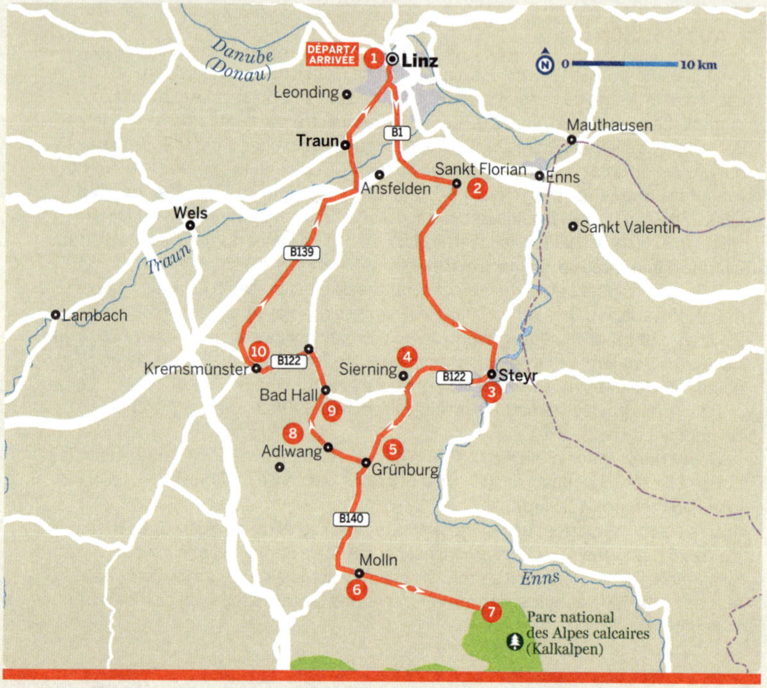

Balade en voiture
Les incontournables de la Haute-Autriche

DÉPART LINZ
ARRIVÉE LINZ
DISTANCE 140 KM
DURÉE 1 JOURNÉE

Cette balade à travers les paysages bucoliques de la Haute-Autriche est particulièrement plaisante à l'automne, lorsque les pommiers sont chargés de fruits et que les forêts se teintent de roux et d'or.

Après avoir apprécié les dernières innovations technologiques et la magnifique architecture de 1 **Linz** (p. 169), prenez la B1 vers le sud. La périphérie industrielle de la ville laisse bientôt place aux collines et aux prairies. Faites halte à l' 2 **abbaye de Saint-Florian** (Sankt Florian ; p. 177), chef-d'œuvre baroque et dernière demeure du compositeur Anton Bruckner.

Au sud, les petites routes traversent des champs ponctués de *Vierkanter*, grands corps de ferme dotés d'une cour intérieure, jusqu'à 3 **Steyr** (p. 180). Cette ville ravissante, installée en bord de rivière, qui inspira à Schubert son quintette *La Truite*, constitue une étape sympathique pour déjeuner.

Suivez le cours de la Steyr vers l'ouest par la B122 jusqu'à 4 **Sierning**, dominée par un château Renaissance. De là, la B140 longe la rivière vers le sud et 5 **Grünburg**, couronnée d'une église. Roulez un quart d'heure vers le sud pour rejoindre 6 **Molln**, point d'accès nord aux spectaculaires sommets, torrents et étendues sauvages du 7 **parc national des Alpes calcaires** (Kalkalpen ; p. 183).

Mettez ensuite le cap au nord, dépassez Grünburg, puis bifurquez vers l'ouest vers 8 **Adlwang**, une minuscule bourgade. La ferme Gangl est une halte de choix pour goûter au jus de pomme et au cidre (*Most*). Non loin au nord se trouve 9 **Bad Hall** (p. 183), une station thermale où vous pourrez faire trempette au Mediterrana Therme. Un court trajet vers l'ouest par la B122 mène à 10 **Kremsmünster** (p. 187), et son opulente abbaye bénédictine. Enfin, rentrez à Linz en traversant les jolis villages qui jalonnent la B139.

de la sépulture de saint Florian de Lorch. Elle est occupée depuis 1071 par les chanoines réguliers qui vivent selon la règle de saint Augustin, et les Petits Chanteurs de Saint-Florian (encadré ci-dessous) y suivent toujours leur formation. Les bâtiments de l'abbaye et l'église furent remaniés dans le style baroque aux XVIIe-XVIIIe siècles, et aujourd'hui, on peut admirer ce qui est l'une des plus belles et des plus grandes abbayes baroques d'Autriche, avec plus de 200 m de façade jaune et blanc.

Seule une visite guidée permet de découvrir l'intérieur de l'abbaye. On peut ainsi parcourir les somptueux appartements impériaux des Habsbourg ornés de stucs et de fresques, comprenant 16 chambres impériales (qui permettaient d'accueillir les hôtes illustres, à l'instar des papes et autres membres de la famille impériale), ainsi que la grandiose bibliothèque à plusieurs galeries, riche de 150 000 volumes et ornée de fresques au plafond de Bartolomeo Altomonte.

L'opulente **salle de marbre** (ou salle d'apparat), également décorée de fresques de Bartolomeo Altomonte, rend notamment hommage à Eugène de Savoie (1663-1736), prince français qui mena plus d'une fois l'armée des Habsbourg à la victoire contre la Sublime Porte. La chambre du prince Eugène abrite un étonnant lit d'apparat orné de petites statues de prisonniers Turcs enrubannés et de rebelles hongrois.

La **galerie Altdorfer** (aile ouest) où sont exposés 14 tableaux d'Albrecht Altdorfer (1480-1538), peintre de l'école du Danube, courant majeur de la Renaissance allemande, est l'un des points d'orgue de la visite. Les scènes représentant la Passion du Christ et le martyr de saint Sébastien révèlent avec beaucoup de finesse son art du clair-obscur. L'artiste s'inspirait habilement de l'actualité pour peindre ses scènes bibliques. Ainsi, l'un des bourreaux du Christ est à l'évidence un Turc.

La **basilique** (Stiftsbasilika ; ⏲6h30-coucher du soleil) est un modèle d'exubérance : son autel est sculpté dans un bloc de marbre rose de Salzbourg de 700 tonnes et l'immense orgue du XVIIIe siècle, dit de Bruckner (encadré ci-dessous), resplendissant d'or, était le plus grand d'Europe à l'époque de sa conception (7343 tuyaux). Pour entendre le son de cet instrument, programmez votre visite de manière qu'elle coïncide avec un concert (durée : 25 min ; p. 180).

Aux côtés de la modeste tombe d'Anton Bruckner, qui repose dans la **crypte** (partie la plus ancienne de l'abbaye) se trouve un ossuaire. Il s'agirait d'ossements de quelque 6 000 victimes exhumées au XIIIe siècle, mais datant de l'époque romaine. Os et crânes sont empilés avec soin et retenus derrière une grille en fer forgé.

Musée des Pompiers MUSÉE

(OÖ Feuerwehrmuseum ; www.feuerwehrmuseum-stflorian.at ; Stiftstrasse 2 ; adulte/enfant 5 €/gratuit ; ⏲10h-midi et 14h-17h mar-dim mai-oct). Ode à saint Florian, le saint patron des pompiers, ce musée rêvé des enfants, situé en face de l'abbaye, renferme des camions et des lances historiques.

Fêtes et festivals

Brucknertage MUSIQUE CLASSIQUE

(Journées Bruckner ; www.brucknertage.at ; ⏲août). Chaque année, durant plus d'une semaine, les mélomanes viennent de toute l'Europe pour les journées Bruckner (conférences et concerts), organisées dans le superbe cadre de l'abbaye de Saint-Florian. Depuis 2013, c'est le chef

LA MUSIQUE CÉLESTE DE SAINT-FLORIAN

Illustre compositeur du romantisme autrichien, Joseph Anton Bruckner, surnommé le "Ménestrel de Dieu", est né à 8 km de Sankt Florian dans le village d'Ansfelden en 1824. Enfant de chœur à Saint-Florian (il est le plus célèbre musicien formé dans ce monastère), dont il fut aussi l'organiste titulaire de 1850 à 1855, il fut inhumé en 1896 dans la crypte située sous son orgue, selon ses vœux – "Enterrez-moi près de mes orgues, faites que je les entende toujours". L'abbaye a une longue tradition musicale, et son nom est aussi associé à ceux de Schubert et de Haydn. En outre, elle est mondialement réputée pour son chœur de garçons, les *Sankt Florianer Sängerknaben* (Petits Chanteurs de Saint-Florian), l'un des plus anciens chœurs d'enfants d'Europe, documenté depuis 1071. Les dates de concert figurent sur le site www.florianer.at (en allemand).

d'orchestre français Rémy Ballot (né en 1977), également violoniste, qui assure la direction de ce festival en tant que chef en résidence. L'orchestre monté pour la circonstance est appelé Altomonte, en référence aux peintres qui décorèrent l'abbaye. Il comprend des musiciens des meilleurs ensembles autrichiens et allemands, et donne à entendre un cycle des symphonies de Bruckner.

Où se loger et se restaurer

Landgasthof zur Kanne AUBERGE €€
(☎07224-4288 ; www.gasthof-koppler.at ; Marktplatz 7 ; s/d 58/94 € ; P). Sur la place principale, cette auberge du XIVe siècle à la façade jaune abrite des chambres propres et douillettes, et un restaurant (⏲mer-dim) qui sert des plats à base de produits frais provenant de la ferme de la famille Koppler.

Zum Goldenen Löwe AUTRICHIEN €
(☎07224-8930 ; www.goldenerloewe-wimhofer.at ; Speiserberg 9 ; plats 7,50-16 € ; ⏲10h-minuit jeu-sam et lun, 9h-20h dim). Dans ce restaurant à l'intérieur lambrissé, en face des portes de l'abbaye, le personnel s'affaire en cuisine, où le chef prépare notamment de copieux *Schnitzel*. Le *Biergarten*, à l'arrière, donne sur la campagne vallonnée. En semaine, formule déjeuner entre 7,10 € et 9,10 €.

Où sortir

Augustiner Chorherrenstift Concerts MUSIQUE CLASSIQUE
(Billets 6 € ; ⏲14h30 lun, mer-ven et dim mi-mai à mi-oct). Pour entendre l'orgue de la basilique (p. 177) résonner dans toute sa puissance, faites coïncider votre visite avec l'un des concerts (durée : 25 min).

Depuis/vers Sankt Florian (Saint-Florian)

Sankt Florian (de son nom officiel Markt St Florian) n'est pas accessible en train. Des bus partent régulièrement de la gare routière centrale de Linz (3,60 €, 30 min, jusqu'à 3/h lun-sam, service restreint dim), adjacente à la *Hauptbahnhof*.

TRAUNVIERTEL

Dans cette région verte et vallonnée, il s'agit moins de faire du tourisme que de vivre au rythme de la campagne. Parmi les activités proposées : randonnée en forêt, ski en montagne, dégustation de *Most* (cidre artisanal) dans les pommeraies, et séjour dans une vaste *Vierkanthof* (ferme ouverte sur une cour carrée), typique de Haute-Autriche.

Steyr

☎07252/38 330 HABITANTS

Il est dit que Franz Schubert (1797-1828) avait trouvé Steyr si charmante qu'elle lui inspira son célèbre quintette pour piano et cordes *La Truite*. De son côté, Anton Bruckner y passait souvent l'été, et il y travailla à la composition de sa *Symphonie n°8* et de sa *Symphonie n°9 "Inachevée"*. Une place à son nom, avec sa statue, lui rend hommage au cœur de la ville. Située au confluent de l'Enns et de la Steyr, cette ravissante cité aux ruelles pavées et aux maisons de style baroque est l'une des plus pittoresques de la région.

À voir

Parc du château PARC
(Schlosspark ; Blumauergasse). Les sentiers qui sillonnent ce parc paisible mènent au **château Lamberg**, édifice baroque érigé au confluent de l'Enns et de la Steyr.

Au départ de la **Bummerlhaus** (1497), l'un des plus anciens édifices gothiques bordant la magnifique Stadtplatz, au n°32, un passage escarpé surplombé d'arches se faufile à travers les remparts de la vieille ville pour s'élever jusqu'à la Berggasse, une rue pavée, et au parc.

Musée du Monde du travail MUSÉE
(Museum Arbeitswelt ; ☎07252-773 51-0 ; www.museum-steyr.at ; Wehrgrabengasse 7 ; adulte/enfant 7/5 € ; ⏲9h-17h mar-ven, 10h-17h sam-dim déb mai à mi-déc). Installé dans une ancienne manufacture d'armes en bordure de rivière, ce musée instructif retrace le passé industriel de Steyr à travers des expositions sur l'histoire de la classe ouvrière, le travail forcé durant la Seconde Guerre mondiale et la montée du Parti socialiste.

Église paroissiale ÉGLISE
(Stadtpfarrkirche ; www.dioezese-linz.at ; Brucknerplatz 4 ; ⏲8h-18h). La flèche de cette église de style gothique est l'un des monuments les plus remarquables de Steyr. L'édifice, qui partage des caractéristiques de la cathédrale Saint-Étienne de Vienne, a été conçu par le même architecte, Hans Puchsbaum.

À NE PAS MANQUER

LE MONASTÈRE DE WILHERING, ÉBLOUISSANT CHEF-D'ŒUVRE ROCOCO

À l'ouest de Linz, sur la rive sud du Danube, se dresse l'**abbaye cistercienne de Wilhering** (Stift Wilhering ; ☎07226-2311/12 ; stiftwilhering.at ; Linzerstrasse 4, Wilhering ; adulte/enfant 6/4,50 €, visite guidée du musée dim 14h15-15h15 5 €), merveilleux emblème du style rococo germanique du XVIIIe siècle. Roman à l'origine, l'édifice bâti au XIIe siècle fut reconstruit entre 1734 et 1748 selon les plans de Johann Haslinger, à la suite d'un incendie qui le détruisit presque entièrement. Véritable chef-d'œuvre de l'art baroque, l'intérieur de l'église est décoré de peintures attribuées à Martino et Bartolomão Altomonte, et de stucs spectaculaires.

Seuls sont ouverts à la visite l'église et le musée attenant à ce monastère encore en activité et qui accueille depuis la fin du XIXe siècle un lycée religieux.

Profitez de votre venue pour explorer les forêts du Kürnberg environnantes au gré des nombreux sentiers de randonnée qui sillonnent la région.

Bruckner venait y jouer de l'orgue quand il résidait dans la ville.

Église Saint-Michel ÉGLISE

(Michaelerkirche ; www.dioezese-linz.at ; Michaelerplatz 1 ; ⏲8h-18h). Immédiatement au nord de la Steyr, cette église de style baroque, à deux tours, est notamment notable pour une fresque représentant saint Michel et les anges déchus.

Maison de Franz Schubert BÂTIMENT HISTORIQUE

(Stadtplatz 16). Jolie maison sur la grand-place, où Schubert composa son quintette *La Truite*.

Musée de la Ville MUSÉE

(Stadtmuseum ; Grünmarkt 26 ; ⏲10h-16h mar-dim avr-oct, 10h-16h mer-dim nov-mars). GRATUIT Aménagé dans un grenier à grains du début du XVIIe siècle rénové en 2021, orné en façade d'une belle fresque murale en sgraffite, ce musée présente la culture et les traditions folkloriques de Steyr par le biais d'objets de toutes sortes. Ne manquez pas les figurines de la nativité de styles baroque et Biedermeier.

Fêtes et festivals

Musik Festival Steyr MUSIQUE

(www.musikfestivalsteyr.at ; ⏲fin juil à mi-août). Principalement dédié à la musique classique, ce festival de 2 semaines accueille aussi fanfares, opéras, pièces de théâtre et projections de films en plein air, ainsi qu'un atelier de théâtre pour enfants.

Schubert@Steyr MUSIQUE

(www.schubertatsteyr.at ; ⏲mi-oct). Chaque année pendant 3 jours, Steyr rend hommage à Franz Schubert en organisant des concerts dans des églises et sur diverses scènes à travers la ville.

Bureau de poste de Christkindl NOËL

(Poststamt Christkindl ; www.christkindl.at ; Christkindlweg 6, Christkindl ; ⏲10h-17h 25 nov-6 jan). Si vous visitez Steyr à la période de Noël, rendez-vous dans le faubourg de Christkindl, à l'ouest de la vieille ville, qui porte le même nom que le Christkind ailé ("Christ Enfant", affectueusement surnommé Christkindl, qui apporte des cadeaux aux enfants le 24 décembre). Pendant les fêtes, un bureau de poste traite les quelque 2 millions de lettres postées du monde entier.

Où se loger

Gasthof Bauer AUBERGE €

(☎07252-544 41 ; www.bauer-gasthof.at ; Josefgasse 7 ; s/d 46/82 € ; P 📶). Tenue par la même famille depuis 1880, cette auberge accueillante de 14 chambres se trouve sur un îlot de la Steyr. Chambres modestes mais confortables, jardin verdoyant à l'ombre des châtaigniers et restaurant (ouvert du mercredi au dimanche, plats 8-13 €) de spécialités locales à base de produits frais, de la truite notamment. À 1 km au nord-ouest de la Stadtplatz. Paiement en espèces uniquement.

Camping am Fluss CAMPING €

(☎07252-780 08 ; www.campingamfluss.at ; Kematmüllerstrasse 1a ; empl par adulte/enfant/tente 6,50/3/3 € ; P 📶). Sur les berges de l'Enns, à 3,3 km au nord-est du centre, un camping ombragé de 50 emplacements. Aire de jeux, diverses activités possibles (canoë, tennis) et local à vélos pour les cyclistes, avec matériel de réparation. Accessible par le bus n°1 depuis le centre.

Hotel Christkindlwirt HÔTEL €€
(07252-521 84 ; www.christkindlwirt.at ; Christkindlweg 6, Christkindl ; s/d à partir de 83/120 € ; P). Niché derrière l'église de Christkindl, un boutique-hôtel aux chambres contemporaines dans des tons chauds, la plupart avec balcon et vue sur la rivière. Les bougies confèrent une ambiance apaisante au spa, aux allures de grotte. Sauna, hammam et soins, tels que massage shiatsu. La terrasse panoramique du restaurant (plats 12,50-31,90 €) donne sur la vallée en contrebas.

Minichmayr HÔTEL €€
(07252-534 10 ; www.hotel-minichmayr.at ; Haratzmüllerstrasse 1-3 ; s/d à partir de 86/128 € ;). Ce superbe établissement, vieux de près de 500 ans et très confortable, se situe à la confluence de la Steyr et de l'Enns. Élégants tons crème dans les chambres, pimpantes. Son restaurant autrichien (plats 9,50-32,50 €), aux remarquables boiseries finement sculptées, préside à une vue panoramique sur les rivières et la ville. On profite aussi de la vue depuis le spa à l'étage (Jacuzzi et hammam).

Stadthotel Styria HÔTEL HISTORIQUE €€
(07252-515 510 ; www.stadthotel-steyr.at ; Stadtplatz 40 ; s/d/ste à partir de 97/148/196 € ; P). Hôtel parmi les plus anciens de Steyr, qui occupe une demeure vieille de 4 siècles, sur la grand-place (Stadtplatz). De nombreuses chambres ont conservé des éléments d'origine – mobilier d'époque ou poutres. La salle du petit-déjeuner, ornée de fresques, donne sur les toits de la ville. Plus modernes, les chambres situées à l'arrière du bâtiment possèdent, pour deux d'entre elles, une terrasse privative. Les résidents ont accès à un sauna et à un hammam.

Gasthof Alpenblick HÔTEL €€
(07259-2552 ; www.gasthof-alpenblick.at ; Frauenhofenstrasse 23, Sierning ; s/d à partir de 51/88 € ; P). La plupart des 16 grandes chambres de cet établissement moderne ont un balcon profitant d'une vue sur les montagnes voisines. Il y a une œnothèque qui vend des vins locaux et liqueurs régionales, que l'on peut goûter dans l'excellent restaurant (du vendredi au mardi ; plats 9-22 €) – bonne cuisine locale et divers mets végétariens tel le *Strudel* de légumes-racines. À 10 km à l'ouest de Steyr.

Où se restaurer

Knapp am Eck BISTROT €€
(07252-762 69 ; www.knappameck.at ; Wehrgrabengasse 15 ; plats 11-25 € ; 11h-14h et 18h-23h mar-jeu et sam, à partir de 17h30 ven). Une ruelle pavée longe la Steyr et mène jusqu'à ce bistrot adepte du mouvement locavore. Les plats, comme l'agneau tendre à la polenta et le porc à la sauge, sont élaborés avec des produits bios locaux et de saison. Le soir, bougies et lampions illuminent les murs couverts de lierre, les roses trémières et les châtaigniers du jardin. Déjeuner de 3 plats à 21 € (en milieu de semaine uniquement).

Rahofer AUTRICHIEN €€
(07252-546 06 ; www.restaurant-rahofer.at ; Stadtplatz 9 ; restaurant plats 14,50-28,50 €, café gâteaux 2,80-4,50 € ; restaurant 18h30-22h mer-sam, café 9h-14h jeu-sam). Dans le centre de Steyr, le Rahofer comprend un café classique en face de l'Enns, un restaurant traditionnel donnant sur la Stadtplatz, et entre les deux, une jolie cour abritée emplie de tables en été. Le café met à l'honneur les pâtisseries et les gâteaux comme le *Gugelhupf* (équivalent du Kouglof alsacien), le restaurant les plats autrichiens, notamment du *Tafelspitz*.

Orangerie im Schlosspark EUROPÉEN €€
(07252-740 74 ; www.orangerie-steyr.at ; Blumauergasse 1 ; plats 13,80-22,80 € ; 11h-23h jeu-lun mai-sept, 11h-23h jeu-sam et lun oct-avr ;). Cette magnifique orangerie du XVIIIe siècle, reconvertie, ouvre sur une terrasse verdoyante donnant sur le parc du château (*Schlosspark*). Le chef concocte des plats de saison d'une grande fraîcheur : tagliatelles aux chanterelles, pintade rôtie aux patates douces et asperges par exemple. En semaine, le menu déjeuner (2 plats ; 8,50-10,50 €) comporte toujours une option végétarienne.

Gasthof Mader AUTRICHIEN €€
(07252-533 58 ; www.mader.at ; Stadtplatz 36 ; plats 11,80-34,50 €, menus dîner 3/4/5 plats 36/44/53 € ; 17h-minuit lun, 8h-minuit mar-ven et sam, 16h-minuit ven, 8h-midi dim). Des salles voûtées, un *Schubertstüberl* (salon "Schubert") décoré de fresques, une cour intérieure entourée d'une galerie d'arcades : voilà pour le cadre de ce restaurant logé dans un bâtiment chargé d'histoire. À la carte (en allemand) : des spécialités

comme le rôti de porc aux *Knödel* et la truite accompagnée de pommes de terre persillées. Le dimanche, le buffet à volonté du brunch coûte 23 €. À l'étage, une douzaine de chambres confortables (simple/double/familiale 99/142/166 €).

Où prendre un verre et faire la fête

Strandbar BAR

(☎0681 843 986 110 ; strandbar.business.site ; Roseneggstrasse 16 ; ⏲9h-21h mi-mai à mi-sept). L'été, direction ce bar, secret bien gardé à 3,5 km à l'ouest de la ville : une cahute en bois cachée au milieu des arbres, à quelques pas d'une plage de la Steyr au sable blanc. Autour des tables de pique-nique à l'extérieur, on sirote des bières régionales Zipfer, accompagnées de poissons entiers (brochet ou sandre) ou de côtes de porc ou de bœuf, le tout cuit au barbecue (plats 6,50-13 €).

Renseignements

L'**office du tourisme** (☎07252-532 29-0 ; www.steyr-nationalpark.at ; Stadtplatz 27 ; ⏲9h-18h lun-ven, 9h-midi sam) est installé dans l'hôtel de ville (*Rathaus*), sur la place principale.

Depuis/vers Steyr

BUS

Des bus municipaux et régionaux démarrent de la gare ferroviaire centrale (*Hauptbahnhof*), à 200 m à l'est de la vieille ville, accessible par une passerelle sur l'Enns.

TRAIN

Des trains directs relient Steyr à Linz (9,60 €, 55 min, ttes les heures lun-sam, moins le dim). La plupart des trains pour Wels (15,10 €, 56 min, ttes les heures lun-sam, moins le dim) nécessitent un changement à Sankt Valentin.

VOITURE ET MOTO

Steyr se trouve sur la B115, qui part de l'A1 en direction de Leoben, au sud-est.

Bad Hall

☎07258/5295 HABITANTS

Située une vingtaine de km à l'ouest de Steyr, Bad Hall est une bourgade de marché qui remonte au XIIe siècle, et une station thermale depuis le XIXe siècle. Elle a pour principal atout son complexe thermal, le Mediterrana Therme, vanté pour les vertus thérapeutiques de ses eaux.

Kurpark PARC

(⏲lever-coucher du soleil). Situé en face du Mediterrana Therme, ce parc boisé de 34 ha comprend des espèces indigènes et exotiques, des jardins aromatiques et une myriade de parterres de fleurs. Il englobe également 40 km de sentiers et des aires de jeux pour les enfants. On peut aussi y découvrir des installations artistiques régulièrement renouvelées. Si vous souhaitez inhaler gratuitement les vapeurs iodées du spa, rendez-vous au pavillon central, où 1000 litres des précieuses émanations filtrent toutes les heures à travers les palissades.

Mediterrana Therme SPA

(www.eurothermen.at ; Kurpromenade 1 ; entrée à la journée adulte/enfant 23,50/17,50 € ; ⏲9h-minuit). Les sources thermales riches en iode de Bad Hall, à 40°C, sont vantées pour leurs vertus thérapeutiques. Jets massants et vue sur les montagnes vous attendent à l'extérieur, tandis que dans le bâtiment se trouvent une étuve (avec vapeur iodée), une grande piscine et des bains à remous. Idéal pour se détendre pendant que les plus jeunes barbotent dans la piscine.

Ferienhof Gangl SÉJOUR À LA FERME €

(☎07258-40 18 ; Mandorferstrasse 28, Adlwang ; d/app 86/144 € ; P). Leopold Höllhuber vend un *Schnaps* puissant couronné de prix, du jus de pomme et du *Most* (cidre) à "Gangl in Aign", une grande ferme ouverte sur une cour carrée (*Vierkanterhof*). Il loue aussi des chambres confortables, aux meubles en pin. Aire de jeux pour les enfants.

Renseignements

L'**office du tourisme** (☎07258-7200-0 ; www.badhall.at ; Kurpromenade 1 ; ⏲8h-12h30 et 13h-17h lun-ven, 9h-14h sam) se trouve à 200 m au sud-est du Mediterrana Therme.

Depuis/vers Bad Hall

Des bus relient Steyr à Bad Hall (6 €, 37 min, ttes les heures lun-sam, ttes les 2 heures dim).

Parc national des Alpes calcaires (Kalkalpen)

Fief de l'aigle royal et du lynx, ce parc peu connu, en grande partie sauvage et intact, se compose de montagnes calcaires au relief accidenté, de pâtures et de prairies alpines, et de 80% de forêts primaires et anciennes de hêtres classées au patrimoine mondial. Situé au sud-est de la Haute-Autriche, et mitoyen de la Styrie, c'est le deuxième plus grand parc national du pays après celui des Hohe Tauern. Ses plus de 20000 ha s'étendent du massif du Sengsengebirge (le plus au nord) au massif du Reichraminger Hintergebirge – sa partie la plus sauvage parmi les plus grandes régions forestières d'Autriche. Ses vallées et ses gorges serpentent entre ces massifs, dont le point culminant est le **Hoher Nock** (1963 m).

Activités

Le parc national des Alpes calcaires est un paradis pour fondeurs en hiver et pour randonneurs, cyclistes et varappeurs en été. La carte Kompass n°70 (au 1/50000) détaille sa topographie et son réseau de sentiers. À proximité du parc, vous pourrez notamment pratiquer le parapente, le rafting et la spéléologie.

Wurbauer Kogel PLEIN AIR

(☎07564-5275 ; www.wurbauerkogel.at ; Kühbergstrasse 2, Windischgarsten ; toboggan, Alpine Coaste et télésiège 15 €, Alpine Coaster seul 7 €/tour, pass sentier VTT/location VTT 27/70 € pour 4 heures ; ⏰10h-17h mai-oct). La base de loisirs de Wurbauer Kogel est propice aux activités de plein air. Il y a notamment un toboggan de 1400 m atteignant 80 km/h, et des montagnes russes (Alpine Coaster) de 800 m de long, moins rapides, allant jusqu'à 40 km/h. Citons aussi 4 pistes de VTT en descente, avec rampes, marches et *wall rides*, ainsi que des sentiers de randonnée, des via ferrata et une tour panoramique de 6 étages (21 m) dominant le parc national.

Pro Adventures SPORTS D'AVENTURE

(☎0664 4412 111 ; www.pro-adventures.com ; Gaisriegl 8, Vorderstoder ; ⏰sur réservation). Pro Adventures organise diverses activités guidées, parmi lesquelles rafting (89 €/j), snorkeling en rivière (65 €/demi-journée), via ferrata (99 €/j) et spéléologie (à partir de 49 €/demi-journée). Des canoës sont disponibles à la location (55 €/j). Parmi les activités se déroulant sur plusieurs jours : construction d'igloos (150 €/2 j) et circuits de randonnée/ski de fond (à partir de 299 €). Demandez confirmation du lieu de rendez-vous lors de la réservation.

Possibilité d'hébergement en refuge ; renseignez-vous sur les tarifs de saison.

Flugschule PARAPENTE, DELTAPLANE

(☎0664 300 1410 ; www.fliegmit.at ; Mitterstoder 57, Hinterstoder ; vol en tandem 20 min 149 €, stage 2 jours 600 € ; ⏰sur réservation). Une école qui propose des vols en parapente et deltaplane en tandem, ainsi que des stages intensifs (en anglais et allemand) pour vous permettre de voler en solitaire. La plupart des vols ont lieu à proximité de la station de ski de Hinterstoder, mais certains sont organisés dans le parc national des Alpes calcaires ; demandez confirmation du lieu de rendez-vous lors de la réservation.

Wurzeralm SKI

(www.hiwu.at ; Pyhrn 33, Wurzeralm ; forfait journalier 48/22 € ; ⏰remontées 8h30-16h30 déc-déb avr). Un téléphérique vous emmène du parking de Wurzeralm jusqu'au domaine skiable, s'étageant de 800 à 1870 m d'altitude, où 22 km de pistes sont desservis par 7 remontées mécaniques. On y trouve une aire de jeux/entraînement pour enfants. Les remontées mécaniques ne fonctionnent pas en été, mais on peut y randonner.

Hinterstoder SKI, RANDONNÉE

(www.hiwu.at ; Hinterstoder 21, Hinterstoder ; forfait journalier adulte/enfant 51/23 € ; ⏰8h30-16h30 déc-déb avr). Avec en toile de fond de spectaculaires sommets déchiquetés, Hinterstoder comprend 40 km de pistes desservis par 14 remontées mécaniques entre 600 et 2000 m. L'été, place aux via ferrata, aux randonnées dans les alpages et au VTT (attention, tous les téléphériques ne prennent pas les vélos).

Où se loger et se restaurer

Landhotel Stockerwirt HÔTEL €€

(☎07564-821 400 ; www.stockerwirt.net ; Vorderstoder 2, Vorderstoder ; d/ste à partir de 130/164 € ; P📶🏊). Superbe vue sur les montagnes, même depuis la piscine intérieure chauffée et le sauna, à l'immense baie vitrée. Les chambres, la plupart avec balcon, sont réparties dans deux bâtiments : l'un de style chalet à l'ancienne et l'autre ultra-moderne. Chasseurs, agriculteurs et cueilleurs locaux fournissent le restaurant (fermé le lundi), et des barbecues sont organisés dans le jardin l'été. À 30 km au sud de Molln.

Hotel Freunde der Natur HÔTEL €€

(☎07563-681 ; www.naturfreundehotel.at ; Wiesenweg 7, Spital am Pyhrn ; s/d à partir de

67/105 € ; P Wi-Fi). Pratique pour profiter de Wurzeralm et du parc national, l'hôtel "des Amis de la nature", de type grand chalet (70 chambres), est situé dans une jolie vallée avec vue sur les montagnes., Entre autres services, citons notamment un spa avec sauna et bain de vapeur, et une salle de séchage et de stockage des skis. Les familles ne sont pas oubliées : aire de jeux, menu enfant dans le restaurant autrichien traditionnel, et chambres communicantes.

Das Rössl AUTRICHIEN €€

(☎07562-205 55 ; www.dasroessl.at ; Hauptstrasse 9, Windischgarsten ; plats 12,50-22,80 € ; ⏲cuisine 17h-21h lun-mar et ven, 11h30-14h et 17h-21h sam-dim ; 👪). Un hôtel-restaurant plein de charme, dans une grande demeure à la façade gris perle, et l'une des meilleures tables de la ravissante localité de Windischgarsten, au cœur de la région du Pyhrn-Priel. Faux-filet, porc mariné au riesling et truite d'eau douce figurent à la carte, tout comme une authentique *Wiener Schnitzel* (escalope de veau panée). Très agréable salle à manger aux plafonds voûtés. Bonne carte des vins et bar. Il y a 26 chambres, simples mais confortables, à l'étage (doubles à partir de 84 € avec petit-déjeuner).

Renseignements

Le personnel du **Nationalpark Zentrum Molln** (☎07584-3651 ; www.kalkalpen.at ; Nationalparkallee 1, Molln ; ⏲7h30-12h et 12h30-17h lun, mar et jeu, 7h30-13h mer et ven) ultra-moderne, près de l'entrée nord du parc dans la bourgade de Molln, ou celui du **Tourismusverband Pyhrn-Priel** (☎07562 5266 ; www.urlaubsregion-pyhrn-priel.at ; Bahnhofstrasse 2, Windischgarsten ; ⏲8h-17h lun-ven, 9h-midi sam-dim mai-oct, horaires réduits nov-avr), au sud du parc, à Windischgarsten, vous donnera des renseignements sur les activités. Il peut également organiser des circuits guidés en anglais.

Depuis/vers le parc national des Alpes calcaires (Kalkalpen)

Au départ de Steyr, des bus directs desservent Molln (7,10 €, 48 min, 7/j). De Windischgarsten, des bus locaux gagnent Hinterstoder et Wurzeralm pendant les saisons de ski et de randonnée.

Pour explorer la région en profondeur, vous devrez néanmoins disposer de votre propre véhicule.

Wels

☎07242/61235 HABITANTS

Wels, la plus grande ville du Traunviertel, l'une des trois régions historiques de la Haute-Autriche, vit le jour à l'époque néolithique et devint une place forte stratégique sous les Romains. Si les sites notoires ne se bousculent pas, elle fait une base idéale pour explorer la Haute-Autriche rurale. La municipalité a su préserver la vieille ville, jalonnée d'une superbe collection de hautes demeures Renaissance et baroques aux façades peintes, qui recèlent souvent des cours intérieures et des jardins entourés de murs d'enceinte. En été, la ville s'anime grâce à ses marchés fermiers et à ses concerts en plein air.

À voir

Grand-place SITE HISTORIQUE

La place principale de Wels (*Stadtplatz*) est bordée de remarquables maisons de ville, dont beaucoup cachent des cours intérieures à arcades. Au n°18, une ravissante maison est notable pour sa cour drapée de lierre, emplie de palmiers, de rhododendrons et de pins parasols du Japon. Sur la façade, admirez le **médaillon romain** (*Römermedallion*), bas-relief vieux de 2000 ans.

Au n°24, la **maison de Salomé Alt** (Haus der Salome Alt), demeure de style Renaissance, arbore une façade en trompe l'œil. Elle tire son nom de Salomé Alt, maîtresse du fameux prince-archevêque de Salzbourg, Wolf Dietrich von Raitenau (1559-1617), qui l'occupa jadis.

La jolie **tour du Tanneur** (Ledererturm), construite en 1326 et dernier vestige des fortifications de la ville, domine l'extrémité ouest de la Stadtplatz.

Château de Wels CHÂTEAU, MUSÉE

(Burg Wels ; www.wels.at ; Burggasse 13 ; adulte/enfant 5/2,30 € ; ⏲10h-17h mar-ven, 14h-17h sam, 10h-16h dim). Aménagé autour d'un jardin avec un grand parc domanial, cet ancien château fort fut le fief du prince Babenberg Léopold VI d'Autriche (1176-1230), duc de Styrie et duc d'Autriche, à la fin du XIIe siècle. Plus tard réaménagé en manoir, ce fut la dernière demeure de l'empereur Maximilien Ier (1459-1519). Son musée folklorique donne à voir une collection très variée, des boulets de canon aux costumes de style Biedermeier. Admirez le pressoir à cidre (actionné à l'époque

VAUT LE DÉTOUR

BRASSERIE TRAPPISTE

Engelhartszell an der Donau, village au bord du Danube, possède l'une des huit brasseries trappistes reconnues hors de Belgique, et la seule que compte l'Autriche. À l'**abbaye d'Engelszell** (Stift Engelszell ; www.stift-engelszell.at ; Stiftstrasse 6 ; ⏲ église 8h-19h avr-oct, 8h-17h nov-mars, boutique 9h-17h avr-oct, horaires réduits le reste de l'année), fondée en 1293, on peut se procurer des bières brassées par les moines (brune Gregorius, ambrée Benno et blonde Nivard) ; la boutique vend aussi du jus de pomme, des liqueurs et des fromages produits sur place. Attenante à la boutique, la superbe église abbatiale rococo fut achevée en 1764.

par des chevaux), ainsi que la pièce circulaire dont les murs sont ornés de pâtisseries en forme d'animaux ou de fleurs et de gigantesques bretzels.

Église paroissiale ÉGLISE
(Stadtpfarrkirche ; www.dioezese-linz.at ; Pfarrgasse 27 ; ⏲ 8h-18h). Érigée au XIVe siècle sur le site d'une chapelle en bois mentionnée pour la première fois en l'an 888, cette église très sobre se distingue par ses superbes vitraux gothiques.

Où se loger

Boutique Hotel Hauser BOUTIQUE-HÔTEL €€
(☎ 07242-454 09 ; www.hotelhauser.com ; Bäckergasse 7 ; s/d à partir de 96/123 € ; ❄📶🏊). Situation centrale, service courtois, chambres contemporaines, piscine, sauna et toit-terrasse... Cet hôtel de charme surpasse la plupart des établissements de catégorie moyenne de Wels. Le buffet du petit-déjeuner est un festin de produits bios et régionaux, de gâteaux et de confitures maison. Thé et fruits gracieusement à disposition des hôtes toute la journée.

Hotel Ploberger HÔTEL €€
(☎ 07242-629 41 ; www.hotel-ploberger.at ; Kaiser-Josef-Platz 21 ; s/d à partir de 106/141 € ; P❄📶). Au cœur de la ville, le Ploberger est un hôtel de 92 chambres (machine à café siglée dans certaines) contemporaines aux tons monochromes. Le sauna et le feu de cheminée apportent une touche de confort en hiver.

Où se restaurer

Löwenkeller INTERNATIONAL €€
(☎ 0699 11144143 ; www.loewenkeller.at ; Hafergasse 1 ; plats 18-36 € ; ⏲ 17h45-minuit mar-sam). Pierres apparentes, nappes et serviettes en tissu d'un blanc immaculé, service attentif : voici l'un des restaurants les plus raffinés de la ville. Les plats (truite pochée au risotto à l'ail des ours, pintade rôtie à la sauce aux champignons de la région, ou encore agneau de Haute-Autriche en croûte de sel aux *Knödel* de semoule) sont présentés avec originalité et s'accompagnent de vins autrichiens provenant de la cave de l'établissement.

Gasthaus zur Linde AUTRICHIEN €€
(☎ 07242-460 23 ; www.gasthaus-zur-linde.at ; Ringstrasse 45 ; plats 9,80-18,80 € ; ⏲ 10h-14h30 et 16h30-minuit mar-ven ; 📶🌿). Ouvert au début du XIXe siècle, cet établissement familial n'est que charme et accueil à l'ancienne. Au menu : classiques de la cuisine autrichienne et mets de saison, dont les asperges au printemps et le gibier en automne, et 4 plats végétariens différents chaque jour. Menu déjeuner (2 plats, 10,90 €, en semaine uniquement) d'un bon rapport qualité/prix.

Renseignements

Vous trouverez des informations sur la ville à l'**office du tourisme** (☎ 07242 67722 22 ; www.wels.at ; Stadtplatz 44 ; ⏲ 9h-midi et 13h-18h lun-ven) sur la Stadtplatz.

Depuis/vers Wels

Les bus et les trains arrivent à/partent de la gare ferroviaire (*Hauptbahnhof*), à 1,25 km au nord de la Stadtplatz.

La ville se trouve sur la ligne ferroviaire express InterCity (IC) et EuroCity (EC), entre Linz (6 €, 15/20 min, jusqu'à 6/h) et Salzbourg (23 €, 1 heure, ttes les heures). Des trains réguliers desservent notamment Passau (17,40 €, 1 heure 13, jusqu'à 3/h), en Allemagne, et Vienne (41,30 €, 1 heure 50, jusqu'à 3/h).

Kremsmünster

☎ 07583/6 585 HABITANTS

Kremsmünster se démarque des autres localités rurales industrieuse de Haute-Autriche grâce à sa majestueuse abbaye bénédictine, dominant la vallée fertile de la Krems. C'est en effet son monastère qui a marqué le passé du bourg et son histoire depuis plus de 1200 ans, et le nom de la ville en est tiré (*Münster an dem Krems* ; le monastère sur la Krems). L'écrivain Adalbert Stifter fit ses études au collège du monastère.

À voir

Abbaye bénédictine de Kremsmünster ABBAYE

(Stift Kremsmünster ; 07583-5275-0 ; www.stift-kremsmuenster.at ; Stift 1 ; visites guidées adulte/enfant 11/3 € ; visites guidées sur réservation 10h, 11h, 14h, 15h30 et 16h mai-oct, 11h30, 14h nov-avr). Fondé en l'an 777, l'immense ensemble abbatial de Kremsmünster fut restauré dans le style baroque au XVIIIe siècle. Stucs et fresques élaborés ornent la **bibliothèque** (Bibliothek) tout en longueur, dont les rayonnages supportent 160 000 ouvrages, et la **salle de l'Empereur** (Kaisersaal). La pièce maîtresse du **Trésor** (Schatzkammer) est le calice en or, que Tassilon III (vers 741-794), duc de Bavière, offrit aux moines vers l'an 780. La visite guidée (1 heure) englobe les 3 salles (disponibles en plusieurs langues, dont le français – sur réservation).

Église abbatiale ÉGLISE BAROQUE

(Stiftskirche ; Stift 1 ; 10h-16h30 mar-dim). D'origine romano-gothique, cette église présente une façade encadrée de deux tours carrées, surmontées de bulbes noirs. L'intérieur, d'une merveilleuse exubérance baroque – que l'on peut visiter sans participer à la visite guidée de l'abbaye –, est orné de riches décors en stuc, de tapisseries flamandes, de fresques et de sculptures en marbre datant du XVIIe siècle, et de peintures majestueuses.

Où se restaurer

Schupf'n AUTRICHIEN €

(07258-7073 ; www.schupfn.at ; Oberro 10, Rohr im Kremstal ; plats 10-15 € ; 11h30-14h30 mar-jeu, jusqu'à 19h30 ven-dim ;). Donnant sur les champs à 5 km à l'est de Kremsmünster, le Schupf'n est une agréable auberge de campagne : salle à manger au cadre lambrissé rustique et personnel en habits traditionnels autrichiens. Les plats généreux font la part belle aux produits locaux – filet mignon de porc à la choucroute et crème aigre, *Käsespätzle* (pâtes) au fromage de Mondsee et oignons, et *Mostschober* (génoise arrosée de cidre aux épices) pour finir.

Depuis/vers Kremsmünster

Des trains directs relient Kremsmünster à Linz (8,10 €, 40 min, 1/h).

Des bus desservent Wels (4,90 €, 30 min, 7/j lun-sam uniquement).

MÜHLVIERTEL

Région isolée d'une grande beauté, frontalière de la Bohême au nord, le Mühlviertel (qui tire son nom des trois rivières Mühl) se distingue par ses collines de granit enveloppées de brume, ses épaisses forêts et ses vallées ponctuées de grandes fermes blanches de style *Steinbloss* – aux murs en pierre de granit nue alternant zones claires et sombres Le paysage rappelle celui de la République tchèque, d'ailleurs pas si lointaine. Cette partie de la Haute-Autriche mérite également le détour pour son architecture gothique, l'accueil chaleureux de ses habitants et son cadre particulièrement paisible. C'est un territoire essentiellement agricole, et la culture des herbes (menthe, mélisse, feuilles de mauve) et des plantes aromatiques y est traditionnelle. Il est dit que l'empereur François-Joseph s'en faisait livrer par charrettes dans des grands paniers d'osier.

Freistadt

07942/7 910 HABITANTS

À seulement une douzaine de kilomètres à vol d'oiseau de la République tchèque, Freistadt est une ravissante petite cité qui a pour gloire ses fortifications médiévales parmi les mieux conservées d'Autriche. Baladez-vous dans ses rues étroites pavées jusqu'aux tours des fortifications et dans les jardins qui ont investi les anciennes douves.

À voir

Musée du Château MUSÉE

(Schlossmuseum ; 07942-722 74 ; www.museum-freistadt.at ; Schlosshof 2 ; adulte/enfant 6/2 € ; 9h-17h mar-ven, 14h-17h sam-dim juin-sept, 9h-midi et 14h-17h mar-ven oct-mai). Le château de la ville (XIVe siècle), doté d'une tour carrée surmontée d'un toit pointu de tuiles rouges, sert de cadre à ce musée, riche d'une collection de 600 peintures et gravures sur verre. On peut aussi y voir des céramiques, de l'artisanat et des objets folkloriques locaux. Gravissez le donjon (*Bergfried*), qui s'élève à 50 m de hauteur, pour une vue panoramique sur Freistadt.

Fortifications REMPARTS

(Stadtmauern). La vieille ville de Freistadt est dissimulée derrière des remparts du XIVe siècle, rythmés de tours telle la médiévale **Linzertor** et l'austère **Böhmertor**, qui témoignent de la nécessité pour cette ville d'étape sur la route du sel menant en Bohême de posséder de solides fortifications. Les douves sont aujourd'hui recouvertes de jardins et de parcelles cultivées.

Place principale PLACE

(Hauptplatz). Cette place tout en longueur, cernée par les remparts, est le cœur historique de la ville. Elle compte quelques édifices anciens ornementés et une **église paroissiale** (Stadtpfarrkirche ; www.dioezese-linz.at ; Hauptplatz ; 8h-18h) de style gothique, coiffée d'une tour baroque. Certaines des maisons qui jalonnent Waaggasse, immédiatement à l'ouest de la Hauptplatz, sont décorées de fresques en sgraffite.

Où se loger et se restaurer

Pension Pirklbauer PENSION €

(07942-724 40 ; www.pension-pirklbauer.at ; Höllgasse 2-4 ; s/d à partir de 32/52 €). Cette jolie pension est blottie à l'ombre de la Linzertor médiévale. Christine, la propriétaire, a l'art de recevoir ; les hôtes profitent d'un toit-terrasse donnant sur les anciennes douves de la ville et de chambres de style cottage, avec mobilier en pin, tissus fleuris et salle de bains irréprochable. L'endroit est aussi connu sous le nom de "*Zum wilden Mann*" (À l'Homme sauvage).

Hotel Goldener Adler HÔTEL HISTORIQUE €€

(43 7942 72258 ; hotels-freistadt.at/ ; Salzgasse 1 ; s/d/tr 68/110/147 € ; P). Dalles de pierre polie, balustrades en fer forgé et passages voûtés emplis de vieilles roues de chariots et de rouets attestent la longue histoire de cet hôtel vieux de 700 ans (le peintre Karl Kronberger y est né en 1841). Certaines des 30 chambres ont un lit à baldaquin. Détendez-vous dans le sauna et le bain à remous, ou régalez-vous avec la fameuse épaule de porc de Bohême marinée à la bière dans le *Biergarten* (plats 8-16 €).

Gasthaus Ratsherrnstube AUTRICHIEN €€

(07942-724 39 ; www.ratsherrnstube-freistadt.at ; Hauptplatz 1 ; plats 9-16 € ; cuisine 9h-22h mar-sam, 9h-18h dim, bar jusqu'à minuit ;). Sur la place principale de Freistadt, avec des tables en terrasse en été, une vaste auberge traditionnelle, avec sa grande salle aux plafonds voûtés. On y sert des spécialités autrichiennes, dont plusieurs sortes d'escalopes panées (*Schnitzel*), des saucisses *Müllerwurst* au paprika avec de la choucroute, et du sandre poêlé avec des pommes de terre au persil et des *Käsenocken* (quenelles au fromage). Versions moins copieuses pour les enfants.

100% LOCAL

BRASSERIE COMMUNALE

Freistadt est une *Braucommune* (commune de brasserie), c'est-à-dire que la brasserie appartient aux habitants de la ville. En achetant un logement, on devient automatiquement propriétaire de parts de la brasserie. Ce système se limite toutefois aux 149 maisons de la vieille ville. Ainsi, si vous souhaitez faire partie du cercle fermé des propriétaires, il vous faudra débourser jusqu'à 400 000 € pour acquérir l'une de ces propriétés. Cette méthode permet d'éviter qu'un seul propriétaire ne prenne le contrôle de la brasserie, car il faudrait pour cela racheter l'intégralité des bâtiments historiques.

Ce système remonte à 1777, année d'ouverture de la brasserie. Au cours des siècles, les heureux propriétaires recevaient leur part des profits sous la forme de tonneaux d'*Eimer Bier* d'une contenance de 56 l. Chacun pouvait obtenir jusqu'à 130 tonneaux ! Aujourd'hui, les bénéfices sont distribués en espèces (lesquelles retournent souvent directement à la brasserie les vendredis et samedis soir).

Pratiquement tous les bars de Freistadt proposant la bière locale, notamment la **Freistadt Brauhaus** (07942-727 72 ; www.freistaedter-bier.at ; Brauhausstrasse 2 ; plats 11-22 € ; cuisine 9h-23h, bar 9h-minuit), on comprend facilement que c'est une affaire rentable. Pour en savoir plus sur la bière de Freistadt et faire des emplettes, rendez-vous à la **boutique de la brasserie** (www.freistaedter-bier.at ; Brauhausstrasse 2 ; 8h-17h lun-ven, 9h-midi sam).

VAUT LE DÉTOUR

RETABLE ET ORGUES D'EXCEPTION

À une dizaine de kilomètres au sud-est de Freistadt, l'**église Saint-Wolfgang** (Pfarrkirche, Oberer Markt 1, Kefermarkt), dans la petite ville de Kefermarkt, abrite un magnifique retable de la fin du XVe siècle. Haute de 13,5 m et large de 6,3 m, cette monumentale œuvre gothique, extraordinairement ouvragée, offre une profusion de détails ciselés dans le bois de tilleul.

Autre site d'intérêt de la région, l'**abbaye de Schlägl** (www.stift-schlaegl.at ; Schlägl 1, Aigen-Schlägl) est située à une cinquantaine de kilomètres au nord-ouest de Freistadt, non loin des frontières tchèque et allemande. Fondée au XIIIe siècle par l'ordre des prémontrés, son église à la très haute nef et au décor baroque abrite trois orgues majestueux, dont un vénérable instrument du XVIIe siècle. Les concerts qui y sont donnés sont exceptionnels.

Où prendre un verre et faire la fête

Suchan CAFÉ
(www.suchan-freistadt.com ; Pfarrplatz 3 ; 8h-15h mer-sam). Le café Suchan est si réputé dans le pays, et même à Berlin, qu'il a étendu ses activités de torréfaction en bordure de la ville. Les grains de café bio sont issus de petits producteurs engagés dans le commerce équitable, et torréfiés selon une technique associant torréfaction lente et refroidissement par air. L'établissement, pimpant et lumineux, sert aussi petit-déjeuner, déjeuner et gâteaux, à savourer au soleil sur la terrasse en été.

Renseignements

L'équipe de l'**office du tourisme du Mühlviertler Kernland** (05 07263 21 ; www.muehlviertel-almfreistadt.at ; Waaggasse 6 ; 8h30-12h30 et 13h-17h lun-ven) fournit des renseignements sur la ville et ses environs. Il y a notamment une trentaine de fermes bios d'herbes des montagnes, dont le plus grand jardin d'herbes bios et médicinales d'Autriche, ainsi que d'autres circuits thématiques proposés.

Depuis/vers Freistadt

Freistadt est sur la ligne ferroviaire directe en provenance de Linz (10,60 €, 1 heure, ttes les 2 heures). Celle-ci prend ensuite la direction de Prague (14,90 €, 3 heures 15, 4/j), à 205 km au nord. Les tarifs tchèques étant plus avantageux qu'en Autriche, attendez d'avoir franchi la frontière pour acheter les billets (en couronnes tchèques, la monnaie locale), qui vous permettront de poursuivre le voyage.

Des trains circulent entre Freistadt et Kefermarkt (2,80 €, 10 min, 1 tte les 2 heures).

La B310, qui rejoint l'autoroute A7 menant à Linz, longe les fortifications, puis continue vers le nord en direction de Prague.

INNVIERTEL

L'Innviertel qui fut au long de son histoire, à tour de rôle, et plusieurs fois, bavaroise ou autrichienne, est une région agraire fertile scindée en deux par l'Inn, dont les berges attirent les cyclistes en été. On y découvre de beaux édifices baroques et gothiques, en particulier à Schärding.

Schärding

07712/5 255 HABITANTS

Située au bord de l'Inn, cette cité historique (ce fut d'abord une place d'armes) se prête à d'agréables promenades le long de la rivière. Son centre baroque abrite de hautes maisons de négociants aux teintes pastel, telles celles à pignon bordant le *Silberzeile* ("rangée de l'Argent"). Nombre d'entre elles ont été restaurées, et accueillent des boutiques et des restaurants au rez-de-chaussée. La ville était florissante au Moyen Âge grâce au commerce du sel, notamment.

Hotel Forstinger HÔTEL €€
(07712-2302-0 ; www.hotel-forstinger.at ; Unterer Stadtplatz 3 ; s/d/app à partir de 89/161/189 € ; P). Dominant les toits, l'Hotel Forstinger a de belles chambres aménagées avec des éléments d'époque ou dans un style contemporain. Adaptés aux familles, les appartements (jusqu'à 4 pers) disposent d'une kitchenette et certains d'une terrasse sur le toit. Les petits-déjeuners bios (options végétariennes et véganes) sont servis dans la véranda vitrée ou le jardin fleuri.

Lukas Restaurant AUTRICHIEN €€€
(0664 410 72 49 ; www.lukas-restaurant.at ; Unterer Stadtplatz 7 ; menu 109 €, vin compris 174 € ;

VAUT LE DÉTOUR

PERCHÉ DANS LES ARBRES

Pour prendre de la hauteur, empruntez le **Baumkronenweg** (www.baumkronenweg.at ; Knechtelsdorf 1, Kopfing ; adulte/enfant 12,50/8 € ; ⌚10h-17h avr-déb nov), à Kopfing, à 21 km à l'est de Schärding. Cette promenade vertigineuse dans la canopée, à 45 m du sol, serpente sur 2,5 km entre les cimes d'épicéas et comprend des tours d'observation, des ponts suspendus et des plates-formes, offrant une vue splendide sur la forêt. On peut passer la nuit dans les maisonnettes haut perchées du **Baumhotel** (☎07763-228 90 ; www.baumkronenweg.at ; demi-pension adulte/enfant à partir de 81/70 € ; P Wi-Fi).

⌚18h-22h mer-sam). Murs blancs, parquets nus, fauteuils couverts de peaux de mouton et abat-jour en cuivre forment le décor du restaurant de Lukas Kienbauer. Dans sa cuisine ouverte, le chef compose des menus surprises à base de viande locale, de poisson de rivière et de légumes de son jardin ou ramassés dans les environs : macarons à l'épicéa, sandre en papillote d'ortie à la mousse de thym, ou poitrine de porc marinée au miel.

Renseignements

L'**office du tourisme** (☎07712-4300-0 ; www.schaerding.info ; Innbruckstrasse 29 ; ⌚10h-15h lun-ven, 9h-midi sam), situé près du pont qui enjambe la rivière et rejoint l'Allemagne, dispose d'un espace vélos avec pompes, matériel de réparation et d'une borne de recharge électrique.

Depuis/vers Schärding

Si vous êtes motorisé, le trajet de Linz à Schärding *via* Engelhartszell, le long du Danube, est aussi attrayant que peu emprunté.

D'avril à octobre, la **croisière** (☎07712-7350 ; www.innschifffahrt.at ; Leonhard-Kaiser-Weg 1 ; aller adulte/enfant 11/5 €, aller-retour 15/7 € ; ⌚11h et 14h mar-dim avr-oct) d'une heure entre Ingling (en face de Passau, en Allemagne) et Schärding, est une alternative encore plus agréable. Transport des vélos gratuit.

Des trains relient Schärding à Linz (17,40 €, 1 heure 15, 5 liaisons directes lun-sam, 4/dim).

Geinberg

Se baigner dans un lagon caribéen frangé de palmiers, dans une eau chaude salée dans laquelle est diffusée de la musique, c'est l'expérience surréaliste proposée en plein cœur de la Haute-Autriche rurale par le **Therme Geinberg** (☎07723-8501 ; www.therme-geinberg.at ; Thermenplatz 1 ; billet journée adulte/enfant lun-ven 29,50/20,70 €, sam-dim 31,70/22,20 € ; ⌚9h-22h sam-jeu, 9h-23h ven mai-sept, 8h-22h oct-avr). Après avoir transpiré dans un sauna dont le plafond imite un ciel étoilé ou dans lequel flotte une délicieuse odeur de coco, on peut se rafraîchir avec une douche glacée. Des hébergements de luxe (doubles à partir de 318 €) sont proposés.

Au nombre des équipements, citons 5 bassins d'eau douce, d'eau thermale et d'eau de mer (températures allant de 26°C à 36°C) qui s'étendent sur 3 000 m². Des soins de spa (notamment des massages) sont aussi proposés. Il y a également plusieurs restaurants et cafés.

Des trains circulent entre Geinberg et Schärding (10,60-16,10 €, 1 heure-1 heure 30, 5/j), avec un changement à Neumarkt-Kallham et/ou Ried im Innkreis, d'où rejoindre Linz.

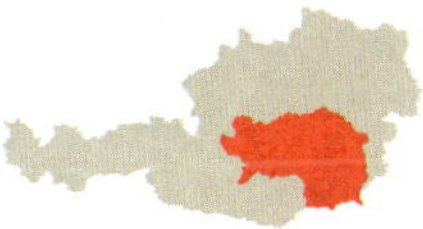

Styrie

Dans ce chapitre ➡

Le top des restaurants

- Aiola Upstairs (p. 200)
- El Pescador (p. 200)
- Die Weinerei im Baderhaus (p. 210)
- Landhauskeller (p. 200)

Le top des hébergements

- Grand Hotel Wiesler (p. 199)
- Schlossberg Hotel (p. 199)
- Loisium Südsteiermark (p. 205)
- Stadthotel Brunner (p. 217)
- JUFA Hotel Schloss Röthelstein Admont (p. 217)

Pourquoi y aller

La Styrie (Steiermark), deuxième plus grande province du pays, permet de concilier découvertes culturelles et escapades sportives entre collines, vignobles pentus et montagnes. Par sa vieille ville classée au patrimoine mondial par l'Unesco, Graz, capitale de la région, peut être qualifiée de musée à ciel ouvert. Plus au sud s'étend le vignoble, surnommé la "Toscane de Styrie". C'est aussi la terre du *Kürbiskernöl*, une huile de pépins de courge à la couleur foncée et au goût prononcé. Un incontournable dans la cuisine régionale.

L'est de la Styrie réunit châteaux séculaires et spas sources de jeunesse. Même si vous n'y venez pas prendre les eaux, ne manquez pas de faire une halte à Bad Blumau pour en apprécier l'architecture insolite, signée Friedensreich Hundertwasser. Côté châteaux, le choix ne manque pas ; cependant, celui de Riegersburg est l'un des plus beaux d'Autriche.

Au nord et à l'ouest, les paysages alternent entre vallées parcourues de fleuves puissants et massifs élevés. L'abbaye d'Admont, la charmante bourgade de Murau et la mine à ciel ouvert d'Erzberg sont des incontournables. L'extrémité nord-ouest de la Styrie empiète sur le Salzkammergut.

Quand partir

- Le climat estival se prête tout particulièrement aux activités de plein air : vélo et VTT, randonnée en montagne, baignade... Soleil et chaleur sont à leur comble de juin à septembre.
- Les vendanges débutant à l'orée de l'automne, septembre et octobre sont propices à la découverte des routes du vin de Styrie, au rythme des fêtes populaires.
- Si l'on peut skier sur des glaciers toute l'année, la saison animée des sports d'hiver court de décembre à février.

À ne pas manquer

1. L'émerveillement face au palais-musée d'Eggenberg avant d'aborder **Graz** (page ci-contre) côté bonne chère, boisson et repaires pour oiseaux de nuit.

2. La fameuse **abbaye d'Admont** (p. 214) et sa bibliothèque rococo, plus grande bibliothèque monastique du monde.

3. L'exploration de l'**Erzberg** (p. 212), sous terre ou à l'air libre, dans une mine et ferronnerie d'Eisenerz.

4. Une randonnée sur les sentiers ou sur le glacier de la station alpine de **Schladming** (p. 216).

5. La **route des vins** (p. 205), ponctuée de dégustations, dans les vignobles de la "Toscane styrienne" (la Styrie du Sud).

6. Une initiation aux crus locaux au **Genussregal Vinofaktur** (p. 206), pour se familiariser avec les grauburgunder et les grüner.

7. La singulière beauté de l'un des premiers hauts lieux de l'alpinisme en Autriche, **Johnsbach** (p. 215).

Depuis/vers la Styrie

BUS

Le réseau de bus quadrille davantage le territoire que le réseau ferroviaire. Pour connaître lignes et horaires, consultez le site www.postbus.at. Les bus au départ de Graz stationnent à la gare routière principale (p. 202). Pour gagner Mariazell au nord, on trouve à la gare ferroviaire de Bruck an der Mur des liaisons routières Postbus en correspondance avec les trains. Pour rejoindre Eisenerz, il existe également des services de bus au départ de Leoben. Pour rejoindre Admont et le parc national du Gesäuse, c'est à Liezen et Hieflau que l'on trouve une correspondance routière après le train. Les bus affrétés par l'Österreiche Bundesbahn

(ÖBB, compagnie des chemins de fer autrichiens) permettent de rejoindre Klagenfurt depuis la *Hauptbahnhof* (gare principale) de Graz.

TRAIN

Le réseau ferré en Styrie n'est guère dense. La principale ligne entre la Carinthie et Vienne passe, au nord de Graz, par Bruck an der Mur, tête de ligne de la région. Une ligne directe relie Graz et Salzbourg. Pour rejoindre Linz, il faut prendre une correspondance à Vienne. Consultez le site www.oebb.at.

VOITURE ET MOTO

L'A2, de Vienne à Villach (Carinthie), parcourt la Styrie méridionale et passe au sud de Graz. Quant à l'A9, elle traverse la Styrie du nord au sud. L'accès à Graz depuis Linz et Salzbourg s'avère facile et rapide. L'A9 relie également Graz à la Slovénie (40 km au sud).

Comment circuler

Le réseau de transports municipaux et régionaux est opéré par **Verbund Linie** (050 678 910 ; www.verbundlinie.at). Il fonctionne par zones avec une durée de validité des tickets. Les billets sont vendus à l'unité (2,50 €, valable 1 heure), au forfait temps (pass 24 heures 5,60 €) ou en multi-zones (exemple : il en coûte 9 € pour couvrir le trajet 4 zones menant à Bärnbach). Des forfaits hebdomadaires et mensuels sont également proposés.

À Graz, **ServiceCenter der Verbund Linie** (050 678 910 ; www.verbundlinie.at/service/service/informationsstellen ; Jakoministrasse 1 ; 8h-18h lun-ven, 9h-13h sam ; 1, 3, 4, 5, 6, 7, 13 Jakominiplatz) fournit de précieux renseignements sur les bus régionaux.

GRAZ

0316/286290 HABITANTS

La deuxième ville d'Autriche est aussi la plus décontractée du pays. On est d'emblée conquis par ses nombreux espaces verts, ses vagues de toits rouge brique et la rivière Mur qui, si étroite soit-elle, gronde au cœur de Graz. Site emblématique de la ville, le Schlossberg coiffe une superbe colline reliée au cœur historique par un escalier, un funiculaire et un ascenseur en verre. Avec ses cours Renaissance et ses palais baroques, Graz brille par son architecture, qui flirte avec sa voisine italienne. La capitale styrienne vibre aussi de l'énergie de la jeunesse, avec quelques têtes de proue architecturales d'avant-garde, une scène artistique très active et une animation nocturne assurée vu sa large population estudiantine des deux côtés de la Mur. Néanmoins le quartier de Lend, à l'opposé du centre historique, est le plus moderne.

À voir

Maison des Arts de Graz — GALERIE

(Kunsthaus Graz ; 0316-8017 92 00 ; www.museum-joanneum.at ; Lendkai 1 ; adulte/enfant 10,50/4 € ; 10h-18h mar-dim ; 1, 3, 6, 7 Südtiroler Platz). Dessiné par les architectes britanniques Peter Cook et Colin Fournier, ce vaisseau à peau bleue surnommé *friendly alien* ("gentil extraterrestre") s'est posé sur Graz en 2003, l'année où la ville était capitale européenne de la culture. Typique de l'architecture de Cook (courant dit "blob architecture"), cette bulle biomorphique faite de panneaux photovoltaïques tranche sur les édifices historiques tout en s'intégrant, avec un certain lyrisme, dans son environnement. Les expositions, renouvelées tous les 3 à 4 mois, font la part belle à l'art contemporain, autour de thèmes de société et d'actualité.

Château d'Eggenberg — PALAIS

(Schloss Eggenberg ; 0316-8017 95 32 ; www.museum-joanneum.at ; Eggenberger Allee 90 ; adulte/enfant 16/6,50 € ; visite guidée ttes les heures 10h-midi et 14h-16h mar-dim avr-oct, expositions 10h-18h mar-dim avr-oct ; 1 Schloss Eggenberg). L'élégant palais de Graz a été commandé en 1625 à l'architecte italien Giovanni Pietro de Pomis (1565-1633) par Johann Ulrich von Eggenberg (1568-1634). La visite guidée incluse dans le prix d'entrée permet de découvrir l'histoire et les particularités des pièces principales du bâtiment. L'histoire de la famille Eggenberg s'illustre ainsi à travers de nombreuses fresques.

Johann Ulrich fut gouverneur de l'Autriche intérieure à partir de 1625, à l'époque où celle-ci était une puissante province englobant la Styrie, la Carinthie et une partie de la Slovénie et de l'Italie du Nord. Construit sur l'emplacement d'un château médiéval (d'où la présence d'une chapelle gothique dans une partie du palais, visible à travers un cube de glace), ce palais baroque n'en présente pas moins maints traits caractéristiques de la Renaissance italienne, telle la magnifique galerie de la cour.

Pendant la visite guidée (en anglais ou en allemand), vous traverserez les 24 *Prunkräume* (salles d'apparat), lesquelles ont pour thème l'astronomie, le zodiaque, la mythologie antique ou les thèmes religieux.

Graz

La découverte commence ou s'achève à la **salle des Planètes**, débauche de stucs et de fresques baroques. Le billet *Prunkräume* donne également accès aux musées du château et à l'ensemble des 18 autres musées Joanneum sous 24 heures à compter de l'heure d'achat (encadré p. 196).

Musées du château d'Eggenberg MUSÉES

(Alte Galerie et musées ; ☎0316-8017 95 60 ; www.museum-joanneum.at/alte-galerie ; Eggenberger Allee 90 ; adulte/enfant 10,50/4 € ; ⏲10h-18h mar-dim avr-oct, visites guidées sur rdv nov à mi-déc ; 🚊1 Schloss Eggenberg).

Graz

Les incontournables

1	Maison des Arts de Graz	B3
2	Arsenal	C4
3	Nouvelle Galerie de Graz	B4
4	Schlossberg	B2

À voir

5	Atelier Jungwirth	D4
6	Château de Graz	C2
7	Cathédrale	C3
8	Église des Franciscains	B3
9	FRida & FreD	B6
10	Musée municipal	B3
11	Joanneumsviertel	B4
12	Künstlerhaus Graz	D3
13	Mausolée de Ferdinand II	C3
14	Île sur la Mur	B2
15	Musée d'Histoire	B3
	Muséum d'histoire naturelle	(voir 3)
16	Église paroissiale	C4
17	Tour de l'Horloge	B2
18	Musée des Arts et Traditions populaires	C2

Activités

19	Train des Contes de Graz	B2
	Toboggan du Schlossberg	(voir 19)

Où se loger

20	Augarten Hotel	C6
21	Hotel Weitzer	B4
22	Grand Hotel Wiesler	B3
23	Hotel zum Dom	C3
24	Schlossberg Hotel	B2

Où se restaurer

25	Aiola Upstairs	B2
26	Caylend	B3
	Der Steirer	(voir 21)
27	El Pescador	C3
28	Stands de rue de la Hauptplatz	B3
29	Stands de rue de la Jakominiplatz	C4
30	Kunsthauscafé	B3
31	Landhauskeller	C4
32	Mangolds	B4

Où prendre un verre et faire la fête

33	Buna	C4
34	Cafe Centraal	B3
	Dom im Berg	(voir 19)
35	Freiblick Tagescafe	B3
36	Operncafé	C4
37	Parkhouse	D2
38	p.p.c.	A1
39	Promenade	D3
40	Tribeka	C4

Où sortir

41	Opernhaus	D4
42	Schauspielhaus	C3
43	Stockwerk Jazz	C5

Achats

44	Marché fermier de la Kaiser-de la Kaiser-Josef-Platz	D4
45	Marché fermier de la Lendplatz	A2
46	Hofbäckerei Edegger-Tax	C3

Le château d'Eggenberg (p. 193) et son parc hébergent tout un bastion d'excellents musées. Renommée, l'**Alte Galerie** conserve un fonds pictural impressionnant, qui couvre toute la période du Moyen Âge au baroque. Les maîtres exposés ne sont pas des moindres ! On citera Lucas Cranach l'Ancien, Martin Johann Schmidt ou Pieter Brueghel le Jeune.

Le **Musée archéologique** (Archäologiemuseum) expose des vestiges de la préhistoire à l'époque classique. La période de Hallstatt y est magistralement illustrée par l'exceptionnel char votif de Strettweg et un masque en bronze datant tous deux du VIIe siècle av. J.-C. Le **cabinet des Monnaies** (Münzkabinett) et médailles mérite d'autant plus la visite que des loupes équipent les vitrines.

Parc du château d'Eggenberg JARDINS

(Schloss Eggenberg Park und Garten ; www.museum-joanneum.at ; Eggenberger Allee 90, Schloss Eggenberg ; adulte/enfant 2/1 € ; 8h-19h mi-mars à oct, 8h-17h nov à mi-mars ; 1 Schloss Eggenberg). Les allées des jardins du château se prêtent à un moment de flânerie dans la verdure, à la faveur duquel on peut croiser quelques paons, voire un cerf. Poussez le pas jusqu'au **Planetengarten** (jardin des Planètes), organisé à l'image de l'Univers, comme l'est le palais avec ses 4 tours (saisons ou points cardinaux), 365 fenêtres (jours), 24 salles d'apparat (heures du jour et de la nuit)...

Arsenal MUSÉE

(Landeszeughaus ; 0316-8017 98 10 ; www.museum-joanneum.at ; Herrengasse 16 ; adulte/enfant 10,50/4 € ; 10h-18h mar-dim avr-oct, visite guidée uniquement mar-dim nov, 11h-midi et 14h-15h mar-dim mi-déc à mars ; 1, 3, 4, 5, 6, 7 Hauptplatz). Plus de 30000 armes et armures déployant toutes les techniques du XVe au XVIIIe siècle font de cette collection la plus complète du genre en Autriche. Fondé en 1642, ce rempart contre la menace ottomane est certainement l'un des plus anciens dépôts d'armes à avoir subsisté sur son lieu d'origine dans son état d'origine.

LES MUSÉES DE GRAZ

La plupart des musées de Graz, essaimés dans la ville, sont regroupés sous l'égide du musée Joanneum (Universalmuseum Joanneum). Le captivant complexe muséal du Joanneumsviertel, édifice semi-enterré, renferme à lui seul trois musées.

Les **pass 24 heures** (adulte/enfant/famille 16/6,50/32 €) donnent accès à la totalité des musées pour une période à cheval sur 2 jours (mais dans un délai de 24 heures consécutif à l'achat). Les principaux sites sont le château d'Eggenberg (Schloss Eggenberg, p. 193), la maison des Arts de Graz (Kunsthaus Graz, p. 193), l'Arsenal (Landeszeughaus, p. 195), le musée d'Histoire (Museum für Geschichte ; p. 197), le Muséum d'histoire naturelle (Naturkundemuseum) et la Nouvelle Galerie de Graz (Neue Galerie Graz). Ces deux derniers sont installés dans le Joanneumsviertel.

Vous pourrez aussi opter pour le **pass 48 heures** (adulte/enfant/famille 23/10/46 €), disponible dans tous les musées. Les pass famille, valables pour 2 adultes et les enfants de moins de 14 ans, donnent également droit à d'importantes réductions.

De novembre à mars, la visite est obligatoirement guidée, en allemand (11h, 14h) ou en anglais (12h30).

♥ Schlossberg POINT DE VUE

(Aller simple ascenseur adulte/enfant 1,90/1,40 € ; 🚊3, 5 Schlossbergplatz). GRATUIT Haute de 473 m, la "colline du Château" accueille ce qui reste de la forteresse de Graz, laquelle résista à tous les assauts, y compris ceux des troupes napoléoniennes lors de la campagne d'Autriche, avant d'être démantelée dans la foulée du traité de Schönbrunn (1809). C'est là que se dresse la **tour de l'Horloge** (Uhrturm ; 🚊3, 5 Schlossplatz/Murinsel), symbole le plus aisément repérable de la ville. Plusieurs sentiers bucoliques mènent à ce site noyé dans la verdure, mais leur raideur peut faire préférer le Schlossbergbahn (funiculaire) ou bien l'ascenseur en verre qui se trouve à courte distance à pied ; vous pourrez aussi prendre le tram n°3 ou 5 jusqu'à Schlossplatz/Murinsel. Pour redescendre, il est très amusant de s'offrir un retour plus sportif, et souterrain, par le sinueux **toboggan du Schlossberg** (Schlossberg Rutsche ; ☎0316-82 90 28 ; www.schlossbergrutsche.at ; adulte/enfant plus ascenseur 6,90/6,40 € ; ⏱13h-19h lun-ven, 10h-19h sam-dim).

Pour éviter un retour à pied tard le soir, sachez que l'ascenseur fonctionne tous les jours de 8h à 0h30 et le funiculaire de 9h à minuit du dimanche au mercredi et de 9h à 2h du matin du jeudi au samedi. Ce dernier était néanmoins en révision pour une durée indéterminée lors de nos recherches.

♥ Nouvelle Galerie de Graz GALERIE

(Neue Galerie Graz ; ☎0316-8017 91 00 ; www.museum-joanneum.at ; Joanneumsviertel ; adulte/enfant 10,50/4 € ; ⏱10h-18h mar-dim ; 🚊1, 3, 4, 5, 6, 7 Hauptplatz). Cette galerie est la pièce maîtresse du Joanneumsviertel. Le temps fort de la visite est la collection du rez-de-chaussée, nourrie par les arts visuels depuis 1800. Peu étendue mais superbe, elle comprend, entre autres œuvres, des travaux d'Ernst Christian Moser, de Ferdinand Georg Waldmüller, de Johann Nepomuk Passini et d'Egon Schiele. Le premier niveau accueille des expositions temporaires et une section dédiée aux artistes styriens. Le Bruseum (dans un bâtiment séparé) consacre son rez-de-chaussée à Günter Brus, enfant du pays, et à ses disciples.

Joanneumsviertel ÉDIFICE NOTABLE, PÔLE MUSÉAL

(www.museum-joanneum.at ; 🚊1, 3, 4, 5, 6, 7 Hauptplatz). Plusieurs musées, dont la Nouvelle Galerie de Graz et le Muséum d'histoire naturelle, occupent cet édifice historique plusieurs fois remanié. Pour marquer le bicentenaire de la fondation du Landesmuseum Joanneum, vaste ensemble muséographique créé par en 1811 par l'archiduc Jean et premier grand musée d'Autriche, on a créé ce vaste complexe muséal appelé Joanneumsviertel, soit trois musées, plus deux espaces publics utilisés pour les événements estivaux.

Muséum d'histoire naturelle MUSÉE

(Naturkundemuseum ; ☎0316-8017 91 00 ; www.museum-joanneum.at ; Joanneumsviertel ; adulte/enfant 10,50/4 € ; ⏱10h-18h mar-dim ; 🚸 ; 🚊1, 3, 4, 5, 6, 7 Hauptplatz). Aménagé à l'intérieur du Joanneumsviertel, ce musée comprend une excellente section sur la géologie, forte d'une intéressante collection de pierres de différentes parties du monde.

Les amateurs de papillons pourront en admirer de beaux spécimens naturalisés.

Atelier Jungwirth GALERIE

(☎0316-81 55 05 ; www.atelierjungwirth.com ; Opernring 12 ; ⌚14h-17h mer-ven, 11h-15h sam ; 🚊1, 3, 4, 5, 6, 7, 13 Jakominiplatz). Une galerie d'art contemporain passionnante spécialisée dans la photo. La programmation est éclectique, entre reportage, mode et œuvres plus conceptuelles. Y sont également exposés des artistes de renom mondial, comme Paolo Roversi.

Cathédrale ART GOTHIQUE ET BAROQUE

(Domkirche ; ☎0316 821 683 ; graz-dom.graz-seckau.at ; Burggasse 3 ; ⌚lever-coucher du soleil ; 🚊1, 3, 4, 5, 6, 7 Hauptplatz). L'église construite au XVe siècle pour la cour de Frédéric III – qui fit alors de Graz une résidence du Saint-Empire romain germanique – est devenue une cathédrale en 1786. L'intérieur mêle éléments gothiques et baroques, avec des voûtes réticulées. À ne pas manquer : la *Crucifixion devant l'assemblée*, retable signé Conrad Laib (1457), et, à l'extérieur, la fresque *Gottesplagenbild* (*Les Fléaux de Dieu*, 1485) attribuée à l'artiste Thomas von Villach. Cette fresque témoigne des drames des années 1480, lorsque la ville fut frappée par trois fléaux : la poussée ottomane vers l'ouest, la peste et les sauterelles.

Église paroissiale ART BAROQUE, VITRAUX

(Stadtpfarrkirche ; ☎0316-82 96 84 ; Herrengasse 23 ; ⌚lever-coucher du soleil ; 🚊1, 3, 4, 5, 6, 7 Hauptplatz). S'élevant sur la Herrengasse, entre la grand-place et la Jakominiplatz, l'église paroissiale de Graz séduit par sa façade baroque. À l'intérieur, dirigez-vous dans le bas-côté droit (nef latérale) pour observer l'*Assomption de la Vierge* attribuée au Tintoret. Sur les vitraux dessinés après la Seconde Guerre mondiale par l'artiste Albert Birkle, on notera une scène à gauche du maître-autel, soit le quatrième panneau, qui représente clairement Hitler et Mussolini, observant la flagellation du Christ.

Île sur la Mur ÎLE FLOTTANTE

(Murinsel ; 👪 ; 🚊3, 5 Schlossplatz/Murinsel, 🚊1, 3, 6, 7 Südtiroler Platz). Construite en métal par l'artiste américain Vito Acconci, cette île posée au milieu de la Mur est accessible par des passerelles. On y trouve un café, une aire de jeux et une petite scène. N'hésitez pas à y faire un saut, ne serait-ce que pour profiter de la rivière.

Halle für Kunst Steiermark GALERIE

(☎0316-74 00 84 ; halle-fuer-kunst.at ; Burgring 2 ; ⌚11h-18h mar-dim ; 🚊30 Tummerlplatz). Nichée au milieu de la verdure du Stadtpark, dans un impressionnant édifice moderniste de Leo Scheu (1952) rénové dans un style contemporain en 2013, l'institution artistique la plus avant-gardiste de Graz se baptise elle-même *Halle für Kunst & Medien* ("lieu d'art et de médias"). Ses installations, performances et vidéos sont l'œuvre d'artistes internationaux comme de jeunes créateurs styriens en voie d'être reconnus. Ne manquez pas les lancements, les films et les spectacles (consultez le site Internet).

Musée d'Histoire MUSÉE

(Museum für Geschichte ; ☎0316-8017 98 00 ; www.museum-joanneum.at ; Sackstrasse 16 ; adulte/enfant 10,50/4 € ; ⌚10h-18h mar-dim ; 🚊1, 3, 4, 5, 6, 7 Hauptplatz). Logé dans un magnifique édifice baroque, le palais Herberstein, le musée d'Histoire nous fait traverser, au fil de ses majestueux salons, des siècles de pouvoir, une fois grimpé son magistral escalier de 1757. Les collections permanentes sont présentées par roulement dans le **Schaudepot** (des réserves exposées en quelque sorte) où sont présentés par thèmes quelques-uns des 35 000 objets d'art décoratif ou appliqué conservés par le musée, parmi lesquels des ostensoirs et des instruments de musique. Il y a également une section multimédia avec des films et des photos. Au rez-de-chaussée se tiennent des expositions thématiques de courte ou longue durée. Programmation en ligne.

Église des Franciscains ÉGLISE

(Franziskaner Kirche ; ☎0316-82 71 72 ; www.franziskaner-graz.at ; Franziskanerplatz 14 ; ⌚8h-11h et 14h30-17h lun-ven ; 🚊1, 3, 4, 5, 6, 7 Hauptplatz). La fondation franciscaine de 1239 comprend un monastère et son église.

GRAZ : VISITE GUIDÉE

L'office de tourisme de Graz, Graz Tourismus (p. 202), vous emmène à pied ou en bus à la découverte de Graz, selon différents itinéraires et thématiques. La visite du centre historique (13,50/7 € par adulte/enfant), en allemand et en anglais, a lieu tous les jours de l'année à 14h30 (hors saison, s'enregistrer à 13h30 au plus tard).

GRAZ POUR LES ENFANTS

Alliant espaces verts, aires de jeux et atmosphère détendue, Graz plaît aux bambins. Essentiellement interactif, le musée pour enfants **FRida & FreD** (☎0316-872 77 00 ; www.fridaundfred.at ; Friedrichgasse 34 ; une exposition adulte/enfant/famille 5,50/5,50/16 € ; ⏲9h-17h mer-lun ; 👪 ; 🚌34, 34E Museum der Wahrnehmung) propose une foule d'activités dont des ateliers, des expositions et des pièces de théâtre, réservés aux moins de 12 ans.

Le **train des Contes de Graz** (Grazen Märchenbahn ; ☎0316-872 77 22 ; www.grazermaerchenbahn.at ; Schlossbergplatz ; adulte/enfant 8,50/6,50 € ; ⏲10h30-17h30 ; 👪 ; 🚋3, 5 Schlossbergplatz/Murinsel) est la plus longue voie ferrée souterraine d'Europe. Elle connaît un franc succès auprès des petits elfes, le parcours de 20 minutes vous transportant au milieu de scènes de contes de fées.

Autre source d'amusement (récente) pour les plus grands, le vertigineux toboggan du Schlossberg (p. 196) dévale la pente jusqu'au pied de la colline sur 175 m.

Endommagé par un bombardement allié durant la Seconde Guerre mondiale, le chœur initial du XIVe siècle a été reconstruit dans un style contemporain. Le plus attrayant est certainement le paisible jardin de roses au cœur du cloître gothique intact.

Musée municipal MUSÉE
(Grazmuseum ; ☎0316-872 76 00 ; www.grazmuseum.at ; Sackstrasse 18 ; adulte/enfant 7/5 € ; ⏲10h-18h ; 🚋1, 3, 4, 5, 6, 7 Hauptplatz). Ce petit musée accueille une collection permanente liée à l'histoire de la ville, ainsi que des expositions temporaires. Consultez le site du musée pour connaître la programmation.

Mausolée de Ferdinand II MONUMENT
(☎0316-804 18 90 ; graz-dom.graz-seckau.at ; Burggasse 2 ; visites adulte/enfant 7/2,50 € ; ⏲visites sur rdv ; 🚋1, 3, 4, 5, 6, 7 Hauptplatz). Rencontre entre le maniérisme autrichien et le baroque italien, ce mausolée-église a été commandé en 1614 par l'empereur Ferdinand II à l'architecte italien Giovanni Pietro de Pomis. C'est Pietro Valnegro qui l'acheva On doit les exubérantes œuvres en stuc et les fresques de l'intérieur à Johann Bernhard Fischer von Erlach. Né à Graz, l'empereur Ferdinand II (1578-1637) repose avec sa femme et son fils, inhumés dans la chapelle funéraire.

Château de Graz CHÂTEAU, PARC
(Burg ; Hofgasse ; 🚌30 Schauspielhaus, 🚋1, 3, 4, 5, 6, 7 Hauptplatz). GRATUIT Les bureaux du gouvernement régional sont aujourd'hui logés dans le château du XVe siècle. Au fond de la cour, sous le porche à gauche, ne manquez pas l'ingénieux escalier à double vis réalisé en 1499. Le château jouxte le **Stadtpark**, le plus grand espace vert de la ville.

Musée des Arts et Traditions populaires MUSÉE
(Volkskundemuseum ; ☎0316-8017 99 00 ; www.museum-joanneum.at ; Paulustorgasse 11-13a ; adulte/enfant 10,50/4 € ; ⏲10h-18h mar-dim avr-déb jan ; 🚌30 Karmeliterplatz, 🚋1, 3, 4, 5, 6, 7 Hauptplatz). Les arts populaires et l'histoire sociale ont la part belle dans ce musée, dont la collection de costumes, mise en rapport avec le contexte, couvre quelque 2 millénaires d'histoire régionale.

Écomusée autrichien MUSÉE
(Österreichisches Freilichtmuseum ; ☎03124-537 00 ; www.museum-joanneum.at ; Stübing ; adulte/enfant/famille 13/5,50/30 € ; ⏲9h-18h avr-oct). À une quinzaine de kilomètres au nord-ouest de Graz, la centaine de fermes et de bâtiments réunis au musée en plein air de Stübing sont l'idéal pour une sortie en famille. Le musée est à environ 20 minutes à pied de la gare ferroviaire de Stübing (pour s'y rendre, prendre à gauche à la sortie de la gare, puis contourner la voie ferrée, avant de passer dessous). Des trains partent toutes les heures de Graz (4,80 €, 15 min).

Fêtes et festivals

Styriarte MUSIQUE CLASSIQUE
(☎0316-82 50 00 ; www.styriarte.com ; ⏲juin-juil). Très nombreux concerts de musique classique, pour certains gratuits, et de surcroît dans des cours Renaissance de la cité.

La Strada Graz CULTURE
(www.lastrada.at ; ⏲fin juil-déb août). Festival estival en plein air. Au programme : théâtre de rue, spectacles de danse, théâtre de marionnettes et "nouveau cirque".

Lange Tafel GASTRONOMIE
(www.graztourismus.at ; Hauptplatz ; ⏲août). Annuel, le banquet gargantuesque de Graz, appelé “la grande table”, rassemble quelque 750 convives dans le cœur historique de la cité, pour un immense dîner en plein air un soir du mois d'août. L'événement est l'occasion de promouvoir les produits régionaux à travers un menu dégustation et d'excellents accords mets-vins. À réserver tôt auprès de l'office du tourisme (p. 202).

Steirischer Herbst ARTS DE LA SCÈNE
(www.steirischerbst.at ; ⏲oct). Un festival ambitieux, parfois avant-gardiste. Musique, théâtre, projections de films, expositions et installations artistiques sont au rendez-vous.

Où se loger

JUFA Hotel Graz City AUBERGE DE JEUNESSE €
(☎0316-70 83 210 ; www.jufa.eu/hotel/graz ; Idlhofgasse 74 ; s/d 69/79 € ; P ⊖ ❄ @ ᯤ ; 🚌31, 32, 33 Lissagasse). Propre et confortable, cette auberge de jeunesse affiliée à Hostelling International, à quelque 800 m au sud de la gare ferroviaire principale, est aisément accessible en bus depuis la Jakominiplatz. Pas de dortoir, mais des chambres pour 4, qui rendent le séjour de chacun plus abordable.

Hotel Strasser HÔTEL €
(☎0316-71 39 77 ; hotelstrasser-graz.at ; Eggenberger Gürtel 11 ; s/d/tr 69/89/100 € ; P ⊖ ᯤ ; 🚋1, 3, 6, 7 Hauptbahnhof). Belle hauteur sous plafond et parquet caractérisent ces chambres au prix raisonnable. Certaines, notamment les simples, sont lambrissées. Petit-déjeuner (12,50 €) non compris.

♥ **Grand Hotel Wiesler** HÔTEL €€
(☎0316-70 66-0 ; www.grandhotelwiesler.com ; Grieskai 4 ; d 141-246 € ; P ⊖ @ ᯤ ; 🚋1, 3, 6, 7 Südtiroler Platz). Au bord de l'eau, l'établissement le plus chic de Graz se niche dans une petite merveille architecturale *Jugendstil* (1901). Son spa de style oriental ajoute une note glamour. L'hôtelier, Florian Weltzer, a tout dépoussiéré, y compris le concept de catégorie de chambres, pour offrir à ses hôtes une expérience luxueuse, sans contrainte d'étiquette.

♥ **Schlossberg Hotel** HÔTEL €€
(☎0316-807 00 ; www.schlossberghotel.at ; Kaiser-Franz-Josef-Kai 30 ; s/d à partir de 120/160 € ; P @ ᯤ ≋ ; 🚋3, 5 Schlossbergbahn). Central mais à l'écart de l'animation, ce 4-étoiles a l'atout d'un emplacement de premier choix, au pied de la colline homonyme. De bonnes dimensions, les chambres sont toutes décorées différemment, mais avec pour point commun une élégance excentrique. L'hôtel doit son éclectisme architectural au fait d'occuper 3 bâtiments historiques. Sur le toit, la petite piscine et le jardin en terrasse ajoutent au charme de l'endroit. Petit-déjeuner en sus.

Hotel Daniel HÔTEL €€
(☎0316-71 10 80 ; www.hoteldaniel.com ; Europaplatz 1 ; d Smart 78-130 €, Loggia 92-150 €, Loft Cube 295-530 € ; P ⊖ ❄ @ ᯤ ; 🚋1, 3, 6, 7 Hauptbahnhof). Les chambres du Daniel sont bien pensées et sans complications. Si les petites chambres Smart jouent dans la catégorie moyenne, son cube de verre posé sur le toit joue la carte de l'originalité. Le hall d'entrée est très plaisant, idéal pour travailler ou se détendre.

Augarten Hotel HÔTEL €€
(☎0316-20 80 0 ; www.augartenhotel.at ; Schönaugasse 53 ; s 125-175 €, d 140-200 € ; P ⊖ ❄ ᯤ ≋ ; 🚋4, 5 Finanzamt). Le propriétaire a décoré l'établissement des œuvres de sa collection personnelle, laquelle comprend des travaux de Maria Lassnig, de Franz West et de Martin Kippenberger. Toutes les chambres sont lumineuses et modernes. Les plus spacieuses, fortes d'une double exposition, méritent la dépense.

Hotel Weitzer HÔTEL €€
(☎0316-70 30 ; www.hotelweitzer.com ; Grieskai 12 ; s 122-175 €, d 139-197 € ; P ⊖ @ ᯤ ; 🚋1, 3, 6, 7 Südtiroler Platz). Un grand hôtel très fréquenté mais convivial, où l'on a su garder intacte l'ambiance familiale des débuts. Les chambres sont décorées avec une élégance que sublime l'ancienneté du bâtiment. Bons restaurants, sauna et salle de fitness sur place.

Hotel zum Dom HÔTEL €€
(☎0316-82 48 00 ; www.domhotel.co.at ; Bürgergasse 14 ; s 100-160 €, d 145-175 € ; P ⊖ ❄ ᯤ ; 🚌30 Palais Trauttmansdorff/Urania, 🚋1, 3, 4, 5, 6, 7 Hauptplatz). Débordant de poteries et autres objets, cet hôtel loue des chambres traditionnelles, toutes meublées et décorées différemment. Cerise sur le gâteau : elles possèdent soit une cabine de douche à vapeur ou à haute pression, soit un bain à remous – ce dernier en terrasse pour l'une d'entre elles. Les prix fluctuent fortement, vérifiez en ligne.

MARCHÉS FERMIERS ET REPAS SUR LE POUCE

- Maintes tables bon marché sont voisines de l'université de Graz (trams nos 1 et 7), notamment dans la Halbärthgasse, la Zinzendorfgasse et la Harrachgasse.
- Vous trouverez des fruits et des légumes frais aux **marchés fermiers de la Kaiser-Josef-Platz** (6h-13h lun-sam ; 1, 7 Kaiser-Josef-Platz) et de la **Lendplatz** (6h-13h lun-sam ; 1, 4, 6, 7 Südtiroler Platz), où s'installent aussi tous les jours de fantastiques petits étals d'en-cas.
- Envie d'un en-cas rapide ? Dirigez-vous vers les **stands de la Hauptplatz** (1, 3, 4, 5, 6, 7 Hauptplatz) et de la **Jakominiplatz** (1, 3, 4, 5, 6, 7, 13 Jakominiplatz), ouverts tous les jours et en soirée, jusque tard pour certains.

Où se restaurer

Kunsthauscafé INTERNATIONAL €

(0316-71 49 57 ; www.kunsthauscafe.co.at ; Südtiroler Platz 2 ; plats 7,50-19 € ; 9h-minuit lun-jeu, 9h-2h ven-sam, 9h-20h dim ; 1, 4, 6, 7 Südtiroler Platz). Une clientèle jeune et souriante occupe les grandes tables de ce restaurant où l'on sert, entre autres, des burgers (bœuf, petits pois...), des salades inventives, des plats de pâtes et un steak tartare avec frites. Il y a du bruit, mais c'est vraiment sympa. Le plat du jour (déjeuner) n'est qu'à 6,80 €.

Mangolds VÉGÉTARIEN €

(www.mangolds.at ; Griesgasse 11 ; repas 8-15 € ; 11h30-18h lun-ven, 11h30-16h sam ; ; 1, 4, 6, 7 Südtiroler Platz). Cette cafétéria végétarienne où l'on paie au poids sert de savoureux pâtés végétariens, des plats de riz et une quarantaine de salades composées. Une adresse agréable où se détendre un moment devant un café et un gâteau.

Thomawirt BISTROT €€

(0316-32 86 37 ; www.thomawirt.at ; Leonhardstrasse 40-42 ; menu déj 8,90 €, plats 6,50-29 € ; 11h-23h lun-sam ; ; 7 Merangasse). Ce néo-*Beisl* du quartier estudiantin propose en semaine un plat du jour à partir de 11h, plus d'autres excellentes assiettes le midi comme le soir, lesquelles vont des classiques régionaux aux plats végétariens en passant par les steaks (onéreux). On peut aussi se faire servir côté café. Concerts occasionnels dans le bar-lounge.

El Pescador POISSON, FRUITS DE MER €€

(0316-82 90 30 ; www.elpescador.at ; Landhausgasse 6 ; plats 18-33 € ; 11h30-22h lun-sam ; 1, 3, 4, 5, 6, 7 Hauptplatz). Lorsque l'on pousse la porte d'El Pescador, on sent presque la marée monter vers soi avec son lot de fraîcheurs marines. Les savoureuses spécialités servies ici puisent à la fois dans la cuisine dalmate et l'italienne. La pêche du jour complète le menu entre 11h30 et 17h. Atmosphère moderne et authentique, avec une équipe souriante.

Der Steirer AUTRICHIEN €€

(0316-70 36 54 ; www.der-steirer.at ; Belgiergasse 1 ; formule déj en semaine 9,90 €, plats 11,80-32,50 € ; 11h-minuit ; ; 1, 4, 6, 7 Südtiroler Platz). Ce néo-*Beisl* et bar à vins affiche une belle sélection de plats styriens, parmi lesquels un succulent goulash, du *Backhendl* (poulet pané frit) et du gibier de saison, servis avec simplicité dans un cadre contemporain. Pour goûter à tout, choisissez la version styrienne des tapas.

Landhauskeller AUTRICHIEN €€

(0316 83 02 76 ; www.landhauskeller.at ; Schmiedgasse 9 ; plats 17-36 € ; midi-1h ; ; 1, 3, 4, 5, 6, 7 Hauptplatz). Ce qui n'était au XVIe siècle qu'une modeste taverne est devenu un restaurant raffiné, servant des spécialités styriennes et locales revues au goût du jour. Il y a des classiques tels que le *Tafelspitz* (bœuf de qualité bouilli), mais aussi des mijotés et plats végétariens, des recettes créatives de viande et de fruits de mer.

Aiola Upstairs INTERNATIONAL €€

(0316-81 87 97 ; upstairs.aiola.at ; Schlossberg 2 ; pâtes 18,50-22,90 €, plats 16,50-34,80 € ; 9h-minuit ; ; 3, 5 Schlossbergplatz/Murinsel pour l'ascenseur). Cette excellente table, l'une des meilleures de Graz, sur le Schlossberg (p. 196), jouit d'une vue fabuleuse grâce à ses larges baies vitrées et à sa terrasse estivale. Les chefs mettent leur créativité au service de produits régionaux et de saison, avec des inspirations internationales. Raviolis, gnocchis, viandes rouges, poissons, curry végan figurent par exemple à la carte.

Caylend FUSION €€

(☎0316-71 15 15 ; caylend.at ; Mariahilferplatz ; plats 15-31 € ; ⊙16h-minuit mer-ven, midi-minuit sam-dim ; 🚊1, 4, 6, 7 Südtiroler Platz). Le design épuré, que rehausse un rétroéclairage et des couleurs primaires, dessine un agréable cadre contemporain à ce bistrot-bar à vins sous les voûtes. Les recettes fusion savent donner des frissons, qu'il s'agisse de la poitrine de porc fumée 24 heures à l'ail et au fromage frais, du steak de kangourou (mais aux *Spätzle*, tout de même) ou de la bavette façon Caylend. Vaste choix de vins autrichiens.

Où prendre un verre et faire la fête

Promenade CAFÉ

(☎0316-813 840 ; promenade.aiola.at ; Erzherzog-Johann-Allee 1 ; ⊙9h-1h lun-jeu, 9h-2h ven-sam, 9h-minuit dim ; 🚊30 Schauspielhaus). Ce ravissant café a rang d'institution à Graz. Aménagé dans un style viennois moderne par sa direction (également responsable du légendaire Aiola), le bar donne sur une avenue arborée du Stadtpark, ce qui en fait un lieu idéal pour un petit-déjeuner dominical (œufs et en-cas salés au menu) comme pour un *Spritz* agrémenté d'une assiette de petits en-cas type tapas en fin d'après-midi.

Buna CAFÉ

(☎0316-22 86 83 ; www.buna.at ; Joanneumring 16 ; ⊙9h-19h lun-ven, 9h-17h sam ; 📶 ; 🚊1, 3, 4, 5, 6, 7 Jakominiplatz). Torréfacteur indépendant en plein essor, Buna a ouvert ce café dans le centre-ville. Préparés avec savoir-faire, les expressos, les cafés frappés et *latte* sont à déguster sur place, assis sur l'un des tabourets alignés en vitrine, ou à emporter.

Parkhouse BAR

(☎0316-811 326 ; www.parkhouse.at ; Stadtpark 2 ; ⊙midi-2h dim-jeu, midi-4h ven, 10h-4h sam mars-oct, 21h-2h ven-sam nov-fév ; 🚊30 Kameliterplatz). Parfait pour un apéritif ou un verre tardif, ce bar du parc décontracté à souhait occupe charmant édifice en forme de rotonde. Agenda des soirées DJ et des concerts à consulter en ligne.

Operncafé CAFÉ

(☎0316-83 04 36 ; www.operncafe.at ; Opernring 22 ; café et gâteau 9 € ; ⊙7h-minuit lun-jeu, 7h-2h ven, 8h-2h sam-dim ; 📶 ; 🚊1, 3, 4, 5, 6, 7, 13 Jakominiplatz). Ce café traditionnel, au magnifique décor rétro, associe, à ses pâtisseries maison, quantité d'ouvrages à lire et des serveurs en costume.

Freiblick Tagescafe BAR EN TERRASSE

(☎0316-83 53 02 ; www.freiblick.co.at ; Kastner & Öhler, Sackstrasse 7-13 ; ⊙9h30-19h lun-sam ; 📶 ; 🚊1, 3, 4, 5, 6, 7 Hauptplatz). Occupant la terrasse sommitale du grand magasin Kastner & Öhler, cet immense café-bar a une vue imprenable sur la ville. On y vient aussi bien prendre le petit-déjeuner qu'une soupe ou une salade vers midi, ou encore un *Spritz* ou un Hugo Royal (champagne de marque avec un doigt de sureau, 15 €) à l'approche du crépuscule.

Tribeka CAFÉ

(☎0316-26 97 64 ; www.tribeka.at ; Kaiserfeldgasse 6 ; ⊙7h-20h lun-ven, 8h-20h sam-dim ; 📶 ; 🚊1, 3, 4, 5, 6, 7 Hauptplatz). Cette enseigne de la chaîne très prisée de Graz est incontournable si vous cherchez un bon café dans le centre, à l'heure du petit-déjeuner. Elle allie, à de grandes fenêtres, le charme d'une terrasse surélevée, volontiers prise d'assaut. Bon choix de brownies, cheese-cakes et pâtisseries.

p.p.c. DISCOTHÈQUE

(☎0316-8141 4133 ; www.popculture.at ; Neubaugasse 6 ; 8-10 € ; ⊙à partir de 22h mer-sam ; 🚊4, 5 Kepplerbrücke). L'une des boîtes les plus plébiscitées de Graz avec des invités et thèmes variés chaque semaine, du hip-hop au R'n'B en passant par le metal, le reggae ou le dancehall. Programmation à consulter en ligne.

Dom im Berg DISCOTHÈQUE

(☎0316-8008 90 00 ; spielstaetten.buehnen-graz.com ; Schlossbergplatz ; 🚊3, 5 Schlossplatz/Murinsel). Les galeries sous le Schlossberg ont servi d'abri lors des raids aériens de la Seconde Guerre mondiale. Aujourd'hui, certaines ont été transformées en salles de spectacle et de clubbing. Connectez-vous sur le site Internet pour connaître la programmation.

Cafe Centraal PUB

(www.centraal.at ; Mariahilferstrasse 10 ; ⊙10h-minuit ; 📶 ; 🚊1, 4, 6, 7 Südtiroler Platz). À toute heure de la journée, ce bar-*Beisl* traditionnel vous régale de plats bon marché. Attablez-vous entre les lambris brun foncé à l'intérieur ou bien en terrasse.

Où sortir

Opernhaus OPÉRA

(☎0316-8000 ; oper-graz.buehnen-graz.com ; Kaiser-Josef-Platz 10 ; ⊙fermé déb juil-fin août ;

(🚋1, 7 Kaiser-Josef-Platz). Ors néo-baroques et rococo tranchent somptueusement sur le crème et le rouge lyrique de cette salle d'opéra pouvant accueillir 1200 spectateurs dans sa grande et haute salle. La compagnie en résidence reçoit régulièrement les hommages de la presse et du public. Programmation et tarifs sur le site Internet.

Schauspielhaus THÉÂTRE
(☎0316-8000 ; schauspielhaus-graz.buehnen-graz.com ; Hofgasse 11 ; ⏰fermé déb juil-fin août ; 🚌30 Schauspielhaus, 🚋1, 3, 4, 5, 6, 7 Hauptplatz). Dates des principales pièces de théâtre données à Graz et tarifs sur le site Internet.

Stockwerk Jazz JAZZ
(☎0316 82 14 33 ; stockwerkjazz.mur.at ; Jakominiplatz 18 ; concerts 15-20 € ; ⏰18h-minuit lun-sam ; 🚋1, 3, 4, 5, 6, 7, 13 Jakominiplatz). Le premier pub-club de jazz de Graz programme des musiciens locaux et internationaux, mais Stockwerd Jazz est aussi un bon endroit où siroter un verre. Décor en bois et toit-terrasse en été.

Achats

Hofbäckerei Edegger-Tax BOULANGERIE
(☎0316-8302 300 ; www.hofbaeckerei.at ; Hofgasse 6 ; ⏰7h-18h lun-ven, 7h-12h30 sam ; 🚋1, 3, 4, 5, 6, 7 Hauptplatz). Sculptée avec force détails, la façade en chêne néo-baroque de cette boulangerie historique est ornée d'un aigle bicéphale, héritage de l'époque impériale. À l'intérieur vous attendent des pains, des *Panthertatzen* ("griffes de panthère", pâtisserie styrienne aux noix), des croissants aux graines de courge et à la vanille, et un vaste choix de biscuits à base de fruits à coque. Tout est superbement présenté.

Renseignements

Graz Tourismus (☎0316-807 50 ; www.graztourismus.at ; Herrengasse 16 ; ⏰10h-17h jan-mars, 10h-18h avr-déc ; 📶 ; 🚋1, 3, 4, 5, 6, 7 Hauptplatz). Le principal office du tourisme de Graz dispose de nombreuses brochures et son personnel serviable est bien informé. Prêt de poussettes, location de fauteuils roulants et visites guidées (encadré p. 197).

Depuis/vers Graz

AVION

Relié à la gare centrale par des bus et des trains, l'**aéroport de Graz** (GRZ ; ☎0316-290 21 72 ; www.flughafen-graz.at) se trouve à 10 km au sud du centre-ville et juste après l'A2. Easyjet (www.easyjet.com) dessert Graz par un vol direct depuis l'aéroport de Tegel à Berlin, et Eurowings depuis Vienne, Zürich (Suisse) et Stuttgart (Allemagne). KLM, Swiss Airlines et Turkish Airlines ont des vols directs pour les Pays-Bas, la Suisse et la Turquie. **Austrian Airlines** (☎05 1766 1000 ; www.austrian.com) dessert Düsseldorf, Stuttgart (Allemagne), Vienne et Salzbourg. La **Lufthansa** (☎01 70 48 91 70 ; www.lufthansa.com) propose des vols fréquents pour Francfort, Munich et Stuttgart (Allemagne).

Il existe à l'aéroport de Graz un **bureau des renseignements** (☎0316-290 21 72 ; www.flughafen-graz.at ; ⏰5h-22h30 ; 📶), des bornes Internet gratuites et le Wi-Fi dans la zone de sûreté, ainsi qu'une banque avec DAB aux arrivées (rez-de-chaussée).

BUS

Desservant toute la Styrie, les services routiers **Postbus** (☎050 678 910, 05 17 17 ; www.postbus.at) ont 2 points de départ/arrivée : à l'extérieur de l'*Hauptbahnhof* et à la **gare routière** (Andreas-Hofer-Platz ; 🚋1, 4, 6, 7 Südtiroler Platz). **GKB** (☎0316-59 87-0 ; www.gkb.at ; 🚋1, 4, 6, 7 Südtiroler Platz) dessert quotidiennement et sans escale Bärnbach (8,60 €, 50 min, fréquents). Tous les jours, 6 bus directs de l'ÖBB assurent la liaison entre la gare centrale de Graz et Klagenfurt (31 €, 2 heures).

VOITURE

Les principales agences de location sont **Avis** (☎050 5858 5830 ; www.avis.com ; Flughafenstrasse 51 ; 🚋7 Karl-Morre-Strasse), **Hertz** (☎0316-82 50 07 ; www.hertz.com ; Wiener Strasse 22 ; 🚋3, 5 Keplerbrücke), **Buchbinder** (☎0507 010 46800 ; at.buchbinder.de ; Puchstrasse 185 ; 🚌650, 671 Graz Puchstrasse Süd) et **Sixt** (☎0150 526 40 04 ; www.sixt.at ; Kärntner Strasse 44 ; 🚆Don Bosco). La plupart ont un comptoir à l'aéroport.

Attention, les *Kurzparkzonen* (zones à stationnement limité) abondent à Graz ; prenez un ticket à l'horodateur (1 €/30 min, dans la limite de 3 heures maximum pour une majorité de zones bleues). En périphérie de la ville, le stationnement en zone verte est moins onéreux et non limité dans le temps. Consultez les zones de stationnement sur www.graz.at/cms/ziel/7535944/DE.

TRAIN

Les trains pour Vienne partent toutes les heures (40 €, 2 heures 30) et 5 trains quotidiens rejoignent Salzbourg (52 €, 4 heures). À destination du nord ou de l'ouest, tous les trains passent par Bruck an der Mur (13 €, 30-45 min,

VAUT LE DÉTOUR

UN SPA SIGNÉ HUNDERTWASSER

L'est de la Styrie est connu de tous les Autrichiens pour ses sources et ses stations thermales. Pour qui apprécie aussi la fantaisie architecturale et l'engagement écologique de Friedensreich Hundertwasser (1928-2000), un détour par le **Rogner Bad Blumau** (☎03383-51 00 ; www.blumau.com ; Bad Blumau ; adulte/enfant lun-ven 49/30 €, sam-dim 58/35 €, entrée après 17h 36,90/26,90 € ; ⏲9h-23h) est indispensable ! Proche du village de Bad Blumau, quelque 50 km à l'est de Graz, l'ensemble thermal dessiné par l'artiste cache derrière son amusante façade un sauna finlandais, des hammams, de larges bassins extérieurs façon lagune, une grotte de sel, et de multiples soins, dont un combinant son, lumière et mouvement au doux nom d'AlphaSphere.

L'architecture et le décor "organique" de Hundertwasser enveloppent littéralement les "baigneurs" dans un monde onirique entre jeux de niveaux, mosaïques enjouées, flèches dorées et toit tout engazonné. Les clients de l'hôtel sur place bénéficient d'un accès gracieux à l'espace bien-être. Un train dessert Bad Blumau 3 fois par jour (19 €, 2 heures) au départ de Graz.

À une quarantaine de kilomètres à l'ouest de Graz, à Bärnbach, l'**église Sainte-Barbara** (Sankt Barbara Kirche ; Piberstrasse ; ⏲lever-coucher du soleil) GRATUIT porte aussi la marque d'Hundertwasser. Bien que construite dans l'après-guerre, cette église eut besoin d'une réfection dès la fin des années 1980. Les habitants choisirent d'en appeler au célèbre artiste viennois. Les travaux débutèrent en 1987 et s'achevèrent en 1988. Le résultat est un plaisir pour les yeux, avec ses couleurs vives et son clocher à bulbe en cuivre étincelant. Les symboles architecturaux et graphiques sont expliqués dans une brochure disponible, contre un petit don, à l'entrée de l'église (en anglais).

Des trains quittent Graz pour Bärnbach toutes les heures (9 €, 50 min). La gare ferroviaire est située à 2,5 km au sud de l'église. Suivre la Bahnhofweg et la Neue Landstrasse (prendre à droite) jusqu'à la Piberstrasse. Comptez environ 7 € pour un **taxi** (☎0664 40 22 47) vers le centre.

ttes les 30 min), carrefour ferroviaire avec des services plus fréquents. Pour rallier Klagenfurt (43 €, 3 heures, 5/j), il faut changer à Bruck an der Mur.

À l'international, Graz est reliée par trains directs à : Zagreb en Croatie (44 €, 4 heures-6 heures 30) ; Ljubljana en Slovénie (31,90 €, 3 heures 30) ; Szentgotthárd (17 €, 1 heure 40) et Budapest (56,40-79 €, 5 heures) en Hongrie.

Comment circuler

TAXI

Appelez le 0316-2801, le 0316-878, 0316-889 ou le 0316-222.

TRANSPORTS EN COMMUN

La zone 101 englobe la ville de Graz. Le ticket vendu à l'unité ou par 10 (2,50/21 €) est valable 1 heure pour le bus comme le tram. Le pass 24 heures (5,60 €) est souvent plus avantageux. Sinon il existe un forfait hebdomadaire/mensuel, 16,30/54,10 €. On trouve des automates dans les tramways ou sur le trottoir, sinon on peut s'adresser à un bureau de tabac (*Tabak*). Les bus vont être progressivement équipés d'automates (en attendant, adressez-vous au chauffeur).

Tram

Tous les jours sauf le dimanche, les lignes de tramway n^os^1, 3, 6 et 7 relient la Jakominiplatz à la gare centrale, à la fréquence de 5 à 20 minutes. Le service démarre vers 5h du matin et s'arrête en début de soirée, sauf pour les lignes n^os^1 et 7 qui circulent jusqu'à minuit environ.

VÉLO

Vous pouvez louer un vélo auprès de **Bicycle** (☎0316 82 13 57-22 ; www.bicycle.at ; Körösistrasse 5 ; 14 €/24 heures, 24 €/ven-lun, 65 €/sem ; ⏲9h-13h et 14h-18h lun-ven ; 🚋4, 5 Keplerbrücke) ou de ServiceCenter der Verbund Linie (p. 193, 15/70 € par jour/sem). Géré par Bicycle, **Fahrradverleih am Hauptbahnhof** (www.bicycle.at ; Europaplatz 4, Hauptbahnhof ; vélo de ville 9/14 € par 12/24 heures, 24 €/week-end, 65 €/sem ; ⏲8h-17h lun-ven, 9h-midi et 17h-19h sam-dim, horaires réduits en hiver ; 🚋1, 3, 6, 7 Hauptbahnhof) loue aussi des VTT et des vélos électriques (y compris de randonnée).

STYRIE DU SUD

Surnommée la Toscane de Styrie (*Steirische Toskana*), la Styrie du Sud est une terre viticole dont les paysages évoquent le Chianti. Ses douces collines sont tapissées de vignes, de terres agricoles et de parcelles boisées, hantées de cervidés. L'autre spécialité de la région est le *Kürbiskernöl*, une huile de graines de courge au petit goût de noix, incontournable assaisonnement présent sur toutes les tables styriennes.

Deutschlandsberg

☎03462/11 600 HABITANTS

Au cœur de la région viticole du schilcher, Deutschlandsberg est une petite ville vitaminée, dominée par un château bien restauré et son musée.

Burg Museum Archeo Norico MUSÉE

(☎03462-56 02 ; www.burgmuseum.at ; Burgplatz 2 ; adulte/enfant 10/5 € ; ⏲10h-18h mar-dim mi-avr à oct). Divisé en 4 sections thématiques (histoire du site, Celtes, armes et bijoux anciens), ce château-musée mérite qu'on lui consacre 1 heure 30 de visite. On admirera le travail d'orfèvre des peuples celtes avec l'étonnant torque en or du Ve siècle av. J.-C. Comme il en va de tout château digne de ce nom, on trouve une salle des tortures dans les galeries souterraines. À quelque 25 minutes à pied du centre.

Burg Hotel Deutschlandsberg HÔTEL €€

(☎03462-56 56-0 ; www.burg-deutschlandsberg.at ; Burgplatz 1 ; s 68-90 €, d 130-142 € ; P ⊜ ᯤ). Inutile de chercher plus loin : le Burg Hotel, établi dans le château, est l'hôtel qu'il vous faut ! Son joyau est la suite dans la tour (250 € la nuit). Les chambres penchent davantage du côté du moderne que de l'ancien, mais elles sont agréables, spacieuses, sereines et avec vue sur les bois.

JUFA Hotel Deutschlandsberg AUBERGE DE JEUNESSE €€

(☎05 7083 260 ; www.jufahotels.com/hotel/deutschlandsberg ; Burgstrasse 5 ; s/d/tr/qua/app 53/85/125/155/215 € ; P ⊜ @ ᯤ). Dans un vignoble au pied de la route menant au château, une auberge tout juste rénovée aux chambres modernes, propres et joliment décorées dans des tons pastel, avec une salle de bains privative pour chacune. Les appartements réunissent 2 chambres pour loger un maximum de 5 personnes. Vélos électriques/VTT loués 10/8 € par jour.

Marmeladenfleck CAFÉ-RESTAURANT €

(☎0650 440 96 70 ; www.marmeladenfleck.com ; Untererplatz 1 ; plats déj 5,50-7,50 € ; ⏲8h-16h mar, jeu-ven, 8h-19h mer, 9h-14h sam-dim). Doublé d'une terrasse estivale idéale pour apprécier la vie ici, ce café simple et cosy mitonne de bons petits plats à base de produits frais et sert des bières artisanales de chez Carinthian Schleppe. Plats du jour (soupe végétarienne, pâtes au saumon...) mentionnés quotidiennement sur le site Internet.

ℹ Renseignements

Office du tourisme (☎03462-75 20 ; www.schilcherland.at ; Hauptplatz 34 ; ⏲9h-16h lun-ven, 9h-midi sam avr-oct, 9h-12h lun-ven nov-mars). Une mine d'informations sur la ville et ses alentours.

ℹ Depuis/vers Deutschlandsberg

On trouve un train par heure entre Graz et Deutschlandsberg (11 €, 40 min).

La JUFA Hotel Deutschlandsberg (ci-contre) loue des vélos.

Ehrenhausen

☎03453/2 560 HABITANTS

Près de l'A9 qui relie Graz à la frontière slovène, la pittoresque bourgade d'Ehrenhausen constitue une excellente base pour explorer les vignobles de la Styrie du Sud. Elle se résume à une rue bordée de maisons pastel que vient coiffer l'édifice baroque de l'**église paroissiale** (Pfarrkirche ; Hauptplatz ; ⏲lever-coucher du soleil). Les Eggenberg ont aussi marqué le village d'un mausolée jaune et blanc.

⊙ À voir

Mausolée d'Eggenberg MAUSOLÉE

Suivez le chemin partant à droite de l'hôtel de ville (*Rathaus*) d'Ehrenhausen jusqu'au mausolée de Ruprecht von Eggenberg (1546-1611). Ce membre de la famille de Graz qui fit construire le château remporta la bataille de Sisak (1593) contre les Turcs.

Où se loger et se restaurer

Loisium Südsteiermark HÔTEL, SPA €€
(☎03453-288 00 ; www.loisium.com/en/hotel-south-styria/home ; Am Schlossberg 1a ; s/d 135/176 € ; P). Filiale du premier Loisium, dans le Kamptal, cet établissement place la barre haut dans la catégorie luxe. L'architecture contemporaine, les chambres simples et élégantes, la vue sur les vignobles et le spa Aveda raviront les clients, en particulier au terme d'une éprouvante journée de dégustation !

Die Weinbank AUTRICHIEN €€€
(☎03453-222 91 ; www.dieweinbank.at ; Hauptstrasse 44 ; plats Wirtshaus 9,90-35 €, formule 69 € ; ⊙Wirtshaus 11h-minuit mer-dim, restaurant midi-13h30 jeu-dim, 19h-20h30 mer-dim). Idée du chef Gerhard Fuchs et du sommelier Christian Zach, Die Weinbank mêle cuisine exquise et vins locaux (le choix est extraordinaire), servis dans la moins formelle *Wirtshaus* (taverne) ou dans le restaurant. En prime, la *Vinothek* permet d'acheter les vins et quelques mets divins tel que le jambon de mangalitza (un porc laineux).

LES ROUTES DES VINS DE STYRIE

Les *Weinstrassen* (routes des vins) de la Styrie du Sud forment un entrelacs de routes sinueuses au cœur de paysages rappelant, pour certains, la Toscane. C'est après les vendanges que la région livre son plus beau visage, lorsque le *Sturm* (vin nouveau) est prêt à être bu. Le dernier week-end de septembre, la **Weinlesefest** (fête des Vendanges ; ☎03454-7060 ; www.suedsteiermark.com/en ; entrée 10 € ; ⊙dernier week-end sept) qui se tient à Leutschach fournit l'occasion de tester ce vin primeur.

Les principales localités de la région sont Ehrenhausen, Gamlitz et Berghausen, au nord, et la ville de Leutschach, dans l'ouest, à moins de 20 km de distance, et plus facile d'accès par la route tortueuse qui longe la frontière slovène. Vignobles et villages jalonnent le parcours, loin de toute agglomération importante. Beaucoup offrent un hébergement propice à une escale pittoresque, voire romantique. Autour d'Ehrenhausen, il existe une ambiance plus "petite ville". Les week-ends de septembre et octobre, les établissements affichent généralement complet. En semaine et aux autres périodes, vous n'aurez pas de problème pour trouver où loger si vos dates de séjour sont flexibles.

Si vous souhaitez pousser plus loin votre découverte, quittez Leutschach par la route qui part vers la gauche en haut de la rue principale. Cette route mène à Eichberg-Trautenburg, une belle région pourvue de nombreux *Buschenschenken* (tavernes à vin) et d'étroites routes bitumées. Un sentier de randonnée (560) passe par une forêt, traverse des prairies et suit en partie la route.

Les régions qui bordent ou se situent au sud de l'ancienne route des vins (Alte Weinstrasse) sont plus isolées, tandis qu'un séduisant patchwork de vignobles et de petites forêts tapisse les pentes nord du massif du Sausal. Là aussi les *Buschenschenken* fleurissent, mais il y a moins foule.

À Leutschach, le bureau de la **Südsteirische Weinstrasse** (route des vins du sud de la Styrie ; ☎03454 706 0300 ; www.suedsteiermark.com/en ; Arnfelser Strasse 10 ; ⊙9h-16h lun-ven) pourra vous renseigner sur les itinéraires.

À vélo sur les routes des vins

Il est très agréable de découvrir la région à vélo. À Graz, on loue aisément, pour la journée ou la semaine, VTT ou vélos de randonnée près de la gare, chez Fahrradverleih am Hauptbahnhof (p. 203). Sinon Bicycle (p. 203), également à Graz, propose des vélos de ville. Partez par le train jusqu'à Ehrenhausen, point de départ idéal pour votre cyclo-rando. Sur place, l'auberge de jeunesse JUFA Hotel de Deutschlandsberg (p. 204) propose à la location vélos électriques et VTT que l'on soit client ou non. À Leutschach, l'office du tourisme propose aussi ce service, tout comme l'hôtel à Gut Pössnitzberg, à la sortie de Leutschach, pour un petit tour dans les environs (les clients de l'hôtel bénéficient d'une remise).

Achats

Genussregal Vinofaktur VIN
(☎03453-406 77-0 ; www.genussregal.at ; An der Mur 13, Vogau ; ⏲9h-18h). Si la route des vins semble par endroits extrêmement rustique, ce gigantesque magasin gastronomique rend bien compte de la faveur grandissante dont elle fait l'objet. Facile à reconnaître, avec ses nombreux conteneurs d'expédition empilés au petit bonheur, cet entrepôt est l'endroit idéal pour découvrir les crus des producteurs de la région si vous n'avez pas le temps de visiter les caves.

Renseignements

L'**office du tourisme** (☎03454 7070 ; www.ehrenhausen-gv.at ; Hauptstrasse 29/7 ; ⏲9h-14h lun, mar et jeu, 9h-midi et 13h-17h ven, 9h-midi sam) a une liste de *Buschenschenken* (tavernes à vins) avec leurs heures d'ouverture, ainsi que d'hébergements. On peut vous y aider à organiser une visite guidée privée du mausolée et de la Pfarrkirche.

Depuis/vers Ehrenhausen

Toutes les heures, des trains quittent Graz pour Ehrenhausen (11 €, 44 min). La gare est à 5 minutes à pied à l'est de la Hauptplatz.

Leutschach

☎03454/3 725 HABITANTS

Leutschach regroupe certains des producteurs de vin les plus réputés de Styrie. C'est un village de terroir entre deux collines et des routes en lacets.

Gut Pössnitzberg HÔTEL €€
(☎03454-205 ; www.poessnitzberg.at ; Pössnitz 168 ; s 92-107 €, d 194-214 € ; Ⓟ). Posté près d'un virage particulièrement beau de la route, à 5 km au sud-est de Leutschach, cet "hôtel viticole" (*weinhotel*) marie architecture contemporaine et hospitalité styrienne. Les chambres font la part belle à la relaxation, avec leurs grandes salles de bains et, pour certaines, un Jacuzzi. Magnifique piscine surélevée. Du dimanche au jeudi et hors saison, les tarifs baissent significativement.

C'est une bonne base pour rayonner dans les vignobles alentour, mais il a aussi sa propre salle de dégustation et un restaurant réputé, le **Kreuzwirt** (☎03454-205 ; www.poessnitzberg.at/kreuzwirt ; Pössnitz 168 ; plats 15,80-23,50 € ; ⏲17h-21h30 lun-ven, midi-21h30 sam et jusqu'à 21h dim).

Le bus n°605 à destination de Pössnitz Kreuzwirt (2,60 €, 12 min, plusieurs par jour en semaine) y marque l'arrêt. L'hôtel loue des vélos électriques à la journée/demi-journée pour 28/16 €.

Tscheppes Lang-Gasthof HÔTEL €€
(☎03454-246 ; www.langgasthof-tscheppe.at ; Hauptplatz 6 ; s/d 73/112 € ; Ⓟ). Un 4-étoiles apprécié pour son spa et ses bains de houblon (dont la culture a aussi cours dans la région). Les chambres sont lumineuses, décorées dans des tons clairs, les salles de bains de bonne taille. Le restaurant (plats 9,80-23,20 €, ven-mar) sert une cuisine autrichienne traditionnelle, dont des plats de bœuf (styrien, parfois bio).

Renseignements

Vous trouverez une carte des sentiers de randonnée et la liste des tavernes (avec leurs heures d'ouverture) à l'office du tourisme (☎03454-7070 340 ; www.suedsteiermark.com/en ; Hauptplatz 10 ; ⏲9h-17h lun-ven, 9h-midi sam avr-oct et 9h-midi lun-ven nov-mars). Brochures et cartes sont disponibles à l'extérieur quand l'office est fermé. C'est également ici que l'on vient chercher son vélo électrique.

Depuis/vers Leutschach

De Graz, vous pourrez prendre le train pour Leibnitz (9 €, 40 min), puis le bus pour Leutschach (9 €, 45 min). Faites sinon la correspondance train-bus entre Graz et Leutschach (16,60 €, 1 heure 30) en passant par la gare Kaindorf/Sulm Bahnhof de Leibnitz.

Comment circuler

Si vous souhaitez visiter les vignobles ou explorer les petits villages, il est préférable d'être motorisé.

Il est possible de réserver en ligne un **vélo électrique** (☎0664 96 16 095 ; www.leutschach-weinstrasse.gv.at/tourismus-wirtschaft/e-bike ; Hauptplatz 10 ; vélo électrique/VTT électrique 32/37 € la journée ; ⏲9h-11h lun-ven, 9h-10h sam-dim mi-avr à fin oct) et de le récupérer auprès du Tourismusverein Leutschach an der Weinstrasse.

Riegersburg

☎03153/4 920 HABITANTS

Quelque 40 km à l'est de Graz, Riegersburg niche entre les collines d'une petite région baptisée Steirisches Vulkanland (pays volcanique de Styrie), souvenir de l'ancienne ceinture de volcans entre la Slovénie et les Carpates. Si le centre-ville n'a rien de notable, l'atout maître de Riegersburg est son château aux trois musées, complétés d'un parcours d'escalade et d'un centre de fauconnerie.

Château de Riegersburg CHÂTEAU
(☎03153-8213 ; www.dieriegersburg.at ; Riegersburg 21 ; adulte/enfant/famille 21/12,40/49,90 € ; ⏲9h-18h mai-sept, 10h-18h avr et 10h-17h oct). Sur son promontoire à 400 m d'altitude, cet impressionnant château du XIIe siècle offre une vue spectaculaire sur la campagne alentour. Construit pour bloquer les invasions turques et hongroises, il héberge désormais un **Hexenmuseum** (musée de la Sorcellerie) et le **Burgmuseum** (musée du Château) – où est retracée l'histoire de la famille Liechtenstein, propriétaire du bâtiment depuis 1822 –, ainsi qu'une impressionnante collection d'armes au sein du **Waffenmuseum**.

Sur le flanc est, un téléphérique (aller-retour 6 €) vous hissera au château en 90 secondes.

Schloss Kapfenstein HÔTEL €€
(☎03157-30 03 00 ; winkler-hermaden.at/whde/hotel-restaurant.html ; Kapfenstein 1 ; s 109-133 €, d 158-206 € ; ⏲mars à mi-déc ; P). Si vous êtes motorisé, optez pour cet hôtel-restaurant aménagé dans un splendide château à 17 km au sud de Riegersburg. Les chambres au mobilier élégant affichent divers styles mais comportent toutes des clins d'œil historiques et ont vue sur la nature environnante. Le restaurant propose une délicieuse cuisine régionale en extérieur, face à la vallée. Formules hébergement du vendredi au dimanche.

Seehaus AUTRICHIEN €€
(☎03153-721 06 ; www.seehaus-riegersburg.at ; Riegersburg 205 ; plats 10,50-29,50 € ; ⏲11h-23h lun-ven, 9h-23h sam, 9h-21h dim et fermé le jeudi de oct à avr). À quelques minutes à pied au sud-est du centre, cet établissement en bord de lac sert un large panel de plats autrichiens simples, ainsi que quelques burgers et recettes méditerranéennes. Son emplacement explique son succès.

ℹ Renseignements

Office du tourisme (☎03153-86 70 ; www.steiermark.com/de/Thermen-Vulkanland ; Riegersburg 87 ; ⏲9h30-16h lun -ven, info foyer 5h30-minuit). Pour plus de renseignements sur le château et sur les activités.

ℹ Depuis/vers Riegersburg

Des trains quittent régulièrement Graz pour Feldbach (11 €, 1 heure), d'où l'on gagne directement en bus Riegersburg (2,50 €, 14 min, 6/j en semaine). Le dernier bus repart vers 18h (vérifier les horaires avant de prendre la route).

Sausal

Cette région vallonnée au nord-ouest d'Ehrenhausen est plus paisible que celle, plus fréquentée, des routes des vins touristiques. Les caves, perchées sur des crêtes, donnent pour beaucoup sur des vignobles en terrasse, garantissant à leurs hôtes un cadre de dégustation mémorable.

Weingut Schauer PENSION €€
(☎03456-35 21 ; www.weingut-schauer.at ; Greith 21, Kitzeck/Greith ; d 184-200 € ; ⏲mars-fin oct ; P). Ce vignoble à flanc de colline au nord de Kitzeck, dans le hameau de Greith, vous héberge à 500 m d'altitude. Les chambres affichent des couleurs claires et ont du parquet au sol. Pain maison et produits bio de la région au petit-déjeuner.

Zur Hube MÉDITERRANÉEN €€€
(☎0664 2211 242 ; www.zurhube.at ; Sausal 51, Pistorf/Gleinstätten ; menus 3/4 plats 49/62 € ; ⏲sur réservation ven-sam ; P). Pensez à réserver votre table dans ce petit restaurant gastronomique au cœur du Sausal. Les assiettes, préparées de main de maître par le chef et propriétaire Gingi Peez-Petz, fleurent bon la Méditerranée, et la carte de saison puise dans les traditions slovènes, italiennes et croates. Vous pouvez vous aventurer dans la cave pour choisir votre cru.

Felber Jörgl DOMAINE VITICOLE
(☎03456-31 89 ; www.felberjoergl.at ; Höch 47, Kitzeck im Sausal ; ⏲13h-21h ven-mar). Sillonner les jolies routes du Sausal et s'arrêter, ici ou là, selon l'humeur du moment, tient pour une bonne part du plaisir de la découverte. Forte d'un cadre magnifique, cette cave, où sont principalement servis des blancs accompagnés d'excellentes assiettes de viandes et de fromages, est une bonne adresse où entamer un périple.

ℹ Depuis/vers le Sausal

En raison du manque de transports publics et de l'étendue des vignobles, mieux vaut explorer la région en voiture ou à vélo.

STYRIE DU NORD

Passé Graz, à mesure que l'on se dirige vers le nord, le paysage change : les douces collines et les pâturages cèdent place à des versants abrupts, entrecoupés de profondes vallées. Bienvenue au pays des forêts et des torrents tumultueux. C'est aussi le cœur industriel de la province, où les gisements de minerai de fer furent pendant des siècles la colonne vertébrale de l'économie. Parmi les monuments à découvrir, citons l'église de pèlerinage de Mariazell et l'abbaye d'Admont.

Mariazell

☎03882/3 815 HABITANTS

Située aux contreforts des Alpes orientales, cette destination montagnarde par excellence a les faveurs des randonneurs, des skieurs et des amateurs de VTT. Mais Mariazell est surtout un lieu de pèlerinage important où l'on vient révérer en sa basilique (1157) une statue miraculeuse de la Vierge. Des bus entiers d'Autrichiens y débarquent en pleine chaleur pour l'Assomption (15 août) et la nativité de la Vierge (8 septembre). Le massif du Bürgeralpe (1 270 m), véritable terrain de jeu de Mariazell, domine la ville, où l'on trouve quelques restaurants et un musée modeste.

À voir

Basilique PÈLERINAGE

(Basilika ; ☎03882-259 50 ; Benedictus-Platz 1 ; ⏲7h30-19h15 nov-avr, 6h-20h lun-ven et 6h-21h30 sam mai-oct). Romane à l'origine, la magnifique basilique de Mariazell a subi une transformation gothique au XIVe siècle, puis un autre remaniement, baroque cette fois-ci, au XVIIe siècle. En ressort un singulier enchevêtrement de styles. La splendide flèche gothique semble comme plantée entre les deux tours, elles-mêmes coiffées d'un clocher à bulbe. L'église a été construite autour du sanctuaire marial, la somptueuse *Gnadenkapelle* (chapelle de la Grâce) où les pèlerins viennent vénérer la statue romane de la Madone, vêtue d'une *Liebfrauenkleid* (robe de Notre-Dame) hormis 2 jours de l'année. D'après la légende, ses pouvoirs aidèrent le roi Louis de Hongrie à battre les Ottomans en 1377.

Les galeries supérieures de la basilique abritent le **trésor** (Schatzkammer ; adulte/enfant 4/1 € ; ⏲10h-15h mar-sam, 10h-16h dim mai-oct), rempli d'ex-voto depuis 6 siècles, dont nombre de peintures de style naïf.

Parc d'attractions de la Bürgeralpe BOIS

(Erlebniswelt Holzknechtland ; www.buergeralpe.at/sommer ; Bürgeralpe ; entrée et téléphérique/ascenseur adulte/enfant 24/18 €, entrée musée adulte/enfant 9,20/6,10 € ; ⏲9h-17h fin juin à mi-sept et fin oct à déb nov, sam-mer mai-juin et mi-sept à mi-oct). Prioritairement éducatif et interactif, ce musée du bois à ciel ouvert donne à découvrir tous ses merveilleux usages présents et passés, à travers moult activités calibrées pour les jeunes curieux. Il se fond dans un vaste parc d'activités auquel on accède par le téléphérique de la Bürgeralpe ou par le **télésiège** (☎03882-25 55) à Sankt Sebastian.

Activités

Bürgeralpe RANDONNÉE, SKI

(www.buergeralpe.at). Cette montagne est un superbe point de départ pour une randonnée estivale, mais aussi pour une session de ski hivernale. Le **téléphérique** (☎03882-25 55 ; www.buergeralpe.at ; aller-retour adulte/enfant 18,50/12,50 €) fonctionne toute l'année. L'hiver, le forfait de ski adulte/enfant coûte 39,50/21 € la journée et 202,50/105,50 € la semaine. On peut remonter les pistes avec le télésiège de Sankt Sebastian si le téléphérique est en cours de maintenance.

BikeAlps VTT

(☎03882-25 55 ; www.buergeralpe.at/sommer/bikealps ; Bürgeralpe ; ⏲9h30-17h mai-déb oct, fermé lun mai-déb juin). BikeAlps est un réseau de pistes de VTT à dévaler par les professionnels comme par les débutants. Certaines secouent et sont sans concession quand d'autres conviennent parfaitement aux familles. BikeAlps fonctionne avec le télésiège de Sankt Sebastian et **BikeStore.cc** (☎03842-470 44 21 ; www.freeride-coach.com/verleihtestcenter/bike-verleih ; Sankt Sebastian, station de télésiège de la vallée ; VTT de descente et protection journée complète 90 €, plus forfait journée télésiège adulte/enfant 24/18 € ; ⏲9h30-17h mai-déb oct, fermé lundi mai-déb juin), qui loue des vélos. Consultez les horaires, qui varient selon la météo, sur leur site Internet www.buergeralpe.at.

Erlaufsee LAC

Ce petit lac, à quelques kilomètres au nord-ouest de la ville, se prête à la baignade (température de l'eau à 22°C en été), au windsurf et à la plongée. Disponible à l'office du tourisme, la brochure *Mariazellerland von A-Z* liste les centres de sports nautiques.

Une boucle pédestre (*Rundwanderweg*) de 4 heures à travers la forêt rejoint le lac avant de revenir à Mariazell. À défaut, vous pourrez monter dans le **Museumstramway** (museumstramway.at ; aller simple/aller-retour adulte 8/10 €, enfant 3/5 €), ancien tramway à vapeur circulant le week-end et pendant les vacances de début juin à fin octobre.

Où loger et se restaurer

JUFA Hotel Mariazell AUBERGE DE JEUNESSE €

(☎05 7083 390 ; www.jufa.eu/hotel/erlaufsee ; Erlaufseestrasse 49, Sankt Sebastian ; s 47 €, jum et d 74 € ; P ⊖ @ ᯤ). Bien au calme dans le hameau de Sankt Sebastian, à mi-chemin environ entre Mariazell et l'Erlaufsee, cette auberge se trouve en léger retrait de la route. Nettes et lumineuses, ses chambres ouvrent par de grandes fenêtres sur la verdure pour la plupart. Chacune a sa salle de bains et son coffre. Sauna, solarium et salle de gym pour un supplément de détente.

Campingplatz Erlaufsee CAMPING €

(☎0664 606 44 400 ; www.camping-erlaufsee.at ; Sankt Sebastian ; empl adulte/enfant/tente/voiture 5/2,5/4/3 € ; ⊙mai à mi-sept ; P). Au milieu des épicéas, un petit terrain à Sankt Sebastian sur l'Erlaufsee. De Mariazell, le bus n°197 passe par Sankt Sebastian.

Lurgbauer AGROTOURISME €€

(☎03882-37 18 ; www.lurgbauer.at ; Lurg 1, Sankt Sebastian ; ch 152-228 € ; ⊙restaurant midi-15h et 18h-23h mer-sam, midi-16h dim mai-oct, fermé lun-jeu janv-avr, à partir du jeudi déc ; P ⊖ 🐾). Tout au bout d'un chemin de terre à 6 km au nord de Mariazell, cette *Bauernhof* (ferme) en activité loue 6 délicieuses chambres, que vient compléter une bonne table à la ferme. On craque pour le chalet en bois bicentenaire, devenu sauna avec vue sur la prairie. Maison d'hôtes et salle de gym également.

Goldene Krone HÔTEL €€

(☎03882-25 83 ; www.goldenekronehotel.com ; Grazer Strasse 1 ; s 46-57 €, d 92-114 € ; ⊖ ᯤ). De grandes et lumineuses chambres à l'ambiance douillette, le tout agrémenté d'un sauna finlandais et d'une salle de billard (équipée d'un baby-foot). Au rez-de-chaussée, on se régale de spécialités autrichiennes traditionnelles à l'excellent restaurant (quelques tables en extérieur).

Hotel Drei Hasen HÔTEL €€

(☎03882-24 10 ; www.dreihasen.at ; Wiener Strasse 11 ; s/d/ste 80/130/180 € ; ⊙fermé mi-mars à mi-avr et nov ; P ⊖ ᯤ). Un hôtel dont les chambres sont parmi les plus agréables de Mariazell. En prime : sauna, salle de relaxation et solarium. Les familles peuvent bénéficier de chambres communicantes et l'excellente table maison sert en saison du gibier entre autres spécialités (plats 9-32 €).

Mariazell

0 — 200 m

Mariazell

Les incontournables
1 Basilique B2

Activités
2 Téléphérique de la Bürgeralpe A1

Où se loger
3 Goldene Krone A2
4 Hotel Drei Hasen A2

Où se restaurer
5 Brauhaus Mariazell A2

Brauhaus Mariazell AUTRICHIEN €€
(☎03882-25 23 ; www.bierundbett.at ; Wiener Strasse 5 ; plats 11-28 € ; ⏲11h-14h et 17h-23h mer-sam, 11h-14h dim ; 📶). Cette microbrasserie au charme rustique se révèle un bon choix pour tester la cuisine de Styrie. Elle brasse sa propre bière brune, plutôt légère au goût. Jardin à l'arrière et hébergement à l'étage (chambre à partir de 70 €/personne).

Renseignements

L'**office du tourisme** (☎03882-23 66 ; www.mariazell-info.at ; Hauptplatz 13 ; ⏲9h-17h30 lun-ven, 9h-16h sam, 9h-12h30 dim, fermé sam-dim avr et nov, fermé dim oct-mars) fournit un plan de la localité et des sentiers de randonnée. Il ne réserve pas de chambres, mais tient à disposition une liste d'hébergements.

Depuis/vers Mariazell

Un chemin de fer à voie étroite relie toutes les 2-3 heures Sankt Pölten (84 km au nord) à Mariazell dont la gare se trouve au sud, à 15 minutes à pied du centre. Ce long trajet ferroviaire (18,90 €, 2 heures 20) est superbe pendant la dernière heure. Le bus est le principal moyen de parcourir la Styrie depuis Mariazell. Deux liaisons routières directes relient quotidiennement Mariazell et Bruck an der Mur (13 €, 1 heure 30), où l'on trouve des correspondances ferroviaires avec Graz (22,90 €, 2 heures 15). Tôt le matin et dans l'après-midi, un bus direct fait chaque jour l'aller-retour entre Vienne (Südtiroler Platz) et Mariazell (27 €, 3 heures).

Le Museumstramway (à vapeur) dessert Erlaufsee le week-end et durant les vacances, de début juin à fin octobre. Le plus facile est de le prendre à la gare de Mariazell.

Bruck an der Mur

☎03862/15 885 HABITANTS

Au confluent de la Mur et de la Mürz, Bruck est la première véritable ville de la vallée de la Mur et a rang de carrefour ferroviaire important pour la Styrie. Si vous décidez d'y faire halte, vous trouverez quelques sites intéressants à visiter.

À voir

Koloman-Wallisch-Platz PLACE
La place centrale, qui accueille un marché alimentaire et aux fleurs les mercredi et samedi, est bordée par l'hôtel de ville dont on admirera la cour à arcades. Le Kornmesserhaus (1499), où se mêlent architecture gothique et éléments Renaissance, s'inspire d'un palais vénitien. Parmi les autres centres d'intérêt historique, citons la façade Art nouveau du n°10 et le joli puits en fer forgé de style Renaissance, dessiné en 1626 par Hans Prasser.

Château de Landskron RUINES
(Schloss Landskron). Plusieurs sentiers pentus grimpent au château, où la noblesse locale se retrouvait jusqu'au terrible incendie de 1792 qui le réduit en cendres tout comme la cité. Ainsi les ruines de la forteresse servirent de carrière aux habitants et l'on trouve ses pierres en réemploi dans les maisons. Seuls demeurent aujourd'hui la tour de l'Horloge et deux canons pris aux Français.

Église paroissiale ÉGLISE
(Pfarrkirche ; Kirchplatz ; ⏲lever-coucher du soleil). Cet édifice gothique (XVe siècle) réaménagé à l'époque baroque donne sur la route qui mène au château.

Église Saint-Rupert ÉGLISE
(Sankt Ruprecht Kirche ; Heubergstrasse ; ⏲lever-coucher du soleil). Sur l'autre rive de la Mur, ce sanctuaire a conservé une saisissante fresque du XVe siècle évoquant le Jugement dernier.

Où se loger et se restaurer

♥ **Baderhaus** PENSION €
(☎0644 218 104 www.baderhaus.at ; Ringelschmiedgasse 7 ; s/d/appt 50/85/95 € ; P 🚭 📶). Comme son nom l'indique, l'établissement occupe les premiers bains publics créés au XIVe siècle. On retrouve d'ailleurs dans la décoration de chaque chambre une ou des références aux différentes activités qui ont pris place ici. D'où une personnalité propre à chacune, meublée en conséquence, avec un point commun quasi pour toutes : une baignoire privative !

♥ **Die Weinerei im Baderhaus** AUTRICHIEN €€
(☎03862-563 25 ; www.weinerei-baderhaus.at ; Schiffländ 15 ; plats 10,90-32,90 € ; ⏲11h30-minuit mar-sam). Renouvelée au fil des saisons, la carte de cette table exquise se compose de plats régionaux traditionnels concoctés avec brio et élégamment présentés. On est ici dans l'un des plus vieux bâtiments de Bruck, avec terrasse et bar où goûter nombre de crus autrichiens, français et méditerranéens.

Gasthof Post Riegler AUTRICHIEN €€
(☎03862-549 04 ; www.restaurant-riegler.at ; Koloman Wallisch-Platz 11 ; plats 9,90-32,90 € ; ⏲9h-23h30 mar-sam). Riegler est le plus prisé des établissements traditionnels du village. Sa terrasse estivale donne sur la Mur.

Renseignements

On accède à l'office du tourisme (☎03862-306 01 ; www.tourismus-bruckmur.at ; Herzog-Ernst-Gasse 2 ; ⏲8h-16h lun-ven), situé dans la Kornmesserhaus, par la Herzog-Ernst-Gasse. Plans du village et des environs, très pratiques, avec quelques sentiers de randonnée.

Depuis/vers Bruck an der Mur

Avec Leoben, Bruck est la principale plaque tournante ferroviaire de la région : tous les trains rapides vers Graz (13 €, 45 min, 1/h) s'y arrêtent. Plusieurs fois par jour, d'autres trains directs rallient Klagenfurt (35,60 €, 2 heures) et Vienne (32,10 €, 1 heure 45). La principale autoroute passe au sud-ouest de la ville. Si vous envisagez de faire du vélo dans la région, l'office du tourisme vous fournira des cartes précieuses. Quatre bus quotidiens font la liaison avec Mariazell (13 €, 1 heure 45). Les bus Postbus arrivent et partent près de la gare ferroviaire.

Leoben

☎03842/24 650 HABITANTS

Sans attrait particulier, Leoben réserve quelques surprises à quiconque se penche sur son histoire. Un complexe muséal rénové vous permettra de passer quelques heures agréables entre deux trains. Connue pour être la patrie de la bière Gösser®, Leoben a surtout été depuis le Moyen Âge le centre de l'industrie métallurgique styrienne. C'est aussi à Leoben qu'en avril 1797, fort de sa campagne d'Italie victorieuse, le fougueux général Bonaparte prépara avec les ambassadeurs de l'empereur François II les préliminaires d'un accord de paix aboutissant au traité de Campo-Formio en octobre de la même année.

Le gisement d'Eisenerz un peu plus au nord a favorisé le développement de l'industrie minière à Leoben, porte d'entrée pour la **Steirische Eisenstrasse**. Cette route du fer de Styrie traverse, sur une centaine de kilomètres, un paysage souvent accidenté, voire abrupt dès la sortie d'Eisenerz, où la route enjambe un pont offrant une vue formidable sur le village minier. De cet important passé minier, Leoben conserve une université réputée pour ce qui est de l'exploitation minière, de la métallurgie et de la science des matériaux.

À voir

Hauptplatz GRAND-PLACE
Au centre de cette longue place rectangulaire édifiée au XIIIe siècle se dresse une **colonne de la Peste** (Pestsäule, 1717) immanquable. Les façades élégantes qui bordent la place datent pour la plupart du XVIIe siècle, telle la **Hacklhaus** (Hauptplatz 9) de 1660, beau témoignage de la richesse des maîtres de forges.

MuseumsCenter Leoben MUSÉE
(☎03842-406 24 08 ; kulturquartier.leoben.at/en/museum ; Kirchgasse 6 ; adulte/enfant/famille 5/3,50/11 €, expositions spéciales 10/5/20 €, avec le Kunsthalle 13/7/26 € ; ⏲9h-17h lun-ven, à partir de 10h sam, horaires rallongés pendant les expositions de la Kunsthalle). C'est ici que s'articule la vie culturelle à Leoben. La section *Schienen der Vergangenheit* (voies du passé) raconte, à rebours, l'histoire du village et de ses industries. La vaste **Kunsthalle** (expositions adulte/enfant/famille 10/5/20 €, billet combiné Schienen der Vergangenheit adulte/enfant/famille 13/7/26 € ; ⏲9h-17h lun-ven, à partir de 10h sam) accueille tous les 2 ans des expositions thématiques d'une durée de 7 à 8 mois. Programmation en ligne.

Église paroissiale Saint-François-Xavier ÉGLISE
(Pfarrkirche Sankt Xaver ; Kirchplatz 1 ; ⏲8h-19h). Derrière la simplicité de sa façade, cette ancienne église jésuite du début du baroque (1665) cache un intérieur où les dorures et le bois noir des autels tranchent sur le blanc immaculé des pilastres et des voûtes.

Ancien hôtel de ville ÉDIFICE HISTORIQUE
(Altes Rathaus ; Hauptplatz 1). Singulier témoin de la relation de Leoben avec l'industrie du fer, l'étrange symbole de la ville qui orne la façade de l'ancien hôtel de ville représente une autruche occupée à gober des fers à cheval.

Activités

Asia Spa SPA
(☎03842-245 00 ; www.asiaspa.at ; In der Au 3 ; spa 4 heures adulte/enfant 11/6 €, sauna (+16 ans) 4 heures 23,50 € ; ⏲spa et sauna

9h-21h). Outre plusieurs bassins et saunas, Asia Spa offre toute une carte de soins et de massages. Les nageurs s'entraîneront dans la piscine de 25 m. Le sauna est réservé aux plus de 16 ans.

Où se loger et se restaurer

Pension Jahrbacher PENSION €
(☎664 883 588 82 ; www.pension-leoben.at ; Kirchgasse 14 ; s/d/tr 48/87/135 € ;). Les chambres fort simples mais cosy de cette petite pension du centre présentent l'avantage d'avoir pour voisin le **Café am Schwammerlturm** (☎03842-436 00 ; www.schwammerlturm.com/cafe/cafe.html ; Homanngasse 11 ; 13h-22h lun-jeu, 13h-2h ven-sam) – certes il n'est pas bien grand mais sa situation haut perchée tout en haut de la tour circulaire de Leoben en fait un point de vue imprenable. Pensez à réserver. Si personne ne répond sur place, passez voir au café ou dans la brocante voisine.

Gasthof zum Greif PENSION €€
(☎03842-214 86 ; www.zum-greif.at ; Waasenstrasse 5 ; s 69 €, d 98-129 € ; P). À un saut de puce du centre, une pension familiale de 13 chambres, dont trois sous plafond voûté, au dernier étage. Un ascenseur dessert 2 chambres accessibles en fauteuil roulant. Parquet au sol et charmant parfum d'ancien monde.

Stadt Meierei AUTRICHIEN €€
(☎03842-446 03 ; www.stadt-meierei.at ; Homanngasse 1 ; menu déj 11,50€, plats 13,90-24,90 € ; 11h-22h lun-ven). Le chef Martin Neuretter et la sommelière Isabella Pichler vous réservent un bon moment gastronomique dans un esprit néo-*Beisl*. Sur la carte : agneau, bœuf, volaille et spécialités de poissons. L'ambiance est à mi-chemin entre tradition et modernité et le service est souriant. Une petite mais excellente sélection de rouges et blancs autrichiens pour sublimer les mets.

Renseignements

Office du tourisme (☎03842-481 48 ; www.steiermark.com/de/Erzberg-Leoben ; Hauptplatz 3 ; 9h-17h lun-ven). Le principal centre d'information pour Leoben distribue le *Welcome to Leoben* qui regorge d'adresses précieuses (téléchargement en ligne également). Le plan, gratuit, de Leoben contient une carte détaillée des environs avec indication des chemins de randonnée.

Site de la municipalité (☎03842 4062-0 ; www.leoben.at ; Hauptplatz 12 ; 8h-16h lun-jeu, 8h-13h ven). Informations sur le village et les événements.

Depuis/vers Leoben

Eisenerz (9 €, 50 min) se rallie aisément par bus. Leoben est à 16 km à l'ouest de Bruck an der Mur (4,80 €, 15 min, 3/h) et sur la principale ligne de chemin de fer pour Klagenfurt (33,10 €, 2 heures, ttes les 2 heures). Il y a aussi toutes les 2 heures un Train InterCity (IC) pour Schladming (26,20 €, 1 heure 40). La gare est à 10 minutes à pied du centre. Une fois traversée la Mur, suivez Franz-Josef-Strasse.

Eisenerz

☎03848/4 050 HABITANTS

Blottie au pied de l'étonnante Erzberg (montagne de Fer), Eisenerz est l'une des étapes de la route du fer de Styrie (Steirische Eisenstrasse). Totalement dénudé par les chantiers d'extraction à ciel ouvert, ce sommet ressemble aujourd'hui à une pyramide à degrés. Les contrastes de couleurs entre le vert de la végétation, les pics gris des montagnes alentour, les nuances d'orange et de pourpre offrent un paysage d'une beauté étonnante.

À voir

Erzberg MUSÉE
(☎03848-32 00 ; www.abenteuer-erzberg.at ; Erzberg 1 ; visite guidée adulte/enfant 20/10 €, billet combiné 32/16 €, visite en Hauly 29/15 € ; visites guidées 8h30-15h mai-oct, sur réservation impérative ; P). La principale curiosité d'Eisenerz ? Ses ferronneries. On peut les observer de près : en sous-sol dans le *Schaubergwerk* (musée de la Mine) ou en surface à bord d'un camion "Hauly", en parcourant les pistes taillées dans la montagne. D'ordinaire, les 2 visites sont en allemand, avec quelques indications en anglais. Chaque jeudi, à 9h, on peut grimper dans un "Hauly" (camion à plate-forme) pour observer les explosions dans la roche. Le parcours dure 1 heure et l'on profite de belles vues. Le point de départ se trouve à 10 minutes à pied du centre en longeant la rivière.

Prévoyez un vêtement chaud pour la visite du *Schaubergwerk* (1 heure 30). Longue d'une heure, la promenade Hauly Abenteuerfahrt est remarquable.

Église Saint-Oswald ÉGLISE FORTIFIÉE
(Wehrkirche Sankt Oswald ; Kirchenstiege 4 ; 9h-19h avr-nov). Forteresse plus qu'église

gothique, Sankt Oswald a été dotée de murs épais en 1532 pour la protéger des Ottomans.

Activités

De nombreux chemins de randonnée sillonnent Eisenerz et ses alentours. L'office du tourisme (ci-contre) fournit gratuitement des cartes de la ville où sont signalés les départs des chemins, dont celui qui mène au pittoresque Leopoldsteiner See, situé à seulement 3 km au nord, sur la route d'Admont. Ce petit lac a pour toile de fond une paroi en granit qui s'élève à 1649 m. Location de bateaux en été. Attention : l'eau est très froide !

Où se loger et se restaurer

JUFA Hotel Eisenerz-Almerlebnis AUBERGE DE JEUNESSE €
(05-7083 340 ; www.jufa.eu/hotel/eisenerz ; Ramsau 1 ; s/d 48/72 € ; P @). À 1000 m d'altitude et à 5 km au sud-ouest d'Eisenerz, cette charmante auberge de jeunesse HI dispose d'un sauna et de murs d'escalade intérieur et extérieur. Elle est au pied des chemins de randonnée pour parcourir le massif montagneux (accès possible à un restaurant). Le bus n°925 (2,50 €, 10 min, plusieurs/jour) vous dépose à environ 15 minutes à pied de l'auberge. En taxi, comptez 15 €.

Eisenerzer Hof HÔTEL €
(03848-255 10 ; www.eisenerzerhof.at ; Hieflauerstrasse 17 ; s/d/tr 48/76/105 € ; P). Fort de 25 chambres propres et fonctionnelles, le plus grand établissement du centre se remplit vite. Réservez.

Gästehaus Tegelhofer PENSION DE FAMILLE €
(03848-20 86 ; www.gaestehaus-tegelhofer.at ; Lindmoserstrasse 8 ; s/d 42,50/75 € ; P). D'un très bon rapport qualité/prix, des chambres spacieuses et nettes dans une maison moderne dont le sauna et la salle de gym sont accessibles aux hôtes. Également un appartement familial pour 2 à 6 occupants (tarif modique).

Barbarastub'n CAFÉ €
(0676 5415 606 ; www.barbarastubn.sta.io ; Bergmannplatz 2 ; strudel ou gâteau 3,30 € ; 8h-19h lun-ven, 9h-19h sam, 14h-19h dim). Gourmands, vous viendrez dévorer un *Apfel Strudel*, un crumble, aux pommes lui aussi, ou tout simplement vous relaxer devant un bon thé ou café. Brochures et plan de la ville à disposition aux heures de fermeture de l'office du tourisme.

Renseignements

Office du tourisme (03848-37 00 ; www.eisenerz.at ; Dr Theodor Körner Platz 1 ; 10h-midi et 15h-17h lun-ven). Central et servi par un personnel attentif, distribuant des cartes des randonnées. Hébergements affichés à l'extérieur.

Depuis/vers Eisenerz

Leoben et Eisenerz sont reliées fréquemment par bus (9 €, 50 min, 1/h mais moins dimanche). En semaine, on trouve plusieurs bus pour Admont (9 €, 52 min), que l'on peut également rejoindre en prenant un bus pour Hieflau (4,80 €, 20 min) où l'on attendra (pas de correspondance automatique) le suivant pour Admont (4,80 €, 30 min) ou Liezen. Si vous voyagez vers l'ouest à destination du Salzkammergut ou de Schladming, il peut être préférable de revenir à Leoben et de prendre le train pour Liezen et au-delà.

Les trains ne marquent plus l'arrêt à Eisenerz, à l'exception du petit train **Nostalgie** (0664 5081 500 ; www.erzbergbahn.at ; adulte/enfant 16/8 € ; dim juil à déb-oct), pour une balade historique d'1 heure 10 (aller-retour) entre Vordernberg et la gare d'Erzberg. Consultez le site Internet.

Pour commander un taxi, appelez le 03848-4636.

Parc national de Gesäuse

Montagnes en dents de scie, pics, profondes vallées, alpages d'altitude et denses forêts d'épicéas ont été reconnus comme un espace digne de devenir en 2003 le tout dernier parc national d'Autriche, le **Nationalpark Gesäuse** (nationalpark-gesaeuse.at). Cette contrée sauvage traversée par l'Enns est un terrain de jeu apprécié des adeptes de rafting. Plusieurs agences proposent l'été des descentes en eaux vives. Randonnée, varappe et, dans une moindre mesure, VTT figurent également parmi les activités qu'offre le parc. Des 6 sommets dépassant les 2000 m, le **Hocktor** (2369 m), très prisé des randonneurs, est le point culminant.

Le Gesäuse est classé aussi *Genussregion* pour son gibier. Et les produits servis dans les chalets, les pensions et les cafés-restaurants du parc sont majoritairement bios. Si vous ne souhaitez pas loger dans un refuge, vous devrez opter pour un hébergement à Admont ou à Johnsbach.

Au **pavillon d'accueil du parc national** (☎03611-211 01-20 ; Gstatterboden 25 ; ⊙10h-18h mai-oct), le personnel fournit des renseignements utiles, et l'office du tourisme d'Admont dispense également des informations sur l'hébergement et les activités.

De mai à septembre, on accède facilement au parc par le train de l'après-midi à destination de Gstatterboden (4,80 €, 15 min) et Johnsbach dans le parc national (4,80 €, 10 min). Des bus relient le parc à Admont (bus n°912, 4,80 €, 18 min, 3-8/j), *via* Bachbrücke/Weidendom (4,50 €, 12 min). De mai à octobre, le Rufbus (p. 216) circule quotidiennement entre la gare d'Admont et Johnsbach de 8h à 20h. Il vous dépose près de Gstatterboden dans le parc national. Vous pouvez également vous y rendre à vélo. Louez le vôtre chez **Pörl Sportshop** (☎03613-215 21 ; www.poerl-sport-shop.at ; Hauptstrasse 18 ; VTT électrique 50 €/j ; ⊙9h-midi et 14h-18h lun-ven, 9h-midi sam) à Admont.

Admont

☎03613/5 010 HABITANTS

Posée dans le large couloir tracé par l'Enns, la paisible bourgade d'Admont s'active en journée lorsque les groupes affluent pour découvrir la magnifique bibliothèque baroque de son abbaye. Le soir, elle retrouve son calme. La petite ville est une bonne base pour explorer la région.

À voir

Abbaye bénédictine d'Admont ABBAYE

(☎03613-2312 0 ; www.stiftadmont.at ; Admont 1 ; adulte/enfant/famille 14,50/8,50/35 € ; ⊙10h-17h fin mars-déb nov). L'abbaye fondée par l'ordre bénédictin à Admont au XIe siècle est vite devenue un des pôles culturels les plus rayonnants d'Autriche. Si l'incendie de 1865 a réduit en cendres les bâtiments historiques, il a miraculeusement préservé la plus grande bibliothèque monastique d'époque baroque que l'on connaisse. Outre son architecture et sa dimension religieuse, l'abbaye perpétue à travers les siècles son rayonnement par ses musées d'Art gothique, d'Art contemporain, des Beaux-Arts et de Sciences naturelles, un ensemble culturel plusieurs fois distingué par des prix.

Sa pièce maîtresse : la **Stiftsbibliothek**, la plus grande bibliothèque monastique du monde, est décorée de fresques sublimes signées Bartolomeo Altomonte (1694-1783) et de statues (en bois peint pour imiter le bronze) de Josef Stammel (1695-1765). Totalement rococo, l'immense salle d'apparat ne compte pas moins de 70 000 volumes sur les 200 000 conservés dans la communauté.

Le **musée** (Kunsthistorisches Museum) renferme des objets rares, en particulier un petit autel portatif (1375) décoré d'améthystes et de gravures sur argent plaqué or, et des globes terrestres de Gérard Mercator (1541 et 1551), mathématicien et géographe d'origine allemande. Chaque année, des expositions temporaires enrichissent les collections permanentes.

Le **musée d'Art contemporain** (Museum für Gegenwartkunst) expose des œuvres d'une centaine d'artistes (pour la plupart autrichiens). Ouvert à l'origine, en 1674, sur un modeste fonds, le **Muséum d'histoire naturelle** (Naturhistorisches Museum) présente aujourd'hui des salles dédiées aux insectes ailés (l'une des plus grandes collections du monde), aux papillons et aux reptiles. On trouve également une collection d'animaux en peluche et de fruits en cire. Depuis l'escalier en verre et le **jardin d'herbes aromatiques**, belle perspective sur le parc national du Gesäuse.

Où se loger et se restaurer

JUFA Schloss Röthelstein/ Admont AUBERGE DE JEUNESSE, HÔTEL €€

(☎057 083 320 ; www.jufa.eu/hotel/roethelstein ; Aigen 32 ; s/d/tr/qua à partir de 62,50/104/135/166 € ; P). À 5 km au sud-ouest de l'Aignerstrasse, ce château baroque du XVIIe siècle servait de résidence d'été aux moines. Passé l'élégante cour intérieure à arcades coiffée d'une verrière moderne, on découvre le palais et ses fresques. Sur les 41 chambres dotées de parquet au sol et décorées avec goût, quelques-unes sont logées dans les petites tours de l'édifice.

Hotel Spirodom Admont HÔTEL €€

(☎03613-366 00 ; www.spirodom.at ; Eichenweg 616 ; s/d 108/157 € ; P @). À quelque 600 m au nord de l'abbaye, le très moderne 4-étoiles d'Admont séduit par sa piscine, son espace bien-être et la vue sur l'abbaye ou le parc. Outre son décor épuré et les vélos à disposition des hôtes (2,50 €/h, 12 €/j), on remarquera l'excellent **Restaurant Pano Visum** (☎03613-366 00 ; www.spirodom.at ; Eichenweg 616 ; plats 16,50-29,90 € ; ⊙18h-20h ; ☑) tout vitré, coiffant les 2 étages de chambres.

Hotel Gasthof Traube HÔTEL €€
(☎03613-244 00 ; www.hotel-die-traube.at ; Hauptstrasse 3 ; s 49-59 €, d 98-118 € ; P ☎). L'une des meilleures adresses du centre-ville. L'équipe est souriante, les chambres modernes (certaines avec vue sur la montagne) et supérieures à la moyenne sur la Hauptstrasse. À deux pas de l'office du tourisme et bureau du Gesäuse.

Gasthaus Kamper AUTRICHIEN €
(☎03613-36 88 ; www.gh-kamper.at ; Hauptstrasse 19 ; plats 10,20-16,80 € ; ⊙9h30h-22h mar-sam ; ☑). Le bœuf élevé dans la région occupe la place qui lui revient sur la revigorante carte styrienne de cette adresse centrale.

Renseignements

Office du tourisme (☎03613-211 60 10 ; www.steiermark.com/de/Gesaeuse ; Hauptstrasse 35 ; ⊙9h-17h lun-ven, 10h-16h sam). En face de l'hôtel de ville, près de l'abbaye. Fait aussi office de bureau du parc national du Gesäuse.

Depuis/vers Admont

Peu de trains poussent jusqu'à Admont, situé à 15 km à l'est de Selzthal. Les bus en provenance de Hieflau (4,80 €, 30 min, 3-8/j) et Liezen (4,80 €, 30 min, 5-12/j) demeurent les moyens les plus pratiques de rejoindre Admont. Il existe aussi une liaison entre Admont et le centre d'accueil du parc national à Gstatterboden (4,80 €, 18 min, 3-8/j).

D'avril à octobre, Pörl Sportshop loue des VTT électriques (50 €/j). Admont est à 15 km de Gstatterboden (dans le parc national) par la piste cyclable qui longe les rives de l'Enns.

Johnsbach

☎03611/150 HABITANTS

Au sud-est d'Admont (17 km), le hameau de Johnsbach est l'épicentre styrien de la randonnée, de l'escalade et des sports aquatiques. C'est surtout le point de départ d'excursions dans le parc national du Gesäuse et ses alentours. Calé au bord d'un torrent, Johnsbach est totalement enserré par les hauteurs. Il n'est pas rare, par temps de grosse neige, que l'accès en soit interdit pour raison de risque d'avalanche.

C'est l'un des plus anciens centres d'alpinisme du pays. En témoigne le cimetière des Alpinistes où reposent, à côté des habitants, les alpinistes morts dans le Gesäuse.

À voir et à faire

Cimetière des Alpinistes CIMETIÈRE
(Bergsteiger-Friedhof ; www.johnsbach.at ; Friedhofweg ; ⊙lever-coucher du soleil). GRATUIT Ici reposent de grands noms de l'alpinisme autrichien depuis 1810. Blotties au pied de la chapelle toute blanche, les sobres stèles plantées en leur mémoire sont particulièrement émouvantes.

AOS Adventures KAYAK, RAFTING
(☎03613-43 444 ; www.rafting.at ; Gstatterboden 103, Gstatterboden ; sortie rafting 14 km sur l'Enns 3-4 heures 63 € ; ⊙8h-17h lun-ven, sorties 9h et 14h, camping Forstgarten fermé nov à avr). Rafting, canyoning et kayak sur l'Enns et la Salza.

Haindlkarhütte RANDONNÉE
(☎03611-221 15 ; www.alpenverein.at/haindlkarhuette ; Johnsbach 100 ; ⊙mai à déb-oct). Ce refuge alpin à 1121 m d'altitude est le point d'arrivée de l'une des randonnées les plus prisées de la région. L'office du tourisme d'Admont (ci-contre) peut vous aider à organiser la vôtre.

Où se loger

♥**Gasthof Kölblwirt** PENSION €
(☎03611-216 ; www.koelblwirt.at ; Johnsbach 65 ; s 50 €, d 78-84 € ; P ☎). La Gasthof Kölblwirt est tout à la fois une pension, un restaurant spécialisé dans le bœuf styrien et une mine de suggestions pour des activités dans la région. Les chambres lambrissées sont agréables et sans prétention, et l'accueil est chaleureux. Les bêtes passent l'été en altitude autour du chalet d'alpage familial, le **Kölblalm**, et c'est cette viande bio qui est servie à table.

En partant à pied ou à vélo le long du **Johnsbacher Almrunde** (⊙7h-18h mai-juin et sept, 7h-20h juil-août) GRATUIT, vous pourrez parcourir 11 km de sentier en forêt et croiser le Kölblalm en chemin.

Gasthof zum Donner PENSION €
(☎03611-218 ; www.donnerwirt.at ; Johnsbach 5 ; s/d/tr 46/76/114 € ; P ☎). Un hôtel alpin

traditionnel avec des chambres lumineuses et confortables, un restaurant animé, des tables en terrasse et un sauna pour la détente après les randonnées.

Campingplatz Forstgarten CAMPING €

(0664 825 23 23 ; www.landesforste.at ; Gstatterboden 105 ; adulte/enfant/voiture/tente 6/4,50/2,50/5 € ; mai-oct ;). Camping idéal pour qui souhaite rayonner dans tout le parc, ce terrain est accolé au camp de base d'AOS Adventures (rafting) dans le Gesäuse. Il y a une pièce commune avec un réfrigérateur et de quoi cuisiner. Le Wi-Fi n'est pas toujours fiable.

Depuis/vers Johnsbach

Si vous êtes motorisé, prenez la B146 puis prenez la bretelle pour Johnsbach. Postbus dessert le hameau depuis Admont et marque l'arrêt à la sortie pour Bachbrücke/Weidendom (4,80 €, 12 min) à 5 km de Johnsbach. Appelez pour commander un des **Rufbus** (taxi-bus ; 03613-41 70, 03613-24 06 ; mai-oct), qui circulent quotidiennement de mai à octobre entre la gare d'Admont et Johnsbach (9,50 €), de 8h à 20h.

Autre possibilité : louer un vélo à Admont auprès de Pörl Sportshop (p. 214, VTT modèle électrique 50 €/j).

STYRIE OCCIDENTALE

Comme la Styrie du Nord, la Styrie occidentale est une région montagneuse hérissée de sommets en dents de scie et sillonnée de torrents alpins. La pittoresque Murau est un bon endroit pour randonner ou parcourir à VTT les massifs forestiers. En venant de Graz, nous conseillons de faire un crochet par Seckau et sa célèbre **abbaye bénédictine** (03514-52340 ; www.abtei-seckau.at ; Seckau 1 ; visite guidée adulte/enfant 8/4 € ; 7h30-midi, 12h30-15h30 lun-jeu, 7h30-midi ven, départs 11h et 14h jeu-dim mai-oct, tlj juil-août). Sa belle basilique romane réunit à la fois un monument de la sculpture funéraire marquant la transition entre la Renaissance et le baroque – le mausolée ostentatoire de Charles II – et une *Apocalypse* expressionniste, peinte à fresque par Herbert Boeck (1894-1966). Oberzeiring mérite un arrêt pour son ancienne **mine de fer** (www.silbergruben.at ; Marktplatz 3, Oberzeiring ; adulte/enfant/famille 12,50/6/25 € ; visites 10h30, 13h30 et 15h juil-août, 10h30 et 13h30 mai-juin et sept-oct, 9h30 dim nov-avr), reconvertie en musée, et sa petite station thermale.

Schladming

03687/6 660 HABITANTS

Blottie dans l'Ennstal (vallée de l'Enns) au pied du massif du Dachstein (Dachsteingebirge), la station de ski de Schladming permet, même en été, de faire du ski et du snowboard sur le glacier, ainsi que d'accéder facilement aux chemins de randonnée. La pratique du rafting sur les eaux vives de l'Enns et de superbes balades à VTT sont aussi au programme. Sur le Hoher Dachstein (2 995 m), ne manquez pas de marcher sur le glacier dans le palais de Glace (Eispalast) ou d'admirer la vue sur l'Ennstal depuis la plate-forme panoramique.

À voir

Palais de Glace du Dachstein GLACIER

(Dachstein Eispalast ; www.derdachstein.at ; Ramsau am Dachstein ; Eispalast adulte/enfant 10/5,50 €, téléphérique panoramique aller-retour 44/22,50 €, billet combiné 52,50/27 €, tarifs réduits après 13h ; 9h-16h, téléphérique ttes les 20 min 7h50-17h30). Dans une fissure du glacier du Dachstein face aux parois rocheuses abruptes, le palais de Glace donne l'étrange sensation d'avancer dans le creux d'un glaçon (ou à l'intérieur d'une dent !). Le téléphérique panoramique (l'un des plus spectaculaires du monde) vous y hissera pour ensuite vous emmener à la verticale sur la plate-forme d'observation Skywalk. Une dizaine de bus quotidiens partent de Planet Planai, à Schladming, pour la station inférieure, près de Ramsau (aller-retour valable 24 heures 5,60 €, 45 min).

Activités

Plus de 900 km de chemins de VTT couvrent le territoire de Schladming, répartis à travers une vingtaine d'itinéraires décrits sur une carte gratuite disponible à l'office du tourisme (p. 218). Plusieurs départs se trouvent non loin du centre.

Domaines skiables de Schladming SPORTS D'HIVER

(www.schladming-dachstein.at ; forfait journée adulte/enfant à partir de 60,50/30,50 €). De décembre à mars, 223 km de pistes de ski et plus de 86 remontées mécaniques sont accessibles aux skieurs. Le reste de l'année, le ski est possible sur le glacier du Dachstein et certaines remontées restent ouvertes.

Le ski de fond se pratique à Ramsau, sur l'autre versant (location de skis, environ 18 €). Pour louer un snowboard de qualité moyenne, comptez 34 € avec des bottes. Pour des chaussures de neige, prévoyez environ 20 €. Les tarifs sont les mêmes sur le glacier.

Chutes de Riesachfälle RANDONNÉE
On peut entamer cette randonnée réputée dès la Talbachgasse à Schladming. Suivez le torrent en direction du sud pendant environ 40 minutes. De là, le chemin le long du torrent, en direction du sud-est, vous mènera en 3 heures 30 de marche jusqu'aux chutes.

Pour gagner du temps, un bus mène jusqu'au restaurant du **Almgasthaus Riesachfall** (03687-616 78 ; www.gasthaus-riesachfall.at ; Untertalstrasse 66, Untertal ; plats 11-18 € ; 10h-21h mai-oct). De là, on peut prendre soit le sentier forestier (1 heure 30 – prévoir de bonnes chaussures de marche et ne pas craindre le vertige), soit la route forestière gravillonnée (2 heures) menant aux chutes et, au-delà, au Riesachsee. L'été, au moins 5 bus relient quotidiennement la Rathausplatz et la Lendplatz à Riesachfall Wilde Wasser (6,60 €, 35 min), porte d'accès au lac et aux chutes d'eau.

[pi:tu] Bikecenter VÉLO
(0680 320 78 62 ; www.schladming-dachstein.at/de/Sommer/Biken/Bikepark-Schladming ; Coburgstrasse 52 ; 29-90 €/j). Location de VTT au Bikepark Planai. Réductions offertes aux détenteurs de la Sommercard (encadré ci-contre).

Tritscher LOCATION DE VÉLOS ET DE SKIS
(03687-22 64 70 ; www.tritscher.at ; Salzburgerstrasse 24 ; saison de ski 8h30-19h lun-sam, 8h30-12h30 et 15h-18h dim, hors saison 8h30-18h lun-ven, 8h30-18h sam). Location de VTT en été et de matériel de ski en hiver. Prix variables selon le type de matériel : consultez les tarifs en ligne.

Fêtes et festivals

Musikanten Ski-WM MUSIQUE
(03687-23310 111 ; www.musikanten-ski-wm.at ; chapiteau principal avec réservation 34€/j, sur place 38€ ; mer-dim déb avr). Jeunes et vieux se retrouvent à Schladming en costumes traditionnels pour célébrer en fanfare la musique folklorique, sous le grand barnum installé pour l'occasion et dans divers lieux de la station, moyennant participation.

LA SOMMERCARD

De fin mai à fin octobre, bénéficiez avec une Sommercard de diverses réductions et de la gratuité dans les bus (à l'exclusion des Postbus et de l'entrée au *Eispalast*). Les téléphériques et télécabines sont gratuits pour la plupart, mais uniquement à destination du Dachstein si vous restez 2 nuits. On ne peut pas acheter la Sommercard seule, elle est comprise dans le prix du séjour. Vérifiez-le au moment d'arrêter votre choix.

Où se loger

En raison du grand nombre d'hôtels, il est souvent possible d'obtenir une réduction intéressante en été. Durant la saison des sports d'hiver, les tarifs sont très élevés et il est recommandé de réserver tôt. L'office du tourisme pourra se charger de vous trouver une chambre dans une maison d'hôtes ou chez l'habitant.

Stadthotel Brunner SPA HÔTEL €€
(03687-225 130 ; www.stadthotel-brunner.at ; Hauptplatz 14 ; d 168-192 € ; P). Un bijou sur la Hauptplatz. Petra Brunner et Thomas Radzik, respectivement chef et musicien, ont toujours de nouvelles idées à mettre en œuvre dans leur élégant, mais non moins accueillant, établissement. Les chambres sont spacieuses et raffinées, et le toit-terrasse dispose d'un sauna et d'un salon de thé. Énorme buffet au petit-déjeuner, avec des en-cas adaptés au régime ayurvédique et des plats traditionnels de grande qualité.

JUFA Hotel Schladming AUBERGE DE JEUNESSE €€
(05 708 33 30 ; www.jufa.at/schladming ; Coburgstrasse 253 ; s 57 €, d 80-117 € ; fermé avr-mai et oct-nov ; P). Situé dans la zone piétonne à proximité de Planet Planai, une excellente auberge avec des dortoirs (lits superposés), des lits jumeaux que l'on peut coller, des chambres familiales et des simples. La plupart ont du parquet au sol. Pièce de séchage pour les affaires de ski. Délivre la Sommercard.

Post Hotel HÔTEL €€
(03687-225 71 ; www.posthotel-schladming.at ; Hauptplatz 10 ; s 89 €, d 168-188 €, appt 4 pers max 104 €/pers ; P). Cet établissement 4-étoiles a des chambres spacieuses et modernes décorées avec goût. Certaines

doubles peuvent communiquer, l'idéal pour les familles. L'appartement a un salon séparé. Sauna et formule demi-pension possible. Délivre la Sommercard.

Où se restaurer

Stadtbräu AUTRICHIEN €

(☎0664 517 96 20 ; www.stadtbraeu-schladming.at ; Siedergasse 89 ; plats 12,90-33,90 € ; ⏲10h-23h30 mar-dim). Une salle à manger voûtée on ne peut plus traditionnelle et des recettes non moins classiques, mais tout est savoureux : porc, poulet et bœuf grillés notamment. Les *Schnitzel* sont à la viande de porc.

Bio Chi CUISINE SANTÉ €

(www.biochi.at ; Martin-Luther-Strasse 32 ; plat 12 €, salades 6,90-8,90 € ; ⏲8h-18h lun-mer, 8h-14h jeu, 8h-midi sam ;). Bien fourni, ce magasin spécialisé dans l'alimentation santé est une institution locale. Au menu : salades, plats végétariens et de délicieux desserts à base d'ingrédients bios, que vous pouvez accompagner de jus de fruits frais. On y sert aussi des petits-déjeuners. Les gâteaux sans gluten sont excellents.

Julius ITALIEN €€

(☎0664 251 33 99 ; www.julius-kitchen.com ; Martin-Luther-Strasse 31 ; plats 15-55 € ; ⏲11h30-23h, horaires réduits en hiver ;). Ce bar à vins chic remporte un franc succès auprès des locaux, et sa délicieuse cuisine italienne contemporaine comme sa terrasse estivale n'y sont certainement pas pour rien. Les pâtes, la viande rouge et surtout le poisson (sa spécialité) sont un régal. Plusieurs plats de pâtes végétariens et recettes véganes à la demande, toujours accueillie avec le sourire.

Johann AUTRICHIEN €€

(☎03687-225 71 ; www.posthotel-schladming.at ; Hauptplatz 10 ; plats 16,50-42,90 € ; ⏲17h30-21h30, à partir de 11h30 ven-dim, fermé mer). Restaurant du Post Hotel, le Johann arbore un décor alliant boiseries et textiles vert et blanc, lequel lui vaut son côté à la fois chic et convivial. Concoctés avec amour, les classiques styriens et autrichiens s'accompagnent d'excellents vins (servis au prix fort).

Die Tischlerei INTERNATIONAL €€€

(☎03687-221 92 ; www.dietischlerei.co.at ; Roseggerstrasse 676 ; menus 44-57 €, plats 16-28 € ; ⏲16h-minuit mar-sam). À l'angle d'une rue tout près du centre, ce vaste restaurant inscrit dans la modernité multiplie formules et plats à la croisée des saveurs autrichiennes et méditerranéennes, du *Wiener Schnitzel* (authentiquement au veau !) au risotto aux fruits de mer d'inspiration italienne.

Où prendre un verre et faire la fête

Hohenhaus Tenne BAR

(www.tenne.com/hohenhaus-tenne-schladming/ ; Coburgstrasse 512 ; ⏲11h30-minuit dim-jeu, 11h30-20h et 21h30-3h30 ven-sam nov-avr). Le choix ne manque pas pour trouver un endroit où finir la soirée après une journée de ski. Le Hohenhaus Tenne fait partie du lot.

Achats

♥ **Heimatgold** ALIMENTATION ET BOISSONS

(☎03687-2250 5350 ; www.heimatgold.at ; Coburgstrasse 49 ; ⏲9h-18h lun-sam). Un magasin épatant, où l'on peut faire emplette d'un pique-nique, acheter de quoi composer un repas ou des cadeaux gourmands. Fier représentant de la production agricole locale, le Heimatgold sélectionne une belle gamme de produits, des chocolats aux légumes marinés en passant par du lait cru et des ragoûts styriens frais en bocaux.

Renseignements

Tourismusverband Schladming-Rohrmoos

(☎03687-227 77 22 ; www.schladming-dachstein.at ; Rohrmoosstrasse 234 ; ⏲8h-18h lun-sam, 9h-midi dim, fermé sam mai et nov ;). Des cartes de randonnée et de chemins VTT à foison, une foule de bons plans sur la région. Réservation de l'hébergement sur appel. Plus un espace ouvert 24h/24 avec un comptoir hébergement et téléphone gratuit.

Depuis/vers Schladming

Des trains à destination de Graz (30,70 €, 2 heures 20, ttes les 2 heures) et de Salzbourg (19,60 €, 1 heure 30, minimum 5/j) passent par Schladming. Le trajet de la Dachsteinstrasse, route à péage menant au téléphérique, est facturé 20 € pour un véhicule de tourisme (jusqu'à 9 passagers). Elle est gratuite si vous compostez le ticket au moment de l'achat du billet pour le téléphérique. Les passagers de bus paient 4/2€ par adulte/enfant (à composter également).

Comment circuler

[pi:tu] Bikecenter (p. 217) propose des réductions sur les VTT électriques avec la Sommercard. L'été, Tritscher (p. 217) loue des VTT pour 29 € et des vélos électriques pour 45 € la journée.

Pour commander un taxi, appelez le 03687-212 10.

Murau

03532/3630 HABITANTS

Aux confins ouest de la Murtal (vallée de la Mur), cette jolie ville aux maisons couleur pastel se love sur les berges de la rivière au beau milieu d'un écrin de collines boisées et d'alpages. Sa proximité avec Stolzalpe au nord et les monts Metnitzer au sud en fait une base idéale pour randonner à pied ou à vélo l'été.

À voir

Château de Murau CHÂTEAU

(Schloss Murau ; 03532-23 02 58 ; www.steiermark.com/en/Murau ; Schlossberg 1 ; visite guidée adulte/enfant 8/4 € ; départ 14h mer et ven juin à sept). Bâti en 1250 par la famille Liechtenstein qui gouvernait la région, ce château acquit son style Renaissance tardive au XVIIe siècle sous les Schwarzenberg. La visite permet de découvrir 7 pièces, dont la chapelle et la salle des Chevaliers (Rittersaal), où se donnent souvent des concerts. L'autel de la chapelle (1655) est l'œuvre des maîtres de la ville de Judenburg. En période estivale, consultez le site Internet pour les dates des visites destinées aux enfants.

Église paroissiale Saint-Matthieu ÉGLISE

(Stadtpfarrkirche Sankt Matthäus ; Schlossberg 8 ; lever-coucher du soleil). Juste au-dessous du château, cette église restaurée conjugue éléments gothiques et baroques. Aux belles fresques allant du XIVe au XVIe siècle s'ajoute un maître-autel baroque (1655) avec réemploi au centre d'une crucifixion gothique (1500).

Musée de la Brasserie MUSÉE

(03532-32 66 505 ; www.murauerbier.at ; Raffaltplatz 19-23 € ; visite guidée 16,50 € ; 14h et 16h mar-sam). Toute l'Autriche connaît Murau pour sa *Brauerei* (brasserie), qui produit son nectar ambré depuis plus de 500 ans. C'est aujourd'hui une coopérative à empreinte carbone neutre dont les créations vont de la bière blonde à la *Zwickl* (à la levure). D'une durée de 2 heures, la visite fait découvrir le fonctionnement d'une brasserie et donne droit à un verre de bière ou d'une boisson sans alcool. En vente sur place : du shampoing à la bière entre autres produits à base de bière.

Où se loger et se restaurer

JUFA Hotel Murau AUBERGE DE JEUNESSE €

(05 7083 280 ; www.jufa.eu/hotel/murau ; St Leonhard Platz 4 ; s/d/tr/qua/app 66/82/110/138/158 € ; fermé nov ; P). Proche de la gare, cette auberge estampillée HI répartit ses hôtes dans 4 bâtiments aux chambres élégantes, modernes et spacieuses. Il y a un sauna et une cour intérieure paisible. Fermeture d'au moins un mois autour de novembre.

Hotel Gasthof Lercher HÔTEL, PENSION €€

(03532-24 31 ; www.hotel-restaurant-lercher.at ; Schwarzenbergstrasse 10 ; s 48-81 €, d 96-172 € ; P @). L'hôtel Gasthof Lercher propose 2 adresses en une seule : la Gasthof, une auberge 3 étoiles aux chambres à prix modiques, et un hôtel 4 étoiles (d'un très bon rapport qualité/prix). De nombreuses chambres donnent sur la Stolzalpe, et même les moins chères sont confortablement équipées. Le restaurant sert de délicieux classiques autrichiens et de Styrie (plats 13,90-25,90 €). Également un sauna et un hammam.

Hotel Rosenhof Murau HÔTEL €€

(03532-23 18 ; www.rosenhof-murau.at ; Roseggerstrasse 9 ; s 75-90 €, d 130-180 € ; P @).

À PIED, À VTT OU À VÉLO AUTOUR DE MURAU

Depuis Murau, on peut accéder à près d'une dizaine de circuits pour vélos et de sentiers VTT. L'itinéraire classique est le **Murradweg**, qui longe la Mur sur 450 km. Tous les chemins sont numérotés et les itinéraires sont signalés sur la brochure de l'office du tourisme *Rad & Mountainbike*, disponible en anglais.

Des sentiers de randonnée de la région partent d'ici, certains de la gare ou, pour d'autres, de la Bundesstrasse (près du supermarché Billa). C'est le cas de l'itinéraire menant au sommet du Stolzalpen (1817 m, 5 heures aller-retour). L'office du tourisme fournit une brochure sur les *Wandern* (randonnées pédestres).

Quelque 500 m après le supermarché Billa, on peut louer VTC et vélos électriques auprès d'**Intersport Pintar** (03532-23 97 ; www.sportpintar.at ; Bundesstrasse 7a ; vélo 18 €/j, vélo électrique 29 €/j ; 8h30-18h lun-ven, 8h30-12h30 sam).

Avec ses chambres aux éléments de bois clair, son sauna, son bain de vapeur aux plantes et son ravissant restaurant en terrasse (plats 14-28 €), l'Hotel Rosenhof allie style et confort rustique. Les chambres les plus onéreuses sont plus grandes et disposent d'un balcon. Certaines peuvent communiquer entre elles pour réunir les familles.

Où prendre un verre et faire la fête

Bier Apotheke BRASSERIE
(☎0664 884 358 87 ; www.murauerbier.at/bier-apotheke ; Anna-Neumann-Strasse 34 ; ⌚16h-22h mar-sam). Poussez la porte de cette ancienne pharmacie pour goûter, dans ce petit bar, aux références produites par Murau, une brasserie locale. Vente de produits à base de bière également.

Renseignements

Office du tourisme (☎03532-27 20 0 ; www.steiermark.com/en/Murau ; Liechtensteinstrasse 3-5 ; ⌚9h-17h lun-ven, fermé sam avr-nov). Quantité de brochures sur la ville et ses environs, dont les itinéraires de randonnées et de circuits à vélo.

Depuis/vers Murau

Si vous arrivez de Salzbourg, le plus agréable est de venir par le **Murtalbahn** (☎03532-22 33 ; www.steiermarkbahn.at ; aller/aller-retour 20/29 €), un petit train à vapeur effectuant le trajet entre Tamsweg et Murau chaque mardi et chaque jeudi de mi-juin à mi-septembre.

Sinon, comptez sur un train ÖBB toutes les 2-4 heures entre Murau à Tamsweg (9 €, 1 heure). Les trains pour Leoben (21 €, 1 heure 30, ttes les 2 heures) nécessitent un changement à Unzmarkt, de même que la liaison de Murau à Klagenfurt (25,90 €, 2 heures 15, ttes les 2 heures).

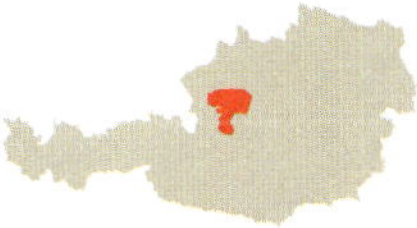

Salzkammergut

Dans ce chapitre ➡

Le top des restaurants

- Pizzeria-Kegelbahn (p. 228)
- Das gute Leben (p. 230)
- Restaurant zum Salzbaron (p. 226)
- Gjaid Alm (p. 228)
- Mostschenke im Heustadl (p. 234)

Le top des hébergements

- Hotel Cortisen am See (p. 238)
- Erzherzog Johann (p. 273)
- Im Weissen Rössl (p. 238)
- Hallstatt Hideaway (p. 226)

Pourquoi y aller

Province étendue sur trois *Länder*, dont la plus grande partie est rattachée à la Haute-Autriche, le Salzkammergut est une région aux paysages mémorables, alternance de lacs alpins et subalpins, de vallées pittoresques, de collines onduleuses et de sommets culminant à quelque 3000 m. Une grande partie en est encore sauvage et, même dans des zones très touristiques comme le lac Wolfgang et le Mondsee, on peut trouver des endroits isolés où les eaux paisibles et lisses permettent de faire de la voile, de se baigner, de pêcher ou simplement de s'asseoir et de lancer des cailloux dans l'eau. Très couru, le lac de Hallstatt, entouré de hautes montagnes propices à de superbes randonnées, est sans doute le plus beau de tous.

Les mines de sel, cet "or blanc" auquel le Salzkammergut doit sa célébrité, procurent aujourd'hui un aperçu intéressant de la vie des peuples de la civilisation de Hallstatt au cours de l'âge du fer, ainsi que des Celtes et des Romains.

Quand partir

- La période de juillet à début septembre se prête particulièrement à la découverte du Salzkammergut et de ses activités de plein air, de la baignade à la randonnée. Tous les sites sont ouverts.
- Le nombre de visiteurs décroît avant et après la saison haute estivale – excepté à Pâques –, mais la plupart des sites sont ouverts en avril et septembre.
- Les stations de ski ouvrent en décembre et, jusqu'au mois de mars, la neige sera à son meilleur sur les pistes du Dachstein.

À ne pas manquer

1 La vue sur le massif du Dachstein, depuis la **plate-forme panoramique des Cinq Doigts** (p. 227).

2 Une randonnée autour du **lac de Hallstatt** (p. 225), entre Obertraun et Hallstatt, ponctuée de baignades.

3 Le lac Wolfgang et les remarquables œuvres d'art de l'église du Pèlerinage à **Sankt Wolfgang** (p. 237).

4 La visite de la **villa de l'Empereur** (page ci-contre), résidence d'été de François-Joseph à Bad Ischl.

5 Une plongée dans les **grottes du Dachstein** (p. 227) pour admirer leurs concrétions de glace illuminées.

6 À la recherche d'anciennes céramiques dans les ruelles et sur les places de **Gmunden** (p. 231).

7 La descente à skis de 11 km depuis **Krippenstein** (p. 227), dans le massif du Dachstein.

Depuis/vers le Salzkammergut

VOITURE ET MOTO

Si vous arrivez de Salzbourg en voiture ou à moto, prenez l'A1 pour rallier le nord du Salzkammergut, ou la route 158 pour rejoindre Bad Ischl. Du nord au sud, le principal axe routier est la route 145 (la Salzkammergut Bundesstrasse), qui suit la ligne de chemin de fer sur l'essentiel de son parcours.

TRAIN

En train, les grands points d'accès à la région sont Salzbourg ou Linz, avec une correspondance à Attnang-Puchheim pour emprunter la ligne ferroviaire régionale nord-sud. En venant de Styrie, changez à Stainach-Irdning.

Comment circuler

BATEAU

De nombreuses compagnies permettent de circuler entre les villes situées sur l'Attersee, le Traunsee, le Mondsee, le Hallstätter See et le Wolfgangsee.

BUS

Des bus desservent régulièrement toutes les localités de la région ; le week-end, les liaisons se font plus rares, voire inexistantes. Des bus partent toutes les heures de Salzbourg vers diverses destinations, dont Bad Ischl, Mondsee (ttes les 30 min) et Sankt Wolfgang ; pour les services au départ de la Styrie, voyez verkehrsauskunft.verbundlinie.at.

TRAIN

Le Salzkammergut est desservi par des trains régionaux qui circulent du nord au sud, en passant par Attnang-Puchheim sur la ligne Salzbourg-Linz et Stainach-Irdning sur la ligne Bischofshofen-Graz. Les trains partent toutes les heures et font le trajet en 2 heures 30. L'Attersee est accessible par voie ferrée.

Les petites gares n'ont pas d'employés ; dans ce type de gare (*Unbesetzter Bahnhof*), achetez votre billet au distributeur.

BAD ISCHL

06132/14 135 HABITANTS

La réputation de cette ville thermale s'accrut fortement lorsque l'archiduchesse Sophie, venue y traiter sa stérilité en 1828, eut donné naissance, 2 ans plus tard, à l'empereur François-Joseph Ier. Deux autres fils suivirent, qu'on surnomma les Salzprinzen ("princes du sel"). Pendant 60 ans, François-Joseph fit de Bad Ischl sa résidence d'été ; il y accomplissait un pèlerinage annuel, entraînant dans son sillage une bonne partie de l'aristocratie européenne. Ce fut ici qu'il signa, le 28 juillet 1914, le document par lequel il déclarait la guerre à la Serbie, une initiative qui, par le jeu des alliances, entraîna le déclenchement de la Première Guerre mondiale.

Aujourd'hui, Bad Ischl est parfois envahie de touristes, mais constitue une bonne base pour visiter les cinq lacs principaux de la région.

À voir

Villa de l'Empereur PALAIS

(Kaiservilla ; 06132-232 41 ; www.kaiservilla.at ; Jainzen 38 ; adulte/enfant 15,50/7,50 €, parc seul 5,20/4,10 € ; 9h30-17h mai-sept, 10h-16h avr et oct, 10h-16h sam-dim déc, 10h-16h mer fév-mars, fermé en nov et jan). Résidence d'été de François-Joseph, la Kaiservilla est une immense bâtisse d'inspiration italienne que sa mère, l'archiduchesse Sophie, lui acheta comme cadeau de fiançailles avec la princesse Élisabeth de Bavière. Cette dernière y passait peu de temps ; l'empereur, en revanche, devint très attaché à cette propriété dont il fit sa résidence d'été pendant 60 ans. Sa maîtresse, Katharina Schratt, vivait à proximité, dans une maison choisie pour elle par l'impératrice.

Musée municipal MUSÉE

(Museum der Stadt Bad Ischl ; 06132-254 76 ; www.stadtmuseum.at ; Esplanade 10 ; adulte/enfant 5,50/2,70 € ; 14h-19h mer, 10h-17h jeu-dim, avr-oct et déc, 10h-17h ven-dim jan-mars, fermé nov). Occupant la maison où François-Joseph et Élisabeth fêtèrent leurs fiançailles (le lendemain de leur rencontre officielle, lors d'un bal), ce musée retrace la longue histoire de Bad Ischl et présente des expositions temporaires. Il est possible d'organiser une visite de la **villa de Lehár** (06132-254 76 ; Lehárkai 8 ; adulte/enfant 5,80/2,70 €, billet combiné 9,50/5,40 € ; 10h-17h mer-dim mai-sept, plus lun juil-août).

Activités

Salzkammergut Therme SPA

(06132-2040 ; www.eurothermen.at ; Voglhuberstrasse 10 ; entrée thermes 4h adulte/enfant 21,50/16 €, entrée thermes journée adulte/enfant 24/18 €, billet combiné journée thermes et saunas 29 € ; 9h-minuit). À l'exemple de l'archiduchesse Sophie, abandonnez-vous aux bons soins de ce spa historique. S'il a su prendre le virage de la modernité, avec divers bassins et une gamme de soins et massages, on est moins convaincu par le couloir de nage à contre-courant et la "grotte" de sel. Les saunas sont accessibles en supplément de l'entrée journée.

Fêtes et festivals

Lehár Festival MUSIQUE
(www.leharfestival.at ; 27-88 € ; juil-août). Ce festival de l'opérette permet d'entendre des œuvres de Franz Lehár et d'autres compositeurs.

Où se loger et se restaurer

Jugendgästehaus AUBERGE DE JEUNESSE €
(06132-265 77 ; www.myhostel.at/de/home ; Am Rechensteg 5 ; dort/s/d 29,50/40/68 € ; P @). L'extérieur n'a rien de séduisant, mais cette auberge est bien tenue, le petit-déjeuner est plutôt correct et l'emplacement très pratique, dans le centre derrière la Kreuzplatz.

Goldenes Schiff HÔTEL €€
(06132-242 41 ; www.goldenes-schiff.at ; Adalbert-Stifter-Kai 3 ; s 103-127 €, d 160-218 €, ste 215-312 € ; P @). La plupart des doubles de ce 4-étoiles possèdent une baignoire, et les meilleures chambres (doubles supérieures et suites), dotées de grandes fenêtres, donnent sur la rivière. Certaines chambres sont cependant très quelconques. Le **centre de remise en forme** comprend un solarium et un sauna. L'entrée se trouve sur l'Auböckplatz. Le restaurant (plats 10,50-30,50 €) sert de très bonnes recettes autrichiennes, accompagnées de quelques excellents vins.

Hotel Garni Sonnhof HÔTEL €€
(06132-230 78 ; sonnhof.at ; Bahnhofstrasse 4 ; s 70-95 €, d 90-150 € ; mai-oct ; P). Niché parmi des érables près de la gare, ce charmant hôtel a l'attrait de son intérieur traditionnel douillet, d'un beau jardin avec étang, d'une véranda ensoleillée et de grandes chambres sans prétention dotées de meubles anciens, de tapis et de parquets. Le prix comprend l'accès au sauna et au hammam. Réservez tôt (c'est généralement plus facile depuis les sites de réservation tiers).

Cafe Zauner CAFÉ €
(www.zauner.at ; Pfarrgasse 7 ; pâtisseries 3,80-6 € ; 8h30-18h). Le lieu a peu changé depuis son ouverture en 1882. Sa belle salle et son mobilier ancien en font l'endroit idéal pour se détendre devant une délicieuse pâtisserie et un café.

Restaurant Esplanade AUTRICHIEN €€
(www.zauner.at ; Hasner Allee 2 ; plats 14,50-27,50 € ; 9h30-19h mer-dim). Cette annexe de la célèbre pâtisserie Cafe Zauner sert de bons petits plats autrichiens, parmi lesquels de la truite et un véritable *Wiener Schnitzel* (escalope de veau panée), ainsi qu'une version moins chère au porc. Le restaurant jouit d'un emplacement idéal au bord de la rivière. Comme le Zauner, il est réputé pour ses desserts. Fermé en janvier et parfois aussi en février.

Où prendre un verre et faire la fête

K.u.K. Hofbeisl PUB
(06132-272 71 ; www.kukhofbeisl.com ; Wirerstrasse 4 ; 8h-minuit lun-sam, 9h-minuit dim). Ce vaste établissement occupe 2 bâtiments attenants abritant respectivement une taverne (*Beisl*), ouverte au déjeuner et au dîner (plats 13,90-24,90 €), et un bar, qui est le lieu le plus animé de la ville pour faire la fête en fin de soirée. Des DJ se produisent pratiquement tous les samedis, et la liste des cocktails, sans être branchée, est très ambitieuse : elle en comprend environ 150 !

Renseignements

Office du tourisme (06132-27 757 ; www.badischl.salzkammergut.at ; Auböckplatz 5 ; 8h-17h lun-sam, 10h-14h dim juil-août). Équipe serviable et mine d'informations sur Bad Ischl et sa région.

Salzkammergut Touristik (06132-2400 00 ; www.salzkammergut.co.at ; Götzstrasse 12 ; 8h-18h lun-ven, 9h-midi sam-dim). Agence régionale privée très utile pour la location de vélos de randonnée (17 €/24 heures, 31 € pour un modèle électrique) et quelques VTT électriques (41 €). Connexion Internet à 1 €/15 minutes.

Depuis/vers Bad Ischl

BUS

Depuis la gare ferroviaire, des bus **Postbus** (05 17 17 ; www.postbus.at) partent de la **gare** (Bahnhofstrasse 8) toutes les heures vers Salzbourg (11,30 €, 1 heure 30) *via* Sankt Gilgen (6,20 €, 36 min). Ceux pour Sankt Wolfgang (4,90 €, 34 min) passent par Strobl.

TRAIN

Train toutes les heures pour Hallstatt (5,50 €, 21 min) *via* Steeg/Gosau et poursuivant vers Obertraun (5,50 €, 25 min). Des trains desservent aussi toutes les heures Gmunden (8,10 €, 45 min), ainsi que Salzbourg (25,60 €, 2 heures) avec correspondances.

VOITURE ET MOTO

La plupart des grands axes routiers du Salzkammergut passent à ou près de Bad Ischl. L'intersection de la B158 au départ de Salzbourg et de la B145 (axe nord-sud) est au nord du centre-ville.

SUD DU SALZKAMMERGUT

Lac de Hallstatt

Situé à 508 m d'altitude au sud du Salzkammergut et entouré de montagnes abruptes, le charmant lac de Hallstatt (Hallstätter See) est l'un des lacs les plus accessibles. Propice à la randonnée et à la baignade en été ou à la pratique du ski en hiver, il offre également, en toute saison, une immersion dans l'histoire culturelle de la région. À 5 km du lac, Obertraun est la ville la plus proche des grottes du Dachstein. La région de Hallstatt-Dachstein a été inscrite au patrimoine mondial par l'Unesco en 1997.

Hallstatt

☎06134/780 HABITANTS

Avec ses jolies maisons dont les façades pastel se reflètent dans les eaux du lac, et son écrin montagneux, Hallstatt est d'une beauté presque irréelle. Les bateaux glissent paisiblement de la gare au village, bâti en équilibre sur une langue de terre entre montagnes et rivage. C'est un bout de terre si minuscule que la procession annuelle de la Fête-Dieu se déroule en grande partie sur le lac, à bord de petites embarcations. L'affluence touristique est parfois agaçante, notamment l'été, avec son lot de cars et de groupes de visiteurs en voyage organisé.

Le marché (Hallstatt Markt) marque le centre du village, et le quartier de Lahn se trouve à la sortie du bourg, près du funiculaire menant aux mines de sel. La gare ferroviaire se tient sur l'autre rive du lac ; pour venir à Hallstatt, vous devrez prendre le bateau.

LA SALZKAMMERGUT ERLEBNIS CARD

La Salzkammergut Erlebnis Card (4,90 €), une carte strictement personnelle vendue dans les offices du tourisme et les hôtels, garantit d'importantes réductions pendant 21 jours, entre le 1er mai et le 31 octobre.

À voir

Mines de sel MINES

(Salzwelten ; ☎06132-200 24 00 ; www.salzwelten.at ; Salzbergstrasse 21 ; aller-retour en funiculaire et visite adulte/enfant/famille 36/15/73 € ; 9h-14h30 déb fév-fin mars et fin sept à déb janv, 9h-16h30 déb avr-fin sept). Ces mines, situées au-dessus de Hallstatt, sur le **Salzberg** (la montagne du sel), constituent le principal attrait culturel du lac. La visite commentée en allemand et en anglais décrit la formation du sel et l'histoire de son extraction. Les visiteurs plongent dans les galeries sur les toboggans utilisés par les mineurs – ceux qui entament la descente de 60 m, la plus longue, sont pris en photo.

Près des mines, la **haute vallée de Hallstatt** (Hallstätter Hochtal) était un lieu de sépulture à l'âge du fer. Un audioguide, à louer à la gare inférieure du funiculaire, décrit le site et ses rites funéraires en suivant un itinéraire numéroté.

Le **funiculaire** (www.salzwelten.at ; aller-retour adulte 20 €, enfant 10 € ; 9h-18h avr-sept, 9h-16h30 oct-déb jan et déb fév-fin mars, fermé déb jan-déb fév) est le moyen le plus simple d'accéder à la gare supérieure, d'où l'on rejoint les mines en 15 minutes à pied ; sinon, un chemin en lacets vous y conduit en 40 minutes. Une autre option consiste à prendre l'escalier derrière l'ossuaire (Beinhaus) et à suivre le sentier jusqu'au pittoresque **chemin des mines** (Soleleitungsweg) ; prenez à gauche sur ce chemin escarpé, passez devant une cascade, puis montez une volée de marches. Cette rude ascension est à éviter avec des enfants.

Ossuaire CHAPELLE

(Beinhaus ; Kirchenweg 40 ; adulte/enfant 1,50/0,50 € ; 10h-18h mai-sept, 10h-17h oct, 11h30-15h30 mer-dim nov-avr). Ce petit sanctuaire contient des rangées de crânes soigneusement empilés, peints de motifs décoratifs et portant le nom des défunts.

VAUT LE DÉTOUR

GOSAUSEE

Ce petit lac est entouré par les sommets à pic de la chaîne de Gosau (Gosaukamm, 2459 m), que l'on peut admirer depuis la rive. Il faut un peu plus de 1 heure pour en faire le tour à pied. Le téléphérique du **Gosaukamm** (Gosaukammbahn ; www.dachstein.at ; aller-retour adulte/enfant 18/9,90 € ; 8h15-16h50 déb mai-juillet et mi-sept-nov, 8h15-17h50 déb-juil-mi sept) monte à 1475 m, où vous attendent un panorama superbe et des sentiers de randonnée. Un ou deux bus Postbus (p. 224) rallient le lac toutes les heures depuis Bad Ischl (6,50 €, 45 min) *via* Steeg.

Avant d'atteindre le lac, on passe par le village de Gosau, où se trouve un **office du tourisme** (43 59 50 95 ; www.dachstein-salzkammergut.at ; Kirchengasse 5 ; 8h30-17h lun-mar-ven, 8h30-midi mer-jeu, 9h-15h sam, 9h-13h dim) ; à l'extérieur, un panneau recense les hébergements. Gosau se trouve à la jonction de la seule route menant au lac ; on y accède par la route 166 à partir du lac de Hallstatt.

On a commencé à y transférer les ossements du cimetière trop exigu en 1600 et (bien que cette pratique ait pris fin au XXe siècle) le dernier crâne de la collection a été déposé en 1995. Cette chapelle se trouve dans l'**église paroissiale** (Pfarrkirche) catholique du XVe siècle, laquelle recèle de belles fresques gothiques et trois autels surmontés d'un triptyque.

Musée du Patrimoine mondial MUSÉE
(Weltkulturerbe Museum ; 06134-8280 ; www.museum-hallstatt.at ; Seestrasse 56 ; adulte/enfant/famille 10/8/20 € ; 10h-18h mai-sept, fermé lun et mar nov-mars, horaires réduits oct-avr). Ce musée multimédia se concentre principalement sur l'âge du fer et le passé celte de la région, ainsi que sur les mines de sel. Une histoire que l'on découvre au long de 26 arrêts historiques. Toutes les légendes sont en allemand et en anglais. On peut voir des vestiges celtes et romains sous la boutique de sport **Dachsteinsport Janu** (Seestrasse 50 ; 9h-18h) GRATUIT, au bout de la rue.

Activités

Lac de Hallstatt BATEAU
(Location de bateau 13 €/h ; mai-sept). Louez un bateau ou un kayak pour profiter du lac.

Où se loger

Campingplatz Klausner-Höll CAMPING €
(06134-83 22 ; www.camping.hallstatt.net ; Lahnstrasse 7 ; empl adulte/enfant/tente/voiture 12,50/7,50/6/5 € ; mi-avr à mi-oct ; P). Aménagé dans une clairière herbeuse, à Hallstatt Lahn, près du centre et presque au bord du lac, ce camping possède un petit kiosque, une salle commune pour les campeurs et une laverie.

Bräugasthof am Hallstätter See PENSION €€
(06134-82 21 ; www.brauhaus-lobisser.com ; Seestrasse 120 ; s/d/tr 85/146/186 €). Cette pension chaleureuse située au cœur du village a des chambres confortables meublées de bois clair.

Hallstatt Hideaway BOUTIQUE-HÔTEL €€€
(0699 104 83024 ; www.hallstatt-hideaway.com ; Dr Friedrich-Morton-Weg 24 ; ste 270-480 €). Ces 6 suites privées modernes, superbement aménagées, font de cette adresse la plus raffinée de la région. Si leur taille et leurs équipements varient (ce que reflètent les tarifs), chacune d'elles a son attrait : ambiance alpine, plafond en stuc, objets design contemporains ou encore terrasse de rêve avec Jacuzzi dans l'appartement du dernier étage.

Heritage Hotel Hallstatt HÔTEL €€€
(06134-200 36 ; www.hotel-hallstatt.com ; Landungsplatz 101 ; d 199-342 €, ste 401 €). Les chambres de cet hôtel de luxe sont réparties dans 3 bâtiments. Le bâtiment principal est le plus central, à l'endroit où accostent les bateaux sur le lac, tandis que Stocker House, un magnifique édifice en haut de la colline, est de loin celui qui a le plus de cachet. La plupart des chambres jouissent d'une vue fabuleuse et sont toutes décorées dans un style moderne sans chichis.

Où se restaurer

Restaurant zum Salzbaron INTERNATIONAL €€
(06134-82 63-0 ; www.gruenerbaum.cc ; Marktplatz 104 ; plats 21,90-32,90 € ; midi-22h été, midi-21h hiv). L'une des meilleures adresses du village pour les gourmets, près du lac, dans le **Seehotel Grüner Baum**

(s 150 €, d 250-380 €, ste 450 € ; ⊖ 🛜). Ce restaurant sert une cuisine de saison dans laquelle la truite locale tient une large place en été.

Balthazar im Rudolfsturm AUTRICHIEN €€
(☎06136-881 10 ; Rudolfsturm ; plats 5,50-14,80 € ; ⏲11h-16h30 avr-oct). Perché à 855 m au-dessus de Hallstatt, le Balthazar possède la terrasse la plus spectaculaire de la région. La carte affiche des plats autrichiens revigorants et le service est très aimable, mais on y vient surtout pour sa vue sublime sur le lac. Mieux vaut s'y rendre en funiculaire (p. 225).

Renseignements

Office du tourisme (☎05950-95 30 ; www.dachstein-salzkammergut.at ; Seestrasse 99 ; ⏲8h30-18h lun-ven, 9h-14h sam et dim mai-oct, 8h30-17h lun-ven, 9h-15h sam et dim nov-avr). Tournez à gauche après le débarcadère d'Hallstatt Markt et suivez la Seestrasse pendant 10 minutes jusqu'aux hangars à bateaux. Distribue une carte gratuite des villes situées autour du lac, avec pistes cyclables et sentiers de randonnée.

Depuis/vers Hallstatt

BATEAU

Hemetsberger Hallstättersee Schifffahrt (☎06134-82 28 ; www.hallstattschifffahrt.at) propose un circuit jusqu'à Hallstatt Lahn *via* Hallstatt Markt, Obersee, Untersee et Steeg (14 €, 1 heure 30, 3/j) de mi-juillet à fin août et d'autres, plus courts.

BUS

Au moins 9 bus relient chaque jour le village de Hallstatt (Lahn) et la gare du téléphérique (Dachsteinseilbahn) à Obertraun (2,40 €, 5 min).

TRAIN

Des trains relient Hallstatt à Bad Ischl (5,50 €, 20 min, ttes les heures) et Bad Aussee (3,30 €, 15 min, ttes les 2 heures). La gare ferroviaire de Hallstatt se tient de l'autre côté du lac par rapport au village, et les liaisons en bateau (3 €, 10 min, dernier bateau pour le marché de Hallstatt à 18h50) coïncident avec l'heure d'arrivée des trains.

VOITURE

L'accès au village est limité par des barrières électroniques pendant la journée. Le stationnement est à 9,50 € pour 12 heures en journée. Les navettes des hôtels partent du parking P1. Appuyez sur le bouton "Hotel Ticket" (14 € par jour) si vous passez la nuit sur place. Pour plus d'informations, connectez-vous sur www.allstatt.net/parken-in-hallstatt.

Obertraun

☎06131/726 HABITANTS

Moins fréquenté que Hallstatt, le village plutôt ordinaire d'Obertraun se révèle pratique pour accéder aux grottes du Dachstein. C'est aussi un bon point de départ pour les balades autour du lac ou les randonnées plus difficiles qui mènent aux grottes et aux clairières alpines s'étendant plus loin.

À voir

Grottes du Dachstein SITE NATUREL
(Dachsteinhöhlen ; www.dachstein-salzkammergut.com ; téléphérique tous tronçons et entrée adulte/enfant 35,30/19,40 €, un tronçon et les grottes 47/25,90 € ; ⏲8h40-17h fin avr à déb-nov, tronçon III ouvert à partir de juin). Les grottes du Dachstein vous feront pénétrer dans un univers étrange truffé de concrétions glaciaires et de cavités souterraines s'étendant pour certaines sur 80 km. Les deux grottes, la **grotte de glace du Dachstein** (Dachstein Rieseneishöhle) et la **grotte du Mammouth** (Mammuthöhle), sont accessibles en 15 minutes à pied dans deux directions depuis la gare du téléphérique de Schönbergalm (p. 228) à 1350 m d'altitude. La visite de chacune d'elles dure 1 heure.

Datant d'au moins 5 siècles, la glace de la grotte du Dachstein forme une concrétion qui atteint 8 m d'épaisseur – deux fois plus que lorsqu'elle fut explorée pour la première fois en 1910. Les formations sont éclairées par des projecteurs colorés qui leur confèrent un aspect féerique et irréel. Cette grotte n'est accessible qu'en suivant une **visite guidée** ; vous pourrez demander au guide de faire les commentaires en anglais en plus de l'allemand.

Si la grotte du Mammouth compte parmi les 30 plus profondes et étendues du monde, elle ne recèle pas de glace. Les visites présentent l'histoire de sa formation. Des installations et des œuvres d'art reposant sur des jeux d'ombre et de lumière ajoutent un plus.

Krippenstein POINT DE VUE
(www.dachstein-salzkammergut.com ; téléphérique aller-retour adulte/enfant 35,30/19,40 € ; ⏲avr-nov). D'Obertraun, vous pouvez prendre un téléphérique pour Krippenstein (2109 m), où la **plate-forme panoramique des Cinq Doigts** s'avance au-dessus du précipice. Chaque "doigt" de la plate-forme

a une forme différente, l'un d'eux évoquant un plongeoir. Par temps dégagé, la vue sur le lac, tout en bas, est époustouflante. Le sol en verre permet de plonger le regard dans le vide qui s'ouvre sous vos pieds.

Activités

En hiver, Krippenstein se transforme en station de ski et de snowboard (forfait journée 44,50 €). Le téléphérique est mis en service en décembre, en fonction de la réalisation des travaux d'entretien et de l'état de la neige ; il s'arrête généralement aux alentours de Pâques. Les amateurs d'un bon niveau peuvent profiter des randonnées à skis de fond. Pour le ski de descente, la meilleure piste est un parcours de 11 km qui part de Krippenstein et descend jusque dans la vallée en passant par la gare du téléphérique de Gjaid Alm. Accrochez-vous !

Téléphérique TÉLÉPHÉRIQUE
(www.dachstein-salzkammergut.com ; aller-retour adulte/enfant 35,30/19,40 € ; avr-nov et déc-Pâques). Attraction à part entière, le téléphérique part toutes les 15 minutes environ de la gare inférieure, dans la vallée, et comporte plusieurs tronçons, lesquels gagnent en isolement à mesure qu'on monte. Après la gare intermédiaire, à Schönbergalm (pour visiter les grottes), on peut continuer jusqu'au point culminant (2109 m), Krippenstein, et son incroyable plate-forme panoramique des Cinq Doigts (p. 227) surplombant le précipice.

Le dernier tronçon conduit à Gjaid Alm, loin de la foule. Ici, des sentiers de randonnée serpentent à travers des clairières rocailleuses ou montent encore plus haut dans la montagne. Certains partent de la modeste et très prisée pension-ferme bio de **Gjaid Alm** (06 131 596 ; www.gjaid.at ; Winkl 31 ; dort/s/d en demi-pension 45/105/124 € ; fermé en mai et nov ;), à 10 minutes à pied de la gare du téléphérique.

Où se loger et se restaurer

Campingplatz Hinterer CAMPING €
(06131-265 ; www.obertraun.net ; Winkl 77 ; empl adulte/enfant/tente/voiture 10,30/9/12/3 € ; mai-sept ;). Ce camping écolo et arboré s'étire près du lac (avec sa propre plage), au sud de la rivière, et possède un bar. Loue aussi quelques caravanes type roulottes de Bohême (165-190 €/nuit pour 2 pers).

Hotel Haus am See HÔTEL €€
(0676 9300 007 ; Obertraun 169 ; s 70-80 €, d 100-200 € ;). Bien situé près de l'embarcadère et de la zone de baignade, cet hôtel sans prétention loue de nombreuses chambres, propres, avec balcon et vue sur l'eau. Location de VTT électriques à 30 € par jour.

Pizzeria-Kegelbahn ITALIEN €
(06131-335 ; www.pizzeria-kegelbahn.business.site ; Seestrasse 178 ; plats 12,90-24,50 €, pizza 9,90-12,90 € ; 11h-22h). De loin le plus charmant des restaurants à petits prix des environs. Les propriétaires turcs mitonnent des recettes austro-italiennes, que l'on savoure bien installé à l'intérieur ou près du ruisseau sur la terrasse. Les pizzas sont délicieuses et il y a une piste de bowling à l'arrière.

Renseignements

Le très efficace **office du tourisme** (43 50 140 ; www.dachstein-salzkammergut.at ; Winkl 34 ; 8h30-17h lun-ven toute l'année, plus 9h-13h sam juin, 10h-14h sam juil) distribue une carte gratuite des lacs et des sentiers de randonnée. Pour y aller, partez de la gare ferroviaire en direction du téléphérique du Dachstein.

Depuis/vers Obertraun

En été, depuis le marché de Hallstatt, un **ferry** (p. 225) rejoint Obertraun (8 €, 25 min, 5/j) *via* Hallstatt Lahn.

Au moins 9 bus quotidiens relient Hallstatt (Lahn) à la gare du téléphérique (ci-contre) d'Obertraun (2,40 €, 5 min).

Obertraun-Dachsteinhöhlen est la gare ferroviaire qui dessert le village. Des trains se rendent à Bad Ischl (6 €, 30 min, ttes les heures) en passant par Hallstatt (2,40 €, 3 min).

Comment circuler

On peut louer des vélos de ville chez **Seecafe Obertraun** (0650 617 71 65 ; Strandbad Obertraun ; vélo 12 €/j ; mai-sept), fermé temoprairement lors de nos recherches, et des VTT chez **Dormio Resort Obertraun** (06131-222 33311 ; Obertraun 302 ; vélo de randonnée et de cross 16 €, VTT 25 €, VTT électrique 35 €).

En **taxi** (0064 4433 674, 0699 1175 4852), comptez environ 15 € pour vous rendre à la gare inférieure du téléphérique ou aller de Hallstatt à Obertraun.

LES ACTIVITÉS DANS LES ENVIRONS DE BAD AUSSEE

Excursions en bateau

À 5 km au nord-est de Bad Aussee, le **Grundlsee**, un lac étroit et allongé, possède un belvédère à son extrémité ouest et se prête aux sports nautiques (avec notamment une école de voile) et à la randonnée. À son extrémité est s'étendent deux lacs plus petits, le **Toplitzsee** et le **Kammersee**. De Pâques à octobre, des **excursions en bateau** (☎ 03622-860 4433 ; www.schifffahrt-grundlsee.at ; Mosern 22 ; adulte/enfant 27/16 € ; ⏲ Pâques-oct) de 3 heures permettent de les découvrir tous les trois.

De la poste, le bus n°956 rejoint Grundlsee Seeklause presque toutes les heures en semaine, toutes les 2 heures le week-end (2,40 €, 10 min).

Randonnée

Le **Koppentalweg** est une jolie piste cyclable et pédestre de 10 km qui court vers l'ouest à travers la vallée verdoyante de la Traun ; elle rejoint, *via* les grottes de Koppenbrüller (Koppenbrüllerhöhlen), l'Ostuferwanderweg, le chemin qui longe le lac de Hallstatt. La piste démarre à la gare ferroviaire de Bad Aussee.

Une carte des sentiers de randonnée est à disposition à l'office du tourisme de Bad Aussee.

VTT

Des pistes cyclables partent de Bad Aussee vers tous les grands lacs, notamment le lac de Hallstatt ; lorsqu'il n'y a pas de piste, on peut généralement emprunter les routes sans problème. **Zweirad Friedl** (☎ 03622-529 18 ; www.zweiradfriedl.at ; Meranplatz 38 ; VTT/vélo électrique 15/25 € par jour ; ⏲ 9h-midi et 15h-18h lun-ven, 9h-midi sam) loue des VTT, de même que **Sport 2000 Käfmüller** (☎ 03622-549 11 ; www.sport2000.at/de/standort/sport-2000-reinhold-kaefmueller~r6641 ; Ischlerstrasse 321 ; VTT/VTT électriques 18/30 € ; ⏲ 8h30-12h30 et 15h-18h lun-ven, 8h30-12h30 sam, location vélos avr-oct), qui propose aussi des vélos électriques.

Bad Aussee

☎ 03622/4835 HABITANTS

Calme et feutrée, Bad Aussee est la plus grosse localité styrienne du sud du Salzkammergut. Proche de deux lacs, elle permet aussi d'en rejoindre facilement un troisième, le lac de Hallstatt, en train puis par un sentier de randonnée ou une piste cyclable.

Le village ne présente pas un visage particulièrement intéressant, mais son cadre vallonné et ponctué de lacs est un fantastique terrain de jeu. Il y a sur place plusieurs bonnes agences de location de VTT et vélos électriques.

À voir

Mines de sel de l'Altaussee MUSÉE

(Salzwelten Altaussee ; ☎ 06132-2002 400 ; www.salzwelten.at ; Lichtersberg 25, Altaussee ; adulte/enfant/famille 20/10/41 € ; ⏲ visites ttes les heures 9h-16h avr-nov ; P 👪). Près de l'Altaussee, à environ 6 km au nord de Bad Aussee, ces mines de sel toujours en exploitation servirent aux nazis à entreposer des œuvres d'art volées durant la Seconde Guerre mondiale. Toutes les visites se font en allemand et en anglais. Consultez le site Internet pour connaître l'ensemble des heures d'ouverture. Le bus n°955 (2,40 €, 15 min) passe plusieurs fois par jour à Bad Aussee (devant la poste) et dessert l'arrêt Altaussee Scheiben, à 2,5 km de la mine. Cette liaison n'étant pas très fréquente, mieux vaut y aller à vélo.

Musée Kammerhof MUSÉE

(Kammerhof Museum ; ☎ 0676 836 22520 ; www.kammerhofmuseum.at ; Chlumeckyplatz 1 ; adulte/enfant/famille 7/3/12 € ; ⏲ mi-avr à fin oct). Dans une belle bâtisse du XVIIe siècle, ce musée est consacré à l'histoire locale et à la production du sel. Il abrite aussi des portraits d'Anna Plochl, fille du maître de poste, qui fit scandale en épousant un prince Habsbourg. Toutes les explications sont en allemand, mais un feuillet en anglais est disponible. Voir le site Internet pour les horaires d'ouverture.

Activités

Loser Panoramastrasse ROUTE PANORAMIQUE
(Péage par voiture 16 €). Cette route, qui n'est que très rarement embrumée, remonte en direction du **Loser** (1838 m), point culminant dominant le lac d'Altaussee. On est absolument charmé par les paysages de campagne et la vue depuis là-haut. En hiver, les pneus doivent être équipés de chaînes.

Où se loger

Pension Stocker PENSION €€
(☎ 03622-524 84 ; www.zimmer-ausseerland.at/stocker ; Altausseerstrasse 245 ; s/d 48/90 € ; P 🛜). Ravissante pension avec balcons en bois, jardinières fleuries et grand jardin. À 500 m au nord-est de la Kurhausplatz.

HI Jugendgästehaus AUBERGE DE JEUNESSE €€
(☎ 05 7083 520 ; www.jufa.eu/hotel/badaussee ; Jugendherbergsstrasse 148 ; s/d 79/107 € ; P ⊖ @ 🛜). À 15 minutes à pied de la poste en suivant la route (ou plus rapidement par les sentiers piétonniers, non éclairés), une auberge avec un sauna, une salle de sport, une aire de jeux pour les enfants et une terrasse pour prendre un bon bain de soleil.

♥ **Erzherzog Johann** HÔTEL €€€
(☎ 03622-52 50 70 ; www.erzherzogjohann.at ; Kurhausplatz 62 ; s/d 149/298 € ; P ⊖ @ 🛜 🏊). Ce 4-étoiles loue des chambres très confortables mais se distingue surtout par ses prestations : un vaste espace bien-être avec sauna, une piscine privée de 10 m et d'excellentes bicyclettes mises gratuitement à disposition des clients (vélos électriques 20 €/j). Les enfants ne sont pas en reste, avec un programme d'activités spécial.

Où se restaurer

♥ **Das Gute Leben** CAFÉ
(☎ 03622-524 19 ; www.dasguteleben-aussee.at ; Meranplatz 36 ; ⏲ 15h-22h mar-sam). Un café chic et cosy qui sert, de 10h à 14h, des petits-déjeuners et des tartines salées excellentes (5,20-9,80 €), puis de tout (hormis le petit-déjeuner) de 17h à 20h. Carte des vins et vente de poteries (dans la boutique à l'arrière).

Renseignements

Office du tourisme (☎ 03622-540 400 ; www.ausseerland.at ; Bahnhofstrasse 132 ; ⏲ 9h-midi et 13h-17h lun-ven, 9h-midi sam sept-juin, 9h-18h lun-ven, 9h-midi sam juil-août). Excellent office du tourisme au personnel serviable, dans le bâtiment de la poste. Demandez le plan de la bourgade, où figurent aussi les sentiers pédestres de la région.

Depuis/vers Bad Aussee

L'arrêt des bus est situé devant l'office du tourisme/poste.

Bad Aussee se trouve sur la ligne de chemin de fer entre Bad Ischl (8,10 €, 35 min) et Stainach-Irdning (6,90 €, 35 min), et des trains partent toutes les 2 heures dans les 2 sens. Des trains directs à destination d'Hallstatt passent par les grottes d'Obertraun toutes les 2 heures (2,40 €, 15 min). La gare ferroviaire se tient à 1,5 km au sud du centre-ville – après être descendu du train, rendez-vous sans tarder à l'arrêt de bus devant la gare pour prendre la correspondance.

Comment circuler

Bad Aussee a 2 très bonnes agences de location de vélos. Sport 2000 Käfmüller (p. 229) et Zweirad Friedl (p. 229) sont toutes deux dans le centre-ville et pourront vous fournir un plan des pistes cyclables et des conseils.

Une course en **taxi** (☎ 03622-526 71, 0664 2000 902) de la gare au centre-ville coûte environ 7,50 €.

NORD DU SALZKAMMERGUT

Traunsee

Avec un fond à 192 m, le Traunsee est le lac le plus profond d'Autriche. Au-dessus de sa rive est se dressent des pics rocheux dont le plus haut est l'imposant Traunstein (1691 m).

Traunsee Schifffahrt (☎ 07612-667 00 ; www.traunseeschifffahrt.at ; Rathausplatz) organise des circuits sur le lac en bateau de fin avril à début octobre (adulte/enfant 24/16 €, 2 heures 05, 4/j). Pour l'explorer par vous-même, vous pouvez louer des pédalos ou des bateaux électriques auprès de Schifffahrt Loidl (p. 233) à Traunkirchen.

Depuis/vers Traunsee

Les villages du Traunsee sont éparpillés le long de la berge ouest et reliés par le train qui rejoint ensuite Bad Ischl.

Comment circuler

BATEAU

Les bateaux de Traunsee Schifffahrt circulent tout autour du lac entre fin avril et début octobre. De la Rathausplatz de Gmunden, on peut rallier le Landhotel Grünberg am See (adulte/enfant 3/2 €, 7 min, au moins 3/j), Traunkirchen (adulte/enfant 11/7,50 €, 45 min, 4/j) et Ebensee (adulte/enfant 14/9,50 €, 1 heure, 4/j). Les **taxis Traunstein** (☎ 050-422 1691 ; traunsee-almtal.salzkammergut.at/anreise-nahverkehr.html ; adulte/enfant 4/2 € ; ⏲ mai-sept) circulent sur la partie sud du lac à intervalle régulier de mai à septembre (billet famille 9 €/trajet). Traunkirchen est le principal nœud de transports.

BUS

Très touristique, un **tortillard** (Bummelzug ; ☎ 0676-501 69 18 ; www.bummelzug-gmunden.at ; adulte/enfant/famille aller-retour 6/3/16 € ; ⏲ 10h-17h ven, sam et dim mai, tlj juin à mi-sept) rejoint le château Ort (Seeschloss Ort, à Gmunden) sur la rive ouest.

TRAIN

Des trains relient Gmunden à Traunkirchen (3,60 €, 15 min, ttes les heures) et à Ebensee (4,90 €, 20 min, ttes les heures), puis continuent vers Bad Ischl (8,10 €, 45 min).

VOITURE ET MOTO

La B145 suit la totalité de la rive occidentale du lac. La rive orientale, plus isolée, est longée par une route qui s'achève sur des falaises à environ mi-parcours.

Gmunden

☎ 07612/13 190 HABITANTS

Avec sa marina, ses yachts, sa place au bord du lac et ses promenades, Gmunden a un petit air de riviera suisse. Ancien centre de commerce du sel, cette jolie ville historique était autrefois connue pour ses céramiques. Bien qu'elles y soient toujours produites, Gmunden est surtout devenue une destination d'escapade pour les Salzbourgeois branchés.

À voir

♥ Château Ort — SITE HISTORIQUE

(Seeschloss Ort ; ☎ 07612-7944 00 ; www.schloss-ort.at ; Orth 1 ; adulte/enfant 5 €/gratuit ; ⏲ 9h30-16h30 Pâques-oct). Ce château, occupant un îlot relié par une passerelle à la rive orientale du lac, se blottit au sein de l'écrin que forme la charmante réserve naturelle du **Toscana Park**. Il aurait été bâti au Xe siècle sur les ruines d'une forteresse romaine. Reconstruit au XVIIe siècle après un incendie, il possède une jolie cour, un escalier extérieur de style gothique tardif et des sgraffites de 1578.

♥ K-Hof — MUSÉE

(☎ 07612-79 44 23 ; museum.gmunden.at ; Kammerhofgasse 8 ; adulte/enfant/famille 6/2/12 € ; ⏲ 10h-15h mer-dim). Le K-Hof offre un passionnant aperçu de l'histoire de la région. Ses collections, exposées dans un bâtiment intégrant l'église gothique Saint-Jacob, sont consacrées aux céramiques qui faisaient jadis la renommée de Gmunden, au sel, aux fossiles et à la vie de Johannes von Gmunden, un astronome du XVe siècle dont les théories influencèrent Copernic. Le K-Hof comprend un second musée, l'un des plus insolites d'Autriche, le **musée des Objets sanitaires** (Klo & So).

Église paroissiale — ÉDIFICE BAROQUE

(Pfarrkirche ; Kirchplatz ; ⏲ lever-coucher du soleil). GRATUIT Au nord de la Rathausplatz, cette église du XIIe siècle fut plus tard remaniée dans le style baroque et dotée d'un autel (1678) sculpté par Thomas Schwanthaler (1634-1707).

Château Weyer — PALAIS

(Schloss Weyer ; ☎ 07612-6501 813 ; Freygasse 27 ; adulte/enfant 12 €/gratuit ; ⏲ 10h-midi et 14h-17h30 mar-ven, jusqu'à 13h sam juil-août). Ce palais abrite une belle collection de porcelaines de Meissen, d'objets en argent et de bijoux. Il accueille des expositions temporaires autour de ces thématiques.

Activités

Téléphérique de Grünberg — PAYSAGES NATURELS

(☎ 43 50 140 ; www.gruenberg.info ; aller-retour adulte/enfant 19,90/10,90 € ; ⏲ 9h-18h30 avr-mai, horaires réduits en hiver, ouvert entre avr-nov). Un téléphérique moderne (départ ttes les 30 min) monte à 984 m jusqu'au mont Grünberg. De là, partent de nombreux sentiers de randonnée et de VTT, notamment un fort joli chemin qui descend jusqu'au **Laudachsee**.

Kajak et Kanu Salzkammergut — CANOË

(☎ 07612-624 96 ; www.kajak-kanu.at ; Traunsteinstrasse 13 ; kayaks et canoës 41-51 €, planches de paddle 31 € ; ⏲ 9h30-13h et 15h-18h jeu-ven, 9h30-13h sam sept, 15h-18h jeu, 9h-13h et 15h-18h ven, 9h30-13h sam oct). Kayaks, canoës canadiens et planches de paddle à louer pour naviguer le long de la rive orientale isolée. Entre novembre et avril, vous pouvez téléphoner pour organiser la location.

Gmunden

Gmunden

Les incontournables
1 K-Hof C2
2 Château Ort A3

À voir
3 Église paroissiale B1
4 Château Weyer D3
Musée des Objets sanitaires (Klo & So) .... (voir 1)

Activités
5 Téléphérique de Grünberg D3
6 Kajak et Kanu Salzkammergut C2
7 Sport 2000 .... A1

Où se loger
8 Seehotel Schwan B2

Où se restaurer
9 Konditorei Grellinger B2

Où prendre un verre et faire la fête
10 Brot & Wein B1

Où sortir
11 Wolfgang Leimer B2

Où se loger et se restaurer

Seehotel Schwan HÔTEL €€
(☎07612-63 39 10 ; www.seehotel-schwan.at ; Rathausplatz 8 ; s 85-90 €, d 130-170 € ; P Wi-Fi). Certaines chambres de l'hôtel le plus luxueux de Gmunden sont plus traditionnelles que d'autres, mais toutes sont décorées avec élégance, ponctuées de touches contemporaines, et offrent une vue bucolique, bien que l'établissement soit en centre-ville. En optant pour une chambre avec douche vapeur vous profiterez de soins bien-être "à domicile". Restaurant plaisant spécialisé dans le poisson.

Landhotel Grünberg am See PENSION €€
(☎07612-777 00 ; www.gruenberg.at ; Traunsteinstrasse 109 ; s 83-110 €, d 70-110 € ; P non-fumeurs Wi-Fi). Située au bord du lac, à 10 minutes de route du centre-ville, cette ravissante pension familiale propose des chambres spacieuses et lumineuses (mais meublées sans originalité). Préférez celles avec balcon et vue sur le lac. Les repas de poisson sont servis dans une salle donnant aussi sur l'eau (15-23 €), tandis que le petit-déjeuner vous attend dans une pièce douillette, remplie de livres. Demi-pension possible.

Konditorei Grellinger BOULANGERIE €

(www.konditorei-grellinger.at ; Franz-Josef-Platz 6 ; gâteaux et pâtisseries 1,80-3,40 €, strudel aux pommes 2,50 € ; ⌚9h-18h jeu-mar). Si les boutiques en bord de lac sont très prisées des visiteurs, cette boulangerie (*Konditorei*) historique attire une clientèle plus locale. L'intérieur joliment rétro, composé d'éléments d'époque dans un cadre contemporain, mérite à lui seul le prix d'un (excellent) café, mais les pâtisseries, des simples *Kipferl* aux noix ou aux graines de pavot, aux tartes plus élaborées, sont également délicieuses.

Où prendre un verre et faire la fête

Brot & Wein BAR À VINS

(☎0650 9241 965 ; Marktplatz 20 ; ⌚17h-22h mar-ven, 10h-22h sam). L'impressionnante collection d'affiches d'exposition d'art contemporain du propriétaire recouvre les murs de ce fantastique bar à vins en sous-sol. En soirée, offrez-vous un bon vin au verre et une assiette froide à partager. Des événements y sont aussi organisés, souvent autour de la gastronomie.

Achats

Wolfgang Leimer ARTICLES DE MAISON

(www.leimerei.at ; Kirchengasse 5 ; ⌚11h-12h30 lun et jeu, 11h-18h mar, ven, sam). Derrière des vitrines s'ouvrant le long d'une rue marchande, les salles de cette immense boutique sont remplies d'objets vintage – articles ménagers, babioles, meubles, vêtements, etc. C'est ici que vous pourrez acheter les poteries aux dessins verts sur fond blanc typiques de la ville.

Renseignements

Gästezentrum Tourismusverband Traunsee-Almtal (☎07612-744 51 ; traunsee-almtal.salzkammergut.at ; Toscanapark 1 ; ⌚8h30-17h lun-ven). Office du tourisme pour la région du lac, avec un service de réservation d'hébergements. Renseignements touristiques hors saison.

Depuis/vers Gmunden

BATEAU

Depuis Gmunden, des bateaux de la compagnie **Traunsee Schifffahrt** (p. 230) longent la côte jusqu'à Ebensee (aller simple adulte/enfant 14/9,50 €) en 55 minutes, de fin avril à début octobre. Le *Gisela*, bateau à vapeur à aubes, navigue les dimanches en juillet et août (supplément de 4 €).

TRAIN

La gare centrale de Gmunden, sur la ligne allant de Salzkammergut Attnang-Puchheim à Stainach-Irdning, est la principale gare ferroviaire de la ville. Des trains desservent régulièrement Bad Ischl (8,10 €, 45 min, ttes les 1 heure-1 heure 30) ; pour Salzbourg, il y a une correspondance à Attnang-Puchheim (18,60 €, 1 heure 30). La Seebahnhof, près de la marina, accueille le train privé lent arrivant de Vorchdorf-Eggenburg.

La gare se trouve à 2 km au nord-ouest du centre, d'où part la ligne de tram la plus courte (et la plus ancienne) d'Autriche. Le tram G (2,20 €) assure une liaison avec la Franz-Josef-Platz et la Rathausplatz chaque fois qu'un train arrive.

Comment circuler

Un trajet en bus et tramway municipaux coûte 2,20 €. **Sport 2000** (☎07612-648 65 ; www.sport2000-gmunden.at ; Bahnhofstrasse 22 ; par jour VTT électrique/vélo de ville 35/30 €, vélo de route classique 20 € ; ⌚9h-12h30 et 14h-18h lun-ven, 9h-16h sam) loue des vélos mais le stock est limité : pensez à réserver.

Traunkirchen

☎07617/1625 HABITANTS

Le charmant bourg de Traunkirchen occupe une langue de terre à peu près au milieu de la rive occidentale du Traunsee. Il est avant tout connu pour le *Fischerkanzel* (chaire du Pêcheur) en bois de son église paroissiale.

À voir

Chaire du Pêcheur SCULPTURE

(Fischerkanzel ; ☎07617-22 14 ; Klosterplatz 1 ; ⌚8h-17h). Réalisée en 1753 pour l'**église paroissiale**, cette chaire dépeint la pêche miraculeuse : les apôtres, debout dans un bateau en forme de vasque, remontent des filets remplis de poissons. La composition, les couleurs (essentiellement argent et or) et les détails (corps arqués et yeux exorbités des poissons) font forte impression, aux visiteurs comme, certainement, autrefois aux pêcheurs du XVIIIe siècle.

Activités

Schifffahrt Loidl BATEAU

(☎0664 371 56 46 ; www.wassertaxi.at ; Ortsplatz ; location bateau électrique 21 € par heure ; ⌚12h-18h ven, 10h-18h sam-dim mai, juin et sept, 9h-19h juil-août). Loue différents types de bateaux pour explorer le Traunsee par vous-même.

Où se loger et se restaurer

Hotel Post HÔTEL €€

(☎07617-2307 ; www.hotel-post-traunkirchen.at ; Ortsplatz 5 ; s 103 €, d 140-180 € ; P ⊜ ☎). Les 55 chambres spacieuses, contemporaines et très confortables de cet hôtel de style chalet, ont un balcon fleuri de géraniums en été. Celles donnant sur l'avant offrent une vue panoramique sur le lac encadré de montagnes. Nombreux équipements dans les chambres, dont un minibar. Au rez-de-chaussée, le restaurant (plats 13,90-19,90 €) sert de copieux plats autrichiens traditionnels.

La cuisine est ouverte de midi à 21h30.

Seehotel Das Traunsee HÔTEL €€€

(☎07617-2216 ; www.dastraunsee.at ; Klosterplatz 4 ; s 147 €, d 246-280 €, suite sur le toit 316 € ; P ⊜ ☎). Une adresse de choix à Traunkirchen. C'est un établissement contemporain, lumineux, avec un emplacement de rêve face au lac. Par beau temps, on s'installe sur un transat et on profite du clapotis des vagues.

Restaurant Bootshaus AUTRICHIEN €€€

(☎07617-22 16 ; www.dastraunsee.at ; Klosterplatz 4 ; plats 48 €, menu 4/6/7 plats 109/139/149 € ; ⊙18h-21h jeu-dim). Dans ce hangar à bateaux (*Bootshaus*) superbement réaménagé et jouissant d'une vue splendide, les chefs Lukas Nagl et Michael Kaufmann transforment des ingrédients locaux en de succulentes créations gastronomiques ; écrevisses et poissons du Traunsee, et agneau bio préparé selon différentes recettes font la réputation de ce restaurant.

Depuis/vers Traunkirchen

Il y a un train/heure pour Traunkirchen depuis Gmunden (3,60 €, 15 min) et Ebensee (4,90 €, 20 min), à 20 minutes à pied du village. Traunkirchen Ort est juste au-dessus de la localité, mais tous les trains n'y marquent pas l'arrêt. Vérifiez avant de partir.

Ebensee

☎06133/7 715 HABITANTS

Charmante bourgade sans prétention, Ebensee se situe sur la rive sud du Traunsee, lac aux eaux turquoise. Entourée de sommets spectaculaires, elle donne accès à la modeste station de ski de Feuerkogel.

Durant la Seconde Guerre mondiale, Ebensee abrita un camp de concentration, annexe du camp de Mauthausen (p. 177). S'il est considéré comme l'un des pires camps de travail forcé, la ville conserve peu de vestiges de cet horrible passé.

Activités

Un **téléphérique** (www.feuerkogel.net ; aller-retour adulte/enfant 25,50/13,20 € hiver, 24,70/12,30 € été ; ⊙ttes les heures) monte au **Feuerkogel** (1592 m), où des sentiers de randonnée traversent un plateau. À 1 heure de marche, l'**Alberfeldkogel** (1708 m) est une réserve naturelle appréciée pour la **marche** en été, ainsi que pour le **ski de fond** en hiver, avec sa très belle vue sur les deux lacs Langbath. Le Feuerkogel permet aussi de faire du **ski** (www.feuerkogel.net ; forfait journée adulte/enfant 42,30/19,50 € ; 🚸) en hiver avec des pistes faciles ou de difficulté moyenne.

Fêtes et festivals

Glöcklerlauf CULTURE

(⊙5 jan). Tous les ans, la veille de l'Épiphanie, les hommes d'Ebensee se coiffent de sortes de grands chapeaux en papier de soie illuminés lors de cette fête traditionnelle d'origine païenne qui s'est christianisée. Ces "*Glöckler*" – environ 300 – défilent dans les rues à la tombée de la nuit pour chasser les mauvais esprits et s'attirer les faveurs des bienveillants.

Où se loger et se restaurer

Landhotel Post HÔTEL €€

(☎06133-5208 ; www.hotel-post-ebensee.at ; Hauptstrasse 19 ; s 71-81 €, d 122-142 €, petit-déjeuner 13 € ; P ⊜ ☎). Le Landhotel Post jouit d'un emplacement central, à seulement 300 m du lac. Les chambres sont propres et modernes. Sauna/hammam.

Hochsteg-Gütl HÔTEL €€€

(☎06133 909 18 ; www.hochsteg.at ; Almhausstrasse 28a ; ch 208-238 € ; P ⊜ ☎ ≋). Hochsteg-Gütl est un hôtel 4 étoiles moderne qui reçoit des touristes et une clientèle de séminaires. Les chambres sont grandes, lumineuses, mais l'établissement doit avant tout son succès à son emplacement côté campagne, à sa piscine, son sauna et son hammam.

Séjour de 2 nuitées minimum le vendredi et le samedi, de 3 nuitées en juillet et août. Juste en face, le **Mostschenke im Heustadl** (☎0650 386 99 25 ; www.moststadl.com ; plats 8-18 €, assiette mixte 9,80 € ; ⊙15h-minuit mer-sam, midi-minuit dim) sert de délicieux plats autrichiens et un cidre (*Most*) pomme-poire maison.

Renseignements

Office du tourisme (☎06133-80 16 ; traunsee-almtal.salzkammergut.at ; Hauptstrasse 34 ; ⏲8h-midi et 13h-16h lun-ven, plus 9h-midi sam déb juil-fin juil). Près de la gare ferroviaire de la Landungsplatz. Utile pour tout renseignement sur les hébergements, et surtout pour tout ce qui concerne la randonnée, la location de VTT et les itinéraires des sentiers.

Depuis/vers Ebensee

Les trains en provenance de Salzbourg marquent l'arrêt à Ebensee-Landungsplatz avant de poursuivre vers Ebensee Bahnhof (22 €, 1 heure 30, ttes les 30 min-1 heure).

Attersee

☎07666/1585 HABITANTS

Appelé aussi Kammersee, du nom d'un quartier de la principale ville qui s'étend sur sa rive, l'Attersee est le plus grand lac du Salzkammergut. Bordé de collines puis de montagnes vers le sud, il est aussi l'un des moins pittoresques et des moins visités. Pourtant, le vent et ses eaux claires attirent les plaisanciers locaux et, au cœur de l'été, des baigneurs. Le lac abrite aussi de nombreux poissons que vous retrouverez à la carte des restaurants de la région.

À voir

Centre Gustav Klimt MUSÉE

(Gustav Klimt Zentrum ; ☎0664 8283 990 ; www.klimt-am-attersee.at ; Hauptstrasse 30, Kammer ; adulte/enfant 8/4 € ; ⏲10h-16h mer-dim déb juin-fin oct). Une exposition multimédia high-tech retrace la vie de Gustav Klimt et offre un aperçu de son œuvre sur l'Attersee – lac qui, selon les amateurs du peintre, était pour Klimt une source d'inspiration, tel Giverny pour Monet. Le centre projette aussi des films informatifs (sous-titres en anglais).

Chemin thématique Gustav Klimt PARCOURS ART

(Gustav Klimt-Themenweg ; Kammer). GRATUIT Ce sentier de 2 km en bord de lac est jalonné de panneaux informatifs présentant des œuvres de Gustav Klimt. Peintre de la Sécession viennoise, Klimt a séjourné régulièrement sur les rives de l'Attersee au début du XXe siècle, et y a peint quantité de ses paysages les plus connus. Le sentier passe devant ses résidences d'été. Le Centre Gustav Klimt loue un audioguide (4 €) pour accompagner votre balade.

Activités

SUP Attersee SPORTS NAUTIQUES

(☎699 8113 83 17 ; www.sup-attersee.at ; Strandbad Litzlberg, Litzlberg ; location matériel 12/50 € par heure/jour ; ⏲11h-19h juin-sept). Loue des planches de paddle pour profiter de l'eau à 26°C du lac.

Attersee-Schifffahrt BATEAU

(☎0664 60 795 2900 ; www.atterseeschifffahrt.at ; ⏲déb avr-oct). Circuit sur la partie nord du lac (adulte/enfant 16/8 €, 1 heure 10) avec 4 arrêts, un autre sur la partie sud (adulte/enfant 22/11 €, 2 heure 20) avec 9 arrêts. Circuit tout autour du lac cette fois-ci avec 18 arrêts (27/13,50 €, 3 heures 45). Les horaires varient d'un jour à l'autre, consultez le site Web. Le bateau circule généralement tous les jours de juillet à début septembre.

Où se loger et se restaurer

Hotel Aichinger BOUTIQUE-HÔTEL €€

(☎07666-80 07 ; www.hotel-aichinger.at ; Am Anger 1, Nussdorf am Attersee ; ch 85-159 € ; P). Les chambres sont modernes et lumineuses, il y a un espace bien-être et une piscine extérieure (avril à octobre), mais aussi une plage privative (le lac est à 750 m) avec son ponton et ses transats. Côté catégories, les chambres diffèrent par leur taille avant tout. Certaines sont davantage des studios avec kitchenette.

L'hôtel est un monde à lui seul, avec son American Bar de l'autre côté de la route (à partir de 21h du mercredi au dimanche de fin juin à début septembre), son bar à vins et son restaurant, **Das Bräu** (☎07666-8007 ; www.hotel-aichinger.at ; Am Anger 1, Nussdorf am Attersee ; plats 14,90-29,50 € ; ⏲midi-14h et 18h-21h ven-sam, midi-14h dim, fermé certains jours sept-juin).

Restaurant Langostinos FRUITS DE MER

(☎07662-290 50 ; www.langostinos.at ; Bahnhofstrasse 4, Kammer-Schörfling ; plats 17-29 € ; ⏲11h30-14h et 18h-23h ven-mar, 11h30-14h mer). L'adresse à ne pas manquer si vous souhaitez goûter aux délicieux poissons et fruits de mer du lac. La carte vit au rythme des saisons et de la pêche du jour réalisée par les familles des environs. Sélection de plats à base de viande également, d'inspiration méditerranéenne. Terrasse estivale avec vue sur la marina et le château.

Où prendre un verre et faire la fête

Die Bar Axxl BAR

(www.lexenhof.at ; Am Anger 4, Nussdorf am Attersee ; 17h-22h lun-mer-sam, 11h30-14h et 18h-22h dim). Le bar branché de l'hôtel Lexenhof est un lieu de rendez-vous après le coucher du soleil, avec des DJ, des concerts parfois et d'autres événements.

Renseignements

Office du tourisme (07666-77 19 ; www.attersee.at ; Attergaustrasse 31 ; 8h30-12h30 et 13h-17h lun-jeu, 8h30-12h30 ven). Peut se charger de réserver votre hébergement et fournit la liste des prestataires louant du matériel pour les sports nautiques.

Depuis/vers l'Attersee

Les 2 villes installées sur les berges, Attersee et Schörfling, sont reliées l'une comme l'autre au réseau ferré par un tronçon partant de la ligne principale Linz-Salzbourg (seuls les trains régionaux s'y arrêtent) : pour Kammer-Schörfling, prenez une correspondance à Vöcklabruck ; pour Attersee, changez à Vöcklamarkt.

Comment circuler

Deux bus/heure relient Unterach à Nussdorf (3,30 €, 17 min) et poursuivent jusqu'à Litzlberg (6 €, 36 min) et Kammer-Schörfling (6 €, 45 min) *via* Attersee (4,90 €, 30 min). Dans l'autre sens, autour du lac, les bus desservent Kammer-Schörfling toutes les 2 heures (6 €, 30 min) au départ d'Unterrach.

Lac Wolfgang (Wolfgangsee)

Baptisé du nom d'un saint local, ce lac abrite deux stations très populaires, Sankt Wolfgang et Sankt Gilgen, Sankt Wolfgang étant la plus agréable. La troisième localité du lac, Strobl, bien que moins notable, se révèle un lieu plaisant, point de départ d'une route panoramique à péage conduisant à la **Postalm** (1400 m).

Le mont **Schafberg** culmine à 1783 m au-dessus de la rive nord du Wolfgangsee. Au sommet vous attendent l'auberge la plus ancienne d'Autriche, un restaurant et une vue magnifique sur les montagnes et les lacs (le Mondsee, l'Attersee et, bien sûr, le lac Wolfgang). Un train à vapeur d'autrefois monte jusqu'au sommet en été, traversant des champs verdoyants et des forêts denses.

Sankt Gilgen

06227/3 915 HABITANTS

La facilité d'accès de Sankt Gilgen, à 29 km de Salzbourg, en fait une destination appréciée des excursionnistes d'un jour, mais la localité doit également sa popularité croissante, ces dernières années, à son cadre idyllique. De même que Strobl, plus calme, c'est une bonne base pour les activités nautiques sur le lac, et la foule y est moins nombreuse qu'à Sankt Wolfgang.

À voir

Maison de Mozart MUSÉE

(Mozarthaus ; 06227-202 42 ; www.mozarthaus.info ; Ischlerstrasse 15 ; adulte/enfant 4/2,50 € ; 10h-16h mar-dim juin-sept). Il existe plusieurs maisons consacrées à Mozart dans le monde, mais celle-ci prend le parti de s'intéresser surtout à sa famille, notamment sa sœur "Nannerl" (Maria Anna), compositrice et musicienne accomplie ; des films en plusieurs langues racontent son histoire. On peut aussi voir une petite exposition.

Musée des Instruments de musique populaire MUSÉE

(Muzikinstrumente-Museum der Völker ; www.hoerart.at ; Aberseestrasse 11 ; adulte/enfant 4/2,50 € ; 9h-11h et 15h-18h lun-jeu, 9h-11h ven, 15h-18h dim déb jan-mai, 15h-19h mar-dim juin, 9h-11h et 15h-19h juil-août, 9h-11h et 15h-17h sept et déc-déb jan). Ce charmant petit musée abrite 1500 instruments du monde entier, collectionnés par une famille de professeurs de musique. Le fils, Askold zur Eck, sait jouer de tout et vous en fera volontiers la démonstration. Les visiteurs peuvent aussi en essayer un ou deux.

Heimatkundliches Museum MUSÉE

(06227-26 42 ; Pichlerplatz 6 ; adulte/enfant 4/2,50 € ; 10h-midi et 15h-18h mar-dim juin-sept). Le musée municipal présente une collection éclectique allant des broderies (autrefois fabriquées dans ce bâtiment) aux objets religieux, en passant par un cabinet zoologique. L'établissement était temporairement fermé lors de nos recherches.

Activités

Les **sports nautiques**, comme la planche à voile, le ski nautique et la voile, sont des activités prisées à Sankt Gilgen. Le bourg possède une piscine et une petite plage (gratuite) avec une zone gazonnée après la marina.

Le **Zwölferhorn** (www.zwoelferhorn.at ; aller-retour en téléphérique adulte/enfant 30/17 € ; 10h-16h30 oct, 9h-16h nov-mars, 9h-17h avr et sept) s'élève à 1520 m au-dessus de la ville. Du sommet se déploie un beau panorama, et des **sentiers** descendent vers Sankt Gilgen (2 heures-2 heures 30). L'hiver, on y fait du **ski**.

Où se loger et se restaurer

Jugendgästehaus Schafbergblick AUBERGE DE JEUNESSE €
(06232 24 18 ; www.jugendherbergsverband.at ; Hospital Road 9; dort/s/d 29,50/40/68 € ; P @). Bien située au bord du lac, cette jolie auberge de jeunesse dispose de chambres propres et lumineuses, et d'un terrain herbeux. Elle accueille de nombreux groupes scolaires durant les vacances.

Pension Falkensteiner PENSION €€
(06227-23 95 ; www.pension-falkensteiner.at ; Salzburgerstrasse 13 ; s 72 €, d 100-146 € ; P). Cette pension sans prétention mais impeccable loue des chambres spacieuses, toutes avec balcon. Accès privatif au lac et vélos à disposition.

Hotel Gasthof Zur Post HÔTEL €€€
(06227-21 57 ; www.gasthofzurpost.at ; Mozartplatz 8 ; s 156-164 €, d 212-228 € ; P). Les chambres de cette vieille auberge superbement aménagées comptent parmi les plus élégantes de la région. Certaines combinent objets anciens et cadre simple et contemporain, d'autres offrent un style rustique douillet avec tissus de couleurs vives et boiseries claires. Le **restaurant** (plats 14,80-26,80 €) sert des spécialités nationales et régionales dans une salle au plafond bas et aux murs chaulés, ou sur une terrasse élégante.

M. GRILL €€
(06227-270 67 ; www.mwolfgangsee.at ; Ischlerstrasse 18 ; pâtes 11,90-19,90 €, pizza 8,90-21,90 € ; 11h30-14h30 et 16h30-22h lun-sam, 11h30-21h dim). Dans ce restaurant "méditerranéen" décontracté près du lac, on peut manger sur place (dans la salle ou le jardin) ou prendre une (vraie) pizza à emporter. Bonne petite carte, quoique sans originalité, de pâtes, risottos et salades.

Où prendre un verre et faire la fête

12Alm Bar BAR
(facebook.com/12erAlmBar ; Ischlerstrasse 18 ; 20h-4h ven-sam). Bar typique de station balnéaire, le 12Alm Bar est un établissement bruyant et animé, en sous-sol, où l'on vient pour prendre un verre et danser après 21h. Consultez la page Facebook pour les animations.

Renseignements

Office du tourisme (06227-23 48 ; wolfgangsee.salzkammergut.at ; Mondsee Bundesstrasse 1a ; 9h-17h lun-ven ;). Pourra vous aider à trouver un hébergement. Des brochures sont également disponibles à l'hôtel de ville, sur la Mozartplatz.

Depuis/vers Sankt Gilgen

Un **bac** (wolfgangseeschifffahrt.at ; avr à fin oct) circule tous les jours et toutes les 30 minutes-1 heure 30 de mi-avril à fin octobre entre Sankt Gilgen et Strobl (adulte/enfant 11,70/5,80 €, 1 heure 10), et s'arrête, entre autres, à Sankt Wolfgang (adulte/enfant 6,70/3,40 €, 45 min). Les traversées sont plus fréquentes de fin juin à début septembre. Quelques traversées sont proposées le week-end début avril. Entre début juin et début septembre, il s'agit parfois de bateau à roues à aubes (supplément 1 €).

Sankt Gilgen est à 50 minutes de Salzbourg en Postbus (p. 224) avec des départs au moins toutes les heures (6,90 €) jusqu'en fin de soirée ; depuis Salzbourg, les bus continuent ensuite vers Stobl et Bad Ischl (5,80 €, 40 min). La gare routière se trouve près de la gare inférieure du téléphérique.

La route 154 permet une jolie balade jusqu'à Mondsee, au nord.

Sankt Wolfgang

06138/2770 HABITANTS

Sankt Wolfgang est une charmante localité sur les berges escarpées du Wolfgangsee. Si ses rues fourmillent de touristes pendant la journée, le calme revient généralement en début de soirée, le meilleur moment pour flâner le long de la rive arborée, où sont amarrées des péniches en bois qu'on entend craquer doucement.

Sankt Wolfgang était autrefois un célèbre lieu de pèlerinage ; il a conservé une église du XIVe siècle dont les nombreuses œuvres d'art continuent d'attirer les visiteurs.

À voir

Église du Pèlerinage ART GOTHIQUE ET BAROQUE
(Wallfahrtskirche ; ☎06138-23 21 ; www.pfarre-sankt-wolfgang.at ; Markt ; 1 € ; ⌚8h-19h mai-sept, 8h-17h oct-avr). Cette église impressionnante attirait au Moyen Âge de nombreux pèlerins venus honorer saint Wolfgang, évêque de Ratisbonne au Xe siècle qui vécut en ermite dans la région. C'est aujourd'hui un véritable musée d'art religieux, avec ses autels étincelants (dans des styles allant du gothique au baroque), sa chaire extravagante, son orgue de toute beauté et ses innombrables sculptures et peintures. La pièce maîtresse reste le **retable de Michael Pacher**. Ce chef-d'œuvre du gothique allemand, réalisé entre 1471 et 1481, trahit l'influence de la Renaissance italienne, dont le peintre et sculpteur autrichien était un fervent admirateur.

Activités

♥ **Schafbergbahn** CHEMIN DE FER
(www.salzburg-bahnen.at ; Schafbergbahnstrasse ; adulte/enfant aller 30,60/15,30 €, aller-retour 43,30/21,70 € ; ⌚mai-oct). Si les 4 heures d'ascension de Sankt Wolfgang jusqu'au sommet du Schafberg (1783 m) ne vous tentent pas, le Schafbergbahn vous y conduira. Ce train à vapeur historique, emblème local immortalisé dans *La Mélodie du bonheur*, emprunte le chemin de fer à crémaillère le plus escarpé d'Autriche et traverse de magnifiques paysages alpins.

En haute saison, il y a au moins un départ toutes les heures (et tous les jours), juste avant ou juste après 9h selon le mois. Le trajet simple dure 40 minutes. Cette excursion est si prisée qu'il vaut mieux ne pas arriver à l'improviste en espérant monter dans le prochain train. Venez tôt, achetez un billet pour un horaire précis, puis allez vous promener autour du lac ou dans Sankt Wolfgang jusqu'à l'heure du départ.

♥ **Lac Wolfgang** BAIGNADE
Plusieurs hôtels ont des jetées aménagées pour la baignade, et une brochure de l'office du tourisme recense les nombreux sports aquatiques possibles. Une promenade à pied ou à vélo jusqu'à Strobl, à 6 km (environ 1 heure 30 de marche), ponctuée d'une baignade, constitue une agréable excursion.

Où se loger et se restaurer

♥ **Hotel Cortisen am See** BOUTIQUE-HÔTEL €€
(☎06138-237 60 ; www.cortisen.at ; Markt 15 ; d 164-238 €, ste 270-350 € ; P ⊖ 📶). Roland Ballner se met en quatre pour que ses hôtes se sentent à l'aise dans son havre au bord du lac. Derrière une façade qui respire la tradition autrichienne, l'intérieur ravissant révèle une débauche de couleurs et de styles. En outre, l'hôtel dispose de beaux espaces de détente sur le lac et d'un restaurant charmant. Les enfants de moins de 12 ans ne sont pas admis.

Hotel Peter HÔTEL €€
(☎06138-2304 ; www.hotelpeter.at ; Markt 54 ; d/ste à partir de 140/182 € ; P ⊖ 📶). Les chambres très spacieuses de cet hôtel 4 étoiles, à la déco traditionnelle et dotées d'une grande salle de bains, ont chacune un balcon ouvrant sur le lac. Le restaurant (plats 16-26 €), dont la terrasse donne aussi sur le lac, sert des pâtes à la truffe et la cuisine sera ravie de vous en proposer au poisson si vous le souhaitez. Il y a quoi qu'il en soit toujours un plat de poisson de la région à la carte.

♥ **Im Weissen Rössl** HÔTEL DE LUXE €€€
(☎06138-23 06 ; www.weissesroessl.at ; Markt 74 ; s 200 €, d 290-350 € ; P ⊖ @ 📶 ≋). L'hôtel le plus célèbre de Sankt Wolfgang a servi de cadre à l'opérette de Ralph Benatzky, *L'Auberge du cheval blanc*. Les chambres, toutes décorées différemment, accusent un peu leur âge vu les tarifs, mais les plus chères disposent d'un balcon avec vue sur le lac. Toutefois, l'espace bien-être et le service ultra-professionnel sont les principaux atouts du lieu.

See Eck AUTRICHIEN €€
(☎0699 109 164 81 ; www.see-eck.at ; Markt 92 ; plats 12,50-29,90 € ; ⌚17h-22h30 mar-sam). Ce bar à vins chic et chaleureux propose une carte du soir très intéressante, systématiquement publiée sur le site. Les plats célèbrent souvent, et avec brio, le mariage des traditions autrichiennes et italiennes. Les vins autrichiens prédominent, avec quelques références bios et du champagne.

Renseignements

Office du tourisme (☎06138-80 03 ; wolfgangsee.salzkammergut.at ; Au 140 ; ⌚9h-17h lun-ven, horaires réduits sept-juin ; 📶).

Le personnel est serviable ; accès au Wi-Fi. À l'entrée est du tunnel.

Depuis/vers Sankt Wolfgang

La seule route pour Sankt Wolfgang vient de Strobl, à l'est.

Un bac (p. 237) circule toutes les 30 minutes-1 heure 30 7 j/7 de mi-avril à fin octobre. Il s'arrête à Sankt Wolfgang Markt sur son trajet vers Sankt Gilgen (adulte/enfant 4,50/2,30 €, 45 min) et Strobl (adulte/enfant 6,70/3,40 €, 25 min). Les bateaux circulant sur le lac Wolfgang font halte au centre du village (arrêt "Markt") et à l'arrêt du train vers le Schafberg (p. 236).

Un service Postbus (p. 224) relie Sankt Wolfgang à Sankt Gilgen (5,10 €, 45 min) avec une correspondance à Strobl (3,10 €, 10 min). Pour les bus à destination de Salzbourg (10,30 €, 1 heure 45), il faut changer à Sankt Gilgen ou à Strobl.

Comment circuler

Pro Travel (☎06138-25 25 ; www.protravel.at ; Markt 152 ; VTT 25 €/j, location vélos électriques/VTT électriques 30/40 € ; ⊙9h-18h30) loue toutes sortes de vélos. Les employés seront ravis de vous conseiller des itinéraires de randonnée à pied et à vélo. Propose un service de navette pour le Schwarzensee qu'on peut réserver la veille.

Strobl

☎06137/3 645 HABITANTS

Bien que moins réputé (à juste titre) et plus calme que les villages touristiques de Sankt Wolfgang et de Sankt Gilgen, Strobl, à l'extrémité est du lac Wolfgang, est un lieu paisible et accueillant, qui donne accès à de bons sentiers de randonnée, pédestres et cyclistes.

Schwarzensee VTT, RANDONNÉE

Situé à 9 km de Strobl, à 715 m d'altitude, le Schwarzensee est idéal pour une excursion d'une journée à pied ou à vélo à louer chez **Sport Girbl** (☎06137-74 87 ; www.girblsport.com ; Bahnstrasse 14 ; ⊙9h-18h). Pittoresque et isolé, ce lac propice à la baignade est flanqué de quelques petits restaurants, dont l'**Alm-Stadl Schwarzensee** (☎0676 4770048 ; www.almstadl-schwarzensee.at ; Schwarzensee ; plats 6,50-11,90 € ; ⊙10h-minuit avr-oct).

♥ **Hotel Stroblerhof** HÔTEL €€

(☎06137-73 08 ; www.stroblerhof.at ; Ischlerstrasse 7 ; s/d 85/170 € ; P ⊜ @ ☎). Cet hôtel chic est la meilleure adresse de la ville pour se loger et se restaurer. Mêlant le style douillet des chalets à des lignes contemporaines et disposant d'une piscine relaxante, il sort de l'ordinaire dans la région.

Il y a sur place un restaurant tex-mex à petits prix et un restaurant autrichien plus formel. Une formule demi-pension est proposée. L'été, réservez si vous souhaitez être en terrasse. L'établissement était temporairement fermé lors de nos recherches.

Depuis/vers Strobl

Un bac (p. 237) circule toutes les 30 minutes-1 heure 30 tous les jours de mi-avril à fin octobre entre Sankt Gilgen et Strobl (adulte/enfant 11,70/5,80 €, 1 heure 10), et marque l'arrêt notamment à Sankt Wolfgang (adulte/enfant 6,70/3,40 €, 45 min). De Strobl à Sankt Wolfgang, comptez 25 minutes et 6,70 €.

La ligne Postbus (p. 224) n°150 dessert Sankt Gilgen et continue à destination de Salzbourg (9,30 €, 1 heure 20, ttes les heures). Le bus n°546 dessert Sankt Wolfgang (2,60 €, 10 min, ttes les heures environ).

Strobl est le point de départ d'une route panoramique à péage (10 à 12 € par voiture) à destination de Postalm.

Comment circuler

Sport Girbl loue des vélos de ville, des VTT et vélos électriques (ville et VTT) pour 12 à 25 €/jour.

Mondsee

☎06232/3 735 HABITANTS

La petite ville de Mondsee occupe l'extrémité nord du lac du même nom, en forme de croissant, où les habitants de Salzbourg aiment se rendre le week-end pour la chaleur de ses eaux, sa proximité (30 km), et son confort urbain.

À voir

Basilique mineure Saint-Michel ART BAROQUE

(Basilica Minor Sankt Michael ; www.pfarre-mondsee.at ; Kirchengasse 1 ; don ; ⊙8h-midi). Cette église du XVe siècle a été enrichie d'une façade baroque jaune citron en 1740. Elle est devenue célèbre en apparaissant dans la comédie musicale *La Mélodie du bonheur*.

Musée du Mondsee-Musée des Palafittes MUSÉE
(Museum Mondseeland und Pfahlbaumuseum ; www.museum-mondsee.at ; Marschal-Wrede-Platz ; adulte/enfant 7/2 € ; 10h-17h mai-oct). À côté de l'église paroissiale, ce musée expose des objets de l'âge de la pierre et présente la culture monastique de la région (Mondsee abritait jadis un monastère).

Activités

Segelschule Mondsee SPORTS NAUTIQUES
(0043 664 277 35 54 ; www.segelschule-mondsee.at ; Robert Baum Promenade 3 ; location à la journée planche à voile 75 €, kayak 35 €, planche de paddle 75 €, voilier à partir de 10/35 € par heure/demi-journée ; 9h-18h mai-sept, 9h-20h été). Ce grand établissement propose des cours de voile, de kayak, de planche à voile et de stand up paddle (SUP), et loue du matériel.

Où se loger et se restaurer

Jugendgästehaus AUBERGE DE JEUNESSE €
(06232-24 18 ; www.jugendherbergsverband.at ; Krankenhausstrasse 9 ; dort/s/d 29,50/40/68 € ; P). Cette auberge de jeunesse HI moderne, à quelques minutes à pied du centre qu'elle surplombe, loue des chambres simples et fonctionnelles.

Hotel Krone HÔTEL €€
(06232-22 36 ; www.hotel-krone-mondsee.at ; Rainerstrasse 1 ; s 98-112 €, d 140-185 € ; P). Les chambres (certaines avec balcon) de ce joli 3-étoiles confortable et central sont propres mais quelconques. Certaines doubles ont une porte communicante (pratique pour les familles). Le **restaurant** (plats 10,20-21,90 €) est ouvert le midi et le soir, du mardi au dimanche.

Seegasthof-Hotel Lackner HÔTEL €€€
(06232-23 59 ; www.seehotel-lackner.at ; Mondseestrasse 1 ; d 280 €, junior ste 380-400 €, ste 440-460 € ; P). Situé au bord du Mondsee, cet hôtel dispose de chambres élégantes et contemporaines avec balcon et superbe vue sur le lac. Une plage privée se niche parmi les roseaux et l'excellent restaurant (fermé lundi et mardi ; plats 21-36 €, menu 6 plats 80 €) avec terrasse sert du gibier, de l'agneau et du poisson, et comporte une *Vinothek* (bar à vins).

Holzingerbauer AUTRICHIEN €
(06232-38 41 ; Oberburgau 12, Eisenaueralm ; assortiments 9,50 € ; 15h-23h lun, mar, jeu et ven). Cette ferme, non loin du centre-ville en voiture, sert des *Jause* (assortiments d'en-cas) dans un cadre agréablement bucolique. Si les repas maison sont de véritables festins, les vacanciers autrichiens viennent surtout pour son *Most*, célèbre cidre local.

Schlossbräu Mondsee AUTRICHIEN €€
(06232-50 01 ; www.schlossbraeu-mondsee.at ; Schlosshof 1a ; plats 15,90-15,20 € ; 10h-14h et 17h-22h lun et ven, 17h-22h jeu, 9h-22h sam-dim, fermé mar-mer). Cette vaste taverne parvient à être bien plus qu'un simple hôtel-restaurant. Dominant la place principale et sa basilique, elle offre une terrasse ouverte l'été et de nombreuses tables en bois dans une salle au plafond voûté, pour déguster une saucisse ou du poisson du lac grillé. Les serveurs, jeunes et aimables, seront ravis de vous aider à choisir une bière à votre goût. L'établissement, en plein travaux, était temporairement fermé lors de nos recherches.

Renseignements

Office du tourisme (06232-22 70 ; www.mondsee.salzkammergut.at ; Dr Franz Müller Strasse 3 ; 8h-midi et 13h-17h lun-ven ;). On y trouve des cartes des sentiers de randonnée, et de l'aide pour la réservation d'hébergement. À l'extérieur, un écran interactif utile pour réserver un hébergement et découvrir les environs.

Depuis/vers Mondsee

Postbus (p. 224) relie Mondsee à Salzbourg (7,30 €, 50 min) avec un départ/heure. De mai à mi-septembre, 3 à 5 départs par jour à destination de Sankt Gilgen (4,10 €, 18 min), mais 1 seul direct toute l'année, en fin de matinée ou début d'après-midi du lundi au samedi.

En **taxi** (0664 220 00 22), comptez jusqu'à 30 € pour rejoindre Sankt Gilgen.

Comment circuler

Alpen-Bike.com (06232-365 11 ; www.alpen-bike.com ; Steinerbachstrasse 20a ; par jour vélo de randonnée/VTT 20/30 €, modèles électriques 30/40 € ; 9h-17h lun-ven) loue des vélos : en selle pour explorer les lacs !

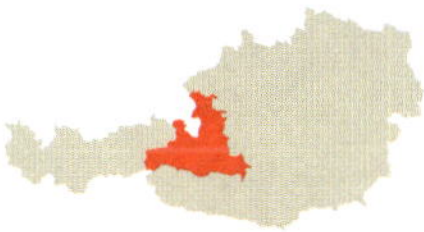

Salzbourg et Salzburgerland

Dans ce chapitre ➡

Le top des restaurants

- Esszimmer (p. 262)
- Obauer (p. 270)
- Steinerwirt (p. 276)
- The Blonde Beans (p. 282)

Le top des hébergements

- Haus Ballwein (p. 255)
- Hammerhof (p. 271)
- Steinerwirt (p. 276)
- Chalet-Hotel Senger (p. 285)

Pourquoi y aller

Proche de la Bavière, le Salzburgerland (Salzburg) est l'une des plus petites provinces autrichiennes, mais pas l'une des moins intéressantes. Les princes-archevêques, qui ont régné sur ce territoire montagneux pendant 6 siècles, lui ont légué un patrimoine architectural exceptionnel et une cité de légende : Salzbourg.

Chef-d'œuvre de l'art baroque et centre spirituel de l'Autriche, Salzbourg demeure étroitement associée à son plus célèbre enfant, Wolfgang Amadeus Mozart, à qui de nombreux hommages sont rendus au fil des mois. La cité berce aussi nos rêves et nos gourmandises d'enfant : *Strudel* fondant en croûte feuilletée, féerie des marionnettes mondialement connues, châteaux de conte de fées… Et, sitôt est-on sorti de la ville, les grottes de glace, les plateaux de karst et les hautes montagnes composent des symphonies d'un autre genre, avec des paysages de toute beauté.

Quand partir

- L'hiver, les prix culminent, de décembre à début avril, dans les stations de ski familiales. Salzbourg accueille des marchés de Noël. En janvier, des orchestres jouent lors de la Mozartwoche, tandis que des montgolfières survolent les sommets de Filzmoos.
- De juin à septembre, les tarifs hôteliers s'envolent à Salzbourg et chutent dans les stations de ski. Réservez des mois à l'avance pour le festival de Salzbourg, de fin juillet à août, consacré à l'opéra, à la musique classique et au théâtre. Partez en randonnée en haute montagne dans les massifs calcaires du Tennengebirge et du Dachstein, dans le parc national des Hohe Tauern couronné d'un glacier, ou à Zell am See en bordure d'un lac.
- Peu de visiteurs et des tarifs hôteliers bas caractérisent les mois intermédiaires, avril, mai, octobre et novembre. Salzbourg accueille des festivals de musique classique à Pâques.

À ne pas manquer

1 Salzbourg vue depuis les hauteurs de la **forteresse de Hohensalzburg** (p. 246).

2 Une descente dans les profondeurs glacées de l'**Eisriesenwelt** (p. 269) de Werfen.

3 Les fontaines facétieuses du **château de Hellbrunn** (p. 248) ou comment se faire arroser par surprise au palais d'été.

4 Les jardins sublimes du **château Mirabell** (p. 249).

5 Une plongée dans la **mine de sel de Bad Dürrnberg** (p. 267).

6 La **route alpine du Grossglockner** (p. 283), un morceau de bravoure pour le conducteur.

7 Un bain dans les eaux bienfaitrices des **thermes de Gastein** (p. 280).

8 Les tonitruantes **cascades de Krimml** (p. 285), les plus hautes d'Europe.

9 L'ascension jusqu'au **glacier de Kitzsteinhorn** (p. 273) avec bataille de boules de neige à 3 029 m.

10 Les géants alpins qui jalonnent la haute route menant au **Pinzgauer Spaziergang** (p. 277).

Histoire

Érigée en municipe romain en l'an 15 av. J.-C., Juvavum se tenait à l'emplacement de la cité actuelle. Sous les attaques constantes des tribus celtes, ce bastion romain finit par tomber, détruit ou abandonné à la suite d'épidémies.

Ce fut un missionnaire franc, saint Rupert, qui fonda ici vers 700 le premier royaume chrétien, ainsi que le monastère et l'église Saint-Pierre. Au fil des siècles, les archevêques successifs de Salzbourg accrurent leur pouvoir et finirent par recevoir le titre de princes du Saint-Empire romain.

Salzbourg doit sa structure baroque à Wolf Dietrich von Raitenau. Le plus influent des princes-archevêques de Salzbourg fit édifier sous son règne (1587-1612) nombre de ses plus beaux palais, églises et jardins. Déchu à la suite d'une violente querelle avec les puissants souverains de Bavière au sujet du commerce du sel, il finit ses jours en prison.

La principauté réussit à se maintenir en dehors de la guerre de Trente Ans qui ravageait l'Europe grâce à un autre prince-archevêque, Paris von Lodron (1586-1653). Un siècle plus tard, Salzbourg conserva aussi sa neutralité pendant la guerre de Succession d'Autriche. La province perdit ses pouvoirs et tomba sous la coupe de la France et de la Bavière durant les guerres napoléoniennes. En 1816, Salzbourg intégra l'Empire autrichien et s'orienta peu à peu vers la reprise économique.

Au début du XXe siècle, la population salzbourgeoise s'était accrue et, en 1920, se tint la première édition du bientôt prestigieux Festival de Salzbourg. Annexée en 1938 par l'Allemagne, comme le reste de l'Autriche, la ville fut endommagée par des bombardements alliés. Détruite à 40%, la vieille ville de Salzbourg fut l'objet d'une campagne de restauration qui lui valut d'être inscrite, en 1997, au patrimoine mondial par l'Unesco.

Depuis/vers Salzbourg et le Salzburgerland

AVION

L'**aéroport de Salzbourg** (☎0662-858 00 ; www.salzburg-airport.com ; Innsbrucker Bundesstrasse 95 ; 📶) est à 20 minutes en bus de la ville.

BUS

L'efficace réseau de bus, géré par **Salzburger Verkehrsverbund** (SVV ; www.salzburg-verkehr.at), permet de rallier facilement les plus petits villages de la province.

TRAIN

Salzbourg est bien reliée au reste de l'Autriche par le chemin de fer, avec d'excellentes correspondances pour le parc national des Hohe Tauern et le Salzkammergut voisin. La gare centrale de Salzbourg est aussi reliée à l'Allemagne, l'Italie et la République tchèque.

VOITURE ET MOTO

Les principaux axes routiers de la région sont l'A8/E52 vers Munich et l'A1/E60 vers Linz. Pour rejoindre la province depuis la Carinthie et le sud, vous pouvez prendre l'A10 à Spittal an der Drau ou l'*Autoschleuse Tauernbahn* (navette auto-train) au sud de Bad Gastein.

SALZBOURG

☎0662/153 377 HABITANTS

Ville baroque par excellence, Salzbourg a tout de l'Autriche de carte postale. Et sa vieille ville blottie au pied de collines escarpées n'a pratiquement pas changé depuis l'époque de Mozart, il y a 250 ans. Des rives de la vive Salzach, le regard est aimanté par la mosaïque que dessinent les dômes et clochers de la vieille ville, puis l'impressionnante forteresse perchée sur son à-pic et, enfin, les sommets à l'horizon. On comprend bien la fierté éprouvée par les princes-archevêques à l'égard de leur ville.

Si Mozart et la comédie musicale *La Mélodie du bonheur* sont les deux piliers de l'économie touristique, la ville cache bien d'autres attraits. À commencer par une scène artistique en plein essor, des restaurants à foison, de nombreux jardins, des petites rues tranquilles où des airs classiques s'échappent des fenêtres, et des salles de concert qui font vivre 365 jours par an la tradition musicale salzbourgeoise. Les paysages, la ligne d'horizon, la musique, l'histoire... Salzbourg n'a pas son pareil pour élever l'âme.

À voir

Les monuments emblématiques se concentrent dans la **vieille ville** (Altstadt), désormais zone piétonne, qui s'étend sur les deux berges de la Salzach, mais dont le cœur se trouve rive gauche. Les ruelles tortueuses se prêtent à une déambulation paisible, laquelle vous entraînera de cours

Salzbourg

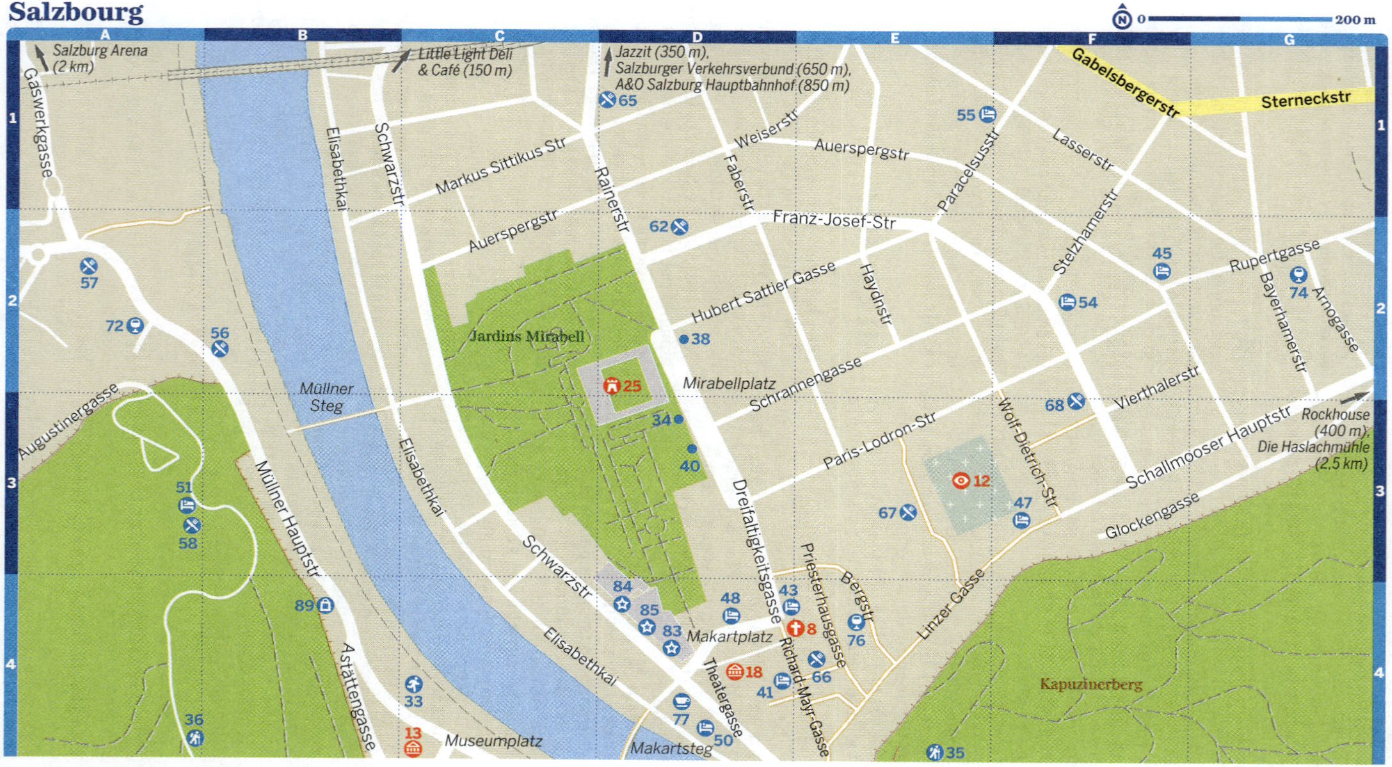
0
200 m
Salzburg Arena (2 km)
Little Light Deli & Café (150 m)
Jazzit (350 m), Salzburger Verkehrsverbund (650 m), A&O Salzburg Hauptbahnhof (850 m)
Rockhouse (400 m), Die Haslachmühle (2,5 km)
Gaswerkgasse
Elisabethkai
Schwarzstr
Markus Sittikus Str
Auerspergstr
Rainerstr
Weiserstr
Faberstr
Franz-Josef-Str
Paracelsusstr
Lasserstr
Gabelsbergerstr
Sterneckstr
Stelzhamerstr
Rupertgasse
Bayerhamerstr
Arnogasse
Hubert Sattler Gasse
Haydnstr
Jardins Mirabell
Mirabellplatz
Schrannengasse
Vierthalerstr
Wolf-Dietrich-Str
Paris-Lodron-Str
Schallmooser Hauptstr
Glockengasse
Dreifaltigkeitsgasse
Priesterhausgasse
Bergstr
Linzer Gasse
Makartplatz
Richard-Mayr-Gasse
Theatergasse
Makartsteg
Museumplatz
Müllner Steg
Augustinergasse
Müllner Hauptstr
Astättengasse
Kapuzinerberg
12
8
18
13
25
33
34
35
36
38
40
41
43
45
47
48
50
51
54
55
56
57
58
62
65
66
67
68
72
74
76
77
83
84
85
89

Forteresse de Hohensalzburg
Résidence
VIEILLE VILLE (ALTSTADT)
Mönchsberg
Salzach
Giselakai
Staatsbrücke
Rudolfskai
Imbergstr
Steingasse
Franz-Josef-Kai
Ferdinand-Hanusch-Platz
Griesgasse
Anton-Neumayr-Platz
Bürgerspitalplatz
Bürgerspital-gasse
Getreidegasse
Hagenauerplatz
Herbert-von-Karajan-Platz
Universitäts-platz
Hofstallgasse
W Philharmoniker-Gasse
Sigmund-Haffner-Gasse
Alter Markt
Brodgasse
Goldgasse
Judengasse
Franziskanergasse
Domplatz
Kapitelplatz
Kapitelgasse
Chiemseegasse
Kaigasse
Krotachgasse
Pfeifergasse
Bastelgasse
Hellbrunner Str
Kajetanerplatz
Nonnbergstiege
Nonnberggasse
Nonntaler Hauptstr
Petersbrunnstr
Herrengasse
Festungsgasse
Doktor-Ludwig-Prähauser-Weg
Reichenhallerstrasse
Reichenhaller Str
Neutorstr
Salzburg Plage (600 m), Villa Trapp (2,8 km), Gasthof Schloss Aigen (4 km)
Château de Hellbrunn (5 km), zoo de Salzbourg (5,7 km)
ARGEkultur (300 m)
Pension Katrin (900 m), Waldbad Anif (8 km)
Château de Leopoldskron (900 m), Freibad Leopoldskron (950 m)
Magazin (400 m)
Stiegl-Brauwelt (1,1 km), Haus Ballwein (2,5 km), Ikarus (3 km), Mayday Bar (3 km), Haus Steiner (4,5 km), aéroport de Salzbourg (4,5 km), Haus am Moos (5 km), Freilichtmuseum (11 km)
A
B
C
D
E
F
G
5
6
7
8

Salzbourg

Les incontournables

1 Forteresse de Hohensalzburg E8
2 Résidence E6

À voir

3 Musée de Noël E6
4 Plaque commémorative de Constance Mozart F6
5 Cathédrale E7
6 Musée des Fouilles archéologiques E6
7 Musée de la Cathédrale E7
8 Église de la Sainte-Trinité E4
9 Abbatiale Saint-Pierre D7
10 Funiculaire Festungsbahn E7
11 Église franciscaine D6
12 Cimetière Saint-Sébastien E3
13 Maison de la Nature C4
14 Église collégiale D6
15 Mozartplatz E6
16 Maison natale de Mozart D5
17 Mozartsteg F6
18 Maison de Mozart D4
19 Musée d'Art moderne B5
20 Abreuvoir aux chevaux C6
21 Residenzbrunnen E6
22 Residenzplatz E6
23 Rupertinum D6
24 Musée de Salzbourg E6
25 Château Mirabell D2
26 Musée de *La Mélodie du bonheur* C5
27 Musée du Jouet C5
28 Steingasse E5
29 Couvent de Nonnberg G8

Activités

30 Amphibious Splash Tours D5
31 Bob's Special Tours F6
32 Cook&Wine F7
33 Aire de jeux de Franz-Josef-Kai C4
34 Fräulein Maria's Bicycle Tours D3
35 Kapuzinerberg E4
36 Mönchsberg A4
37 Rikscha Tours E6
38 Salzburg Panorama Tours D2
39 Salzburg Schifffahrt C5
40 Salzburg Sightseeing Tours D3

Où se loger

41 Arte Vida D4
42 Arthotel Blaue Gans C5
43 Gästehaus im Priesterseminar D4
44 Goldener Hirsch C5
45 Hotel & Villa Auersperg F2
46 Hotel am Dom E6
47 Hotel Amadeus F3
48 Hotel Bristol D4
49 Hotel Goldgasse E6
50 Hotel Sacher D4
51 Hotel Schloss Mönchstein A3

cachées aux regards en places médiévales bordées de maisons bourgeoises, et jusqu'à des fontaines baroques.

Un grand nombre de sites ferment un peu plus tôt en hiver et restent ouverts 1 à 2 heures de plus pendant le Festival de Salzbourg.

Forteresse de Hohensalzburg — CHÂTEAU FORT

(Festung Hohensalzburg ; www.salzburg-burgen.at ; Mönchsberg 34 ; adulte/enfant/famille 10,30/5,90/26,20 €, avec funiculaire 13,30/7,60/33,60 € ; 9h30-17h jan-avr et oct-déc, 9h-18h mai-juin, 8h30-20h juil-sept). Merveilleusement préservée malgré ses 900 ans et plus, cette gigantesque forteresse qui veille sur la ville est le site incontournable de Salzbourg. Prévoyez d'y consacrer au moins une demi-journée. Des remparts, on jouit d'une vue dégagée sur les flèches et les places de la vieille ville, jusqu'à la Salzach et aux montagnes boisées qui s'étirent au-delà. Une montée ardue de 15 minutes y mène depuis le centre-ville, à moins d'emprunter le **funiculaire Festungsbahn** (Festungsgasse 4 ; adulte 13,30/16,60 €, enfant 7,60/9,50 € ; 8h30-20h30 mai-juin et sept, 8h30-21h30 juil-août, 9h-17h oct-avr).

Cette ancienne place forte bâtie en 1077 par Gebhard von Helfenstein, au début de la querelle des Investitures ayant opposé le Saint-Empire romain germanique à la papauté, doit sa structure actuelle et toute sa splendeur au prodigue Leonhard von Keutschach, prince-archevêque de Salzbourg de 1495 à 1519 et dernier souverain féodal de la cité. Ne manquez pas le ciel étoilé du plafond de la bien nommée **Salle dorée**. Au **musée des Marionnettes** (même billet d'accès), l'archevêque Wolf Dietrich von Raitenau (sa marionnette, bien sûr) accueille les visiteurs. Par ailleurs, le **musée de la Forteresse** (Festungmuseum) présente une maquette de Salzbourg en 1612, des outils médiévaux, des armures et d'effroyables instruments de torture.

C'est dans la Salle dorée, ancienne salle des banquets, que sont donnés toute l'année des concerts, les **Festungskonzerte**, généralement consacrés aux œuvres de Mozart. Consultez le site www.

52 Hotel Stein E5
53 Stadtalm C6
54 Mozart F2
55 Yoho Salzburg E1

Où se restaurer
56 Bärenwirt B2
Blaue Gans Restaurant .... (voir 42)
Cook&Wine .... (voir 32)
57 Esszimmer A2
58 Glass Garden A3
59 Green Garden G8
60 Grünmarkt D6
61 Hagenauerstuben D6
62 Heart of Joy D2
63 Humboldt C5
64 IceZeit F7
65 Imlauer Sky D1
66 Johanneskeller im Priesterhaus E4
67 Ludwig E3
68 Organic Pizza Salzburg F3
69 Stiftsbäckerei St Peter E7
Triangel .... (voir 23)
70 Zum Zirkelwirt F7

Où prendre un verre et faire la fête
71 220 Grad F7
Apollo Bar .... (voir 51)
72 Augustiner Bräustübl A2
73 Darwin's E5
74 Die Weisse G2
75 Kaffee Alchemie F6
76 Natural Wine Dealers @ Enoteca Settemila a.C. E4
77 Sacher D4
78 StieglKeller F7

Où sortir
79 Felsenreitschule C6
80 Billetterie du festival C6
81 Grosses Festspielhaus C6
82 Haus für Mozart C6
83 Landestheater D4
84 Mozarteum D4
85 Théâtre de marionnettes de Salzbourg D4
Schlosskonzerte .... (voir 25)

Achats
86 Drechslerei Lackner C5
87 Fürst C5
88 Kaslöchl D5
89 Ploom B4
90 Salzburg Salz D6
91 Salzburger Heimatwerk E6
Spirituosen Sporer .... (voir 44)

salzburghighlights.at pour connaître les horaires et le prix des places.

Residenzplatz PLACE

Avec ses calèches, son palais et ses artistes ambulants, cette superbe place baroque évoque le Salzbourg des cartes postales. Vaste fontaine de marbre entourée de quatre chevaux crachant de l'eau, la **Residenzbrunnen** en est le joyau. Grand admirateur de la Rome Renaissance, le prince-archevêque Wolf Dietrich fit appel à un architecte italien, Vincenzo Scamozzi, pour la dessiner à la fin du XVIe siècle.

Résidence PALAIS

(Residenz ; www.domquartier.at ; Residenzplatz 1 ; billet DomQuartier adulte/-6 ans 13/8 € ; 10h-18h juil-août, 10h-17h mer-lun sept-juin). Joyau baroque du nouveau DomQuartier de Salzbourg, la Residenz fut construite sur l'ordre de Wolf Dietrich, prince-archevêque de la ville de 1587 à 1612. Les princes-archevêques s'y réunirent jusqu'à ce que Salzbourg soit intégrée à l'Empire des Habsbourg au XIXe siècle. La visite (avec audioguide) vous conduit dans les fastueux **appartements d'apparat** ornés de tapisseries, de stucs et de fresques signées Johann Michael Rottmayr. Au 3e étage, la **Residenzgalerie** met à l'honneur les maîtres flamands et hollandais. *L'Allégorie de Charles Quint* de Rubens et la *Vieille Femme en prière* de Rembrandt comptent parmi les pièces maîtresses.

Cathédrale CATHÉDRALE

(Dom ; 0662-804 77 950 ; www.salzburger-dom.at ; Domplatz ; visite guidée 5 € ; 8h-18h lun-sam et 13h-18h dim mars-juil, sept-oct et déc, 8h-19h lun-sam et 13h-19 dim août, horaires réduits nov et jan-fév). Élégamment surmontée d'une coupole à bulbe en cuivre qu'encadrent deux flèches symétriques, la cathédrale est un chef-d'œuvre de l'architecture baroque et la première église bâtie dans ce style au nord des Alpes. À l'entrée, remarquez les portails en bronze dont les motifs symbolisent la foi, l'espérance et la charité. Dans la nef, le regard est subjugué par la richesse des stucs et les fresques peintes au plafond par Arsenio Mascagni sur le thème de la Passion.

Musée de la Cathédrale MUSÉE

(Dommuseum ; www.domquartier.at ; Domplatz ; billet DomQuartier adulte/enfant 13/8 € ; 10h-17h mer-lun sept-juin, 10h-18h tlj juil-août). Ce musée conserve des trésors d'art sacré.

LA SALZBURG CARD

Si vous prévoyez de nombreuses visites, économisez avec la **Salzburg Card** (1/2/3 jours 30/39/45 € en haute saison, 27/35/40 € en basse saison). Elle donne accès à tous les principaux sites et attractions, permet de voyager en illimité dans les transports publics (téléphériques compris) et ouvre droit à de nombreuses réductions sur les circuits et événements. Les enfants bénéficient du demi-tarif à l'achat et les adultes sont facturés 3 € de moins en basse saison (nov-avr).

En vente à l'aéroport, à l'office du tourisme, dans la plupart des hôtels et sur www.salzburg.info.

La visite vous entraînera aussi dans le cabinet de curiosités Renaissance des princes-archevêques, rempli de cristaux et de coraux entre autres objets surprenants, comme des tatous et des macareux naturalisés. D'autres salles abritent des ostensoirs incrustés de diamants, des vitraux et des retables. La **galerie longue** est ornée de tableaux des XVIIe et XVIIIe siècles, dont *Le Christ et Nicodème* (1739) en clair-obscur de Paul Troger.

Depuis la **galerie de l'orgue**, admirez l'instrument sur lequel joua Mozart et observez la nef de la cathédrale.

Musée des Fouilles archéologiques — ARCHÉOLOGIE

(Domgrabungsmuseum ; ☎0662-62 08 08 0 ; www.salzburgmuseum.at ; Residenzplatz ; adulte/enfant 3,50/1 € ; ⏲9h-17h juil-août, sur rdv sept-juin). Sous la cathédrale (p. 247), ce circuit archéologique donne un aperçu du passé de la cité. Notons des vestiges de mosaïques romaines, une borne kilométrique taillée dans du marbre d'Untersberg ou encore des briques provenant de l'ancienne cathédrale romane. Le musée était temporairement fermé au public lors de nos recherches.

♥ Château de Hellbrunn — PALAIS

(Schloss Hellbrunn ; www.hellbrunn.at ; Fürstenweg 37 ; adulte/enfant/famille 13,50/6/29,50 €, jardins entrée libre ; ⏲9h30-17h30 avr et oct-nov, 9h30-18h30 mai-juin et sept, 9h30-19h juil-août ; 👪). Désireux d'échapper, l'été, aux obligations dues à sa charge, le prince-archevêque Markus Sittikus fit ériger ce château au début du XVIIe siècle. D'inspiration italienne, cette villégiature est vite devenue un lieu de prédilection pour les puissants maîtres de ces terres, qui venaient festoyer dans ce cadre paradisiaque au milieu d'une faune exotique, de citrus et de jeux d'eau. Domenico Gisberti, poète à la cour de Munich, déclara un jour : "J'ai vu la quintessence de Venise dans ces eaux, Rome réduite à une silhouette esquissée."

Si l'intérieur très original du palais mérite le coup d'œil – en particulier le Salon chinois et les fresques de la salle d'apparat (Festsaal) –, les incroyables **jeux d'eau** (Wasserspiele) constituent l'attraction principale en été. Attendez-vous à vous faire arroser dans le faux théâtre romain, dans la grotte de Neptune et dans la grotte des Oiseaux. Aucune des statues n'est tout à fait ce qu'elle paraît être, tel le fameux Germaul, un visage qui tire la langue (la réponse de Sittikus à ses détracteurs). La visite guidée (2/h) s'achève par le Théâtre mécanique du XVIIIe siècle, dont les 200 personnages en bois de tilleul s'animent grâce à la force de l'eau, reconstituant la vie d'une cité baroque.

Parsemés d'étangs, de jardins et d'allées verdoyantes, les **jardins du palais** sont gratuits et ouverts toute l'année jusqu'au coucher du soleil. Vous pourrez y admirer le pavillon de la célèbre scène entre Liels et Rolf dans *La Mélodie du bonheur*.

Comme 4,5 km séparent Hellbrunn de Salzbourg, on peut aisément gagner le château au sud de la ville à vélo (20 min le long de la Salzach principalement) ou par le bus n°25 (20 min, 2 €, ttes les 20 min) depuis Mozartsteg/Rudolfskai dans la vieille ville.

Untersberg — MONTAGNE, POINT DE VUE

(www.untersbergbahn.at ; téléphérique montée/descente/aller-retour 13/16,50/26,50 €, gratuit avec la Salzburg Card ; ⏲ téléphérique 8h30-17h30 juil-sept, horaires restreints oct et mi-déc à juin, fermé nov à mi-déc). Dominant Salzbourg et à cheval sur la frontière allemande, le sommet déchiqueté de l'Untersberg (1853 m) offre un panorama spectaculaire sur la ville, la vallée de Rositten et les massifs tyroliens, salzbourgeois et bavarois. La montagne attire les skieurs locaux en hiver, et les randonneurs, grimpeurs et parapentistes en été. De la station de téléphérique supérieure, de courts sentiers faciles mènent aux points de vue du **Geiereck** (1805 m) et du **Salzburger Hochthron** (1853 m) ; d'autres conduisent plus loin dans les Alpes.

Le fond de l'air peut être bien plus frais que dans la vallée et le sol moins certain :

couvrez-vous et enfilez de bonnes chaussures si vous comptez marcher.

Toutes les 30 minutes, une cabine de téléphérique rallie le sommet. Pour rejoindre la station de la vallée, prenez le bus n°25 pour Sankt Leonhard depuis la gare centrale ou la Mirabellplatz de Salzbourg.

Couvent de Nonnberg — MONASTÈRE

(Stift Nonnberg ; Nonnberggasse 2 ; ⌚6h45-coucher du soleil). GRATUIT En empruntant l'escalier Nonnbergstiege depuis la Kaigasse ou en suivant la Festungsgasse, on rejoint rapidement ce couvent de bénédictines fondé il y a 1300 ans. Seule sa superbe **église** aux voûtes sur croisée d'ogives se visite. Faites la modeste dépense de glisser 0,50 € dans la fente pour éclairer ses belles **fresques romanes**. À condition de se lever de très bon matin, on peut aussi écouter les sœurs chanter chaque jour matines en grégorien, à 6h45 !

Musée d'Art moderne — MUSÉE

(Museum der Moderne ; www.museumdermoderne.at ; Mönchsberg 32 ; adulte/enfant 5/3 €, billet combiné avec Rupertinum 13/8 € ; ⌚10h-18h mar et jeu-dim, 10h-20h mer ; 👪). Juché sur le Mönchsberg, ce musée contemporain tout en longueur, fait de verre et de marbre, offre un saisissant contraste avec la forteresse. Il programme d'excellentes expositions d'œuvres des XXe et XXIe siècles. On a, par exemple, pu y admirer des œuvres de l'expressionniste allemand Ernst Ludwig Kirchner et du peintre autrichien Oskar Kokoschka. Une **visite guidée** gratuite est proposée tous les mercredis à 18h. L'ascenseur du Mönchsberg (p. 253) file toute l'année en 30 secondes jusqu'au musée (aller-retour adulte/enfant avec musée 12/6,80 €).

Mozartplatz — PLACE

Cette impressionnante place baroque, qui met Mozart sur un piédestal (au propre comme au figuré), grouille d'artistes de rue et résonne du claquement des sabots des chevaux attelés aux calèches. Le musée de Salzbourg (ci-desous) en occupe l'un des côtés.

Musée de Salzbourg — MUSÉE

(Salzburg Museum ; www.salzburgmuseum.at ; Mozartplatz 1 ; adulte/enfant 9/3 € ; ⌚9h-17h mar-dim ; 👪). Aménagé dans le palais baroque de la Neue Residenz, ce musée donne à vivre un passionnant voyage à travers le passé de la cité jusqu'à nos jours. Des **visites guidées** gratuites ont lieu le jeudi à 18h.

La visite débute dans la cour intérieure, dans le **Kunsthalle** richement illuminé, qui accueille des expositions temporaires. Au 1er étage, les portraits des princes-archevêques ornent les murs de la section intitulée **Mythos Salzburg**, ou comment Salzbourg est devenu cette mythique ville baroque, puis le temple mozartien par excellence avant de devenir celui du tourisme dès 1860. Ne manquez pas le célèbre *Sonntagsspaziergang* (*Promenade dominicale*, 1841) de Carl Spitzweg, la **salle du Prince-archevêque** décorée de portraits et la **Ständesaal** (salle des Souverains), vision opulente d'un stuc polychrome s'enroulant autour de fresques évoquant l'histoire de Rome d'après Tite-Live. Parmi les pièces notables, citons une tapisserie "millefleurs" du début du XVIe siècle, entre autres tapisseries flamandes, et la chaussure pontificale brodée d'or de l'archevêque Wolf Dietrich.

Le **Panorama Passage** (à ne pas confondre avec le Panorama Museum) dévoile les vestiges les plus anciens de Salzbourg, depuis l'Antiquité : murs romains, fours de potiers et maquettes de la ville à différentes époques.

Sur le flanc ouest de la Neue Residenz, le **Glockenspiel** aux 35 cloches de Salzbourg carillonne tous les jours à 7h, 11h et 18h.

Château Mirabell — PALAIS

(Schloss Mirabell ; Mirabellplatz 4 ; ⌚château Mirabell 8h-18h, salle des Marbres 8h-16h lun et mer-jeu, 13h-16h mar et ven, jardins 6h-coucher du soleil). GRATUIT Le prince-archevêque Wolf Dietrich fit édifier ce splendide palais en 1606 pour impressionner sa maîtresse bien-aimée, Salomé Alt. Cela eut vraisemblablement l'effet escompté puisque cette dernière lui donna par la suite une quinzaine d'enfants (les sources divergent sur le nombre exact ; le pauvre Wolf perdit sans doute le compte, distrait par les affaires spirituelles). Johann Lukas von Hildebrandt, célèbre architecte du palais viennois du Belvédère, apporta au château son style baroque en 1721. Détruit par un incendie en 1818 puis reconstruit, l'édifice tient lieu aujourd'hui d'hôtel de ville de Salzbourg. L'opulent intérieur, débordant de marbre, de stucs et de fresques, à l'instar de la fastueuse salle de marbre (Marmorsaal), se visite gratuitement.

N'oubliez surtout pas les jardins, de préférence le matin et en début de soirée, avec leurs roseraies, leurs tonnelles verdoyantes et leurs parterres de fleurs ponctués de statues.

Abbatiale Saint-Pierre MONASTÈRE
(Erzabtei Sankt Peter ; www.stift-stpeter.at ; Sankt Peter Bezirk 1 ; catacombes adulte/enfant 2/1,50 € ; église 8h-midi et 12h30-18h30, cimetière 6h30-20h avr sept et 6h30-18h oct-mars, catacombes 10h-12h30 et 13h-18h mai-sept, 10h-12h30 et 13h-17h oct-avr). Fondation du missionnaire franc Rupert, ce monastère-abbatiale de l'an 700 (environ) est le plus ancien monastère d'hommes du monde germanophone. En dehors de son authentique portail roman en plein cintre, l'église affiche aujourd'hui un style résolument baroque, avec stucs rococo, statues et étonnants retables peints de Martin Johann Schmidt.

Maison natale de Mozart MUSÉE
(Mozarts Geburtshaus ; www.mozarteum.at ; Getreidegasse 9 ; adulte/enfant 12 €/gratuit ; 9h-17h30). L'enfant chéri de Salzbourg est né dans cette belle demeure jaune en 1756 et y a passé 17 années de sa vie. Le musée actuel abrite une collection d'instruments, de documents et de portraits. Parmi les curiosités, signalons le petit violon dont jouait Mozart alors qu'il marchait à peine, une mèche de ses cheveux et des boutons d'une veste lui ayant appartenu. Dans l'une des salles, Mozart est représenté comme un nourrisson auréolé d'une lumière bleue… tel le "divin enfant" ?

Maison de Mozart MUSÉE
(Mozart Wohnhaus ; www.mozarteum.at ; Makartplatz 8 ; adulte/enfant 12/3,50 € ; 9h-17h30). À l'étroit dans la maison de la Getreidegasse, la famille Mozart s'installa en 1773 dans cette vaste demeure, où le prolifique Mozart composa des œuvres comme *Le Roi pasteur* (K.208) ou *Idoménée* (K.366). Emanuel Schikaneder, proche ami de Mozart et librettiste de *La Flûte enchantée*, était un hôte régulier des lieux. Au milieu des portraits de la famille et de multiples témoignages, vous découvrirez le piano-forte sur lequel travaillait le jeune prodige. L'audioguide accompagne votre visite sur fond d'extraits d'opéras mozartiens.

Musée de La Mélodie du bonheur MUSÉE
(www.soundofmusicworld.com ; Traunstrasse 34 ; 8 € ; 10h-18h). Découvrez ici les coulisses du tournage de la comédie musicale *La Mélodie du bonheur* (1966), film multi-oscarisé et largement plébiscitée outre-Atlantique. Faites aussi connaissance avec l'authentique famille Trapp qui a inspiré le scénario, ce qui vous permettra de comparer réalité et fiction. Photos, costumes, objets et meubles nous plongent dans l'univers de ce film culte et de ses mélodies.

Château de Leopoldskron ARCHITECTURE REMARQUABLE
(Schloss Leopoldskron ; www.schloss-leopoldskron.com ; Leopoldskronstrasse 56-58). Ce majestueux palais rococo, à 15 minutes à pied de la forteresse de Hohensalzburg (p. 246), abrite aujourd'hui un hôtel de luxe, mais on peut en admirer la façade. L'édifice a servi de décor à la scène du lac de *La Mélodie du bonheur*. Sa salle vénitienne a inspiré la somptueuse salle de bal des Trapp.

Musée de Noël MUSÉE
(Weihnachtsmuseum ; 0662-84 35 23 ; Mozartplatz 2 ; adulte/enfant 6/3 € ; 10h-18h mer-dim). Dans ce musée, c'est Noël toute l'année grâce à cette collection privée où scintillent calendriers de l'Avent, crèches sculptées, boules de Noël, etc.

Steingasse SITE HISTORIQUE
Sur la rive droite de la Salzach, cette étroite rue pavée était, à l'époque médiévale, la principale voie de commerce vers l'Italie. Repérez la **Steintor**, porte du XIIIe siècle, et la maison de **Joseph Mohr**, qui écrivit en 1818 les paroles de l'intemporel "Douce nuit, sainte nuit", sur une musique de Franz Xaver Gruber. La rue est encore plus pittoresque en fin de matinée lorsque la lumière du soleil rase les maisons aux teintes pastel.

Cimetière Saint-Sébastien CIMETIÈRE
(Friedhof Sankt Sebastian ; Linzer Gasse 41 ; 9h-18h). Niché derrière l'église baroque Saint-Sébastien (Sebastianskirche), ce cimetière paisible et ses cloîtres ont été réalisés par Andrea Berteleto en 1600 dans un style italien. Les membres de la famille Mozart et Paracelse, le fameux médecin du XVIe siècle, y sont inhumés. Leurs tombes sont toutefois sans commune mesure avec l'impressionnant mausolée recouvert de mosaïques du prince-archevêque Wolf Dietrich von Raitenau.

Église de la Sainte-Trinité ÉGLISE
(Dreifaltigkeitskirche ; Dreifaltigkeitsgasse 14 ; 6h30-18h30). Le grand architecte baroque Johann Bernhard Fischer von Erlach a dessiné ce beau sanctuaire de la rive droite, réputé pour sa coupole peinte d'une **fresque de la Sainte Trinité** par Johann Michael Rottmayr.

Promenade à pied
Sur les pas d'Amadeus

DÉPART CHÂTEAU MIRABELL
ARRIVÉE FÜRST
DISTANCE 3 KM
DURÉE 1 HEURE 30

Ce circuit vous mène sur les traces de Mozart, qui se révéla un prodige de la musique dès son plus jeune âge : à 2 ans, il pouvait identifier le cri d'un cochon comme étant un *sol* dièse ; à 5 ans, il commençait à composer, et à 6 ans, il jouait devant l'impératrice Marie-Thérèse.

Partez du 1 **château Mirabell** (p. 249) et sa salle de marbre (Marmorsaal) où la musique de Mozart est régulièrement jouée. Profitez des jardins et gagnez au sud le fameux 2 **Mozarteum** (p. 250), académie musicale qui accueille la semaine Mozart fin janvier pour l'anniversaire du musicien. À deux pas, sur la Makartplatz, découvrez la 3 **maison de Mozart** (p. 250), où vivait sa famille, et écoutez des enregistrements rares de symphonies. Suivez la Linzergasse vers le nord jusqu'au 4 **cimetière Saint-Sébastien** (p. 250), où repose le père du compositeur sous les galeries à arcades. Revenez sur vos pas en direction de la Salzach et obliquez à gauche dans la Steingasse, puis suivez Giselakai jusqu'à une passerelle de style Art nouveau, 5 **Mozartsteg**. Sur l'autre rive, une 6 **plaque commémorative** au n°8 de la Mozartplatz marque le lieu où mourut un demi-siècle après Mozart son épouse bien-aimée, Constance. Sur la 7 **Mozartplatz** (p. 249) veille un bronze pensif du musicien – une statue dévoilée en 1842 en présence de ses fils. Dans le prolongement de la place se dresse la 8 **Résidence** (p. 247), où le prodige donna son premier concert. Voisine, la 9 **cathédrale** (p. 247) – où se marièrent ses parents en 1747 et où il fut baptisé – et ses orgues – dont il était titulaire – inspirèrent à Mozart de la musique sacrée. Suivez la Franziskanergasse jusqu'à l'Universitätsplatz pour pénétrer dans l'10 **église collégiale** (p. 252) où fut chantée pour la première fois en 1769 la *Messe brève en ré mineur* (K.65). La Getreidegasse abrite la 11 **maison natale de Mozart** (p. 250). Pour finir, savourez les *Mozartkugeln* ("boules Mozart") au chocolat fourré, chez 12 **Fürst** (p. 265).

SALZBOURG EN...

Deux jours

De bon matin, la foule n'a pas encore envahi la Getreidegasse et ses boutiques : c'est le moment idéal pour rendre hommage à Mozart dans sa maison natale (p. 250). De là, plongez en plein baroque sur la Residenzplatz (p. 247) et dans la Résidence (p. 247), le palais des princes-archevêques. Prenez un café au très branché 220 Grad (p. 264) avant de vous initier, en toute interactivité, à l'histoire de la cité au musée de Salzbourg (p. 249) ou d'en découvrir le patrimoine monastique à l'abbatiale Saint-Pierre (p. 250). Une bière brassée maison sirotée sous les arbres du Biergarten Augustiner Bräustübl (p. 263) couronnera honorablement ce premier jour.

Le lendemain matin, partez à l'assaut de la forteresse de Hohensalzburg (p. 246), histoire de contempler la ville du haut de ses remparts, avant de vous immerger dans l'avant-garde au musée d'Art moderne (p. 249). Un déjeuner au Triangel (p. 262) vous plongera en pleine ambiance de festival ; sinon faites vos emplettes au Grünmarkt (p. 260) pour pique-niquer dans les jardins du château Mirabell. On pourra clore la journée en beauté par un concert de musique de chambre dans la salle de marbre du palais ou un spectacle de marionnettes divin au théâtre de marionnettes de Salzbourg (p. 264).

Quatre jours

Le 3e jour, on peut opter pour un circuit dédié à Mozart ou à *La Mélodie du bonheur*, mais aussi louer une bicyclette et longer les berges de la Salzach et les belles demeures jusqu'au château de Hellbrunn (p. 248). Pour dîner, le Bärenwirt (p. 262) offre une délicieuse ambiance traditionnelle avant de passer rive droite en nocturne.

Les mines de sel de Hallein (p. 267) ou la vaste grotte glaciaire d'Eisriesenwelt (p. 269) à Werfen constituent une excellente excursion pour le 4e jour. À moins que vous ne préfériez chausser godillots ou skis, selon la saison, pour parcourir les sommets au-dessus de Salzbourg, l'Untersberg (p. 248) et le Gaisberg (p. 253).

Abreuvoir aux chevaux FONTAINE

(Pferdeschwemme ; Herbert-von-Karajan-Platz). Imaginé par Johann Fischer von Erlach en 1693, ce bassin ravit les amoureux des équidés. Le dresseur de chevaux sculpté par Michael Bernhard Mandl se détache en avant du bassin, lequel est encadré de larges panneaux peints à fresque de multiples représentations équestres.

Rupertinum MUSÉE

(www.museumdermoderne.at ; Wiener-Philharmoniker-Gasse 9 ; adulte/enfant/famille 8/4/11-16 €, billet combiné avec le musée d'Art moderne 13/8/18-26 € ; ⌚10h-18h mar et jeu-dim, 10h-20h mer). Au cœur de la vieille ville, le Rupertinum, petit frère du Musée d'Art moderne (p. 249), accueille des expositions d'art contemporain, en mettant l'accent sur les œuvres graphiques et la photographie.

Église franciscaine ÉGLISE

(Franziskanerkirche ; Franziskanergasse 5 ; ⌚6h30-19h30). Éclectique, l'église franciscaine de Salzbourg possède une nef romane, un chœur gothique avec une voûte à nervures, ainsi qu'un autel en marbre baroque (œuvre de Fischer von Erlach).

Église collégiale ÉGLISE

(Kollegienkirche ; Universitätsplatz ; ⌚10h-19h). Voici le plus majestueux édifice baroque imaginé par Johann Fischer von Erlach, à la fin du XVIIe siècle. La collégiale se distingue par sa façade convexe et les colonnes du maître-autel symbolisent les sept piliers de la sagesse.

Activités

Modestes par l'altitude, les "montagnes" de Salzbourg, le Mönchsberg (540 m) et le Kapuzinerberg (640 m), allient l'avantage d'offrir un point de vue superbe sur la vieille ville et deux massifs sillonnés de **sentiers de randonnée** à travers la forêt.

On peut aussi explorer le vaste réseau d'itinéraires de **cyclotourisme**, des 6 km de piste cyclable jusqu'à Hellbrunn, le long de la Salzach, aux exigeants 450 km du **Mozart Radweg** à travers le Salzburgerland et la Bavière.

Salzbourg Plage DÉTENTE
(Volksgarten ; ⏲9h-20h mai-sept). La plage urbaine de Salzbourg – avec du sable, des palmiers en pots et des *Strandkörbe* (chaises de plage en osier) – prend ses quartiers dans le Volksgarten chaque été. L'heure est à la détente, au beach-volley et aux événements de plein air : concerts, soirées cinéma...

Mönchsberg PROMENADE, RANDONNÉE
(👪). Culminant à 540 m au-dessus de Salzbourg, le Mönchsberg offre une vue plongeante des plus photogénique sur les dômes et les flèches de la vieille ville d'un côté, tout en faisant face à la forteresse haut perchée de l'autre. Des sentiers partent dans toutes les directions.

Celui qui court sur 4 km entre le couvent de Nonnberg (p. 249) et l'Augustiner Bräustübl (p. 263) est sans doute le plus pittoresque. Passant par la forteresse de Hohensalzburg (p. 246) et le musée d'Art moderne (p. 249), il donne aussi à voir les Alpes autrichiennes et bavaroises. Plutôt facile et bien ombragé en été, il plaît aux familles.

L'**ascenseur du Mönchsberg** (www.salzburg-ag.at/bus-bahn/freizeit-tourismus/moenchsbergaufzug.html ; Gstättengasse 13 ; aller/aller-retour 2,80/4,10 €, avec le musée d'Art moderne 11,50/12 € ; ⏲8h-23h juil-août, 8h-19h lun, 8h-21h mar-sam, 8h-19h dim sept-juin) vous déposera au sommet.

Gaisberg RANDONNÉE
(www.gaisberg.at). Une route sinueuse grimpe jusqu'au sommet du Gaisberg (1287 m) qui réserve une vue splendide sur la vallée de Salzbourg, les lacs du Salzkammergut, le massif calcaire du Tennen (Tennengebirge) et la Bavière voisine. Un sentier de 5 km serpente tout autour de la hauteur, permettant d'apprécier au mieux tous ces paysages.

Les Salzbourgeois y pratiquent toutes sortes d'activités de plein air, du VTT au ski de fond. En été, le bus n°151 (3,70 €, 27 min) relie au maximum toutes les 2 heures la Mirabellplatz au Gaisberg. De novembre à mars, le bus conduit jusqu'à Zistelalpe, 1,5 km avant le sommet.

Fly Tandem PARAPENTE
(☎0650 826 33 61 ; www.flytandem.at). Les Alpes sont à portée de main et Fly Salzburg vous donne l'occasion de les admirer du ciel en tandem au départ du Gaisberg (149 €) et de Werfenweng (149 €). Le point de rendez-vous est fixé au moment de la réservation.

Waldbad Anif BAIGNADE
(www.waldbadanif.at ; Waldbadstrasse 1 ; adulte/enfant 7,50/5,50 € ; ⏲10h-coucher du soleil mai-sept, 9h-coucher du soleil juil-août). Beauté sylvestre aux eaux émeraude, ce lac invite à la baignade, au canoë ou, sur ses rives, à l'escalade, au volley ou au tennis de table. Prenez le bus n°170 à destination de Maximarkt, situé à 1 km du lac.

Freibad Leopoldskron PISCINE
(Leopoldskronstrasse 50 ; adulte/enfant 5/2,80 € ; ⏲9h-19h mai à mi-sept ; 👪). La plus grande piscine extérieure de Salzbourg, avec couloirs de natation, pataugeoires, plongeoirs, toboggans, tables de ping-pong, parcours de minigolf et terrain de volley-ball. Le bus n°22 pour Wartbergweg s'arrête à proximité.

Kapuzinerberg PROMENADE À PIED
Dominant Salzbourg, ce sommet (640 m) paisible et densément boisé est sillonné de sentiers pédestres qui mènent à un **point de vue** portant au-delà de la rivière, jusqu'à la vieille ville et son château. Pendant la courte montée, remarquez les six chapelles baroques du chemin de croix. On peut accéder aux sentiers depuis Linzer Gasse.

Circuits organisés

Rikscha Tours CIRCUITS EN CYCLOPOUSSE
(☎0662-634 02 40 ; www.rikschatours.at ; Residenzplatz ; ⏲mi-avr à oct). Parcourir Salzbourg en cyclopousse est très en vogue. Tout en pédalant, des guides bien informés vous racontent de nombreuses anecdotes. Parmi les circuits proposés : une visite du centre historique de 40 minutes (36 €) et un circuit dédié aux lieux de *La Mélodie du bonheur* de 1 heure 15 (65 €).

Stiegl-Brauwelt VISITE DE BRASSERIE
(☎050 14 92 14 92 ; www.brauwelt.at ; Bräuhausstrasse 9 ; adulte/enfant 18,90/9,50 € ; ⏲10h-20h mai-oct). Stiegl est la plus grande brasserie privée d'Autriche, à l'œuvre depuis 1492 ! Après les différentes étapes du brassage, vous serez invité à déguster une Stiegl et recevrez un petit cadeau. Et une surprise vous attend : la plus haute pyramide de bières du monde. À 1,5 km au sud-ouest de la vieille ville, par le bus n°1 ou 8 jusqu'à Bräuhausstrasse.

Fräulein Maria's Bicycle Tours CYCLOTOURISME
(www.mariasbicycletours.com ; Mirabellplatz 4 ; adulte/enfant 40/20 € ; ⏲9h30 avr-oct, plus

LE FESTIVAL PAR EXCELLENCE

C'est en 1920 que le trio Hugo von Hofmannsthal (librettiste de Strauss), Max Reinhardt (metteur en scène) et Richard Strauss a inauguré le Festival de Salzbourg (p. 255). Depuis, l'un des temps forts de cet événement est la représentation sur la Domplatz d'une pièce de Hofmannsthal intitulée *Jedermann* ("Chacun de nous"), sorte de mystère médiéval sous une forme moderne. Opéras, pièces de théâtre et concerts classiques du plus haut niveau ont fait de ce rendez-vous estival sur 5 semaines un festival international de renom, dans le cadre duquel se produisent certains des meilleurs chefs d'orchestre, metteurs en scène, orchestres et chanteurs du monde.

À la fin de juillet et en août, Salzbourg est en pleine effervescence. Quelque 250 000 personnes envahissent ses rues pour assister à pas moins de 200 productions : premières théâtrales, compositions d'avant-garde, concerts et œuvres de Mozart interprétés par l'Orchestre philharmonique de Vienne en résidence d'été. Le *Festspielbezirk* (quartier du festival) dans la Hofstallgasse constitue en lui-même une véritable scène avec les parois rocheuses du Mönchsberg en toile de fond. La plupart des représentations ont lieu dans l'immense **Grosses Festspielhaus** (☎0662-804 50 ; Hofstallgasse 1), d'une capacité de 2 180 places, au Haus für Mozart (p. 255), sis dans les anciennes écuries royales, et dans la baroque Felsenreitschule (p. 255).

Si vous prévoyez de visiter Salzbourg durant le festival, organisez-vous au plus tôt – réservez vos billets d'avion, votre hôtel et vos places de spectacle des mois à l'avance. On peut trouver des places à la dernière minute auprès de la **billetterie du festival** (☎0662-804 55 00 ; info@salzburgfestival.at ; Herbert-von-Karajan-Platz 11 ; ⊙mi-juil à août), mais cela relève du pur hasard et elles sont fort rares. Le prix d'un billet varie de 15 à 430 €.

16h30 juin-août). Pédalez à la découverte des lieux emblématiques de *La Mélodie du Bonheur* en suivant un circuit de 3 heures 30. Les différentes scènes ont été tournées au château Mirabell (p. 249), au couvent de Nonnberg (p. 249), au château de Leopoldskron (p. 250) et à celui de Hellbrunn (p. 248). Réservation recommandée (notamment en ligne).

Amphibious Splash Tours CROISIÈRES

(☎0662-82 5858 12 ; www.amphibious-splash-tours.at ; Makartsteg ; adulte/enfant 35/22 € ; ⊙fin mars-oct). Bateau et bus tout à la fois, ce véhicule amphibie vous mène en 1 heure 30 sur ou le long de la Salzach. Plusieurs départs par jour (horaires en ligne).

Salzburg Schifffahrt CROISIÈRES

(☎0662-82 58 58 12 ; Makartsteg ; adulte/enfant 16/7,50 € ; ⊙fin mars-oct). Une excursion en bateau sur la Salzach constitue une agréable façon de repérer les monuments de Salzbourg. Partant du pont Makartsteg, vous naviguerez 1 heure, voire plus si vous poursuivez jusqu'au château de Hellbrunn (adulte/enfant 36/24 €, entrée au château non comprise).

Bob's Special Tours CIRCUITS EN MINIBUS

(☎0662-84 95 11 ; www.bobstours.com ; Rudolfskai 38 ; ⊙bureau 9h-midi lun-ven). Outre sur les traces de *La Mélodie du bonheur* (55 €), ces virées en minibus vous mèneront à travers les Alpes bavaroises (55 €) et sur la route alpine du Grossglockner (110 €). Pour les circuits avec départ à 9h du matin, ramassage gracieux à votre hôtel. Réservation indispensable.

Salzburg Panorama Tours CIRCUITS EN BUS

(☎0662-883 21 10 ; www.panoramatours.com ; Mirabellplatz ; ⊙bureau 8h30-16h). À défaut de l'"authentique" circuit de *La Mélodie du bonheur* (50 €) annoncé, vous opterez peut-être pour un tour de Salzbourg avec descente et montée libres (21 €, 1 heure), une option Mozart (28 €) ou une belle virée dans les Alpes bavaroises (50 €).

Salzburg Sightseeing Tours BUS

(☎0662-88 16 16 ; www.salzburg-sightseeing-tours.at ; Mirabellplatz 2 ; ⊙comptoir 8h-18h). Billet valide 24 heures (adulte/enfant 21/14 €) pour un circuit touristique passant par les principaux sites et monuments de la ville, ainsi que les lieux de tournage de *La Mélodie du bonheur*.

Fêtes et festivals

Mozartwoche MUSIQUE CLASSIQUE
(Semaine Mozart ; www.mozarteum.at ; ⌚fin jan-déb fév). Des orchestres, chefs d'orchestre et solistes du monde entier célèbrent l'anniversaire du compositeur 11 jours durant en janvier/février.

Osterfestspiele MUSIQUE CLASSIQUE
(Festival de Pâques ; www.osterfestspiele-salzburg.at ; ⌚mars-avr). Durant la semaine précédant Pâques, une fête printanière au rythme de l'orchestre mené par Christian Thielemann au sein du Grosses Festspielhaus, assortie de concerts de chant choral et d'opéras.

SommerSzene CULTURE
(www.szene-salzburg.net ; Anton-Neumayr-Platz 2, SzeneSalzburg ; ⌚mi à fin juin). La seconde quinzaine de juin (13 jours), ce festival gomme les frontières entre danse, théâtre, cinéma, arts visuels, poésie et sets de DJ, tous au programme.

Festival de Salzbourg ARTS DE LA SCÈNE
(Salzburger Festspiele ; www.salzburgerfestspiele.at ; ⌚fin juil-août). Plus grand événement du calendrier salzbourgeois, le Festival de Salzbourg (encadré p. 254) programme quelque 200 productions (théâtre, musique classique, opéra) données dans diverses salles dont l'impressionnant Grosses Festpielhaus (encadré p. 254), la **Haus für Mozart** (Maison pour Mozart ; ☎0662-804 500 ; www.salzburgerfestspiele.at ; Hofstallgasse 1) et la baroque **Felsenreitschule** (manège des Rochers ; Hofstallgasse 1). Le prix d'un billet varie entre 10 et 455 € ; réservez des mois à l'avance.

Jazz & the City MUSIQUE
(www.salzburg-altstadt.at/de/salzburgjazz ; ⌚mi-oct). Cafés, hôtels et bars de l'*Altstadt* (vieille ville) jouent tous la carte musicale des XXe et XXIe siècles, soit 70 concerts gratuits de jazz, de musique du monde et d'électro en l'espace de 5 jours. Différentes scènes mentionnées sur le site Internet du festival.

Christkindlmarkt MARCHÉ DE NOËL
(www.christkindlmarkt.co.at ; ⌚mi-nov au 17 déc). Pendant l'Avent (dès la fin novembre), Salzbourg révèle toute sa féerie : ne manquez pas ses marchés de Noël, quand les étals et les chœurs animent la Domplatz et la Residenzplatz.

Où se loger

À Salzbourg, l'hébergement est assez onéreux, mais on peut obtenir des tarifs plus avantageux en s'éloignant de quelques kilomètres. Demandez une liste des hôtels et des pensions à l'office du tourisme (p. 266). La vieille ville, quant à elle, recèle un choix de pensions médiévales, d'hôtels contemporains et d'auberges de jeunesse décontractées. (Les tarifs de haute saison qui sont indiqués grimpent encore de 10 à 20% pendant le festival.)

Si la ville affiche complet, on peut se rabattre sur Hallein ou sur un hôtel situé en Bavière, juste de l'autre côté de la frontière.

♥ **Haus Ballwein** PENSION €
(☎0662-82 40 29 ; www.haus-ballwein.at ; Moosstrasse 69a ; s 55-65 €, d 72-88 €, tr 85-90 €, qua 90-100 € ; P 📶). Pension champêtre aux chambres lumineuses et parquetées, cette adresse avec jardin a de quoi séduire. Les chambres les plus vastes et les plus calmes donnent sur l'arrière et disposent d'un balcon et d'une kitchenette. Œufs, fruits, muesli, charcuteries et petits pains frais au réveil. À 10 minutes de la vieille ville par le bus n°21 à l'arrêt Gsengerweg. Prévoyez des espèces, les cartes bancaires n'étant pas acceptées.

Haus am Moos PENSION €
(☎0662-824921 ; ammoos.at ; Moosstrasse 186a ; s/d 36/72 € ; P 📶 🏊). Agréable parenthèse rurale à seulement 15 minutes de la ville par le bus n°21, ce chalet alpin aux chambres majoritairement avec balcon offre une vue magnifique sur les montagnes. Certaines ont même un romantique ciel de lit. Muesli, charcuterie, œufs et pain frais au petit-déjeuner vous remplissent d'énergie pour la journée. Piscine extérieure.

Haus Steiner PENSION €
(☎0662-83 00 31 ; www.haussteiner.com ; Moosstrasse 156 ; s/d 35/58 €, app 73-83 € ; P 📶). Ce lumineux chalet jaune tout fleuri en été accueille une pension tenue par la douce Rosemarie. Meublées en pin naturel, ses petites chambres bénéficient d'un réfrigérateur et d'un balcon ouvrant sur la montagne, les appartements familiaux disposant en outre d'une kitchenette. La vieille ville est à un quart d'heure par le bus n°21 (descendre à l'arrêt Hammerauerstrasse).

LA MÉLODIE DU BONHEUR

Couronnée par 5 oscars en 1966, la comédie musicale *La Mélodie du bonheur* (*The Sound of Music*), inspirée de la vie de l'Autrichienne Maria von Trapp, a imprégné l'imaginaire d'innombrables spectateurs, en particulier outre-Atlantique. Petit tour d'horizon des lieux incontournables de ce film culte et des chansons qui y sont associées :

Lacs du Salzkammergut Les scènes d'ouverture ont été tournées aux abords de ces lacs. Julie Andrews fait son apparition en chantant *The Hills are Alive*.

Couvent des bénédictines de Nonnberg La mère supérieure et les sœurs entonnent le célèbre *Maria*.

Residenzplatz Maria traverse la place (p. 246) et affirme *I Have Confidence*, tout en aspergeant d'eau les chevaux de la fontaine (*Residenzbrunnen*).

Jardins Mirabell Maria et les enfants von Trapp font leurs vocalises dans le jardin du château Mirabell, sur le thème de *Do-Re-Mi*.

Parc de Hellbrunn La jeune Liesl Trapp chante *Sixteen Going on Seventeen*, l'une des scènes mythiques du film.

Château de Leopoldskron Les enfants von Trapp disent bonsoir aux invités dans la salle de bal sur fond de *So Long, Farewell*.

Felsenreitschule C'est dans cette salle que se déroule le festival de Salzbourg. Les petits chanteurs remportent un vif succès avec la chanson *Edelweiss*, suivie encore une fois de *So Long, Farewell*.

Untersberg La famille von Trapp au grand complet quitte le pays en chantant *Climb Every Mountain*.

Certaines agences citées dans la rubrique *Activités* (voir p. 252) proposent des circuits dédiés au film.

Yoho Salzburg AUBERGE DE JEUNESSE €
(☎0662-87 96 49 ; www.yoho.at ; Paracelsusstrasse 9 ; dort 23-34 €, d 70-88 € ; @ 📶). Wi-Fi gratuit, casiers sécurisés, lits superposés douillets, sans compter la bière et les *Schnitzel* bon marché, font de cette auberge un point de chute parfait. Outre la location de vélos (10 €/j), circuits organisés et activités tels rafting et canyoning sont proposés par sa chaleureuse équipe.

A&O Salzburg Hauptbahnhof AUBERGE DE JEUNESSE €
(☎0662-234 2000 ; www.aohostels.com ; Fanny-von-Lehnert-Strasse 4 ; dort 19-31 €, d 72-99 € ; 📶). À deux pas de la gare centrale, un ancien four à pain industriel héberge désormais de spacieux et lumineux dortoirs avec parquet au sol. Pratique pour rayonner dans la ville, cette auberge résolument moderne compte aussi parmi les plus avantageuses de Salzbourg. Espace de jeux pour amuser les plus petits.

Stadtalm AUBERGE DE JEUNESSE €
(☎0662-84 17 29 ; www.stadtalm.at ; Mönchsberg 19c ; dort/d 23/50 €). Des tourelles de cette auberge perchée au sommet du Mönchsberg, la vue panoramique sur Salzbourg, ses clochers et la forteresse de la cité s'étend jusqu'au Kapuzinerberg. Les logements sont basiques, mais vous ne trouverez pas moins cher. Restaurant d'un bon rapport qualité/prix.

Die Haslachmühle PENSION €€
(☎0664 179 90 60 ; www.haslachmuehle.at ; Mühlstrasse 18, Gnigl ; d 109-168 € ; P 📶). Au cœur de la campagne, au pied du Gaisberg, cette maison d'hôtes pleine de cachet occupe un moulin à farine du XVIe siècle entouré de jolis jardins. Les hôtes se mettent en quatre pour vous satisfaire et les chambres avec parquet sont vraiment spacieuses et lumineuses, certaines avec poêle en faïence, vue sur la montagne et machine à expresso. À 15 minutes de la gare centrale par le bus n°155 (arrêt Salzburg Kühberg). Séjour de 2 nuits minimum en haute saison.

Gästehaus im Priesterseminar PENSION €€
(☎0662-877 495 10 ; www.gaestehaus-priesterseminar-salzburg.at ; Dreifaltigkeitsgasse 14 ; s 67-63 €, d 120-174 €). Un calme divin règne dans cet ancien séminaire niché derrière

l'église de la Sainte-Trinité (*Dreifaltigkeitskirche*). La rénovation des chambres, lumineuses et parquetées, n'a pas altéré son charme d'autrefois, avec son escalier en marbre, son mobilier ancien et sa cour ornée de fontaines. Chut… gardez le secret !

Arte Vida PENSION €€

(☎0662-87 31 85 ; www.artevida.at ; Dreifaltigkeitsgasse 9 ; d 110-145 €, app 170-220 € ; 📶). L'esprit du lieu est un rien "riad marocain" entre lanternes au salon, jardin apaisant et cuisine commune. Couleurs chaudes et tissus évoquant d'autres continents confèrent à chaque chambre sa personnalité. Herbert et Karoline vous renseignent avec plaisir sur Salzbourg et ses environs, et proposent aussi massages et séances de yoga privées.

Grands appartements pour les familles et séjour minimal de 3 nuits en juillet et en août.

Pension Katrin PENSION €€

(☎0662-83 08 60 ; www.pensionkatrin.at ; Nonntaler Hauptstrasse 49b ; s 67-89 €, d 115-129 €, ste 139-222 € ; P 📶). Avec son jardin fleuri, ses jolies chambres lumineuses et ses excellents petits-déjeuners, cette pension est l'une des plus agréables de Salzbourg. L'aimable famille Terler, qui tient le lieu impeccablement, est aussi fort serviable. À la gare centrale, prenez le bus n°5 jusqu'à la Wäschergasse. Séjour de 3 nuits minimum les mois de juillet et août.

Hotel Am Dom BOUTIQUE-HÔTEL €€

(☎0662-84 27 65 ; www.hotelamdom.at ; Goldgasse 17 ; s 99-229 €, d 119-379 € ; ❄ 📶). Un hôtel de la vieille ville où voûtes et poutres de cette bâtisse 8 fois centenaire contrastent avec la décoration très contemporaine. Des œuvres d'art inspirées des légendes musicales du Festival de Salzbourg ornent les chambres aux teintes caramel ou champagne, dotées d'éclairages originaux et de salles de bains glamour.

Mozart BOUTIQUE-HÔTEL €€

(☎0670 3082 722 ; www.themozarthotel.com ; Franz-Josef-Strasse 27 ; s 90-115 €, d 140-190 €, tr 170-220 € ; P 📶). Ce vétéran a fait l'objet d'une rénovation de fond en comble, mariant désormais éléments d'époque et style moderniste épuré. Toutes parquetées, les chambrent jouent les tons gris clair, avec des tissus chaleureux, des œuvres créatives aux murs et un carrelage vert d'eau dans les douches à l'italienne. Les suites ont des baignoires sur pieds à l'ancienne. Le petit-déjeuner vise large avec des fruits frais, des œufs, de la charcuterie et des pâtisseries.

Hotel Amadeus HÔTEL HISTORIQUE €€

(☎0662-87 14 01 ; www.hotelamadeus.at ; Linzer Gasse 43-45 ; s 85-191 €, d 155-335 €, qua 233-454 € ; 📶). Situé rive droite dans le centre, cet hôtel résolument moderne n'accuse nullement l'âge de ses murs, 5 fois centenaires. Lustres, lits à baldaquin, grandes chambres aux tons délicats lui confèrent un charme indéniable que ne gâtent en rien thé, café et gâteaux offerts dans l'espace détente l'après-midi.

♥ **Villa Trapp** HÔTEL €€

(☎0662-63 08 60 ; Traunstrasse 34 ; s 76-135 €, d 90-280 €, ste 165-563 € ; P 📶). Marianne et Christopher ont transformé l'ancienne demeure de la famille von Trapp (immortalisée, en plus somptueux, par *La Mélodie du bonheur*) en une superbe pension (accessible seulement aux clients). Dans cette élégante villa du XIXe siècle, les chambres avec parquet sont aménagées avec goût.

Hotel Stein BOUTIQUE-HÔTEL €€€

(☎0662-874 34 60 ; www.hotelstein.at ; Giselakai 3-5 ; d 229-491 €, ste 256-948 €). L'hôtel Stein a fière allure après ses longs travaux de rénovation placés sous l'égide de son lien intemporel avec l'Italie, d'où cette présence du verre vénitien dans sa décoration. À l'esthétique épurée des chambres se marient avec grâce touches de couleur, mobilier contemporain et immenses photos noir et blanc de lieux iconiques de Salzbourg. Dans la salle de bains, place aux produits holistiques de la pharmacie à l'ancienne Saint-Charles (Vienne). Avec son immense plafond au décor en stuc, ses lanternes vénitiennes au chevet et sa baignoire à pieds, la suite lune de miel fait son petit effet. Petit-déjeuner en supplément (28 €).

Hotel Goldgasse HÔTEL HISTORIQUE €€€

(☎0662-84 56 22 ; www.hotelgoldgasse.at ; Goldgasse 10 ; s 136-186 €, d 150-342 €, ste 202-485 €, qua 450-580 € ; ❄ @ 📶). Niché au cœur de la vieille ville, dans une antique demeure bourrée de charme, le Goldgasse a su créer une ambiance très festivalière en parant les murs de ses chambres de larges déclinaisons photographiques de l'événement salzbourgeois par excellence. Avec parquet au sol, elles affichent une déco individuelle assez épatante. On apprécie aussi la

1

SUPERPON/SHUTTERSTOCK ©

2

1. Eisriesenwelt (p. 269)
La plus vaste grotte glaciaire du monde qui soit ouverte au public.

2. Hallstatt (p. 225)
Prenez le funiculaire jusqu'au Hallstatt Salzwelten, pour découvrir grandeur nature l'antique histoire des mines de sel.

3. Route du Grossglockner (p. 284)
Conduisez sur cette spectaculaire route alpine nommée d'après le point culminant d'Autriche, le Grossglockner.

4. Salzbourg (p. 243)
L'imposante silhouette de la forteresse de Hohensalzburg veille sur la ville de Mozart.

4

STOCKIMAGES_AT/GETTY IMAGES ©

machine à expresso et le minibar gratuit. La terrasse surplombe les toits de la vieille ville et le petit-déjeuner, remarquable, est servi en grande pompe.

Hotel Schloss Mönchstein HÔTEL HISTORIQUE €€€
(☎0662-848 55 50 ; www.monchstein.at ; Mönchsberg Park 26 ; d 360-990 €, ste 695-1350 € ; P ❄ 📶). Perché au sommet du Mönchsberg, dans un parc boisé de plusieurs hectares, ce château du XVIe siècle est idyllique. Tapis persans, peintures à l'huile et marbre ornent les chambres. Un massage au spa, un dîner aux chandelles dans la tour avec vue sur Salzbourg, une virée en hélicoptère, tout est possible.

Hotel & Villa Auersperg BOUTIQUE-HÔTEL €€€
(☎0662-88 94 40 ; www.auersperg.at ; Auerspergstrasse 61 ; s 145-195 €, d 175-305 €, ste 240-355 € ; P @ 📶). 🍃 Entre villa et hôtel, cette adresse pleine de charisme mêle charme fin XIXe et déco contemporaine dans des chambres aux couleurs apaisantes, avec parquet et machines à café dernier cri. On se détend au bord du bassin aux nénuphars dans le jardin envahi par la vigne, ou dans l'espace bien-être aménagé sur le toit et doté d'un sauna et d'un bar à thé, avec vue sur les montagnes. Produits bios, végans et sans gluten au petit-déjeuner.

Hotel Sacher HÔTEL HISTORIQUE €€€
(☎0662-88 97 70 ; www.sacher.com ; Schwarzstrasse 5-7 ; s 226-336 €, d 298-1018 €, ste 502-1725 € ; P ❄ @ 📶). Tom Hanks, le dalaï-lama et Julie Andrews ont séjourné dans cet édifice du XIXe siècle au bord de la Salzach. Décorées de tableaux et de meubles anciens, les chambres possèdent des salles de bains en marbre rutilantes et ont vue sur la forteresse ou sur les rives. Le club de gym invite à éliminer les excès chocolatés de la Sachertorte.

Arthotel Blaue Gans BOUTIQUE-HÔTEL €€€
(☎0662-84 24 91 ; www.blaue-gans.com ; Getreidegasse 41-43 ; s 198-328 €, d 200-370 €, ste 449-579 € ; ❄ 📶). Ici l'hospitalité ne date pas d'hier ! Depuis 1350, les voyageurs ont passé la nuit sous ces voûtes et ces poutres. Les sols de pierre ont été polis depuis des siècles par les hôtes de passage. Mais tout le reste est 100% contemporain et élégant, avec une prédominance de blanc et des lignes épurées. Le **restaurant** (☎0662-842 4910 ; Getreidegasse 43 ; plats du jour déjeuner 9,90-12,90 €, plats 21-33 €, menu 3 plats 55 € ; ⏲midi-22h lun-sam) a également fort bonne réputation.

Goldener Hirsch HÔTEL DE LUXE €€€
(☎0662-808 40 ; www.marriott.com ; Getreidegasse 37 ; ch 195-813 € ; P ❄ @ 📶). Une verrière éclaire la cour intérieure sous arcades de cet édifice vieux de 6 siècles, où séjournèrent la reine Élisabeth II et Pavarotti. La comtesse Harriet Walderdorff décora les somptueuses pièces d'objets d'art et de tissus imprimés à la planche.

Hotel Bristol HÔTEL DE LUXE €€€
(☎0662-87 35 57 ; www.bristol-salzburg.at ; Makartplatz 4 ; s 200-300 €, d 285-480 €, ste 430-1010 € ; P ❄ 📶). Le Bristol vous transporte dans une atmosphère d'un autre temps. Entre les salons avec lustres au plafond, le champagne au petit-déjeuner, le mobilier luxueux et le service irréprochable, voici un établissement de grande classe, où l'empereur François-Joseph et Sigmund Freud se sentaient comme chez eux.

Où se restaurer

Stiftsbäckerei St Peter BOULANGERIE €
(www.stiftsbaeckerei.at ; Kapitelplatz 8 ; ⏲7h45-17h jeu-ven, 7h45-13h sam, 8h45-17h lun-mar). Jouxtant le monastère où tourne un moulin à eau, cette boulangerie du XIVe siècle prépare les meilleurs pains au levain de la ville, cuits au feu de bois.

Ludwig BURGERS €
(☎0662-87 25 00 ; www.ludwig-burger.at ; Linzer Gasse 39 ; burgers 9,40-12,80 € ; ⏲11h-22h mar-dim ; 🌱). Une adresse branchée qui tire bien son épingle du jeu parmi les restaurants de hamburgers gastronomiques très en vogue en Autriche. Ludwig s'appuie sur des ingrédients régionaux bios et accompagne ses préparations de frites, limonade et milk-shakes, tous faits maison. Également des formules véganes aux champignons, noix et herbes, et des salades composées. L'élégante salle monochrome est aménagée autour d'une cuisine ouverte.

Grünmarkt MARCHÉ €
("Marché vert" ; Universitätsplatz ; ⏲7h-19h lun-ven, 6h-15h sam). Se tenant sur l'une des plus belles places de Salzbourg, ce marché permet de faire le plein de fromages et de jambons locaux, mais aussi de fruits, de pains et de bretzels géants.

Organic Pizza Salzburg PIZZAS €

(☎0664 597 44 70 ; www.organicpizza-salzburg.com ; Franz-Josef-Strasse 24a ; pizzas 9,80-17,30 € ; ⊙17h-22h mar-sam). Personnel affable, musique branchée et délicieuses pizzas aux ingrédients bios et frais font de cette pizzeria une adresse fabuleuse. L'endroit, pas très grand, affiche vite complet aux moments d'affluence, mais votre attente sera largement récompensée.

Heart of Joy CAFÉ-RESTAURANT €

(☎0662-89 07 73 ; Franz-Josef-Strasse 3 ; déj 7,40-27,20 €, en-cas et plats 4,60-13,10 € ; ⊙8h-19h lun-jeu, 8h-20h30 ven-dim ;). Ce café d'influence ayurvédique a composé une carte végétarienne presque entièrement bio et en partie végane. Les bagels, salades, cakes et jus maison y sont très bons, tout comme les petits-déjeuners et plats du jour, tels le risotto de potiron au parmesan ou les aubergines au quinoa et leur sauce coriandre-noix de cajou. Recettes sans gluten également.

Little Light Deli & Café CAFÉ €

(☎0650 693 15 55 ; weinert.jimdo.com ; Elisabethkai 62 ; petit-déj et en-cas à partir de 4 € ; ⊙9h-16h30 lun-mar, 9h-18h mer-ven). Ce café très relax en bord de rivière a sa clientèle d'habitués. Assises basses, fleurs fraîches et musique douce... on se croirait à la maison. L'idéal pour savourer un petit-déjeuner sain ou une part de cake ou de quiche, accompagnée d'un café corsé.

IceZeit GLACIER €

(Chiemseegasse 1 ; www.icezeit.at ; boule 1,50 € ; ⊙midi-20h ;). Le meilleur glacier de Salzbourg joue la variété avec des parfums originaux comme cacahuètes salées et caramel ou fruit de la passion. Versions véganes également.

Magazin GASTRONOMIE €€

(☎0662-84 15 84 ; www.magazin.co.at ; Augustinergasse 13a ; déj 2 plats 16,90 €, plats 14,90-32,90 € ; ⊙midi-14h et 18h-22h mar-sam). Dans une cour, au pied du Mönchsberg, le Magazin réunit un traiteur, une boutique de vins et un restaurant. La carte célèbre les saveurs de saison. Les saint-jacques coriandre-vin blanc ou les joues de veau au brocoli se dégustent volontiers avec un des vins issus de son impressionnante cave (plus de 850 bouteilles). Prenez place en terrasse ou dans le décor industriel chic de la salle-tunnel.

Humboldt AUTRICHIEN €€

(www.humboldtstubn.at ; Gstättengasse 4-6 ; déj 9-11 €, plats 10,50-18,90 € ; ⊙10h30-23h mar-jeu, 10h30-minuit ven, 10h-minuit sam, 10h-23h dim). Le chic alpin du XXIe siècle s'invite en ville dans ce restaurant branché mais cosy avec poutres apparentes, cheminée vitrée, luminaires rétro et places au comptoir. Les gens du quartier l'apprécient pour ses vins autrichiens et ses plats de saison 100% bio, à l'image du velouté à l'ail sauvage et du *Tafelspitz* (bœuf bouilli à la pomme, au raifort et aux fines herbes).

Imlauer Sky AUTRICHIEN €€

(☎0662-88 978 666 ; www.imlauer.com ; Rainerstrasse 6, Imlauer Hotel Pitter ; plats 16,50-39,90 € ; ⊙11h30-1h). Salzbourg est à vos pieds au large des grandes baies vitrées de ce resto sur le toit. À la nuit tombée, la forteresse s'impose face à cette salle moderne et élégante, où le service est soigné. La carte se compose de pièces de bœuf comme de recettes terre-mer, sans oublier les classiques *Wiener Schnitzel* et *Tafelspitz* exécutés à merveille.

Johanneskeller im Priesterhaus AUTRICHIEN €€

(☎0662-26 55 36 ; Richard-Mayr-Gasse 1 ; plats 10-20 € ; ⊙17h-23h mar-sam). Un escalier raide mène à cette cave aux alcôves cosy sous voûtes de brique. Succincte mais bien conçue, la carte associe classiques autrichiens – notamment rôti de porc à la styrienne, *Knödel* et choucroute – et recettes méditerranéennes, tel le *gyros* (viande rôtie) au tzatziki. Espèces uniquement.

Cook&Wine INTERNATIONAL €€

(☎0662-23 16 06 ; www.cookandwine.at ; Kaigasse 43 ; plats 19-32 € ; ⊙15h-23h mar-sam). Chef, expert en vin et gastronome réputé, Günther Grahammer est aux manettes de cette adresse très léchée. Il y a sur place un bar à vins, une **école de cuisine** et un restaurant chic façon bistrot où déguster des recettes inventives et cosmopolites, tels le steak tartare au wasabi, la bouillabaisse asiatique au piment et à la citronnelle, ou les saint-jacques avec leur salade avocat-papaye.

Zum Zirkelwirt AUTRICHIEN €€

(☎0662-84 27 96 ; www.zumzirkelwirt.at ; Pfeifergasse 14 ; plats 11,90-17,80 € ; ⊙11h-23h).

Dotée d'un fabuleux *Biergarten* sur une place isolée et d'une douillette salle lambrissée pour l'hiver, cette auberge conviviale régale ses hôtes de bonnes spécialités autrichiennes à l'ancienne. Optez pour un classique : la *Kaspressknödelsuppe* (soupe aux *Knödel* et au fromage) ou le *Schweinsbraten im Weissbier-Kümmelsafterl* (rôti de porc à la bière blanche et au cumin).

Green Garden VÉGÉTARIEN €€
(☎0662-84 12 01 ; www.hegreengarden.at ; Nonntaler Hauptstrasse 16 ; plats 13,50-16,50 € ; ⊙midi-15h et 17h30-22h mar-sam, 9h-14h dim ; ✎). Dédié aux locavores, ce restaurant lumineux, décontracté et moderne de style cottage est une bouffée d'air frais pour les végétariens et les végans. Rouleaux d'été, tortellinis à la truffe et hamburgers végans figurent par exemple au menu, accompagnés de vins bios. On peut aussi y savourer un *bouddha bowl* ou un brunch (25 €) le week-end.

Bärenwirt AUTRICHIEN €€
(☎0662-42 24 04 ; www.baerenwirt-salzburg.at ; Müllner Hauptstrasse 8 ; plats 10,30-20,90 € ; ⊙11h-23h). Ouvert depuis 1663, le Bärenwirt est le restaurant autrichien par excellence. Optez pour le *Bierbraten* (rôti à la bière) aux boulettes, la truite de la région ou une *Bratwurst* bio de sanglier. En hiver, le vieux poêle en faïence réchauffe la salle toute lambrissée. L'été, la terrasse donnant sur l'eau est prise d'assaut. À 500 m au nord de la Museumplatz.

Triangel AUTRICHIEN €€
(☎0664 2509 573 ; Wiener-Philharmoniker-Gasse 7 ; plats 16,90-44,90 € ; ⊙11h30-minuit mar-sam). Plutôt bohème, ce bistrot sert une cuisine du marché savoureuse au milieu de photos d'artistes qui se sont produits au Festival de Salzbourg. Au menu : salades gourmandes, un onctueux goulash hongrois au bœuf bio et des glaces maison. Plats du jour (9,90 €) à l'heure du déjeuner.

Hagenauerstuben AUTRICHIEN €€
(☎0662-84 08 45 ; www.hagenauerstuben.at ; Universitätsplatz 14 ; déj 2 plats 9 €, plats 8,90-15,90 € ; ⊙11h-23h lun-ven, 10h-minuit sam). Son emplacement derrière la maison natale de Mozart pourrait en faire un piège à touristes, mais c'est tout le contraire. On déguste ici de bonnes spécialités autrichiennes traditionnelles : *Knödel* aux épinards, cochon de lait aux champignons sauvages, goulasch, etc. Installez-vous sous les voûtes et le lustre résolument baroque dans un mobilier très contemporain, ou bien prenez place en terrasse face à la collégiale (*Kollegienkirche*).

♥ **Esszimmer** FRANÇAIS €€€
(☎0662 87 08 99 ; ww.esszimmer.com ; Müllner Hauptstrasse 33 ; plats 21-42 €, menus dégustation 67-166 € ; ⊙midi-14h et 18h-22h mar-sam). Dans ce restaurant étoilé au Michelin, Andreas Kaiblinger apporte une touche créative à une cuisine française à base de produits du marché. Art de la présentation, éclairage soigné et sols en verre sous lesquels on aperçoit l'Almkanal couler enchantent les convives. Les bus n[os]7, 21 et 28 pour la Landeskrankenhaus font halte non loin.

Glass Garden GASTRONOMIE €€€
(☎0662-84 85 55 0 ; www.monchstein.at ; Mönchsberg Park 26 ; plats 29-39 €, menus dégustation 5/8 plats 57-89 € ; ⊙midi-13h30 et 18h-21h30 mer-lun). Sa vue panoramique sur Salzbourg impressionne, tout autant que la sculpture en verre de l'Américain Dale Chihuly. Enveloppé d'un manteau de verre, le Glass Garden de l'hôtel Schloss Mönchstein (p. 260) a pour chef d'orchestre Markus Meyr, qui enchante nos papilles d'un bœuf de Kobe à la truffe ou d'un turbot et ses huîtres aux algues, fenouil et citron. Service raffiné à souhait.

Ikarus GASTRONOMIE €€€
(☎0662-219 70 ; www.hangar-7.com ; Wilhelm-Spazier-Strasse 7a, aéroport de Salzbourg ; déj 58 €, menus dégustation 145-225 € ; ⊙19h-22h lun-jeu, midi-15h et 19h-22h ven-dim ; ✎). Aménagé dans le Hangar-7, complexe futuriste de l'aéroport, ce restaurant étoilé au Michelin vous convie à un voyage culinaire sans frontières. Chaque mois, Eckart Witzigmann et Martin Klein invitent un chef renommé à composer un menu de 6 à 8 plats pour fins gourmets. Menu gastronomique végétarien également.

Gasthof Schloss Aigen AUTRICHIEN €€€
(☎0662-408 15 15 ; www.schloss-aigen.at ; Schwarzenbergpromenade 37 ; plats 19,30-33,50 €, menu 4 plats 62 € ; ⊙17h30-21h jeu, 11h30-14h et 17h30-21h ven, 11h30-minuit sam-dim). Installez-vous dans la salle à l'élégance rustique de ce manoir de campagne ou dans la cour à l'ombre des châtaigniers

SALZBOURG AVEC DES ENFANTS

Avec ses spectacles de marionnettes, ses friandises en chocolat et sa forteresse de conte de fées, Salzbourg semble taillée pour les plus beaux rêves. Et lorsque vous ne supportez plus la foule, emmenez vos bambins sur les **aires de jeux** : la ville en compte 80, celle dans Franz-Josef-Kai étant la plus centrale.

Les enfants au-delà de 6 ans (gratuité pour les plus jeunes) bénéficient généralement du demi-tarif sur les sites. Ateliers ou représentations dédiés aux enfants et aux familles ne manquent guère. Le **musée d'Art moderne** (p. 249) propose des ateliers pour enfants et adolescents, tandis que le ravissant **Théâtre de marionnettes de Salzbourg** (p. 264) donne des représentations en matinée. Les installations interactives du **musée de Salzbourg** (p. 249) permettent notamment de jouer de la harpe ou d'écrire à la plume d'oie. Procurez-vous la brochure humoristique sur Wolf Dietrich à l'entrée.

Dans les environs de Salzbourg, les sites suivants plairont à coup sûr aux enfants :

Maison de la Nature (Haus der Natur ; www.hausdernatur.at ; Museumsplatz 5 ; adulte/enfant/famille 9,50/7/24,50 € ; 9h-17h ;). Présentations amusantes sur les cristaux alpins, les dinosaures, la science et le corps humain. Ne manquez pas l'aquarium, avec ses poissons-clowns et ses requins.

Musée du Jouet (Spielzeugmuseum ; www.spielzeugmuseum.at ; Bürgerspitalgasse 2 ; adulte/enfant/famille 5/2/10 € ; 9h-17h mar-dim ;). Vaste grenier rempli de jouets nouveaux et anciens. Les parents profitent des zones qui leur sont réservées pendant que leur progéniture s'en donne à cœur joie.

Freilichtmuseum (www.freilichtmuseum.com ; Hasenweg 1, Grossgmain ; adulte/enfant/famille 12/6/24 € ; 9h-18h mar-dim mars à mi-oct, 9h-17h mar-dim mi-oct à nov ;). Dans cet immense écomusée en plein air dédié aux fermes autrichiennes à travers les âges, les enfants peuvent caresser des animaux, découvrir les métiers artisanaux et se défouler sur une grande aire de jeux.

Zoo de Salzbourg (www.salzburg-zoo.at ; Hellbrunnerstrasse 60, Anif ; adulte/enfant/famille 12/5,50/27,50 € ; 9h-18h30 juin-août, horaires restreints sept-mai ;). Le zoo de Salzbourg, près du château de Hellbrunn, ravira les passionnés d'animaux.

pour goûter une excellente cuisine autrichienne. La spécialité de la famille Forstner est le *Wiener Melange*, 4 morceaux de bœuf *Pinzgauer* servis avec du raifort à la pomme, une sauce à la ciboulette et des pommes de terre rôties, à arroser d'un vin autrichien. Le bus n°7 s'arrête à la gare d'Aigen, à 10 minutes à pied.

Où prendre un verre et faire la fête

Augustiner Bräustübl BRASSERIE

(www.augustinerbier.at ; Augustinergasse 4-6 ; 15h-23h lun-ven, 14h30-23h sam-dim). Ce joyeux *Biergarten* de 1000 places géré par le monastère augustinien sert, depuis 1621, de puissants breuvages maison dans les chopes (*Stein*) en grès traditionnelles. Allez remplir la vôtre, choisissez un en-cas sur les étalages – *Stelzen* (jarret de porc), poitrine de porc, bretzels géants –, puis asseyez-vous dans la salle voûtée ou sous les châtaigniers.

Kaffee Alchemie CAFÉ

(Rudolfskai 38 ; 7h30-18h lun-ven, 10h-18h sam-dim). Dans ce sympathique café à l'ancienne, au bord de la rivière, le café relève de la science exacte. À partir de grains de qualité supérieure issus du commerce équitable (d'origine unique), les talentueux baristas préparent de délicieux expressos (avec une Marzocco GB5), des cappuccinos et autres spécialités, qui s'accompagnent de gâteaux et de brownies. Si vous n'êtes pas fan de café, essayez la délicate infusion de feuilles de café.

Apollo Bar BAR À COCKTAILS

(www.monchstein.at ; Mönchsberg Park 26 ; midi-23h). Si vous n'avez pas les moyens de séjourner à l'hôtel Schloss Mönchstein, rien ne vous empêche de goûter à son faste dans ce bar au dôme de verre, repaire élégant habillé d'or où terminer la journée avec un gin aux baies fraîches ou un "rosato" (hibiscus, Prosecco et orange).

Sacher CAFÉ

(www.sacher.com ; Schwarzstrasse 5-7 ; 16h-minuit mer-dim). L'antenne salzbourgeoise du fameux créateur de la légendaire Sachertorte évoque tout autant le faste d'antan que sa maison mère viennoise, avec ses murs couverts de tableaux et ses banquettes bordeaux. Installez-vous sur la terrasse au bord de la Salzach pour profiter de la vue sur la forteresse.

Darwin's BAR À COCKTAILS

(www.facebook.com/darwins.salzburg ; Steingasse 1 ; 9h-2h ven-sam, 9h-minuit dim-jeu). Darwin aurait-il aimé déguster un petit cocktail savamment mixé sous les voûtes de ce bar, tout en rêvant à sa théorie de l'évolution ou à l'origine des espèces ? Un portrait montre le grand homme aux côtés de mappemondes et citations décoratives. Et ce Martini-expresso : exquis !

Natural Wine Dealers @ Enoteca Settemila a.C. BAR À VINS

(www.naturalwinedealers.com ; Bergstrasse 9 ; 12h-23h mer-sam). Dans leur merveilleux magasin-bar à vins, Rafael Peil et Nina Corti proposent avec enthousiasme une sélection passionnée de vins notamment autrichiens, bios et biodynamiques. Vous accompagnerez votre verre de *taglieri*, assortiments à partager de fromages et de *salumi* (charcuterie) provenant de petits producteurs italiens.

220 Grad CAFÉ

(www. 20grad.com ; Chiemseegasse 5 ; 9h-18h ven-mar ;). Dans un coin tranquille de la vieille ville, ce café rétro et cool sert un café fraîchement torréfié – à 220°C comme l'indique son enseigne – et des petits-déjeuners. L'été, sa terrasse en bois ne désemplit pas. Le petit noir d'origine unique et les mélanges maison sont divins. On les accompagne volontiers d'une part de gâteau à la patate douce avec sa crème de citron vert, par exemple.

Die Weisse PUB

(www.dieweisse.at ; Rupertgasse 10 ; pub 10h-minuit lun-sam, bar 17h-minuit). Le vieux pub de la brasserie Salzburger Weissbierbrauerei vous réserve des bières au froment que l'on peut aussi siroter dans le *Biergarten* ombragé à l'arrière. Des DJ sont aux platines du Sudwerk Bar, apprécié notamment pour sa soirée Almrausch mensuelle, où ces dames festoient en *Dirndl* version mini et ces messieurs en *Lederhosen*.

Stieglkeller BRASSERIE

(www.restaurant-stieglkeller.at ; Festungsgasse 10 ; 11h30-22h lun-ven, 11h-22h sam-dim). Pour un aperçu de l'Oktoberfest, rendez-vous dans cette vaste brasserie munichoise, dessinée par les architectes de la Hofbräuhaus de Munich. Immense jardin au-dessus des toits de la ville et plats à base de viande (15-28 €) comme le jarret de porc et l'escalope viennoise (*Schnitzel*). Bière moins chère en libre-service à l'extérieur.

Mayday Bar BAR À COCKTAILS

(hangar-7.com ; Wilhelm-Spazier-Strasse 7a, aéroport de Salzbourg ; 17h30-minuit). De là-haut, passez en revue les avions de la collection des Flying Bulls. Le Mayday appartient au complexe futuriste de l'aéroport, baptisé Hangar-7. L'éclairage nocturne fait son petit effet et on a plaisir à boire un cocktail dans ce bar entièrement vitré. Goûtez par exemple au Hendrick's Heaven (Red Bull, gin, concombre et citron vert).

☆ Où sortir

♥ Théâtre de marionnettes de Salzbourg MARIONNETTES

(Salzburger Marionettentheater ; 0662-872406 ; www.marionetten.at ; Schwarzstrasse 24 ; billets 25-40 € ;). Avec ses dorures, ses stucs, ses chérubins et ses lustres à chandelles, ce théâtre de marionnettes de 1913, inscrit au patrimoine mondial depuis 2017, respire l'opulence. La vedette du répertoire est bien sûr *La Mélodie du bonheur*, avec une mère supérieure grandeur nature et un final aux innombrables marionnettes. Parmi les autres productions (toutes sous-titrées en plusieurs langues) : *La Flûte enchantée* de Mozart, ou encore *Casse-Noisette* de Tchaïkovski.

Schlosskonzerte MUSIQUE CLASSIQUE

(www.schlosskonzerte-salzburg.at ; billets adulte 36-42 €, enfant 22-28 € ; concerts 20h). Marbres colorés, fresques et moulures de la salle de marbre (Marmorsaal) du château Mirabell (p. 249) offrent un écrin baroque de rêve à la musique de chambre. Solistes et ensembles de renommée internationale aiment y jouer Mozart, Haydn et Chopin entre autres grands maîtres. Achat des billets en ligne ou bien entre 17h30 et 20h au guichet du 1er étage.

ARGEkultur CONCERTS, DANSE

(www.argekultur.at ; Ulrike-Gschwandtner-Strasse 5). Né, dans les années 1980, de manifestations en réaction au Festival de Salzbourg, ce site alternatif, à la fois bar et lieu de spectacle, accueille toutes sortes de manifestations artistiques : concerts, cabarets, soirées avec DJ, spectacles de danse, slam et musique du monde. Sur le campus de l'Unipark Nonntal, soit à 5 minutes à pied à l'est de la vieille ville.

Landestheater THÉÂTRE
(0662-87 15 12 ; www.salzburger-landestheater.at ; Schwarzstrasse 22 ; billets 18-70 € ; billetterie 10h-17h lun-ven, 10h-13h sam ;). Scène régulière de l'orchestre du Mozarteum, cet élégant théâtre XVIIIe siècle donne des opéras, opérettes, ballets et comédies musicales. En grande partie au service de la musique mozartienne, cette institution n'oublie pas les enfants.

Rockhouse CONCERTS
(www.rockhouse.at ; Schallmooser Hauptstrasse 46). Salle de concert la plus en vogue de Salzbourg, Rockhouse programme d'excellents concerts de rock, pop, jazz, folk, metal et reggae. Le bar en forme de tunnel accueille des DJ (entrée généralement gratuite) et des groupes musicaux. À 1 km au nord-est de la vieille ville : prendre le bus n°4 jusqu'à la Canavalstrasse.

Salzburg Arena SPECTACLES MUSICAUX
(0662-240 40 ; www.salzburgarena.at ; Am Messezentrum 1). Sous sa vaste coupole à arêtes de bois, la plus grande salle de Salzbourg accueille des manifestations sportives comme des comédies musicales ou des concerts de têtes d'affiche. À 3 km au nord de la ville : prendre le bus n°1 jusqu'à Messe.

Jazzit JAZZ
(0662-88 32 64 ; www.jazzit.at ; Elisabethstrasse 11 ; bar 18h-minuit mar-sam). Musique live, entre tango et électro, mais aussi ateliers et soirées boîte de nuit. Ne manquez pas les jam-sessions gratuites du mardi au Jazzit. Bar attenant. À 600 m au nord des jardins Mirabell, dans Elisabethstrasse.

Mozarteum MUSIQUE CLASSIQUE
(0662-889 40 0 ; www.mozarteum.at ; Schwarzstrasse 26 ; billetterie 7h-18h, 10h-15h juil-août). Inauguré en 1880 et apprécié pour son excellente acoustique, le Mozarteum met l'accent sur la vie et l'œuvre de Mozart par le biais de concerts de musique de chambre (d'octobre à juin) et d'opéras, entre autres. Temps fort du Mozarteum : la semaine Mozart (p. 255) en janvier.

Achats

Fürst CHOCOLAT
(www.original-mozartkugel.com ; Getreidegasse 47 ; 10h-18h lun-sam, midi-17h dim). À la pistache, au nougat et au chocolat noir, les *Mozartkugeln* ("boules Mozart") sont toujours préparées selon la recette originale mise au point en 1890 par Paul Fürst. Parmi les autres spécialités : les *Bach Würfel* ("cubes Bach"), à savoir des truffes café-noix-pâte d'amandes.

Ploom VÊTEMENTS
(www.ploom.at ; Ursulinenplatz 5 ; 11h-18h jeu-ven, 11h-17h sam). Surfant sur le grand retour des *Trachten* (costumes traditionnels), la designer Tanja Pflaum réinvente librement et avec succès le *Dirndl* (robe). La boutique est une oasis de féminité : corsages bleu ciel, chemisiers en coton vaporeux, petit tablier turquoise ou robe du soir en soie.

Salzburger Heimatwerk MODE, CADEAUX
(www.salzburgerheimatwerk.at ; Residenzplatz 9 ; 10h-18h lun-ven, 10h- 17h sam). De l'étoffe au *Dirndl* entre autres habits traditionnels, ce magasin réunit aussi de l'artisanat régional et des douceurs locales : *Schnaps*, miels, conserves...

Spirituosen Sporer VINS
(Getreidegasse 39 ; 9h-17h lun-ven). Établie dans la maison la plus étroite de la Getreidegasse, cette boutique tenue en famille vend depuis 1903 des vins autrichiens, des liqueurs végétales et le célèbre *Schnaps* Vogelbeer (baie de sorbier).

Salzburg Salz CADEAUX, SOUVENIRS
(Wiener-Philharmoniker-Gasse 6 ; 10h-18h lun-ven et 10h-17h sam mars-août, 11h-17h lun-ven et 10h-16h sam sept-fév). Du sel aromatisé pour la cuisine aux lampes en cristal de sel, ici, tout est sel, de provenance locale puisque Salzbourg est terre de sel – Salzburgerland –, ou de l'Himalaya.

Kaslöchl FROMAGES
(Hagenauerplatz 2 ; 10h-18h lun-ven, 8h-15h sam ;). Pas plus grande qu'un trou de souris, cette fromagerie autrichienne est une farandole de références crémeuses venues des Alpes, parmi lesquelles emmental et fromages frais aux fines herbes.

Drechslerei Lackner CADEAUX, SOUVENIRS
(Badergasse 2 ; 10h-18h lun-ven, 10h-16h sam). Casse-noisettes, santons et étoiles de Noël

réalisés à la main éblouissent de beauté dans cette boutique artisanale.

Renseignements

Landeskrankenhaus Salzburg (☎05-725 50 ; Müllner Hauptstrasse 48). Hôpital juste au nord du Mönchsberg.

Office du tourisme principal (☎0662-88 98 70 ; www.salzburg.info ; Mozartplatz 5 ; ⏲9h-14h30). Site d'information très utile pour la ville et ses abords immédiats. Service de réservation (www.salzburgticket.com) dans le même bâtiment.

Salzburgerland Tourismus (☎0662-66 88 44 ; www.salzburgerland.com ; Wiener Bundesstrasse 23, Hallwang bei Salzburg ; ⏲8h-17h30 lun-jeu, 8h-17h ven). Renseignements sur le reste de la province, hors Salzbourg.

Depuis/vers Salzbourg

AVION

De l'aéroport de Salzbourg (p. 243), situé à 20 minutes du centre par le bus, des vols réguliers desservent de nombreuses villes d'Autriche et d'Europe. Cependant, depuis la France, la Belgique ou la Suisse, vous devrez probablement passer par Vienne ou Francfort.

BUS

Salzburger Verkehrsverbund (☎ligne 24h/24 0662-63 29 00 ; www.svv-info.at) permet de se rendre facilement dans les petits villages de la province. Les bus partent de la gare centrale sur la Südtiroler Platz, où les horaires sont affichés. Les billets sont vendus aux points d'information du hall principal. Pour plus d'informations sur les bus de Salzbourg et des environs, et leurs horaires, consultez www.svv-info.at ou www.postbus.at.

Des bus partent toutes les heures pour le Salzkammergut :

Bad Ischl 10,80 €, 1 heure 30
Mondsee 6,90 €, 37 minutes
Sankt Gilgen 6 90 €, 43 minutes
Sankt Wolfgang 9,90 €, 1 heure 45

> **EN ROUTE POUR LES MINES DE SEL**
>
> Toutes les gares ferroviaires de la région vendent le billet économique **Salzwelten Hallein Ticket** (adulte/enfant 30/15 €), qui comprend le trajet en bus jusqu'à Bad Dürrnberg et l'entrée à la mine de sel et au Musée celtique.

TRAIN

Salzbourg offre de très bonnes liaisons ferroviaires avec le reste du pays au départ de sa **Hauptbahnhof** (gare ferroviaire centrale) récemment rénovée.

Des trains partent fréquemment pour Vienne (55,60 €, 2 heures 40-4 heures) et Linz (29 €, 1 heure 30-2 heures). Deux fois/heure, une ligne express dessert Klagenfurt (41,40 €, 3 heures).

Des trains directs desservent Innsbruck (49,70 €, 2 heures) et Munich (33,10 €, 1 heure 30-2 heures).

Plusieurs trains quotidiens desservent Berlin (143,60 €, 6 heures 30-8 heures 30), Budapest (76,70 €, 5 heures 15-6 heures 30), Prague (82,80 €, 5 heures 30-7 heures 30) et Venise (34-122 €, 6-8 heures).

Horaires sur www.svv-info.at.

VOITURE ET MOTO

Trois autoroutes convergent à Salzbourg pour former une boucle autour de la ville : l'A1/E60 en provenance de Linz, Vienne et l'est ; l'A8 depuis Munich (Allemagne) et l'ouest ; l'A10 en provenance de Villach et du sud. Pour rejoindre le Tyrol, l'itinéraire le plus rapide consiste à prendre la route de Bad Reichenhall en Allemagne puis de poursuivre jusqu'à Lofer (B178) et Sankt Johann in Tirol.

Comment circuler

DEPUIS/VERS L'AÉROPORT

L'aéroport de Salzbourg est à environ 5,5 km à l'ouest du centre sur l'Innsbrucker Bundesstrasse. Les bus n^os^2, 10 et 27 (2 €, 19 min) partent devant le terminal, toutes les 10-15 minutes environ et desservent plusieurs arrêts centraux à proximité de la vieille ville (*Altstadt*). Les bus n^os^2 et 27 ont pour terminus la gare centrale. Les bus circulent à peu près de 5h30 à 23h. La course en taxi entre l'aéroport et le centre-ville coûte de 15 à 20 €.

BUS

On peut acheter son ticket auprès du chauffeur : trajet simple (2,70 €), 24 heures (6 €), forfait hebdomadaire (16,40 €). Les tickets simples sont moins chers achetés à l'avance sur automate. Les enfants de moins de 6 ans voyagent gratuitement, les autres paient demi-tarif.

Les itinéraires des bus sont indiqués aux arrêts de bus et sur certains plans de la ville ; les bus n^os^1 et 4 partent de la gare centrale et contournent la vieille ville piétonne.

Informations et horaires sur www.salzburg-verkehr.at.

VÉLO

Salzbourg est l'une des villes d'Autriche les plus propices au cyclotourisme, grâce à un vaste

LA SALZBURGERLAND CARD

Disponible en ligne et dans les offices du tourisme locaux, la Salzburgerland Card (www.salzburgerlandcard.com) accorde des réductions pour 190 sites de la province. Elle revient à 82/41 € par adulte/enfant pour 6 jours de validité. Formule pour 12 jours (98/48 €).

réseau de belles pistes cyclables rayonnant un peu partout, notamment le long de la Salzach. Le site www.movelo.com (en allemand/anglais) recense tous les points de location de vélos électriques.

A'Velo (☎0676-435 59 50 ; Willibald-Hauthaler-Strasse 10 ; location vélo demi-journée/jour/sem 14/20/75 €, vélo électrique 20/33/144 € ; ⏲9h30-18h avr-juin et sept, 9h-19h juil-août) propose des vélos classiques comme électriques.

VOITURE ET MOTO

Les places de stationnement sont limitées et une grande partie de la vieille ville n'est accessible qu'à pied. Il est plus commode de laisser votre véhicule dans l'un des 3 lieux de stationnement situés à l'ouest, au nord et au sud de Salzbourg. Dans le centre, le plus grand parc de stationnement est l'Altstadt Garage, en contrebas du Mönchsberg (15 €/j, tarif parfois réduit avec tampon du restaurant sur le ticket). En zone bleue, où les rues sont équipées d'horodateurs, on paie un peu moins (4,50 € ou 0,70 €/28 min, de 9h à 19h en semaine), mais le stationnement est limité à 3 heures.

Pour louer une voiture, contactez **Avis** (www.avis.com ; Ferdinand-Porsche-Strasse 7 ; ⏲7h30-midi lun-ven), **Europcar** (www.europcar.com ; Gniglerstrasse 12 ; ⏲8h-16h lun-ven et 8h-midi sam) ou **Hertz** (www.hertz.com ; Ferdinand-Porsche-Strasse 7 ; ⏲8h-18h lun-ven, 8h-13h sam).

ENVIRONS DE SALZBOURG

Hallein et environs

☎06245/21150 HABITANTS/ALTITUDE 460 M

Derrière sa périphérie industrielle se cache une jolie ville médiévale aux ruelles étroites ponctuées de cours, de galeries d'art et de cafés bobos. Trop peu de visiteurs s'arrêtent à Hallein en rejoignant la Bavière au nord ou Salzbourg au sud, mais ceux qui la visitent sont agréablement surpris. La mine de sel, Salzwelten, principale attraction familiale de Hallein, est en réalité à Bad Dürrnberg, à 6 km au sud-ouest de la ville.

À voir

Mine de sel — EXPÉDITION SOUTERRAINE

(Salzwelten ; www.salzwelten.at ; Ramsaustrasse 3, Bad Dürrnberg ; tarif plein/réduit/famille 30/15/61,50 € ; ⏲9h-17h ; 👪). L'âge d'or de Salzbourg s'explique en grande partie par l'apanage qu'eurent les princes-archevêques sur l'exploitation des mines de sel dont la plus grande ouverte au public se trouve ici. Endossez le costume du mineur et plongez dans les entrailles de la terre à bord d'un train bringuebalant le long de tunnels déconseillés aux claustrophobes. Vous franchirez même la frontière allemande et vous dévalerez un toboggan de bois de 27 m – ne freinez pas, levez les jambes et demandez au guide de cirer le revêtement pour aller encore plus vite !

Après la traversée d'un lac salé sur une embarcation en bois, un second toboggan (42 m) vous conduit à l'endroit le plus profond de la mine (210 m) avant le retour à l'air libre. Les visites guidées (1 heure 10) démarrent toutes les 30 minutes. Depuis la gare ferroviaire de Hallein, prenez le bus n°41 (toutes les heures en semaine, un peu moins le week-end).

Musée celtique — MUSÉE

(Keltenmuseum ; www.keltenmuseum.at ; Pflegerplatz 5 ; tarif plein/réduit 8/6,50 € ; ⏲9h-17h ; 👪). Surplombant la Salzach, visible derrière les baies vitrées, les salles voûtées de ce musée installé dans un ancien bâtiment d'intendance des salines (1654) présentent de façon chronologique la civilisation des Celtes à travers de nombreux objets et reconstitutions : casques, char, fibules, pendentifs et broches en bronze. Une richesse largement redevable à l'exploitation dans la région du Bad Dürrnberg, dès 600 avant J.-C., de l'"or blanc", comme en témoignent les outils exposés.

Stille Nacht Museum — MAISON-MUSÉE

(www.keltenmuseum.at ; Gruberplatz 1 ; tarif plein/réduit 5/4,50 € ; ⏲9h-17h). Hallein est fier d'avoir accueilli dans ses dernières années Franz Xaver Gruber (1787-1863) qui mit en musique le célèbre chant de Noël *Stille Nacht* ("Douce Nuit") écrit par Joseph Mohr en 1816. Objets et documents personnels de Gruber, dont sa guitare, sont exposés dans son ancienne demeure voisine de l'église paroissiale.

Activités

Keltenblitz SPORTS D'AVENTURE
(☎06245-851 05 ; Bad Dürrnberg ; adulte/enfant avec remontée 10,90/7,60 € ; ⏲11h-17h mai à mi oct ; 👪). En été, les familles descendent cette piste de luge estivale proche de la Salzwelten. Un télésiège conduit au sommet du Zinken, où l'on embarque sur un petit bobsleigh à roulettes pour dévaler 2,2 km de virages en épingle. La descente, rapide, offre un aperçu de la vallée de Salzach.

Où se loger

Pension Hochdürrnberg PENSION €
(☎06245-751 83 ; www.hochduerrnberg.at ; Rumpelgasse 14, Bad Dürrnberg ; s/d/qua 55/80/120 € ; P). Cette ferme entourée de prés vous reçoit dans de douillettes chambres meublées de pin. Lapins, moutons et vaches auront tôt fait de captiver les enfants.

Kranzbichlhof HÔTEL €€
(☎06245-737 72 ; www.kranzbichlhof.net ; Hofgasse 12, Bad Dürrnberg ; s 89-92 €, d 124-154 €, f 180-195 € ; P 📶 🏊). Avec les bois pour voisins, ce vaste chalet jouit d'un cadre serein. Toutes lambrissées de pin, les chambres (majoritairement avec balcon) sont spacieuses, lumineuses et affichent une déco contemporaine. Le jardin est joli comme tout, avec une piscine naturelle et un espace bien-être où s'offrir un soin ayurvédique, une séance de yoga ou de shiatsu...

Hotel Auwirt HÔTEL €€
(☎06245-804 17 ; www.auwirt.com ; Salzburgerstrasse 42 ; empl camping adulte/enfant/tente 10,50/7/6,50 €, s 60-95 €, d 90-165 €, qua 149-255 € ; P 📶). Vastes, lumineuses et confortables, les chambres ont du parquet et un mobilier alpin. Les supérieures ouvrent sur un balcon. Un point de chute idéal pour les familles, avec le jardin ombragé et l'aire de jeux. Camping possible.

Pension Sommerauer PENSION €€
(☎06245-800 30 ; www.pension-hallein.at ; Tschusistrasse 71 ; s 45-53 €, d 73-85 €, tr 93-108 €, qua 115-133 € ; P 🏊). Auberge depuis 3 siècles, la pension Sommerauer possède désormais une piscine chauffée, un jardin d'hiver, une salle de jeux, un bac à sable et des balançoires. Les chambres, elles, sont toutes simples et d'un fort bon rapport qualité/prix.

Où se restaurer

Pan Café CAFÉ €
(www.pancafe.at ; Metzgergasse 9 ; petit-déj 3,20-10,90 €, plat du jour 7,20 € ; ⏲9h-17h dim-mar et ven, 9h-14h sam ; 🌿). Fraîchement torréfiés, les cafés spéciaux autrichiens se dégustent dans un intérieur minimaliste plein de lumière et de bonne humeur. De surcroît, la maison concocte des petits-déjeuners inventifs, sans oublier gâteaux, muffins et limonade préparée sur place. Quelques plats du jour végans tels que curry thaï, mijoté de patate douce et lentilles...

Hammerwirt AUTRICHIEN €€
(☎06245-216 59 ; www.hammerwirt-salzburg.at ; Messinghammerweg 1, Oberalm ; plats 10,80-24,90 € ; ⏲17h-22h mer-jeu, 11h30-22h ven-dim). Banquettes, tables en bois, lanternes en laiton : c'est tradi et cosy chez Hammerwirt, à 3 km au nord d'Hallein. Sa botte secrète est sa cour intérieure, à l'ombre d'un châtaignier. L'ambiance est joyeuse en été et on s'y régale de plats austro-italiens présentés avec goût. Exemples : le *Backhendl* (poulet pané croustillant) et sa salade de pommes de terre ou les raviolis salami-fenouil-piment et leur beurre au miel de romarin.

Renseignements

L'**office du tourisme** (☎06245-853 94 ; www.hallein.com ; Mauttorpromenade 6 ; ⏲8h30-17h lun-ven) est situé sur l'étroit îlot à proximité du Stadtbrücke (pont).

Depuis/vers Hallein

Proche de la frontière allemande, Hallein se trouve à 18 km au sud de Salzbourg *via* la B150 et l'A10/E55 en direction de Graz/Villach. Comptez 25 minutes de trajet en train depuis Salzbourg (5,10 €, 15-40 min, 2/h).

Werfen

☎06468/3 027 HABITANTS/ALTITUDE 525 M

Werfen a au moins trois atouts de taille : la plus vaste grotte de glace accessible au monde, les tourelles du massif karstique du Tennen (Tennengebirge) et une superbe forteresse médiévale. Autant d'attraits qui n'ont pas échappé aux producteurs hollywoodiens : c'est à Werfen que fut tournée l'opération commando qui visait à sauver un général américain en 1944 dans le film *Quand les aigles attaquent* (1968), tout comme, dans un autre genre, la scène de pique-nique de *La Mélodie du bonheur*.

La forteresse et les grottes de glace peuvent se visiter en une journée d'excursion depuis Salzbourg. Partez tôt, visitez d'abord les grottes et arrivez à la forteresse pour le dernier spectacle de fauconnerie.

À voir

Eisriesenwelt GLACIÈRE NATURELLE
(www.eisriesenwelt.at ; Eishohlenstrasse 30 ; adulte/enfant 16/11 €, avec téléphérique 33/23 € ; 8h30-17h mai-oct). Présentée comme la plus grande grotte glaciaire ouverte au grand public, l'Eisriesenwelt s'étire sur 30 000 m² et 42 km d'étroits passages s'enfonçant dans les profondeurs de la montagne. La visite de ces chambres de glace bleue est une expérience unique. En montant les marches en bois puis en descendant des couloirs obscurs, on devine de fériques sculptures de glace, dont les contours évoquent des ours ou des éléphants, tandis que des colonnes de glace et des lacs surgissent entre les ombres.

Ne manquez pas le vaste **Palais des glaces** (Eispalast), où les cristaux de glace brillent lorsque l'on approche une fusée éclairante au magnésium. Un tunnel calfeutré mène à une volée de 700 marches qui redescend jusqu'à l'entrée. Même lorsque le thermomètre grimpe à l'extérieur, ces grottes conservent leur froid glacial – prévoyez des vêtements chauds et de bonnes chaussures.

En été, des minibus (aller-retour adulte/enfant 7/5 €) partent de la gare ferroviaire de Werfen à 8h18, 10h18, 12h18 et 14h18 pour le parking d'Eisriesenwelt, situé à 20 minutes à pied de la station inférieure du téléphérique. Pour le retour, le dernier bus est à 16h32. Prévoyez environ 3 heures pour l'aller-retour (visite comprise). S'il est possible de couvrir tout le trajet à pied, celui-ci relève toutefois d'une rude ascension de 4 heures, à 1100 m au-dessus du village.

Château de Hohenwerfen FORTERESSE
(Burg Hohenwerfen ; www.salzburg-burgen.at ; adulte/enfant/famille 10/5,90/25,30 €, avec ascenseur 14/8,40/34,80 € ; 9h-17h mai-sept, horaires restreints avr et oct-nov). Juché au sommet d'un escarpement boisé, en contrebas des hauteurs majestueuses de la chaîne de Tennen, le Burg Hohenwerfen se repère de très loin, veillant sur la vallée de la Salzach depuis 9 siècles. Son apparence actuelle remonte à 1570. On vient surtout admirer la vue panoramique sur Werfen depuis le beffroi du XVIe siècle, même si les **donjons** (où sont exposés armes et instruments de torture) méritent également une visite.

L'entrée, gratuite, inclut un **spectacle de fauconnerie** (11h15 et 15h15 chaque jour). Les dresseurs, vêtus d'habits médiévaux, libèrent, le temps d'un vol autour des remparts, faucons, aigles, hiboux et vautours. Commentaires en anglais et en allemand.

En marchant d'un bon pas, on grimpe au château en 20 minutes depuis le village, contre moins d'une minute en ascenseur ! Le plaisir n'est néanmoins pas le même.

Activités

Sentier "Sound of Music" PROMENADE
Sur les pas, une fois de plus, de la famille Trapp, on est invité à revivre des scènes un peu hollywoodiennes – le décor s'y prête avec cet énorme château sur fond alpin idyllique – de *La Mélodie du bonheur*. De l'office du tourisme, au centre du village, jusqu'au point de vue de Gschwandtanger, cet itinéraire de 1,4 km (1 heure) vous invite à gambader dans des prairies de fleurs sauvages et les collines.

Où se loger

Landgasthof Reitsamerhof PENSION €
(06468-53 79 ; www.reitsamerhof.at ; Reitsam 22, Werfen-Imlau ; s 70-79 €, d 88-98 €, tr 115-125 €, f 130-136 € ; P). Tapissé de géraniums en été, ce vaste chalet jaune d'or au sud de Werfen donne sur les tourelles de karst du Tennengebirge. Lambris en pin, parquet au sol presque partout et balcon confèrent aux chambres d'esprit contemporain un petit charme rustique. Le restaurant (plats 11-19 €) sert des recettes traditionnelles.

Weisses Rössl PENSION €
(06468-52 68 ; www.weisses-roessl-werfen.at ; Markt 39 ; s/d/tr/qua 49/84/102/122 € ; P). Dans le centre du village, cette pension aux prix raisonnables offre une vue imprenable sur la forteresse et le Tennengebirge depuis son toit-terrasse. Les chambres, un peu années 1970, sont grandes et confortables, avec canapé et TV par câble.

Camping Vierthaler CAMPING €
(☎0650-2911 570 ; www.camping-vierthaler.at ; Reitsam 8 ; empl adulte/enfant/tente 6/3/6,50 €, bungalows d/tr/qua 29/38/47 € ; ⊙mi-avr à sept). Ce charmant camping au bord de la Salzach a beau avoir snack-bar, aire de jeux, bungalows avec kitchenette, patios et espaces barbecue, on se sent en parfaite communion avec la nature environnante.

Où se restaurer

Stiege No 1 AUTRICHIEN €€
(☎06468-20115 ; www.stiege-01.com ; Markt 10 ; plats 15,50-32,90 € ; ⊙11h-22h mer-dim). En plein cœur du village, on savoure ici des recettes de saison, telle la soupe de châtaignes à la truffe, dans un cadre épuré et moderne au vrai charme alpin. Dîner l'été au jardin à la lueur des lanternes face à la forteresse restera gravé dans vos souvenirs.

Oedlhaus AUTRICHIEN €€
(www.oedlhaus.at ; Eishöhlenstrasse 30 ; en-cas 5-9 €, plats 9-12,50 € ; ⊙9h-15h45 mai-juin et sept-oct, 9h-16h45 juil-août). À côté de la station supérieure du téléphérique d'Eisriesenwelt, ce refuge en bois à 1574 m d'altitude revigore les marcheurs avec ses plats montagnards comme le *Gröstl* (pommes de terre sautées, porc et oignons, surmontés d'un œuf sur le plat). La terrasse offre une vue fantastique sur la vallée de la Salzach jusqu'aux sommets calcaires ciselés du massif du Hochkönig.

♥ **Obauer** EUROPÉEN €€€
(☎06468-52 12 ; www.obauer.com ; Markt 46 ; menu déj 3 plats 65 €, menus dîner 55-175 € ; ⊙18h15-21h mer, midi-13h30 et 18h15-21h jeu-dim). Les Obauer tiennent ce restaurant très réputé, à la fois chic et champêtre. En saison, on peut dîner dans le jardin, où poussent la plupart des fruits et légumes utilisés en cuisine. Les plats, à l'indéniable accent régional, sont accompagnés de bons crus autrichiens.

Renseignements

Office du tourisme (☎06468-53 88 ; www.werfen.at ; Markt 24 ; ⊙9h-midi et 14h-18h lun-ven). Informations, cartes et service de réservation d'hébergements gratuit.

Depuis/vers Werfen

Werfen se trouve à 45 km au sud de Salzbourg par l'A10/E55. Des trains rallient régulièrement Salzbourg (9,30 €, 41 min).

SUD DU SALZBURGERLAND

Filzmoos

☎06453/1484 HABITANTS/ALTITUDE 1055 M

Trônant parmi les aiguilles calcaires déchiquetées du massif du Dachstein, les prairies ondoyantes et les sommets du Bischofsmütze ("mitre de l'évêque"), Filzmoos est une retraite alpine parfaite. Malgré de superbes possibilités de randonnée et de ski, la situation reculée de la station décourage les foules. Aussi le village a-t-il conservé son charme rural et son atmosphère familiale.

Activités

Ski Amadé SKI
(☎06452-40 333 60 ; www.skiamade.com ; forfait 6 jours région entière 278 €). Le plus vaste domaine skiable du pays couvre 760 km de pistes sur 25 stations réparties en 5 espaces d'enneigement garanti. Il a de quoi satisfaire les skieurs de tout niveau, du débutant au skieur hors-piste. Radstadt, station discrète, et Filzmoos, prisée des familles, font partie de ce domaine.

Circuit de Gosaukamm RANDONNÉE
Ce spectaculaire itinéraire de 2 jours (23 km) vous porte au cœur de la chaîne de Gosau (Gosaukamm), parfois surnommée les "Dolomites de Salzbourg". L'apogée de l'itinéraire, dans tous les sens du terme, est le **col de Steigl** (2012 m), un passage exposé, aménagé avec des câbles, qui nécessite un peu d'escalade. Procurez-vous la carte *WK 281: Dachstein* (1/50000) éditée par Freytag & Berndt.

Filzmoos Aktiv SPORTS D'AVENTURE
(☎0664 171 84 83 ; www.filzmoos-aktiv.at ; Filzmoos 233 ; ⊙8h-18h). De la randonnée glaciaire ou en montagne à l'atelier photo, ce prestataire organise tout ce que l'on peut imaginer pour goûter pleinement la montagne : alpinisme de haut vol, trek de plusieurs jours avec nuits en refuge au cœur des Alpes du Salzburgerland, escalade...

Dachsteinrunde VÉLO
(Boucle du Dachstein ; dachstein.salzkammergut.at). Pour les cyclistes chevronnés, ce circuit éprouvant de 182 à 269 km à travers le Salzburgerland, la Haute-Autriche et la Styrie, au milieu de paysages alpins, est un must. La carte (7 €) peut être commandée en ligne

ou achetée auprès de l'office du tourisme de Filzmoos pour 2,90 €.

Circuit du Dachstein RANDONNÉE

Cet itinéraire pédestre de 8 jours, qui couvre 126 km et vous fait grimper à 2995 m, offre un superbe aperçu des formations calcaires du Dachstein et traverse l'éventail des paysages alpins : glaciers, hautes montagnes, forêts, karsts, rivières impétueuses et prairies fleuries.

Fêtes et festivals

Semaine de la montgolfière de Hanneshof MONTGOLFIÈRE

(www.ballonfahren-filzmoos.com ; mi-jan). Une semaine durant, le ciel de Filzmoos se couvre mi-janvier de ballons ascensionnels. Point d'orgue de cette manifestation : la nuit où 40 montgolfières éclairent les cieux comme en plein jour !

Où se loger

Hammerhof HÔTEL €€

(06453-82 45 ; www.hammerhof.at ; Filzmoos 6 ; d 150-180 € ; P). Joliment aménagée dans une ferme vieille de quelque 400 ans, une merveilleuse adresse écoresponsable. Baignées de lumière et toutes de bois naturel, les chambres jouent la carte champêtre, certaines avec balcon et poêle traditionnel en faïence. Le restaurant sert des produits bios de la ferme. Relaxez-vous dans un bain aux herbes au centre de bien-être ou galopez à cheval dans les collines (Matthias, le propriétaire, organise des randonnées équestres).

Haus Obermoos PENSION €€

(0664 9777 400 ; www.diefilzmooserin.at ; Neuberg 190 ; s/d 90/100 €, app 75-240 € ; P). Vous serez accueilli à bras ouverts dans cette pension proche des remontées mécaniques et à 20 minutes à pied à l'ouest du centre. Les chambres et appartements sont impeccables, lumineux et décorés dans des tons naturels s'accordant parfaitement avec le mobilier de bois. La pièce chauffée pour ranger les skis et l'espace bien-être sont de vrais plus.

Landhaus Ena PENSION €€

(06453-83 56 ; www.ena-filzmoos.at ; Neuberg 123 ; d 96-126 €, demi-pension 110-144 € ; P). Pratique car près des pistes, cette charmante pension campagnarde a des chambres extrêmement bien tenues avec un balcon face aux montagnes. L'hiver, le feu crépite dans la cheminée au rez-de-chaussée. Pour la détente après l'effort ; table de ping-pong et salle de jeux.

Où se restaurer

Pilzstube AUTRICHIEN

(0664 501 51 32 ; www.pilzstube.at ; Pilzhof 8 ; plats 10-29 € ; 11h-14h et 17h-22h mer-lun ;). Quand les flocons volettent à l'extérieur, il est bien doux de venir s'attabler dans ce restaurant autrichien à l'ancienne. La chaleur de l'accueil comme du cadre délicieusement montagnard fait aussi qu'on s'y plaît toute l'année, face à une fondue, un *Schnitzel* généreux, un civet de chevreuil servi avec des *Spätzle* et du chou rouge. Les enfants et les végétariens ne sont pas oubliés.

Fiakerwirt AUTRICHIEN €

(06453-82 09 ; www.fiakerwirt.co.at ; Filzmoos 23 ; plats 6-15,90 € ; 10h-23h mar-dim ;). Au *Biergarten* comme sous les vieux lambris de ce chalet typique, il ne sera pas difficile de se rassasier, d'une bonne viande ou d'un plat traditionnel tenant bien au corps (goulash, *Schnitzel*, rôti de porc) avant d'affronter les éléments ! Chèvres, canards et poneys font le bonheur des petits convives, tout comme la balade hivernale en traîneau tiré par des chevaux (22 €/pers), à travers le village puis la forêt enneigée, pour rejoindre l'une des *Almen* (prairies alpines) environnantes.

Renseignements

L'**office du tourisme** (06453-82 35 ; www.filzmoos.at ; Filzmoos 50 ; 8h-17h lun-ven, 9h-17h sam, 10h-midi dim), bien central, fournit quantité d'informations sur les activités dans la région et aide pour les réservations d'hébergement.

Depuis/vers Filzmoos

Filzmoos est à 10 km de l'autoroute A10/E55 (*Tauern-Autobahn*). Plusieurs trajets train-bus quotidiens relient la gare centrale de Salzbourg à Filzmoos (15 €, 1 heure 30-1 heure 50). La plupart nécessitent un changement à Bischofshofen.

Radstadt

06452/4823 HABITANTS/ALTITUDE 858 M

Ceinturée de murailles à tours rondes, la discrète Radstadt a conservé sa *Stadtpfarrkirche* (église paroissiale municipale) mêlant éléments gothiques et romans. Mais c'est avant tout son écrin naturel qui draine une foule de sportifs, les montagnes alentour offrant un vaste terrain de jeu pour toutes sortes d'activités de plein air.

Les skieurs sont certes les premiers intéressés car la station fait partie de l'immense domaine skiable Ski Amadé (p. 270), couvert par un forfait unique et doté de remontées mécaniques ultramodernes et de navettes gratuites.

Ces montagnes attirent les plus dynamiques en été également, avec plus de 1000 km de sentiers de randonnée et des possibilités de canyoning, d'escalade, de rafting et de VTT.

Radstadt se situant à 13 km au sud-ouest de Filzmoos, les deux stations sont reliées par bus (5,80 €, 30 min, 4/j). Depuis Radstadt, la B99 grimpe jusqu'au spectaculaire col de Radstädter Tauern (1739 m) et continue jusqu'en Carinthie. Juste à l'ouest, l'A10/E55 permet d'éviter l'altitude en traversant un tunnel de 6 km de long.

VAUT LE DÉTOUR

LE CHÂTEAU DE MAUTERNDORF

Centre et fierté du village, le **Burg Mauterndorf** (adulte/enfant 7,50/5 € ; 9h30-17h mai-oct, 9h30-18h juil-août) et ses tours imposantes se dressent au sommet d'un affleurement rocheux. Édifié au XIIIe siècle par les archevêques de Salzbourg sur le site d'un fort romain, le long d'une voie commerciale majeure entre l'Italie et Salzbourg, ce château héberge aujourd'hui un **musée** régional et accueille divers événements culturels. Mauterndorf est sur la B99 ; plusieurs bus y marquent l'arrêt quotidiennement depuis Radstadt (9,30 €, 48 min).

PARC NATIONAL DES HOHE TAUERN

Vous pensiez avoir tout vu dans les Alpes autrichiennes ? Détrompez-vous : le parc national des Hohe Tauern est un chef-d'œuvre de Dame Nature. Bienvenue au paradis des activités de plein air. À cheval sur le Tyrol, la Carinthie et le Salzburgerland, cette réserve naturelle se range parmi les plus vastes d'Europe (1786 km²). Elle est dominée par le Grossglockner, point culminant du pays avec ses 3798 m.

À voir

Nationalparkwelten MUSÉE, PARC NATIONAL
(Monde du parc national ; www.nationalpark-zentrum.at ; Gerlosstrasse 18, Mittersill ; musée adulte/enfant 13/6,50 € ; 10h-17h ;). Pour découvrir le parc national des Hohe Tauern de l'intérieur, visitez ce fabuleux centre des visiteurs. Le **musée** offre un aperçu du parc à travers des expositions thématiques : les glaciers, les avalanches, les eaux vives, la vie agricole, les forêts de montagne, la faune et la flore des Alpes. Ne manquez pas le terrier de marmottes que les enfants pourront escalader. La **boutique** propose un grand choix de livres et de cartes.

En outre, informations sur le parc (avec des plans) et sur les randonnées guidées.

Activités

Randonnées guidées RANDONNÉE PÉDESTRE
(www.hohetauern.at ; lun-ven juil-sept). Pour profiter pleinement du parc national des Hohe Tauern, vous pouvez participer à une randonnée conduite par l'un des gardes forestiers, parfaits connaisseurs du terrain. Elles ont lieu en semaine, de juillet à septembre (la plupart gratuites avec la carte découverte), à choisir parmi 30 thématiques : découverte des plantes, randonnée en haute montagne, excursion autour du glacier, ascension des gorges, observation de la faune, etc.

Glacier d'Innergschlöss RANDONNÉE GLACIAIRE
Cet itinéraire est certainement l'une des plus spectaculaires randonnées à la demi-journée. En partant de la Matreier Tauernhaus (p. 273), il faut 1 heure 30 d'effort pour atteindre les impressionnantes crevasses de l'Innergschlöss. À raison de 500 m de dénivelé au total et de 4 à 5 heures de marche, le parcours est exigeant mais la récompense à la hauteur face aux lacs glaciaires éblouissants et aux larges tapis de linaigrettes dans les vallons. Ouvrez l'œil, un gypaète barbu plane peut-être au-dessus de vous.

Bergführer Kals ALPINISME
(0664 416 12 89 ; www.bergfuehrer-kals.at ; Ködnitz 18, Kals am Grossglockner ; Grossglockner itinéraire normal à partir de 260 €, Grossvenediger à partir de 125 € ; bureau 13h-19h lun-ven). Pour qui souhaite s'attaquer au sommet

des sommets autrichiens, le Grossglockner (3798 m), ou à son rival, le Grossvenediger (3666 m), cette équipe de guides de montagne apporte son expérience aguerrie, la compagnie existant depuis un siècle et demi. Il est indispensable de savoir pratiquer l'escalade. D'autres ascensions sont aussi proposées (par exemple dans les Dolomites de Lienz), ainsi que des randonnées à skis, free-ride, escalades sur glace et sorties à raquettes (appelez à l'avance). Plus d'informations sur le site Internet.

Où se loger et se restaurer

Erzherzog-Johann-Hütte REFUGE €

(☎ 43 4876 8500 ; www.erzherzog-johann-huette.at ; dort/ch 33,80/42,80 €, demi-pension 54/63 € ; ⏲ mi-juin à sept). Nid d'aigle perché à 3454 m, à seulement 2 heures du sommet du Grossglockner, ce refuge de montagne est le plus haut d'Autriche. Comme on s'y attend à cette altitude, le dortoir avec lits superposés en bois est sommaire et il n'y a pas de toilettes. Des plats consistants (goulash, *Schnitzel* et *Strudel* au feu de bois) sont préparés en cuisine.

Hotel Tauernstern CHALET €€

(☎ 04822-248 ; www.tauernstern.at ; Winklern 24, Winklern im Mölltal ; s 57-77 €, d 104-124 €, ste 134-144 €, demi-pension 21 € ; P 📶). Une perle rare en pleine montagne. De ses balcons de bois, on embrasse toute la vallée du regard. Les lits en pin sont à baldaquin et il y a un réfrigérateur dans la chambre. À cela s'ajoutent un sauna et spa en bois et ardoise, plus un restaurant gastronomique qui se fournit dans les fermes locales. Un rêve avant d'affronter le Grossglockner.

Matreier Tauernhaus PENSION €€

(☎ 04875-88 11 ; www.matreier-tauernhaus.at ; Tauer 22, Matrei in Osttirol ; s 65-83 €, d 90-126 €, qua 152 € ; 📶). Tapi dans l'ombre d'un des plus hauts sommets d'Autriche, cet attrayant chalet alpin a fait peau neuve tout en gardant mobilier rustique et imprimés alpins dans les chambres. Tenu par la famille Brugger depuis 5 générations, le lieu a été créé en 1207 pour l'archevêque de Salzbourg.

Depuis/vers le parc national des Hohe Tauern

TRAIN

Les principaux nœuds ferroviaires sont Zell am See (pour rejoindre Salzbourg et d'autres destinations au nord, *via* Sankt Johann im Pongau) et Lienz (pour les trains à destination du Tyrol à l'est et de la Carinthie à l'ouest).

VOITURE ET MOTO

Pour limiter la circulation dans le parc, de nombreuses routes disposent de sections à péage et certaines ferment en hiver. Les principaux axes nord-sud sont la Felber-Tauern-Strasse (B108), ouverte toute l'année, entre Mittersill et Lienz, et la route spectaculaire du Grossglockner (mai-octobre).

Le Felbertauerntunnel de 5,5 km de long se trouve à la frontière entre l'est du Tyrol et le Salzburgerland ; le péage s'élève à 11 € pour les voitures et 10 € pour les motos. Les bus de la ligne Lienz-Kitzbühel circulent sur cette route.

Comment circuler

Un service train-bus avec changement à Mittersill relie Zell am See à Matrei in Osttirol (16,90 €, 2 heures, 4/j).

Des bus réguliers desservent aussi Heiligenblut, l'une des bases les plus centrales pour explorer le parc.

Zell am See

☎ 06542/9 852 HABITANTS/ALTITUDE 757 M

Zell am See séduit en un instant : son lac d'un bleu profond, le lac de Zell (Zeller See), son minuscule centre semé de chalets aux couleurs vives et les sommets enneigés des Hohe Tauern dessinent un paysage de carte postale. On peut plonger dans le lac, faire du vélo sur les rives boisées, randonner et skier dans les montagnes et grimper la route du Grossglockner en voiture. Chaque année, plus d'un million de visiteurs du monde entier – aussi bien en famille qu'en goguette – s'y rendent, pour vivre le rêve autrichien.

Activités

♥ Glacier de Kitzsteinhorn SKI, RANDONNÉE

(www.kitzsteinhorn.at ; téléphérique aller-retour adulte/enfant 48/24 €, forfait ski journée 60,50/30 €). Hiver comme été, le glacier de Kitzsteinhorn (3029 m), assez enneigé pour le ski et le snowboard 10 mois sur 12, est un site incontournable de Zell am See. Un téléphérique conduit à la station **Gipfelwelt 3000**, où deux plates-formes d'observation offrent une vue imprenable sur le parc national des Hohe Tauern – remarquez le profil caractéristique du Grossglockner. De mi-mai à mi-septembre,

RANDONNÉE ET ESCALADE DANS LE PARC NATIONAL DES HOHE TAUERN

Les profondes vallées des Hohe Tauern, les imposants sommets et les plateaux sont un authentique paradis pour randonneurs, grimpeurs et alpinistes. Il existe dans ce parc national des treks pour tous niveaux, de la randonnée tranquille d'une journée aux expéditions extrêmes vers d'inaccessibles sommets et arêtes. Freytag & Berndt (www.freytagberndt.com) édite des cartes de randonnée détaillées (1/50 000) couvrant le parc national et ses environs. On peut les commander en ligne, ou encore les acheter au centre d'accueil des visiteurs du Nationalparkwelten (p. 272) et dans les librairies des grandes villes. Pour l'organisation d'un long trek, mieux vaut réserver les étapes, car les hébergements se raréfient en altitude ; les offices du tourisme locaux peuvent vous conseiller.

Au nombre des parcours favoris figure l'ascension du **Grossvenediger** (3 666 m) coiffé de glace et entouré de glaciers. Situé à l'entrée sud du tunnel Felbertauern, le Matreier Tauernhaus (p. 273), chalet de montagne à 1512 m d'altitude, est le plus proche point accessible par la route. On peut s'y garer et profiter d'une jolie vue sur la montagne en 1 heure de marche.

Toute personne ayant une expérience de l'escalade et une forme physique raisonnable peut aborder l'imposant **Grossglockner** (3 798 m) *via* l'itinéraire "normal", mais il est recommandé de partir avec un guide. L'accès principal part de l'Erzherzog-Johann-Hütte (p. 273) qui se trouve à 4 à 5 heures de marche de Heiligenblut. De là, l'itinéraire de 2 heures environ traverse la glace et la roche, en suivant un câble en acier sur une étroite arête enneigée, jusqu'à la croix au sommet. Il est indispensable d'avoir l'équipement adéquat (cartes, cordes, crampons, etc.) et de vérifier les conditions climatiques avant le départ. Pour trouver un guide, contactez l'office du tourisme de Heiligenblut ou Bergführer Kals (p. 272).

des **circuits guidés** gratuits sont proposés à 10h30 et à 13h.

En été, profitez du sentier du glacier, des transats de la plage de neige et des toboggans de l'**Ice Arena**, et admirez la géologie locale à la **galerie du parc national**, laquelle renferme d'impressionnants cristaux des Hohe Tauern. Les amateurs de VTT pourront descendre dans la vallée par un sentier de 12 km. La carte gratuite Zell am See-Kaprun Card (encadré p. 279) donne accès au glacier et permet un aller-retour gratuit en téléphérique.

Adventure Service SPORTS D'AVENTURE
(☎ 0664 5059 920 ; www.adventureservice.at ; Salzachtal Bundesstrasse 22 ; ⏲ 9h-midi et 16h-18h lun-ven, 9h-midi sam-dim ; 👪). Adresse incontournable pour les aventuriers, un prestataire spécialisé dans les activités chargées en adrénaline : rafting (55 €), canyoning (70 €), sorties d'une demi-journée à VTT (25 €). Moins physiques, les circuits à Segway (1 heure, 25 €) permettent d'admirer le paysage.

Zell am See Lido BAIGNADE
(Adulte/enfant 8,30/4,50 € ; ⏲ 9h-19h juil-sept, 10h-19h mai-juin ; 👪). Quel plaisir de nager sous les sommets, surtout sous le Grossglockner ! Puis de se prélasser au soleil sur les pelouses face au géant. Bassins chauffés à l'énergie solaire et aire de jeux aquatiques pour les enfants. Entrée gratuite avec la carte Zell am See-Kaprun.

Windsurfcenter Zell am See PLANCHE À VOILE
(☎ 0664 7502 89 24 ; www.supcenter-zellamsee.at ; Seespitzstrasse 13 ; cours débutant 2 heures 46 € ; ⏲ lever-coucher du soleil mai-sept). La forte brise montagnarde est idéale pour la planche à voile et le stand up paddle sur le lac de Zell. Ce centre réputé se trouve à 2 km au sud de la ville ; téléphonez pour connaître les offres de cours. Location de planches à voile/combinaisons/funboards pour 60/20/86 € par jour.

Circuits organisés

Rundfahrt Schmittenhöhe CROISIÈRES LACUSTRES
(schmitten.at ; adulte/enfant 17/8,50 € ; ⏲ mi avril-déb nov). Embarquez sur un bateau panoramique pour une balade de 45 minutes sur le lac. Vous profiterez de magnifiques paysages et, par temps clair, d'une superbe vue sur les Hohe Tauern.

Zell am See

Fêtes et festivals

Nuits d'été de Zell ARTS DU SPECTACLE

(mer juil-août). Chaque mercredi soir en juillet et août, les rues et places de la ville deviennent des scènes pour les orchestres et autres groupes, les artistes de rue et le théâtre d'improvisation.

Où se loger

Haus Haffner PENSION €

(06542-72 39 60 ; www.haffner.at ; Schmittenstrasse 29 ; s 36-52 €, d 72-104 €, app 89-198 € ; P wi-fi). Dans une ruelle au calme près du téléphérique, un joyeux chalet alpin d'où débordent des flopées de géraniums en été. Outre de larges chambres, il compte des appartements familiaux pratiques. Tapis colorés, bouilloire et imposant mobilier en bois (le propriétaire est ébéniste).

Junges Hotel Zell am See AUBERGE DE JEUNESSE €

(06542-571 85 ; seespitz.hostel-zellamsee.at ; Seespitzstrasse 13 ; dort 31,90-35,20 €, s 46,40 €, d 78 € ; P wi-fi). Donnant directement sur le lac et la plage, à 15 minutes à pied au sud de la ville, cette adresse idéale pour les familles offre un excellent rapport qualité/prix. Chambres simples mais bien tenues, belle vue sur la montagne et nombreuses

Zell am See

Activités

1	Rundfahrt Schmittenhöhe	C2
2	Zell am See Lido	D1

Où se loger

3	Haus Haffner	A1
4	Pension Hubertus	B2
5	Romantik Hotel Zell am See	C1
6	Steinerwirt	B2

Où se restaurer

7	Deins & Meins	C2
8	Feinkost Lumpi	C2
9	Heimatgold	C2
10	Kraftwerk	B2
	Steinerwirt	(voir 6)
11	Burger Factory	C2
12	Zum Hirschen	B2

Où prendre un verre et faire la fête

13	Ginhouse	B2
14	Grand Café	D2

activités (matchs de volley-ball, barbecues hebdomadaires).

Seecamp Zell am See CAMPING €

(06542-721 15 ; www.seecamp.at ; Thumersbacherstrasse 34 ; empl adulte/enfant/tente 10,90/7/7 € ; P wi-fi). Ombragé par les arbres, ce terrain sur la rive du lac permet de se réveiller face aux sommets enneigés du Kitzsteinhorn. Sur place : boutique, restaurant et club pour enfants. Circuits guidés à pied et à VTT proposés.

Steinerwirt BOUTIQUE-HÔTEL €€
(06542-725 02 ; www.steinerwirt.com ; Dreifaltigkeitsgasse 2 ; s 79 €, d 158-208 € ; @). Entre ses murs vieux de 5 siècles, ce ravissant chalet cache un hôtel de charme aux chambres lumineuses décorées avec goût : tons clairs, pin non traité, écran plat et lecteurs DVD. Bain à remous sur le toit, sauna face à la montagne, bibliothèque et galerie d'art invitent à la relaxation, tout comme le restaurant (ci-contre), très renommé. Vue imprenable sur le glacier de Kitzsteinhorn et le Schmittenhöhe depuis la terrasse sur le toit.

Pension Hubertus PENSION €€
(06542-724 27 ; www.hubertus-pension.at ; Gartenstrasse 4 ; s 80-100 €, d 130-170 € ; P). Beate et Bernd réservent un accueil chaleureux aux hôtes de leur chalet écologique, situé face aux remontées. La pension fonctionne à 100% à l'énergie renouvelable (solaire et éolienne) et propose produits bios et café issu du commerce équitable au petit-déjeuner. Chambres lumineuses et spacieuses au style champêtre, avec beaucoup de pin, rideaux fleuris et literie moelleuse.

Schloss Prielau HÔTEL HISTORIQUE €€€
(06542-72 91 10 ; www.schloss-prielau.at ; Hofmannsthalstrasse 10 ; s 165-185, d 210-290 €, ste 560-800 € ; P @). À 2,5 km au nord-est du centre sur la promenade du lac, ce château enchanteur du XVIe siècle était autrefois le lieu de prédilection des princes-évêques de Bavière. Boiseries et objets anciens confèrent une touche romantique à l'esprit rustique-chic des chambres, dont beaucoup ouvrent sur le lac et la montagne. Avec sa plage privée, son spa et son restaurant doublement étoilé, le Mayer's (p. 278), tout ici rime avec luxe.

Romantik Hotel Zell am See HÔTEL €€€
(06542-725 20 ; www.romantik-hotel.at ; Sebastian-Hörl-Strasse 11 ; d 190-230 €, ste 206-260 € ; P @). Tout de bois sombre, ce chalet ancestral (un demi-siècle !) disparaît sous les potées de géraniums en été. Meublées d'ancien – tout bois –, ses chambres sont confortables. Piscine solaire avec vue sur la montagne et petit spa proposant des soins comme les bains de chocolat créent une atmosphère luxueuse et discrète.

Où se restaurer

Burger Factory HAMBURGERS €
(06542-474 65 ; Salzmannstrasse 2 ; burgers 9-25 € ; 14h-21h mar-ven, midi-15h et 17h-21h sam, midi-19h dim ;). Cadre élégant et contemporain aux lignes épurées, vue fabuleuse sur le lac, hamburgers bios et gourmands (frites, ketchup et mayonnaise sont faits maison), plus des options végétariennes offrent une expérience inédite dans le domaine. Autre plus : bière ou vin bio servis au verre.

Heimatgold CAFÉ €
(Bahnhofstrasse 1 ; en-cas 5,50-12 € ; 9h-18h lun-sam). Ce formidable café-traiteur est un excellent endroit pour se fournir en produits régionaux ; profitez de votre visite pour une dégustation en terrasse. Outre des petits-déjeuners équilibrés, on y prépare d'alléchantes assiettes de charcuteries et de fromages du Salzburgerland, et des jus de fruits de Styrie.

Feinkost Lumpi ÉPICERIE, TRAITEUR €
(www.lumpi.biz ; Seegasse 6 ; 8h30-18h30 lun-ven, 8h30-17h sam). Idéale pour préparer un pique-nique : pain de seigle épais, jambon et fromage de Pinzgauer, *Knödel* maison et autres produits locaux. La glace maison est aussi excellente.

Steinerwirt AUTRICHIEN €€
(06542-725 02 ; www.steinerwirt.com ; Dreifaltigkeitsgasse 2 ; plats 11,50-34,90 € ; 11h-22h). Au bistrot contemporain comme entre les lambris vieillis du Salzburger Stube, vous passerez un délicieux moment. Saveurs du cru et ingrédients locaux composent des plats goûteux tels le carpaccio de chevreuil au pesto de noix et à la roquette (en entrée) et le *Zwiebelrostbraten* (aloyau de bœuf et sauce à l'oignon) avec boulettes. À arroser d'un des crus conservés entre les murs ancestraux de la cave.

Flo's AUTRICHIEN €€
(06542-72 123 ; www.landhotel-martha.at ; Schmittenstrasse 79 ; plats 24,50-36,50 €, menus 3/4/5 plats 39/49/59 € ; 18h-22h jeu-mar ;). Flo's vaut bien une petite escapade hors du village pour expérimenter ses audacieuses créations contemporaines autour d'antiques recettes autrichiennes revisitées.

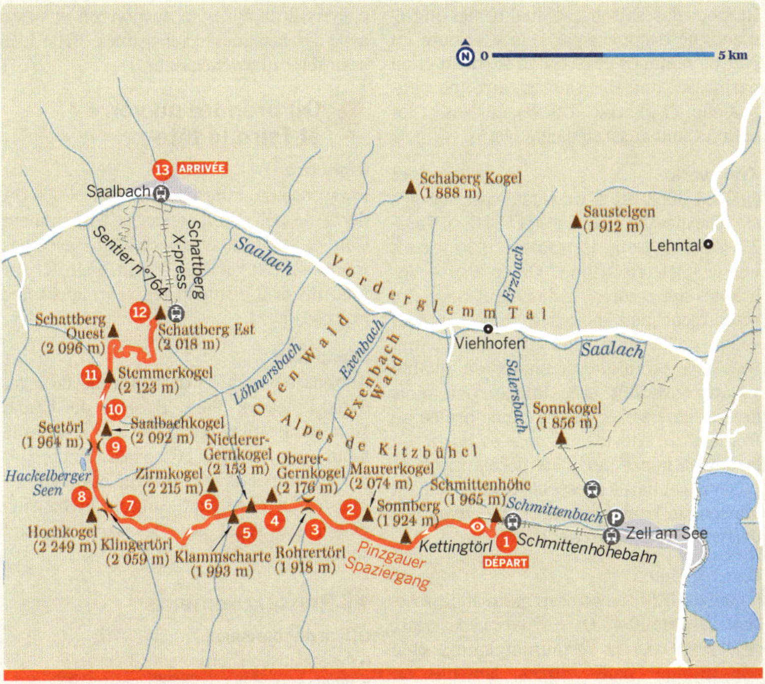

Sentier de randonnée
Pinzgauer Spaziergang

DÉPART ZELL AM SEE
ARRIVÉE SAALBACH
DISTANCE 17 KM
DURÉE 5 À 6 HEURES

Cette randonnée d'une journée, de difficulté moyenne, permet de jouir d'une vue magnifique sur les Alpes de Kitzbühel et le massif des Hohe Tauern. Emportez des provisions et procurez-vous la carte Kompass au 1/35 000 n° 30 *Zell am See-Kaprun*.

De la station supérieure du 1 **Schmittenhöhebahn**, entamez la descente graduelle de Saalbach/Pinzgauer Spaziergang, en profitant de la vue sur le lac de Zell et les Hohe Tauern. Le sentier étroit traverse une forêt parsemée de petits lacs. Vous apercevrez le chatoyant Grossglockner et le glacier de Kitzsteinhorn au sud.

Bientôt, le paysage s'ouvre parmi les prés fleuris. Au bout d'une heure environ, contournez le sommet arrondi du 2 **Maurerkogel**. L'ascension courte et facile jusqu'au col du 3 **Rohrertörl** permet de remarquer le contraste entre le Kaisergebirge calcaire au nord et les sommets glacés des Hohe Tauern au sud.

Après deux intersections, suivez le chemin en balcon au pied de l' 4 **Oberer-Gernkogel** avant de grimper vers le 5 **Niederer-Gernkogel**. Vous atteindrez bientôt la base du 6 **Zirmkogel** – les randonneurs déterminés en gagneront le sommet en un peu plus d'une heure.

Le sentier rocailleux traverse de hautes prairies jusqu'à une cabane près d'un ruisseau. À 4 heures du point de départ, une pente raide conduit au col du 7 **Klingertörl** où un panneau indique la direction de Saalbach. Longez le pied des falaises du 8 **Hochkogel** et suivez la courte descente jusqu'au col du 9 **Seetörl**.

De là, partez au nord, en escaladant le 10 **Saalbachkogel** ou en longeant son versant pentu côté ouest. Faites de même pour le 11 **Stemmerkogel**. Descendez l'arête et poursuivez en direction de Schattberg, puis faites une dernière ascension jusqu'aux télécabines 12 **Schattberg X-press** pour redescendre à 13 **Saalbach**.

Respect des saisons et qualité des ingrédients ne trompent pas : on y savoure un plat de pommes et céleri au sarrasin et au parmesan, une sole sauvage aux gnocchis, pak-choï et paprika. Les végétariens et les enfants sont aussi chouchoutés.

Kraftwerk AUTRICHIEN €€

(☎0664 3888 016 ; www.kraftwerk-restaurant.at ; Schmittenstrasse 12a ; plats 17-24 € ; ⏲17h30-23h-jeu-mar). Dans les années 1930, c'était une centrale électrique ! On en a gardé les briques apparentes en dessinant un cadre résolument post-industriel à ce nouveau venu sur la scène culinaire de Zell am See. Les produits régionaux de qualité y sont travaillés avec imagination dans des recettes telles que la crème brûlée au fromage de chèvre aux noix et raisin, ou le poulet nourri au maïs accompagné de polenta, rhubarbe et brocoli. Goûtez au pain maison, au jambon fumé et au *Schnaps* de la ferme bio de Kraftwerk.

Deins & Meins FUSION €€

(☎06542-472 44 ; www.deins-meins.at ; Schlossplatz 5 ; plats 10-43 € ; ⏲17h-minuit lun-sam ;). Dans ce restaurant lounge chic aux grandes baies vitrées, fauteuils en velours rouge et œuvres d'art modernes, le chef, et pâtissier, David Fischböck propose un menu slow food : plats aux herbes d'inspiration méditerranéenne et steaks succulents suivis de ses délicieux desserts maison. Menu enfant.

Zum Hirschen AUTRICHIEN €€

(☎06542-774 ; www.hotel-zum-hirschen.at ; Dreifaltigkeitsstrasse 1 ; plats 14,90-31,50 € ; ⏲11h30-14h et 18h-21h). Pin clair, bougies et service chaleureux mais discret confèrent à cette table élégante une douce atmosphère. Le chef cuisine des ingrédients locaux et propose notamment du Tafelspitz de bœuf Pinzgauer bio, de la truite locale avec pommes de terre à l'aneth et de l'agneau des montagnes tyroliennes.

Mayer's GASTRONOMIE €€€

(☎06542-72 91 10 ; www.mayers-restaurant.at ; Hofmannsthalstrasse 10 ; menus dégustation 112-193 € ; ⏲19h-minuit mer-dim). Andreas Mayer dirige la cuisine du restaurant raffiné du Schloss Prielau, gratifié de 2 étoiles au Michelin. La fraîcheur prime, avec des légumes du potager et des produits bios jouant les stars de recettes inventives, à l'image de la crépinette de pigeon au fruit de la passion et au chou-rave ou du chevreuil du Pinzgau au poivron et pesto avec ses lasagnes d'aubergines. Belle idée pour fêter un événement.

Où prendre un verre et faire la fête

Ginhouse BAR

(www.ginhouse.at; Dreifaltigkeitsgasse 1; ⏲16h-2h). Sorte de pub alpin moderne, le Ginhouse élabore savamment ses cocktails avec pas moins de 450 variétés de gin, à siroter sur fond musical europop relaxant, après une journée de ski.

Grand Café CAFÉ

(Esplanade 4 ; ⏲15h-minuit). Inutile de loger dans le cadre Belle Époque du Grand Hotel pour apprécier la vue sur le lac et la montagne qu'offre la terrasse ombragée par les arbres. Prenez un café et un gâteau maison en observant canards et bateaux glisser sur l'eau, avec le piano en fond sonore.

Renseignements

Office du tourisme (☎06542-770 ; www.zellamsee-kaprun.com ; Brucker Bundesstrasse 1a ; ⏲8h-18h lun-ven, 9h-midi sam). Le personnel vous aidera à trouver une chambre. Tableau des hébergements dans l'entrée et téléphone gratuit disponible 24h/24.

Depuis/vers Zell am See

BUS

Des bus partent de la gare ferroviaire et de la **gare routière** (Postplatz) située derrière la poste. Ils desservent Kaprun (2-4€, 23 min, 2/h) et Krimml (11,30 €, 1 heure 20, ttes les 2 heures).

TRAIN

Toutes les heures, des trains partent de Zell am See pour Salzbourg (16,40 €, 1 heure 30-2 heures), Kitzbühel (12,70 €, 50 min) et Innsbruck (33,10 €, 2 heures 30).

VOITURE ET MOTO

Zell am See se trouve le long de la B311 en direction du nord vers Lofer, où elle rejoint la B178, qui relie Sankt Johann in Tirol à Salzburg (*via* l'Allemagne). L'autoroute est-ouest reliant Sankt Johann im Pongau au Tyrol (*via* la route alpine de Gerlos) n'est qu'à quelques kilomètres.

Comment circuler

On peut louer des vélos pour une balade autour du lac dans tous les magasins de sport de la ville, dont Adventure Service (p. 274).

LA CARTE DÉCOUVERTE

Si vous êtes en ville en été, demandez à votre hébergement la **carte Zell am See-Kaprun** gracieusement offerte. Elle donne accès gratuit à tous les grands sites et activités de la région, notamment les piscines autour du lac, le Wildpark Ferleiten (p. 283) et les cascades de Krimml (Krimmler Wasserfälle ; p. 285). Son détenteur a également droit à une balade en bateau sur le lac et à un trajet quotidien à bord des téléphériques qui grimpent au Schmittenhöhe et au Kitzsteinhorn.

Bad Gastein

06434/3980 HABITANTS/ALTITUDE 1000 M

Villas Belle Époque accrochées aux falaises boisées qui s'élèvent au-dessus de cascades tumultueuses et vue splendide sur la vallée de Gastein, Bad Gastein est un must. Fréquentée été comme hiver, la station possède des pistes de ski de premier choix, d'excellents itinéraires de randonnée et des sources thermales vantées pour leurs propriétés thérapeutiques. Le lieu conserve un peu de la splendeur de son âge d'or, au XIXe siècle, lorsque l'impératrice Élisabeth (Sissi) venait s'y baigner.

À voir

Cascade de Gastein SITE NATUREL

(Gasteiner Wasserfall). Cette cascade de 341 m de haut, qui dévale les parois accidentées des falaises et traverse la forêt pour s'abattre dans 3 bassins d'eau turquoise, est l'attraction de Bad Gastein. Sa beauté éthérée a captivé l'imagination de Klimt, de Max Liebermann, de Schubert et de l'impératrice Élisabeth. Le **Wasserfallbrücke** (pont de la cascade) en pierre constitue le meilleur point de vue et le point de départ du **Wasserfallweg** (sentier de la cascade) surplombant la magnifique cataracte. Il offre aux photographes l'opportunité de clichés sensationnels.

Musée de Gastein MUSÉE

(Gasteiner Museum ; www.gasteinermuseum.com ; Kaiser-Franz-Josef-Strasse 14, Grand Hotel de l'Europe ; adulte/enfant 5 €/gratuit ; 14h30-18h mer-dim). Ce musée dévoile l'histoire de Bad Gastein et les bienfaits de ses eaux thermales, des Romains venus soigner leurs rhumatismes aux peintres romantiques inspirés par sa cascade. La collection éclectique comprend aussi bien des costumes de Krampus (équivalent local du Père Fouettard) que d'anciennes affiches touristiques et des peintures à l'huile de Bad Gastein au XIXe siècle. Audioguides en anglais.

Église Saint-Nicolas ÉGLISE

(Nikolauskirche ; Bismarckstrasse ; 7h30-11h lun-ven). Exemple de gothique tardif, la nef voûtée en étoile est un véritable petit bijou. Son intérieur charme par sa simplicité, avec ses dalles inégales, son autel baroque et ses fresques presque naïves aux tons estompés par le temps. À l'extérieur, la statue de Paracelse, génial médecin-philosophe du XVIe siècle, rappelle ses nombreuses pérégrinations médicales en Autriche.

Fontaine thermale FONTAINE

Pour jouir des bienfaits de l'eau thermale de Bad Gastein sans toucher à votre porte-monnaie, remplissez votre bouteille à cette fontaine d'eau de source potable. Deux à six verres par jour sont recommandés pour une santé optimale.

Activités

Ski Amadé SKI

(www.skiamade.com ; forfait 1 jour adulte/enfant 63,50/49 €, forfait 6 jours région entière 278-299 €). Les pistes et les spas de la Gasteinertal sont une association parfaite en hiver. Les 220 km de pistes diverses accueillent les débutants confirmés et les intermédiaires, avec de charmantes descentes boisées et des pistes plus exigeantes. Les télécabines du Schlossalmbahn, flambant neuves, facilitent les choses.

La station fait partie du vaste domaine Ski Amadé, qui comprend 760 km de pistes. Le ski et le snowboard se pratiquent surtout à Stubnerkogel (2246 m) et à **Graukogel** (2492 m). Le ski de fond a ses adeptes à Bad Gastein, avec 83 km de *Loipe* (pistes) préparées dont un sentier éclairé à **Böckstein** (à 3 km au sud de Bad Gastein).

Stubnerkogel RANDONNÉE

(Ascension et descente adulte/enfant 34/15 €, forfait ski 1 jour adulte/enfant 47,50-63,50/20-32 € ; 8h30-16h30). Merveilleux espace de randonnée estivale, avec des sentiers de haute altitude coupant à travers les pâturages et les sommets rocailleux, le Stubnerkogel offre aussi une impressionnante traversée de 140 m de long sur le plus

Bad Gastein

Bad Gastein

Les incontournables
1 Cascade de Gastein C3

À voir
2 Musée de Gastein B2
3 Église Saint-Nicolas C1
4 Fontaine thermale C2

Activités
5 Felsentherme Gastein B4
6 Flying Waters B2
7 Kaiser-Wilhem-Promenade D1
8 Ski Amadé A4
9 Stubnerkogel B4
10 Therapiezentrum für physikaliche Medizin B4

Où se loger
11 Alpenblick D1
12 Euro Youth Hotel Krone B4
13 Hotel Miramonte D2
14 Pension St Leonhard B3
15 Villa Solitude B2

Où se restaurer
16 Betty's Bar B2
17 The Blonde Beans B4
18 Hofkeller B3
19 Jägerhäusl B3
Lutter & Wegner .... (voir 15)

haut pont suspendu d'Europe. Les perspectives démultipliées sur la chaîne des Hohe Tauern laissent pantois. Le téléphérique **Stubnerkogelbahn**, en 2 sections, a son départ à proximité de la gare ferroviaire de Bad Gastein.

Gasteiner Heilstollen THERMES
(Tunnel thérapeutique de Gastein ; ☎06434-375 30 ; www.gasteiner-heilstollen.com ; Heilstollenstrasse 19, Böckstein ; séance découverte 60,90 € ; ⏲6h30-15h lun-ven). La mine d'or médiévale de Böckstein a été convertie en centre de

santé très réputé. Après une brève visite médicale, les visiteurs montent dans un petit train qui descend sur 2 km dans les profondeurs humides et chaudes (38°C) de la montagne Radhausberg ; là, ils absorbent les vapeurs de radon, qui auraient le pouvoir de tout guérir, de l'arthrite à la fibromyalgie.

Alpentherme THERMES, SPA

(☎06432-82 93 ; www.alpentherme.com ; Senator-Wilhelm-Wilfling-Platz 1, Bad Hofgastein ; 4 heures adulte/enfant 33/20 € ; ⏲9h-22h). Ce spa à l'architecture innovante se divise en 4 "mondes", qui offrent chacun des expériences différentes : relaxation dans les bains thermaux riches en radon ou sensations fortes des glissades sur toboggans. La partie sauna comprend une grotte d'eau salée, un vaste sauna, un sauna finlandais brûlant et une piscine d'eau glacée. Enveloppements au lait de chèvre et massages au chocolat chaud figurent parmi les soins proposés par le centre de bien-être.

À 7 km au nord de Bad Gastein. Le bus n°550 dessert le spa depuis la gare (2,60 €, 15 minutes, départs fréquents).

Felsentherme Gastein THERMES, SPA

(☎06434-222 30 ; www.felsentherme.com ; Bahnhofplatz 5 ; 3 heures/journée entière adulte 24,50/29 €, enfant 14/18 € ; ⏲9h-21h ; 👪). Depuis la rue, un ascenseur de verre grimpe au Felsentherme Gastein, où vous plongerez dans des eaux rajeunissantes. Le spa abrite des grottes, une piscine aventure pour les enfants et un bain thermal extérieur avec des jets de massage puissants et une vue merveilleuse sur les montagnes. Saunas panoramiques et bains de vapeur d'eau salée attendent les moins pudiques.

Flying Waters SPORTS D'AVENTURE

(☎0670 400 2350 ; www.flyingwaters.at ; Villa Solitude, Kaiser-Franz-Josef-Strasse 16 ; adulte/enfant 20/15 € ; ⏲14h-17h jeu-dim mai et sept, mer-dim juin, mar-dim juil-août). Entre la Villa Solitude et le parc en contrebas, la descente en tyrolienne sur 300 m décoiffe sec. À peine a-t-on le temps de s'apercevoir que l'on suit la cascade.

Kaiser-Wilhelm-Promenade À PIED

Pour jouir d'une belle vue à Bad Gastein, il suffit de suivre ce sentier en balcon le long de la Kaiserhofstrasse. Il permet d'admirer la vallée boisée de Gastein, bordée de montagnes et parsemée de villas. La marche de 45 minutes est facile et permet de prendre de belles photos à la **statue de Guillaume Ier** (Kaiser Wilhelm), qui donna sa bénédiction impériale aux eaux curatives de Bad Gastein en venant 20 fois à la fin du XIXe siècle.

> ### ℹ LA GASTEIN CARD
>
> Délivrée gracieusement par votre hébergement, la **Gastein Card** permet de bénéficier d'avantages gratuits : randonnées pédestres et cyclistes guidées, spas, concerts, balades historiques, etc. – l'office de tourisme vous donnera tous les détails. En outre, elle ouvre droit à d'importantes réductions pour les téléphériques, bus, spas et activités. La carte hivernale garantit des réductions similaires, plus l'accès gratuit à tous les bus et à la patinoire, le prêt gracieux d'une luge et des sorties guidées à skis.

Therapiezentrum für physikaliche Medizin THERMES

(Centre thérapeutique de médecine physique ; ☎06434-27 11 ; www.therapiezentrum-badgastein.at ; Bahnhofplatz 7 ; bain au radon 19 € ; ⏲8h-12h30 et 13h30-17h lun-ven). Massages aux vertus curatives, bain au radon, acupuncture, cryothérapie, électrothérapie et fangothérapie : à vous de choisir.

Fêtes et festivals

Défilé des Krampus CULTURE

(Gasteiner Krampuslauf ; ⏲5 déc). Avec ses cornes, sa peau de bouc, sa barbichette et sa tête hirsute, le Krampus a de quoi faire peur aux enfants quand il débarque dans la vallée de Gastein la veille de la Saint-Nicolas, gentil monsieur dont il est l'antithèse absolue. Que vient-il faire ? Punir les enfants turbulents, pardi ! Voir 80 à 100 Krampus arpenter les rues ne laisse pas, mais alors pas du tout, indifférent.

Coupe du Monde de snowboard SNOWBOARD

(Buchebenwiese, Stubnerkogel ; ⏲déb janv). Le rendez-vous des meilleurs snowboardeurs au monde venus défendre leur place sur les pistes de Bad Gastein, unique étape autrichienne de la coupe du monde.

Où se loger

Pension St Leonhard PENSION €

(☎06434 231 20 ; www.pension-leonhard.at ; Pyrkershöhenstrasse 9 ; s 40-60 €, d 74-112 € ; P 📶). Cette pension familiale très sympathique offre une belle vue sur les montagnes. Habillées de mobilier alpin traditionnel, ses chambres sont chaleureuses, à l'image de l'accueil. L'espace bien-être avec sauna invite à la détente après le ski ou la rando. Au petit-déjeuner : charcuterie, œufs, céréales et pains frais. À deux pas de la gare.

Euro Youth Hotel Krone AUBERGE DE JEUNESSE €
(☎06434-23 30 ; www.euro-youth-hotel.at ; Bahnhofsplatz 8 ; dort 30-50 €, s 38-58 €, d 66-102 €, demi-pension 12 €/pers ; P📶). Avec ses impeccables chambres à haut plafond, ce manoir centenaire a plus de charme que les auberges habituelles. Les voyageurs apprécient les locaux, qui abritent un restaurant, une salle TV et un coin barbecue. Sorties rafting, canyoning, parapente, VTT et raquettes organisées à la demande.

Kur-Camping Erlengrund CAMPING €
(☎06434-302 05 ; www.kurcamping-gastein.at ; Erlengrundstrasse 6 ; empl adulte/enfant/tente 10/5,50/15 € ; P📶🏊). Proche d'un lac naturel, ce terrain aux emplacements ombragés bénéficie en été d'une piscine chauffée. À 1 heure de marche en suivant la cascade au nord de Bad Gastein, en direction de Kötschachdorf. Accessible par le bus 555 (2,10 €, 15 min) au départ de la gare ferroviaire.

♥ **Alpenblick** HÔTEL €€
(☎06434-20 62 ; www.alpenblick-gastein.at ; Kötschachtaler Strasse 17 ; s 71-85 €, d 126-170 €, app 226-277 € ; P📶🏊). Haut perché, au pied des pistes du Graukogel, l'Alpenblick porte bien son nom. Outre la splendide vue sur les Alpes et la vallée de Gastein, il offre de jolies chambres traditionnelles avec parquet et d'excellentes infrastructures (espace spa, piscine extérieure, jardins, salle et aire de jeux pour enfants). Demi-pension incluse.

Hotel Miramonte HÔTEL DESIGN €€
(☎06434-25 77 ; www.hotelmiramonte.com ; Reitlpromenade 3 ; s 125 €, d 140-200 € ; P📶). Au sommet d'une colline, un hôtel au design rétro chic avec un magnifique arrière-plan montagneux. La terrasse avec vue et le spa thermal avec soins et cours de yoga attirent une clientèle élégante. Les chambres-studios affichent un style épuré, avec parquet et tapis en peau de vache.

Villa Solitude HÔTEL HISTORIQUE €€
(☎06434-51 01 ; www.villasolitude.com ; Kaiser-Franz-Josef-Strasse 16 ; d 80-160 €, demi-pension 30 €/pers ; P📶). Ancienne demeure d'une comtesse autrichienne, cette villa Belle Époque compte 6 suites meublées d'ancien. Au rez-de-chaussée, la petite salle au piano est idéale pour se glisser dans la peau d'un châtelain. Petit-déjeuner en supplément (15 €). Juste à côté, le restaurant **Lutter & Wegner** affiche une carte fusion et... une terrasse sublime surplombant la station.

Où se restaurer

♥ **The Blonde Beans** CAFÉ €
(☎0660 1385 366 ; www.facebook.com/theblondebeans ; Bahnhofsplatz 4 ; en-cas 6-12 € ; ⊙9h-16h lun-sam). Le meilleur café de Bad Gastein se boit chez Blonde Beans. Dans une déco scandinave rétro, on le sirote avec des petits pains, une tranche de cake à la cannelle, un wrap, une soupe de légumes frais, un panini ou un sandwich. Tout est fait maison. Ce café très en vue n'est pas orgueilleux pour un sou et dit un grand oui aux recettes sans gluten et sans lactose.

Betty's Bar CAFÉ €
(☎0650 6272 627 ; Kaiser-Franz-Josef-Strasse 17 ; en-cas 9,90-15,90 € ; ⊙18h-23h mar-sam). La déco est bohème, l'ambiance chaleureuse, entre mosaïques murales et jolie petite terrasse. On vient au Betty's pour boire un bon café, un smoothie et se régaler d'un sandwich frais, de tapas ou d'une tarte flambée parfaitement croustillante.

Hofkeller AUTRICHIEN €€
(☎06434-203 72 45 ; Grillparzerstrasse 1 ; plats 21,50-32 € ; ⊙18h-23h dim-ven déc-avr ; 👪). En hiver, rien de tel que cette cave de pierre sous l'hôtel Salzburger Hof pour se réchauffer en savourant fondue, raclette ou pierrade. Menus enfant. L'établissement était temporairement fermé lors de nos recherches

Jägerhäusl AUTRICHIEN €€
(☎06434-202 54 ; www.jaegerhaeusl.com ; Kaiser-Franz-Josef-Strasse 9 ; plats 10-35 € ; ⊙16h-22h ven-mer). Outre les pizzas au feu de bois, on mange ici les classiques de la cuisine autrichienne et des produits régionaux, comme le filet de truite de Gastein. Attablez-vous dans la belle salle rustique ou sur la terrasse ombragée. Concerts de musique tyrolienne fréquents les soirs d'été (détails sur le site Internet).

Renseignements

Office du tourisme (☎06432-339 30 ; www.gastein.com ; Kaiser-Franz-Josef-Strasse 27 ; ⊙8h-17h lun-ven, 13h-17h sam). Prenez à gauche en sortant de la gare ferroviaire et descendez la colline. Le personnel vous aidera gracieusement à trouver un point de chute. Renseignements sur le parc national dans l'entrée.

Depuis/vers Bad Gastein

TRAIN

Des trains passent par Bad Gastein toutes les 2 heures et desservent des destinations situées au nord et au sud, comme Spittal-Millstättersee (11,40 €, 35 min), Salzbourg (16,40 €, 1 heure 30) et Innsbruck (58,50 €, 3 heures 30).

Si vous allez au nord, de Bad Gastein à Bad Hofgastein, asseyez-vous à droite dans le train pour avoir la plus belle vue.

VOITURE ET MOTO

En direction du sud, il vous faudra emprunter l'*Autoschleuse Tauernbahn* (navette ferroviaire) pour passer le tunnel à Böckstein (aller simple 19,40 €). Sur l'A10 en venant du nord (Salzbourg), prenez la sortie Gasteinertal près de Bischofshofen, puis la B167.

Route du Grossglockner

Extraordinaire prouesse technique des années 1930, la route du Grossglockner (circuit p. 284) est sans conteste la plus belle route alpine d'Autriche. Elle serpente au milieu des plus hautes montagnes du pays dans un cadre spectaculaire – pour peu que le temps soit suffisamment clair pour pouvoir profiter de la vue sur les sommets couronnés de glaciers, les cascades et les lacs.

Au moment de nos recherches, la route du Grossglockner figurait sur la liste indicative du patrimoine mondiale de l'Unesco. Croisons les doigts.

Wildpark Ferleiten RÉSERVE NATURELLE
(www.wildpark-ferleiten.at ; adulte/enfant 9,50/4,50 € ; 9h-18h mai-déb nov ;). La réserve naturelle de Ferleiten rassemble, sur ses 15 hectares, pas moins de 200 animaux alpins : chamois, marmottes, bouquetins, daims, sangliers et ours bruns notamment. Les enfants peuvent se défouler sur les aires de jeux ou les petites montagnes russes.

Depuis/vers la route du Grossglockner

L'itinéraire peut se faire en bus, mais cela prend du temps et mieux vaut avoir son propre véhicule. Le bus n°5002 circule fréquemment entre Lienz et Heiligenblut en semaine (11,80 €, 1 heure 25), moins fréquemment le week-end. De fin juin à fin septembre, 4 bus circulent du lundi au vendredi, et 3 le week-end, entre Heiligenblut et Kaiser-Franz-Josefs-Höhe (6,10 €, 32 min).

Heiligenblut

04824/1020 HABITANTS/ALTITUDE 1301 M

Avec son église de pèlerinage au fin clocher et le sommet gelé du Grossglockner en arrière-plan, Heiligenblut est l'un des jalons les plus saisissants de la route du Grossglockner. Le paysage emblématique du village et les montagnes facilement accessibles attirent skieurs, randonneurs et touristes-photographes. Le centre, compact, abrite bon nombre de chalets en bois et conserve un charme traditionnel, malgré l'abondance de souvenirs kitsch.

En été, les alpinistes s'y rendent pour escalader les sommets du parc national des Hohe Tauern. Renseignez-vous à l'office du tourisme pour les sentiers de VTT du parc.

À voir

Église Saint-Vincent RELIQUE
(Wallfahrtskirche Sankt Vinzenz ; Hof 2 ; lever-coucher du soleil). Cette église de pèlerinage du XVe siècle enchante et attire les regards. À l'intérieur, un tabernacle renfermerait une ampoule reliquaire où serait conservé un peu du sang du Christ, d'où le nom du village (Heiligenblut signifie "sang sacré"). D'après la légende, cette fiole aurait été donnée par l'empereur byzantin à un prince danois du nom de Briccius, enseveli sous une avalanche à cet endroit il y a un millier d'années.

Activités

Schareck SKI
(www.skisport.com/Grossglockner ; Kaiser-Franz-Josefs-Höhe ; forfait journée 48 € ;). À Heiligenblut, les skieurs peuvent profiter de 55 km de pistes enneigées à l'ombre du Grossglockner. Le domaine, idéal pour débutants et intermédiaires, plaît souvent aux familles grâce au Snowland Kids Club et aux pentes douces. On skie généralement sur le Schareck (2604 m).

Où se loger et se restaurer

Jugendherberge AUBERGE DE JEUNESSE €
(04824-2259 ; www.oejhv.at ; Hof 36 ; dort/s/d 24/37,50/59 € ;). Ce chalet du réseau

Circuit en voiture

La route du Grossglockner

DÉPART BRUCK
ARRIVÉE KAISER-FRANZ-JOSEFS-HÖHE
DISTANCE 96 KM
DURÉE 4 À 6 HEURES

La route du Grossglockner, l'un des plus beaux itinéraires alpins, parcourt 48 km au cœur d'un éblouissant paysage montagneux.

Quittez 1 **Bruck** pour entrer dans la sauvage vallée de la Fuscher (Fuschertal), vous passerez Fusch et la réserve naturelle 2 **Wildpark Ferleiten** (p. 283). Passé le péage, la route grimpe jusqu'à 3 **Hochmais** (1850 m), où l'on n'a pour tout horizon que des sommets glacés dont le Grosses Wiesbachhorn, qui culmine à 3564 m. La route serpente jusqu'au 4 **Haus Alpine Naturschau** (2260 m), où flore et faune locales sont à l'honneur. Plus loin, une route secondaire de 2 km sinue jusqu'au point de vue le plus élevé de la route, 5 **Edelweiss-spitze** (2571 m). La tour offre un panorama à 360° sur une trentaine de sommets de 3000 m. Un café et un strudel sur la terrasse du refuge vous redonneront des forces.

Préparez votre appareil photo pour le 6 **Fuscher Törl** (2428 m), offrant une superbe vue des deux côtés de l'arête, et le magnifique 7 **Fuscher Lacke** (2262 m). Une petite exposition retrace la construction de la route, réalisée par 3000 ouvriers en 5 ans, dans la foulée de la crise de 1929.

Montez jusqu'à 8 **Hochtor** (2504 m), le sommet du col, puis redescendez vers 9 **Schöneck**. Bifurquez à l'ouest sur la Gletscherstrasse (9 km), qui croise des cascades et des panneaux *Achtung Murmeltiere* ("attention aux marmottes").

Le massif du Grossglockner apparaît à l'approche de 10 **Kaiser-Franz-Josefs-Höhe** (2369 m), jalonné de drapeaux, qui offre une belle vue sur le Grossglockner (3798 m) en forme de cloche et sur le glacier de Pasterze. Long de 8 km, ce dernier s'apprécie mieux sur les sentiers courts et faciles, Gamsgrubenweg et Gletscherweg. Prévoir du temps pour l'exposition sur le glacier du centre des visiteurs et l'observatoire transparent Wilhelm-Swarovski avant de regagner Bruck.

HI, proche de l'église, abrite de spacieux dortoirs assortis de vestiaires pour le matériel de ski et d'une salle commune. Juste à côté de la piscine, du sauna et du mur d'escalade. Déjeuner et dîner possibles sur place (7,90 €).

Camping Grossglockner CAMPING
(☎ 04824-20 48 ; www.nationalpark-camping.at ; Hadergasse 11 ; empl adulte/enfant/voiture 9/3,50/3,50 €). Ouvert toute l'année, ce terrain agréablement verdoyant avec restaurant se situe aux abords du village. Vue imprenable sur le Grossglockner.

♥ **Chalet-Hotel Senger** HÔTEL €€
(☎ 04824-22 15 ; www.romantic.at ; Hof 23 ; s 52-86 €, d 115-200 € ; P ᯤ). Dans cette ferme, des drapeaux de prière colorés flottent au vent en hommage aux moines tibétains qui y ont résidé. Coins confortables, boiseries claires et cheminées ouvertes composent l'endroit parfait pour l'hibernation et l'introspection. La plupart des chambres douillettes ont un balcon ; la 24, elle, donne sur le Grossglockner. Espace bien-être intimiste avec sauna et petite piscine.

Nationalpark Lodge Grossglockner BOUTIQUE-HÔTEL €€
(☎ 04824-22 440 ; www.nationalparklodge.at ; Hof 6 ; s 98-111 €, d 170-212, ste 196-294 € ; 🏊). Applaudi de toutes parts, cet hôtel façon lodge est alpin à souhait mais résolument contemporain. Les chambres se parent de teintes douces et de mobilier en pin clair, avec pour certaines une très belle vue sur la montagne. Espace bien-être réussi, avec une piscine intérieure et un sauna panoramique. Le restaurant célèbre les produits régionaux (du gibier des Hohe Tauern, par exemple) avec modernité.

L'équipe organise sur demande tous types d'activités de plein air auprès de guides chevronnés : sorties à raquettes pour observer la faune sauvage, escalade ou trek glaciaire...

Renseignements

Office du tourisme (☎ 04824-27 00 20 ; www.heiligenblut.at ; Hof 4 ; ⏲ 9h-18h lun-ven, 14h-18h sam-dim). Dans la rue principale, près de l'arrêt de bus Hotel Post. Réserve des guides de montagne.

Depuis/vers Heiligenblut

En semaine, le bus n°5002 fait la navette toute la journée entre Lienz et Heiligenblut (11,80 €, 1 heure 20), un peu moins fréquemment le week-end. De fin juin à fin septembre, 4 bus circulent du lundi au vendredi, et 3 le week-end, entre Heiligenblut et Kaiser-Franz-Josefs-Höhe (6,10 €, 32 min).

Krimml

☎ 06564/844 HABITANTS/ALTITUDE 1076 M

Plus hautes cascades d'Europe (380 m), les Krimmler Wasserfälle plongent sur 3 niveaux, offrant un spectacle retentissant. Si c'est l'attrait principal de ce minuscule village, il y a bien plus à découvrir pour qui prolonge l'aventure – magnifique paysage alpin, agréables randonnées en montagne et séjours à la ferme pour renouer avec la nature pendant quelques jours.

À voir

♥ **Cascades de Krimml** CASCADES
(Krimmler Wasserfälle ; ☎ 06564-72 12 ; www.wasserfaelle-krimml.at ; adulte/enfant 5/2 € ; ⏲ 24h/24 mi-avr à oct). Enveloppées de brume, surmontées d'un arc-en-ciel ou prises par le gel... peu importe, ces cascades sont toujours splendides, quelle que soit l'époque de l'année. Le **Wasserfallweg** (sentier des chutes) démarre à la billetterie et grimpe doucement dans une forêt mixte, offrant de nombreuses occasions de clichés magnifiques sur les chutes.

Il faut compter environ 2 heures aller-retour ou deux fois plus si vous souhaitez poursuivre jusqu'à la **vallée glaciaire de l'Achen**, qui surplombe un charmant ruisseau jusqu'à Hölzlahneralm. De là-haut (3000 m), la vue sur les pâturages et les sommets est tout simplement magique. Vous pouvez même y passer la nuit si vous avez besoin de vous délasser avant de repartir pour Krimml.

Activités

Tauernradweg VÉLO, RANDONNÉE
(tauernradweg.at). Des sentiers pédestres et cyclistes bien balisés sillonnent les Alpes autour de Krimml. Le Tauernradweg, un chemin cycliste de 310 km, traverse le paysage éblouissant du parc national des Hohe Tauern et rejoint Salzbourg, puis Passau. L'itinéraire comporte quelques sections en haute montagne et requiert une bonne forme physique. Le sentier des chutes de Krimml, le Wasserfallweg, démarre près du point de départ du Tauernradweg.

Zillertal Arena SKI
(www.zillertalarena.at ; forfait 1/3/6 jours 59,50/171/287 € ;). Krimml fait partie du domaine Zillertal Arena, qui couvre 143 km de pistes, principalement destinées aux skieurs intermédiaires. Familles et non-skieurs s'y rendent aussi en hiver pour des activités calmes comme la luge, les raquettes et les balades en traîneau tiré par des chevaux.

WasserWelten Krimml PARC D'ATTRACTIONS
(www.wasserwelten-krimml.at ; adulte/enfant avec cascades 10,60/5,30 € ; 9h-17h mai-oct ;). Le monde de l'eau se révèle sous toutes ses facettes au jeune monde, enthousiasmé par toute une série d'activités allant des expériences de physique aux installations artistiques en passant par les jeux d'extérieur. Le but : ressortir trempé jusqu'aux os !

Où se loger et se restaurer

Burgeck Panorama Hotel PENSION €€
(06564-72 49 ; www.burgeck.com ; Oberkrimml 79 ; d 70-98 € ;). Perchée au-dessus du village, près de la forêt, cette pension, tenue par l'aimable famille Bachmaier, a l'atout d'une vue imprenable sur les chutes. Les chambres récemment rénovées sont modernes, les autres arborent un style alpin rustique. Le restaurant fait la part belle aux produits locaux, bio et aux plantes aromatiques du jardin.

Hotel Klockerhaus HÔTEL €€
(06564-72 08 ; www.klockerhaus.com ; Oberkrimml 10 ; d 80-90 €, app 173-200 € ;). Le bois de pin omniprésent confère une atmosphère fort chaleureuse aux chambres – avec vue sur les chutes – comme au salon avec cheminée ouverte. Petit spa avec sauna, bain de vapeur salin et traitements tels que le massage tibétain. Piscine extérieure non traitée.

Hölzlahneralm AUTRICHIEN €
(0664 507 83 48 ; www.hoelzlahner.at ; Oberkrimml 66 ; repas légers 8-15 € ; 8h-19h mai-oct). On peut aller déjeuner là-haut sur le pouce, mais il vous faudra grimper un peu avant de pouvoir vous régaler. La marche de 2 heures pour s'y rendre depuis Krimml, en passant par les cascades, rend les *Kaspressknödel* (boulettes au fromage) encore plus appréciables. Le restaurant était temporairement fermé lors de nos recherches.

Renseignements

L'**office du tourisme** (06564-72 39 ; www.zillertalarena.com/krimml ; Oberkrimml 37 ; 8h-midi et 14h-18h lun-ven, 8h30-10h30 et 16h30-18h30 sam) est au centre du village, à côté de l'église.

Depuis/vers Krimml

Le village est à 500 m environ au nord des cascades de Krimml, sur une route transversale à la B165. On trouve des places de parking près du sentier conduisant aux chutes, qui part sur la droite juste avant les péages de la route alpine de Gerlos pour Mayrhofen.

Des bus circulent toute l'année entre Krimml et Zell am See (13,24 €, 1 heure 15, ttes les 2 heures).

Carinthie

Dans ce chapitre ➡

Le top des restaurants

- Restaurant Maria Loretto (p. 292)
- Princs (p. 292)
- Dolomitenhütte (p. 308)
- La Torre (p. 300)
- Bar Leon (p. 301)

Le top des hébergements

- Camping Klagenfurt am Wörthersee (p. 291)
- Hotel Mosser (p. 296)
- Hotel Schloss Leonstain (p. 301)
- Villa Verdin (p. 303)

Pourquoi y aller

Land le plus méridional de l'Autriche, limitrophe de l'Italie et de la Slovénie, la Carinthie (Kärnten) déploie un superbe décor de montagne. Votre voyage tiendra à maints égards d'un parcours sinueux. Avec ses nombreuses stations de ski et ses pistes peu encombrées, la Carinthie est l'un des meilleurs endroits du pays pour les sports d'hiver. L'autre atout de la région, ce sont ses lacs, qui lui valent le surnom de "riviera autrichienne". La Carinthie en compte 1270 et certains d'entre eux, comme le lac de Wörth, sont alimentés par des sources géothermiques, ce qui rend la baignade délicieuse.

Sur le plan culturel, la Carinthie n'est pas en reste, avec son opulente capitale, Klagenfurt, ses pittoresques villages fortifiés (Friesach, Gmünd), des châteaux perchés sur des collines (tel celui de Hochosterwitz), sans oublier la magnifique cathédrale de Gurk aux sublimes fresques romanes. Dans nombre de villes et villages de Carinthie est organisé, l'été venu, un festival, où des artistes venus d'Italie et de Slovénie viennent prêter main-forte à leurs homologues locaux.

Quand partir

- C'est en plein été que vous profiterez au mieux des lacs et des randonnées en montagne. La Carinthie bénéficiant d'un plus fort ensoleillement que le reste du pays, les eaux de ses lacs sont plus chaudes.
- En hiver, il s'agit de l'une des meilleures régions de ski d'Autriche, bien que la saison y soit plus courte qu'ailleurs du fait de la clémence des températures.
- Les périodes intermédiaires sont moins intéressantes, hormis pour faire du vélo et de la randonnée dans les vallées.

À ne pas manquer

1. Une balade à pied ou à vélo sur les sentiers boisés surplombant le **Weissensee** (p. 304).
2. Une baignade à la **plage de Klagenfurt** (p. 291) sur le lac de Wörth, la plus grande plage lacustre d'Europe.
3. Siroter un Spritz au **Bar Leon** (p. 301), à Pörtschach, en regardant passer les cygnes.
4. Le **musée Heinrich Harrer** (p. 299), à Hüttenberg, à la découverte du Tibet.
5. La vue depuis le sommet du **château de Hochosterwitz** (p. 300).
6. La remontée de 6 km à bord du **téléphérique Millennium-Express** (p. 297) pour skier à Nassfeld.
7. Les étals du **Benediktinermarkt** (p. 293), célèbre marché aux fruits et légumes de Klagenfurt où goûter aux délices régionales.

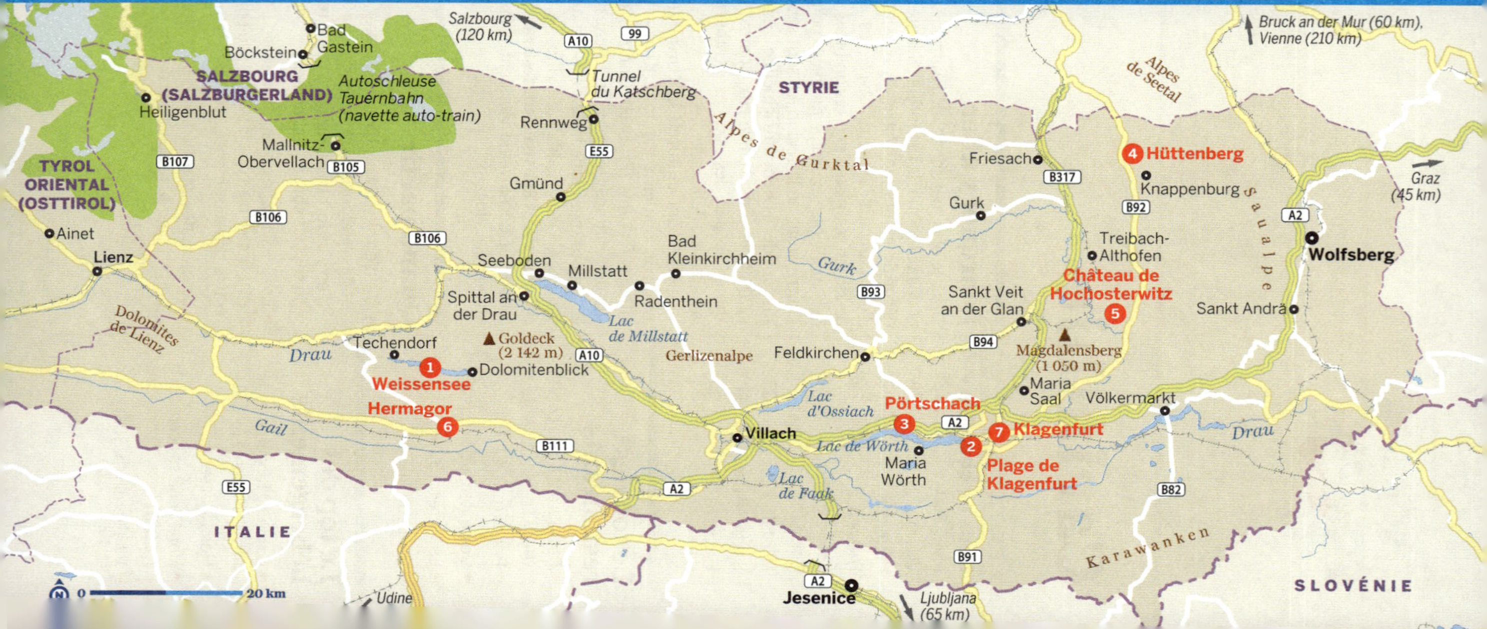

Depuis/vers la Carinthie

L'**aéroport de Klagenfurt** (airport-klagenfurt.at ; Flughafenstrasse 60-66) accueille des vols charters directs depuis/vers Paris.

Klagenfurt et Villach sont les principaux carrefours ferroviaires depuis le reste de l'Europe.

Comment circuler

En Carinthie, les transports publics se divisent en zones régionales ; il existe des billets à l'unité et des pass valables pour une journée ou plus. Demandez au guichet quelle est la formule la plus avantageuse. De nombreux bateaux permettent de circuler sur les lacs en été.

La **Kärnten Card** (www.kaerntencard.at ; carte 1/2 semaines 53/61 €) permet d'accéder aux principaux sites de la province gratuitement ou à prix réduit et de bénéficier de 50% de réduction sur les bus et les trains. En vente dans les hôtels et les offices du tourisme d'avril à fin octobre.

KLAGENFURT

0463/99 800 HABITANTS

Si elle ne dégage pas l'atmosphère urbaine de Vienne ou de Graz, Klagenfurt est une ville agréable, animée et ensoleillée, avec un centre-ville (Innere Stadt) d'où il est facile de gagner les villages qui bordent le beau lac de Wörth. À l'extrémité ouest de la ville se trouvent le grand espace vert d'Europapark et la zone de baignade la plus étendue d'Autriche. C'est un lieu extrêmement vivant, car la station balnéaire devient un terrain de fête l'été, et parce que c'est une ville universitaire le reste de l'année. Son réseau de transports en commun en fait également une base excellente pour rayonner dans toute la Carinthie.

À voir et à faire

Europapark PARC

(Carte p. 292 ;). Le vaste espace vert et sa plage (*Strandbad*), sur les berges du lac de Wörth, sont parfaits pour batifoler, en particulier pour les enfants. Son principal attrait est le **Minimundus** (carte p. 292 ; www.minimundus.at ; Villacher Strasse 241 ; adulte/enfant 19/8 € ; 9h-18h avr et oct-nov, 9h-19h mai-juin et sept, 9h-22h juil-août ; P), un "monde miniature" qui présente près de 140 reproductions de monuments du monde entier à l'échelle 1/25. Pour y aller, prenez le bus n°10, 11, 12 ou 22 depuis la Heiligengeistplatz.

Musée Eboard MUSÉE

(Eboardmuseum ; 0699 1914 4180 ; www.eboardmuseum.com ; Florian Gröger Strasse 20 ; adulte/famille 10/20 € ; 14h-19h dim-ven, sam sur réservation ; P). Ce musée insolite offre une visite interactive à travers la plus grande collection de claviers d'Europe (plus de 1300) : on peut jouer sur la plupart des orgues, dont un Hammond modèle A de 1934, entre autres raretés. Concerts le vendredi soir à 20h (5-10 €).

Fontaine du Dragon MONUMENT

(Carte p. 290 ; Neuer Platz). La Neuer Platz, place centrale de Klagenfurt, est dominée par cette fontaine du XVIe siècle, emblème de la ville et l'une des plus étranges sculptures urbaines d'Europe centrale. La statue au regard vide qui en constitue le sujet central représente le *Lindwurm* (dragon) légendaire qui aurait vécu ici dans un marais il y a bien longtemps, dévorant le bétail et les jeunes femmes vierges.

Il a une queue en tire-bouchon et, faute de feu, crache de l'eau.

Cathédrale CATHÉDRALE

(Dom ; carte p. 290 ; Domplatz 1 ; lever-coucher du soleil). La cathédrale de Klagenfurt, à nef unique, n'impressionne pas de l'extérieur, mais sa chaire en marbre et le stuc rose et blanc qui recouvre le reste de son intérieur séduisent l'œil. L'élément le plus remarquable est la peinture de l'autel (à sa droite) dans la chapelle, signé Paul Troger et dédié à saint Ignace.

Galerie municipale GALERIE

(Carte p. 290 ; www.stadtgalerie.net ; Theatergasse 4 ; adulte/enfant 6/3€ ; 10h-18h mar-dim). Sélection pointue d'artistes internationaux et autrichiens modernes et contemporains dans la galerie de la Theatergasse et, à côté, dans l'**Alpen-Adria-Galerie im Stadthaus** (carte p. 290 ; Theaterplatz 3 ; adulte/enfant 2,50/1,50 €).

MMKK (Musée d'Art moderne de Carinthie) GALERIE

(Museum für Moderne Kunst Kärnten ; carte p. 290 ; www.mmkk.at ; Burggasse 8 ; adulte/enfant 5 €/gratuit ; 10h-18h dim-mar, 10h-20h jeu). Cette galerie d'art moderne et contemporain accueille 3 ou 4 belles expositions temporaires par an, en fonction de sa collection d'artistes venant principalement d'Autriche, voire de Carinthie, y compris des artistes comme Arnulf Rainer et Hans Staudacher.

Klagenfurt

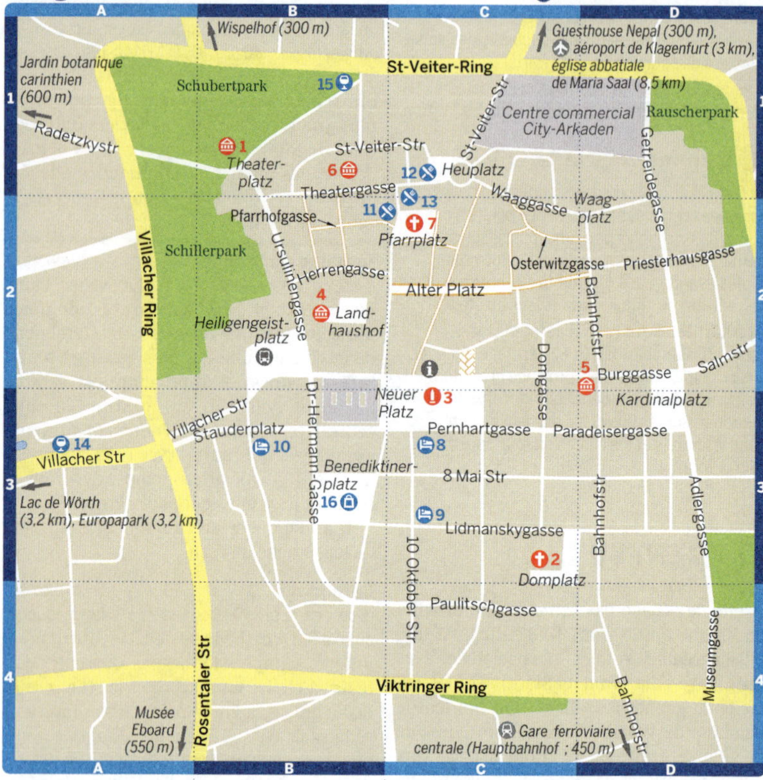

Klagenfurt

À voir

1 Alpen-Adria-Galerie im Stadthaus B1
2 Cathédrale C3
3 Fontaine du Dragon C3
4 Parlement B2
5 MMKK D2
6 Galerie municipale B1
7 Église Saint-Égide C2

Où se loger

8 Hotel Palais Porcia C3
9 Lemon 7 ....C3
10 Sandwirth B3

Où se restaurer

11 Bierhaus zum Augustin B2
12 Dolce Vita C1
13 Princs C2

Où prendre un verre et faire la fête

14 Lendhafencafe A3
15 Park Haus Cafe B1

Achats

16 Benediktinermarkt B3

Église Saint-Égide PANORAMA

(Stadthauptpfarrkirche Sankt Egyd ; carte ci-dessus ; www.kath-kirche-kaernten.at accès église gratuit ; tour adulte/enfant 4/2 € ; ⏱tour 11h-14h et 15h-18h mar-ven, 10h-14h sam Pâques à mi-sept). Grimpez les 225 marches de la tour (90 m) de cette église baroque pour une vue imprenable sur la ville et les montagnes alentour. L'édifice renferme par ailleurs d'impressionnantes fresques en trompe l'œil.

Jardin botanique carinthien JARDIN

(Kärntner Botanikzentrum ; www.landesmuseum.ktn.gv.at ; Prof-Dr-Kahler-Platz 1 ; ⏱10h-16h mai-sept, 10h-16h lun-jeu oct-avr). GRATUIT Ce jardin botanique est particulièrement apprécié pour son ensemble de petites falaises agrémentées de plantes alpines et pour sa cascade et ses étangs. À côté se dresse la **Kreuzberglkirche**, église perchée sur une butte à laquelle on accède par un chemin jalonné de belles stations de chemin de croix en mosaïque. Prenez le bus n°60 ou 61 à Heiligengeistplatz jusqu'à Kreuzbergl.

Parlement BÂTIMENT HISTORIQUE

(Landhaus ; carte page ci-contre ; www.landesmuseum.ktn.gv.at ; Landhaushof 1 ; adulte/enfant 4/3 € ; 10h-16h lun-sam avr-oct, 10h-16h mar-sam nov-mars). Édifié à la fin du XVIe siècle, le bâtiment du parlement d'État, de style Renaissance, est toujours le centre du pouvoir politique. L'escalier sur la droite (lorsqu'on fait face au portique) mène à la **salle des Armoiries** (Grosser Wappensaal), dotée d'une magnifique galerie en trompe l'œil peinte par l'artiste carinthien Josef Ferdinand Fromiller (1693-1760).

Église abbatiale de Maria Saal ÉGLISE

(Domplatz 1, Maria Saal ; lever-coucher du soleil). L'église de pèlerinage de Maria Saal, petit village perché sur une colline fortifiée à 10 km au nord de Klagenfurt, mérite bien le trajet en bus de 10 minutes. Construite au XVe siècle avec de la roche volcanique en partie prélevée sur un site romain voisin, elle affiche un style gothique, modifié plus tard par des ajouts romans et baroques.

Plage de Klagenfurt BAIGNADE

(Strandbad Klagenfurt ; carte p. 292 ; www.stw.at ; Metnitzstrand 2 ; adulte/enfant 5/2 € ; 8h-20h juin-août, 8h-19h mai et sept ;). La superbe plage de Klagenfurt en bord de lac comprend cabines, restaurants et jetées pour se prélasser. Un *Kästchen* (grand casier) coûte 2 €, plus 20 € de caution. Il y a aussi de bons endroits pour se baigner en dehors des bouées, plus au sud, après la plage décontractée Maria-Loretto. Possibilité de balades en pédalo ou en bateau électrique. L'entrée baisse à 3,50 € après 15h.

Fêtes et festivals

Wörthersee Classics Festival MUSIQUE

(www.woertherseeclassics.com ; mi-juin). Les Viennois Gustav Mahler, Alban Berg, Anton von Webern, Johannes Brahms (de Hambourg, mais Viennois d'adoption) et Hugo Wolf ont en commun d'avoir grandi durant la fin de l'Empire austro-hongrois et d'avoir vécu et travaillé au bord du lac de Wörth. Ces 5 grands compositeurs sont célébrés tous les ans, lors de ce festival de 4 jours.

Où se loger

Camping Klagenfurt am Wörthersee CAMPING €

(Carte p. 292 ; 0463-28 78 10 ; www.camping-woerthersee.at ; Metnitzstrand 5 ; empl adulte/enfant/tente 11,90/6,50/14,40 € ; avr-sept ;). Dans cet agréable camping ombragé et bien tenu, on peut accéder à la plage gratuitement et louer des vélos. Les tarifs baissent considérablement en avril, mai et septembre. Réservation nécessaire pour juillet et août.

Guesthouse Nepal PENSION €

(680-213 4518 ; Krassniggstrasse 26 ; s/d 40/80 € ;). Ce qui, à Klagenfurt, ressemble le plus à une auberge de jeunesse, comprend 3 chambres dans un vaste appartement propre, confortable et pas cher. La cuisine est tout équipée et il y a un espace détente avec une grande terrasse pour admirer le coucher du soleil sur les Alpes. À quelques minutes à pied du centre-ville, vers le nord.

Jugendgästehaus Klagenfurt AUBERGE DE JEUNESSE €

(Carte p. 292 ; 0463-23 00 20 ; www.oejhv.at ; Neckheimgasse 6 ; dort/s/d 24/32/52 € ;). Cette auberge moderne affiliée HI est proche d'Europapark, ce qui est idéal en été. Pour vous y rendre depuis le centre, prenez le bus n°81 à la gare ferroviaire ou le n°10 sur la Heiligengeistplatz et descendez à Jugendgästehaus ou à Neckheimgasse.

Lemon 7 HÔTEL €

(Carte page ci-contre ; 0463-507 778 ; 10 Oktober Strasse 11 ; dort/s/d 27/55/80 € ;). Distribuées autour d'une cour centrale verdoyante et sous les voûtes, dans un bâtiment vieux de 4 siècles, des chambres rénovées simples et modernes, avec du mobilier en bois qui leur apporte chaleur et caractère. Une bonne option pour petits budgets.

Sandwirth HÔTEL €€

(Carte page ci-contre ; 0463-562 09 ; www.sandwirth.at ; Pernhartgasse 9 ; s/d/appt à partir de 80/94/192 € ;). Confortablement installé dans l'*Altstadt* (vieille ville) de Klagenfurt depuis 1735, cet hôtel à la façade jaune sait accueillir. Les chambres, parquetées, sont impeccables, modernes et lumineuses, les appartements, encore plus

Europapark

Europapark

Les incontournables
1 Europapark B1

À voir
2 Minimundus C1

Activités
3 Plage de Klagenfurt A1

Où se loger
4 Camping Klagenfurt am Wörthersee B2
5 Jugendgästehaus Klagenfurt D2

Où se restaurer
6 Restaurant Maria Loretto A2

spacieux, sont parfaits pour les familles. Le petit-déjeuner mérite bien ses 24 €, avec du saumon fumé, des pâtisseries et même du prosecco. Salle de sport et espace bien-être sur le toit, avec notamment des fauteuils chauffants.

Hotel Palais Porcia HÔTEL €€
(Carte p. 290 ; ☎0463-511 59 00 ; www.palais-porcia.at ; Neuer Platz 13 ; s/d 125/150 € ; P ❄ 📶). Cet hôtel à l'ancienne, outrageusement décoré, arbore dorures, miroirs et canapés en velours rouge, sans oublier le marbre rose et les robinets dorés dans les salles de bains. Il comprend également une plage privée accessible à sa clientèle près de son autre enseigne à Pörtschach.

Où se restaurer

♥ Restaurant Maria Loretto AUTRICHIEN €€
(Carte ci-dessus ; ☎0463-244 65 ; www.restaurant-maria-loretto.at ; Lorettoweg 54 ; plats 10,90-36,90 € ; ⏲11h-minuit mer-lun ; 📶). Situé sur un cap dominant le lac de Wörth, ce restaurant à deux pas du *Strandbad* a un charme certain et est considéré par beaucoup comme le meilleur de la ville. On y cuisine une bonne truite et d'autres poissons grillés, mais oubliez la subtilité méditerranéenne, la gastronomie autrichienne se révélant plutôt riche. Réservez si vous souhaitez une table en plein air.

♥ Princs INTERNATIONAL €€
(Carte p. 290 ; ☎0676 470 06 76 ; www.princs.com ; Heuplatz 1 ; plats 7-26,50 €, pizza 6,80-14,30 € ; ⏲10h-minuit lun-sam ; 📶). Cet établissement propose nombre de pizzas, d'assiettes de pâtes et une carte variée de plats de type *street food*. Le bar, l'un des plus fréquentés de Klagenfurt, organise des soirées avec DJ le week-end. Pizzas et pâtes à emporter à partir de 8 €.

Wispelhof AUTRICHIEN €€
(☎0463-553 98 ; wispelhof.at ; Feldkirchnerstrasse 29 ; plats 16-34 € ; ⏲11h-23h mar-sam ; 📶). La salle à manger rustique et dépouillée, d'une élégance subtile, offre un cadre parfait pour un repas de spécialités de Carinthie (venaison confite, foie frit et tête de veau), de plats autrichiens et quelques bons mets italiens. Les ingrédients viennent généralement de producteurs locaux. On y sert le meilleur tartare de bœuf de la ville.

Bierhaus zum Augustin PLATS DE PUB €€
(Carte p. 290 ; www.gut-essen-trinken.at ; Pfarrhofgasse 2 ; plats 9,60-29,80 € ; 11h-minuit lun-sam ;). Ce pub, qui appartient à une chaîne locale, jouit d'un petit supplément d'âme et d'une animation sans égale à Klagenfurt. Il y a une cour pavée avec des tables à l'arrière. La carte est typiquement carinthienne, avec des en-cas, comme des tartines de pain de seigle accompagnées d'une pâte de viande épicée, le délicieux "sandwich à la bière" ou un trio de bœuf, fromage de tête et aspic.

Dolce Vita ITALIEN €€
(Carte p. 290 ; 0664 554 99 ; www.dolcevita.at ; Heuplatz 2 ; menu midi 14-28 €, plats 18-36 €, menus 4-6 plats 79-109 € ; 11h30-15h et 18h-minuit lun-ven ;). Dans une région fortement influencée par la cuisine du nord de l'Italie, ce restaurant-*bistretto* est presque une institution. La carte de saison met à l'honneur le gibier et les produits frais et locaux. En été, on sert également des plats de poisson, plus légers, comme des *Sarde in saor* (sardines en marinade) à la vénitienne et du *brodetto* (soupe de poissons).

Où prendre un verre et faire la fête

Lendhafencafe BAR
(Carte p. 290 ; Villacher Strasse 18 ; 9h-13h et 18h-minuit mar-sam ;). Ce café-bar est le meilleur des environs, avec une charmante vue sur le canal de Lend et une cour intérieure habillée de lierre. Vous aurez peut-être la chance de tomber sur un concert ou de vous rendre dans le pavillon du rez-de-chaussée, où vous attendent divers événements culturels et soirées.

Park Haus Cafe BAR
(Carte p. 290 ; www.facebook.com/parkhaus.cafe ; St-Veiter-Ring 10 ; 8h-18h lun-mar, 8h-minuit mer-ven, 18h-2h sam). Véritable repaire de la jeunesse de la ville, qui vient à toute heure profiter des sofas et de la terrasse ensoleillée dominant le parc. Si l'ambiance est à la décontraction en journée, elle devient très festive en soirée, avec des sets de DJ et d'autres événements.

Achats

Benediktinermarkt MARCHÉ
(Marché aux fruits et légumes ; carte p. 290 ; Benediktinerplatz ; 7h-13h ven). Le jeudi ou le samedi matin, offrez-vous une pause gourmande avec des fromages, de la charcuterie, des fruits et des légumes régionaux au sein d'un beau marché. On trouve, tout autour, des marchands de paniers, d'articles d'occasion, de fleurs et plantes. Le reste de la semaine, des étals de restauration permanents sont de parfaits endroits où déjeuner rapidement en ville.

Renseignements

Office du tourisme (0463-28 74 63 ; www.visitklagenfurt.at ; Neuer Platz 5 ; 9h-17h lun-ven). Vend des Kärnten Cards et réserve des hébergements.

Depuis/vers Klagenfurt

AVION

L'aéroport Kärnten de Klagenfurt (p. 289) est à 3 km au nord de la ville.

BATEAU

L'**embarcadère** pour les croisières sur le lac est à quelques centaines de mètres au nord de la plage.

BUS

Les bus partent de la gare ferroviaire centrale, où les horaires sont affichés. Des bus directs relient Klagenfurt à Graz (à partir de 9,90 €, 2 heures).

TRAIN

Il y a 2 départs/heure pour Vienne (55,60 €, 4 heures 30 - 5 heures), ainsi que des trains pour Salzbourg (24,90 €, 3 heures, ttes les 2 heures) et Graz (43,20 €, 2 heures 53, ttes les 2-3 heures) avec une correspondance à Leoben ou Bruck an der Mur. Les trains à destination de l'ouest de l'Autriche, de l'Italie, de la Slovénie et de l'Allemagne passent par Villach (8,50 €, 30-40 min, 2-4/h).

VOITURE ET MOTO

L'A2/E66 de Villach à Graz longe le nord de Klagenfurt. **Avis** (0463-559 38 ; www.avis.at ; 8h-18h30 et 20h30-21h30 lun-jeu, 8h-21h30 ven, 9h-15h et 17h30-21h30 sam, 10h-midi et 17h30-21h30 dim) et **Buchbinder** (0507 010 46900 ; www.at.buchbinder.de ; aéroport de Kärnten ; 8h-18h lun-ven, 8h-midi sam) comptent parmi les agences de location présentes à l'aéroport de Klagenfurt.

Comment circuler

DEPUIS/VERS L'AÉROPORT

L'aéroport est à 10 minutes à pied de la gare ferroviaire de Klagenfurt Annabichl, qui est desservie par des trains InnerCity (IC) et par le S-Bahn (2,30 €, 5 min). Il est préférable de prendre le bus n°40 ou 42 jusqu'à la gare principale (*Hauptbahnhof*) ; ils circulent toutes les 30 minutes-1 heure (ttes les 2 heures le dimanche ; 2,30 €, 30 min). La course en taxi entre l'aéroport et le centre-ville coûte environ 13 €.

BUS

La **gare routière municipale** se trouve dans le centre-ville sur Heiligengeistplatz. Un billet à l'unité (à acheter dans le bus) coûte 1,50 € pour 2 ou 3 arrêts ou 2,20 € pour une heure. À bord, sont vendus aussi des pass pour 24 heures à 5 €. Il est également possible d'acheter des billets à la gare ferroviaire et dans certains hôtels. Les billets sont à valider une fois dans le bus.

TAXI

Appelez le 311 11, 23 222 ou le 499 799 pour commander un taxi. La course entre le lac de Wörth et Klagenfurt coûte entre 10 et 12 €.

CENTRE DE LA CARINTHIE

La région centrale de la Carinthie est encadrée par la Saualpe à l'est et les montagnes de Nock au nord-ouest. De petits villages chargés d'histoire émaillent les zones lacustres et les versants alpins : en dehors de la ville relativement animée de Villach, c'est une région très rurale et souvent extrêmement conservatrice. Les voyageurs s'y rendent pour découvrir, à l'écart des foules, la diversité des paysages autrichiens. En optant pour Villach comme point de chute, on peut en effet randonner dans les montagnes enneigées le matin, puis pratiquer le paddle l'après-midi.

Villach

☎04242/59 000 HABITANTS

Villach, ville animée et plutôt agréable à vivre, est de longue date un carrefour important entre les Alpes et le sud de l'Autriche. Ce n'est toutefois pas la localité la plus pittoresque de la région, elle offre peu de sites qui valent une visite.

À l'image de sa proche voisine Klagenfurt, à 30 minutes par la voie express, Villach est traversée par des influences italiennes. Elle constitue une bonne base pour profiter des activités de plein air et explorer la région.

À voir

Église Saint-Jacques ÉGLISE

(Stadtpfarrkirche Sankt Jakob ; Oberer Kirchenplatz 8 ; ⏲lever-coucher du soleil). Dominant la vieille ville, cette église arbore des fresques, un plafond en stuc et un vaste autel de style rococo recouvert de feuilles d'or et agrémenté de fleurs fraîches. Les murs sont décorés de plaques commémoratives des familles nobles de la région. Prenez de la hauteur en grimpant sur la **Stadtpfarrturm** (adulte/enfant 2,50/1,50 € ; ⏲10h-16h30 lun-sam mai-juin et sept-oct, 10h-18h juil-août), le clocher, d'où admirer la ville et ses environs.

Musée municipal MUSÉE

(Museum der Stadt Villach ; ☎04242-205 35 00 ; www.villach.at/museum ; Widmanngasse 38 ; adulte/enfant 5€/gratuit ; ⏲8h-12h et 13h-16h lun-jeu, 8h-12h ven). Musée axé sur l'histoire, l'archéologie et l'art médiéval des environs et accueillant parfois d'intéressantes expositions temporaires.

Centre de la Carinthie

Villach

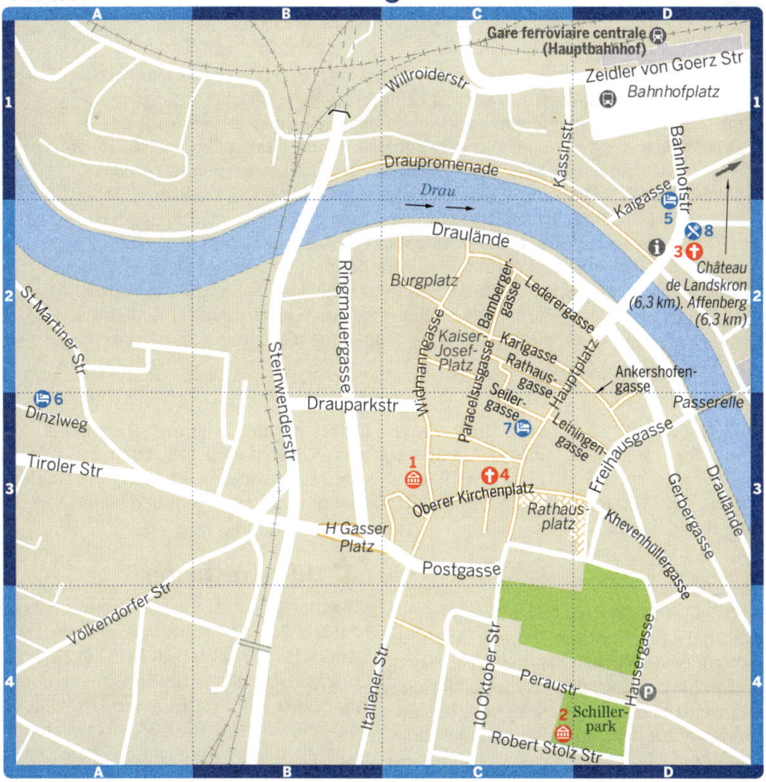

Relief Von Kärnten
MUSÉE

(Peraustrasse 14 ; adulte/enfant 3,50/2,50 € ; ⏲10h-16h30 lun-sam mai-oct). Dans une grande halle aux murs blancs ceinte de balcons de bois, vous aurez la surprise de découvrir un immense plan-relief de la Carinthie de 182 m² à l'échelle 1/10 000 (1/5 000 à la verticale, pour accentuer les montagnes). À Schillerpark, dans le sud de la vieille ville. De nouveaux effets multimédias enrichissent l'expérience.

Église Saint-Nicolas
ÉGLISE

(www.kath-kirche-kaernten.at ; Nikolaigasse 1). Cette église néogothique n'a peut-être pas une très longue histoire, mais elle charme par son intérieur tyrolien et ses fresques.

Spectacle de fauconnerie
CHÂTEAU

(Adler Arena ; ☎04242-428 88 ; www.adlerarena.com ; Schlossbergweg, Burgruine Landskron ; adulte/enfant 14/7 € ; ⏲spectacles de fauconnerie 11h-17h avr-sept, 11h-15h oct). Entre Villach et le lac d'Ossiach, les ruines du château de Landskron (Burg Landskron) sont le théâtre d'un impressionnant spectacle de fauconnerie où l'on peut admirer des

Villach

À voir

1 Musée municipal C3
2 Relief Von Kärnten C4
3 Église Saint-Nicolas D2
4 Église Saint-Jacques C3
Stadtpfarrturm .... (voir 4)

Où se loger

5 Hotel Mosser D2
6 Jugendherberge A3
7 Palais 26 .... C3

Où se restaurer

9 Villacher Brauhof D2

VAUT LE DÉTOUR

DREILÄNDERECK

À pied ou à VTT, vous aurez de quoi faire dans les environs du **mont Dobratsch** (2166 m), dans les Alpes de Villach, à 12 km à l'ouest de Villach. Un peu plus au sud, des sentiers de randonnée partent du village d'Arnoldstein et rejoignent le Dreiländereck – le point de rencontre entre l'Autriche, l'Italie et la Slovénie. À 1500 m, retrouvez un **jardin alpin** (☎0664-914 29 53 ; www.alpengarten-villach.at ; adulte/enfant 3/1 € ; ⏱9h-18h juin-août) avec une flore des Alpes du Sud. L'hiver, le Dobratsch rencontre un franc succès auprès des skieurs de fond.

On trouve aisément des hôtels et locations de vacances à Arnoldstein et Seltschach, ou à Villach. Pourquoi, sinon, ne pas passer la nuit en Slovénie, pour une touche slave durant votre séjour et des tarifs relativement plus bas qu'en Autriche ?

Des bus desservent Villacher Alpe Rosstratte dans le parc naturel de Dobratsch *via* l'Alpenstrasse et le jardin alpin. Il y a fréquemment des trains entre Villach et Arnoldstein (6 €, 22 min).

rapaces pendant 40 minutes. On y trouve aussi une réserve de singes, Affenberg. Chaque jour, entre 5 et 11 bus (2 €, 9 min) partent de la gare ferroviaire de Villach pour Sankt Andrä.

Kirchtag FÊTES ET FESTIVALS MUSIQUE
(☎04242-205 66 00 ; villacherkirchtag.at ; ⏱août). Le premier samedi d'août, le centre piétonnier de Villach s'anime à l'occasion du Kirchtag, festival de musique folklorique qui accueille des musiciens de tout le pays. Les festivités démarrent dès le début de la semaine.

Où se loger

Jugendherberge AUBERGE DE JEUNESSE €
(☎04242-563 68 ; www.hiyou.at ; Sankt Martiner Strasse 13a ; dort/s/d 24/32/56 € ; P @). À 1 km à l'ouest du centre-ville, en retrait de Sankt-Martiner-Weg, cette auberge de jeunesse abrite un sauna et une aire de jeux.

♥ **Hotel Mosser** HÔTEL €€
(☎04242-241 15 ; www.hotelmosser.at ; Bahnhofstrasse 9 ; s 66-99 €, d 95-165 € ; P @ ᯤ). Cet hôtel vénérable et accueillant a été créé voici plus de 2 siècles. Certaines de ses chambres sont équipées de miroirs inclinés au-dessus des têtes de lit, d'autres de bains à remous. Les chambres les moins chères sont fonctionnelles mais plus ordinaires.

Palais 26 HÔTEL €€
(☎04242-261 01 ; www.palais26.at ; Hauptplatz 26 ; s 85-150 €, d 105-180 € ; P ᯤ). Les couloirs de cet hôtel central et rénové avec goût parlent d'eux-mêmes : élégance, lustres et tapis asiatiques. Le mobilier en bois ne sacrifie en rien l'impression d'espace. L'ascenseur et les chambres doubles communicantes en font une bonne adresse pour les familles.

Où se restaurer

Villacher Brauhof AUTRICHIEN €€
(☎04242-242 22 ; www.villacherbrauhof.at ; Bahnhofstrasse 8 ; plats 6-20 € ; ⏱10h-22h ; ᯤ). Ce grand bar-brasserie face au pont qui enjambe la Drau est l'adresse à privilégier pour une bière d'Europe centrale et une pièce de viande. Avec son *Schnitzel* XXL, ses *Speckknödel* (boulettes au bacon) et son *Schweinebraten* (rôti de porc), la carte est autrichienne sinon rien ; 8 références de Villacher à la pression.

Renseignements

Tourismusinformation Villach-Stadt
(☎04242-205-29 00 ; www.visitvillach.at ; Bahnhofstrasse 3 ; ⏱9h-18h lun-ven, 9h-13h sam ; ᯤ). L'office du tourisme de la ville propose gratuitement de l'aide pour rechercher un hébergement, ainsi qu'un plan de la ville détaillé et une excellente carte des environs.

Comment s'y rendre et circuler

BUS

La gare routière se trouve en face de la gare ferroviaire.

TRAIN

Villach est traversée par 3 lignes ferroviaires autrichiennes IC et EuroCity (EC), à destination de Salzbourg (à partir de 9,90 €, 2 heures 30, ttes les 2 heures), de Lienz (à partir de 9,90 €,

1 heure 45, 1/h) et de Klagenfurt (8,50 €, 30-40 min, 2-4/h).

Des trains directs desservent Munich (à partir de 64 €, 4 heures 30, 4/j) en Allemagne ; Ljubljana (à partir de 9,90 €, 1 heure 45, 4/j) en Slovénie ; Zagreb (à partir de 19,90 €, 4 heures, 4/j) en Croatie ; et Belgrade (85 €, 11 heures, 1/j) en Serbie.

Lacs de Faak et d'Ossiach

On ne vient pas à Villach sans se rendre à ses deux grands lacs voisins, où se trouvent des complexes hôteliers estivaux sans prétention. Le lac de Faak (Faaker See), à 6 km à l'est de Villach et non loin du massif des Karavanke, et le lac d'Ossiach (Ossiacher See), à 4 km au nord-est, recèlent tous deux quantité de possibilités pour camper, faire du bateau et se baigner. En toile de fond du lac d'Ossiach, la **Gerlitzen** (1909 m), au-dessus d'Annenheim, est un domaine skiable prisé. Comptez environ 40 € pour un forfait de ski.

Renseignements

Le site touristique de la région (www.visitvillach.at) est très bien fait.

Depuis/vers les lacs de Faak et d'Ossiach

En semaine, des bus Postbus et des trains réguliers quittent les gares routière et ferroviaire de Villach pour longer le rivage nord du lac d'Ossiach *via* Annenheim (2,30 €, 12 min) et Bodensdorf (3,80 €, 20 min). Des trains réguliers desservent Faak am See (3,80 €, 20 min) et des bus réguliers rallient Drobollach (à partir de 4,60 €, 20 min), toutes deux au bord du lac de Faak.

Comment circuler

VÉLO

Il est très plaisant de découvrir Villach et ses lacs à vélo. On peut en louer à la gare, à Bodensdorf (lac d'Ossiach) et Faak (lac de Faak) mais aussi auprès des hôtels et campings.

BATEAU

Sur le lac d'Ossiach, les bateaux d'**Ossiachersee Schifffahrt** (☎ 0699-15 077 077 ; www.ossiachersee-schifffahrt.at ; billet journée adulte/enfant 17,50/8,30 € ; ⏲ jusqu'à 8 sorties/j avr-oct) opérés par Drau Fluss Schifffahrt réalisent un circuit complet de 2 heures 20 entre Sankt Andrä et Steindorf.

Hermagor

☎ 04282/7 000 HABITANTS

À environ 50 km à l'ouest de Villach, le village de Hermagor est avant tout prisé pour ses 100 km de pistes de ski, à **Nassfeld**. On peut aussi en profiter à ski de fond et en snowboard, avec des pistes dédiées. L'été, le cadre se fait paisible et accueille des randonneurs et vététistes. Hermagor est également le point de départ de randonnées vers la spectaculaire **Garnitzenklamm**, une gorge étroite à 2,5 km à l'ouest de la ville. Renseignements à l'office du tourisme.

Les vététistes prendront la brochure *The Best Bicycle & Bike Tours* à l'office du tourisme de Hermagor pour découvrir les pistes, parmi lesquelles une descente de 11,7 km entre le point de départ du téléphérique Millennium-Express et la station de Gmanberg. Il est possible de voyager gratuitement avec un vélo, mais on peut aussi en louer dans la vallée.

Téléphérique Millennium-Express TÉLÉPHÉRIQUE

(www.nassfeld.at ; aller-retour adulte/enfant 18/9 €). Grimpant sur 6 km pour rejoindre la station de Nassfeld, le Millennium-Express est le plus long téléphérique d'Autriche. La station inférieure se trouve à Tröpolach, à 8 km à l'ouest de Hermagor en suivant la B111 puis la B90 – elle est également desservie par le train.

Villa Blumegg PENSION €€

(☎ 04282-20 92 ; www.villa-blumegg.at ; Neupriessenegg 2 ; s 69-74€, d 122-128 €, app 144-232 € ; P 📶). Suivez la Radnigerstrasse vers le nord (10 min à pied) pour trouver cette pension typiquement alpine. Les chambres, aux tarifs très raisonnables, sont confortables, avec ou sans balcon. Il y a aussi des appartements de vacances pouvant accueillir jusqu'à 4 personnes.

Renseignements

L'**office du tourisme** (☎ 04285-82 41 ; nassfeld.at ; Göseringlände 7 ; ⏲ 8h-17h lun-ven, 9h-13h sam) est à 400 m à l'ouest de la gare ferroviaire en suivant la B111. On y trouve un personnel bien informé sur le secteur, notamment sur le ski, la randonnée guidée et non guidée, le VTT et les refuges.

Depuis/vers Villach

Des trains quittent Villach pour Hermagor (10,20 €, 1 heure 10) toutes les 1-2 heures.

EST DE LA CARINTHIE

Les plus beaux villages médiévaux et châteaux de l'est de la Carinthie sont au nord de Klagenfurt, le long ou à proximité de la route 83 et de la voie ferrée entre Klagenfurt et Bruck an der Mur. On trouve des massifs montagneux de chaque côté : les Alpes de Seetal et la Saualpe à l'est, et les Alpes de Gurktal à l'ouest.

Friesach

04268/5 000 HABITANTS

Ancienne étape-clé sur la route commerciale entre Vienne et Venise, Friesach est la plus ancienne commune de la Carinthie. Les collines qui encadrent la ville sont hérissées de vestiges de fortifications et le centre est entouré de douves (les dernières d'Autriche) et ceint d'imposants remparts en pierre grise. Une fois par an, Friesach ferme ses portes et les habitants revêtent des costumes médiévaux pour une reconstitution historique.

Friesach compte 4 forteresses médiévales en ruine alignées le long des collines surplombant la Hauptplatz à l'ouest (accès gratuit) : au nord, le **château de Geyersberg** ; au sud, le **Virgilienberg** ; entre eux, ceux de **Rotturm** et **Petersberg** sont les plus facile d'accès depuis le centre-ville. La vue depuis l'église Saint-Pierre est splendide.

Toutes les forteresses sont reliées par le sentier des châteaux (Burgwanderweg), lequel serpente à travers un paysage bucolique dominant la ville.

Église Saint-Barthélemy ÉGLISE

(Sankt Bartholomäuskirche, Stadtpfarrkirche ; Kirchgasse ; lever-coucher du soleil). Cette église gothique du Xe siècle arbore d'impressionnants éléments romans, à l'image de ses tours presque symétriques.

Église Saint-Pierre ÉGLISE

(Peterskirche ; 11h-17h mar-dim mai-sept). Certaines parties de cette jolie église de village datent du XIIIe siècle. Chose rare, elle affiche un intérieur modeste mêlant style gothique et ajouts ultérieurs. On peut y accéder par divers chemins remontant depuis l'église Saint-Barthélemy.

Spectaculum CULTURE

(www.spectaculum-friesach.at ; fin juil). Le dernier samedi de juillet, on éteint toutes les lumières électriques, on verrouille la ville et on allume des torches sous lesquelles défilent bouffons, princesses et chevaliers en armure au milieu de personnes jonglant ou crachant du feu, de duels et tournois de joute. Des repas médiévaux sont servis depuis des étals où l'on paie en une monnaie ancestrale qui fit la renommée de Friesach.

Forteresse de Petersberg THÉÂTRE

(www.burghofspiele.com ; fin juin à mi-août). En été, la forteresse accueille des pièces de théâtre en plein air allant de Shakespeare à Brecht. Billets et renseignements à l'office du tourisme.

Metnitztalerhof HÔTEL €€

(04268-251 00 ; www.metnitztalerhof.at ; Hauptplatz 11 ; d à partir de 120 € ; P). Cet édifice rose pastel à l'extrémité de la Hauptplatz est le seul hôtel 4 étoiles de Friesach. Modernes et confortables, les chambres sont équipées de petits balcons. Sauna, Jacuzzi, hammam et restaurant servant des spécialités autrichiennes et carinthiennes.

Cafe Konditorei Craigher CAFÉ €

(04268-2295 ; www.craigher.at ; Hauptplatz 3 ; en-cas à partir de 2,50 € ; 7h-18h30 lun-sam, 10h-18h dim ;). Les amateurs de chocolat fondront pour cet établissement où l'on travaille le cacao sur place. On peut aussi y savourer du café et des gâteaux dans le *Kaffeehaus* centenaire.

Renseignements

Office du tourisme (04212 45 608 ; www.kaernten-mitte.at ; Unterer platz 10 ; 9h-14h lun-jeu). À quelques minutes à pied au nord de la Hauptplatz.

Depuis/vers Friesach

Friesach dispose de liaisons directes avec Vienne Meidling (50 €, 3 heures 15, 3/j), Villach (16,60 €, 1 heure 30, 1/h), Sankt Veit (8,50 €, 30 min, 1/h) et Klagenfurt (11,80 €, 50 min, 1/h).

Gurk

04266/1220 HABITANTS

Ce village (Krka en slovène), à 18 km à l'ouest de l'axe Friesach-Klagenfurt, est célèbre pour son ancienne cathédrale, bâtie au XIIe siècle. La chapelle épiscopale (Bischofskapelle) est ornée de remarquables fresques du XIIIe siècle aux couleurs vives. Une destination prisée par les amateurs d'histoire qui lui consacrent une escapade d'une journée.

Dom zu Gurk CATHÉDRALE

(www.kath-kirche-kaernten.at ; Domplatz 11 ; visite 4-9 €, crypte 2 € ; ⏲10h-17h mar-dim mars-oct, 10h-16h mar-dim nov-fév, messe 10h-10h45, visite guidée 1 heure 30 11h et 14h30). Avec sa crypte soutenue par des piliers, la cathédrale (bâtie entre 1140 et 1200) est l'un des principaux édifices religieux romans d'Autriche. On peut aussi y admirer des éléments gothiques, baroques et rococo. Le maître-autel est orné de 72 statues et 82 têtes d'ange. La visite guidée (1 heure 30) comprend la crypte et la **Bischofskapelle** (chapelle épiscopale ; ⏲9h-18h) ; elle se déroule 2 fois par jour.

Depuis/vers Gurk

Visitez le village en semaine si vous venez en transport en commun – prenez le train (ttes les heures) de Klagenfurt à Treibach-Althofen, puis la correspondance en bus (12,70 €, 1 heure 45). Le dernier bus de retour pour Klagenfurt est à 17h47. En voiture, prenez la route 93.

Hüttenberg

☎04263/1400 HABITANTS

En descendant du bus à Hüttenberg, peut-être vous étonnerez-vous de voir des drapeaux de prières flotter au vent sur la falaise. C'est en effet dans cette minuscule ville minière que naquit l'alpiniste et explorateur Heinrich Harrer (1912-2006), incarné par Brad Pitt dans le film de Jean-Jacques Annaud *Sept ans au Tibet* (1997).

Les deux sites d'intérêt du village sont le musée Heinrich Harrer et le sentier bouddhique en face. Arpentez aussi le centre de Hüttenberg, typiquement alpin avec sa jolie place, son église, ses cafés et pensions.

Musée Heinrich Harrer MUSÉE

(☎04263-81 08 ; www.huettenberg.at ; Bahnhofstrasse 12 ; adulte/enfant 12/8 € ; ⏲11h-17h jeu-dim mai-oct ; P). Ce site est l'un des plus intéressants de toute la Carinthie. Ancienne école transformée en musée, il contient des éléments provenant des expéditions de Heinrich Harrer aux quatre coins du monde. Un incontournable pour tous ceux que le livre a inspirés ou qui ont été fascinés par le film avec Brad Pitt.

Lingkor MONUMENT BOUDDHIQUE

(Bahnhofstrasse ; 2 € ; ⏲24h/24 mai-oct). Insérez une pièce de 2 € dans le tourniquet du stupa pour accéder au sentier qui grimpe sur les hauteurs de Hüttenberg la paisible. Les marches métalliques sont à flanc de falaise (à éviter si vous avez le vertige) et longent des moulins à prières, des peintures rupestres et des drapeaux de prières flottant au vent.

Depuis/vers Hüttenberg

Pour rejoindre Hüttenberg depuis Klagenfurt, prenez le train de 9h04 à destination de Treibach-Althofen puis prenez la correspondance en bus à 10h (12,70 €, 1 heure 20). Pour rentrer, il y a 2 bus l'après-midi à destination de Görtschitztal Vierlinden, où prendre un bus pour Klagenfurt (11,80 €, 1 heure 15).

Sankt Veit an der Glan

☎04212/12 600 HABITANTS

Sankt Veit joua un rôle historique important en tant que siège des ducs de Carinthie de 1170 à 1518. C'est aujourd'hui une ville de taille moyenne, d'un intérêt relatif, mais dotée d'une ravissante place baroque.

Sur la place principale, on remarque l'hôtel de ville (Rathaus) de style gothique et datant du XVe siècle, avec sa majestueuse cour et ses sgraffites. Sankt Veit est également célèbre pour son Kunsthotel Fuchspalast. Cet édifice surréaliste fut conçu par l'artiste mystique Ernst Fuchs et abondamment paré de carreaux de verre bleu et rouge aux motifs fantastiques et astrologiques... un thème que l'on retrouve dans tous les coins de cet hôtel, le meilleur de la ville.

Où se loger

Kunsthotel Fuchspalast HÔTEL €€

(☎04212-466 00 ; www.hotel-fuchspalast.at ; Prof-Ernst-Fuchs-Platz 1 ; ch par pers à partir de 70 € ; P Wi-Fi). Derrière la splendide façade blanc, bleu et rouge de cet hôtel se cachent des colonnes et mosaïques comme des bijoux. La simplicité des chambres est rehaussée de quelques clins d'œil Art déco. Sauna et restaurant sur place.

Hotel Taggenbrunn HÔTEL €€

(☎04212-307 00 ; www.taggenbrunn.at ; Taggenbrunn 9 ; d à partir de 139 € ; P Wi-Fi). À 3 km à l'est de Sankt Veit, cet hôtel au style pointu, installé dans le nouveau domaine

Taggenbrunn, propose 31 chambres décorées sur le thème du raisin, meublée de bois et donnant sur le vignoble. Le tarif inclut le petit-déjeuner et une dégustation improvisée. Une grande statue pour le moins originale, signée de l'artiste autrichien André Heller, accueille les clients.

Où se restaurer

Taggenbrunn Heuriger AUTRICHIEN €€
(☎04212-30 200 ; www.taggenbrunn.at ; Taggenbrunn 9 ; plats 9,50-29,80 € ; ⏲15h-22h jeu-ven, midi-22h sam, midi-21h dim ; 📶). Le grand restaurant du Weingut Taggenbrunn, à environ 3 km à l'est du village, jouit d'un agréable cadre naturel parmi les vignes. La salle, chic mais à l'ambiance décontractée, est située au calme dans un bâtiment ancien. On y déguste des produits régionaux, à l'image du grand gibier et du sanglier, accompagnés, bien sûr, de rouges et blancs du domaine.

La Torre ITALIEN €€
(☎04212-392 50 ; www.latorre.at ; Grabenstrasse 39 ; plats 16-30 €, menu 6 plats 85 € ; ⏲midi-14h et 18h-22h mar-sam ; 📶) est un fantastique restaurant italien installé dans l'une des tours des remparts du XIVe siècle. Outre son élégante salle romantique, l'endroit, tenu par un Transalpin plein de bonhomie, comprend un beau jardin clos avec terrasse. Les fruits de mer sont de première fraîcheur.

Depuis/vers Sankt Veit an der Glan

Trains pour Klagenfurt (6,40 €, 18 min, ttes les heures), à 20 km au sud.

Château de Hochosterwitz

Forteresse de contes de fées, le **château de Hochosterwitz** (☎04213-2010 ; www.burg-hochosterwitz.com ; Hochosterwitz 1 ; adulte/enfant visite incluse 17/10 € ; ⏲10h-17h avr-mai et mi-sept-nov, 9h-18h mai-mi sept) aurait inspiré les studios Disney pour leur adaptation de *La Belle au bois dormant*. Il s'enroule autour des flancs d'une colline avec ses 14 tours-porches menant au bastion final. Celles-ci furent construites entre 1570 et 1586 par l'ancien propriétaire des lieux, Georg von Khevenhüller, pour repousser les envahisseurs turcs.

Une brochure d'information (*Burgführer* ; en anglais ; 4 €) explique les différentes difficultés auxquelles devaient faire face les assaillants à chaque porte – certaines sont équipées de pointes, lesquelles pouvaient être abattues sur les intrus qui s'aventuraient en dessous. Le château abrite un musée où l'on peut voir l'armure d'un certain Burghauptmann Schenk supposé mesurer 2,25 m à 16 ans !

Au sommet, un petit café sert des saucisses, de la soupe, des petits pains et du café. Les trains régionaux de la ligne Sankt Veit-Friesach marquent l'arrêt à la gare de Launsdorf Hochosterwitz, à 3 km de l'aire de stationnement et de la première porte de la ville, où un ascenseur, un peu cher (10 €), grimpe jusqu'au château.

Lac de Wörth

Le lac de Wörth (Wörthersee) s'étend d'ouest en est entre Velden et Klagenfurt ; un circuit de 50 km permet de l'explorer facilement à vélo. Si le rivage sud est le plus pittoresque, le nord est mieux desservi par les transports publics et plus animé.

En faisant le tour du lac, vous passerez par Pörtschach, une station chic, par Velden, haut lieu de la fête, et par la petite ville de Maria Wörth. À 5 km au sud de Velden se trouve la commune de Rosegg, dotée d'un **château** (☎04274-52 357 ; www.rosegg.at ; Schloss Rosegg 1, Rosegg ; adulte/enfant 10/6 € ; ⏲10h-18h avr-sept, fermé lun oct-avr). À 8 km au sud-ouest de Maria Wörth se dresse l'Aussichtsturm Pyramidenkogel, colline surmontée par une tour de 71 m.

À voir et à faire

Aussichtsturm Pyramidenkogel TOUR
(☎04273-24 43 ; www.pyramidenkogel.info ; Linden 62, Keutschach am See ; adulte/enfant 23,80/13,80 €, descente 4 € ; ⏲9h-21h juil-août, 9h-20h juin, 9h-19h mai et sept, 10h-18h oct, mars et avr, 10h-17h nov-fév). Au sud-ouest de Maria Wörth, la colline Pyramidenkogel est surmontée d'une tour de 71 m composée d'acier et de poutres en bois formant une spirale tout autour. Deux des trois plates-formes d'observation de cette tour vertigineuse sont ouvertes aux quatre vents. La plus basse, baptisée Sky Box, est entièrement vitrée. Montez les 400 marches qui vous en séparent ou prenez l'ascenseur de verre, puis retournez

sur la terre ferme en empruntant le plus long toboggan d'Europe.

Le sentier de Sankt Anna (1 heure 30 aller), relativement facile, mène au Pyramidenkogel en passant par les bois au départ de la rue Sankt-Anna-Weg à Maria Wörth, près de la bifurcation vers la péninsule. L'office du tourisme du village peut vous fournir cartes et conseils. Si vous êtes véhiculé, sortez à Reifnitz.

Strand Club SPORTS NAUTIQUES

(☎04274-511 01 ; www.strandclub.com ; Seepromenade 15, Velden ; ⏲activités lever-coucher du soleil avr-oct, bar 7h-minuit avr-oct). Parapente, ski nautique, wakeboard et location de bateaux électriques : tout cela est possible avec le Strand Club, en bordure de lac. Les tarifs, détaillés sur le site, incluent la location de combinaison. Après l'effort, le réconfort au café-bar sur place.

Où se loger et se restaurer

Hotel Schloss Leonstain COMPLEXE HÔTELIER €€€

(☎04272-28 16 ; www.leonstain.at ; Leonstainerstrasse 1, Pörtschach ; s 79-89 €, d 180-245 €). Cet hôtel, à la charmante atmosphère typique des bords de lac autrichiens, a des chambres qui ne manquent certainement pas d'âme, entre modernité et mobilier d'époque. L'endroit est très traditionnel, mais il y règne une ambiance de vacances indéniable. Le restaurant de l'hôtel sert des produits bios locaux, et le Bar Leon, de l'autre côté de la rue, propose d'autres plats et donne accès au lac en journée.

Bar Leon MÉDITERRANÉEN €€

(Leon Beach ; ☎04272-28 16 ; www.leonstain.at ; angle Kärntnerstrasse et Hauptstrasse, Pörtschach ; plats 15-26 € ; ⏲midi-19h avr-sept ; 📶). Le club de "plage" privé de l'hôtel Schloss Leonstain n'est pas réservé à sa clientèle et permet, l'espace d'un instant, de découvrir les joies estivales raffinées des Autrichiens les plus aisés. Venez y prendre le petit-déjeuner ou le déjeuner dans le jardin, déguster un dîner dans la salle située à l'étage de la maison d'été, éclairée par des lampions, ou encore vous détendre en sirotant un *Spritz* au Lillet sur la terrasse du lac, tout en regardant les cygnes passer.

Le poisson au menu vient de l'étang de l'hôtel. Réservez en haute saison.

Renseignements

Les offices du tourisme de **Pörtschach** (☎04272-23 54 ; www.poertschach.gv.at ; Werzerpromenade 1 ; ⏲9h-16h lun-ven, 9h-13h sam-dim), **Velden** (☎04274-382 88 ; www.woerthersee.com ; Villacher Strasse 19, Velden ; ⏲8h-17h lun-ven) et **Maria Wörth** (☎04273-3703 ; www.maria-woerth.info ; Seepromenade 5 ; ⏲7h-12h et 12h30-16h lun-jeu, 8h-midi ven) peuvent vous aider à réserver un hébergement. Vous pouvez également le faire sur le site www.woerthersee.com.

Depuis/vers le lac de Wörth

L'excellent réseau de bus de Klagenfurt va jusqu'aux stations balnéaires du lac de Wörth. Les offices du tourisme de Klagenfurt et des environs du lac peuvent vous fournir les horaires des bus.

OUEST DE LA CARINTHIE

L'ouest de la Carinthie ne se visite pas sans une halte par Millstatt, avec son paisible lac, son abbaye et son célèbre festival de musique, Spittal an der Drau, avec son majestueux château Renaissance et son parc floral, et enfin le très joli Weissensee.

Gmünd

☎04732/2 550 HABITANTS

Gmünd est un beau village du XIe siècle doté d'un ravissant centre fortifié et d'un château du XIIIe siècle, l'Alte Burg (vieux château), juché sur une colline. En 1480, les Hongrois assiégèrent la cité. Ils restèrent pendant 7 ans, endommageant et détruisant en partie le château. Le site accueille aujourd'hui des pièces de théâtre et des concerts, ainsi que deux musées insolites.

Musée Porsche Helmut Pfeifhofer MUSÉE

(www.auto-museum.at ; Riesertratte 4a ; adulte/enfant 9/3,50 € ; ⏲9h-18h mi-mai à mi-oct, 10h-16h mi-oct à mi-mai). Inattendu à Gmünd, le musée Porsche Helmut Pfeifhofer occupe les locaux qui abritèrent l'usine Porsche de 1944 à 1950. La première voiture de la marque, une 356, fut assemblée à la main dans cette usine. Un de ces modèles est exposé ici (seules 52 y furent fabriquées), ainsi qu'une quinzaine d'autres modèles et deux des encadrements en bois utilisés pour leur construction. Vous pourrez y voir un film de 15 minutes (en allemand et en anglais) sur la vie et l'œuvre de Ferdinand Porsche.

Pankratium MUSÉE

(04732-311 44 ; www.pankratium.at ; Hintere Gasse 60 ; visite 1 heure adulte/enfant 12/5 € ; 10h-17h mai-oct ; P). Le site le plus atypique de Gmünd est le Pankratium, un espace étonnant alliant eau, lumière et son dans des installations interactives qui mettront vos sens en éveil. La visite sera l'occasion de donner vie à toutes sortes d'accessoires sonores et d'instruments avant d'aller faire des bulles de savon dans la cour. Toujours un succès auprès des enfants. Le site était temporairement fermé lors de nos recherches.

Gasthof Kohlmayr PENSION €€

(04732-214 90 ; www.gasthof-kohlmayr.at ; Hauptplatz 7 ; s/d à partir de 60/92 € ; fermé nov ; P). Cet établissement plaisamment suranné aux chambres douillettes et abordables est installé dans un bâtiment vieux de 400 ans en plein centre de Gmünd. Le restaurant sert des recettes locales et généreuses. Formule demi-pension possible.

Renseignements

Office du tourisme (04732-22 22 ; www.familiental.com ; Hauptplatz 20 ; 8h-17h lun-ven, 9h-15h sam juil-août, fermé sam sept-juin). Excellent plan de la ville en anglais, allemand ou italien, sur lequel les sites et galeries sont numérotés et brièvement expliqués.

Depuis/vers Gmünd

Un bus relie Gmünd à Spittal an der Drau (6 €, 30 min, ttes les heures) du lundi au vendredi.

Millstatt

04766/3460 HABITANTS

Le bourg huppé de Millstatt se trouve à 10 km à l'est de Spittal an der Drau sur la rive nord du lac de Millstatt. Formé durant la période glaciaire, il y a 30000 ans, le deuxième plus grand lac de Carinthie s'étire sur 12 km de long mais seulement 1,5 km de large. Ses eaux chaudes (22-26°C en été) le rendent propice à la voile, au kayak et à la baignade. Millstatt tiendrait son nom, dit-on, du duc Domitien de Carinthie (mort au début du IXe siècle, et béatifié depuis), qui, dans un accès de ferveur chrétienne, aurait fait jeter *mille statuæ* (1000 statues païennes) dans le lac.

À voir et à faire

Abbaye de Millstatt ABBAYE

(Stift Millstatt ; www.stiftsmuseum.at ; Stiftsgasse 1 ; adulte/enfant 5,90/2,50 € ; 10h-16h mar-dim mai-sept). La principale curiosité de la ville est son abbaye romane bénédictine fondée en 1070. La visite de ce bel **ensemble architectural** (musée de l'Abbaye ; 0676 360 06 92 ; visites 6 € ; 10h-16h mai-oct) peut commencer par la cour bordée d'arcades où se dresse, en son centre, un **tilleul millénaire**. L'abbaye comprend également un musée d'un intérêt relatif, une belle **abbatiale** datant du XIe siècle, un **cimetière**, et des **bâtiments** situés au sud de l'abbatiale et dotés d'une jolie cour avec arcades. L'accès au cloître, à la cour intérieure et au parc de l'abbaye est gratuit.

Surf und Segelschule Millstatt SPORTS NAUTIQUES

(0676 751 19 39 ; www.surf-segelschulemillstatt.at ; Seestrasse ; location à l'heure planche à voile 17-23 €, kayak 12 €, bateau à voile 12-16 €, bateau électrique 14 € ; 10h-19h lun-ven, midi-19h sam-dim juil-août, horaires variables mai-juin-sept). L'agence professionnelle située devant Villa Verdin loue du matériel et propose des cours, individuels ou collectifs, de planche à voile, kayak et voile.

Fêtes et festivals

Musikwochen Millstatt MUSIQUE

(Semaines musicales de Millstatt ; www.musikwochen.com ; mai-sept). Concerts de musique classique et de jazz chaque année de mai à septembre, généralement au sein de l'abbatiale.

Où se loger et se restaurer

Pension Strobl PENSION €

(04766-2263 ; www.pensionstrobl.at ; Seemühlgasse 56a ; d 75 € ;). Les chambres basiques de cet hôtel pour petits budgets ont vue sur le lac. La cuisine mise à disposition est appréciable et les propriétaires sauront vous dire où et comment prendre du bon temps sur le lac.

Hotel See-Villa HÔTEL €€

(04766 2102 ; www.see-villa.eu ; Seestrasse 68 ; s/d à partir de 80/160 € ; P). Cet hôtel confortable et accueillant datant du début du XXe siècle jouit d'un vrai charme historique. Il est situé directement sur le rivage (idéal pour dormir avec les fenêtres ouvertes) et comprend un immense restaurant en terrasse (ouvert tous les jours midi et soir), un sauna privé et un ponton de baignade.

Villa Verdin HÔTEL €€
(☎0699 1202 9862 ; www.villaverdin.at ; Seestrasse 69 ; s/d à partir de 55/110 € ; P). Cet ancien hôtel-villa du XIXe siècle allie lignes contemporaines, antiquités et fascinant bric-à-brac pour créer une atmosphère à la fois chic, confortable et décontractée. L'établissement comprend un bar de plage rétro. *Gay friendly*.

Die Forelle HÔTEL €€€
(☎04766-205 00 ; www.hotel-forelle.at ; Fischergasse 65 ; s 80-115 €, d 190-220 €, appt 2 à 6 pers 70 € par pers ; P @). Certains apprécient particulièrement son bar face au lac, d'autres son espace bien-être (bains bouillonnants, hammam...). Les chambres ont des bonnes dimensions et les doubles au tarif plus élevé ont un balcon donnant sur le lac. Son restaurant (prix moyens) ouvre pour le déjeuner et le dîner, avec une formule à prix réduit hors des heures de repas. Demi-pension possible (supplément 25 €).

Fisch-Häusl Stark POISSON €€
(Kaiser-Franz-Josef-Strasse 134 ; plats 17-22 € ; 11h-21h). Ce petit établissement sert de délicieux poissons du lac de Millstatt et du Weissensee, notamment de la truite fumée pouvant être conditionnée pour être emmenée en pique-nique. Achetez un petit pain à la boulangerie d'en face et le tour est joué.

Où prendre un verre et faire la fête

Kap 4613 BAR
(www.kap4613.at ; Kaiser-Franz-Josef-Strasse 330 ; 8h-19h30 mar-sam, 8h-18h30 dim ;). Cet établissement en bord de lac composé d'un atrium avec terrasse et d'un délicieux bar de plage s'avançant sur l'eau est de loin le meilleur endroit pour boire un verre à Millstatt.

Renseignements

Office du tourisme (☎04766-370 00 ; www.millstaettersee.com ; Kaiser-Franz-Josef-Strasse 49 ; 9h-16h lun-ven). Installé dans l'hôtel de ville de Millstatt ; dispose d'infos utiles sur la ville.

Comment s'y rendre et circuler

Des bus Postbus desservent Millstatt au départ de la gare ferroviaire de Spittal (4 €, 27 min, 2 bus/h) ; certains continuent jusqu'à Bad Kleinkirchheim (8,50 € depuis Spittal, 1 heure).

Comment circuler

Mountainbike Station Thomas Graf
(☎0699 142 98 386 ; www.mountainbike-station.at ; Kaiser-Franz-Josef-Strasse 59 ; VTT/vélo électrique 24 heures 22,50/22,50 € ; 9h-18h lun-ven, 9h-15h sam mai à mi-oct) est la meilleure agence de location de vélos des environs.

Spittal an der Drau

☎04762/15900 HABITANTS

Spittal est un important centre économique et administratif de la Haute-Carinthie. Elle doit son nom à un hôpital et refuge du XIIe siècle pour venir en aide aux pèlerins. La ville est également riche d'un impressionnant palais italianisant en plein centre et d'un petit parc très agréable.

La plupart des voyageurs y font une pause de quelques heures au cours d'un plus long trajet.

À voir

Château Porcia et musée des Arts populaires PALAIS
(Schloss Porcia und Museum für Volkskultur ; ☎04762-28 90 ; www.museum-spittal.com/

L'AUTOSCHLEUSE TAUERNBAHN

Si vous allez à Bad Gastein (p. 279) en voiture depuis Spittal an der Drau, vous devrez emprunter l'**Autoschleuse Tauernbahn** (service de navette par voie ferrée ; www.gasteinertal.com/autoschleuse) qui passe par le tunnel ralliant Mallnitz et Böckstein. Il faut compter 19,40 € aller et 30 € aller-retour (valable 2 mois) pour une voiture. Appelez le 05 717 pour plus d'informations. Il y a des trains toutes les heures, le dernier départ étant à 23h20 en direction du sud et à 22h50 en direction du nord. Le trajet dure 11 minutes.

dev/home ; Burgplatz 1 ; adulte/enfant 8/4 € ; 9h-18h mi-avr à oct, 13h-16h mi-déc à mi-avr). Ce château Renaissance ostentatoire fut construit entre 1533 et 1597 à l'instigation du trésorier de l'archiduc Ferdinand, Gabriel von Salamanca-Ortenburg. À l'intérieur, des arcades de style italianisant entourent une cour centrale où se jouent des pièces de théâtre en été. Les étages supérieurs abritent le musée des Arts populaires, qui comprend une riche collection sur la Carinthie et des projections en 3D, dont une consacrée au parc national des Hohe Tauern.

Goldeck MONTAGNE

(Funiculaire aller simple/aller-retour 13/18 €, forfait remontées adulte/enfant 36/18 €). En été, ce sommet (2142 m) est accessible en funiculaire ou par la Goldeckstrasse à péage (gratuite avec la Kärnten Card). La route se termine 260 m avant le sommet. En hiver, la Goldeck est très prisée pour le ski. Le funiculaire est hors service de mi-avril à mi-juin et de mi-septembre à mi-décembre.

Où se loger

Camping Draufluss CAMPING €

(04762-24 66 ; www.drauwirt.com ; Schwaig 10 ; empl adulte/enfant/tente/voiture 8/3/4,50/4,50 € ; juin-sept ; P). Le petit camping de Spittal, plutôt chouette, est à environ 3,5 km du centre-ville, sur la rive sud de la Drau.

Hotel Erlebnis Post HÔTEL €€

(04762-22 17 ; www.the-satisfactory.at ; Hauptplatz 13 ; s/d à partir de 77/128 € ; P). Cet hôtel un rien étrange propose des chambres aux thèmes surprenants, chose rare dans ces contrées. Il y a par exemple la chambre Patchwork, la chambre Pillow Fight ("bataille d'oreillers") et la Jailhouse ("prison"), avec les lits de l'ancienne prison pour mineurs de la région et les portes des cellules d'origine. On apprécie le local à skis et les navettes pour les pistes.

Où se restaurer

Restaurant Zellot AUTRICHIEN €€

(04762-22 17 ; Hauptplatz 12 ; plats 12,50-19,60 € ; 11h30-14h et 17h-19h30 mar-ven, 17h-22h sam ;). Ce restaurant excentrique sert de bons steaks et des spécialités autrichiennes. En fin de soirée, il se transforme en night-club animé au décor... de garage.

Renseignements

Office du tourisme (04762-56 50 ; www.spittal-drau.at ; Burgplatz 1 ; 9h-17h lun-ven, horaires réduits et fermé sam le reste de l'année). Situé sur un côté du château de Porcia ; fournit des plans et quantité d'infos utiles.

Depuis/vers Spittal an der Drau

BUS

Des lignes Postbus desservent Gmünd (5,20 €, 24 min, ttes les heures) et Millstatt (3,80 €, 20 min, ttes les heures).

TRAIN

Spittal-Millstättersee est un important carrefour ferroviaire : des trains IC/EC partent toutes les 2 heures vers le nord pour Bad Gastein (11,40 €, 36 min), et il y a au moins un bus régional qui part chaque heure pour Lienz (13,20 €, 1 heure), à l'ouest, et pour Villach (8,50 €, 25 min), à 37 km au sud-est. La ligne de chemin de fer qui part vers le nord *via* Mallnitz-Obervellach s'agrippe à la paroi de la vallée de manière spectaculaire.

Comment circuler

More (04762-255 50 ; www.more.at ; Bahnhofstrasse 11 ; 8h30-12h30 et 14h-18h lun-ven, 8h45-12h30 sam) loue des vélos de ville et VTT. Passez prendre le plan des pistes (gratuit) à l'office du tourisme.

Weissensee

Coincé dans une crevasse glaciaire des Alpes de Gailtal et encadré de crêtes montagneuses au nord et au sud, le Weissensee, perché à 930 m d'altitude, est le plus haut lac glaciaire où l'on peut se baigner en Autriche. De tous les grands lacs de Carinthie, il est aussi le moins exploité. Cette paisible réserve naturelle aux eaux oscillant entre le turquoise et le bleu sombre s'étend sur près de 12 km de long et 1 km de large dans sa majeure partie. Du fait de son emplacement, ses eaux sont plus fraîches que celles du lac de Wörth, mais en juillet et août, la température dépasse souvent les 20°C.

Bergbahn Weissensee TÉLÉSIÈGE

(04713-22 69 ; Techendorf ; aller adulte/enfant 12/11 € ; 9h-17h, fermé lun mai-juin et sept, fermé déb mars à mi-mai et déb oct-nov). Vous adorerez les 12 minutes dans ce télésiège ouvert qui atteint le sommet. De là, un sentier mène en 10 minutes de marche au Naggler Alm et à plusieurs bons sentiers de randonnée qui surplombent Techendorf. En hiver, il dessert aussi les pistes skiables.

Hermagorer Bodenalm SÉJOUR À LA FERME €
(☎0650 400 24 88 ; www.hermagorer-bodenalm.at ; Techendorf 68 ; demi-pension 39 €/pers ; ⏲mai-sept ; 📶). Dans une jolie prairie alpine au sud du Weissensee, ce chalet loue des chambres assez sommaires avec salle de bains partagée. Prévoyez un pyjama bien chaud. Les propriétaires font leurs propres fromages et charcuterie : de quoi prendre des forces pour toute la journée. Voici l'Autriche telle que vous l'avez rêvée.

À environ 1 heure 30 de marche du débarcadère de Paterzipf sur le sentier de randonnée n°27, qui convient également aux VTT.

Kohlröslhütte SÉJOUR À LA FERME €
(☎0664 8850 1860 ; www.kohlroesl.at ; Jadersdorf 38 ; pension complète 48 €/pers ; ⏲mi-mai à mi-oct ;). Peu de refuges alpins jouissent d'une vue aussi magnifique sur la vallée de Gitsch jusqu'à Sankt Lorenz, avec trois sommets alpins dans trois pays différents, et ce à 1534 m d'altitude. Le bâtiment, situé au-dessus de Techendorf dans la vallée de Gail, est uniquement accessible à pied (2 heures à partir de l'arrivée du télésiège) ou à VTT. Les chambres, avec salle de bains commune, sont rustiques et douillettes.

Renseignements

Office du tourisme (☎04713-222 00 ; www.weissensee.com ; Techendorf 78 ; ⏲8h30-12h30 et 13h30-17h lun-ven). Renseignez-vous sur la plongée, la voile, le canoë-kayak et les hébergements autour du lac.

Depuis/vers le Weissensee

La gare ferroviaire la plus proche est celle de Greifenburg-Weissensee, à 11 km du lac sur la ligne Villach-Spital an der Drau-Lienz. Là, la compagnie **Mobil Büro Hermagor** (☎réservations 04282-25 225 ; www.mobilbuero.com ; aller simple 10 € ; ⏲mi-mai à fin sept et mi-déc à fév) propose un service de bus depuis/vers les hébergements au bord du Weissensee. Ce service est réservé aux personnes passant la nuit sur place. Réservez la veille avant 16h par téléphone ou par Internet. Si vous ne restez que la journée, vous pouvez acheter un pass journée (7,50 €), vendu exclusivement à l'Hotel Kreuzwirt, à 4 km de Techendorf. Pour vous y rendre, vous pouvez monter dans un bus Naturpark, gratuit mais en général peu fréquent.

Pour rejoindre le lac en voiture, prenez la Bundestrasse n°87 depuis Greifenburg ou Hermagor. Depuis Spittal an der Drau, la route L32 conduit à l'extrémité est du lac, où elle prend fin.

Comment circuler

Les bateaux de la compagnie **Weissensee Schifffahrt** (www.schifffahrt-mueller.at ; 1-8 arrêts 2,50-8,50 €, pass journée 13,50 € ; ⏲jusqu'à 10 services/j mi-mai à mi-oct) desservent tous les arrêts entre Techendorf et Dolomitenblick de 3 à 11 fois par jour ; c'est en juillet-août que le trafic est le plus important.

Lienz

☎04852/11900 HABITANTS/ALTITUDE 673 M

Les Dolomites s'élèvent tel un amphithéâtre autour de Lienz, qui enjambe l'Isel et la Drave à seulement 40 km au nord de l'Italie. C'est ce même paysage majestueux de rivières et de montagnes qu'embrassèrent les Romains en arrivant ici il y a 2000 ans. On peut marcher sur leurs traces en visitant le musée du château médiéval de Bruck et le site archéologique d'Aguntum. En regardant les Dolomites rougeoyantes au coucher du soleil, on comprend facilement pourquoi ils s'éprirent de cette région, enclave du Tyrol.

À voir

Château de Bruck FORTERESSE ET MUSÉE
(www.museum-schlossbruck.at ; Schlossberg 1 ; adulte/enfant 9/2,50 € ; ⏲10h-16h mar-dim juin, 10h-18h juil-août, 10h-16h mar-dim sept-oct). La forteresse médiévale de Lienz renferme un musée dévolu à l'histoire de la région, ainsi que des objets romains, des autels avec retable et des costumes locaux. La **tour du château** accueille des expositions temporaires ; les amateurs d'art ne manqueront pas la **galerie Egger-Lienz**, consacrée aux œuvres percutantes d'Albin Egger-Lienz.

Aguntum MUSÉE, RUINES
(www.aguntum.at ; Römerstrasse 1 ; adulte/enfant 7/4 €, billet combiné avec le château de Bruck 11,50/9,50 € ; ⏲9h30-16h juin-sept, 9h30-16h lun-sam mai-déb juin et mi-sept-fin oct ;). Les fouilles sont toujours en cours au site archéologique d'Aguntum à Dölsach, le but étant de reconstituer le puzzle de ce *municipium* vieux de 2000 ans, qui était un

Lienz

centre de commerce et d'échanges prospère sous l'empereur Claude. Après avoir fait un tour sur le site des fouilles, visitez le musée consacré aux racines romaines de Lienz. Le bus n°4406 dessert le site du lundi au samedi. Le site était temporairement fermé lors de nos recherches.

Église paroissiale Saint-André ÉGLISE
(Stadtpfarrkirche Sankt Andrä ; Pfarrgasse 4 ; ⌚ lever-coucher du soleil). L'église principale de la ville arbore un beau plafond en ogive gothique, un surprenant autel baroque, des fresques du XIVe siècle et deux pierres tombales peu communes en marbre rouge de Salzbourg. À côté se trouve la solennelle **chapelle du Mémorial de la guerre** (Kriegergedächtniskapelle), ornée des fresques controversées d'Albin Egger-Lienz – l'une d'elles représente Jésus décharné après sa résurrection ; elle scandalisa le Vatican en 1925, qui interdit toute activité religieuse dans la chapelle pendant une soixantaine d'années. Allez récupérer les clés accrochées à la porte au n°13 de la Pfarrgasse (de l'autre côté du petit pont).

Activités

Zimml SPORTS D'AVENTURE
(☎ 04852-611 99 ; www.zimml.at ; Mühlgasse 15). Canyoning, kayak, escalade en été, circuits

Lienz

À voir
1 Église paroissiale Saint-André A1

Activités
2 Probike Lienz C3
3 Zimml C3

Où se loger
4 Goldener Fisch C2
5 Grand Hotel Lienz D2

Où se restaurer
6 Da Leonardo C3
7 Gösser Bräu im Alten Rathaus B2

Où prendre un verre et faire la fête
8 Weinphilo B3

à ski, en raquettes ou escalade glaciaire en hiver : l'équipe de chez Zimml organise tout. Appelez pour connaître les horaires et les tarifs.

Zettersfeld SKI
(www.topskipass.at ; forfait journée adulte/enfant 47,50/24,50 €). De niveau débutant ou intermédiaire, vous n'aurez pas le temps de vous ennuyer grâce aux 40 km de pistes de Lienz qui donnent accès à de superbes vues sur les sommets déchiquetés des Dolomites. Le

plus gros de l'action se concentre à Zettersfeld, au nord-est de Lienz. Un funiculaire et 6 remontées transportent les skieurs au sommet des pistes, dont l'altitude est comprise entre 1660 et 2278 m. Des bus gratuits relient la gare ferroviaire de Lienz aux stations de funiculaire de la vallée.

Hochstein SKI
(☎04242-570 470 ; www.topskipass.at ; forfait journée adulte/enfant 47,50/24,50 €). Légèrement à l'ouest de Lienz, Hochstein (2057 m) est un domaine skiable réputé pour ses pistes bien entretenues et sa piste de luge illuminée de 2,5 km. Durant les pleines saisons hivernale et estivale, des bus gratuits rallient la gare ferroviaire aux stations de funiculaire de la vallée.

Bergstatt ESCALADE
(☎0664 516 5835 ; Kranewitweg 5 ; sortie escalade adulte/enfant à partir de 80/60 €). Envie d'une ascension ? Bergstatt dispose de guides qui peuvent vous accompagner pour des excursions d'une demi-journée, une journée entière ou plusieurs jours en escalade ou sur les via ferrata.

Drau Radweg VÉLO
(www.drauradweg.com). Lienz est entourée d'un réseau de pistes de VTT bien balisées, qui traversent des paysages époustouflants à travers les Dolomites. Le Drau Radweg est un chemin panoramique de 366 km qui traverse Lienz avant de partir en direction de Maribor, en Slovénie. Allez à l'office du tourisme pour récupérer un exemplaire gratuit de la carte *Rad und Mountainbike Karte Osttirol*, où sont détaillées les pistes cyclables. **Probike Lienz** (☎04852-735 36 ; www.probike-lienz.at ; Amlacherstrasse 1a ; VTT 22 €/j, vélo de ville 18 €/j, vélo électrique 40 €/j ; ⏲9h-midi et 14h-18h lun-ven, 9h-midi sam) est le loueur de vélos le plus central.

Galitzenklamm SPORTS D'AVENTURE
(www.galitzenklamm.info ; adulte/enfant 6/5 € ; ⏲9h-18h juin à mi-sept, 10h-17h mi-sept à fin oct ; 👪). Cette passerelle vertigineuse s'agrippe aux falaises à pic d'une gorge qui s'élève des eaux tourbillonnantes de la Drave. Aire de jeux aquatiques pour les enfants et autres activités familiales. Pour vous y rendre, prenez le bus n°4421 jusqu'à Leisach, à 3 km de Lienz.

Osttirol Adventures SPORTS DE PLEIN AIR
(☎0664 356 04 50, 04853-200 30 ; www.ota.at ; Schlaitnerstrasse 108b, Ainet). Osttirol Adventures, plus important organisateur d'activités de plein air de la région, a son camp de base dans le village d'Ainet, à 8 km à l'ouest de Lienz. Consultez le site Internet pour connaître leurs offres.

RAFTING ET CANYONING

Les rivières à fort débit, les gorges étroites et les forêts des Dolomites qui entourent Lienz sont idéales pour pratiquer des sports à sensations fortes comme le rafting et le canyoning. Comptez entre 35 et 90 € pour une sortie en rafting et entre 75 et 180 € pour du canyoning.

Où se loger

Camping Falken CAMPING €
(☎0664-410 79 73 ; www.camping-falken.com ; Falkenweg 7 ; empl adulte/enfant/tente 8/5/17 € ; ⏲mai à mi-oct ; P 📶). Admirez les Dolomites dès votre réveil en louant un emplacement dans ce camping arboré à 20 minutes à pied au sud du centre. Comprend une supérette, un restaurant et une aire de jeux. La clientèle bénéficie de l'accès gratuit aux piscines de Lienz.

♥ **Wildauers Haidenhof** HÔTEL €€
(☎04852-624 40 ; www.wildauers.tirol ; Grafendorferstrasse 12 ; s 77-96 €, d 128-216 € ; P 📶). Entouré de poiriers et de pruniers, cet hôtel mêle charme rustique et chic tyrolien. Les chambres, tout en pin, offrent beaucoup de lumière naturelle, il y a un sauna et une terrasse au dernier étage avec vue sur les Dolomites. La quasi-totalité de ce qui est servi au restaurant est cuisinée ici. En hiver, le sous-sol est éclairé aux chandelles, mais en été, on préférera la terrasse ensoleillée donnant sur les Dolomites.

Gasthof Schlossberghof HÔTEL €€
(☎04852-632 33 ; www.schlossberghof.at ; Iseltaler Strasse 21 ; s/d 65/100 € ; P). Avec des chambres rénovées dans un esprit contemporain, cette pension à l'âme alpine et champêtre est à 10 minutes à pied du centre. Les Dolomites y veilleront sur votre sommeil.

Goldener Fisch HÔTEL €€
(☎04852-621 32 48 ; www.goldener-fisch.at ; Kärntner Strasse 9 ; d à partir de 116 € ; P 📶).

Le point fort de cet hôtel familial est son *Biergarten* à l'ombre des marronniers. Les chambres sont modernes et aérées, sans chichis bien que parfois un peu petites. On est content d'y trouver un sauna et des bains de vapeur aux plantes après avoir transpiré sur les pistes. Le petit-déjeuner apporte le carburant nécessaire à une journée de ski.

Grand Hotel Lienz HÔTEL €€€
(☎04852-640 70 ; www.grandhotel-lienz.com ; Fanny-Wibmer-Peditstrasse 2 ; s 150-200 €, d 220-470 € ; P). Cet hôtel de style fin de siècle est le plus haut de gamme de Lienz. Il compense son manque de cachet historique par son luxe : service impeccable, spa et piscine de haut vol, cuisine élégante sur une terrasse donnant sur l'Isel et les Dolomites et machine à expresso dans chaque chambre.

Où se restaurer

Dolomitenhütte AUTRICHIEN €€
(☎0664 225 37 82 ; www.dolomitenhuette.at ; Amlach 39 ; plats 6-18 €). Accroché tel un nid d'aigle au sommet d'une falaise de 1600 m et encadré de sommets déchiquetés, le Dolomitenhütte est un lieu extraordinaire. Avec les Dolomites et des forêts de mélèzes en toile de fond, ce refuge alpin douillet semble tout droit sorti d'un conte de fées. En été, marcheurs et cyclistes effectuent un circuit de 12 km au sud de Lienz pour profiter de la belle vue depuis la terrasse, et de la cuisine maison.

Da Leonardo PIZZERIA €€
(☎04852-699 44 ; www.daleonardo.net ; Tiroler Strasse 30 ; pizzas 7-12,50 € ; ⏲11h-23h ;). Sacré champion du monde de pizza, Leonardo Granata laisse reposer sa pâte 24 à 48 heures pour de délicieuses pizzas authentiques et 100% italiennes, tout comme le personnel, serviable et sympathique. Une adresse à ne pas manquer pour les amoureux d'*il bel paese*.

Gösser Bräu im Alten Rathaus AUTRICHIEN €€
(☎04852-721 74 ; www.goesserbraeu-lienz.at ; Johannesplatz 10 ; plats 8-17,50 € ; ⏲9h-1h mar-sam ;). Installez-vous au bar en forme de fer à cheval et savourez une Gösser Brau (bière), partenaire idéale d'un repas traditionnel. En été, la terrasse plantée de vignes est idéale pour déguster les plats du jour italiens ou les classiques autrichiens.

UNE CARTE COMME UN SÉSAME

En été, profitez de l'**Osttirol Card** (adulte/enfant à partir de 52/26 €) de Lienz, pour 3 ou 7 jours, en vente à l'office du tourisme. Valable de juin à mi-septembre, elle donne accès aux principaux sites alentour, dont le château de Bruck, les ruines d'Aguntum et la passerelle de Galitzenklamm, mais aussi aux piscines municipales et téléphériques.

Où prendre un verre et faire la fête

Weinphilo BAR À VINS
(☎0664-5013 658 ; www.weinphilo.com ; Messinggasse 11 ; ⏲9h30-19h30 lun-ven, 9h30-15h sam). Un véritable caviste/bar à vins où vous pourrez vous joindre à la clientèle locale pour un verre de vin venant de petits producteurs de Vénétie, du Frioul, du Sud-Tyrol ou d'encore plus au sud. Des assiettes de viande et de fromage sont à disposition. Vous pouvez également venir le matin pour un succulent café à partir de grains venus de Toscane.

Renseignements

Office du tourisme (Lienzer Dolimiten ; ☎050 212 212 ; www.osttirol.com ; Mühlgasse 11 ; ⏲8h-19h lun-ven, 9h-midi et 13h-18h sam, 9h30-midi dim juil-août, horaires réduits le reste de l'année). L'équipe vous aidera gratuitement à trouver un hébergement (y compris une chambre privée). Le site Web couvre plus largement le Tyrol oriental.

Depuis/vers Lienz

Au Tyrol, les transports régionaux sont gérés par le **Verkehrsverbund Tirol** (VVT ; www.vvt.at). Consultez le site Internet pour en savoir plus sur les tickets, valables pour voyager entre le Tyrol et le Tyrol oriental.

BUS

Les bus partent devant la gare. Il existe des liaisons en bus vers les stations de ski de la région et vers le parc national des Hohe Tauern, au nord. Les bus pour Kitzbühel (18,80 €, 1 heure 45) sont plus rapides et plus directs que le train, mais aussi moins fréquents.

TRAIN

La plupart des trains pour le reste de l'Autriche, dont Salzbourg (à partir de 19,90 €, 3 heures 30-4 heures 30, 1/h), partent vers l'est *via* Spittal-Millstättersee, où il est généralement nécessaire de faire un changement. La façon la plus rapide et la plus simple de rejoindre Innsbruck (à partir de 18,80€, 3 heures 30-4 heures) est de partir vers l'ouest *via* Sillian et l'Italie, de changer à San Candido/Innichen et de nouveau à Fortezza/Franzensfeste.

VOITURE ET MOTO

Pour aller vers le sud, il vous faut d'abord partir vers l'est ou l'ouest par la B100 pour contourner les Dolomites. Les principaux axes nord-sud sont la B018 (Felber-Tauern-Strasse), entre Mittersill et Lienz, ouverte toute l'année, la spectaculaire route du Grossglockner (ouverte de mai à octobre) et le tunnel de Felbertauer (5,5 km ; voiture/moto 11/10 €).

Il y a de nombreuses places de stationnement courte durée (*Kurzparkzone*) autour de la place principale. Il y a aussi un parking gratuit devant l'église paroissiale Sankt Andrä.

FUNICULAIRES ET TARIFS ESTIVAUX

Les funiculaires pour **Zettersfeld** et **Hochstein** cessent de fonctionner de novembre au 8 décembre et font à nouveau une pause après Pâques. Le funiculaire de Hochstein commence par desservir la première station, Hochstein 1 (aller-retour adulte/enfant 12/9 €), du jeudi au dimanche de mai à mi-juin, après quoi tous les funiculaires d'été reprennent du service quotidiennement sur tout le secteur. Hochstein 2 n'est desservi qu'en hiver. L'aller-retour pour Zettersfeld coûte 13/7 € par adulte/enfant (ou 21/10 € avec le télésiège qui vous hissera à 2 214 m d'altitude). Si vous prévoyez de faire plusieurs trajets, vous ferez des économies en investissant dans une Osttirol Card (adulte/enfant 52/26 €).

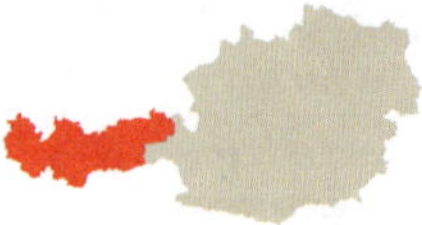

Tyrol et Vorarlberg

Dans ce chapitre ➜

Le top des restaurants

- Die Wilderin (p. 320)
- Schulhaus (p. 328)
- Museum Restaurant (p. 352)
- Auracher Löchl (p. 337)

Le top des hébergements

- Villa Licht (p. 334)
- Hotel Weisses Kreuz (p. 359)
- Gasthof Hirschen (p. 364)
- Hotel Gotthard (p. 354)
- Himmlhof (p. 352)

Pourquoi y aller

Certains disent que le cœur des Alpes et de l'Autriche bat au Tyrol (Tirol). Et ils ont raison. Il y a d'abord sa capitale régionale, Innsbruck, sportive et tournée vers le monde alpin, et les Kitzbühel, Ischgl, Sankt Anton et autres Mayrhofen, Sölden, Lech et Zürs, entre immenses domaines skiables, pistes légendaires et soirées animées. Le tout sur fond de paysages splendides, alternant sommets, glaciers, vallées, lacs et alpages. Paradis de la glisse sous toutes ses formes (ski, snowboard, raquettes, luge) en hiver, des sports de plein air (randonnée, VTT, rafting...) en été, avec un soupçon de folklore – femmes en *Dirndl* (robe typique) et hommes en *Lederhose* (culotte courte) –, tel est le Tyrol.

Côté culture, on navigue entre petites cités médiévales, châteaux, églises et abbayes, villages traditionnels, musées uniques, architecture typique respectueuse de l'environnement et artisanat, dans une région où l'écologie, le bio et les produits du terroir (fromages, lait de foin, jambon) sont un véritable art de vivre. *Willkommen in Tirol !*

Quand partir

- En hiver (de décembre à début avril), les skieurs affluent dans les Alpes tyroliennes. Les prix s'envolent et il est essentiel de réserver au plus tôt. À Noël, les marchés illuminent villes et villages.
- En été (de juin à septembre), les prix des chambres baissent dans les stations de montagne. La saison est idéale pour les randonnées en altitude d'un refuge à l'autre, les baignades dans les lacs, les sports d'aventure (rafting, parapente) et le VTT. La vallée de la Ziller célèbre la musique folklorique, tandis que le Festival de Bregenz, mi-juillet, attire les amateurs d'opéra au lac de Constance.
- Les touristes sont rares et les chambres moins chères pendant les intersaisons (avril-mai et octobre-novembre). Nombre d'établissements ferment dans les stations alpines. La nature se pare de toute une palette de couleurs.

TYROL

Le Tyrol se caractérise par un cadre typiquement alpin, avec ses montagnes aux pics dentelés et ses patchworks de pâtures où résonne le tintement des cloches des vaches. Après les premières chutes de neige, les skieurs dévalent les kilomètres de pistes (parmi les meilleures d'Europe) sur fond de forêts givrées. L'été, les sentiers de randonnée gravissent les montagnes jusqu'à des refuges et de hauts sommets, tandis que la musique folklorique fait danser la population dans les vallées.

Histoire

En dépit d'un relief alpin accidenté, le Tyrol a été habité depuis le néolithique, comme en atteste la découverte en 1991 du corps d'un homme datant de 5400 ans, conservé dans la glace dans les Alpes de l'Ötztal (p. 340). Le col du Brenner (1374 m), entre l'Autriche et l'Italie, permit à la région de se développer en tant que route marchande nord-sud.

En 1363, les Habsbourg devinrent comtes du Tyrol, mais il fallut attendre le règne de l'empereur Maximilien Ier (1493-1519) pour que la province prenne de l'importance. Ce dernier améliora le statut de la région en faisant d'Innsbruck la capitale administrative et un centre culturel. En 1511, l'empereur promulgua la loi Landibell, qui permettait aux Tyroliens de défendre leurs propres frontières, créant ainsi les *Schützen*, une compagnie de tireurs d'élite qui existe toujours. Quand le dernier Habsbourg du Tyrol, l'archiduc Sigismond-François d'Autriche (Sigismund Franz von Österreich), mourut en 1665, le duché du Tyrol fut directement gouverné par Vienne.

En 1703, les Bavarois tentèrent de s'emparer du Tyrol au cours de la guerre de Succession d'Espagne. Alliés aux Français, ils parvinrent au col du Brenner, avant d'être repoussés par les *Schützen*. En 1805, le Tyrol passa aux mains de la Bavière sous Napoléon, une période brève et agitée. En 1809, l'aubergiste sud-tyrolien Andreas Hofer prit la tête d'un combat pour l'indépendance et remporta une victoire fameuse à Bergisel. La monarchie Habsbourg ne soutint pas cette action héroïque et le Tyrol fut rendu à la Bavière la même année.

Le traité de Saint-Germain-en-Laye (1919) porta un nouveau coup à l'identité tyrolienne : le Sud-Tyrol prospère fut cédé à l'Italie et le Tyrol oriental se retrouva isolé du reste de la province.

Allié de Mussolini, Hitler ne réclama pas le Sud-Tyrol quand ses troupes envahirent l'Autriche en 1938. Au lendemain de la Seconde Guerre mondiale, le Tyrol fut divisé en zones occupées par les forces alliées jusqu'à ce que le pays proclame sa neutralité en 1955. Depuis, le Tyrol connaît la paix et la prospérité, et le tourisme, en particulier l'industrie du ski, est florissant.

Depuis/vers le Tyrol et le Vorarlberg

AVION

Situé à 4 km à l'ouest du centre-ville, l'**aéroport d'Innsbruck** (INN ; ☎0512-22 52 50 ; www.innsbruck-airport.com ; Fürstenweg 180) accueille quelques vols intérieurs (Vienne et Graz) et internationaux (Amsterdam, Francfort, Hambourg, Londres...), principalement des compagnies Austrian Airlines, British Airways, easyJet et Lufthansa.

VOITURE ET MOTO

Le principal axe routier (et ferré) du Tyrol suit la vallée de l'Inn (Inntal). L'A12 est-ouest coupe grossièrement la province en deux entre l'Allemagne (près de Kufstein) et Sankt Anton dans le Vorarlberg. L'A13 rejoint l'Italie depuis le Tyrol par le col du Brenner, au sud d'Innsbruck.

Comment circuler

Le Verkehrsverbund Tirol (www.vvt.at) gère le réseau de transports régionaux : bus, tramways et trains de l'Österreiche Bundesbahn (ÖBB, Chemins de fer fédéraux autrichiens). Le prix des billets dépend du nombre de zones traversées ; un aller simple coûte 1,30 €, un pass d'une journée 5,80 €. De plus, le Tyrol est divisé en zones de transport qui se chevauchent. Un pass régional revient à 26/80,60 € par semaine/mois.

Innsbruck

☎0512/132 493 HABITANTS/ALTITUDE 574 M

La belle capitale du Tyrol s'inscrit dans un cadre magnifique. Les pics rocheux de la chaîne de la Nordkette sont si proches qu'en quelques minutes on peut aller du centre-ville à des alpages à plus de 2000 m d'altitude. Été comme hiver, les activités de plein air ne manquent pas autour de cette cité alpine animée. Si certains visiteurs ne jettent qu'un coup d'œil rapide à la ville avant de rejoindre les montagnes, ils manquent toutefois la découverte d'un microcosme typiquement autrichien : une vieille ville (Altstadt) de la fin du Moyen Âge, riche en musées et églises, que

À ne pas manquer

1 Un séjour ultra-sportif sur les pistes de ski mythiques de **Kitzbühel** (p. 332).

2 **Innsbruck**, la capitale du Tyrol, où admirer le **Petit Toit d'or** (*Goldenes Dachl* ; p. 315).

3 La **vallée de la Ziller** (p. 325), terrain de jeu des vététistes au cœur des Alpes tyroliennes.

4 L'**Aqua Dome** (p. 341), à Längenfeld, un spa féerique où se détendre dans des bassins en contemplant les sommets.

5 **Sankt Anton am Arlberg** (p. 348), paradis du ski et de l'après-ski, où fêter ses exploits dans les bars le soir venu.

6 La cité médiévale de **Hall in Tirol** (p. 323), pour revenir 500 ans dans le passé.

7 Le **lac de Constance** (Bodensee ; p. 358), à découvrir en bateau ou à vélo.

8 Le **Bregenzerwald** (p. 361), région méconnue entre alpages, air pur des montagnes et dégustation de fromages.

9 **Feldkirch** (p. 365), cité médiévale fortifiée en bord de rivière, à la vieille ville classée monument historique.

10 **Bludenz** (p. 367), "porte des Alpes" et cité gourmande où les vaches sont mauves – orgie de chocolat Milka à la clé.

Innsbruck

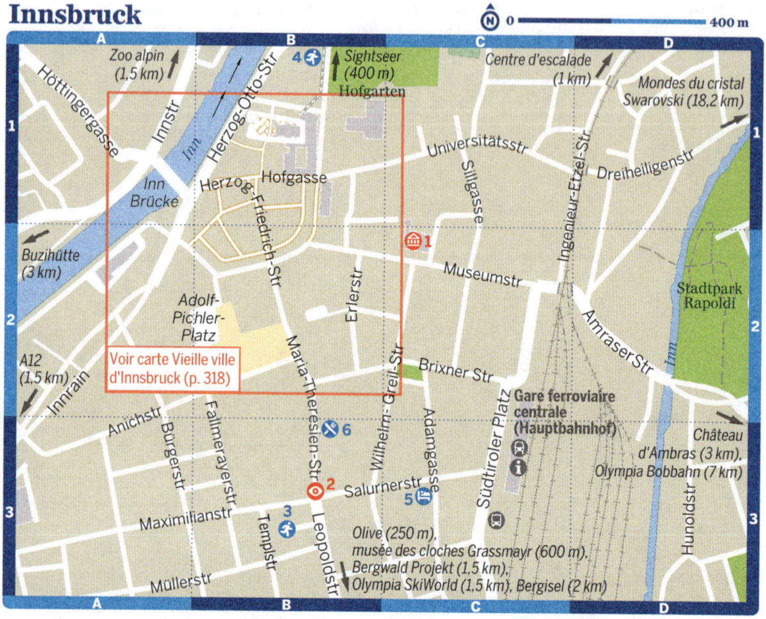

Innsbruck

À voir

1 Musée Ferdinandeum C2
2 Arc de triomphe B3

Activités

Die Börse .... (voir 3)
3 Inntour B3
4 Nordkettenbahnen B1

Où se loger

5 Pension Stoi C3

Où se restaurer

6 Oniriq B3

dominent un majestueux palais habsbourgeois et une cathédrale baroque – que l'on peut contempler depuis la piste olympique de saut à ski, symbole du bond spectaculaire entre urbanisme et nature.

Histoire

L'histoire d'Innsbruck remonte à 1180, quand le petit village marchand de la rive nord de l'Inn s'étendit sur la rive sud grâce à un nouveau pont, l'Ynsprugg.

En 1420, Innsbruck devint le siège ducal des Habsbourg du Tyrol, mais la ville atteignit son apogée en termes de pouvoir et de prestige sous le règne de l'empereur Maximilien Ier (1493-1519). Nombre des monuments qu'il fit édifier, dont le Goldenes Dachl (Petit Toit d'or), sont toujours visibles aujourd'hui. Maximilien ne fut pas le seul Habsbourg à modifier l'aspect de la ville : l'archiduc Ferdinand II fit reconstruire le château d'Ambras, et l'impératrice Marie-Thérèse d'Autriche, la Hofburg.

Hormis durant les deux guerres mondiales, Innsbruck a connu une existence paisible pendant des siècles. Plus récemment, elle a accueilli les Jeux olympiques d'hiver en 1964 et 1976, et les Jeux olympiques de la jeunesse en 2012.

À voir

Château d'Ambras CHÂTEAU

(Schloss Ambras ; www.schlossambras-innsbruck.at ; Schlosstrasse 20 ; palais adulte/enfant 12 €/gratuit, jardin gratuit ; palais 10h-17h, jardins 6h-coucher du soleil, fermé nov ;). Perchée sur une colline, cette forteresse fut achetée en 1564 par l'archiduc Ferdinand II

(1522-1595), alors comte du Tyrol, qui la fit transformer en château Renaissance pour son épouse morganatique Philippine Welser. Ne manquez pas la **Salle espagnole** (Spanische Saal), pièce maîtresse du château, l'éblouissante **collection d'armures** (Rüstkammer) et les chefs-d'œuvre de Vélasquez et de Van Dyck, dans la galerie.

La Salle espagnole est une salle de banquet longue de 43 m avec un plafond à caissons en bois et des portraits de nobles tyroliens sur les murs. Remarquez les reliefs en grisaille autour de la cour et la baignoire enterrée qu'utilisait Philippine, la fameuse "reine des cœurs" et baigneuse invétérée.

Ferdinand fut à l'origine de la magnifique collection Ambras, divisée en 3 parties. Parmi les pièces remarquables de la collection d'armures figurent l'armure de mariage de l'archiduc, ajustée à son ventre bombé, et celle de 2,60 m créée pour le géant Bartlmä Bon. Le **cabinet d'art et de curiosités** (Kunst und Wunderkammer) est empli d'objets uniques, dont un requin pétrifié, des échasses vertigineuses et le *Fangstuhl* – une chaise conçue pour piéger les invités ivres lors des fêtes turbulentes de Ferdinand.

La **galerie de portraits des Habsbourg** occupe plusieurs salles et comprend des peintures de Titien, de Vélasquez et de Van Dyck. Vous pouvez ensuite vous promener ou pique-niquer dans les vastes **jardins**, où évoluent des paons.

Le château d'Ambras se situe à 4,5 km au sud-est du centre-ville. Le bus **Sightseer** (sightseer.at ; pass journée adulte/enfant 19/11 €) circule toutes les demi-heures entre le château et les arrêts du centre-ville, dont la Hauptbahnhof (gare ferroviaire centrale) et la Hofburg.

♥ Église impériale — ART GOTHIQUE

(Hofkirche ; carte p. 318 ; www.tiroler-landesmuseen.at ; Universitätstrasse 2 ; adulte/enfant 8 €/gratuit ; ⏲10h-18h mar-dim). L'église impériale gothique, l'une des plus belles du pays, fait la fierté et la joie d'Innsbruck. Elle fut commandée en 1553 par Ferdinand Ier (1503-1564) pour accueillir le mausolée de son grand-père Maximilien 1er (1459-1519), qui fut commencé de son vivant. Les plus grands maîtres de l'époque, tels Albrecht Dürer, Alexandre Colyn et Peter Vischer l'Ancien, y travaillèrent successivement. Le **cénotaphe de l'empereur Maximilien Ier**, sculpté dans du marbre noir, est un chef-d'œuvre de la Renaissance allemande. Quant au monarque, il est enterré au château de Wiener Neustad, en Basse-Autriche, la ville où il est né.

Le mausolée de Maximilien est orné de reliefs en marbre blanc réalisés par Alexandre Colyn et inspirés de l'*Ehrenpforte* (Arc de triomphe) de Dürer, une gravure sur bois qui décrit des victoires de Maximilien, comme le siège de Kufstein (1504). Parmi les deux rangées de 28 statues de bronze – surnommées les *Schwarze Mander* ("Bonhommes en noir") – qui gardent le tombeau figure le légendaire roi Arthur, de Dürer, que révérait Maximilien.

Andreas Hofer (1767-1810), le patriote et héros tyrolien qui conduisit, en 1809, la rébellion contre les troupes de Napoléon, est inhumé dans l'église. Dans la chapelle d'Argent (Silberkapelle), à laquelle on accède par un escalier, une éblouissante madone en argent surplombe le tombeau en marbre de l'archiduc Ferdinand II et de sa première épouse, Philippine Welser.

♥ Palais impérial — DEMEURE DES HABSBOURG

(Hofburg ; carte p. 318 ; www.hofburg-innsbruck.at ; Rennweg 1 ; adulte/enfant 9,50 €/gratuit ; ⏲9h-17h). Captant le regard avec sa façade d'un blanc éclatant et ses coupoles imposantes, la Hofburg fut construite en tant que château pour l'archiduc Sigismond le Riche (1427-1496) au XVe siècle, agrandie par l'empereur Maximilien Ier au XVIe siècle, puis rénovée dans le style baroque sous l'égide de l'impératrice Marie-Thérèse (1717-1780) au XVIIIe siècle. Pièce maîtresse des somptueux appartements rococo, la **salle des Géants** (Riesensaal) mesure 31 m de long.

♥ Petit Toit d'or — SITE EMBLÉMATIQUE, MUSÉE

(Goldenes Dachl ; carte p. 318 ; Herzog-Friedrich-Strasse 15 ; musée adulte/enfant 5,20/2,70 € ; ⏲10h-17h). Cette demeure est un petit bijou avec un oriel gothique sur toute la hauteur de sa façade, construit pour l'empereur Maximilien Ier. Orné de magnifiques peintures murales et de sculptures et coiffé de 2657 tuiles de cuivre doré, c'est l'une des merveilles d'Innsbruck et son emblème le plus fameux. Il est particulièrement impressionnant de l'extérieur, encadré par des maisons médiévales à arcades, et le musée mérite également le coup d'œil (surtout si vous possédez l'Innsbruck Card ; p. 319), notamment avec un audioguide qui en raconte l'histoire. Remarquez les casques de tournoi grotesques à l'effigie des Turcs de l'Empire ottoman rival.

Musée d'Art populaire tyrolien MUSÉE
(Volkskunstmuseum ; carte p. 314 ; www.tiroler-landesmuseen.at ; Universitätstrasse 2 ; adulte/enfant 12 €/gratuit ; 9h-17h). Hébergé dans un ancien couvent magnifique, ce musée d'Art populaire est considéré comme l'un des plus beaux de ce genre en Europe. Il présente, sur 3 niveaux, un passionnant parcours à la découverte des arts populaires du Tyrol, des traîneaux sculptés à la main et des crèches de Noël aux masques de carnaval et aux cloches de vache. Au 1er étage se trouve un *Stube* (salon) gothique superbement restauré, avec un plafond bas, des lambris et un ancien poêle en faïence.

Bergisel POINT DE VUE
(www.bergisel.info ; adulte/enfant 10/5 € ; 9h-17h mer-dim). S'élevant au-dessus d'Innsbruck tel un escalier céleste, ce tremplin de saut à ski, en verre et acier, a été conçu par l'architecte anglo-irakienne Zaha Hadid (1950-2016). Un escalier de 455 marches ou un trajet de 2 minutes en funiculaire conduit à la **plate-forme panoramique**, haute de 50 m, d'où la vue sur la chaîne de la Nordkette, la vallée de l'Inn et Innsbruck est spectaculaire. Le tram n°1 y conduit au départ du centre d'Innsbruck.

De mai à juillet, de nombreux spectateurs viennent y admirer les professionnels à l'entraînement. En janvier, l'excitation monte lors de la Tournée des quatre tremplins.

Musée Ferdinandeum MUSÉE
(Tiroler Landesmuseum Ferdinandeum ; carte p. 314 ; 0512-594 89 ; www.tiroler-landesmuseen.at ; Museumstrasse 15 ; adulte/enfant 12 €/gratuit ; 10h-18h mar-dim). Cet excellent musée est consacré à l'histoire et à l'art du Tyrol, des artefacts de l'âge du bronze aux reliefs originaux utilisés pour dessiner le Petit Toit d'or. Outre des chefs-d'œuvre de maîtres hollandais comme Rembrandt, le Ferdinandeum possède une remarquable collection d'art autrichien, dont des retables gothiques, quelques peintures de Gustav Klimt et d'Oskar Kokoschka, et des œuvres provocantes d'actionnistes viennois.

Cathédrale Saint-Jacques CATHÉDRALE
(Dom Sankt Jakob ; carte p. 318 ; Domplatz ; 8h45-18h30). GRATUIT La cathédrale d'Innsbruck fut édifiée au XVIIIe siècle sur le site d'une église plus ancienne. Son intérieur est un festival baroque. Les frères Asam de Munich – Côme Damien (1686-1739), le fresquiste, et Egid Quirin (1692-1750), le sculpteur et stucateur – réalisèrent la plupart des somptueux stucs et fresques des voûtes. Ne manquez pas, au-dessus du maître-autel, la *Vierge du Bon-Secours* (“Maria Hilf”, vers 1530), chef-d'œuvre de Lucas Cranach l'Ancien. Ce tableau est à l'origine d'une intense dévotion au Tyrol et dans tout l'arc alpin. Prévoyez 1 € pour pouvoir prendre des photos.

Zoo alpin PARC ANIMALIER
(Alpenzoo ; www.alpenzoo.at ; Weiherburggasse 37 ; adulte/enfant 13/6,50 € ; 9h-18h avr-oct, 9h-17h nov-mars). Situé à 750 m d'altitude, ce grand parc zoologique, axé sur la conservation, la recherche et la pédagogie, est très remarquable. Il abrite, dans un environnement naturel, plus de 2000 animaux représentant 150 espèces de la faune indigène des Alpes, dont des aigles royaux, des chamois, des bouquetins et des martres des pins. Pour vous y rendre, montez à pied (10 min) depuis Innstrasse ou prenez le bus W sur la Marktplatz ou le funiculaire Hungerburgbahn jusqu'à l'arrêt Alpenzoo.

LA MARIA-THERESIEN-STRASSE

Au cœur de la vieille ville (Altstadt), la Herzog-Friedrich-Strasse se prolonge vers le sud par l'imposante Maria-Theresien-Strasse, une large artère en grande partie investie par les piétons. Elle offre une perspective magnifique sur les sommets de la Nordkette, culminant à Hafelekar, à plus de 2300 m. Le long de cet axe reliant les quais de l'Inn et le Petit Toit d'or (Goldenes Dachl ; p. 315) à l'**arc de triomphe** (Triumphpforte ; Leopoldstrasse 2) d'inspiration romaine, érigé au XVIIIe siècle, en passant par le beffroi (Stadtturm ; p. 318) et l'**hôtel de ville** (Rathaus ; Maria-Theresien-Strasse 18), vous découvrirez de nombreuses façades baroques, telle la **maison Helbling** (Helblinghaus ; Herzog-Friedrich-Strasse 10), à l'exubérante ornementation rococo réalisée en 1730, ainsi que la **colonne Sainte-Anne** (Annasäule ; Maria-Theresien-Strasse 18), un monument haut de 13 m, surmonté d'une statue de la Vierge Marie, commémorant la libération du Tyrol lors de la guerre de Succession d'Espagne (1703).

Musée des cloches Grassmayr MUSÉE

(Glockenmuseum ; www.grassmayr.at ; Leopoldstrasse 53 ; adulte/enfant 9/5 € ; ⏲9h-16h lun-ven, plus 9h-16h sam mai-oct). Une visite s'impose dans ce musée dédié à la fabrication des cloches par la famille Grassmayr, une tradition remontant à plus de 400 ans. Outre la collection qui comprend d'énormes cloches romanes et gothiques, vous pourrez assister à la fonte et faire sonner des cloches.

Beffroi TOUR DE L'HÔTEL DE VILLE

(Stadtturm ; carte p. 318 ; Herzog-Friedrich-Strasse 21 ; adulte/enfant 3,50/1,50 € ; ⏲10h-17h). Les gardes veillaient autrefois sur la ville depuis cette tour coiffée d'un bulbe, dont la construction fut achevée en 1450. Grimpez les 148 marches de cette tour pour une vue à 360° sur les toits de la ville et les montagnes alentour.

Activités

Nordkettenbahnen FUNICULAIRE

(Carte p. 314 ; www.nordkette.com ; aller/aller-retour jusqu'à Hungerburg 6,60/10,90 €, jusqu'à Seegrube 18,60/31,10 €, jusqu'à Hafelekar 25/42 € ; ⏲Hungerburg 7h-19h15 lun-ven, 8h-19h15 sam-dim, Seegrube 8h30-17h30 tlj, Hafelekar 9h-17h tlj). Le funiculaire ultramoderne aux stations futuristes conçues par la célèbre architecte Zaha Hadid, circule toutes les 15 minutes entre le centre des congrès et les pistes. Des sentiers de randonnée partent de **Hungerburg** et de **Seegrube**. Pour les plus téméraires, il existe aussi une **piste de descente** (⏲fin mai-déb nov) à VTT et 2 **via ferrata** (adulte/enfant avec téléphérique 36,50/21,90 € ; ⏲juin-sept), itinéraires d'escalade sur une paroi rocheuse équipée de câbles et d'échelons.

Olympia SkiWorld SKI

(Forfait 3/6 j 163/284 €). Innsbruck est la porte d'accès à un remarquable domaine skiable, l'Olympia SkiWorld Innsbruck, qui englobe 9 stations et 300 km de pistes de tous niveaux. Le Ski Plus City Pass couvre 13 domaines skiables et 22 sites touristiques ; les bus de ski sont gratuits avec une Innsbruck Card.

Olympia Bobbahn BOBSLEIGH, PISTE OLYMPIQUE

(☎0512-338 38275 ; www.olympiaworld.at ; Heiligwasserwiese 1, Igls ; 38 € ; ⏲17h-20h déc-mars, 16h-18h mer-ven juil-août). Pour un moment inoubliable dans la peau d'une star du bobsleigh, empruntez l'Olympia Bobbahn, la piste de glace construite pour les Jeux olympiques d'hiver de 1976. Avec une dizaine de virages et des pointes à plus de 100 km/h, la descente de 800 m garantit une poussée d'adrénaline. Cette descente en "bobsleigh touristique" (5 passagers, à partir de 12 ans ; en hiver et en été, appeler pour les horaires exacts) s'effectue avec un pilote professionnel, afin de vous amener à bon port en toute sécurité. Pour les plus téméraires, on peut aussi participer à une course (2 passagers, avec un pilote et un freineur), à réserver impérativement. Pour aller à l'Olympia Bobbahn, prenez le bus J au Landesmuseum jusqu'à Igls Olympiaexpress.

> **INNSBRUCK : PROMENADES ET RANDONNÉES**
>
> Innsbruck Tourismus (p. 322) organise des promenades contées (1 heure 30 ; 12 €) dans le centre historique de la ville. Elles partent tous les jours à 14h (et également à 11h en juillet et août) et sont gratuites avec l'Innsbruck Card.
>
> De fin mai à octobre, du lundi au vendredi, partez en randonnée avec un guide : lever du soleil, marche aux lanternes, excursion dans les montagnes à la demi-journée... Toutes sont gratuites avec la Welcome Card. Faites-vous enregistrer à l'office du tourisme et consultez le programme.

Centre d'escalade ESCALADE

(Kletterzentrum ; ☎0512-39 73 40 ; www.kletterzentrum-innsbruck.at ; Matthias-Schmid-Strasse 12c ; forfait jour adulte/enfant 14,30/7,50 €, location équipement complet 8,80 € ; ⏲9h-23h lun-ven, 9h-22h sam-dim ; 👪). Besoin d'affûter vos réflexes avant de vous attaquer aux Alpes ? Vous êtes au bon endroit. Ce centre de 6000 m² est l'un des plus vastes au monde. Murs en intérieur, en extérieur et blocs, à découvrir seul ou avec un moniteur.

Nordpark SKI

Les snowboardeurs y apprécieront le **Nordkette Skylinepark** (www.nordkette.com ; ⏲9h-17h), et les plus téméraires dévaleront à skis la **Hafelekarrinne**, l'une des pistes les plus raides d'Europe avec une inclinaison de 70%.

Vieille ville d'Innsbruck

Vieille ville d'Innsbruck

Les incontournables

1 Petit Toit d'or B2
2 Palais impérial C1
3 Église impériale C2

À voir

4 Colonne Sainte-Anne C4
5 Cathédrale Saint-Jacques C1
6 Maison Helbling B2
7 Beffroi C2
8 Musée d'Art populaire tyrolien D2

Où se loger

9 Goldener Adler B2
10 Hotel Weisses Kreuz C2
11 Nepomuk's B3
12 Penz Hotel B3
13 Stage 12 ..... C3

Où se restaurer

14 Café Sacher C2
15 Die Wilderin B2
16 Fischerhäusl C1
17 Lichtblick B4
18 Marché couvert A3
19 Stiftskeller C2

Où prendre un verre et faire la fête

360° ..... (voir 17)
20 In Vinum B2

Où sortir

21 Maison de la Musique D1
22 Tiroler Landestheater D1
23 Treibhaus D2

Achats

24 Acqua Alpes C2
25 Swarovski Crystal Gallery C2
26 Tiroler Heimatwerk D4

Inntour VÉLO ET VTT
(Carte p. 314 ; www.inntour.com ; Leopoldstrasse 4 ; ⏲8h-18h lun-ven). Inntour propose des excursions à vélo ou VTT, notamment sur des itinéraires le long de la rivière.

Die Börse MATÉRIEL DE SPORT
(Carte p. 314 ; www.dieboerse.at ; Leopoldstrasse 4 ; ⏲9h-12h30 et 13h30-18h lun-sam, 9h-midi et 15h-18h dim été, 9h-18h lun-sam, 9h-midi et 15h-18h dim hiver). Location de skis et de snowboards (20-35 €/j), de vélos électriques et de VTT (freeride, descente...).

Fêtes et festivals

Christkindlmarkt MARCHÉ DE NOËL
(www.christkindlmarkt.cc ; ⏲mi-nov au 6 jan ; 👪). Innsbruck scintille à l'occasion des marchés de Noël dans la vieille ville, sur la Marktplatz et dans Maria-Theresien-Strasse de mi-novembre à l'Épiphanie. Les enfants adorent la Kiebachgasse et la Köhleplatzl, décorées sur le thème des contes de fées.

Tournée des quatre tremplins SKI
(Vierschanzentourne ; www.vierschanzentournee.com ; ⏲déc-jan). Innsbruck fête la nouvelle année en accueillant l'une des 4 compétitions de la Coupe du monde de saut à ski au fameux tremplin de Bergisel, où les premiers sauts eurent lien en 1927 ! À ne pas manquer pour les vols époustouflants des leaders mondiaux de cette spécialité.

Promenadenkonzerte MUSIQUE
(www.promenadenkonzerte.at ; ⏲juil). Tous les ans, Innsbruck accueille des concerts de musique classique dans le superbe cadre de la cour intérieure de la Hofburg. Programme complet disponible sur le site Internet.

Festival de Musique ancienne MUSIQUE
(Festwochen der Alten Musik ; www.altemusik.at ; ⏲mi-juil à août). Musique baroque et œuvres de la Renaissance sont à l'honneur lors de ce festival, organisé dans la Salle espagnole du château d'Ambras (p. 314), le Tiroler Landestheater (p. 322), le Petit Toit d'or (Goldenes Dachl ; p. 315) et le palais impérial (Hofburg ; p. 315).

Où se loger

Nepomuk's AUBERGE DE JEUNESSE €
(Carte page ci-contre ; ☎0512-58 41 18 ; www.nepomuks.at ; Kiebachgasse 16 ; dort/d à partir de 24/58 € ; 📶). Situé dans la vieille ville (Altstadt), il a tout du paradis des baroudeurs – cuisine bien équipée et dortoirs hauts de plafond avec des détails plaisants comme les lecteurs CD. Et Café Munding est parfait pour le petit-déjeuner : pâtisseries et confitures maison et un café fraîchement torréfié.

Pension Stoi PENSION €
(Carte p. 314 ; ☎0512-58 54 34 ; www.pensionstoi.at ; Salurnerstrasse 7 ; s 48-62 €, d 75-92 € ; P 📶). Accueillante et chaleureuse, avec une façade rose, la Pension Stoi, vit à l'heure de la simplicité et du confort, tout en pin et motifs floraux. Pratique pour rejoindre la gare principale.

♥ **Hotel Weisses Kreuz** HÔTEL HISTORIQUE €€
(Carte page ci-contre ; ☎0512-594 790 ; www.weisseskreuz.at ; Herzog-Friedrich-Strasse 31 ; s 66-105 €, d 100-180 € ; P @ 📶). Pittoresque hôtel de la vieille ville, avec des arcades au rez-de-chaussée, qui reçoit des hôtes depuis 500 ans, dont Mozart à l'âge de 13 ans. Il doit notamment son cachet historique à ses salons lambrissés, ses antiquités et son escalier en colimaçon. Les chambres sont très confortables, le personnel charmant et le petit-déjeuner épatant.

LES CARTES DE RÉDUCTION

L'**Innsbruck Card** donne accès aux principaux sites et curiosités de la ville, comprend un aller-retour en téléphérique ou funiculaire, 3 heures de location de vélo, une visite guidée de la ville et l'utilisation illimitée des transports publics – dont le bus touristique Sightseer (p. 315) et la navette pour les Mondes du cristal Swarovski (p. 321). La carte donne également droit à des réductions sur de nombreux circuits et activités. Disponible à l'office du tourisme (Innsbruck Tourismus), elle vaut 49/55/66 € pour 24/48/72 heures (moitié prix pour les enfants).

Si vous passez la nuit à Innsbruck, vous recevrez gracieusement une **Welcome Card**. Au programme : des réductions sur les transports et activités, l'entrée dans plusieurs piscines et lidos, et la possibilité de participer aux randonnées guidées de l'office du tourisme en été.

Stage 12 BOUTIQUE-HÔTEL €€
(Carte p. 318 ; 0512-31 23 12 ; www.stage12.at ; Maria-Theresien-Strasse 12 ; d 130-190 € ; P). Minimalisme, décoration pointue et emplacement au calme dans la vieille ville. Le Stage 12 occupe une maison du XVIe siècle, mais vit bien dans son époque avec des chambres élégantes (laissez-vous tenter par celles avec balcon et vue imprenable sur les Alpes), du beau parquet en chêne, un spa et un bar à cocktails chic et animé. Petit-déjeuner à la hauteur – müesli, fromages, saumon fumé et bon café.

Goldener Adler HÔTEL HISTORIQUE €€
(Carte p. 318 ; 0512-571 1110 ; www.goldene-radler.com ; Herzog-Friedrich-Strasse 6 ; s 147 €, d 167-220 € ; P). Depuis son ouverture en 1390, le magnifique Goldener Adler ("L'Aigle d'or") a accueilli des rois, des reines et les deux célébrités de Salzbourg : Mozart et Mme Von Trapp (*La Mélodie du bonheur*). Les chambres sont élégantes, avec superbes rideaux et salles de bains en marbre impeccables. Au rez-de-chaussée, un excellent restaurant traditionnel se cache sous les arcades, les tables envahissant le trottoir.

Penz Hotel HÔTEL €€€
(Carte p. 318 ; 0512-575657 ; www.the-penz.com ; Adolf-Pichler-Platz 3 ; s 145-265 €, d 185-295 € ; P). Derrière un mur en verre, cet hôtel au design contemporain avoisine le RathausGalerien (une galerie marchande). Les chambres minimalistes, aux tonalités douces, sont bien équipées (TV, accessoires en chrome). Au petit-déjeuner, des piles de fruits exotiques couvrent une table.

Où se restaurer

Olive VÉGÉTARIEN €
(0512-35 90 75 ; www.restaurant-olive.at ; Leopoldstrasse 36, Wiltener Platz'l ; plats 14,90-15,90 €, formule déj avec entrée ou dessert 9,50 € ; 17h-23h mar-sam ;). Végétariens et végans seront dans leur élément, avec une adorable décoration rétro, un accueil qui l'est tout autant, et de délicieux plats de légumes, telle la soupe de patates douces gingembre-grenade ou le risotto de noix de coco aux pêches et noix de cajou, avec une sauce coriandre-citron vert. Réserver.

Marché couvert MARCHÉ €
(Markthalle ; carte p. 318 ; www.markthalle-innsbruck.at ; Herzog-Siegmund-Ufer 1-3 ; 7h-18h30 lun-ven, 7h-13h sam). Pain frais, fromages régionaux, fruits bio, charcuterie : vous trouverez tout ça sous un même toit, dans ce marché couvert moderne en bord de rivière.

Die Wilderin AUTRICHIEN €€
(Carte p. 318 ; 0512-56 27 28 ; www.diewilderin.at ; Seilergasse 5 ; plats 7,50-22,50 € ; 17h-minuit mar-dim). Offrez-vous un repas gastronomique dans ce restaurant actuel. Les produits locaux et les ingrédients de première qualité, directement achetés à la ferme, ont la préférence en cuisine. La carte change selon les saisons et inclut des asperges, du gibier, des fraises ou des légumes d'hiver. Ambiance raffinée et décontractée chez cette "chasseuse".

Buzihütte AUTRICHIEN €€
(0512-28 33 33 ; www.buzihuette.at ; Berchtolds-hofweg 14 ; plats 5-20 € ; 11h-22h ven-dim). Pour jouir d'une vue sans pareille sur Innsbruck, marchez en direction du nord-ouest pendant 3 km ou prenez un taxi (5 min). Ambiance alpine, terrasse estivale ouverte sur les sommets, intérieur bois et ambiance tamisée pour hiberner quand il neige. À la carte, des plats typiquement autrichiens, tels que les *Schnitzel* (escalopes panées), les *Spinatknödel* (boulettes aux épinards) ou les *Käsespätzle* (pâtes au fromage). Espèces uniquement.

Café Sacher CAFÉ €€
(Carte p. 318 ; 0512-56 56 26 ; www.sacher.com ; Rennweg 1 ; plats 13,50-22,50 € ; 8h30-20h). À deux pas du palais impérial, ce petit frère tout aussi stylé des fameux hôtel et café Sacher de Vienne, tout en grandeur autrichienne, est l'endroit où déguster une authentique *Sachertorte* chocolat-crème fouettée (7,50 €), une salade ou un déjeuner. Concerts gratuits de musique classique dans la cour en été.

Stiftskeller AUTRICHIEN €€
(Carte p. 318 ; www.stiftskeller.eu ; Stiftgasse 1 ; menu déj 11,30-13,90 €, plats 10,30-26,90 € ; 10h-23h ;). Un restaurant aux hauts plafonds voûtés, avec un grand *Biergarten*, où siroter des bières Augustiner Bräu et se régaler d'une cuisine tyrolienne typique, comme le rôti de porc avec sauce à la bière, boulettes (*Knödel*) et choucroute. Menu enfant.

Fischerhäusl AUTRICHIEN €€
(Carte p. 318 ; 0512-583 535 ; www.fischer-haeusl.com ; Herrengasse 8 ; plats 12,50-17,90 €, déj 2 plats 8,30 € ; 10h-minuit lun-sam).

VAUT LE DÉTOUR

SWAROVSKI : LES CRISTAUX DE WATTENS

Le nom de cette toute petite ville ne vous dit peut-être rien et pourtant, c'est là que se trouve le siège de l'entreprise Swarovski, depuis 1895 – devenue un empire avec ses "diamants pour tous". Que vous les trouviez kitsch ou élégants, ces cristaux attirent les foules aux **Mondes du cristal Swarovski** (Swarovski Kristallwelten ; www.kristallwelten.swarovski.com ; Kristallweltenstrasse 1 ; adulte/enfant 19/6 € ; 9h-19h ;), l'un des sites les plus visités du pays.

Parmi les temps forts, citons la fontaine, tête géante crachant de l'eau et son jardin avec des installations visuelles et sonores. Cela brille encore plus du côté du Nuage de cristal, orné de 800 000 cristaux, comme autant d'étoiles d'une voûte céleste flottant au-dessus d'un bassin-miroir.

Des artistes et des créateurs du monde entier ont laissé parler leur imagination dans la chambre des Merveilles, avec par exemple *Silent Light*, un grand arbre qui luit comme un bijou signé Alexander McQueen, *Eden*, forêt de cristal et sa cascade ou encore *Into Lattice Sun*, immense installation créée par l'artiste sud-coréen Lee Bul.

Un train part d'Innsbruck toutes les 15 minutes à destination de la gare de Fritzens-Wattens (5,40 €, 15 min), située à 2 km au nord des Mondes du cristal Swarovski, sur l'autre rive. Il est peut-être plus facile de prendre le bus (2,50 €, 11 min) à la gare de Hall et de descendre à l'arrêt Wattens Hauptplatz, à 10 minutes à pied du musée.

La façade jaune du Fischerhäusl (la "cabane de pêche") se cache entre la place de la cathédrale (Domplatz) et le palais impérial (Hofburg) depuis 1758. Carte de spécialités tyroliennes comme la *Kaspressknödelsuppe* (bouillon de boulettes au fromage) et le *Gröstl* (fricassée de pommes de terre, lardons et oignons). La terrasse se remplit vite en été.

Oniriq GASTRONOMIQUE €€€

(Carte p. 314 ; 0650 451 06 24 ; www.oniriq.at ; Bürgerstrasse 13 ; menus dégustation 139-149 € ; 18h-minuit mer-sam ;). On apprécie cette nouvelle table gastronomique d'Innsbruck pour son menu dégustation audacieux et son cadre industriel chic épuré. Situé en retrait de la Maria-Theresien-Strasse, le Oniriq suit la danse des saisons et sert des assiettes (dont des végétariennes) façon nouvelle génération, où le produit est roi. Citons par exemple le topinambour aux fromage de chèvre, myrtilles et pissenlits, ou les carottes à la rhubarbe, à l'essence de pin et à l'huile de pépins de framboise.

Lichtblick INTERNATIONAL €€€

(Carte p. 318 ; 0512-566 550 ; www.restaurant-lichtblick.at ; Maria-Theresien-Strasse 18, RathausGalerien ; déj 4,90-18,90 €, menus 44-54 € ; 10h-1h lun-sam). Au 7e étage de la galerie marchande RathausGalerien, ce restaurant aux murs vitrés offre une vue sur la ville et les Alpes. On y sert une cuisine d'inspiration méditerranéenne, dans un cadre à l'élégance minimaliste : poulpe grillé, purée de poivrons et mayonnaise au basilic, ou raviolis maison au pecorino affiné et fines herbes.

Où prendre un verre et faire la fête

In Vinum BAR À VINS

(Carte p. 318 ; www.invinum.com ; Innrain 1 ; 10h-22h lun-ven, 10h-14h sam). Ce bar à vins douillet de la vieille ville est un endroit détendu pour goûter de bons crus autrichiens, à partir de 2,80 € le verre ; consultez le site Internet pour des détails sur les dégustations, régulières. Vous pouvez accompagner votre verre de fromage et de jambon locaux.

360° BAR

(Carte p. 318 ; www.360-grad.at ; RathausGalerien ; 10h-1h lun-sam). Lignes épurées, cuir beige et musique lounge créent une ambiance détendue dans ce bar en forme de sphère adjacent au restaurant Lichtblick. Prenez un verre et un coussin, et installez-vous sur le balcon pour admirer la vue à 360° sur la ville et les Alpes. C'est un endroit à l'atmosphère décontractée, idéal pour un café ou un verre au soleil couchant.

VAUT LE DÉTOUR

LE GLACIER DE STUBAI

Comptant parmi les meilleurs spots de ski sur glacier d'Autriche, le **glacier de Stubai** (www.stubaier-gletscher.com) est situé à 40 km seulement au sud d'Innsbruck. En raison de son altitude (culminant à 3300 m environ), les pistes sont praticables toute l'année. Les autres activités incluent la randonnée, le parapente, les descentes en luge et le ski de fond. Des villages parsèment la vallée qui s'étend en dessous.

Maisons d'hôtes, appartements à louer et hôtels-chalets sont disséminés le long de la vallée de Stubai (Stubaital). C'est à Neustift qu'ils sont les plus nombreux, ce qui en fait une bonne base pour rejoindre le glacier tôt le matin avant les foules. Visitez www.stubai.at pour une liste complète.

Les bus au départ d'Innsbruck vont jusqu'à Neustift im Stubaital et à Mutterbergalm, au pied du glacier (8 €, 45 min) deux fois par heure. De décembre à avril, une navette (gratuite avec la carte de vacancier) dessert quotidiennement le glacier au départ d'Innsbruck.

Où sortir

Maison de la musique CENTRE ARTISTIQUE

(Haus der Musik ; carte p. 318 ; ☎0512-52 07 40 ; www.haus-der-musik-innsbruck.at ; Universitätstrasse 1 ; ⏲billetterie 10h-15h lun-ven). Icône d'architecture contemporaine avec sa façade en céramique mordorée, la Haus der Musik est un haut lieu des arts du spectacle à Innsbruck, avec une programmation alternant pièces de théâtre, concerts et ateliers.

Treibhaus CENTRE CULTUREL

(Carte p. 318 ; www.treibhaus.at ; Angerzellgasse 8 ; ⏲16h-1h). Ce complexe culturel attire une foule bohème avec sa grande terrasse, ses sets de DJ réguliers et ses concerts. En août, on profite d'un cinéma en plein air.

Tiroler Landestheater THÉÂTRE

(Carte p. 318 ; ☎0512-520 744 ; www.landestheater.at ; Rennweg 2 ; ⏲billetterie 10h-15h lun-ven). L'imposant théâtre néoclassique d'Innsbruck programme toute l'année opéras, danse, pièces de théâtre et comédies. Les billets coûtent entre 4 et 70 €.

Achats

Acqua Alpes PARFUM

(Carte p. 318 ; Hofgasse 2 ; ⏲10h-17h). La pureté et la fraîcheur des Alpes ont été mises en bouteille ! Dans cette parfumerie aux plafonds voûtés et au décor bleu et blanc sont proposés des parfums inspirés des prairies, de l'air pur et des fleurs sauvages. Chacun des noms des 4 parfums en vente correspond à l'altitude des sommets voisins.

Tiroler Heimatwerk ARTS ET ARTISANAT

(Carte p. 318 ; Meraner Strasse 2 ; ⏲10h-16h lun-ven, 9h30-midi sam). Pour des cadeaux traditionnels, ce magasin vend toutes sortes d'objets artisanaux, des *Dirndl* aux figurines de crèche, en passant par les vitraux et les marionnettes tyroliennes.

Swarovski Crystal Gallery CADEAUX ET SOUVENIRS

(Carte p. 318 ; Herzog-Friedrich-Strasse 39 ; ⏲9h-19h lun-ven, 9h-18h sam). Enseigne phare de la joaillerie Swarovski à Innsbruck, cette boutique de style galerie est emplie de bibelots, d'ornements et de bijoux en cristal étincelant.

Renseignements

Innsbruck Tourismus (☎0512-5356 ; www.innsbruck.info ; Burggraben 3 ; ⏲9h-18h lun-sam). Office du tourisme principal avec une foule d'informations sur la ville et ses environs. Vente de forfaits de ski, de billets pour les transports publics et de plans de la ville (1 €). Service de réservation d'hébergements et billetterie (9h-13h jeu-sam).

Il y a une annexe à la **gare ferroviaire centrale** (Hauptbahnhof ; ☎0512-53 56 750 ; www.innsbruck.info ; Südtiroler Platz 1 ; ⏲9h-13h jeu-sam).

Landeskrankenhaus (☎50 40 ; Anichstrasse 35). L'*Universitätklinik* (clinique de l'université), dans le principal hôpital de la ville, possède un service des urgences.

Depuis/vers Innsbruck

BUS

La **gare routière** se situe à l'extrémité sud de la gare ferroviaire centrale (Hauptbahnhof) ; la billetterie est à l'intérieur.

TRAIN

Tous les jours, des trains rapides partent toutes les 2 heures pour Bregenz (39,70 €, 2 heures 30) et Salzbourg (48,50 €, 1 heures 48). D'Innsbruck à l'Arlberg, les plus belles vues se trouvent du côté droit du train. Des trains express desservent toutes les 2 heures Munich (44,10 €, 1 heure 45) et Vérone (44,70 €, 3 heures 34). Des trains directs partent également toutes les 2 heures pour Kitzbühel (18,80 €, 1 heure 20). Environ toutes les heures, des trains rallient Lienz (18,80 €, 3-4 heures) ; certains traversent l'Italie, d'autres suivent le long itinéraire *via* le Salzburgerland.

VOITURE ET MOTO

L'A12 et sa parallèle, la B171, sont les principaux axes routiers ouest-est. La B177, à l'ouest d'Innsbruck, continue vers le nord et Munich, en Allemagne. L'A13, autoroute à péage (10 €), va vers le sud et passe par le col du Brenner pour rejoindre l'Italie, *via* le pont de l'Europe (Europabrücke, 192 m) au-dessus de la Sill. La B182, gratuite, suit le même itinéraire mais passe sous le pont.

Comment circuler

DEPUIS/VERS L'AÉROPORT

L'aéroport (p. 311) est à 4 km à l'ouest du centre et il est desservi par le bus F, avec un départ toutes les 15-20 minutes depuis Maria-Theresien-Strasse (6,10 €, 14 min). La course en taxi coûte environ 10 €.

TRANSPORTS PUBLICS

Un billet aller en bus ou en tramway coûte 3,10 € si vous l'achetez à bord, 2,40 € si vous l'achetez au préalable. Si vous prévoyez d'utiliser fréquemment les transports publics, achetez un billet valable 24 heures (5,90 €). Les billets hebdomadaires/mensuels valent 22,20/56 €. Les billets achetés à l'avance, dans les billetteries automatiques, les *Tabak* (buralistes) et à l'Innsbruck Tourismus, doivent être compostés au début du trajet.

Hall in Tirol

05223/13 897 HABITANTS/ALTITUDE 574 M

Nichée au pied des Alpes, dans la vallée de l'Inn (Inntal), à une dizaine de kilomètres à l'est d'Innsbruck, Hall est une superbe cité médiévale qui prospéra au XIIIe siècle grâce aux mines de sel (le nom de la ville renvoie au terme médiéval *hal*, qui signifie sel), ainsi qu'au droit de battre monnaie et au commerce sur l'Inn. Elle fut alors le centre économique du Tyrol. Sa vieille ville bien préservée est ravissante, et ses ruelles sinueuses, bordées de maisons pastel et éclairées aux lanternes, invitent à la flânerie.

À voir

Château Hasegg — ÉDIFICE HISTORIQUE, MUSÉE

(Burg Hasegg ; www.muenze-hall.at ; Burg Hasegg 6 ; pour la tour adulte/enfant 5,50/4,50 €, hôtel de la Monnaie 8/5,50 €, billet combiné 11,50/8 € ; 10h-17h mar-sam ;). Au sud du centre médiéval, le château fort de Hasegg est immanquable, avec sa grande tour dominant les toits. Il fut édifié au Moyen Âge pour protéger la saline, la navigation fluviale et le pont sur l'Inn. Le château fut pendant 300 ans l'hôtel de la Monnaie pour le thaler d'argent (la racine du mot moderne "dollar"). Un escalier en colimaçon grimpe au dernier étage de la tour de la Monnaie – vue sur Hall et les alentours. L'**hôtel de la Monnaie de Hall** (Münze Hall) est un musée dédié à l'histoire du thaler et y sont présentées les techniques de fabrication à l'aide de l'eau et du marteau. Les enfants peuvent fabriquer leur propre pièce. Audioguides inclus dans le droit d'entrée.

Église paroissiale Saint-Nicolas — RELIQUES

(Pfarrkirche Sankt Nikolaus ; lever-coucher du soleil). Cette belle église du XIIIe siècle, dédiée au patron des bateliers, est surtout connue pour sa **chapelle Waldauf**, qui abrite la collection macabre de 45 crânes et 12 os appartenant à différents saints, réunie par un compagnon d'armes de l'empereur Maximilien Ier (1459-1519), le chevalier Florian Waldauf. Chaque relique repose sur des coussins brodés, couverte de voiles et de coiffes élaborées, telles des auréoles. L'effet est à la fois repoussant et fascinant.

Musée Bergbau — MUSÉE

(www.hall-wattens.at ; Fürstengasse ; adulte/enfant 5/3 € ; visite guidée 11h30 lun, jeu et sam). Cette mine de sel reconstituée est plus vraie que nature avec ses galeries, ses puits et ses outils. Un hommage aux 800 ans d'exploitation des mines dans la vallée. La visite, obligatoirement guidée, dure 40 minutes.

Circuits organisés locaux

L'office du tourisme propose un circuit d'une heure dans la ville (adulte/enfant 6/5 €) à 10h les lundis, jeudis et samedis.

Fêtes et festivals

Haller Weinherbst — GASTRONOMIE ET VIN

(fin août). Si vous êtes en ville lors de cette fête du vin, à la fin août, oh miracle ! l'eau de la fontaine des *Wilden Mannes* se transforme en vin.

Où se loger

Kontor — BOUTIQUE-HÔTEL €€

(05223-238 01 ; www.hotel-kontor.at ; Unterer Stadtplatz 7a ; s/d/ste 105/160/205 €). Installé dans une vénérable maison de marchand datant de 1450, le Kontor est une adresse récente pleine de caractère. Les chambres, toutes différentes, ont un parquet amoureusement restauré et des fenêtres en saillie. Les styles vont du gothique (si vous aimez les poutres) au nostalgique. Le petit-déjeuner est servi dans un salon baroque, avec des œufs cuits selon votre envie.

Gasthof Badl AUBERGE, RESTAURANT €€
(☎05223-567 84 ; www.badl.at ; Haller Innsbrücke 4 ; s 55-69 €, d 78-150 € ; P 📶). À deux pas de la vieille ville *(Altstadt)* de l'autre côté de l'Inn, voici un petit bijou dans un ancien bâtiment des bains publics datant du XVIIe siècle. Idéal pour rayonner dans la ville après une bonne nuit dans une chambre impeccable (la plupart ont vue sur la rivière) et une part de *Strudel* dans la taverne sur place. Les enfants adoreront l'aire de jeux. Vous pourrez louer un vélo pour pédaler le long des berges jusqu'à Innsbruck.

Où se restaurer

Morgenbrot CAFÉ €
(www.morgenbrot.at ; Krippgasse 10 ; petit-déj et en-cas 5,50-19,50 € ; 🕒7h30-midi mer-dim ; 🖉). Qu'on est bien au Morgenbrot, joli café au style rétro et tons pastel. Les petits-déjeuners célèbrent les produits régionaux (y compris avec des recettes végétariennes et véganes), les gaufres (*Waffeln*), les gâteaux maison et le café fraîchement torréfié.

Goldener Löwe AUTRICHIEN €€
(☎05223-415 50 ; www.goldenerloewe-hall.at ; Obere Stadtplatz ; plats 6-28 € ; 🕒11h-14h30 et 17h30-minuit mar-sam). Une ambiance chaleureuse règne au “Lion d'or”, une taverne historique sur la place principale. Dans ce labyrinthe de salles aux boiseries sombres, vous savourerez des spécialités autrichiennes, comme le *Tafelspitz* (bœuf bouilli au raifort), les *Schnitzel* et les raviolis sucrés, à accompagner de vins locaux.

Renseignements

L'équipe de l'**office du tourisme** (☎05223-455 440 ; www.hall-wattens.at ; Unterer Stadtplatz 19 ; 🕒9h-18h lun-ven, 9h-13h sam) peut vous aider à réserver un hébergement et organiser un circuit.

Depuis/vers Hall in Tirol

La B171 traverse quasiment le centre-ville, contrairement à l'A12, qui court de l'autre côté de l'Inn au sud. La gare ferroviaire (*Hauptbahnhof*), à environ 1 km au sud-ouest du centre-ville, se situe sur la ligne principale Innsbruck-Wörgl. Des trains circulent fréquemment depuis/vers Innsbruck (4 €, 8-18 min).

Schwaz

☎05242/13 728 HABITANTS/ALTITUDE 545 M

Cette petite ville somnolente de la vallée de l'Inn, aux maisons pastel délavées et aux rues tortueuses, était jadis la deuxième plus grande ville d'Autriche après Vienne. Cité parmi les plus influentes d'Europe au Moyen Âge, Schwaz devait sa prospérité à ses mines d'argent, qui pourvoyaient alors, dit-on, à la majorité des besoins mondiaux – un passé glorieux que vous pouvez revivre en visitant la mine.

À voir

Mine d'argent MINE
(Silberbergwerk Schwaz ; www.silberbergwerk.at ; Alte Landstrasse 3a ; adulte/enfant/famille 18/11/41 € ; 🕒9h-17h mai-sept, 10h-16h oct-avr). Montez à bord d'un petit train et rejoignez les profondeurs de la mine d'argent pour une visite de 1 heure 30 à travers le passé illustre de Schwaz. La mine se situe à environ 1,5 km à l'est du centre.

Vieille ville SITE HISTORIQUE
(Altstadt). Schwaz cache une vieille ville très bien préservée, construite grâce aux richesses apportées par les mines d'argent exploitées au Moyen Âge. Bénéficiant d'un emplacement privilégié dans la Franz-Josef-Strasse, une rue piétonne, l'**église paroissiale** (Pfarrkirche ; Franz-Josef-Strasse ; 🕒lever-coucher du soleil) gothique est incontournable, d'autant qu'elle attire le regard avec son toit à pignons couvert de 14 000 tuiles en cuivre. Un peu plus au sud se dresse l'**église des Franciscains** (Franziskanerkirche ; Gilmstrasse ; 🕒lever-coucher du soleil) qui mêle gothique et baroque.

Où se loger et se restaurer

Gasthof Einhorn Schaller AUBERGE €€
(☎05242-740 47 ; www.gasthof-schaller.at ; Innsbruckerstrasse 31 ; s 51-66 €, d 84-114 € ; P 📶). Cette *Gasthof* (auberge) très centrale, idéale pour les familles, comprend des chambres modernes, avec boiseries en pin clair et couleurs vives. Le restaurant traditionnel sert des plats régionaux (11-20 €), tels les *Tiroler Käsespätzle*, des nouilles aux œufs avec fromage et oignons.

Renseignements

Le personnel serviable de l'**office du tourisme** (☎ 05242-632 40 ; www.silberregionkarwendel.at ; Münchnerstrasse 11 ; ⏲ 8h-17h lun-ven) fournit des informations sur les sites et les hébergements à Schwaz.

Depuis/vers Schwaz

Schwaz se situe à 30 km à l'est d'Innsbruck et à 10 km à l'ouest de la vallée de la Ziller (*Zillertal*) sur l'autoroute A12 (*Inntal-Autobahn*). Des trains fréquents relient Innsbruck à Schwaz (8-10,70 €, 26 min).

Vallée de la Ziller (Zillertal)

Située entre les Alpes de Tux et les Alpes de Kitzbühel, la vallée de la Ziller (Zillertal) est une carte postale du Tyrol. Un train à vapeur chemine dans la vallée, passant par des terres agricoles fertiles et des montagnes boisées, avec des vues sur les pics enneigés et la Ziller.

Activités

Parmi les activités possibles ici, citons le rafting, l'escalade et le parapente, ainsi que le cyclisme. La Ziller se prête aussi aux charmes de la pêche, mais les autorisations ne valent que pour certaines zones.

Ski

Si Mayrhofen est le lieu de prédilection des skieurs chevronnés, la région est propice à d'innombrables possibilités de ski alpin et de ski de fond. Le Zillertaler Superskipass (2/4/6 jours 117/214/287 €) couvre les 530 km de pistes autour de la vallée, y compris celles du glacier de Hintertux. Des bus relient les stations de ski.

Randonnée

L'été, la vallée alpine se transforme en un excellent territoire de randonnée, avec des treks de haute altitude dans les Alpes de Tux et une myriade de chemins depuis les stations de Ried, Kaltenbach, Aschau, Zell am Ziller et Ramsau. Des refuges situés à environ 1800 m d'altitude vous accueillent à la fin de la journée ; consultez le site www.alpenverein.at pour plus d'informations. La carte *Zillertaler Alpen-Tuxer Alpen* (1/50 000) de Kompass détaille tous les itinéraires de randonnée de la région.

Cyclotourisme

La vallée de la Ziller est un paradis pour cyclistes et vététistes chevronnés, qui aiment s'y dépenser avant de monter plus haut dans les Alpes. La large vallée ensoleillée et les pics à 3 000 m sont sillonnés de 800 km d'itinéraires bien balisés, des promenades de 2 heures dans la vallée aux ascensions jusqu'à des cols, tel le difficile itinéraire de 56 km de Fügen à Kellerjoch.

Vous pouvez rejoindre la plupart des itinéraires en empruntant les divers téléphériques dans la vallée, et les trains locaux transportent gratuitement les vélos. Dans les stations principales, y compris Zell am Ziller et Mayrhofen, la location de vélo revient à 10/14 € la demi-journée/journée et à 18/26 € pour des vélos électriques. Pour des cartes gratuites, des descriptions détaillées des itinéraires et des circuits guidés par GPS téléchargeables, consultez les sites www.zillertal.at ou www.best-of-zillertal.at.

LA ZILLERTAL ACTIVECARD

Si vous prévoyez de passer au moins une semaine dans la vallée entre fin mai et début octobre, ne boudez pas la Zillertal Activecard (6/9/12 jours 100/136/170 €), qui couvre les transports publics, un trajet quotidien sur n'importe quel téléphérique de la vallée et l'accès à plusieurs piscines.

Fêtes et festivals

Almabtriebe PATRIMOINE

(⏲ mi-sept à déb oct). Les habitants de la vallée célèbrent le retour des vaches des alpages, parées de coiffes florales élaborées et de cloches, à grand renfort de musique folklorique (*Volksmusik*), de grandes tablées et de mousseux, avant que le rude hiver ne recouvre tout d'un manteau blanc.

Renseignements

Chaque station de villégiature ou presque possède son propre office du tourisme. Le principal **office du tourisme** (☎ 05288-871 87 ; www.zillertal.at ; Bundesstrasse 27d, Schlitters ; ⏲ 8h30-midi et 13h-17h30 lun-jeu, 8h30-midi ven) se situe à Schlitters, à 6 km de Jenbach, et couvre toute la vallée. Son personnel fournit de multiples informations sur les activités de plein air, et notamment le magazine *Zillertaler Gästezeitung* (en partie en anglais).

Chemin de randonnée
Le circuit du Zillertal

DÉPART SCHLEGEISSPEICHER
ARRIVÉE SCHLEGEISSPEICHER
DISTANCE 11 KM
DURÉE 5-6 HEURES

Ce circuit de haut niveau offre des vues fabuleuses sur le lac Schlegeisspeicher et les sommets des Alpes du Zillertal. Si le trek implique un dénivelé de 850 m, le chemin grimpe progressivement. La carte Kompass n°37 au 1/50 000, *Zillertaler Alpen-Tuxer Alpen*, couvre la randonnée en détail.

Partez du 1 **lac Schlegeisspeicher** (1795 m) entouré de pics de 3000 m. De l'extrémité nord-est du parking, suivez les panneaux indiquant Dominikus Hütte, en restant à droite en direction du Friesenberghaus. Le chemin émerge de la ligne des arbres près de l'alpage de 2 **Friesenbergalm** (2036 m) après environ 45 minutes. Contournez un replat et entrez dans une vallée dominée par le Hoher Riffler.

Des prairies jonchées de rochers cèdent la place à des éboulis et à la rivière 3 **Lapenkarbach**. Le sentier grimpe en longs virages, puis en lacets serrés, jusqu'au 4 **Friesenberghaus** (2498 m), un gîte de montagne historique au bout de la vallée (environ 1 heure 30 depuis Friesenbergalm), où vous pourrez faire une pause.

Revenez ensuite sur vos pas sur 50 m, et suivez les panneaux sur la droite vers l'Olperer Hütte et le Berliner Höhenweg. Le sentier descend légèrement, traverse le ruisseau issu du 5 **Friesenbergsee**, un petit lac alpin, puis remonte sur la pente de l'autre côté. Tournez à gauche au croisement suivant et contournez le flanc de la montagne en face. Vient alors une portion facile de 1 heure 30, qui fait partie du 6 **Berliner Höhenweg**, un itinéraire de plusieurs jours. Elle conduit sous les pics glaciaires des Gefrorene-Wand-Spitzen (3288 m).

À environ 2 heures du Friesenberghaus, traversez un cours d'eau pour rejoindre l' 7 **Olperer Hütte**. Ensuite, une descente régulière mène au lac, puis zigzague à côté de la rivière 8 **Riepenbach** jusqu'à la route (1 heure 30 de l'Olperer Hütte). Tournez à gauche et parcourez 1 km jusqu'au parking.

Depuis/vers la vallée de la Ziller

La vallée est desservie par une ligne ferroviaire privée, *la Zillertalbahn* (www.zillertalbahn.at), qui parcourt les 32 km de Jenbach à Mayrhofen. Les nostalgiques peuvent emprunter un *Dampfzug* (train à vapeur) le long de la vallée. Il part à 10h41 de Jenbach pour Mayrhofen, et à 14h49 de Mayrhofen pour Jenbach. L'aller/aller-retour coûte 14,60/24 € et le trajet dure 1 heure 45. Les trains classiques (9,40 €, 51 min) circulent 2 fois/heure.

Zell am Ziller

05282/1758 HABITANTS/ALTITUDE 575 M

Au pied du Reichenspitze (3303 m), Zell am Ziller est un ancien centre d'extraction d'or. La neige a remplacé les pépites dans ce village rural profondément traditionnel, avec un bon domaine skiable et une piste de luge éclairée de 7,5 km. En été, on vient marcher dans les montagnes ou grimper à vélo la route de Gerlos jusqu'à Krimml, dans le parc national des Hohe Tauern.

Activités

Route alpine de Gerlos ROUTE PANORAMIQUE

(Gerlos Alpenstrasse ; www.gerlosstrasse.at ; péage par voiture/moto 10,50/7,50 €). Ouverte toute l'année, la superbe route alpine de Gerlos relie la vallée de la Ziller, au Tyrol, à Krimml, dans le Salzburgerland. Elle serpente sur 12 km à travers des landes et des forêts d'épicéas, et grimpe jusqu'à 1630 m d'altitude. Le belvédère ménageant un point de vue sur le Stausee, un lac turquoise, est un bel endroit pour pique-niquer. La vue sur les Alpes y est splendide. Aux abords de Krimml, près de Schönmoosalm, admirez la vue sur les chutes de Krimml.

Sentier du Iodel RANDONNÉE EN CHANTANT

(Jodel Wanderweg ; www.jodelweg.at ; Wald-Königsleiten). Tout le monde peut apprendre à iodler (jodler ou yodler), et chacun peut s'essayer au chant tyrolien, lors de cette randonnée au cœur des pâturages, avec les cimes enneigées en toile de fond. Au cours de l'itinéraire de ce *Jodel Wanderweg* à Königsleiten, sur la route alpine de Gerlos entre Zell am Ziller et Krimml, vous pourrez perfectionner vos aigus dans les refuges ornés de cloches géantes et de cors alpins, en écoutant des enregistrements de iodels, ou même prendre un cours avec un professeur !

Aktivzentrum Zillertal SPORTS D'AVENTURE

(0664 313 9800 ; www.aktivzentrum-zillertal.at ; Zellbergeben 16 ;). Ce spécialiste propose du parapente (70-170 €), du rafting sur la Ziller (45-65 €), du canyoning (30-85 €) et de l'escalade en via ferrata (25-70 €) en été. Parmi les activités hivernales figurent des randonnées en raquettes (40 €), du ski de randonnée (90 €) ou du *ski trike* (30 €), sorte de tricycle des neiges motorisé.

Arena Coaster SPORTS D'AVENTURE

(www.zillertalarena.com ; Zillertal Arena ; adulte/enfant montagnes russes uniquement 6,30/4,20 €, téléphérique inclus 24,50/12,30 € ; 9h30-18h juil-août, horaires réduits le reste de l'année ;). Un grand huit moderne de 1,5 km de long, à descendre en luge, qui fait le bonheur des enfants et des grands.

Circuits organisés

Goldschaubergwerk MINE

(www.goldschaubergwerk.com ; Hainzenberg 73 ; adulte/enfant 14/7 € ; 9h-18h). Le Goldschaubergwerk consiste en une visite guidée de 2 heures d'une mine d'or, à 2 km à l'est de Zell sur la route de Gerlos. Le droit d'entrée comprend une dégustation à la fromagerie et une visite de l'enclos où évoluent des cerfs, des émeus et des lamas. Le site était temporairement fermé lors de nos recherches.

Fêtes et festivals

Gauderfest FÊTE DE PRINTEMPS, BIÈRE

(www.gauderfest.at ; fin avr). Chaque printemps, lors de cette "fête des bons vivants", en costumes traditionnels, un défilé historique et de la lutte alpine s'ajoutent aux concerts, aux festins, aux danses et aux libations. Les activités trop physiques sont déconseillées après plusieurs verres de *Gauderbier* (une bière épicée à quelque 7,8°), brassée spécialement pour l'occasion.

Où se loger

Enzianhof SÉJOUR À LA FERME €

(05282-22 37 ; www.enzianhof.eu ; Gerlosberg 23 ; s/d 41/70 €, plus demi-pension 11 €/pers ;). Perchée à 1272 m d'altitude, cette ferme rustique est parfaitement située pour la randonnée et le ski, et possède de grandes chambres douillettes. Le fermier fabrique son propre *Schnaps* de gentiane et fume son jambon. Vous pourrez vous régaler de spécialités locales comme la *Pressknödelsuppe* (soupe de boulettes) dans le restaurant aux poutres apparentes.

Camping Hofer CAMPING €
(05282-22 48 ; www.campingdorf.at ; Gerlosstrasse 33 ; empl par adulte/enfant/tente 8,90/6,60/10,70 €, d 58 € ; P @). Parmi les équipements de ce camping ombragé, citons une aire de jeux, un espace barbecue et une piscine chauffée. La pension abrite aussi des chambres bien tenues, tout en pin.

Gasthof Schulhaus AUBERGE €€
(05282-33 76 ; www.schulhaus.tirol ; Zellberg 162 ; d 70-90 € ; P). La famille Geissler vous accueille chaleureusement dans son grand chalet-auberge de Zellberg (une ancienne école ; *Schulhaus*), d'où la vue sur la vallée et les montagnes est superbe. Son restaurant est un antre du Slow Food. Les appartements et les chambres, tous spacieux, sont décorés dans le style tyrolien, et le petit-déjeuner (12 € en sus) se compose de produits de la ferme.

Hotel Englhof BOUTIQUE-HÔTEL €€
(05282-31 34 ; www.englhof.at ; Zellbergeben 28 ; s/d 74/118 € ;). Les superbes chambres (la plupart avec balcon) embellies de boiseries claires, les draps d'un blanc immaculé et les équipements (notamment le prêt de DVD) font de cet hôtel un lieu de séjour rêvé. Cerise sur le gâteau : il abrite un restaurant gastronomique et un bar à cocktails de réputé pour son choix inégalable d'alcools (plus de 1400), et où l'on mixe des cocktails divins, comme le Bloody Mary aux tomates cerises givrées et poivre noir grillé.

Où se restaurer

Schulhaus AUTRICHIEN €€
(05282-33 76 ; www.schulhaus.tirol ; Zellberg 162 ; plats 10-40 € ; 17h30-23h jeu-dim). Perché au-dessus de Zell am Ziller, le restaurant gastronomique de l'auberge du même nom, dans l'ancienne école, joue à fond la carte "Tyrol". L'intérieur, tout en mélèze, est baigné d'une lumière miel, la terrasse offre une vue plongeante sur la vallée et les montagnes alentour, tandis que la carte révèle la volonté de la famille d'utiliser des produits locaux, des fermes alentour.

Gasthof Bräu AUTRICHIEN €€
(05282-23130 ; www.hotel-braeu.at ; Dorfplatz 1 ; plats 12,90-27 € ; 11h30-14h et 17h30-21h). Cuisine généreuse et traditionnelle, avec des *Graukäse Schlutzkrapferl* (ravioles au fromage régional), des joues de porc bio à la bière ou encore du gibier local. Ambiance rustique et excellentes bières maison.

Renseignements

L'**office du tourisme** (05282-22 81 0 ; www.zillertalarena.com ; Dorfplatz 3a ; 8h-12h30 et 13h30-17h30 lun-ven, 13h30-17h30 sam, 9h-11h dim), près des voies ferrées, est une mine d'informations sur la randonnée, le ski et les activités de plein air dans la région.

Depuis/vers Zell am Ziller

Les trains classiques pour Mayrhofen (2,70 €, 11 min) et Jenbach (8 €, 39 min) sont moins chers que le train à vapeur. Des trains circulent 2 fois/heure depuis/vers Innsbruck (16,10 €, 1 heure 20), avec changement à Jenbach.

Zell am Ziller est le départ de la **route alpine de Gerlos** (*Gerlos Alpenstrasse* ; p. 327). En voiture, entre Zell am Ziller et Krimml, vous pouvez éviter le péage de la route en suivant les panneaux (faciles à manquer) indiquant Wald im Pinzgau, à 6 km au nord de Krimml.

Mayrhofen

05285/3858 HABITANTS/ALTITUDE 630 M

Petite bourgade touristique située au fond de la vallée de la Ziller, Mayrhofen affiche un visage résolument traditionnel en été, entre ses pâturages et ses petites fermes laitières d'alpage, ses sentiers qui serpentent dans les montagnes et ses *Gasthöfen* d'où s'échappe de la musique folklorique. L'ambiance est totalement différente en hiver. Les domaines skiables d'Ahorn et du massif de Penken comptent parmi les meilleurs du pays pour les descentes classiques ou téméraires à l'ombre des glaciers des Alpes de Zillertal, et la vie nocturne est la plus animée de ce côté des Alpes tyroliennes.

À voir et à faire

Penken MONTAGNE
(www.mayrhofner-bergbahnen.com ; journée activités adulte/enfant 30,40/15,20 €). Le Penken attire les sportifs, hiver comme été. Inauguré en 2015, le téléphérique offre des vues panoramiques sur la région durant toute la montée jusqu'à la station, à 1790 m d'altitude. En contrebas, les vététistes s'en donneront à cœur joie, l'été, sur les 21 pistes, de tous niveaux. Le site Internet www.mayrhofen.at dispose d'une carte interactive des pistes cyclables. Cette montagne fait aussi la joie des adeptes de randonnée, de parapente et d'escalade, ainsi que de ski et de freeride en hiver, avec la piste Harakiri, et le parc Vans Penken, parmi les meilleurs snowparks des Alpes.

Zillertal Arena SPORTS D'HIVER
(www.zillertal.at ; Zillertal Superskipass 2/6 jours 117/287 €). Mayrhofen est la vitrine de la Zillertal Arena, qui couvre 147 km de pistes, avec 52 remontées mécaniques (dont beaucoup ultra-modernes). Des bus relient les différentes stations. Située à moyenne altitude, Mayrhofen possède la piste la plus raide d'Autriche, Harakiri, qui porte bien son nom, et attire les amateurs de freestyle avec son fantastique snowpark. Même si la couche de neige est fine dans la vallée, le **glacier de Hintertux** (Hintertuxer Gletscher ; www.hintertuxergletscher.at ; forfait ski journée été/hiver 52/59,50 €), ouvert toute l'année, en est toujours couvert.

Fromagerie du Zillertal FROMAGES D'ALPAGE
(Erlebnis Sennerei Zillertal ; www.erlebnissennerei-zillertal.at ; Hollenzen 116 ; avec dégustation 12/19,90 € ; ⌚9h-17h lun-sam). La *Sennerei Zillertal*, une fromagerie d'aujourd'hui, ultra-moderne, propose une visite guidée (30 min) pour découvrir les étapes de fabrication du fromage, de la culture en cuves à l'affinage. Admirez les meules de *Tilsiter* (fromage de style Tilsit), de *Bergkäse* (fromage de montagne, nature, épicé...) et de *Graukäse*, un fromage gris avec très peu de matière grasse à base de lait de foin (*Heumilch*) très pur (lait de vaches nourries majoritairement d'herbes fraîches, ou de foin séché en hiver, sans fourrage fermenté). La dégustation comprend 7 échantillons. En été, la visite est accompagnée de musique tyrolienne live, le vendredi à 15h. Spécialités laitières et fromagères en vente sur place. Il y a également un mini-musée.

Action Club Zillertal SPORTS D'AVENTURE
(☎05285-629 77, 0664 4413074 ; www.action-club-zillertal.at ; Hauptstrasse 458 ; ⌚9h-18h). L'Action Club Zillertal se spécialise dans les sports d'aventure : rafting dans la turbulente Ziller (45 €), canyoning (55-120 €), tubing (50 €), escalade (75-110 €), VTT guidé (prix sur demande) et parapente en tandem (80-160 €).

Run & Walk Park MARCHE, COURSE À PIED
Ce grand parc en pleine nature regroupe 8 itinéraires différents à destination des amateurs de marche nordique et de course à pied. Un code couleur permet de vérifier la difficulté (bleu pour facile, rouge pour intermédiaire et noir pour difficile). Le Harakiri est à peine plus facile à emprunter *pedibus cum jambis* qu'à skis. Carte détaillée disponible à l'office du tourisme.

Skischule Habeler SKI
(☎05285-628 29 ; www.skimayrhofen.com ; Hauptstrasse 458 ; ⌚8h-midi et 15h30-18h dim-ven, 9h-midi et 13h-19h sam). Chris Habeler, fils du célèbre alpiniste Peter Habeler, natif de Mayrhofen (il réalisa la première ascension de l'Everest sans oxygène en 1978, avec l'Italien Reinhold Messner), gère cette petite école de ski avec passion. Il propose des cours particuliers ou en groupe. Tarifs indiqués sur le site Internet.

Stocky Air PARAPENTE
(☎0664 3407976 ; www.stockyair.com ; Hauptstrasse 456 ; ⌚10h-minuit et 16h-18h lun-ven). Ce spécialiste du parapente vous aidera à vous envoler dans les Alpes du Zillertal, avec des vols en tandem de 110 à 500 €.

Parc Vans Penken SNOWBOARD
(www.facebook.com/penkenpark ; Penken). Les adeptes du snowboard seront dans leur élément au parc Vans Penken, dans la région du Penken. Divisé en 6 secteurs avec 11 kickers, 34 box et rails et un half-pipe, il compte parmi les meilleurs snowparks d'Europe.

Salewa ESCALADE
(☎05285-632 58 ; www.salewa.com ; Hauptstrasse 412 ; ⌚8h30-18h lun-sam, 8h30-10h dim). Via ferrata, escalade sur roche, glace et glacier. Location de matériel (12 €).

Fêtes et festivals

Snowbombing SNOWBOARD
(www.snowbombing.com ; ⌚déb avr). Le Snowbombing, début avril, est la plus grande fête de Mayrhofen et le plus grand spectacle sur neige autoproclamé. Une partie des stars internationales du snowboard s'affrontent sur les pistes, mais la plupart des spectateurs viennent pour la fête : 6 jours de libations et de danse au son de groupes et de DJ renommés (Fatboy Slim en 2019), et toutes sortes de soirées, depuis les raves dans des igloos aux fêtes de rue.

Où se loger

Gästehaus Rosenhof & Birkenhof MAISON D'HÔTES €
(☎05285-634 03 ; www.birkenhof.cc ; Schwendaustrasse 184 ; d 78-94 € ; P 📶). La simplicité de ces 2 adorables chalets n'ôte rien à leur charme, bien au contraire. L'accueillante famille Moigg pratique des tarifs très raisonnables et a pensé à tout pour ses maisons d'hôtes centrales mais tranquilles :

grandes chambres, mobilier en pin, balcons, joli jardin, petite salle de sport, aire de jeux et table de ping-pong.

Alpin Hotel Garni Eder HÔTEL €€

(☎0664 506 03 69 ; www.eder-mayrhofen.at ; Zillergrundweg 572 ; s/d/tr 47,50/95/134 €). Jouissant d'un emplacement imbattable, dans une partie calme de Mayrhofen tout en étant proche des remontées mécaniques, ce chalet a adopté le concept de l'hôtel où l'on se sent en famille. Les chambres en pin sont spacieuses et bien tenues, les propriétaires se mettent en quatre pour aider leurs hôtes et le petit-déjeuner est copieux.

Hotel Garni Glockenstuhl HÔTEL €€

(☎05285-631 28 ; www.glockenstuhl.com ; Einfahrt Mitte 431 ; s 77-80 €, d 128-134 € ; P). Hospitalité à l'ancienne, vue sublime sur les Alpes, prêt gratuit de vélos et spa plaisant font de ce chalet l'une des adresses les plus attrayantes de la bourgade. Si vous réussissez à sortir des lits douillets, vous trouverez un délicieux petit-déjeuner avec des œufs frais sur la table.

Alpenhotel Kramerwirt HÔTEL €€

(☎05285-67 00 ; www.kramerwirt.at ; Am Marienbrunnen 346 ; en demi-pension s 86-101 €, d 138-200 €, ste 184-214 € ; P). Ce vaste chalet vieux de 500 ans se pare chaque été d'un manteau de géraniums. Ses couloirs racontent la vie des générations passées. Les chambres, aux couleurs chaudes, sont spacieuses, et l'espace bien-être sur le toit regroupe des saunas et balnéo face aux montagnes. Au restaurant (plats de 11 à 32 €), réveillez vos papilles avec un *Zillertaler Bauernschmaus* (assiette de la ferme avec viande, chaussons fourrés et choucroute).

Où se restaurer

Gasser BURGERS €

(www.gasserspeck.at ; Hauptstrasse 475 ; en-cas 3-7 € ; 7h-18h lun-sam). Un boucher (*Metzger*) récompensé, dont le commerce (quatrième génération) est idéal pour un en-cas en revenant des pistes. On peut y acheter de succulentes saucisses, ainsi que des burgers, des sandwichs et du jambon fumé. La clientèle végétarienne n'est pas oubliée.

Cafe-Konditorei Kostner CAFÉ €

(Hauptstrasse 414 ; en-cas et plats 3,50-12,90 € ; 7h-18h mer-lun). Dans une villa rose bonbon dotée d'une terrasse ensoleillée, cette boulangerie fabrique d'excellents pains à l'épeautre et au seigle, tandis que le café sert de délicieux petits-déjeuners, glaces, cafés spéciaux et gâteaux maison, ainsi que des salades, des tartines et des plats roboratifs.

Metzgerei Kröll ÉPICERIE FINE, TRAITEUR €

(Scheulingstrasse 382 ; en-cas 3-8 € ; 7h30-13h et 15h-18h lun-ven, 7h-midi sam). Cette boucherie familiale est réputée pour son jambon *Schlegeis-Speck*, séché pendant 3 mois dans un refuge à 1800 m d'altitude. Quelques tables permettent de goûter à cette spécialité, ainsi qu'aux délicieuses saucisses maison.

Gasthof Perauer AUTRICHIEN €€

(☎05285-625 66 ; www.perauer.at ; Ahornstrasse 854 ; plats 12-32 € ; 11h-22h ;). Avec son four carrelé et son intérieur tout en bois, cette auberge (*Gasthöf*) offre un cadre tyrolien absolument ravissant. À la carte figurent des plats (carnivores ou végétariens) maison réalisés avec des produits de qualité. Goûtez au goulasch de gibier et boulettes fourrés, au jarret de porc et sa sauce à la bière brune ou à une pièce de viande venue de la boucherie familiale.

Wirtshaus Zum Griena AUTRICHIEN €€

(☎0699 181 688 20 ; Dorfhaus 768 ; plats 11,50-21,50 € ; 15h-23h mer-lun ;). On espérerait presque une tempête de neige sur les alpages pour rester longtemps devant le feu de cheminée. Attablez-vous dans ce chalet vieux de 400 ans et régalez-vous de *Schlutzkrapfen* (pâtes fraîches fourrées au fromage) et de *Speckknödel* (boulettes au bacon).

Où prendre un verre et faire la fête

White Lounge BAR

(☎05285-622 77 ; Ahornstrasse ; 10h-16h). Déchaussez vos skis et détendez-vous en sirotant un cocktail sur la terrasse ensoleillée de ce bar igloo à 2000 m d'altitude. L'ambiance se réchauffe avec les DJ et les parties de luge nocturnes lors de la fête de l'igloo du mardi, qui commence à 20h.

Ice Bar BAR

(Hauptstrasse 470, Hotel Strass ; 15h-22h déc-avr). Un repaire bruyant avec des fêtards en après-ski, de l'euro-pop, et parfois même des go-go ours polaires ! Le night-club Arena est situé sous le même toit.

Butcher Bar BAR

(www.perauer.at ; Ahornstrasse 854 ; ⌚16h-1h). Ce bar tire son nom de la boucherie familiale dépendant de l'hôtel-restaurant Perauer. Installez-vous sous les voûtes, dans un cadre chaleureux et rustique chic, pour déguster une mousse maison ou un cocktail avec amuse-bouche.

Où faire la fête

Brück'n Stadl CONCERTS

(Ahornstrasse 850, Gasthof Brücke ; ⌚18h-2h). Dans cette grange, doublée d'un chapiteau, des stars du folklore en *Lederhosen* font valser les chopes de bière en été, tandis que le *Schnaps* et DJ Mütze chauffent l'ambiance durant les soirées d'hiver.

Renseignements

L'**office du tourisme** (☎05285-67 60 ; www.mayrhofen.at ; Dursterstrasse 225 ; ⌚8h-17h lun-ven, 9h-midi et 13h-17h sam, 9h-midi dim ; Wi-Fi) ultramoderne fournit de multiples informations et des cartes de la station. Procurez-vous le guide exhaustif *Info von A-Z*, gratuit et en anglais. Vous y trouverez aussi une maquette topographique des Alpes locales, un tableau des hébergements accessible 24h/24 et un Wi-Fi gratuit.

Depuis/vers Mayrhofen

Le train circule 2 fois/heure et dessert Jenbach (aller 9,40 €, 50 min). Pour le circuit du Zillertal, des bus assurent la liaison entre Mayrhofen et le lac Schlegeisspeicher (aller 7,50 €, 50 min, 7/j).

Ginzling

☎05286/400 HABITANTS/ALTITUDE 999 M

Pour avoir un aperçu des Alpes autrichiennes... avant l'arrivée du tourisme, rejoignez Ginzling, un adorable petit village à 8 km au sud de Mayrhofen.

Parc naturel des Alpes de Zillertal RÉSERVE NATURELLE

(Naturpark Zillertaler Alpen ; www.naturpark-zillertal.at). Lieu phare pour randonner, le parc naturel des Alpes de la Zillertal couvre 379 km² de nature immaculée, de vallées profondes et de pics glaciaires. L'équipe du parc organise 200 excellentes randonnées guidées de mai à octobre, pour la plupart de 5 à 10 €. Le programme comprend de multiples thèmes, des treks avec des lamas, des excursions pour prendre des photos au lever du soleil, des promenades pour découvrir les plantes et des randonnées alpines.

Veillez à réserver votre place avant 17h la veille du jour souhaité.

Gasthaus Alt-Ginzling AUBERGE €€

(☎05286-202 96 ; www.ferienwohnungen-ginzling.at ; Ginzling 240 ; d 94-108 €, app 100-150 € ; P Wi-Fi). L'hébergement le plus plaisant est la Gasthaus Alt-Ginzling, jadis une étape pour les contrebandiers en route pour l'Italie. Cette ferme du XVIIIe siècle, chargée d'histoire, renferme des chambres basses de plafond, lambrissées de pin, extrêmement confortables. Le restaurant sert des truites arc-en-ciel locales.

Renseignements

Pour connaître les activités proposées dans le parc, arrêtez-vous au **Naturparkhaus Zillertaler Alpen** (☎05286-521 81 ; www.naturpark-zillertal.at ; Ginzling 239 ; ⌚8h30-midi et 13h-17h lun-jeu, 8h30-midi ven).

Depuis/vers Ginzling

En hiver, des bus de ski gratuits desservent fréquemment Mayrhofen ; sinon, un service est assuré toutes les heures (4 €, 13 min). Une route à péage (voiture/moto 14,50/10,50 €) serpente de Ginzling jusqu'au lac de Schlegeisspeicher, le point de départ du magnifique circuit du Zillertal.

Achensee

Semblable à un fjord et flanqué de montagnes boisées (massif des Karwendel à l'ouest et Alpes de Brandenberg à l'est), l'Achensee est le plus grand lac du Tyrol et l'un des plus beaux – et la qualité de son eau est remarquable. Le lac est bordé de villages lacustres, où les séjours se déroulent paisiblement, entre balades en bateau et escapades vers l'Erfurter Hütte, qui donne accès à un véritable terrain de jeux alpin, avec possibilité de faire des randonnées, du parapente, de la tyrolienne et une via ferrata.

Téléphérique du Rofan TÉLÉPHÉRIQUE

(Rofanseilbahn ; www.rofanseilbahn.at ; aller-retour adulte/enfant 23/14 €, Airrofan Skyglider inclus 13/9,50 € ; ⌚8h30-16h45). L'Erfurter Hütte (1834 m) offre une vue panoramique sur le lac et les sommets alentour. Pour le rejoindre, empruntez le Rofanseilbahn à Maurach. Si vous aimez les grands frissons, essayez l'Airrofan Skyglider, une sorte de tyrolienne géante pour plusieurs personnes. D'autres aventures vous attendent, comme le parapente ou l'escalade du parcours de via ferrata qui passe par cinq sommets en 6 à 8 heures.

Excursions en bateau sur l'Achensee BATEAU
(www.tirol-schiffahrt.at ; adulte/enfant 24/12 € ; ⏲mai-oct). Ces balades de 2 heures permettent de faire le tour de l'Achensee et de profiter du paysage de manière détendue.

Depuis/vers l'Achensee

L'**Achenseebahn** (www.achenseebahn.at ; aller/aller-retour 24/31 €), un vénérable train à crémaillère (1889) privé, chemine entre Jenbach et le lac de mai à octobre. Des bus assurent régulièrement la liaison entre Jenbach et Maurach/Achensee Seespitz (4 €, 24 min).

Kitzbühel

☎05356/8 272 HABITANTS/ALTITUDE 762 M

Encadrée par les sommets des Alpes autrichiennes, Kitzbühel, "la cité au chamois" fait la fierté du pays. Depuis que Franz Reisch a dévalé les pentes du Kitzbüheler Horn en 1893, donnant naissance à la première piste de ski alpin en Autriche, la petite ville est devenue l'une des stations les plus réputées d'Autriche et d'Europe. Des légendes ont vu le jour sur ces pistes, tel le triple médaillé olympique Toni Sailer (1935-2009). Et c'est là que Luc Alphand (né en 1965) remporta deux descentes de Coupe du monde sur la fameuse piste de la Streif, en 1995.

Fondée vers 1270 par le duc de Bavière, Kitzbühel fut donc d'abord bavaroise, jusqu'en 1565 où elle fut rattachée au Tyrol sous Maximilien II de Habsbourg. La ville s'est développée au XVIe siècle en tant que cité minière d'argent et de cuivre (déjà exploité à l'âge de bronze). Lieu de villégiature, été comme hiver, depuis le milieu du XIXe siècle, elle est devenue une station élégante et prospère, réputée pour sa fameuse Hahnenkamm-Rennen, légendaire descente de Coupe du monde de ski alpin en janvier, et pour l'excellence de ses pistes. Le charmant centre médiéval se caractérise par ses églises baroques, ses façades colorées et son dédale de ravissantes ruelles.

À voir

Jardin des fleurs alpines JARDINS
(Alpenblumengarten ; ⏲8h30-17h mai-sept). GRATUIT Arnica, edelweiss et campanules violettes font partie des 400 variétés de fleurs alpines qui s'épanouissent dans ce jardin magnifique au sommet du Kitzbüheler Horn. Vous pouvez le rejoindre à pied en 4 heures (14 km) ou plus rapidement en téléphérique. Une route panoramique serpente jusqu'au sommet de la montagne (péage 20/10 € par voiture/moto, plus 6/3 €/pers).

Musée de Kitzbühel MUSÉE
(Museum der Stadt Kitzbühel ; www.museum-kitzbuehel.at ; Hinterstadt 32 ; adulte/enfant 7,50 €/gratuit ; ⏲14h-18h dim-ven, 10h-18h sam). Installé dans un ancien entrepôt à grain, ce musée retrace l'histoire de Kitzbühel, de l'époque des mines jusqu'à nos jours. L'accent est mis sur les sports d'hiver, et la collection permanente rend hommage à des légendes locales, telles le champion de ski Toni Sailer et le peintre de paysages Alfons Walde (1891-1958). Envie d'embrasser du regard la vieille ville et les montagnes au-delà ? Installez-vous sur la terrasse du toit.

Activités

Streif SKI
Située sur les pentes du Hahnenkamm, la Streif est une piste mythique – la plus raide, la plus glacée et la plus spectaculaire du circuit de la Coupe du monde de ski alpin –, vertigineuse course de descente qui attire les skieurs les plus téméraires à Kitzbühel ; la Mausefalle, une section particulièrement raide avec une pente à 85%, provoque l'appréhension. Les sauts peuvent atteindre une longueur de 80 m, et la vitesse peut monter jusqu'à 145 km/h. Les plus grands skieurs de toutes les générations y ont été sacrés et, pour certains athlètes, une victoire au Hahnenkamm a plus de valeur qu'une médaille d'or olympique ! Tout récemment, l'Autrichien Matthias Mayer a triomphé sur cette piste folle en janvier 2020, devant son compatriote Vincent Kriechmayr.

Téléphérique du Hahnenkamm TÉLÉPHÉRIQUE
(Hahnenkammbahn ; aller-retour adulte/enfant 28/9,80 €, forfait ski journée adulte/enfant 59,50/29,50 €). Ce téléphérique vous mène au sommet du Hahnenkamm (1712 m), où convergent les randonneurs et les vététistes en été – il y a une myriade de chemins forestiers et de sentiers d'alpage, en plus de pistes cyclables et de sentiers dédiés –, ainsi que les snowboardeurs, les skieurs de tous niveaux et les plus audacieux (on peut tenter de descendre la légendaire Streif), en hiver.

Element 3 SPORTS D'AVENTURE
(☎05356-723 010 ; www.element3.at ; Klostergasse 8 ; ⏲8h30-midi et 14h30-17h). École de

Kitzbühel

Kitzbühel

À voir

1 Musée de Kitzbühel B3

Activités

2 Element 3 .... B4
3 Téléphérique du Hahnenkamm B4
4 Intersport C4
5 Téléphérique du Kitzbüheler Horn C2
6 Streif B4

Où se loger

7 Hotel Edelweiss C4
8 Gartenhotel Erika B2
9 Pension Kometer C3
10 Snowbunny's Hostel C4
11 Villa Licht B3

Où se restaurer

12 First Lobster B3
13 Huberbräu Stüberl B3
14 Kupferstube D1
15 Mocking B4
16 Pano B3
17 Restaurant Zur Tenne B3
18 Simple Food B3
19 s'Kitz C3

Où prendre un verre et faire la fête

20 Hahnenkamm Pavillon B4
21 Leo Hillinger B3

ski en hiver, Element 3 propose des sports d'aventure en été, dont le canyoning (70 €), le parapente (150-250 €) et une via ferrata (prix sur demande en fonction du nombre de personnes).

Ski Safari SKI

Avec un niveau confirmé, vous pourrez emprunter le superbe Ski Safari de 35 km, qui relie le Hahnenkamm et le Resterhöhe/col de Thurn. Le circuit alpin est indiqué par

LES FORFAITS DE SKI À KITZBÜHEL

Les forfaits de ski de 1/3/6 jours coûtent 59,50/175/305 € en haute saison et 54,50/160/279 € le reste de l'année. Ils comprennent les remontées mécaniques, les téléphériques et les bus de ski jusqu'au col de Thurn. Si vous comptez quadriller un large périmètre, choisissez la **Super Ski Card** (forfait 1/3/6 jours 61/169/291 € ; www.superskicard.tirol) : elle couvre la totalité du domaine de Kitzbühel et quelque 2750 km de pistes.

des panneaux "éléphants" et constitue une bonne introduction au domaine skiable.

Schwarzsee BAIGNADE
(Adulte/enfant 7/3 € ; 8h-18h juin-août). Pour une pause rafraîchissante l'été, quittez le centre-ville et rejoignez le Schwarzsee ("lac noir"), lac naturel situé à 3 km de là, en direction du nord-ouest. Bassins de baignade et location de pédalos.

Téléphérique du Kitzbüheler Horn TÉLÉPHÉRIQUE
(Kitzbüheler Hornbahn ; aller-retour adulte/enfant 28/9,80 €). Ce téléphérique mène jusqu'au jardin des fleurs alpines (p. 332). Des sentiers de randonnée et de VTT partent du sommet. Le Karstweg, circuit panoramique de 2,4 km, offre des vues spectaculaires sur des paysages karstiques. En hiver, le Kitzbüheler Horn relève plus du niveau débutant en matière de ski, avec des pistes assez faciles suivant les versants ensoleillés.

Snowpark Kitzbühel SKI
(www.snowpark-kitzbuehel.at ; Hanglalm). Ce snowpark est un paradis pour snowboardeurs et amateurs de freeski, avec ses rails, ses tubes, ses kickers, ses box et ses 35 obstacles. Le snowpark de Hanglalm est accessible en téléphérique au départ de la station inférieure de Mittersill.

Intersport VÉLO
(www.kitzsport.at ; Jochbergerstrasse 7 ; 8h30-18h lun-sam). Location de vélos électriques (55-75 € la journée).

Fêtes et festivals

Hahnenkamm-Rennen SPORTS
(www.hahnenkamm.com ; fin jan). C'est peut-être l'épreuve la plus passionnante de la Coupe du monde de ski alpin, organisée par la Fédération internationale de ski (FIS) "et ancêtre de toutes les courses de descente".

Coupe du monde de polo sur neige SPORTS
(www.kitzbuehelpolo.com ; mi-jan). Des équipes internationales de polo s'affrontent sur la glace lors de cette coupe du monde sur neige de 4 jours, qui apporte un peu de glamour à l'agenda de l'hiver.

Generali Open SPORTS
(www.generaliopen.com ; Sportfeld 2 ; fin juil). Les stars internationales de tennis s'affrontent lors du tournoi de Kitzbühel.

Où se loger

Snowbunny's Hostel AUBERGE DE JEUNESSE €
(0676 794 02 33 ; www.snowbunnys.com ; Bichlstrasse 30 ; dort 24-48 €, d 66-146 € ;). Auberge de jeunesse accueillante et détendue, située à deux pas des pistes. Les dortoirs sont corrects mais un peu sombres. Le petit-déjeuner est à préparer soi-même dans la cuisine. Salon TV et local à skis. Des chats attendent des caresses.

Villa Licht HÔTEL €€
(05356-622 93 ; www.villa-licht.at ; Franz-Reisch-Strasse 8 ; d app 130-580 € ; P @). Un joli jardin, des appartements modernes avec meubles en pin, un salon avec kitchenette, des balcons donnant sur la montagne, une ambiance paisible : ce charmant chalet tyrolien possède tous les atouts. Renate, la propriétaire, fait l'impossible pour satisfaire ses hôtes. Les enfants apprécient la piscine en plein air en été.

Hotel Edelweiss HÔTEL €€
(0043-664 5022355 ; www.edelweiss-kitzbuehel.at ; Marchfeldgasse 2 ; d demi-pension 120-150 € ; P). L'Edelweiss ne manque pas de charme avec son cadre verdoyant, sa vue sur les Alpes, son sauna et ses chambres cosy. Les sympathiques hôtes, Veronika et Klaus, vous laissent préparer un pique-nique avec le buffet du petit-déjeuner et servent de délicieux dîners de 5 plats. À proximité du Hahnenkammbahn.

Pension Kometer PENSION €€
(05356-622 89 ; www.pension-kometer.com ; Gerbergasse 7 ; s 70-92 €, d 130-174 € ; P). Cette pension familiale se caractérise par une ambiance chaleureuse, des chambres claires d'une propreté irréprochable et un salon plaisant (jeux et DVD). Le petit-déjeuner est un régal : pains frais, fruits et œufs.

Gartenhotel Erika HÔTEL HISTORIQUE €€€
(☎05356-64885 ; www.erika-kitz.at ; Josef-Pirchl-Strasse 21 ; d demi-pension 206-280 € ; P). Aménagé dans une monumentale villa (1897) de style Art nouveau, avec tourelles, aux chambres luxueuses, hautes de plafond, l'hôtel est d'exception et le service attentif. Le jardin parsemé de rosiers se déploie autour d'un pavillon couvert de vigne et d'un bassin, illuminés en soirée. Détendez-vous avec des soins de thalassothérapie ou un bain de foin dans le spa.

Où se restaurer

Simple Food CAFÉ-SNACK €
(☎0664 1652866 ; www.simplefood.at ; Im Gries 8 ; plats 7,90-14,50 € ; ⌚8h-20h30 lun-ven). Oui, il y a enfin à Kitzbühel un café où le porte-monnaie ne souffre pas et où l'ambiance est décontractée, sans chichis. Intérieur bois et accueil souriant pour un petit-déjeuner, une salade, un smoothie ou un burger : le Simple Food est prisé des gens du coin, à juste titre.

Pano CAFÉ-RESTAURANT €
(☎05356-654 61 ; Hinterstadt 12 ; assiettes 5,50-9,10 € ; ⌚8h-18h lun-sam, 9h-17h dim, fermé le mercredi). Produits bios et céréales complètes sont à l'honneur dans cet établissement contemporain idéal après une journée de ski ou pour refaire le plein au cours d'une randonnée. Sandwichs généreux, soupes avec pain cuit au feu de bois, salades (lentilles, feta, roquette), quiches, omelettes et cakes maison.

Restaurant Zur Tenne AUTRICHIEN €€
(☎05356-644 44-0 ; www.hotelzurtenne.com ; Vorderstadt 8-10 ; plats 19,50-49,50 € ; ⌚midi-22h). Choisissez entre la salle rustique aux poutres apparentes et cheminée, ou la véranda plus estivale dans le restaurant très prisé de l'Hotel Zur Tenne. Le service est impeccable et les plats oscillent entre recettes traditionnelles (goulash de bœuf), viandes (oie, grand gibier) et poissons (truite rôtie à la purée de patates douces et à l'ail noir).

Mocking AUTRICHIEN €€
(☎05356-665 44 ; www.mocking-kitzbuehel.at ; Hahnenkammstrasse 8 ; plats 11,90-38,50 € ; ⌚11h-23h mar-sam, 11h-17h dim). Au pied des pistes, ce restaurant rustique chic est douillet à souhait avec son intérieur lambrissé. Le chef signe des plats singuliers à base de produits régionaux. On s'ouvre l'appétit avec du pain maison, du beurre, du bacon et des fines herbes. On savoure ensuite un plat tel que l'anguille à la betterave et à la poudre de champignon, les ravioles aux orties, à la crème de fruit et au boudin noir, ou les *Schnitzel* aux canneberges.

First Lobster FRUITS DE MER €€
(☎05356-666 98 ; www.firstlobster.com ; Im Gries 6 ; plats 19,50-59 ; ⌚16h-23h30 lun-sam). Les coquilles d'huîtres qui décorent les murs de brique annoncent d'emblée la couleur dans ce restaurant plutôt élégant, façon bistrot avec des banquettes. Le chef s'enorgueillit de ne choisir que les meilleurs produits. On y déguste des huîtres Gillardeau, une salade tiède poulpe, tomate et fenouil, ou un demi-homard et ses spaghettis épicés. Magique.

Huberbräu Stüberl AUTRICHIEN €€
(☎05356-656 77 ; Vorderstadt 18 ; plats 4-14,90 € ; ⌚9h-23h ;). Repaire tyrolien à l'ancienne avec voûtes et bancs en pin, cette taverne est dédiée aux plats autrichiens classiques, tels que *Schnitzel*, goulasch ou boulettes (*Knödel*), cuisinés à la perfection.

s'Kitz AUTRICHIEN €€
(☎05356-753 26 ; www.skitz.at ; Bichlstrasse 7 ; plats 9,80-32,50 € ; ⌚10h-minuit lun-sam). Repaire local typique, le s'Kitz attire une foule animée avec sa terrasse et son ambiance décontractée. On y sert des plats traditionnels, comme le goulash, le ragoût de lentilles, le *Schlutzkrapfen* (raviolis tyroliens aux épinards et au fromage), et des mets plus légers, comme la salade de bœuf rôti à l'huile de graines de courge de Styrie. Plat du jour le midi à prix modique (8,70 €).

Kupferstube GASTRONOMIE €€€
(☎05356-631 81 ; www.tennerhof.com ; Griesenauweg 26 ; menu dégustation 5 plats 95/140 € ; ⌚18h30-21h). À Kitzbühel, rien n'égale le Kupferstube, au sein de l'hôtel Tennerhof (5-étoiles). Le chef récompensé Stefan Lenz opère sa magie créative sur les produits régionaux et au rythme des saisons. Citons ainsi le pigeon bio aux prunes et lait de foin ou le poisson-chat et ses escargots au beurre blanc et à la livèche – le tout servi avec panache, dans un cadre raffiné.

Où prendre un verre et faire la fête

Leo Hillinger BAR À VINS
(☎05356-202 51 ; Hinterstadt 11 ; ⌚midi-minuit mar-ven et dim, 10h-minuit sam). Ce bar à vins

> **KITZBÜHEL À PRIX RÉDUIT**
>
> Séjourner à Kitzbühel vous donne droit à sa **Red Card**, qui vous garantit des réductions sur différentes activités et des randonnées guidées gratuites.
>
> Vous pouvez faire des économies en été (mai à octobre) en achetant la **Kitzbüheler Alpen Summer Card** (forfait 3 j avec/sans bus 69/72,50 €), qui couvre 36 remontées et téléphériques. Les enfants paient moitié prix.

ultra chic, avec boutique, dispose d'une terrasse idéale pour observer le mouvement de la rue tout en dégustant de bons crus et des plats légers.

Hahnenkamm Pavillon BAR
(www.pavillon-kitz.at ; Hahnenkammstrasse 2 ; ⌚14h-22h déc-avr). Ce bar à côté des pistes, en face du Hahnenkammbahn (téléphérique), est un joyeux repaire en hiver, avec DJ, chansons, *Schnaps* et skieurs dansant en après-ski sur des rythmes autrichiens.

Renseignements

Situé dans le centre, l'**office du tourisme** (☎05356-666 60 ; www.kitzbuehel.com ; Hinterstadt 18 ; ⌚9h-17h lun-ven, 9h-14h sam) propose de la documentation en anglais et a un service de réservation d'hébergement ouvert 24h/24.

Depuis/vers Kitzbühel

Kitzbühel se trouve sur la B170, à 30 km à l'est de Wörgl et de l'autoroute A12.

La gare ferroviaire principale est à 1 km au nord de la Vorderstadt dans le centre. Des trains circulent fréquemment de Kitzbühel à Innsbruck (18,80 €, 1 heure 15-1 heure 40) et à Salzbourg (32,50-44,60 €, 2 heures-2 heures 30). Pour rejoindre Kufstein en train (13,40 €, 50 min), vous devrez changer à Wörgl.

Kufstein

☎05372/19 223 HABITANTS/ALTITUDE 499 M

Dans les années 1970, Karl Ganzer a vanté, à juste titre, les charmes de Kufstein dans sa chanson à succès "Perle Tirols" ("La perle du Tyrol"). Au pied de l'imposant massif calcaire de l'Empereur et couronnée d'une forteresse, Kufstein offre une vue de carte postale. Le Tyrol et la Bavière se sont toujours disputé le contrôle de la ville jusqu'à ce qu'elle devienne autrichienne en 1814.

À voir

Forteresse de Kufstein FORTERESSE
(Festung Kufstein ; www.festung.kufstein.at ; Oberer Stadtplatz 6 ; adulte/enfant 12,50/7,50 € ; ⌚10h-16h déb-nov à déb-avr, 10h-17h mi-avr à déb-nov). Perchée sur un à-pic rocheux, au milieu de hauts sommets alpins, la forteresse, flanquée de plusieurs tours, offre un fascinant aperçu du passé tumultueux de Kufstein. Le château date de 1205 (quand Kufstein appartenait à la Bavière) et représentait un point de défense stratégique pour la Bavière et pour le Tyrol durant les batailles. La Kaiserturm (tour de l'Empereur), circulaire, fut ajoutée en 1522.

Römerhofgasse RUE HISTORIQUE
Une promenade classique suit la Römerhofgasse, une ruelle médiévale reconstruite qui semble sortie d'un film de Disney avec ses arches, ses lanternes et ses façades ornées de fresques. Même la foule et les souvenirs kitsch - onguent de marmotte, *Dirndl*, *Lederhosen*, etc. - ne parviennent pas à gâcher son charme.

Activités

Massif de l'Empereur MASSIF
Paroi calcaire abrupte à l'est de Kufstein, le massif de l'Empereur (Kaisergebirge) s'élève jusqu'à 2300 m et s'étend jusqu'à Sankt Johann in Tirol. C'est un lieu de prédilection aussi bien pour la randonnée que pour l'alpinisme et le ski. Le Kaisergebirge se compose de deux chaînes, séparées d'est en ouest par une vallée, le Kaisertal : le **Zahmer Kaiser** ("Empereur apprivoisé") au nord et le **Wilder Kaiser** ("Empereur sauvage") au sud - vous devinerez sans mal lequel possède les pistes les plus douces ! Prenez une carte de randonnée gratuite (*Wanderkarte*) à l'office du tourisme.

Hechtsee BAIGNADE
(www.hechtsee.at ; adulte/enfant 4,80/2,10 € ; ⌚9h-19h fin mai-déb sept). Ce lac aux eaux cristallines bordé d'une plage et entouré de montagnes se trouve à 3 km au nord-ouest de Kufstein. Outre la baignade, on peut y faire du pédalo, du ping-pong et du volleyball. Un bus municipal gratuit dessert Hechtsee en été par beau temps (renseignez-vous à l'office du tourisme).

Stimmersee BAIGNADE
(Adulte/enfant 4,50/2 € ; ⌚fin mai à déb sept). Ce lac aux eaux vertes transparentes, à 2,5 km au sud-ouest de Kufstein, est réputé pour être le plus propre d'Autriche. Ourlé par la forêt et des sommets déchiquetés, il est alimenté par les cours d'eau de la montagne. On y trouve des étendues herbeuses pour les bains de soleil, des cafés, des sentiers de randonnée, un terrain de beach-volley et une aire de jeux pour les plus jeunes.

Où se loger

Camping Maier CAMPING €
(☎05372-583 52 ; www.camping-maier.com ; Egerbach 54, Schwoich ; empl adulte/enfant/tente 6/4,50/9 € ;). En lisière de bois à 5 km au sud de Kufstein, ce camping accueillant dispose d'emplacements ombragés, d'un terrain de jeux et d'une piscine découverte.

Träumerei #8 BOUTIQUE-HÔTEL €€
(☎05372-621 38 ; www.auracher-loechl.at ; Römerhofgasse 4 ; s 85 €, d 137,50-191 €, ste 348 € ;). Chic alpin et originalité dans chaque chambre (34 en tout) autour du thème des "villes de rêve" – d'Amsterdam, avec sabots et moulins, à Paris, avec la couleur rouge baiser et les références aux corsets. Le petit-déjeuner est fantastique, avec des plats salés, de la charcuterie, des fromages régionaux, des yaourts et un bar à müesli.

Hotel Kufsteinerhof HÔTEL €€
(☎05372-714 12 ; www.kufsteinerhof.at ; Franz-Josef-Platz 1 ; s 58-76 €, d 116-124 €, qua 144-164 € ;). Avec ses chambres spacieuses dotées de parquet et décorées dans un style contemporain épuré, et de copieux petits-déjeuners, le Kufsteinerhof est l'un des meilleurs hôtels du centre de Kufstein, à un jet de pierre de la forteresse.

Où se restaurer

Auracher Löchl AUTRICHIEN €€
(☎05372-621 38 ; www.auracher-loechl.at ; Römerhofgasse 4 ; plats 11,50-35 € ; ⌚11h-23h). Le bois de cette demeure de 600 ans grince joyeusement, peut-être en souvenir du passage du héros local, Andreas Hofer, patriote tyrolien fusillé à Mantoue sur ordre de Napoléon. On est très bien sous ces poutres apparentes pour déguster d'excellentes versions des classiques autrichiens, tels les *Kaspressknödel* (petites boulettes au fromage), le rôti de porc, le goulash ou le bœuf sur pierre de cuisson. Commandez sinon un plateau dégustation tyrolien.

Bräustüberl AUTRICHIEN €€
(☎0676 44 06523 ; www.braeustueberl-kufstein.at ; Oberer Stadtplatz 5a ; plat du jour 9,90 €, plats 10,90-26,90 € ; ⌚10h-14h30 et 17h-23h lun-sam ;). Un restaurant-brasserie de style traditionnel dédié aux plats tyroliens et bavarois, allant des escalopes panées (*Schnitzel*) au goulash, en passant par les saucisses accompagnées de choucroute qui se marient à merveille avec les bières à la pression. L'atmosphère est décontractée et la terrasse bénéficie d'une vue sur le château. Mets sans gluten, végétariens et pour enfants également proposés.

Purlepaus FUSION €€
(☎05372-636 33 ; www.purlepaus.at ; Unterer Stadtplatz 18 ; déj 6,90-8,20 €, plats 7,90-21,90 € ; ⌚11h-23h mer-dim ;). Une table prisée de longue date, avec une belle salle voûtée et une grande terrasse ombragée de châtaigniers. Carte internationale, des pâtes aux currys thaïlandais et des plats tyroliens à la tarte flambée. Plats végétariens également.

Où prendre un verre et faire la fête

Stollen 1930 BAR À COCKTAILS
(www.auracher-loechl.at ; Römerhofgasse 4 ; ⌚7h-23h). Si vous avez un faible pour le gin, le Stollen 1930 est incontournable. L'atmosphère est incroyable dans cette grotte creusée au cœur de la montagne fortifiée voilà 600 ans. Dans un style de bar clandestin glamour qui ne sacrifie rien à l'authenticité, on sirote son verre à la lumière des bougies, confortablement installé dans un fauteuil en velours.

Fritz Wein Cafe BAR À VINS
(www.fritz-wein-cafe.com ; Unterer Stadtplatz 18 ; ⌚16h-minuit mar-ven, 11h-minuit sam). Avec son parquet et ses luminaires sphériques, ce bar à vins ajoute une touche de classe à la scène nocturne de Kufstein. La carte affiche un choix impressionnant de vins autrichiens qui accompagnent parfaitement les plats du jour, les tapas et les plateaux de dégustation de fromages proposés.

Renseignements

Le personnel de l'**office du tourisme** (☎05372-622 07 ; www.kufstein.com ; Unterer Stadtplatz 11 ; ⌚9h-17h lun-ven) vous aidera à trouver un hébergement sans prendre de commission. Si vous passez une nuit à Kufstein, demandez la *Gästekarte*, qui donne droit à divers avantages en été et en hiver.

Depuis/vers Kufstein

Les trains fréquents pour Kitzbühel (13,40 €, 50 min) requièrent un changement à Wörgl. L'itinéraire le plus simple en voiture passe également par Wörgl. Kufstein se situe sur la principale ligne ferroviaire Innsbruck-Salzbourg. Des trains directs partent pour Salzbourg (37,50 €, 1 heure 15) au moins toutes les 2 heures et pour Innsbruck (18,80 €, 46 min-1 heure 15) toutes les 30 minutes Les bus partent devant la gare ferroviaire.

Söll

05333/3631 HABITANTS/ALTITUDE 703 M

Située aux pieds du Wilder Kaiser, à 10 km au sud de Kufstein, la jolie bourgade de Söll, à l'architecture typique du Tyrol, est une station de ski réputée. Si elle attirait surtout des fêtards dans les années 1980, elle a depuis changé de cap pour devenir plus familiale, avec une multitude d'activités de plein air, été comme hiver.

Le Hohe Salve, à 1829 m, est son domaine skiable le plus élevé.

Activités

Hohe Salve RANDONNÉE

(www.hohe.salve.at ; téléphérique aller/aller-retour 12/23 € ; 9h-17h ;). En été, on s'adonne à la randonnée et au parapente dans les hauteurs, sur les pentes du Hohe Salve. La première partie de la montée en téléphérique peut être faite à pied le long du **Hexenwasser** (littéralement "Eau des sorcières"), un sentier de randonnée sur le thème de l'eau jalonné d'activités amusantes pour les familles : obstacles aquatiques, cadrans solaires, terrains de jeux, un moulin et une boulangerie en activité, et un rucher. Vous pouvez en été découvrir la fabrication traditionnelle du pain, du *Schnaps* et du fromage, et les goûter.

Ces mêmes pentes sont le terrain de jeu des skieurs en hiver.

Skiwelt SKI

(www.skiwelt.at). S'étendant sur les montagnes calcaires et déchiquetées du Wilder Kaiser Brixental, Skiwelt comprend 284 km de pistes, principalement faciles et de difficulté modérée. Les forfaits coûtent 48 € par jour en haute saison. Le ski de fond est également populaire, avec des pistes allant jusqu'à Sankt Johann in Tirol.

Fêtes et festivals

Almabtrieb CULTURE

(mi-sept). Région montagneuse oblige, les villageois attendent le retour des vaches dans la grande tradition, quand le son de leurs cloches résonne depuis les pâturages alpins jusque dans la vallée et le village, et elles sont alors parées de leurs plus beaux atours. Fanfare et stands alimentaires fermiers (dont du fromage d'alpage) complètent ce tableau festif, typique des régions alpines germanophones.

Où se loger et se restaurer

Eggerwirt HÔTEL HISTORIQUE €€

(05333-52 36 ; www.eggerwirt.cc ; Dorf 14 ; s 57-59 €, d 96-100 €, tr 160-168 € ;). Un hôtel aux allures de chalet, avec vue sur la montagne et salon chauffé par une cheminée. La famille qui le tient réserve à ses hôtes un accueil des plus chaleureux. Les chambres sont décorées dans des tons chauds avec éléments en pin. L'été, la piscine en plein air et la terrasse sont des atouts supplémentaires, et l'hiver, c'est le sauna qui fait fondre les skieurs frigorifiés. Location de vélos sur demande.

Auf da Mühle AUTRICHIEN €€

(05333-205 90 ; www.aufdamuehle.at ; Dorf 89 ; plats 9,90-45,90 € ; 11h30-14h et 16h30-23h ;). Situé en plein centre de Söll, un restaurant au cadre contemporain chic et boiseries claires. Au programme ici : de la viande rouge, des salades, des woks et des pizzas de grande qualité. Jovial, le personnel vous remettra une longue carte de cocktails qui alimentent l'ambiance animée. Plats du jour à 11,50 € (avec poisson ou viande, ou végétariens).

Renseignements

L'**office du tourisme** (050-509 210 ; www.wilderkaiser.info ; Dorf 84 ; 8h-midi et 13h-18h lun-ven, 15h-18h sam), dans le centre de la bourgade, fournit des informations sur les activités et son équipe vous aidera à trouver un logement.

Depuis/vers Söll

Söll se situe sur la B178 entre Wörgl et Sankt Johann in Tirol. La station n'est pas desservie par le train, mais de nombreux bus la rallient depuis Kufstein (5,40 €, 27 min).

Seefeld

☎05212/3440 HABITANTS/ALTITUDE 1180 M

Haut perchée sur un haut plateau (le Seefelder) face au sud, à 1180 m d'altitude, la jolie Seefeld est entourée des pics calcaires accidentés des Alpes de Wetterstein et de Karwendel. Si la plupart des stations tyroliennes affectionnent le ski alpin, Seefeld privilégie le *Langlauf* (ski de fond), avec près de 250 km de chemins tracés en hiver.

Seefeld fut l'une des fières villes olympiques des hivers 1964 et 1976, et l'hôte des championnats du monde de ski nordique, une première fois en 1985, et une deuxième en 2019.

À voir

Église paroissiale Saint-Oswald GOTHIQUE

(Pfarrkirche Sankt Oswald ; Dorfplatz ; ⏲8h-19h). Le monument le plus emblématique de Seefeld est cette église paroissiale gothique, lieu supposé d'un miracle. Selon la légende, Oswald Milser aurait avalé une hostie réservée au clergé lors de la communion de Pâques en 1384. Après avoir été presque englouti dans le sol, il se serait repenti et aurait recraché l'hostie tachée de sang, celui du Christ, évidemment. Vous pouvez visiter la **Blutskapelle** (chapelle du Sang sacré), qui contient la fameuse hostie, en grimpant l'escalier.

Activités

Le ski de fond est l'activité reine à Seefeld. Le plateau menant à Mösern, ensoleillé, est quadrillé par quelque 250 km de pistes (*Loipen*) très bien entretenues. La vue est belle sur l'Inn et les sommets au-delà.

Les 48 km de pistes de ski alpin conviennent aux niveaux débutant et intermédiaire. La Happy Ski Card (forfait 3 jours adulte/enfant 137/82 €) couvre toutes les remontées mécaniques de Seefeld. Les deux domaines principaux sont Gschwandtkopf (1500 m) et Rosshütte (1800 m) ; le dernier donne accès à des remontées plus hautes et aux pistes du massif des Karwendel.

Pour des marches plus longues et plus ardues, des téléphériques grimpent aux Seefeld Spitze (2220 m) et Reither Spitze (2374 m) ; adressez-vous à l'office du tourisme pour plus d'informations ou pour participer à l'une de ses randonnées guidées.

Où se loger

♥ Hotel Helga HÔTEL €€

(☎0043-5212 2326 ; www.hotel-helga.at ; Haspingerstrasse 156 ; demi-pension s 76-111 €, d 138-222 € ; P Wi-Fi). La famille Kratzer-Pilotto est aux petits soins dans ce chalet douillet dont les chambres, simples mais charmantes, fleurent bon le Tyrol, avec un mariage de bois et de motifs floraux. La vue sur les montagnes, les délicieux dîners, l'atmosphère familiale et les nuits silencieuses ajoutent aux attraits de l'endroit. Le sauna fait oublier le froid en hiver.

Central HÔTEL €€

(☎05212-32 88 ; www.central-seefeld.at ; Münchnerstrasse 41 ; s 71-131 €, d 112-224 €, demi-pension 19 € ; P Wi-Fi). Un service aimable, un spa plaisant et des aires de jeux pour les enfants font du Central un bon choix. Les chambres bien éclairées, avec balcon, sont de style tyrolien contemporain, avec bois clair et tons ocre. La cuisine privilégie les produits locaux et le petit-déjeuner comporte des ingrédients bios.

Où se restaurer

Waldgasthaus Triendlsäge AUTRICHIEN €€

(☎05212-25 80 ; www.triendlsaege.at ; Triendlsäge 259 ; plats 12,50-20,70 € ; ⏲9h-17h30, fermé mar-mer hiver). Cette auberge tyrolienne typique, dans un joli chalet rustique à l'intérieur tout en bois, porte bien son nom de *Waldgashaus* puisqu'elle se cache dans la forêt *(Wald)* à 20 minutes de marche au nord de la ville. En hiver, vous pouvez le rejoindre en ski de fond ou en calèche. Asseyez-vous près de la cheminée ou sur la terrasse pour savourer des plats régionaux de saison, de la truite au gibier et aux champignons sauvages.

Strandperle INTERNATIONAL €€

(☎05212-909 97 ; www.strandperle.at ; Innsbruckerstrasse 500 ; plats 13,90-37,90 € ; ⏲10h-22h). Mélange original de verre et de granit, ce restaurant, dont la terrasse en bois jouit de la plus belle vue sur les Alpes de Seefeld, domine les eaux tranquilles du Wildsee. La cuisine a des accents méditerranéens, avec de l'agneau et sa salade de chou-rave, des sashimis de thon aux aromates accompagnés d'un risotto aux fines herbes et tomates au vinaigre balsamique.

Renseignements

L'office du tourisme (☎050-880 ; www.seefeld.com ; Bahnhofplatz 115 ; ⏲8h30-18h30 lun-sam, 10h-12h30 et 15h-17h dim), dans la gare principale, est une mine d'informations sur les hébergements et activités de plein air.

Depuis/vers Seefeld

Seefeld se situe à 25 km au nord-ouest d'Innsbruck, près de la B177 en direction de l'Allemagne. La route commence à grimper peu après Innsbruck, dévoilant des vues spectaculaires sur la vallée. Des trains circulent depuis/vers Innsbruck (6,70 €, 37 min), Mittenwald (5,40 €, 20 min) et Garmisch-Partenkirchen (12,40 €, 43 min), en Allemagne.

Stams

05263/1495 HABITANTS/ALTITUDE 672 M

Ce village recèle un joyau, et pas des moindres : une abbaye cistercienne, dont on remarque de loin les deux clochers en forme de bulbe. L'abbaye est le principal attrait de Stams, mais si vous souhaitez vous attarder dans ce coin paisible de la vallée de l'Inn, vous trouverez quelques sentiers de randonnée agréables sillonnant les montagnes et les chênaies environnantes.

Abbaye cistercienne de Stams ABBAYE

(Stift Stams ; www.stiftstams.at ; Stiftshof 3 ; visite adulte/enfant 12,50/gratuit € ; visites guidées ttes les heures 9h-11h et 13h-16h lun-sam, 13h-16h dim juin-sept, 16h jeu oct-mai). Superbe lieu de pèlerinage sur le chemin tyrolien de Saint-Jacques de Compostelle, cette grande abbaye aux façades baroques monumentales tout d'ocre et de blanc est l'une des merveilles architecturales du Tyrol. Elle fut fondée en 1273 par Élisabeth de Bavière (1227-1273) et son deuxième mari, le comte Meinhard II du Tyrol, en mémoire de leur fils l'infortuné Conradin, dernier descendant de la dynastie des Hohenstaufen, exécuté à Naples en 1268. Plus tard pillée puis mise à sac (en 1525 et en 1552) et victime d'un incendie en 1593, l'abbaye fut reconstruite puis baroquisée, entre 1650 et 1750, dans un style qui tranche avec l'austérité cistercienne initiale. Ses deux clochers à bulbe sont un ajout de cette période.

Orangerie de Stams AUTRICHIEN €€

(05263-202 08 ; www.orangeriestams.at ; Stiftshof 7 ; déj 8,50 €, plats 13,50-22,50 € ; 10h-22h lun-sam, 10h-18h dim ;). Avec ses superbes salles voûtées en pierre et ses niches douillettes, l'ancienne orangerie de l'abbaye, aujourd'hui dédiée à la restauration, n'a rien perdu de son charme. Venez y savourer des plats, tels que le tartare de bœuf du Tyrol du Sud, la salade de poulet de Styrie à l'huile de graines de courge, ou le *Stamser Pfandl*, porc grillé au beurre à l'ail, légumes racines et pommes de terre rôties... La carte est basée sur des produits régionaux de haute qualité, et des plats végétariens sont également servis.

Boutique du monastère ÉPICERIE, CADEAUX

(Klosterladen ; 10h-18h lun-ven, 10h-12h30 et 13h-17h sam, fermé lun juil-août). Confiture, jus, miel, liqueurs et *Schnaps* sont confectionnés et vendus sur place, dans la boutique du monastère, située dans l'orangerie. Du pain maison y est également proposé les lundis, mercredis et vendredis, tout juste sorti du four du frère Franz. Rayon livres, guides et cartes postales.

Depuis/vers Stams

Stams se situe à mi-chemin sur la ligne ferroviaire entre Innsbruck et Landeck (10,70 €, 30-55 min). L'A12 et la B171 passent toutes deux près de l'abbaye.

Ötztal

12 000 HABITANTS

Au fil des millénaires, l'Ötztal a été façonnée en une merveille accidentée. Que vous veniez skier sur ses montagnes enneigées, descendre ses rapides en rafting ou conquérir ses sommets – la fameuse station de sports d'hiver de Sölden, située au cœur de la vallée, est un *hotspot* des Alpes –, cette vallée est un hymne à la nature sauvage. Elle est postée en sentinelle à la frontière italienne et dominée par le plus haut sommet du Tyrol, le Wildspitze (3 774 m ; "la Pointe sauvage"). L'Ötztal est l'une des trois vallées fluviales courant vers le nord des Alpes de l'Ötztal pour se jeter dans l'Inn.

À voir

Village d'Ötzi MUSÉE, PARC ARCHÉOLOGIQUE

(Ötzi Dorf ; www.oetzi-dorf.at ; Am Tauferberg 8, Umhausen ; adulte/enfant 10/5 € ; 9h30-17h30 mai-oct ;). Ce musée en plein air donne vie au monde néolithique d'Ötzi, l'homme des glaces (encadré p. 341). Huttes traditionnelles aux toits de chaume, carrés de plantes aromatiques, expositions d'artisanat et enclos où cohabitent des chevaux sauvages, des porcs laineux (mangalitza), des moutons de Soay (une race rare et primitive) et des bœufs sont les points forts d'une visite. Audioguides multilingues et activités pour les enfants : tir à l'arc, fabrication d'un couteau en silex, par exemple. La plupart coûtent entre 5,90 et 7,90 € : consultez le site pour connaître les horaires.

Stuibenfall CASCADE

(👪). De l'Ötzi Dorf, une superbe marche de 20 minutes dans la forêt mène à la plus haute cascade du Tyrol, la Stuibenfall, qui dégringole sur 159 m au-dessus de falaises d'ardoise et de rochers couverts de mousse. Son nom de *Stuiben*, qui signifie "poussière" en dialecte tyrolien, vient de ses embruns impressionnants. Vous pouvez continuer à grimper 40 minutes pour arriver au plus haut point de vue et à un pont suspendu. Une nouvelle via ferrata de 450 m conduit directement à la cascade ; emportez vos propres mousquetons et casque.

Activités

Aqua Dome SPA

(☎05253-6400 ; www.aqua-dome.at ; Oberlängenfeld 140, Längenfeld ; carte 3 heures adulte/enfant 28/16 €, Sauna World 18 € ; ⏲9h-23h, Sauna World 10h-23h). Entouré par les Alpes de l'Ötztal, ce spa semble surnaturel à la nuit tombée, quand ses 3 piscines en forme de soucoupes volantes sont illuminées. Il est indéniablement surréaliste de contempler les sommets et les étoiles en flottant dans un bain d'eau salée, en dérivant sur une rivière tranquille ou sous le massage de jets d'eau.

Area 47 SPORTS D'AVENTURE

(☎05266-876 76 ; www.area47.at ; Ötztaler Achstrasse 1, Ötztal Bahnhof ; parc aquatique adulte/enfant/famille 30/20/69 € ; ⏲10h-18h mai-déb oct ; 👪). Cet immense parc de sports et d'aventures de plein air est l'un des sites phares de l'Ötztal, au pied des Alpes et au bord d'une rivière tumultueuse. Une clientèle familiale et adolescente s'y presse en été.

Sölden SKI

(www.soelden.com ; forfait 1/6 j 62/342,50 €). Chaque année à Sölden depuis 1993, le commencement de la saison de ski est marqué par l'ouverture de la Coupe du monde de ski alpin sur la pente du glacier de Rettenbach. (Ce sont les Français Alexis Pinturault et Mathieu Faivre qui ont été les grands vainqueurs du Slalom géant hommes de la saison 2019/2020.) La station est enneigée d'octobre à mai : un record dans les Alpes tyroliennes, en raison de l'altitude et de l'enneigement technique. Les 144 km de pistes courent entre 1350 m et 3340 m d'altitude et attirent des skieurs plutôt confirmés. Il est également possible de skier sur glacier au Rettenbach et au Tiefenbach. Pour certains, l'un des attraits majeurs de Sölden, dont les télécabines sont parmi les plus en pointe, est le **rallye des Big 3**, un circuit de 4 heures sur 50 km de pistes. Il commence aux télécabines de Giggijoch (*Giggijochbahn*) et passe par les trois sommets de plus de 3000 m du domaine skiable – d'abord la Schwarze Schneid (3340 m), avec une plateforme panoramique, puis le Tiefenbachkogl (3250 m) et le Gaislachkogel (3058 m). Une aventure mémorable à tenter à skis ou à pied ! Bref, Sölden est une station de tous les superlatifs.

L'HOMME DES GLACES

En 1991, Helmut Simon, un randonneur allemand, découvrit un corps dans le glacier de Similaun (Alpes de l'Ötztal), à 90 m à l'intérieur du territoire italien. La police et une équipe médico-légale furent dépêchées sur place. La datation au carbone 14 révéla que l'homme des glaces, surnommé Ötzi, avait près de 5400 ans et vivait à la fin de l'âge de pierre : c'était donc la momie la plus ancienne et la mieux conservée du monde.

La nouvelle fit sensation, d'autant que le corps était dans un état remarquable : même les pores de sa peau demeuraient visibles. On avait en outre retrouvé avec lui 70 objets, notamment une hache en cuivre, un arc et des flèches, des fragments de charbon et des vêtements. Physiologiquement, Ötzi n'était pas différent des êtres humains modernes. L'examen aux rayons X montra qu'il souffrait d'arthrite et d'engelures et avait eu des côtes cassées.

Rendu aux Italiens, Ötzi devint la pièce maîtresse du musée archéologique de Bolzano en 1998. En septembre 2010, une récompense de 175000 € fut versée à la famille de Helmut Simon, alors décédé, pour cette trouvaille exceptionnelle. En 2017, l'homme des glaces a de nouveau fait parler de lui : il a 19 descendants (c'est génétiquement prouvé) au Tyrol !

Col du Rombo ROUTE PANORAMIQUE
(Timmelsjoch ; timmelsjoch.com ; voiture/moto 17/15 €, gratuit avec l'Ötztal Card ; ⌚juin-oct). Souvent surnommé le "col secret reliant le Sud", ce col routier (*Timmelsjoch* en allemand) est desservi par une route peu fréquentée, incroyablement belle, qui serpente entre l'Ötztal et la vallée de Passiria, dans le Tyrol du Sud, en Italie. Connu depuis l'âge de la pierre, ce passage attirait les marchands et les voleurs au Moyen Âge. Trente virages en épingle à cheveux sont à passer pour parvenir au point le plus haut (2509 m), où vous attend une taverne.

Alpin Zeit ESCALADE
(☎0650 9003038 ; www.alpinzeit.tirol). Pour affûter votre maîtrise de l'escalade dans l'Ötztal (qui s'y prête d'ailleurs tout particulièrement), inscrivez-vous à un stage avec l'un des experts du centre, que ce soit pour une session de 1 heure 30 (25 €), une excursion en via ferrata sur la Stuibenfall (68 €) ou en haute montagne (à partir de 350 €/j).

Obergurgl & Hochgurgl SKI
(www.obergurgl.com ; forfait ski journée adulte/enfant 62/34 € ; 👪). À environ 14 km au sud de Sölden, Obergurgl (1930 m), la plus haute paroisse d'Autriche, possède des pistes largement destinées aux niveaux débutant et intermédiaire. Obergurgl se situe au bout de la vallée, mais la route forme un lacet et grimpe à Hochgurgl (2150 m), où les pistes sont plus raides et la vue tout aussi impressionnante.

Où se loger et se restaurer

♥ **Hotel Rita** HÔTEL-SPA €€
(☎05253-53 07 ; www.hotel-rita.com ; Oberlängenfeld 44a, Längenfeld ; pension complète s 112-125 €, d 194-228 €, ste 222-272 € ; P 📶 🏊). La famille Lengler vous accueille chaleureusement dans ce joli chalet, à 5 minutes de marche de l'Aqua Dome. Dans un jardin avec vue sur les montagnes, le Rita possède de grandes chambres contemporaines, ainsi qu'un excellent spa (piscine couverte, bain à remous, saunas aux herbes et hammam). Tout est pensé dans les moindres détails : depuis les dîners de 6 plats bien préparés jusqu'aux randonnées guidées gratuites et à la location de vélos, de cartes et de bâtons de marche.

> **L'ÖTZTAL CARD**
>
> Vous pouvez faire des économies en été en achetant une Ötztal Card (3/7/10 jours 62/84/108 €), qui coûte moitié prix pour les enfants. De juin à début octobre, elle couvre les transports publics et les téléphériques dans la vallée, les sites comme l'Ötzi Dorf (le village d'Ötzi), des activités telles que les piscines en plein air ou la location de vélo, ainsi qu'une entrée à l'Aqua Dome et à l'Area 47.

Nature Resort Ötztal COMPLEXE HÔTELIER €€
(☎05252-603 50 ; www.nature-resort.at ; Piburgerstrasse 6, Ötz ; demi-pension d 174-278 € ; P @ 📶). 🍃 Une retraite en bord de rivière, composée de chalets éco-chics décorés de pin durable (on peut louer des chambres, des appartements ou un chalet entier). Il y a aussi un spa avec cheminée et des saunas. C'est un bon choix pour les familles, avec des activités gratuites – randonnées guidées en montagne, circuits à vélo... –, et des offres pour le rafting et le canyoning.

Gampe Thaya AUTRICHIEN €€
(☎0664 1972 544 ; www.gampethaya.riml.com ; Gampealm 1 ; plats 11-25 € ; ⌚9h-18h30 mar-dim mi-juin à oct et déc-avr ; 👪). Depuis la terrasse ensoleillée de ce chalet de rêve au-dessus de Sölden, on profite d'une vue panoramique sur l'Ötztal. Un bonheur été comme hiver, entre pâturages fleuris et manteau blanc. Les recettes fromagères sont généreuses, à l'image de l'*Ötztaler Kasknödelsuppe* (souple aux boulettes de fromage) ou de la choucroute aux saucisses maison et *Knödel* de bacon.

Renseignements

Le principal **office du tourisme** (☎057 2000 ; www.oetztal.com ; Achweg 5, Sölden ; ⌚8h-midi et 13h-18h lun-sam, 9h-midi et 15h-18h dim) de la vallée se trouve à Sölden. Il en existe d'autres dans des villages comme Oetz et Längenfeld. Tous peuvent réserver des hébergements et proposent des brochures sur les activités dans la région.

Depuis/vers l'Ötztal

De l'Ötztal Banhof, des bus partent vers le sud environ toutes les heures pour diverses destinations, dont Umhausen (5,40 €, 31 min) et Sölden (10,70 €, 1 heure).

Avec votre propre véhicule, vous pourrez sans doute aller jusqu'à Hochgurgl toute l'année, mais plus loin la route vers l'Italie *via* le **col du Rombo** (page ci-contre), à 2 509 m, est souvent bloquée par la neige en hiver.

Des trains arrivent à l'Ötztal Banhof au bout de la vallée et desservent fréquemment Innsbruck (13,40 €, 24-53 min), Imst-Pitztal (4 €, 9 min) et Landeck (8 €, 26 min).

Imst

☎05412/10 504 HABITANTS

Superbement située dans la large vallée de Gurgl (Gurgltal) et s'étendant vers une chaîne de montagnes boisées, Imst est renommée pour ses nombreuses sources. Si la ville n'a rien d'extraordinaire, les prairies, les sommets escarpés et les gorges alentour invitent à l'exploration. Imst constitue une bonne base pour la randonnée et le ski dans l'Ötztal.

À voir et à faire

Rosengartenschlucht GORGES

(Gorges du Jardin de roses ; Rosengartlweg ; mai-oct ;). GRATUIT Une randonnée facile de 5 km (environ 3 heures) forme une boucle dans les spectaculaires Rosengartenschlucht, profondes de 200 m. Des passerelles en bois grimpent doucement et offrent des vues splendides sur une cascade. Au sommet, la **promenade** continue à travers la forêt et le long d'un chemin qui surplombe les Alpes de Lechtal. Explorez la bien nommée **Blaue Grotte**, une grotte avec un bassin d'un bleu surprenant.

L'itinéraire a pour point de départ et d'arrivée l'église Saint-Jean (*Johanneskirche)*, face à l'office du tourisme, qui en fournit une carte détaillée.

De mai à octobre, vous pouvez vous joindre à la randonnée guidée organisée par l'office du tourisme le lundi à 14h (il faut réserver votre place avant 10h), gratuite avec le pass vacances d'Imst (Imst Holiday Pass), ou sinon il faut débourser 10 € par personne. Mettez de bonnes chaussures.

Haus der Fasnacht MUSÉE

(Maison du Carnaval ; www.fasnacht.at ; Streleweg 6 ; adulte/enfant 5/1 € ; 16h-19h ven). Tous les 4 ans depuis plusieurs siècles, Imst accueille le fameux **Schemenlaufen** (littéralement le "défilé des Ombres" – des danseurs masqués et costumés), un carnaval (*Fasnacht*) célébré le dimanche avant le début du Carême chrétien. Il est inscrit au patrimoine culturel immatériel par l'Unesco depuis 2012, le dernier a eu lieu le 9 février 2020 et le prochain se déroulera le 4 février 2024. Le moment fort est le joyeux défilé de personnages, des *Hexen* (sorcières) bossues aux *Spritzer* (éclabousseurs) qui aspergent les spectateurs. Le musée consacré à cette tradition séculaire donne à voir de nombreux costumes et masques de fantômes faits main.

Starkenberger Biermythos BRASSERIE

(☎05412-662 01 ; www.starkenberger.at ; Griesegg 1, Tarrenz ; visite adulte/enfant 7 €/gratuit ; 10h-17h mar-dim mai-oct, 10h-midi et 13h-16h mar-ven nov-avr). Installée dans un château médiéval, cette brasserie vieille de 200 ans se situe à Tarrenz, à 3 km au nord d'Imst. La visite montre les étapes du brassage et comprend une dégustation. Si cela ne suffit pas, vous pouvez même plonger dans un bain de bière en réservant par téléphone – il paraît que c'est excellent pour le teint.

Alpine Coaster SPORTS D'AVENTURE

(Hoch-Imst ; adulte/enfant 9,80/6,90 € ; 9h30-17h ;). L'Alpine Coaster, le plus long grand huit alpin du monde, offre des sensations fortes. Une fois au point de départ en haut de la montagne, accessible *via* un téléphérique, les passagers s'installent dans des voiturettes autocontrôlées et dévalent 3,5 km de pente, affrontant en route de dures secousses et des virages en épingle à cheveux.

Où se loger

Romedihof AUBERGE DE JEUNESSE €

(☎0664-222 12 10 ; www.romedihof.at ; Brennbichl 41 ; dort 23-27 €, d 56 € ;). Occupant une ferme du XVIe siècle, le Romedihof est une excellente base pour la randonnée, le vélo et le ski. L'intérieur a été soigneusement restauré avec des poutres apparentes, des cheminées et des stucs qui ajoutent au charme ancien. Le prix des chambres inclut le pain frais, livré tous les matins par la boulangerie locale, pour préparer votre petit-déjeuner dans la cuisine commune. Prenez le train jusqu'à Imst-Pitztal, puis marchez durant 10 minutes ; consultez le site Internet pour une carte détaillée.

Hotel Hirschen HÔTEL €€

(☎05412-69 01 ; www.hirschen-imst.com ; Thomas-Walch-Strasse 3 ; s 65-94 €, d 114-158 € ; P). Emplacement central, chambres lumineuses et confortables tout en bois, piscine intérieure et spa dernier cri (essayez les matelas à eau dans la salle de relaxation). Le restaurant lambrissé (plats

IMST : LE PASS VACANCES PASSE-PARTOUT

Le pass vacances Imst vous est remis pour toute nuit passée dans la ville. Avec elle, les transports publics et l'entrée de certains sites (comme le musée Haus der Fasnacht) sont gratuits, et vous bénéficiez en outre de réduction sur de nombreuses activités de plein air.

10,80-35,90 €), aux murs décorés de trophées de chasse, met l'accent sur les ragoûts de gibier, en saison.

Renseignements

L'**office du tourisme** (05412-691 00 ; www.imst.at ; Johannesplatz 4 ; 9h-17h lun-ven ;) fournit de nombreuses informations sur les hébergements et les activités à Imst et alentour ; accès Wi-Fi gratuit.

Depuis/vers Imst

La ville, légèrement au nord des principales routes est-ouest (A12 et B171), est desservie par des bus et trains fréquents (depuis Innsbruck 16,10 €, 30-50 min).

Comment circuler

Les adultes hésitent parfois à emprunter le train touristique *Imster Bummelbär* (adulte/enfant 3/2 €, 2/j), mais il est très pratique pour rejoindre des sites proches comme la Starkenberger Biermythos.

L'office du tourisme possède une liste des agences de location de vélos.

Ehrwald

05673/2593 HABITANTS

Située dans une haute vallée alpine à proximité de la frontière allemande (Bavière), cette ravissante petite station d'altitude (994 m) semble perdue au milieu des sommets immenses, notamment les pics calcaires et déchiquetés du massif du Wetterstein. Le tout à l'ombre du Zugspitze (2962 m), plus haut sommet des Alpes bavaroises. L'été, les sentiers de randonnée gravissent les versants des montagnes émaillées de cascades, tandis qu'en hiver, les pistes bien entretenues s'adressent principalement aux skieurs débutants et intermédiaires.

Zugspitze POINT DE VUE

(www.zugspitze.at ; téléphérique aller/aller-retour 33/51 €). Le joyau d'Ehrwald est le sommet glacé du Zugspitze, le point culminant de l'Allemagne à 2962 m, qui chevauche la frontière austro-allemande. Du sommet, accessible par le téléphérique de la Tiroler Zugspitze au départ d'Ehrwald, on découvre une vue panoramique sur les principales chaînes de montagnes tyroliennes, ainsi que sur les Alpes bavaroises et le mont Säntis en Suisse. Au nord du Zugspitze se trouve Garmisch-Partenkirchen, la station de ski la plus populaire d'Allemagne.

Renseignements

Pour des informations sur les hébergements et les activités, contactez l'**office de tourisme** (05673-20 000 200 ; www.zugspitzarena.com ; Kirchplatz 1 ; 8h30-17h lun-ven, 9h-13h et 13h30-17h sam, 9h-midi dim) dans le centre de la bourgade. Le personnel vous aidera gracieusement à trouver un logement.

Depuis/vers Ehrwald

Les trains d'Innsbruck (18,80 €, 1 heure 50) à Ehrwald passent par l'Allemagne et vous devez changer à Garmisch-Partenkirchen. Les billets de train autrichiens sont valables pour tout le trajet.

Landeck

05442/7725 HABITANTS

Landeck est une petite cité somme toute ordinaire située dans un cadre fabuleux : entourée de sommets boisés, dominée par un château médiéval et bordée par l'Inn et la Sanna. Elle constitue une bonne base pour des activités de plein air et pour explorer les proches vallées de l'Inn et de Paznaun. L'un des enfants du pays est l'alpiniste extrême Sepp Jöchler (1923-1994), qui fut le premier à vaincre le sommet du Cho Oyu (8188 m) dans l'Himalaya, en 1954, avec son compatriote Herbert Tichy et le Sherpa Pasang Dawa Lama.

À voir

Château de Landeck ÉDIFICE HISTORIQUE

(Schloss Landeck ; www.schlosslandeck.at ; Schlossweg 2 ; adulte/enfant 8/gratuit € ; 10h-17h mi-avr à fin oct, 13h-17h mi-déc à déb jan ;). Telle une sentinelle veillant sur Landeck, ce château du XIIIe siècle, juché sur une crête, se voit de loin. Le musée au 1er étage présente toutes sortes d'objets, des figurines celtiques aux masques de *Krampus* (sorte de jumeau maléfique du Père Noël, créature mi-chèvre mi-démon ; de l'allemand *Krampen*, "griffes") sculptés à la main, ainsi qu'une splendide crèche mécanique pendant la période de l'Avent. Grimpez l'escalier vertigineux de la tour pour une vue panoramique sur Landeck et les Alpes de Lechtal.

Stanz VILLAGE
(www.brennereidorf.at). Si l'air vivifiant et les activités vous ont donné soif, rendez-vous à Stanz, à 3 km de Landeck. Situé sur un plateau ensoleillé, parsemé de pommiers et de pruniers, le village compte 150 maisons et pas moins de 60 distilleries de *Schnaps*. Plusieurs refuges rustiques permettent de se détendre et de goûter l'eau-de-vie locale avant de redescendre dans la vallée.

Zammer Lochputz GORGES
(www.zammer-lochputz.at ; adulte/enfant 3,50/2,50 € ; 10h-17h sam-dim mai-juin et fin sept à déb-oct, 10h-17h juil à mi-sept). Un torrent dévale entre les falaises calcaires des gorges de Zammer Lochputz, à la sortie de Landeck. Un chemin traverse une forêt de pins et passe par des points de vue et des formations rocheuses suggestives ; repérez la tête d'un taureau et une nymphe.

Activités

Si des skieurs apprécient les 22 km de pistes principalement de niveau intermédiaire (le forfait de ski d'une journée revient à 42 €), Landeck est plus connue pour ses sentiers de randonnée. Le magnifique **Adlerweg** (chemin de l'Aigle) fait étape à Landeck sur son parcours de 280 km à travers le Tyrol. De nombreux sentiers peuvent se rejoindre en prenant le téléphérique **Venet** (2208 m) jusqu'au Krahberg (2208 m).

Sport Camp Tirol SPORTS D'AVENTURE
(05442-626 11 ; Mühlkanal 1 ;). Ce tour-opérateur organise toutes sortes d'activités comme le parapente (125 €), le canyoning (58-95 €), le rafting en eaux vives (38-62 €) et l'escalade (60 €). Il loue également des VTT (demi-journée/journée 20/25 €), indispensables pour suivre l'un des circuits GPS gratuits de l'office du tourisme, ou pour descendre l'Inn Trail.

Fêtes et festivals

Stanz Brennt FÊTE DE VILLAGE
(Stanz bei Landeck ; sept). Début septembre, le village de Stanz accueille ce festival de la distillerie où le *Schnaps* coule à flots. Musique, vente de produits à base de fruits régionaux et comptoirs alimentaires complètent les festivités.

Où se loger

Gasthof Greif AUBERGE €
(05442-622 68 ; www.gasthof-greif.at ; Marktplatz 6 ; s 50-58 €, d 76-88 € ; P). L'auberge de Greif est située sur une place paisible, au-dessus de la rue principale en contrebas du château. Les grandes chambres de style années 1970 sont bien tenues, et le restaurant (plats 9-16 €) sert une bonne cuisine tyrolienne.

Hotel Mozart HÔTEL €€
(05442-642 22 ; www.mozarthotels.at ; Adamhofgasse 7 ; s/d/fam demi-pension 88/156/230 € ; P). Un hôtel attrayant aux grandes chambres ensoleillées ouvrant sur des balcons – vue sur les montagnes de rigueur. Un jardin fleuri et une piscine couverte avec spa pour se détendre complètent l'ensemble. Grand local à vélos.

Où se restaurer

Cafe Haag CAFÉ €
(Maisengasse 19 ; en-cas 3,50-6 € ; 8h-midi et 14h-18h lun-ven, 9h-midi sam). Les prunes, les noisettes et les miels de la région constituent les ingrédients-clés des chocolats divins (faits avec le lait des vaches grises du Tyrol) de ce café, et les pâtisseries apportent l'énergie nécessaire à la grimpée jusqu'au château.

Schrofenstein AUTRICHIEN €€
(05442-623 95 ; www.schrofenstein.at ; Malserstrasse 31 ; déj 10,50 €, plats 11,90-28,50 € ; 11h-14h et 18h-22h lun-sam ;). Les spécialités autrichiennes agrémentées d'un soupçon de légèreté méditerranéenne sont à l'honneur dans ce restaurant à l'élégance rustique. La carte joue également avec les saisons : asperges au printemps, baies en

LA TIROLWESTCARD

Si vous séjournez à Landeck en été, procurez-vous la TirolWestCard (www.tirolwest.at ; disponible gratuitement dans votre hébergement à votre arrivée), qui donne libre accès aux principaux sites, aux piscines découvertes et au réseau de bus. L'été, l'office du tourisme organise diverses marches guidées (gratuites avec la TirolWestCard), de la découverte des plantes aux randonnées en montagne, et on vous y renseignera sur les activités, des treks avec des lamas aux itinéraires de via ferrata.

été et champignons et gibier en automne. La brigade en cuisine vise dans le mille avec des plats tels que le steak tartare à l'œuf de caille et son pain au levain, ou le sandre grillé et sa purée de pommes de terre violettes, ses épinards et sa citronnelle.

Renseignements

Le personnel de l'**office du tourisme** (05442-656 00 ; www.tirolwest.at ; Malserstrasse 10 ; 8h30-midi et 14h-17h lun-ven ;) vous aidera à trouver un hébergement et possède une liste des maisons d'hôtes locales.

Depuis/vers Landeck

Des trains partent environ toutes les heures pour Innsbruck (18,80 €, 44 min-1 heure) et au moins toutes les 2 heures pour Bregenz (25,80 €, 1 heure 45). Les bus partent de la gare ferroviaire et/ou de la gare routière dans le centre. La gare ferroviaire se situe à 1,5 km à l'est ; pour rejoindre la ville, prenez à gauche en sortant de la gare et restez du même côté de la rivière.

L'A12 vers le Vorarlberg passe sous un tunnel avant d'atteindre Landeck. La B171 traverse le centre de la ville.

Comment circuler

En été, le téléphérique **Venet** (www.venet.at ; adulte/enfant aller 16/9,50 €, aller-retour 21/12,50 € ; 8h-midi et 13h-17h) monte au Krahberg (2 208 m), d'où partent de nombreux sentiers balisés.

VALLÉE DE PAZNAUN (PAZNAUNTAL)

5 950 HABITANTS

Frôlant pour ainsi dire la frontière helvétique et courant à l'ouest de la vallée de l'Inn, la vallée de Paznaun (Paznauntal) est réputée pour la beauté spectaculaire de ses paysages alpins, dominés par les sommets enneigés du massif de la Silvretta. Les villages somnolent parfois en été, avant que l'hiver ne ramène les skieurs vers ce paradis blanc, ses fabuleux domaines skiables et ses stations de sports d'hiver souvent festives, comme Ischgl la "fêtarde", ou Kappl, See, Galtür et Wirl.

Ischgl

05444/1593 HABITANTS/ALTITUDE 1377 M

Ischgl est le royaume de la poudreuse en hiver, avec des pistes enneigées à cheval sur la frontière suisse, et des soirées très animées. Cette station branchée, curieux mélange de ruralité tyrolienne typique et de débauche, est en effet la "reine des fêtes de l'après-ski" où cohabitent joyeusement musique folklorique et techno, au gré des clubs, des bars des pistes et des auberges de montagne. L'été est placé sous le signe de la décontraction et de l'authenticité, avec des randonneurs passionnés (il y a quelque 1000 km de sentiers balisés), des vététistes chevronnés et des alpinistes partis pour le firmament.

Activités

Silvretta Arena SKI

(Forfait 1/3/6 jours dans tte la région 59,50/175/323,50 €). Ischgl est au centre de la vaste Silvretta Arena, un magnifique domaine skiable de 239 km de pistes damées, avec des remontées mécaniques ultramodernes (sièges chauffés...) et peu de files d'attente. Adaptée à tous les niveaux, sauf grand débutant, la station possède d'excellentes pistes intermédiaires autour d'Idalp, des pistes noires à Greitspitz et à Paznauer Taya, et de nombreux secteurs de hors-piste pour les plus expérimentés.

Et l'on peut même partir à skis déjeuner à Samnaun en Suisse, dans le canton des Grisons. De leur côté, les snowboardeurs s'éclatent avec le half-pipe, les sauts, les rails et les boardercross dans 2 snowparks.

Silvretta Mountain Bike Arena VTT

Peu de stations autrichiennes peuvent rivaliser avec Ischgl pour le VTT. La gigantesque Silvretta Mountain Bike Arena englobe 1000 km de terrain cyclable, des pistes de descente aux chemins circulaires. Prenez une carte de la région à l'office du tourisme.

Pour louer un vélo, essayez Bründl Sports (p. 347).

Skyfly SPORTS D'AVENTURE

(Adulte/enfant 39/25 € ; 11h-18h mar-dim déb-juil à mi-sept). Installée à 50 m de hauteur, cette tyrolienne de 2 km de long vous fait survoler la vallée à une vitesse vertigineuse qui peut atteindre jusqu'à 84 km/h (à condition d'avoir au moins 8 ans et de faire au moins 1,20 m). Une personne adulte doit obligatoirement accompagner les moins de 10 ans.

VAUT LE DÉTOUR

LA VALLÉE DE L'INN (INNTAL)

Surplombant les eaux turquoise de l'Inn, l'Inntal compte peu de sites majeurs, mais le paysage est splendide, surtout autour de Pfunds avec des pics accidentés et des versants boisés. Les maisons décorées de fresques ressemblent pour la plupart à celles de l'Engadine, dans le canton des Grisons en Suisse, plus haut dans la vallée.

Au sud de Pfunds, vous pouvez continuer le long de l'Inn et rejoindre la Suisse (bus peu fréquents), ou tourner vers le sud jusqu'à **Nauders**, dominée par un château, et au Sud-Tyrol (Italie) *via* le col de Reschen, ouvert toute l'année.

Les hébergements sont nombreux, chalets hôteliers, maisons d'hôtes ou appartements de vacances, dans les jolis villages médiévaux de Pfunds ou de Nauders par exemple. Consultez le site www.tiroler-oberland.com pour découvrir des suggestions.

C'est aussi à Pfunds et à Nauders que vous pourrez vous restaurer, dans des auberges de montagne rustiques où vous régaler de plats traditionnels autrichiens et de fondues, et vous y trouverez quelques cafés-restaurants et des bars.

Un bus relie Landeck à Pfunds (9,40 €, 42 min) et à Nauders (12,10 €, 1 heure) une fois par heure. De là, vous pouvez rejoindre Mérano en Italie par les transports publics, moyennant au minimum 3 correspondances.

Silvretta Bike Academy VTT
(www.silvretta-bikeacademy.at ; Paznaunweg 15 ; 9h-18h). La SBA loue des fat-bikes (48 €/j) et propose des entraînements techniques et sorties freeride (51 à 65 €).

Klettersteige RANDONNÉE
Un cran au-dessus des autres marches de montagne qui partent d'Ischgl, la Klettersteige (via ferrata) du Greitspitz (2 872 m) et du Flimspitze (2 929 m) est une randonnée ambitieuse.

Piste de luge SPORTS D'HIVER
(Adulte/enfant 15/9,50 €). Cette piste de luge de 7 km de long offre une descente bosselée d'Idalp à Ischgl, particulièrement pittoresque lorsqu'elle est éclairée le lundi et le jeudi soir (19h-23h). Des luges se louent à la station pour 10/5 € par adulte/enfant.

Bründl Sports VÉLO
(www.bruendl.at ; Dorfstrasse 64 ; 9h-18h). Dans le centre de la station, location à la journée de VTT (28 €), de vélos électriques (42 €) et de VTT descente (57 €) l'été.

Fêtes et festivals

Top of the Mountain MUSIQUE
(fin nov et fin avr). Ce légendaire concert d'ouverture et de clôture de la saison d'hiver, à 2 300 m d'altitude, accueille chaque année des superstars du monde entier qui enflamment la glace – d'Elton John à Kylie Minogue et Robbie Williams... Lenny Kravitz était là le 30 avril 2019 devant plus de 18 000 spectateurs, et le groupe berlinois Seeed le 30 novembre 2019.

Ironbike SPORTS
(Silvrettaparkplatz, Partenen ; août). Cette course d'obstacles de 78,5 km à VTT comprend des montées abruptes et des descentes vertigineuses dans le massif de Silvretta.

Où se loger

Hotel Alpenstern HÔTEL €
(05444-512 01 ; www.alpenstern.at ; Versahlweg 5 ; d 76 € ; P). L'un des plus jolis hôtels d'Ischgl compte également parmi les moins chers. L'aimable famille Walser tient à la perfection les chambres modernes de style alpin, et sert un copieux petit-déjeuner. En hiver, le spa est divin après une journée de ski.

Gletscherblick MAISON D'HÔTES €€
(05444-52 52 ; www.gletscherblick-ischgl.at ; Kirchenweg 12 ; s 87-123 €, d 134-196 €, tr 186-279 € ; P). Habillé de bois et de pierre, le Gletscherblick jouit d'une élégante décoration contemporaine et d'équipements haut de gamme. L'accueil est chaleureux et les chambres façon chalet moderne affichent des touches de violet, de rose et une baie vitrée. L'espace bien-être est agréable après une journée de ski.

AlpVita Piz Tasna HÔTEL €€
(05444-52 77 ; www.piztasna.at ; Stöckwaldweg 5 ; s 75 €, d 138-152 €, demi-pension 17 € ; P @). Joliment situé sur un versant,

cet hôtel suscite des commentaires élogieux pour son accueil chaleureux, ses grandes chambres confortables bénéficiant d'une superbe vue sur les montagnes, et son excellente cuisine qui met l'accent sur les produits bios régionaux (la demi-pension mérite le supplément). Le spa comprend une piscine couverte, des saunas, des bains de vapeur aux plantes et un espace de relaxation avec foin et matelas à eau.

Où se restaurer

Kitzloch INTERNATIONAL €€
(05444-56 18 ; www.kitzloch.at ; Galfeisweg 3 ; plats 16-36 € ; après-ski 16h-19h, restaurant 11h30-19h). Les chahuts débridés (et costumés) avec DJ devraient vous ouvrir l'appétit pour aller dîner dans ce restaurant rustique réchauffé par une cheminée. Goûtez aux fameux travers de porc, à la fondue ou à la poitrine de porc et sa choucroute. Portions généreuses.

Paznaunerstube GASTRONOMIQUE €€€
(05444-600 ; www.trofana-royal.at ; Dorfstrasse 95, Hotel Trofana Royal ; menus 60-225 € ; 19h-21h lun-sam). Le célèbre chef Martin Sieberer transforme chaque repas en un événement gastronomique dans ce restaurant. Dans un salon lambrissé raffiné éclairé par des lustres, savourez des spécialités régionales revisitées, comme l'agneau de Galtür. Excellent service et très bonne carte des vins.

Où prendre un verre et faire la fête

Kuhstall BAR
(www.kuhstall.at ; Dorfstrasse 74 ; 10h-3h). Le Kuhstall ("L'Étable") se veut le temple du n'importe quoi et le carrefour social de la station. DJ, piste de danse et bonne ambiance au programme. La nuit promet d'être longue.

Trofana Alm BAR
(www.trofana-alm.at ; Dorfstrasse 91 ; 15h-23h). Une immense grange en bois avec musique autrichienne live, *Schnaps* de pomme et une foule alcoolisée qui chante et qui danse.

Renseignements

L'**office du tourisme** (050-990 100 ; www.ischgl.com ; Dorfstrasse 43 ; 8h-17h lun-sam, 9h-midi et 15h-17h dim) fournit de multiples brochures sur la randonnée, le vélo et le ski dans la région, ainsi que sur les hébergements.

Depuis/vers Ischgl

Des bus circulent toutes les heures entre Ischgl et Landeck (9,40 €, 45 min).

Région de l'Arlberg

À cheval sur le Vorarlberg et le Tyrol, de part et d'autre du mythique col de l'Arlberg (1793 m), la région de l'Arlberg, zone montagneuse par excellence, magnifique et sauvage, compte plusieurs stations de ski reliées entre elles, et l'un des plus beaux domaines skiables du pays. Considérée comme le berceau du ski alpin, Sankt Anton am Arlberg (communément appelé Sankt Anton), pionnière de toutes les stations de ski, est sans doute la plus connue et la plus populaire en matière de glisse.

Sankt Anton am Arlberg

05446/2 372 HABITANTS/ALTITUDE 1304 M

Il fut un temps où Sankt Anton était un village assoupi, à la vie rythmée par la chute et la fonte des neiges, la transhumance et le retour du bétail. Les débuts du "tourisme blanc" y remontent au XIXe siècle. Puis apparut en 1901 le premier club de ski des Alpes, donnant naissance au ski alpin. C'est ici que Hannes Schneider (1890-1955) développa la fameuse méthode autrichienne, dite de l'Arlberg, d'apprentissage du ski, avec le *Stemmbogen* (virage "chasse-neige"). Et c'est ici qu'est né le grand champion Karl Schranz (né en 1938), "l'aigle de Sankt-Anton", qui remporta notamment l'Arlberg-Kandahar à Chamonix, en 1957, à 18 ans. Niché au pied du mont Valluga (2 811 m) et bordant la rive nord de la Rosanna, Sankt Anton est à la fois un paradis du ski grâce à son immense domaine skiable, et une sorte d'Ibiza pour sa vie nocturne.

À voir

Musée de Sankt Anton MUSÉE
(www.museum-stanton.com ; Rudi-Matt-Weg 10 ; adulte/enfant 5/3 € ; midi-18h mar-dim). Situé au cœur d'un parc alpin qui domine Sankt Anton, ce musée occupe une magnifique villa de 1912 (la villa Trier), conçue dans le style Art nouveau (*Jugendstil*) par l'architecte autrichien Hanns Kornberger (1868-1933) pour un industriel allemand. Ce musée nostalgique et passionnant (audioguides en français) retrace le passé

de la ville, et notamment l'époque où les skis n'étaient guère plus que des planches de bois. C'est aussi un lieu de rencontres, avec des expositions d'œuvres d'artistes locaux et une programmation d'événements divers, et il y a un restaurant au rez-de-chaussée.

Activités

Activités hivernales

Sankt Anton est la Mecque du ski alpin en Autriche (et désormais du freeride aussi), avec des téléphériques dernière génération pour rejoindre Lech et Zürs sur l'autre versant de la montagne (côté Vorarlberg). Le vaste domaine couvre plus de 300 km de pistes et comprend de fantastiques possibilités de hors-piste (200 km) et des descentes exaltantes, telle la fameuse piste **Kandahar** sur le Galzig, où la première "classique" du ski alpin Arlberg-Kandahar (AK) eut lieu en 1928. L'épreuve de l'AK fait désormais partie de la Coupe du monde de ski de descente hommes, et elle a eu lieu suivant les années à Sankt Anton, Garmisch-Partenkirchen (Allemagne) et Chamonix Mont-Blanc (en 2020).

Des téléphériques grimpent à **Valluga** (2811 m), d'où les skieurs chevronnés peuvent rejoindre Lech en hors-piste (avec guide seulement). Des pentes douces conviennent au niveau débutant sur le **Gampen** (1850 m) et le **Kapall** (2330 m). **Rendl** est le territoire du snowboard, avec des jumps, des rails et un half-pipe. À 10 minutes de marche à l'est de Sankt Anton, **Nasserein** est dévolu aux pistes pour débuter.

Un forfait de ski (1/3/6 j 61/177/326 €) couvre toute la région de l'Arlberg et les 88 télécabines et remontées mécaniques.

Ski Arlberg SPORTS D'HIVER
(www.skiarlberg.at ; forfait 1/3/6 j 61/177/326 €). Ski Arlberg est, à juste titre, l'un des domaines skiables les plus réputés d'Autriche. En son centre, Sankt Anton am Arlberg est *la* référence en matière de ski et de snowboard de haut niveau, appréciée pour ses niveaux d'enneigement record, ses pistes difficiles et ses possibilités de hors-piste fantastiques. N'oublions pas de mentionner également les soirées post-ski les plus sélectes d'Autriche, si ce n'est d'Europe. Ses plus proches voisins, de l'autre côté de la vallée, sont les stations de ski de Lech et de Zürs, dans le Vorarlberg.

Arlrock CENTRE DE LOISIRS
(www.arlrock.at ; Bahnhofstrasse 1 ; mur d'escalade adulte/enfant 12/9 €, mur de rochers 6,50/5 € ; ⌚14h-22h). Ce centre de loisirs, à côté de la gare ferroviaire, comporte des murs d'escalade et de rochers, des aires de jeux pour les enfants, une piste de bowling et des courts de tennis. Il abrite également **H2O Adventure** (☎05472-66 99 ; www.h2o-adventure.at ; Bahnhofstrasse 1, Arlrock ; rafting 53-99 €, canyoning 65-150 €, VTT 25-55 € ; ⌚9h-18h mai à mi-oct), qui propose des activités d'aventure, du rafting sur la Sanna au canyoning, aux tyroliennes et aux descentes à VTT.

Run of Fame SKI
Course épique, la Run of Fame de Sankt Anton est un marathon à skis cumulant 85 km de descentes et 18000 m de dénivelé. Le parcours couvre la totalité du domaine skiable d'Arlberg et dure une grande partie de la journée.

Rodelbahn SPORTS D'HIVER
(Adulte/enfant 13/6,50 €, location luge 9 € ; ⌚7h30-21h30 mar et jeu déc-avr). Envie d'une course folle dans la neige sous les étoiles ? Tous les mardis et les jeudis soir en hiver, la Rodelbahn, une piste de luge de 4 km de Gampen à Nasserein, est éclairée. Il suffit de prendre une luge et de se laisser glisser ! Possibilité de louer des luges à la station de base de la Talstation.

Activités estivales

Avec plus de 300 km de chemins balisés, la randonnée dans les montagnes est ici l'activité phare en été, au cœur de paysages splendides ponctués de prairies couvertes de fleurs sauvages, d'alpages verdoyants où paissent des troupeaux de vaches, et de lacs de montagne. Quelques téléphériques et remontées mécaniques grimpent aux sommets principaux, et des guides de haute montagne locaux peuvent vous accompagner. Si vous prévoyez une randonnée en solo, prenez une brochure et une carte détaillées à l'office du tourisme, qui publie aussi un petit livret (en allemand) décrivant des chemins **cyclables** dans la région.

Arlberg Well.com COMPLEXE AQUATIQUE
(www.arlberg-wellcom.at ; Hannes-Schneider-Weg 11 ; adulte/enfant 14/6,50 €, avec sauna 23 € ; ⌚10h-22h). Admirez les Alpes depuis les bassins intérieurs et extérieurs de ce complexe aquatique tout en bois et verre,

Sankt Anton am Arlberg

Sankt Anton am Arlberg

À voir
1 Musée de Sankt Anton D3

Activités
2 Arlberg Well.com F3
3 Arlrock G4
H20 Adventure .... (voir 3)
4 Intersport Arlberg F4
5 Rodelbahn B1
6 Run of Fame D4
7 Ski Arlberg D2

Où se loger
8 Altes Thönihaus G3
9 Himmlhof G3
10 Hotel Garni Ernst Falch F1
11 Lux Alpinae C4
12 Piltriquitron Shelter E3
13 Rundeck F4
14 Sonnbichl G1

Où se restaurer
15 Bodega F4
16 Fuhrmann Stube G3
17 Galzig Bistro F4
18 m3 Restaurant G3
19 Museum Restaurant D4
20 Rodelalm D1

Où prendre un verre et faire la fête
21 Heustadl B3
22 Krazy Kanguruh C3
23 Mooserwirt C3
24 Sennhütte B3
Taps .... (voir 22)

ou filez vous délasser au sauna. Il y a également du curling en été et une patinoire en hiver, des terrains de tennis et une salle de sport.

Intersport Arlberg VÉLO
(www.intersport-arlberg.com ; Dorfstrasse 1 ; location VTT/vélo électrique/skis 27/39/36 € par jour ; 8h30-19h). En plein cœur du village, ce magasin a tout le matériel nécessaire. L'été, vous pouvez y louer des vélos (y compris électriques) et même des chaussures de randonnée et, en hiver, différents types de skis. Vous pouvez également y trouver un guide professionnel (rando, VTT, ski).

Fêtes et festivals

Triathlon Arlberg Adler SPORT
(www.arlbergadler.eu). La course de ski *der weisse Rausch* (le "frisson blanc") marque le lancement du triathlon en avril, suivi par le semi-marathon de Jakobilauf en juillet et le marathon VTT en août.

Mountain Yoga Festival SPORTS
(www.mountainyogafestivalstanton.at ; déb sept). Depuis 2016, des professeurs de yoga venus du monde entier viennent enseigner leur art aux amateurs de yoga et de nature lors de ce festival de 4 jours qui a lieu dans le cadre idyllique des Alpes de l'Arlberg. Des circuits et des randonnées sont spécialement créés pour cette occasion.

Almabtrieb FÊTE DE VILLAGE
(Griesplatz ; mi-sept). Les vaches s'en retournent dans les fermes et champs de la vallée, bien nourries et fleuries : une bonne excuse pour faire la fête au village.

Où se loger

Piltriquitron Shelter MAISON D'HÔTES €
(0676 7400908 ; www.piltriquitron.com ; Kirchgasse 10 ; s 44-64 €, d 58-81 €). Cette maison d'hôtes très centrale, à la décoration nordique, plaira aux amateurs de grand air. Jacob, le propriétaire danois, vous réserve un accueil chaleureux et ses magnifiques photos des Alpes et de Patagonie ornent la salle commune, où il sert gratuitement du thé et du café. Alpiniste et randonneur hors pair, il peut vous donner des conseils et vous aider à organiser vos différentes sorties (randonnée, trail, escalade, pêche à la mouche, kayak, etc.).

Sonnbichl HÔTEL €€
(05446-22 43 ; www.dassonnbichl.at ; St Jakober Dorfstrasse 11 ; d 118-278 €). Au calme près de Sankt Jakob, ce chalet tenu par une famille et réservé aux adultes est très accueillant. Le mobilier est en pin, les chambres sont spacieuses, lumineuses et impeccables – certaines ont un balcon et l'établissement donne sur la montagne. Il y a un sauna pour se délasser en fin de journée et un restaurant pour se régaler à coup sûr (plats 12,20 à 26,10 €) de gros gibiers ou de *Schnitzel*.

Hotel Garni Ernst Falch MAISON D'HÔTES €€
(05446-28 53 ; www.hotelfalch.at ; Ing-Gomperz-Weg 26 ; d 82-114 € ; P). La famille Falch met tout son cœur dans cette maison d'hôtes, et cela se ressent. En surplomb de Sankt Anton, elle est à 5 minutes à pied du Nassereinbahn. Les chambres douillettes, lambrissées de pin, sont claires, et les balcons donnent sur les montagnes. Que vous souhaitiez que l'on vienne vous chercher à la gare ou que vous ayez besoin de bâtons de marche, il suffit de demander.

Altes Thönihaus MAISON D'HÔTES €€
(☎05446-28 10 ; www.altes-thoenihaus.at ; Im Gries 1 ; s 69-73 €, d 134-142 € ; P 📶). Datant de 1465, ce chalet en bois déborde de charme alpin. Les tapis laineux et le pin contribuent à l'ambiance cosy des chambres – balcons face aux montagnes. Un superbe spa et un *Stube* (salon) restauré occupent le rez-de-chaussée.

♥ **Himmlhof** MAISON D'HÔTES €€€
(☎05446-2322 ; www.himmlhof.com ; Im Gries 9 ; d 266-348 €, ste 312-998 € ; P @ 📶). Un chalet tyrolien *himmlisch* (divin) aux jolies chambres lambrissées avec des éléments d'origine, comme les poêles en faïence et les lits à baldaquin. La cheminée pour le thé de l'après-midi et le spa avec un bassin semblable à une grotte réconfortent après une journée de ski.

Rundeck HÔTEL €€€
(☎05446-31 33 ; www.hotelrundeck.at ; Arlbergstrasse 59 ; d 198-312 € ; @ 📶). Des lignes épurées, des tons ocre et des lambris en noyer caractérisent les chambres de cet hôtel design. Il comprend un spa élégant et un bar à l'éclairage tamisé avec une cheminée et une salle de jeux pour les enfants. Les tarifs donnés ici, pour l'hiver, chutent de près de moitié en été.

Lux Alpinae HÔTEL DESIGN €€€
(☎05446-301 08 ; www.luxalpinae.at ; Arlbergstrasse 41 ; d demi-pension 170-440 € ; P 🏊). Cet hôtel résolument moderne possède des chambres aux murs vitrés qui rapprochent des montagnes. La décoration industrielle chic mêle béton, bois et acier. Le service personnalisé (on vous conduit sur les pistes), un excellent restaurant et un spa constituent des atouts supplémentaires. En hiver, séjour minimum de 2 ou 3 nuitées selon les dates.

Où se restaurer

Putzen Alpe AUTRICHIEN €
(St. Jakob 72 ; en-cas 1,50-9 € ; ⏱8h-20h mi-juin à mi-sept). À 8 km en amont de Sankt Anton, accessible par une magnifique randonnée en montée, ce chalet est posé dans une prairie paisible, où vous pourrez apercevoir, si vous regardez attentivement, des marmottes. On y propose un excellent *Brettljause* (plateau dégustation), avec du fromage au lait des 50 vaches de la propriété, qui descendent des pâtures vers 17h, en faisant résonner leurs cloches dans la vallée.

♥ **Museum Restaurant** AUTRICHIEN €€
(☎05446-24 75 ; www.museum-restaurant.at ; Rudi-Matt-Weg 10 ; plats 16,90-38,70 € ; ⏱midi-22h30 hiv, midi-18h mar-dim été). Situé aux abords du village dans le musée de Sankt Anton, ce restaurant absolument charmant a tout pour plaire. L'ambiance intimiste invite à prendre le temps de déguster une salade hivernale à la poitrine d'oie fumée, aux noix caramélisées et à la poire, une pièce de bœuf (régional) fondante ou une truite de l'étang du restaurant.

♥ **Rodelalm** AUTRICHIEN €€
(☎05446 42 600 888 ; www.rodelalm.com ; Nassereinerstrasse 106 ; plats 11,50-26,90 € ; ⏱17h-22h lun-sam ; 👪). Après une descente en luge frigorifiante, la plupart des participants à la Rodelbahn s'arrêtent dans ce chalet, à mi-chemin, pour un verre de *Schnaps* et une portion de *Schweinshaxe* (jarret de porc), de *Gröstl* (poêlée de pommes de terre et lamelles de viande, surmontée d'un œuf au plat) ou une fondue au fromage. Une cheminée réchauffe l'atmosphère de la salle tout en pin.

ℹ TOUT SANKT ANTON DANS UNE SEULE CARTE

La fantastique **carte estivale** Sankt Anton (Sommer-Karte) est disponible gratuitement auprès de votre hôtel ou de votre pension pour tout séjour d'au moins une nuitée. Elle donne droit à des avantages très intéressants, notamment un accès gratuit aux téléphériques durant une journée, une entrée à l'Arlberg Well.com (p. 349), une randonnée guidée, un green-fee, une entrée au musée de la ville (p. 348), une autre activité (elles vont du yoga aux circuits à vélo électrique), des activités pour enfants, ainsi qu'à l'utilisation gratuite de tous les bus entre Landeck et Sankt Christoph.

Acheter une "Premium Card" (3/5/7 jours 55/66/77 €, moitié prix pour les enfants) vous offrira un accès quotidien à la piscine de l'Arlberg Well.com, aux funiculaires et à toutes les activités pendant la durée de votre séjour. Les activités peuvent être réservées à l'office du tourisme ou en ligne sur www.sommerkarte.at.

Verwallstube GASTRONOMIQUE €€
(☎05446-235 25 10 ; www.verwallstube.at ; dernier arrêt du Galzigbahn ; plats 23-40 € ; ⌚11h30-15h déc-avr). Quelle vue ! Perché à 2085 m d'altitude, le Verwallstube se veut l'un des restaurants gastronomiques les plus hauts d'Europe. Le lieu comme les plats font voir la vie en rose. Idéal pour un déjeuner avant ou après une session de ski. Les assiettes joliment présentées et riches en saveur vont de la bouillabaisse aux joues de veau fondantes braisées au vin rouge avec une purée aux truffes.

Galzig Bistro BISTROT €€
(☎05446-425 41 ; www.galzigbistrobar.at ; Kandaharweg 2 ; plats 15,20-18,90 € ; ⌚10h-22h mer-lun). Les plats du Galzig, réalisés à partir de produits ultra-frais, vont de la salade gourmande (aux plantes sauvages et pignons de pin, par exemple) aux tagliatelles gambas, câpres et endives en passant par la poitrine de canard rôtie à la truffe noire. Tout y est délicieux. L'intérieur, chic et contemporain, et la terrasse attirent une foule tendance qui vient en soirée siroter des cocktails.

m3 Restaurant INTERNATIONAL €€
(☎05446-29 68 ; www.m3hotel.at ; Dorfstrasse 56-58 ; plats 18-33 €, pizza 14-29 € ; ⌚18h15-minuit déc à mi-avr). La terrasse de cet élégant restaurant permet de voir et se faire voir. À l'intérieur, voûtes et œuvres d'art donnent le ton d'un repas harmonieux et savoureux : carpaccio de bœuf régional au parmesan et à la roquette, *linguine* maison aux cèpes, poitrine de porc croustillante au jus de thym... La pizza cuite au feu de bois est aussi un régal.

Fuhrmann Stube AUTRICHIEN €€
(☎05446-29 21 ; www.fuhrmannstube.com ; Dorfstrasse 74 ; plats 10,80-44,80 € ; ⌚15h-23h lun-ven, 10h-23h sam-dim). Lorsque la neige couvre les toits, entrez dans ce restaurant cosy pour vous régaler de *Knödel* (sorte de quenelles), d'un *Tiroler Bauernplatte* (assiette fermière) ou d'une généreuse part de *Strudel*.

Bodega TAPAS €€
(☎05446-427 88 ; Dorfstrasse 40 ; tapas 3,20-23,80 € ; ⌚16h-minuit mer-lun). Les tapas, les vins et les concerts attirent les foules dans ce repaire espagnol animé. Pas de réservation, aussi préparez-vous à attendre pour une table.

Où prendre un verre et faire la fête

Mooserwirt BAR
(www.mooserwirt.at ; Unterer Mooserweg 2 ; ⌚11h-20h). À l'heure du thé, le Mooserwirt se remplit d'une clientèle venue à skis, qui boit des bières (le bar en vend environ 5000 l par jour) et danse sur des mix en transpirant dans sa salopette. Le premier défi consiste à retrouver ses skis, le deuxième à les utiliser pour rejoindre Sankt Anton en un seul morceau.

Sennhütte BAR
(www.sennsationell.at ; Dengerstrasse 503 ; ⌚10h-18h). Une terrasse ensoleillée, du *Schnaps*, des habitants qui dansent sur les tables, des concerts – que demander de plus après une journée de ski ? En été, le Sennhütte comprend un superbe jardin d'herbes aromatiques, une maison dans les arbres et un chemin de randonnée pour les enfants sur le thème des vaches.

Krazy Kanguruh BAR
(www.krazykanguruh.com ; Mooserweg 19 ; ⌚10h-20h). Propriété de Mario Matt, légende locale du ski et 2 fois champion du monde de slalom (en 2001 et 2007), ce bar à côté des pistes est bruyant, joyeux et plein à craquer après 17h. Attention à l'abus de tequila, car vous devrez chausser vos skis pour redescendre dans la vallée.

Heustadl BAR
(www.heustadl.com ; Dengerstrasse 625 ; ⌚10h-18h mar-dim). Faites la fête après une journée de ski dans ce bar joyeux tout proche du Sennhütte, au nord. Musique live tous les jours de 15h à 18h.

Taps BAR
(www.taps-stanton.com ; Mooserweg 17 ; ⌚10h-20h jeu-mar). Très fréquenté, le Taps fait le plein avec la bière la moins chère des environs et un DJ aux platines. Une immense terrasse ensoleillée invite à se prélasser et de fréquentes tournées gratuites de *Schnaps* maison maintiennent l'ambiance.

Renseignements

L'**office du tourisme** (☎05446-226 90 ; www.stantonamarlberg.com ; Dorfstrasse 8 ; ⌚8h30-17h30 lun-ven, 9h-17h30 sam, 9h-midi et 13h-16h dim), dans le centre, fournit des informations sur les activités de plein air, les hébergements, ainsi que des cartes et le Wi-Fi gratuit. Un tableau des hébergements et un téléphone gratuit sont installés à l'extérieur.

Depuis/vers Sankt Anton am Arlberg

La gare ferroviaire, ultramoderne, est située sur la ligne entre Bregenz (15 €, 1 heure 13-30) et Innsbruck (18,80 €, 1 heure - 1 heure 30), avec des trains rapides toutes les 1-2 heures. Sankt Anton et Sankt Christoph sont proches de l'entrée est du fameux tunnel de l'Arlberg (voitures et minibus 11 €), la route à péage qui relie le Vorarlberg et le Tyrol. Certains préfèrent éviter le péage en empruntant la B197, une route sinueuse interdite aux véhicules avec remorque.

Des **bus** partent depuis des arrêts au sud-ouest de l'office du tourisme.

Comment circuler

Location de vélo (27 €/j) possible chez Intersport Arlberg (p. 351).

Des bus locaux gratuits desservent la périphérie de la station (comme Sankt Jakob). Des bus partent pour Lech (5,40 €, 39 min) et Zürs (4,40 €, 35 min), dans le Vorarlberg, toutes les heures en hiver (jusque vers 18h) et 4 fois par jour en été.

Un taxi minibus peut charger jusqu'à 8 passagers ; la course de Sankt Anton à Lech revient à 45 € dans la journée, 55 € la nuit. On trouve aussi des **taxis** (☎ 0664 2302618).

Lech et Zürs am Arlberg

☎ 05583

La région accidentée de l'Arlberg, aux magnifiques pentes enneigées, est l'une des meilleures destinations de ski du pays, et elle s'étend aussi de l'autre côté de l'Arlberg à l'ouest, dans le Vorarlberg (qui signifie "avant l'Arlberg"). Là, Lech (1450 m) et Zürs (1716 m), à 6 km au sud, sont les villages et les stations de ski les plus connus. En raison de leur relatif isolement, de l'excellent domaine skiable et de leurs hôtels 5 étoiles, les stations attirent les familles royales (la princesse Diana venait skier ici) et les célébrités, réelles ou supposées.

Activités

Vous rappelez-vous Bridget Jones commençant à descendre une pente en arrière sur ses skis dans *L'Âge de raison* ? Cette scène a été filmée sur les pistes boisées de Lech. Le domaine est adapté aux niveaux débutant et intermédiaire, avec des possibilités de ski hors piste et la fameuse Weise Ring (boucle blanche) de 22 km pour un niveau avancé.

Les stations de l'Arlberg de l'Ouest ont été finalement reliées à Sankt Anton, de l'autre côté de la montagne (Tyrol), créant le domaine skiable le plus vaste d'Autriche, avec quelque 305 km de pistes – allant des vertes pour débutants aux noires – et 88 téléphériques. Un forfait de 1/3/6 jours vous coûtera 61/177/326 €.

Circuits organisés

De juillet à septembre, l'office du tourisme organise des marches à thème gratuites, comme les randonnées au lever du soleil ou les promenades botaniques, tous les lundis et jeudis. Vous pouvez également emprunter sans guide 250 km de chemins balisés, des treks en haute altitude aux balades en bord de lac, ainsi que les chemins dédiés à la course et à la marche nordique.

Où se loger et se restaurer

♥ Hotel Gotthard HÔTEL **€€**
(☎ 05583-35 60 0 ; www.gotthard.at ; Omesberg 119, Lech ; s 87-91 €, d 170-180 €, ste 226-240 € ; P ☎ ≋). Les petites attentions font toute la différence dans cet hôtel-chalet, comme le pain chaud sorti du four au petit-déjeuner (Clemens, le propriétaire, est boulanger) et la salle de yoga pour des moments calmes. Des touches de fuchsia et de vert égaient les chambres en pin contemporaines, pour la plupart avec balcon, lecteur DVD et dock iPod. L'hôtel comprend un spa, une piscine couverte et une salle de jeux pour les enfants.

Hotel Garni Lavendel HÔTEL **€€**
(☎ 05583-26 57 ; www.lavendel.at ; Dorf 447, Lech ; s 60-75 €, d 110-140 €, app 120-290 € ; P ☎). L'aimable famille Mascher vous reçoit amicalement dans son hôtel douillet, à côté des remontées mécaniques. La plupart des chambres et des appartements, spacieux et impeccables, disposent d'un balcon. Petit spa idéal pour se détendre en fin de journée.

Hûs Nr 8 AUTRICHIEN **€€**
(☎ 05583-332 20 ; www.hus8.at ; Omesberg 8, Lech ; plats 20-40 € ; ⏲ 11h-1h). Raclette, fondue et poulet rôti sont les stars de la carte dans ce grand chalet rustique, populaire depuis 1760. Installez-vous dans la salle tout en bois en hiver, ou à l'extérieur par temps chaud.

Renseignements

L'**office du tourisme central** (☎05583-216 10 ; www.lechzuers.com ; Dorf 2, Lech ; ⌚8h-midi et 13h-17h lun-sam, 8h-midi et 14h-17h dim) fournit de multiples informations sur le ski et la randonnée, et possède un tableau des hébergements.

Depuis/vers Lech et Zürs

Des bus circulent entre Lech et Zürs (1,70 €, 8 min) et des liaisons sont assurées depuis les 2 stations pour Sankt Anton am Arlberg (5,40 €, 37 min).

À 1 km au sud de Zürs, le col de Flexen (1773 m) est parfois fermé par la neige en hiver. Après le col, la route bifurque : la branche ouest conduit à Stuben (1407 m), la branche est à Sankt Anton am Arlberg dans le Tyrol. En été, Lech peut également se rejoindre depuis le nord, *via* l'embranchement à Warth (1494 m).

VORARLBERG

Land situé à l'extrême ouest du territoire autrichien, le Vorarlberg borde l'Allemagne au nord, et la Suisse à l'ouest et au sud (le tout petit Liechtenstein étant enclavé entre les deux), avec une barrière montagneuse qui le sépare du Tyrol à l'est. Certaines parties de cette région demeurent très préservées et assez méconnues, d'étroites vallées séparant de hauts sommets et des forêts. Les pics enneigés du Silvretta-Montafon (sud) cèdent la place aux pentes plus douces et aux alpages de la luxuriante région laitière et fromagère du Bregenzerwald, qui, à son tour, dévale vers l'extrémité sud du lac de Constance (Bodensee). Bien que réputé dans tout le pays pour son architecture innovante (constructions durables, énergies renouvelables), le Vorarlberg, où l'écologie est un véritable art de vivre, reste une région incroyablement paisible et très attachée aux traditions, où l'on parle encore des dialectes alémaniques. Ses quatre "grandes" villes, Feldkirch, Bludenz, Bregenz et Dornbirn, ont chacune leur charme.

Histoire

Le Vorarlberg fut habité dès l'âge de la pierre, mais c'est seulement quand des Celtes arrivèrent vers 400 av. J.-C., puis des Romains vers 15 av. J.-C., que des colonies furent installées durablement. Brigantium, l'ancêtre de Bregenz, fut un bastion romain jusqu'au Ve ou VIe siècle, quand les Alamans s'en emparèrent.

La paix régna dans la province jusqu'au début du XVe siècle, avant les guerres d'Appenzell avec la Confédération suisse. Les relations s'améliorèrent ensuite avec son voisin, à tel point qu'en 1918 le Vorarlberg déclara son indépendance et tenta de s'unir avec la Suisse. Cette initiative fut bloquée par les forces alliées qui craignaient de voir une Autriche plus petite facilement absorbée par une Allemagne en voie de rétablissement. Aujourd'hui encore, le Vorarlberg regarde d'abord vers ses voisins occidentaux, puis vers Vienne, à 600 km à l'est.

Depuis/vers le Vorarlberg

AVION

L'**aéroport de Friedrichshafen** (☎07541-2840 ; www.bodensee-airport.eu ; Am Flugplatz 64), sur la rive nord du lac de Constance en Allemagne, est le plus proche grand aéroport pour des vols intérieurs et européens.

VOITURE ET MOTO

L'A14 relie la province à l'Allemagne au nord et le reste de l'Autriche par le tunnel de l'Arlberg (14 km), plus long tunnel routier du pays, qui passe sous le mont Arlberg. À l'ouest, il est possible de rejoindre le Liechtenstein et la Suisse à divers endroits.

Comment circuler

Le Vorarlberg est divisé en *Dominos* (zones individuelles de courte distance). Une carte Maximo, valable pour toute la province, revient à 15,70/44,80 € par jour/semaine. Un billet aller Domino vaut 1,70 € et un billet d'une journée 3,10 € ; ils couvrent les transports urbains à Bregenz, Dornbirn, Götzis, Feldkirch, Bludenz, Lech et Schruns/Tschagguns. Le Verkehrsverbund Vorarlberg (www.vmobil.at) fournit informations et horaires.

Bregenz

☎05574/29 806 HABITANTS/ALTITUDE 427 M

La situation géographique de la jolie cité portuaire de Bregenz (francisé en Brégence) est une source de fierté pour sa population. Devant la ville s'étend, tel un miroir liquide, le lac de Constance (Bodensee), le troisième plus grand lac d'Europe, principalement alimenté par le Rhin ; derrière, le massif de Pfänder (1064 m) grimpe vers les Alpes et ses sommets ; à droite se dessine l'Allemagne et, à gauche, la Suisse. Quel spectacle !

Que l'on découvre l'art et l'architecture avant-gardistes près du nouveau port, que

Bregenz
0
400 m
Lac de Constance
(Bodensee)
Pipeline (600 m),
Lochau (6 km),
Lindau (8 km)
Camping Mexico (2 km),
réserve du delta du Rhin (8,5 km),
plage de Hard (8,5 km)
Schwärzler
(900 m)
Musée d'Art
de Bregenz
Musée
du Vorarlberg
Téléphérique
de Pfänder
OBERSTADT
Thurn-und-
Taxis-Park
Reichsstr
Am Steinenbach
Schillerstr
Steinbruchgasse
Weissenreuteweg
Bergstr
Belrupstr
Eichholzstr
Brandgasse
Bergmannstr
Anton-Schneider-Str
Kornmarktstr
Rathausstr
Leutbühel
Maurachgasse
Am Brand
Martinsgasse
Mildenbergstr
Eponastr
Amtstorstr
Thalbachg
Kirchstr
Gallusstr
Kaiserstr
Sparkassenplatz
Montfortstr
Römerstr
Seestr
Seepromenade
Bahnhofstr
St Anna Str
Klostergasse
Wolfeggstr
Blumenstr
Augasse
Rheinstr
Quellenstr
Stadionstr
Strandweg
Mehrerauerstr
Vorklostergasse
1
2
3
4
5
6
7
8
9
10
11
12
13
14
15
16
17
18
19
20
21
22
A
B
C
D
E
F
G

Bregenz

Les incontournables

1 Musée d'Art de Bregenz E2
2 Téléphérique de Pfänder G2
3 Musée du Vorarlberg E2

À voir

4 Parc alpin animalier de Pfänder G2
5 Festspielhaus B2
6 Porte Saint-Martin E4
7 Tour Saint-Martin F4
8 Oberstadt F4

Activités

9 Piste cyclable du lac de Constance B2
10 Integra-Fahrradverleih Bregenz A4
11 Strandbad Bregenz B2
12 Vorarlberg Lines E1

Où se loger

13 Hotel Bodensee F2
14 Hotel Weisses Kreuz E3
15 JUFA Gästehaus Bregenz B3

Où se restaurer

16 Marché fermier E2
Goldener Hirschen .... (voir 14)
Gasthaus Kornmesser .... (voir 16)
17 Lieblingscafe E3
18 Wirtshaus am See C2

Où prendre un verre et faire la fête

19 Beach Bar Bregenz C2
20 Fischersteg Sunset Bar D2
21 Wunderbar D2

Où sortir

22 Vorarlberger Landestheater E2

l'on flâne le long de la promenade un soir d'été ou que l'on assiste à un opéra sous les étoiles lors du festival (*Festspiele*) réputé, force est de constater que la petite capitale du Vorarlberg a tout pour plaire.

À voir

Téléphérique de Pfänder — PANORAMA

(Pfänderbahn ; www.pfaenderbahn.at ; Steinbruchgasse 4 ; adulte/enfant aller 8,20/4,10 €, aller-retour 14,20/7,10 € ; 8h-19h). Un téléphérique grimpe jusqu'au Pfänder (1064 m), une montagne boisée qui surplombe Bregenz et offre un panorama splendide du lac de Constance, des pics enneigés des Alpes, de l'Autriche, de la Suisse et de l'Allemagne ("la vue-des-trois-pays"). Au sommet se trouve le parc alpin animalier de Pfänder (ci-contre).

Musée d'Art de Bregenz — MUSÉE D'ART CONTEMPORAIN

(Kunsthaus Bregenz, ou KUB ; www.kunsthaus-bregenz.at ; Karl-Tizian-Platz ; adulte/enfant 11 €/gratuit ; 10h-18h mar, mer et ven-dim, 10h-20h jeu ;). Conçu par le grand architecte suisse Peter Zumthor, ce cube géant en verre et acier reflète les lumières changeantes du ciel et du lac. L'intérieur dépouillé du "KUB", sans cloisons, est parfait pour les expositions temporaires d'art contemporain ; on a récemment pu y voir les œuvres de la grande photographe d'architecture Hélène Binet, franco-suisse, et les peintures de la Suissesse Miriam Cahn. Consultez le site Internet pour toutes informations, des visites guidées aux ateliers pour enfants.

Musée du Vorarlberg — MUSÉE RÉGIONAL

(www.vorarlbergmuseum.at ; Kornmarktplatz 1 ; adulte/enfant 9 €/gratuit ; 10h-18h mar, mer et ven-dim, 10h-20h jeu). Ce grand bâtiment blanc cubique, emblématique de Bregenz, est orné sur sa façade de quelque 16656 fleurs (en réalité des fonds de bouteilles en plastique imprimés dans le béton). Les expositions permanentes du musée régional évoquent l'histoire, l'art et l'architecture du Vorarlberg ; l'une d'elles est consacrée aux vestiges romains de Brigantium. Le musée accueille également des expositions temporaires, comme celles mettant en avant le Bregenzer Festspiele et l'extraction minière dans les Alpes orientales.

Réserve du delta du Rhin — RÉSERVE NATURELLE

(Naturschutzgebiet Rheindelta ; www.rheindelta.org ; Hard). S'étendant entre les bouches de l'ancien et du nouveau Rhin, là où il se jette dans le lac de Constance, cette grande réserve naturelle de plus de 2000 ha se situe à 5 km au sud de Bregenz. On peut facilement l'explorer à pied ou à vélo. Les marais, les roseaux et les bois attirent plus de 300 espèces d'oiseaux, dont des courlis, des hérons cendrés et de rares barges à queue noire.

Parc alpin animalier de Pfänder — RÉSERVE NATURELLE

(Alpenwildpark Pfänder ; www.pfaender.at ; Pfänder ; lever-coucher du soleil). GRATUIT Au sommet du Pfänder, un sentier circulaire de 30 minutes permet d'apercevoir des cerfs, des sangliers, des bouquetins et des marmottes dans ce parc animalier ouvert toute l'année. Il y a aussi une aire des aigles.

Oberstadt QUARTIER HISTORIQUE

Haut perchée au-dessus du lac, l'Oberstadt, la vieille ville de Bregenz, se compose de rues sinueuses, de maisons colorées et de jardins fleuris. Elle est toujours entourée de remparts et de la massive **porte Saint-Martin** (Martinstor).

Festspielhaus SALLE DE SPECTACLE

(☎05574-41 30 ; www.festspielhausbregenz.at ; Platz der Wiener Symphoniker 1). Même si vous ne parvenez pas à obtenir des billets pour le Bregenzer Festspiele, le Festival de Bregenz, la salle du Festival justifie à elle seule le détour. Tout en verre teinté, béton lisse et angles vifs, c'est l'un des emblèmes les plus visibles de Bregenz. De nombreux spectacles du festival ont lieu sur la Seebühne, une scène semi-circulaire qui s'avance sur le lac.

Tour Saint-Martin ÉDIFICE HISTORIQUE

(Martinsturm ; www.martinsturm.at ; Martinsgasse 3b ; adulte/enfant 4/1,50 € ; ⏲10h-18h mar-dim mai-oct). Non loin après la porte Saint-Martin, cette tour baroque est surmontée d'un gros bulbe. Les fresques du XIVe siècle dans la chapelle méritent le coup d'œil, avant de grimper au petit musée militaire pour la vue sur les toits de Bregenz.

Activités

Tous les visiteurs arrivant à Bregenz sont ensorcelés par le lac de Constance (Bodensee), troisième lac d'Europe par sa taille, qui partage ses rives entre l'Autriche, la Suisse et l'Allemagne. En été, le chemin qui fait le tour du lac devient une autoroute pour les cyclistes ; les intersaisons sont beaucoup plus calmes. D'autres activités sont possibles sur le lac, notamment la **voile** et la **plongée** à Lochau, à quelque 6 km au nord de la ville, et la **baignade du Pipeline** (ci-contre). De nombreuses compagnies de bateaux proposent des tours du lac d'avril à mi-octobre.

Piste cyclable du lac de Constance VÉLO

(Bodensee Radweg ; www.bodensee-radweg.com). Par beau temps, il n'existe pas de meilleure façon d'explorer les rives du lac de Constance que le vélo. La piste cyclable (Bodensee Radweg), bien signalée, forme une boucle de 273 km autour du lac, passant devant des vignes, des prairies, des vergers, des marais et des cités historiques. De nombreuses petites plages invitent à la baignade. Consultez le site Internet pour des itinéraires et des cartes.

Vorarlberg Lines CROISIÈRE

(www.vorarlberg-lines.at ; Seestrasse ; ⏲déb avr à mi-oct). L'une des nombreuses compagnies qui naviguent sur le lac de mai à mi-octobre. Il y a des croisières de 2 heures (adulte/enfant 21,70/10,80 €), des circuits d'une heure à Bregenz (13,60/6,80 €) et des transferts réguliers vers des destinations du lac dont Lindau (6,80 €) et Friedrichshafen (16,60 €), sur la rive est, et Mainau (19,80 €), et Konstanz (Constance ; 19,80 €) sur la rive ouest.

Pipeline BAIGNADE

S'étendant au nord du port de Bregenz au lido de Lochau, le Pipeline est une promenade pavée (et cyclable), avec aussi une plage de galets pratique pour une petite baignade, tout comme le Mili, un ancien bain militaire sur pilotis qui a été restauré. La promenade tient son nom d'un "pipeline" qui court parallèlement au lac.

Strandbad Bregenz CENTRE BALNÉAIRE

(Strandweg ; adulte/enfant 5,70/2,90 € ; ⏲9h-20h déb mai-déb sept ; 👪). Rempli d'adeptes de la bronzette, d'enfants surexcités et d'adolescents s'adonnant à la drague en été, ce centre aquatique au cœur de la ville comprend une plage au bord du lac, plusieurs piscines découvertes avec toboggans et des activités comme le volley-ball et le ping-pong.

Integra-Fahrradverleih Bregenz VÉLO

(www.integra.or.at ; Vorklostergasse 51 ; par jour location vélo ville/vélo électrique 15/27 € ; ⏲8h-midi et 13h-16h30 lun-jeu, 8h-midi ven). Location de vélos de bonne qualité.

Fêtes et festivals

Bregenzer Festspiele FESTIVAL

(Festival de Brégence ; ☎05574-40 76 ; www.bregenzerfestspiele.com ; ⏲mi-juil à mi-août). Le Bregenzer Festspiele est le principal événement culturel de la ville. Des opéras et des concerts symphoniques entre autres productions réputées se tiennent sur la Seebühne, une scène flottante sur le lac, ainsi que dans la Festspielhaus (ci-contre) et au Vorarlberger Landestheater. Informations et billets (40-358 €) disponibles environ 9 mois avant le festival.

Où se loger

JUFA Gästehaus Bregenz AUBERGE DE JEUNESSE €
(☎05708-35 40 ; www.jufahotels.com/hotel/bregenz ; Mehrerauerstrasse 5 ; s/d 68/109 €, qua 125-154 € ; P 📶). Installée dans une ancienne usine d'aiguilles près du lac, cette auberge de jeunesse HI séduit pour ses excellents équipements, dont un salon et un café, et ses tarifs raisonnables pour les chambres simples et doubles. Parfait en famille aussi, avec une salle de jeux, une aire de jeux et des vélos à louer.

Camping Mexico CAMPING €
(☎0660 7039430 ; www.camping-mexico.at ; Hechtweg 4 ; empl adulte/enfant/tente 11,50/4,50/9 € ; ⏲fin avr-sept ; 📶). Ce camping écologique au bord du lac utilise l'énergie solaire et recycle les déchets ; on y sert une cuisine bio dans son restaurant. Les emplacements verdoyants sont très ombragés.

Schwärzler HÔTEL €€
(☎05574-49 90 ; www.schwaerzler.s-hotels.com ; Landstrasse 9 ; d 166-276 € ; P 📶). Avec une tourelle et une façade couverte de lierre, le Schwärzler ne ressemble pas à un hôtel d'affaires standard. Les chambres contemporaines, aux tons ocre et bois blond, sont d'un grand confort (peignoirs, TV à écran plat, minibar...). Des produits bios régionaux composent le buffet du petit-déjeuner. Piscine intérieure et sauna.

Hotel Weisses Kreuz HÔTEL €€
(☎05574-498 80 ; www.hotelweisseskreuz.at ; Römerstrasse 5 ; s 98-125 €, d 125-275 €, ste 175-335 € ; P 📶). Au cœur de la vieille ville (Altstadt), un bar à cocktails et un restaurant, **Goldener Hirschen** (☎05574-428 15 ; Kirchstrasse 8 ; déj 8,20 €, plats 4,80-28,50 € ; ⏲11h-22h mar-sam), sous de hautes voûtes, où déguster des plats autrichiens. Côté hôtel, les chambres (TV écran plat) ont un mobilier en cerisier et du linge de lit issu de l'agriculture biologique. Le petit-déjeuner est une farandole de charcuteries, de céréales et de pains maison.

Hotel Bodensee HÔTEL €€
(☎05574-423 00 ; www.hotel-bodensee.at ; Kornmarktstrasse 22 ; s 76-99 €, d 134-179 € ; P 📶). Les meilleures chambres de cet hôtel très central sont spacieuses et décorées avec goût dans des tonalités douces. Le petit-déjeuner se compose de fruits frais, de muesli et de produits régionaux.

Où se restaurer

Marché fermier MARCHÉ
(Bauernmarkt ; Kaiserstrasse ; ⏲8h-midi ven). Un grand marché fermier hebdomadaire, où faire le plein de produits régionaux, pour un pique-nique ou pour plus tard.

Lieblingscafe CAFÉ-RESTAURANT €
(www.facebook.com/lieblingscafebregenz ; Maurachgasse 6 ; plats sur le pouce 3-10 € ; ⏲10h30-19h mar-jeu, 10h30-14h et 17h-21h ven, midi-21h sam ; 🖉). Les végétariens et les végans trouveront de nombreux points forts à ce joli petit café coloré, dans la vieille ville. Offrez-vous une bonne soupe de légumes, un wrap, une salade ou une part de gâteau maison et un café. Observez le ballet des passants depuis la petite terrasse de rue.

Kornmesser AUTRICHIEN €€
(☎05574-548 54 ; www.kornmesser.at ; Kornmarktstrasse 5 ; déj 2 plats 9,40 €, plats 11,90-41,90 € ; ⏲9h-minuit mar-dim). Cette jolie *Gasthaus* (auberge) du XVIIIe siècle, de style baroque, comprend une salle voûtée et un *Biergarten* ombragé de châtaigniers. L'accent est mis sur les spécialités locales, tels le jarret de porc aux *Knödel* (boulettes) et salade de pommes de terre, la truite locale rôtie avec des pommes de terre au persil, du bœuf braisé au raifort (*Tafelspitz mit Kren*), des pâtes aux chanterelles (cueillies le jour même) et des "crêpes de l'empereur" (avec des prunes cuites).

Wirtshaus am See AUTRICHIEN €€
(☎05574-422 10 ; www.wirtshausamsee.at ; Seepromenade 2 ; plats 13,80-37,80 € ; ⏲9h-minuit ; 🖉). Une villa en pierre et bois, doublée d'une terrasse au bord du lac idéale pour se régaler de spécialités locales comme le grand corégone au beurre ou un ragoût de gibier. Nombreux mets végétariens également. L'endroit est tout aussi plaisant pour un verre. Le service laisse parfois à désirer.

Où prendre un verre et faire la fête

Fischersteg Sunset Bar BAR
(www.facebook.com/Fischersteg ; Seepromenade ; ⏲16h-minuit). Le nom dit tout : il n'y a pas meilleur endroit pour voir le soleil se coucher sur le lac que cet adorable pavillon les pieds dans l'eau et son ponton en bois. Admirez les reflets pastel ou les lumières de la nuit sur le Bodensee.

Beach Bar Bregenz BAR
(www.wirtshausamsee.at/de/beachbar ; Seepromenade 2 ; ⌚24h/24). Cocktails, palmiers, DJ – c'est la Costa del Bodensee tous les étés dans ce bar de plage au bord du lac. Asseyez-vous dans une *Strandkorb* (sorte de bergère en osier) pour un moment de détente suprême. Programme occasionnellement des événements, comme des séances en plein air de cinéma muet.

Wunderbar BAR
(www.wunderbar.at ; Bahnhofstrasse 4 ; ⌚11h-3h lun-jeu, 10h-4h ven-sam, midi-3h dim ; 📶). Des bougies éclairent les murs rouges, les chérubins et les canapés en velours de ce bar aux allures de maison close néo-baroque. Installez-vous dans une balancelle sur la terrasse, feuilletez les journaux et sirotez un cocktail sur fond de musique funk.

☆ Où sortir

Vorarlberger Landestheater THÉÂTRE
(☎05574-428 70 ; www.landestheater.org ; Seestrasse 2 ; ⌚billetterie 8h30-12h30 lun-ven). Également appelé *Theater am Kornmarkt*, il s'agit de la plus grande scène du Vorarlberg. On y joue des opéras, des drames et des comédies (y compris musicales).

ℹ Renseignements

Bodensee-Vorarlberg Tourismus (☎05574-434 430 ; www.bodensee-vorarlberg.com). Service régional gratuit de réservation d'hébergement.

Office du tourisme (☎05574-49 590 ; www.bregenz.travel ; Rathausstrasse 35a ; ⌚9h-18h lun-ven, 9h-midi sam). Informations sur la ville et les alentours ; on peut vous y aider à trouver un hébergement.

ℹ Depuis/vers Bregenz

BUS

Les bus longue distance – dont ceux de **FlixBus** (☎49 30 300 137 300 ; global.flixbus.com/bus/austria) – partent de devant la gare ferroviaire (*Hauptbahnhof*).

VOITURE ET MOTO

Depuis Bregenz, il est assez simple de rejoindre l'Allemagne et la Suisse voisines. L'A14 dessert le nord et rejoint l'A96 en direction de Munich (à seulement 2 heures de route). L'A1, pour aller à Zürich (1 heure 45), est à l'ouest de la ville. L'A14, au sud, passe notamment par Feldkirch et Bludenz.

Le stationnement coûte de 60 centimes à 1 €/heure, avec 30 aires disséminées autour du centre-ville, y compris face à la gare.

TRAIN

Tous les jours, 4 trains directs desservent Munich (53,40 €, 3 heures) *via* Lindau (2,20 €, 12 min). Des trains fréquents partent pour Constance (Konstanz ; 27,20 €, 2 heures) *via* la rive suisse du lac, mais requièrent jusqu'à 4 changements. Les trains fréquents pour Zürich (38 €, 1 heure 30-2 heures) font tous halte à Sankt Gallen (Saint-Galle ; 14,60 €, 47 min). Des trains desservent Innsbruck (39,70 €, 2 heures 34) environ toutes les heures, avec arrêts à Dornbirn (3,30 €, 9 min), à Feldkirch (7,60 €, 46 min) et à Bludenz (11,80 €, 50 min).

ℹ Comment circuler

Integra-Fahrradverleih Bregenz (p. 358) loue des vélos de bonne qualité et donne des cartes de pistes cyclables autour du Bodensee.

Dornbirn

☎05572/46 885 HABITANTS/ALTITUDE 437 M

Des pics calcaires accidentés et boisés entourent Dornbirn, la plus grande ville du Vorarlberg. Bien moins attrayante que Bregenz, elle mérite néanmoins la visite pour ses musées et l'agréable absence de touristes.

Hohenems, à 6 km au sud de Dornbirn, abritait une importante communauté juive au XVIIe siècle. Elle diminua dans les années 1860, quand les juifs eurent le droit de vivre où bon leur semblait sous le règne des Habsbourg.

⊙ À voir et à faire

Altstadt VIEILLE VILLE
La vieille ville compacte de Dornbirn s'organise autour de la Marktplatz, où le regard est immédiatement attiré par la **Rotes Haus**, une maison tordue du XVIIe siècle qui doit sa couleur rouge intense à un mélange de sang et de bile de bœuf. À côté se dressent les colonnes néoclassiques et le beffroi gothique de l'**église paroissiale Saint-Martin** (Pfarrkirche Sankt Martin).

Inatura MUSÉE
(www.inatura.at ; Jahngasse 9 ; adulte/enfant 11,50/5,70 € ; ⌚10h-18h ; 👪). Ce musée d'histoire naturelle interactif, le plus important de la région, est le site phare de Dornbirn. C'est un paradis pour les enfants qui

peuvent caresser des renards (empaillés), toucher des araignées (vivantes), générer des tornades, mener des expériences avec la lumière et, de manière générale, interagir avec les sciences, la nature et les technologies. Il comprend également un mur d'escalade et un cinéma 3D.

Musée juif de Hohenems MUSÉE
(Jüdisches Museum Hohenems ; www.jm-hohenems.at ; Schweizer Strasse 5, Hohenems ; adulte/enfant 8 €/gratuit ; 10h-17h mar-dim). Installé dans la villa Rosenthal à Hohenems, à 6 km au sud de Dornbirn, ce musée est consacré à la communauté juive de Hohenems, depuis longtemps disparue. Y sont présentés des photos, des documents et des objets religieux. Les Rosenthal firent fortune dans le textile et une partie de leurs richesses – notamment le splendide mobilier d'époque – est également exposée.

Musée Rolls-Royce MUSÉE
(www.rolls-royce-museum.at ; Gütle 11a ; adulte/enfant 6/3 € ; 10h-18h mar-sam mars-nov). Situé dans une ancienne filature à coton (1862) à proximité de l'entrée des gorges de Rappenloch (Rappenlochschlucht), ce musée rassemble la plus vaste collection de Rolls-Royce au monde. Il comprend une reconstruction de l'usine de Cooke Street à Manchester et une salle emplie de Rolls-Royce ayant appartenu aux grands de ce monde, tels la reine Élisabeth, le dictateur Franco et George V. Prenez une tasse de thé dans le salon de thé en bois de rose, typiquement britannique.

Gorges de Rappenloch GORGES, MARCHE
(Rappenlochschlucht ; www.rappenlochschlucht.at ;). À 4 km au sud de Dornbirn, les célèbres gorges de Rappenloch, étroites et encaissées, ont été creusées par la turbulente Dornbirner Ache. Des passerelles sont situées le long des parois. Une marche de 10 minutes conduit à un beau point de vue et un sentier de 30 minutes rejoint le **Staufensee**, un lac turquoise entouré de forêt.

Où se loger et se restaurer

Hotel Hirschen Dornbirn HÔTEL €€
(05572-263 630 ; Haselstauderstrasse 31 ; s 85 €, d 126-135 € ;). Tenu par la même famille depuis 3 générations, cet hôtel renferme des chambres contemporaines de style minimaliste aux touches personnelles sympathiques : plafond étoilé, poêle à bois, carillons à vent fabriqués par des artistes locaux et lecteurs DVD. Il existe même une carte d'oreillers (en laine de mouton, en pin, etc.) et des bouteilles d'eau chaude pour vous garantir une bonne nuit de sommeil.

Vienna House Martinspark HÔTEL DESIGN €€
(05572-37 60 ; www.viennahouse.com ; Mozartstrasse 2 ; s 103-115 €, d 130-198 € ;). Cet hôtel écologique à l'architecture innovante est un véritable manifeste design et futuriste au cœur de Dornbirn. Les chambres affichent un style contemporain sobre, avec parquet et sol, et le restaurant (plats 14-26 €) met l'accent sur les produits régionaux, de la soupe au fromage du Bregenzerwald au filet de sandre en croûte de pignons de pin et basilic.

Rotes Haus AUTRICHIEN €€
(05572-315 55 ; www.roteshaus.at ; Marktplatz 13 ; 11h30-14h30 et 17h30-minuit). Ambiance historique dans cette magnifique demeure ancienne (1639) à la façade en bois de couleur sang de bœuf. Véritable institution de la ville, cette "maison rouge" a toujours autant de charme : un four carrelé réchauffe l'intérieur, tout en lambris, vitres aux vitraux en cul-de-bouteille et plafonds bas. Côté cuisine, des recettes traditionnelles y côtoient des créations originales, entre terrine de fromage de chèvre, sorbet à l'ail sauvage, tomates confites, filet de bœuf sauce échalote-porto et risotto au riesling.

Renseignements

L'**office du tourisme** (05572-22 188 ; www.en.dornbirn.info ; Rathausplatz 1a ; 9h-17h lun-sam, 9h-midi dim), situé dans le centre, constitue un premier arrêt utile.

Depuis/vers Dornbirn

Dornbirn est située sur la ligne ferroviaire Bregenz-Innsbruck, et les trains sont fréquents pour Bregenz (3,30 €, 9 min) et Hohenems (2,20 €, 8 min). Le bus n°47 part de la gare ferroviaire de Dornbirn et passe par les Rappenlochschlucht (2,20 €, 22 min, 9/j).

Bregenzerwald

Les pics calcaires boisés, les pâturages et les villages bucoliques du Bregenzerwald (littéralement "Forêt de Bregenz") s'étendent au sud de Bregenz. Cette région rurale alternant collines, basses et hautes montagnes est idéale pour profiter de la nature pendant quelques jours, goûter des fromages dans les laiteries d'alpage, essayer les soins au foin et aux herbes dans les spas des hôtels, ou se blottir au coin du feu dans une ferme. L'air vivifiant incite à enfiler ses chaussures de marche, à chausser ses skis ou à partir à vélo explorer la région.

À voir

Musée Angelika Kauffmann MUSÉE
(www.angelika-kauffmann.com ; Brand 34, Schwarzenberg ; adulte/enfant 9/gratuit € ; 10h-17h mar-dim). Ce musée ultramoderne accueille en été des expositions temporaires d'œuvres d'Angelika Kauffmann (1741-1807), une peintre néoclassique austro-suisse. L'artiste était fortement liée au village, où son père était né. Le billet donne accès au **musée du Patrimoine** (Heimat Museum), un chalet alpin immaculé, dédié à la vie rurale au XIXe siècle. On peut y découvrir des meubles peints traditionnels, des coiffes extraordinaires, des souvenirs de chasse et des croix de fer en filigrane.

Werkraum Bregenzerwald ARCHITECTURE, MAISON DE L'ARTISANAT
(www.werkraum.at ; Hof 800, Andelsbuch ; adulte/enfant 7,50 €/gratuit ; 10h-18h mar-ven, 10h-16h sam). Fierté d'Andelsbuch, commune d'artisans par excellence (du bois notamment), ce bâtiment minimaliste et épuré au grand toit en bois est l'œuvre de Peter Zumthor, architecte suisse lauréat du prix Pritzker, qui a conçu le fameux musée d'Art (Kunsthaus) de Bregenz. L'extérieur est remarquable avec sa façade en verre qui reflète le paysage. À l'intérieur, découvrez les richesses de l'artisanat et du design nés dans le Bregenzerwald à travers des expositions tournantes. Le *Werkraum* ("l'atelier") est autant un lieu de rencontre qu'une vitrine de la culture artisanale.

Käsekeller Lingenau FROMAGERIE
(www.kaesestrasse.at ; Zeihenbühel 423, Lingenau ; 10h-18h lun-ven, 9h-17h sam, horaires réduits en hiver). Entrez dans le foyer de cette cave d'affinage moderne pour apercevoir, à travers une vitre, des robots manipuler des meules de fromage. Une dégustation de *Bergkäse* (fromage de montagne) avec pain et vin coûte 7,80-10,90 €.

Käse-Molke Metzler FROMAGERIE
(05512-30 44 ; www.molkeprodukte.com ; Bruggan 1025, Egg ; 8h-midi et 13h-18h lun-ven, 8h-midi sam). Une fromagerie primée, aux bâtiments innovants, où l'on produit notamment un *Wälderkäse* ("fromage de la forêt"). La famille organise des visites de la ferme, des dégustations (adulte/enfant 19,50/gratuit €) et des ateliers de fabrication de fromage (69 €, 4 heures). L'enclos des chèvres et des vaches plaît aux enfants. Pour la traite, il faut compter 19,50 € par adulte (gratuit pour les enfants). Consultez les dates et les horaires sur le site Internet ; réservation indispensable.

Bergkäserei Schoppernau FERME
(www.bergkaeserei.at ; Unterdorf 248, Schoppernau ; 8h30-11h30 et 15h-18h lun-ven, 8h30-11h30 et 15h-17h sam). Découvrez les secrets de fabrication du fromage (et l'origine des trous dans l'emmental) dans cette ferme fromagère ouverte au public, connue pour son *Bergkäse* primé, fort en goût et affiné jusqu'à 12 mois.

Activités

Les montagnes alpines et les collines sont le terrain de jeux favori des adeptes de la randonnée, de l'escalade et du cyclisme en été. Les offices du tourisme locaux organisent des **promenades à thème**, dont certaines destinées aux familles. Les **parapentistes** peuvent s'élancer des montagnes à Andelsbuch, à Bezau et à Au-Schoppernau ; un vol en tandem coûte environ 100 €.

Ski alpin

Moins connu que d'autres régions autrichiennes, le Bregenzerwald possède un beau domaine skiable de 247 km de pistes, adapté aux niveaux débutant et intermédiaire, et au ski de randonnée (forfait 3 vallées 3/6 jours adulte 139/222 €, enfant 70/117 €). Les files d'attente aux remontées mécaniques sont quasi inexistantes et des bus gratuits font la navette entre les stations. Vous pouvez aussi traverser les forêts enneigées sur les pistes de ski de fond ou de raquettes, faire de la randonnée ou dévaler les pistes de luge à Au et à Damüls.

Baumgarten TÉLÉPHÉRIQUE
(www.seilbahn-bezau.at ; aller simple/aller-retour 13/19 € ; 9h-17h fin mars à déb nov ;). Rien de tel que ce téléphérique entre Bezau et Baumgarten pour s'offrir un splendide panorama sur le Bregenzerwald. De là-haut,

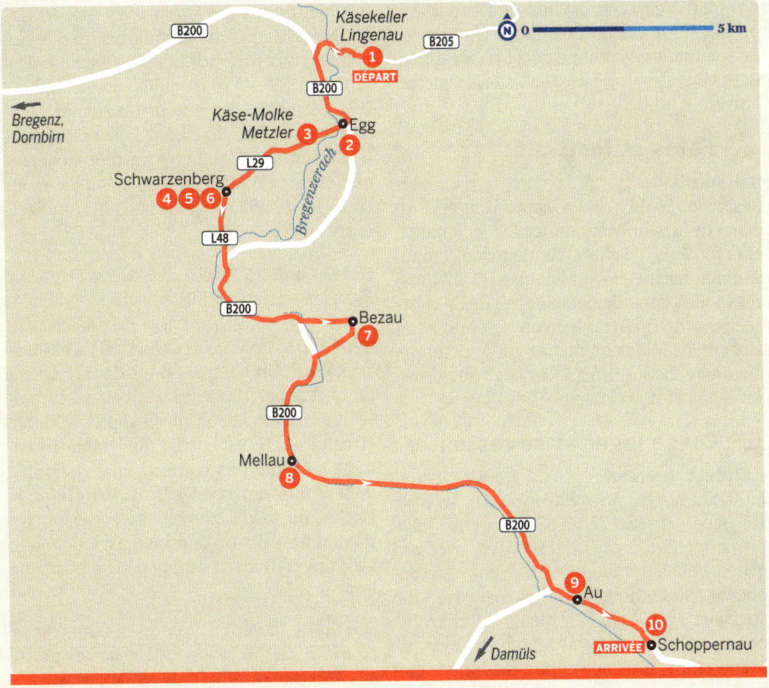

Circuit en voiture
La route du fromage du Bregenzerwald

DÉPART KÄSEKELLER LINGENAU
ARRIVÉE SCHOPPERNAU
DISTANCE 35 KM
DURÉE 4 HEURES

Bien qu'il ne s'agisse pas d'une route à proprement parler, cette *Käsestrasse* permet d'explorer la région laitière du Bregenzerwald en découvrant les produits du terroir au gré de fromageries, de caves à fromages, de fermes d'alpage (*Sennereien*) et d'auberges. Le circuit (40 min de route) sera l'occasion de nombreuses étapes pour faire des dégustations et en apprendre plus sur l'art de la production du fromage. La meilleure période va du printemps à l'automne. Voir le site www.kaesestrasse.at.

Visitez les caves de l'ultra-moderne 1 **Käsekeller Lingenau** (p. 362) pour découvrir l'affinage du fromage et goûter le *Bergkäse* ("fromage de montagne") avec un verre de vin. Rejoignez le joli village d' 2 **Egg**, puis, à 2,5 km à l'ouest, la 3 **Käse-Molke Metzler** (p. 362), une ferme-fromagerie d'avant-garde, où déguster le crémeux *Wälderkäse* ("fromage de forêt"), mi-vache mi-chèvre, ou participer à un atelier de fabrication de fromage (téléphonez au préalable).

Cap ensuite au sud-ouest jusqu'au village de 4 **Schwarzenberg**. Contemplez les tableaux exposés dans le 5 **musée Angelika Kauffmann** (p. 362) avant un déjeuner à la 6 **Gasthof Hirschen**. L'étroite route de campagne serpente ensuite jusqu'à 7 **Bezau**, à 7 km au sud-est, où la Bregenzerach coule au pied de versants boisés qui grimpent jusqu'à des rochers calcaires escarpés. Vous trouverez dans ce village des boutiques où vous procurer fromage, miel, herbes et *Schnaps*. Continuez au sud-est en direction de l'Arlberg et de 8 **Mellau**, dont l'office du tourisme organise des marches sur le thème du fromage en été.

Au sud-est toujours, le paisible village d' 9 **Au** offre une belle vue dégagée sur la vallée, notamment en automne. Terminez votre circuit par la 10 **Bergkäserei Schoppernau** (p. 362), où vous pourrez goûter le fameux *Bergkäse*.

on voit l'Allemagne, la Suisse et l'Autriche et on devine le lac de Constance (Bodensee). Le sommet est le point de départ de randonnées estivales et de descentes en raquettes l'hiver.

Fêtes et festivals

Schubertiade MUSIQUE
(☎05576-720 91 ; www.schubertiade.at). Au cours de la Schubertiade, les *Lieder* (chants) et la musique de chambre du grand compositeur autrichien Franz Schubert (1797-1828) sont joués dans de belles salles de Schwarzenberg (de fin avril à début octobre) et de Hohenems (dates en mai et juillet-octobre). On s'arrache les billets ; mieux vaut réserver le plus tôt possible.

Où se loger et se restaurer

Kräuterbauernhof SÉJOUR À LA FERME €
(☎05515-22 98 ; www.kuhforyou.at ; Argenau 116, Au ; d/tr/qua 52/67/82 €). Cette jolie ferme vieille de près de 400 ans, avec un grand chalet typique de la région, est un endroit fantastique où séjourner, avec de spacieux appartements pleins de charme, et un jardin d'herbes aromatiques. Si vous le souhaitez, vous pouvez aussi adopter une vache – le programme s'appelle "*Eine Kuh* (vache) *for you*". La ferme produit un lait de foin de haute qualité.

Bio-Pension Beer PENSION €
(☎05515-23 98 ; www.fairienwohnung.at ; Gräsalp 357, Schoppernau ; d 76-81 € ;). Les chambres claires et douillettes sont agrémentées de meubles en bois durable, qui provient de la forêt de la famille Beer. Vous aurez l'impression d'être chez vous dans cette retraite rurale écologique, avec eau de source, poules caquetant et picorant et produits bio au petit-déjeuner.

Hotel Bären HÔTEL €€
(☎0 5518 2207 ; www.baerenmellau.at ; Platz 66, Mellau ; s 91-115 €, d 150-193 € ;). L'hôtel Bären, chalet moderne dessiné par un architecte, est un établissement familial lumineux, au style épuré. Les studios mettent en valeur l'artisanat local et les matériaux durables. Les balcons ont vue sur la montagne et il y a un espace bien-être avec sauna finlandais et salle de détente.

Gasthof Hirschen HÔTEL HISTORIQUE €€€
(☎05512-29 44 ; www.hotel-hirschen-bregenzerwald.at ; Hof 14, Schwarzenberg ; d 189-270 €, ste 261-310 € ;). Cette auberge de 1755 a toujours très fière allure. Ce joli édifice en bois décoré de géraniums cache des couloirs aux plafonds bas, des recoins recelant des pièces d'antiquité, des chambres à la décoration unique et un espace bien-être tout aussi charmant. Au restaurant, les serveurs sont en habit traditionnel et les assiettes régionales (14 à 29 €) sont composées de gibier, de poisson, de fromages, entre autres.

Hotel Gams zu Zweit BOUTIQUE-HÔTEL €€€
(Gams Genisser & Kuschelhotel ; ☎05514-22 20 ; www.hotel-gams.at ; Platz 44, Bezau ; d 206-246 €, ste 310-350 € ;). Le Gams zu zweit ("Un chamois pour deux") est un hôtel glamour, dans des bâtiments à l'architecture innovante (dont un superbe édifice circulaire). Il est dédié au romantisme, dans les moindres recoins : une cheminée dans le fabuleux spa Da Vinci, des plafonds étoilés, un bain à remous avec vue sur les montagnes, un restaurant gastronomique avec une tour à vin – un lieu idéal pour une lune de miel !

Gasthaus Löwen AUTRICHIEN €
(☎05515-259 64 ; www.bergbrennerei-loewen.at ; Rehmen 87, Au ; plats sur le pouce 6,20-27,50 € ; ⏲10h-21h mer-sam). Cette taverne chaleureuse, toute bardée de bois, s'ouvre sur une terrasse. On y déguste de bons plats traditionnels : goulasch aux *Spätzle* (pâtes), rôti de porc au raifort. La famille y gère également une distillerie d'où sortent des *Schnaps* et liqueurs charpentés, parfumés au foin, à la gentiane, à la menthe...

Renseignements

L'**office du tourisme du Bregenzerwald** (☎05512-23 65 ; www.bregenzerwald.at ; Gerbe 1135, Egg ; ⏲9h-17h lun-ven), à Egg, devrait être votre première étape pour des informations sur les sites, activités et hébergements de la région. Les étagères sont bien fournies en cartes et brochures.

Depuis/vers le Bregenzerwald

De Bregenz, des bus desservent Bezau (6,50 €, 53 min) environ 2 fois/heure ; pour la plupart des autres destinations, il faut changer à Egg (4,80 €, 35 min). De Dornbirn, 2 bus quotidiens partent pour Schwarzenberg (34 €, 29 min), Mellau (7,60 €, 1 heure), Au (7,90 €, 1 heure 10) et Schoppernau (9,70 €, 1 heure 30) ; les horaires varient selon les saisons. Pour rejoindre Damüls depuis Bregenz

(11,80-15 €, 1 heure 40-2 heures 30), il y a une correspondance à Au. Pour les horaires, consultez le site www.vmobil.at.

Feldkirch

05522/33 420 HABITANTS/ALTITUDE 458 M

Ville la plus à l'ouest de l'Autriche, à la frontière de la Suisse et du Liechtenstein, Feldkirch est une jolie cité fortifiée située sur les rives de l'Ill, à proximité de son embouchure dans le Rhin. Son cadre est superbe au pied de montagnes boisées, de vignobles et d'une colline coiffée d'un château. Une promenade dans la vieille ville, classée monument historique, est un plaisir, avec ses ruelles pavées, ses places à arcades, ses tours et ses maisons aux tons pastel de l'époque médiévale. La ville s'anime en été, avec des cafés en terrasse et des festivals en plein air.

À voir et à faire

Château de Schatten CHÂTEAU

(Schattenburg ; www.schattenburg.at ; Burggasse 1 ; adulte/enfant 8/4 € ; 10h-17h avr-oct, 13h-16h sam, 11h-16h dim jan-mars). Perché sur une colline, ce château fort fut édifié au XIIIe siècle, sous le règne de Hugues Ier de Montfort, fondateur de la ville. Emblème de Feldkirch, il a fière allure avec ses ouvrages fortifiés, ses tours aux toits rouges et ses vignes grimpantes. Une montée ardue conduit aux remparts – belle vue sur les toits de Feldkirch. Jadis résidence des

Feldkirch

Feldkirch

Les incontournables
1 Cathédrale Saint-Nicolas C1
2 Château de Schatten D2

À voir
3 Porte de Coire ou porte du Sel A1
4 Tour aux Chats B1
5 Porte du Moulin B3

Activités
6 Dreiländerweg A2

Où se loger
7 Gutwinski Hotel B2

Où se restaurer
8 April C2
9 Gutwinski C2
10 Magma Köstliches B2
11 Wirtschaft Zum Schützenhaus D2

Où prendre un verre et faire la fête
12 Poolbar A3

comtes de Montfort jusqu'en 1390, avant que les Habsbourg ne l'accaparent, le château abrite aujourd'hui un petit **musée municipal** où sont exposés des objets d'art sacré, des costumes et des armes. Il y a aussi un restaurant, dans un joli cadre médiéval.

Cathédrale Saint-Nicolas ÉDIFICE RELIGIEUX
(Domkirche Sankt Nikolaus ; Domplatz ; 8h-midi et 13h-17h lun-jeu, 8h-midi ven). Reconnaissable à sa flèche élancée, la cathédrale de Feldkirch, la plus grande du Vorarlberg possède une large nef austère, agrémentée d'éléments gothiques tardifs et de vitraux. La peinture de l'autel latéral, une *Descente de Croix*, est due à Wolf Huber (1480-1539), peintre et dessinateur né à Felkirch et grand représentant de l'école du Danube, avec Albrecht Dürer.

Wildpark PARC ANIMALIER
(www.wildpark-feldkirch.at ; Ardetzenweg 20 ; lever-coucher du soleil ;). GRATUIT Face au château de l'autre côté de la ville, l'Ardetzenberg (631 m) est une colline densément boisée, avec un parc animalier à l'extrémité nord. Celui-ci comprend un chemin forestier, un terrain de jeux, des aires de barbecue, et de grands enclos où évoluent des marmottes, des bouquetins et des sangliers. Depuis le centre, grimpez les marches en pierre du Himmelsstiege, puis du Weinbergstiege. Comptez 20 minutes à pied.

Porte de Coire ou porte du Sel PORTE
(Churertor ou Salztor ; Heiligkreuzbrücke ; en retrait de Hirschgraben). Si les anciennes fortifications de la ville ont presque toutes disparu, quelques portes et tours subsistent, à l'image de la porte du Sel (Salztor), avec son pignon à redents. Elle s'ouvrait autrefois sur le pont par lequel on enjambait l'Ill pour transporter le sel vers la Suisse et la ville de Coire (Chur en Allemand, d'où son autre nom) dans le canton des Grisons, avec laquelle elle entretenait un négoce florissant. Un peu plus loin, ne manquez pas la **tour aux Chats** (Katzenturm ; mais ses *Katzen* feraient en fait référence à des canons), de 1507, qui fait aussi partie des fortifications. Cette haute tour ronde a été plus tard convertie en clocher. Quant à la **porte du Moulin** (Mühletor), elle est aussi connue sous le nom de porte des Porcs car proche du marché aux porcs.

Dreiländerweg CYCLOTOURISME
(Chemin des trois pays). La région de Feldkirch est sillonnée de pistes cyclables, dont le Dreiländerweg (le "chemin des trois pays") de 30 km, qui traverse de superbes paysages en Autriche, en Suisse et au Liechtenstein. Procurez-vous la carte gratuite Feldkircher Radwegkarte à l'office du tourisme.

Fêtes et festivals

Gauklerfestival FESTIVAL
(fin juil). Jongleurs (*Gaukler*) et cracheurs de feu distraient les foules lors de cette grande fête de rue.

Lichtstadt SPECTACLES LASER
(lichtstadt.at ; déb oct). GRATUIT Chaque année paire, Feldkirch se pare d'installations lumineuses et des spectacles laser sont organisés dans toute la vieille ville (*Altstadt*).

Où se loger

Junges Hotel Feldkirch AUBERGE DE JEUNESSE €
(05522-731 81 ; www.jugendherberge-feldkirch.at ; Reichsstrasse 111 ; dort/d 15,50/45 € ;). Un dispensaire remontant à 700 ans a été transformé en une auberge HI pleine de charme, avec poutres apparentes, salon aux plafonds voûtés et cour tapissée de lierre. Un escalier en colimaçon conduit aux dortoirs lumineux, avec lits superposés en pin. Les bus n^{os}59, 60 et 68 s'arrêtent devant. La jolie enseigne à l'extérieur spécifie *Jugend Herberge*.

Gutwinski Hotel BOUTIQUE-HÔTEL €€
(05522-721 75 ; www.gutwinski.cc ; Rosengasse 4-6 ; s/d 122/192 €, ste 448 € ;). Nichée dans une petite rue calme de la vieille ville, cette maison de négociants du XVIe siècle conserve une touche de romantisme à l'ancienne avec son jardin ombragé par les citrus et son salon Biedermeier. Les chambres mêlent contemporain et classique – bois lisse, couleurs douces, miroirs et tissus opulents. Les suites augmentent d'un cran le niveau de luxe. La carte du restaurant affiche des classiques autrichiens modernisés.

Où se restaurer

April CAFÉ €
(www.aprilcafe.at ; Neustadt 39 ; petit-déj 3,90-9,90 €, déj 13 € ; 9h-18h jeu-lun ;). Des pots de fleurs et des arrosoirs renversés guident jusqu'à ce café branché et détendu.

Installez-vous dans un canapé ou sur la petite terrasse pour un café crème orné d'une fleur ou d'un papillon (Ingo est un "artiste du café"). Petits-déjeuners somptueux, sandwichs, dhals ayurvédiques et pâtisseries véganes figurent à la carte, entièrement bio.

Magma Köstliches INTERNATIONAL €€
(05522-322 55 ; www.koestliches.at ; Schmiedgasse 12 ; plats 12-17 € ; 9h-18h30 mar-ven, 9h-15h sam ;). À la fois épicerie-traiteur et bistrot, le Magma célèbre les produits régionaux de qualité. On mange sous les voûtes, et les murs blancs sont décorés d'œuvres d'art dans un esprit minimaliste. Petits-déjeuners créatifs, plats savoureux (y compris végétariens et végans), tels le risotto aux cèpes ou le poulet tandoori et sa salade pastèque-mozzarella *di buffala*.

Wirtschaft Zum Schützenhaus AUTRICHIEN €€
(05522-852 90 ; www.schuetzenhaus.at ; Göfiser Strasse 2 ; plats 11,50-17,50 € ; 17h-minuit lun, jeu et ven, 10h-minuit sam, 10h-22h dim ;). *Schiessen und Geniessen* ("Tirez et savourez !") est la devise de cette taverne bardée de bois, où les serveurs en *Lederhosen* apportent *Schnitzel* (escalope panée) et *Kässpätzle* (pâtes aux fromage et oignons) aux clients. Le jardin ombragé a une vue imprenable sur le château et les Alpes au-delà.

Gutwinski AUTRICHIEN €€€
(05522-721 75 ; www.gutwinski.cc ; Rosengasse 4-6 ; plats 21,90-45,90 €, menu 5 plats 70,50 € ; midi-14h et 18h-23h mar-sam). Les jours de beau temps, installez-vous sur la terrasse ombragée pour déguster un *Wiener Schnitzel* (escalope de veau panée) aux pommes de terre persillées et au coulis de canneberges, ou un plat plus original tel l'omble chevalier avec sa mousse de gingembre et son concombre au gin. Terminez par une crème brûlée et sa boule de glace à la lavande. En hiver, dînez aux chandelles et au chaud dans un intérieur tout de beige et de velours violet.

Où prendre un verre et faire la fête

Poolbar BAR
(www.poolbar.at ; Reichenfeldgasse 9). L'ancienne piscine municipale de Feldkirch, dans le quartier de Reichenfeld, a trouvé un second souffle grâce au Poolbar ultra-branché, site du **Poolbar Festival** (www.poolbar.at ; déb juil à mi-août) – festival annuel musical et culturel : événements, gratuits pour la plupart, des concerts, ballets et récitals de slam aux spectacles de jongleurs et aux soirées DJ.

Renseignements

L'**office du tourisme** (05522-9009 ; www.feldkirch.travel ; Montfortplatz 1 ; 9h-midi et 13h-17h lun-ven, 9h-midi sam) fournit de multiples informations et des cartes gratuites de la ville.

Depuis/vers Feldkirch

Des trains desservent au nord Bregenz (7,60 €, 32 min) et Dornbirn (5,40 €, 21 min), et au sud-est Bludenz (5,40 €, 15 min).

Feldkirch est situé sur l'A14 en direction de Bregenz, à 30 minutes au nord et à 15 minutes de Bludenz, en direction du sud-est. La ville longe la frontière avec le Liechtenstein, que l'on peut rejoindre *via* l'A13, au sud-ouest de la ville.

Bludenz

05552/14 577 HABITANTS/ALTITUDE 588 M

Bienvenue à Bludenz, la "porte des Alpes" entourée de massifs montagneux qui forment une spectaculaire toile de fond. Bienvenue aussi dans la seule ville d'Autriche, voire du monde, qui peut se vanter de posséder des vaches violettes : les vaches Milka, bien sûr, de la fabrique Suchard. Cela dit, la vieille ville est très charmante, avec ses édifices à arcades qui rappellent l'âge d'or de Bludenz, quand elle était le siège des gouverneurs Habsbourg de 1418 à 1806. Et, sans surprise, cette cité alpine fait également une bonne base pour explorer les cinq vallées alentour (Klostertal, Montafon, Brandnertal, Grosswalsertal et Walgau).

À voir

Église Saint-Laurent ÉGLISE
(Laurentiuskirche ; Mutterstrasse, Schloss-Gayenhof-Platz 6 ; 9h-17h). Grimpez l'escalier couvert jusqu'à cette église paroissiale gothique, dominée par un clocher à bulbe octogonal. La vue sur les toits de la ville jusqu'aux Alpes est magnifique.

Activités

Pour découvrir les sites de Bludenz, participez à une visite gratuite de la ville organisée par l'office du tourisme (à 10h15 le jeudi, de mi-mai à octobre).

Il existe 15 domaines skiables dans un rayon de 30 km et les bus de ski depuis/vers Bludenz sont parfois compris dans les forfaits. La randonnée et le vélo comptent parmi les autres activités prisées ; l'office du tourisme dispose d'épaisses brochures sur les activités de plein air estivales et hivernales.

Muttersberg RANDONNÉE
(www.muttersberg.eu ; Hinterplärsch ; téléphérique adulte/enfant aller 10/5,80 €, aller-retour 18/10,40 € ; téléphérique 9h-17h). À environ 1 km au nord du centre-ville, un téléphérique grimpe jusqu'à ce pic à 1401 m, point de départ de nombreux chemins de randonnée, de marches nordiques et de pistes cyclables. Si vous ne souhaitez pas marcher, prenez le bus n°1 devant la gare ferroviaire jusqu'à la gare du téléphérique.

Centre d'escalade Klimmerei ESCALADE
(www.klimmerei.at ; Quadrella 10, Bürs ; adulte/enfant 12,50/7,60 € ; centre 6h-22h, billetterie 18h-22h lun-ven, 14h-18h sam-dim ;). Entraînez-vous sur des blocs d'escalade avant de vous attaquer aux Alpes. Cet excellent centre est cogéré par le Club alpin autrichien.

Fêtes et festivals

Fête du chocolat Milka ALIMENTATION
(www.milkaschokofest.at ; déb juil ;). Bludenz organise en juillet la fête du chocolat Milka, où une tonne de chocolat est distribuée sous forme de prix. Un défilé mauve sur le thème des vaches est également organisé, avec de la musique, des jeux et des enfants dopés au sucre.

Où se loger

Das Tschofen BOUTIQUE-HÔTEL €€
(05552-208 77 ; www.dastschofen.at ; Rathausgasse 2 ; s/d €115/180 ;). Une épatante nouvelle adresse à Bludenz, dans 2 grandes maisons de commerce inscrites au patrimoine historique du pays remarquablement reconverties, entre décoration contemporaine et pierres. Les 11 chambres aux murs blancs et parquets massifs affichent une élégance épurée, rehaussée de touches safran et détails d'époque, à l'image des moulures aux plafonds. Le spa, le jardin et le restaurant très en vue ne gâchent rien.

Schlosshotel Dörflinger HÔTEL HISTORIQUE €€
(05552-630 16 ; www.schlosshotel.cc ; Schloss-Gayenhof-Platz 5 ; s 85-125 €, d 137-178 € ; P @). Accroché aux falaises qui dominent Bludenz, un hôtel élégant aux chambres modernes, la plupart avec balcon. Il y a une terrasse face aux montagnes pour les soirs d'été, et un beau restaurant (plats 16-30 €) de spécialités autrichiennes. Prêt gracieux de VTT aux hôtes.

Où se restaurer

Remise CAFÉ €
(www.cafe-remise.at ; Am Raiffeisenplatz 1 ; déj 8,60-13,60 €, en-cas 4-8 € ; 11h-minuit mar-ven, 10h-minuit sam ;). Ce café contemporain séduit une clientèle bohème et on y sert des plats légers, des tartines comme des salades créatives. Le centre culturel voisin accueille régulièrement des expositions, des projections de films et des concerts. Aire de jeux pour les enfants à l'extérieur.

Wirtshaus Kohldampf AUTRICHIEN €€
(05552-653 85 ; www.fohren-center.at ; Werdenbergerstrasse 53 ; déj 8,90 €, plats 8,90-22,40 € ; 16h-22h30 mer-jeu, 16h-minuit ven, 11h-minuit sam, 11h-22h dim). À 5 minutes de marche à l'ouest du centre, une vaste brasserie pub avec *Biergarten*. On y sert des classiques, tels que *Schnitzel*, rôti de porc et goulasch, à accompagner de bière Fohrenburger de la brasserie en face. Au sein du Fohren Center qui combine gastronomie et divertissements (bowling)

Achats

Boutique Milka CHOCOLAT
(Fohrenburgstrasse 1 ; 9h-midi lun, 9h-16h30 mar-ven). Faites le plein de chocolats et découvrez comment ils sont fabriqués à la boutique Milka.

Renseignements

En plein cœur du centre historique, l'**office du tourisme** (05552-302 27 ; www.vorarlberg-alpenregion.at ; Mutterstrasse 1a ; 9h-13h et 14h-17h lun-ven, 9h-midi 30 sam) est une bonne source d'information sur Bludenz et ses environs.

Depuis/vers Bludenz

Bludenz se situe sur la ligne ferroviaire est-ouest des express InterCity (IC) qui desservent Innsbruck (29,60 €, 1 heure 45, ttes les 2 heures) et Bregenz (11,80 €, 46 min, ttes les heures).

L'autoroute A14 passe au sud de l'Ill et du centre-ville. Les bus circulent dans les cinq vallées autour de Bludenz.

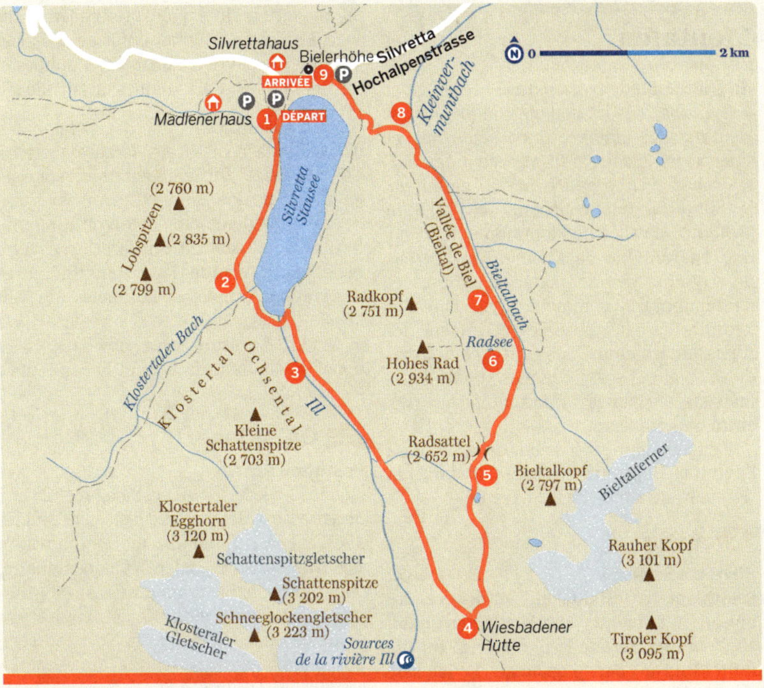

Sentier de randonnée
Le circuit du Radsattel, Bielerhöhe

DÉPART BIELERHÖHE
ARRIVÉE BIELERHÖHE
DISTANCE 15 KM
DURÉE 5-6 HEURES

C'est l'une des randonnées les plus spectaculaires du Vorarlberg, qui permet d'explorer deux vallées reliées par un col, et conduit sur des montagnes et des glaciers à plus de 3000 m. À effectuer de préférence en juillet ou août, l'itinéraire exige une bonne forme physique. La carte n°26 au 1/25000 d'Alpenvereinskarte, *Silvrettagruppe*, décrit le sentier en détail.

Du parking du 1 **Silvretta Stausee** (p. 370), traversez le barrage pour rejoindre le chemin bien tracé qui longe la rive ouest du lac turquoise. À l'extrémité sud du lac, traversez un pont au-dessus du 2 **Klostertaler Bach**, puis un autre au-dessus de l' 3 **Ill**. Au croisement, prenez à droite sur le sentier avec un panneau indiquant le refuge Wiesbadener Hütte.

Un amphithéâtre de glaciers bleutés et crevassés apparaît à mesure que vous grimpez. Continuez l'ascension en vous arrêtant pour un rafraîchissement sur la terrasse du 4 **Wiesbadener Hütte** après environ 2 heures de marche. Derrière le refuge, prenez à gauche vers le Radsattel sur un sentier balisé en rouge et blanc qui zigzague de façon abrupte sur le versant et traverse un ruisseau. Restez à droite et grimpez une pente surmontée d'un grand cairn. Traversez un bassin peu profond avant l'ascension finale jusqu'au 5 **Radsattel** (2652 m), où un panneau indique la frontière du Vorarlberg et du Tyrol, à 1 heure-1 heure 30 du refuge.

Descendez ensuite le versant est du col en tentant d'apercevoir des bouquetins. Vous passerez par plusieurs petits lacs, dont le 6 **Radsee**, en prenant le sentier qui descend vers la 7 **Bieltal** (vallée de Biel). Suivez la rive ouest du 8 **Bieltalbach**, puis contournez le Silvretta Stausee sur la droite, vers l'ouest. De retour à la route principale, prenez à gauche et parcourez 300 m pour revenir à 9 **Bielerhöhe** (1 heure 30-2 heures du Radsattel).

Montafon

16 545 HABITANTS

Au sud de Bludenz, la nature préservée et le *Schnaps* de Montafon ont conquis Ernest Hemingway quand il vint séjourner et skier ici en 1925 et 1926, et écrivit *Le soleil se lève aussi*. Dominée par le massif de la Silvretta, que couronne le Piz Buin (3 312 m), la vallée de Montafon s'étend sur une quarantaine de kilomètres au cœur de paysages de montagne grandioses et d'innombrables sommets. C'est l'un des endroits les plus paisibles et intacts des Alpes autrichiennes. Les petites communes de la vallée sont connues pour leurs maisons typiques (*Montafonerhaüser*), entre bois et pierre.

Partenen marque le début de la sinueuse Silvretta Hochalpenstrasse (23 km), la “haute route alpine de la Silvretta”.

À voir

Silvretta Stausee LAC

Scintillant à 2030 m au-dessus du niveau de la mer, ce superbe lac aux eaux aigue-marine reflète le pic enneigé du Piz Buin (3 312 m) par temps clair. Le lac sert de point de départ et d'arrivée au circuit du Radsattel (p. 369), une boucle belle mais difficile, de 5-6 heures (15 km), qui traverse le Radsattel à 2652 m, en passant d'une vallée à une autre.

Silvretta Hochalpenstrasse HAUTE ROUTE ALPINE

(www.silvretta-bielerhoehe.at ; voiture/moto 16,50/13,50 € ; déb juin-fin oct). Longue de 23 km, la fameuse “haute route alpine de la Silvretta” serpente sous des pics de plus de 2500 m avant de grimper en une trentaine d'incroyables lacets serrés jusqu'au col du Bielerhöhe (2036 m), pour rejoindre le Tyrol. Le Silvretta Stausee se trouve au sommet du col. Magnifique.

Activités

Des kilomètres de chemins alpins, dont le circuit du Radsattel (p. 369), attirent les randonneurs en été. Les téléphériques et remontées mécaniques sont compris dans la Montafon-Brandnertal Card (3/7 jours 51/84 €).

En hiver, Montafon séduit les familles avec ses 246 km de pistes peu fréquentées et ses possibilités de ski de fond, de balades en raquettes, de ski de randonnée et de luge. Le Skipass-Montafon (forfait 3/6 jours 150/269 €) couvre les transports publics et les 19 remontées mécaniques de la vallée.

Silvretta Montafon SPORTS D'HIVER

(www.silvretta-montafon.at ; Vorarlberg ; forfait 1/2 jours 59/115 €). L'emblématique sommet en flèche du Piz Buin (3312 m) vous fait de l'œil au domaine de Silvretta-Montafon. Isolée au sud-est du Vorarlberg, cette belle vallée respire la tranquillité, avec des stations simples et familiales qui font la joie des skieurs de tous niveaux. Il y a là 140 km de pistes et un snowpark, et les opportunités pour la luge et la randonnée sont nombreuses.

Où se loger

Posthotel Rössle HÔTEL HISTORIQUE €€

(05558-8333 ; www.posthotel-roessle.at ; Dorfstrasse 4, Gaschurn ; d demi-pension 156-314 € ; P). Il est dit qu'Hemingway a séjourné dans ce chalet 2 fois centenaire, tenu par l'aimable famille Kessler (5e génération). L'hôtel, situé à proximité du domaine skiable de Silvretta Nova, possède des chambres bien tenues, un superbe restaurant lambrissé, des piscines intérieure et extérieure, et un spa.

Silvrettahaus REFUGE €€

(05558-42 46 ; www.silvretta-bielerhoehe.at ; s/d 73,50/121 €, demi-pension 91/156 € ; mi-juin à déb oct et mi-déc à Pâques). Pour une autre forme de confort à 2000 m d'altitude, choisissez le Silvrettahaus à Bielerhöhe. Architecture innovante et tout en courbes pour le bâtiment principal, avec des chambres lumineuses et contemporaines, et une vue fabuleuse sur les montagnes.

Renseignements

Montafon Tourismus (050-668 62 00 ; www.montafon.at ; Bahnhofstrasse 28, Schruns ; 8h-midi et 13h-18h dim-ven, 9h-midi et 15h-18h sam-dim). Informations sur les hébergements et les activités dans la vallée.

Depuis/vers Montafon

Des trains circulent fréquemment de Bludenz à Schruns (3,30 €, 19 min), d'où 5 bus continuent jusqu'à Partenen (4 €, 38 min), au pied du col de la Silvretta. De mi-juillet à mi-octobre, 8 bus grimpent chaque jour de Partenen au Silvretta Stausee (4 €, 31 min).

LASZLO SZIRTESI/SHUTTERSTOCK ©

Comprendre l'Autriche

La Marmorsaal (salle de marbre) dans le château Mirabell (p. 249), Salzbourg

Histoire

Si le territoire autrichien n'est guère vaste, le pouvoir des Habsbourg s'est étendu sur plusieurs continents durant des siècles. Leur empire fut un temps au centre des jeux politiques et hautes sphères culturelles, comme en témoignent les palais, monastères et cathédrales du pays. De la grandeur impériale au bouillonnement intellectuel, de l'annexion à l'occupation, puis à la transition démocratique, l'Autriche a connu une histoire mouvementée, tantôt l'écho, tantôt le moteur des soubresauts européens.

Civilisations et empires

Il y a 30000 ans, durant l'ère glaciaire, les régions alpines autrichiennes, froides et inhospitalières, étaient quasi impénétrables pour les hommes et les bêtes. Tandis que les mammouths arpentaient encore ces territoires, les premiers établissements humains apparurent en Basse-Autriche, dans les plaines et la vallée du Danube, plus accessibles. Demeurent de cette période plusieurs trouvailles archéologiques, parmi lesquelles de petites figures votives, exposées au Muséum d'histoire naturelle de Vienne. La plus célèbre est la Vénus de Willendorf, découverte en 1908 dans la région de la Wachau, dans la vallée du Danube. Haute de 11 cm, cette statuette de calcaire aux formes épanouies daterait d'il y a environ 25000 ans.

Une civilisation protoceltique, dite culture de Hallstatt - du nom du village du Salzkammergut où une nécropole fut mise au jour -, connut son apogée dans la région vers 800 av. J.-C. Elle exploitait les mines de sel et entretenait des relations commerciales avec la Méditerranée. En plein âge du fer (450 av. J.-C.), d'autres Celtes arrivèrent de Gaule et s'implantèrent dans la vallée du Danube et dans les régions riches en sel des environs de l'actuelle Salzbourg. Ils entrèrent en contact avec les Illyriens, venus des Balkans, et les proto-Celtes de la culture de Hallstatt. Peu à peu, un royaume illyrien-celtique prit forme, le Norique, qui s'étendait de l'est du Tyrol au Danube et à la lisière orientale des Alpes, en Carinthie, et recouvrait une partie de la Bavière (Allemagne) et de la Slovénie actuelles. Aujourd'hui, les musées et les mines de sel des villes de Hallstatt et de Hallein offrent un aperçu de l'époque.

CHRONOLOGIE

30000-25000 av. J.-C.

Réalisation de la Vénus de Galgenberg ("Fanny la danseuse", 30000 ans) et de la Vénus de Willendorf (25000 ans), exposées au Muséum d'histoire naturelle de Vienne.

3300 av. J.-C.

Décès et momification d'Ötzi dans un glacier de l'Ötztal.

800-400 av. J.-C.

À l'âge du fer, apparition de la civilisation de Hallstatt dans le sud du Salzkammergut, avec l'exploitation des mines de sel, puis arrivée des Celtes vers 450 av. J.-C.

Les Romains

Après avoir franchi les Alpes en 15 av. J.-C. et investi le sud du Danube, les Romains partagèrent les régions autrichiennes en zones administratives, construisirent des *limes* (fortifications) et fondèrent des villes telles que Carnuntum, Vindobona (la future Vienne), Brigantium (Bregenz), Juvavum (Salzbourg), Flavia Solva (Leibnitz, en Styrie), Aguntum et Virunum (au nord de Klagenfurt). L'effondrement de l'Empire romain d'Occident au Ve siècle créa un vide dans lequel s'engouffrèrent de nouvelles tribus : les Alamans germaniques dans le Vorarlberg, les Slaves en Carinthie et en Styrie, et les Bavarois dans le sud du Danube, en Haute et Basse-Autriche, dans le Tyrol et autour de Salzbourg. Si, sous l'influence notable des Bavarois, s'affirma un vaste bassin culturel germanophone, leur mainmise politique resta limitée à sa partie occidentale, l'Est ayant vu se succéder les Lombards, puis les Avars, qui s'y maintinrent pour 2 siècles avant d'en être chassés par les Francs.

L'Empire carolingien

Au sortir de l'intermède de troubles, marqués d'incursions et de luttes de pouvoir, consécutif à la chute de Rome, la stabilité revint avec l'essor, au VIIIe siècle, de l'Empire carolingien. Celui-ci atteignit son apogée sous Charlemagne (747-814), qui le modela sur l'Empire romain, dont il se tenait pour le continuateur légitime. Présage de l'histoire future de l'Autriche, Charlemagne créa dans la vallée du Danube une région tampon, plus tard baptisée Ostmark (Marche de l'Est), qui marquait la frontière orientale de son territoire. En 800, il fut couronné empereur par le pape.

La dynastie des Babenberg

Le sort de la future Autriche prit un tour décisif en 976, lorsque l'Ostmark tomba entre les mains de Léopold de Babenberg (940-994), descendant d'une famille bavaroise noble, qui la reçut d'Otton II (955-983), souverain du Saint-Empire romain germanique (une entité ayant commencé à se former au Xe siècle, tandis que se délitait l'Empire carolingien), en récompense de son soutien durant une révolte en Bavière. Au XIe siècle, les Babenberg, étaient parvenus à agrandir leur petit territoire pour y ajouter l'essentiel de la Basse-Autriche actuelle (y compris Vienne) et, un siècle plus tard, la Styrie (1192) et la majeure partie de la Haute-Autriche. En 1156, sous Henri II Jasomirgott, de la maison des Babenberg, l'Ostmark, restée jusque-là une frontière politique, fut élevée au rang de duché (donc dotée d'un duc et de droits spéciaux). Vienne devint sa capitale.

En 1246, le duc Frédéric II fut tué dans une bataille contre les Hongrois, provoquée par un conflit sur le tracé de la frontière entre ses possessions autrichiennes et la Hongrie. Sa mort sans héritier permit à l'ambitieux Ottokar II, roi de Bohême, de prendre le contrôle du duché. Il affermit

Le saint patron de l'Autriche est saint Léopold III de Babenberg (1073-1136), dit "le Bon". Il est célébré en tant qu'artisan du développement du pays et fondateur de nombreux monastères.

15 av. J.-C.-600

Les Romains nouent des relations avec les Celtes et les tribus nordiques, et occupent la Rhétie, la Norique et la Pannonie, territoires ensuite envahis par les Slaves, les Germains et d'autres tribus.

An 8

Vindobona, l'ancêtre de l'Innere Stadt ("ville intérieure") de Vienne, est incorporée dans la province romaine de Pannonie.

795

Charlemagne crée une zone tampon dans la vallée du Danube, qui marque la frontière est de son empire.

962

Le couronnement d'Otton Ier marque la naissance officielle du Saint-Empire romain germanique

ses revendications sur les terres des Babenberg en épousant la veuve de Frédéric II. Son refus de prêter allégeance à Rodolphe de Habsbourg, élu au trône du Saint-Empire romain germanique en 1273, entraîna l'un des plus célèbres affrontements de l'histoire autrichienne. En 1278, la maison des Habsbourg et son ennemi juré, le royaume de Bohême mené par Ottokar II (qui possédait désormais la Styrie et la Carinthie), se livrèrent bataille dans le Marchfeld, à 30 km au nord-est de Vienne. Ottokar, retardé dans sa progression pour avoir voulu s'emparer de la forteresse de Drosendorf, fut tué lors de la bataille, ce qui permit aux Habsbourg de régner sans partage sur l'Autriche. Cet événement marqua le début de leur mainmise sur le Saint-Empire jusqu'à sa dissolution, en 1806.

La mâchoire et la lèvre inférieures proéminentes, un trait caractéristique des premiers Habsbourg, sont discrètement dissimulées dans les portraits officiels, les artistes ne se risquant pas à offenser les têtes couronnées.

Le Saint-Empire

L'emprise des Habsbourg sur le trône fut d'abord précaire. Le Grand Interrègne, qui avait précédé l'élection de Rodolphe Ier, n'avait pas permis au Saint-Empire de se doter d'un monarque durable et incontesté. À la mort de Rodolphe en 1291, les Habsbourg perdirent la couronne pendant plusieurs années jusqu'à la mort de son successeur tué par les Hongrois. Le fils de Rodolphe, Albert Ier, fut alors élu empereur en 1298.

Les Habsbourg subirent plusieurs défaites humiliantes, notamment face aux Suisses. Pour tenter de maintenir la paix après la mort de Rodolphe Ier, ceux-ci avaient entrepris de former des unions politiques qui s'opposèrent aux Habsbourg à maintes reprises, jetant les bases d'une plus grande autonomie qui allait permettre bien plus tard à la Suisse d'obtenir son indépendance.

Toutefois, en Autriche même, les Habsbourg parvinrent à consolider leur position : la Carinthie et la région slovène de la Carniole perdirent leur indépendance et furent annexées en 1335, suivies par le Tyrol en 1363. Ces succès permirent au duc d'Autriche Rodolphe IV (1339-1365) de développer son empire : il fonda l'université de Vienne en 1365 et fit construire en 1359 ce qui reste aujourd'hui le monument le plus visible de cette ville, la cathédrale gothique Saint-Étienne, gagnant pour la postérité le surnom de Rodolphe le Fondateur.

Dans le giron des Habsbourg

C'est le mariage et non la guerre qui constitua la clé de l'expansion territoriale des Habsbourg et de leur pérennité dynastique. Comme l'écrivit le roi hongrois Mathias Corvin (1440-1490) en s'inspirant d'Ovide : "Que d'autres fassent la guerre, mais toi, heureuse Autriche, marie-toi ! Car les Empires que Mars donne à d'autres, c'est Vénus qui te les accorde."

Cette série de mariages arrangés démarra avec Maximilien Ier (1459-1519), surnommé "le dernier chevalier" en raison de son goût pour les tournois. Son autre passion le portait sur l'art de ce début de Renaissance,

976 et 996	1137	1156	1192
Les Babenberg reçoivent l'Ostmark en 976 et l'administrent en tant que margraves ; en 996, première mention écrite de ce territoire sous le nom d'Ostarrîchi.	Première mention de la cité de Vienne, dans le traité de Mautern entre les Babenberg et les évêques de Passau.	Pour compenser la perte de la Bavière, l'Autriche devient un duché (Privilegium Minus) ; Heinrich Jasomirgott (1107-1177), un Babenberg, en est le premier duc, basé à Vienne.	Léopold V de Babenberg (1157-1194) reçoit la Styrie, à la condition d'en faire une partie intégrante de l'Autriche. La Styrie englobe ensuite une partie de la Slovénie, de la Basse-Autriche et de la Haute-Autriche.

notamment les travaux d'Albrecht Dürer (1471-1528), auquel il demanda de travailler, avec d'autres, sur son monument funéraire, qu'on peut aujourd'hui admirer dans l'église impériale d'Innsbruck.

Le mariage de Maximilien avec Marie de Bourgogne (1457-1482) fut déterminant pour les Habsbourg. À la mort de son épouse, victime d'une chute de cheval et d'une fausse couche en 1482, le souverain entra en effet en possession de la Bourgogne, de la Lorraine et des Pays-Bas, régions alors de premier plan en matière de culture, de prospérité économique et d'art. Cet événement marqua le début de plusieurs siècles de rapports difficiles avec la France.

S'inscrivant aussi dans cette politique matrimoniale habile, le "mariage espagnol", en 1496, vit le fils de Maximilien, Philippe le Beau, épouser Jeanne de Castille, dite Jeanne la Folle (1479-1555) : l'Espagne et ses possessions d'Amérique centrale et du Sud, riches en ressources naturelles, devinrent alors habsbourgeoises. Leur fils, Ferdinand Ier (1503-1564), épousa à son tour Anne Jagellon, fille du roi de Hongrie et de Bohême (1503-1547), aux termes d'un accord que son grand-père Maximilien Ier avait convenu avec le roi Vladislav II (1456-1516). Par le

L'AUTRICHE ET LE SAINT-EMPIRE

Les fondations du Saint-Empire romain germanique furent jetées lorsque le roi carolingien Pépin le Bref (vers 715-768) eut apporté son aide au pape, alors en difficulté. Celui-ci lui attribua le titre de *Patricius Romanorum* (protecteur de Rome), faisant de lui le successeur de César. Le titre "kaiser" (empereur) est, tout comme "tsar", son pendant slave, dérivé du mot César. Pépin le Bref possédait des conquêtes italiennes, notamment l'actuel Vatican, dont il fit don au pape. Son fils Charlemagne poursuivit cette tradition de protection et fut sacré empereur à Rome en 800 par le pape. En 962, le couronnement d'Otton Ier (912-973) marqua la naissance officielle du Saint-Empire romain germanique.

Le souverain était élu par une poignée de princes électeurs au terme de tractations politiques. Cependant, pour passer à l'étape suivante et devenir empereur, donc protecteur du pape, il lui fallait être couronné par ce dernier, ce qui n'allait pas forcément de soi. En 1338, les princes électeurs, lassés de cet état de choses, décidèrent de nommer eux-mêmes leur empereur sans s'en remettre au bon vouloir du pape.

En 972, juste avant la mort d'Otton Ier, les frontières de l'Empire englobaient l'Autriche, la Slovénie, la République tchèque, l'Allemagne, la Hollande et la Belgique actuelles, ainsi qu'une grande partie de la péninsule italienne. Ces frontières fluctuèrent au fil du temps. À l'avènement de Rodolphe Ier en 1273, l'ensemble du territoire, ou ce qu'il en restait, passa aux mains des Habsbourg.

Le Saint-Empire fut officiellement dissous en 1806 alors que Napoléon Bonaparte était lancé à la conquête de l'Europe. Double monarchie créée en 1867 sur un compromis, l'Empire austro-hongrois n'était plus que la survivance de son pendant médiéval.

1246-1278

Mort du dernier Babenberg en 1246. Élu à la tête du Saint-Empire en 1273, Rodolphe Ier de Habsbourg défait Ottokar II de Bohême à la bataille du Marchfeld en 1278.

1315

La bataille de Morgarten est remportée, au sud de Zürich, par les troupes confédérées de 3 cantons, opposées à celles du duc Léopold Ier de Habsbourg.

1335 et 1363

En 1335, Louis IV de Bavière (1314-1347) donne aux Habsbourg la Carinthie qui vient s'ajouter à l'Autriche (Ostarrîchi) et à la Styrie. En 1363, le Tyrol leur revient à la mort de Margarethe Maultasch (1318-1363).

1419-1436

L'Empire mène, en Bohême, une série de croisades contre l'hérésie hussite, un mouvement tenu pour précurseur du protestantisme, et inspiré par Jan Hus, un prêtre mort sur le bûcher en 1415.

même accord, Marie de Habsbourg (1505-1558) entra par mariage dans la dynastie polonaise et lituanienne des Jagellon, dont étaient traditionnellement issus les rois de Pologne, de Bohême et de Lituanie. En 1526, au décès de son époux Louis II (1506-1526), mort noyé dans un affluent du Danube au cours de la bataille de Mohács contre les Turcs, la Silésie (en Pologne), la Bohême (dans l'actuelle République tchèque) et la Hongrie passèrent aussi aux mains des Habsbourg.

Sous Charles Quint (1500-1558) et l'ère de la monarchie universelle, les Habsbourg ajoutèrent à leur empire le royaume de Naples (l'Italie du Sud, y compris la Sicile), portant à son maximum l'étendue de leurs territoires.

La Réforme et la guerre de Trente Ans

En Autriche, le XVIe siècle fut une période cruciale : le pays dut faire face à la Réforme initiée par Martin Luther, à la Contre-Réforme, lancée en réaction, et à la guerre de Trente Ans, qui vit les territoires allemands des Habsbourg se fragmenter et commencer à échapper à leur emprise.

En 1517, dans la ville allemande de Wittenberg, le professeur de théologie Martin Luther (1483-1546) rendit publiques ses 95 thèses qui dénonçaient la vente des indulgences par le pape en rémission des péchés. Menacé d'excommunication, il refusa de se rétracter, rompit avec l'Église catholique, fut banni de l'Empire et, dans la clandestinité, traduisit le Nouveau Testament en allemand. Hormis au Tyrol, la quasi-totalité de la population autrichienne devint protestante. En 1555, au sortir de plusieurs années d'affrontements armés (et malgré des succès militaires ponctuels), Charles Quint signa la paix d'Augsbourg, qui mettait le catholicisme et le protestantisme sur un pied d'égalité et permettait à chaque prince de choisir l'une ou l'autre confession pour ses sujets, en application du *cujius regio, ejius religio* ("tel prince, telle religion"). Les principautés situées dans le nord des territoires allemands, plus laïques, adoptèrent les principes luthériens, tandis que les seigneurs cléricaux du sud, du sud-ouest et de l'Autriche restèrent catholiques ou le devinrent. Si ce schisme explique le patchwork religieux observé aujourd'hui dans beaucoup de régions qui faisaient jadis partie du Saint-Empire, il sonna aussi le glas d'un grand projet habsbourgeois : la création d'une "monarchie catholique universelle", à laquelle Charles Quint avait consacré sa vie. Usé, celui-ci abdiqua en 1556 et se retira dans un monastère espagnol jusqu'au terme de ses jours.

Ses possessions furent partagées entre son frère, Ferdinand Ier, qui hérita de l'Autriche, de la Hongrie et de la Bohême, et son seul fils légitime, Philippe II (1527-1598), à qui échurent l'Espagne, Naples et la Sicile, les Pays-Bas et les colonies d'outre-mer. Pour promouvoir le catholicisme en Autriche, Ferdinand Ier appela les Jésuites à Vienne en 1556 ; par contraste, son successeur Maximilien II fit preuve d'une

Palais historiques

- *Château de Schönbrunn, Vienne*
- *Château du Belvédère, Vienne*
- *Château d'Eggenberg, Graz*
- *Forteresse de Hohensalzburg, Salzbourg*

1420-1421
Sous le duc Albrecht V, la première persécution à grande échelle des juifs (la *Wiener Geserah*) a lieu dans la capitale autrichienne.

1452
Frédéric III est à l'origine de l'acronyme des Habsbourg "AEIOU", souvent interprété comme *Austria Est Imperare Orbi Universo* ("Il appartient à l'Autriche de diriger le monde").

1496
Philippe le Beau épouse Jeanne la Folle lors du "mariage espagnol" : l'Espagne et ses riches colonies d'Amérique centrale et du Sud passent dans le giron des Habsbourg.

1517
Le théologien Martin Luther déclenche la Réforme en rendant publiques ses 95 thèses dénonçant la corruption de l'Église ; l'Autriche devient en majorité luthérienne (protestante).

grande tolérance envers le protestantisme et les idées de la Réforme. Lorsque Ferdinand II, un fervent catholique, accéda au trône en 1619 et appuya de tout son poids la Contre-Réforme, les nobles protestants de Bohême se révoltèrent ; le conflit armé s'étendit rapidement, déclenchant la guerre de Trente Ans, qui embrasa toute l'Europe ; la Suède et la France entrèrent dans le conflit en 1635. En 1645, une armée suédoise protestante marcha jusqu'en vue de Vienne, mais n'attaqua pas la ville.

Le calme revint avec la paix de Westphalie (1648), mais la guerre avait fortement affaibli l'Empire des Habsbourg, lequel englobait alors plus de 300 États et un millier de petits territoires. La Suisse et les Pays-Bas obtinrent officiellement leur indépendance, et les Habsbourg durent céder l'Alsace et la Franche-Comté à la France.

Le plus grand héros militaire autrichien, le prince Eugène de Savoie (1663-1736), était de culture française. Privé par Louis XIV du droit de servir dans son armée, il humilia plus tard celui-ci sur le champ de bataille.

Les Turcs et le siège de Vienne

Convoitant les richesses de Vienne, "la pomme d'or", l'Empire ottoman fit à plusieurs reprises le siège de la ville. Le premier, en 1529, au cours du règne de Charles Quint, fut lancé par Soliman le Magnifique qui pénétra en Hongrie et s'empara de Budapest avant d'assiéger Vienne pendant 18 jours. Les deux grandes puissances étaient alors à l'apogée de leur pouvoir, mais, pour des raisons encore inexpliquées, les Ottomans levèrent soudain le camp pour se retirer en Hongrie. En 1566, Soliman le Magnifique, déjà affaibli au moment de partir en campagne, s'éteignit pendant le siège de Szigetvár. On tint toutefois sa mort secrète plusieurs jours pour préserver le moral et la cohésion de ses troupes, et en organiser le retrait en bon ordre. Le subterfuge fonctionna pendant quelque temps. Les messagers étaient conduits devant son corps embaumé placé en position assise sur le trône et faisaient leur rapport à un cadavre.

Le second siège de Vienne par les Turcs en 1683 fut dirigé par le général et grand vizir Kara Mustapha. Parmi les 25 000 tentes de l'armée ottomane dressées autour du centre médiéval de la ville, il installa 1 500 concubines gardées par 700 eunuques noirs. Leurs luxueux quartiers étaient ponctués de fontaines jaillissantes et de bains somptueux, aménagés en hâte mais formant un spectacle impressionnant.

De nouveau, cette attaque se solda par un échec, alors que Vienne n'était défendue que par 10 000 hommes. Ayant omis de placer des garnisons sur le Kahlenberg, Mustapha fut surpris par une attaque lancée, suite à l'arrivée de renforts, notamment polonais, depuis cette colline. Il battit en retraite et essuya une nouvelle défaite, à Gran. À Belgrade, il reçut la visite d'un émissaire du sultan Mehmed IV. Le prix de l'échec était la mort et Mustapha accepta docilement son sort. Quand l'armée impériale autrichienne se fut emparée de Belgrade en 1718, la tête du grand vizir fut déterrée et triomphalement rapportée à Vienne.

1529

Le premier siège turc de Vienne, mené par Soliman le Magnifique, se solde par un échec.

1556

Charles Quint renonce à un Empire catholique unifié et abdique ; son fils Philippe II récupère ses possessions espagnoles ; à Ferdinand Ier échoient l'Autriche, la Bohême et la Hongrie, largement occupée par les Turcs.

1618-1648

Hostile à la Réforme, Ferdinand II s'attaque à la liberté religieuse en Bohême ; des envoyés habsbourgeois sont défenestrés (défenestration de Prague), déclenchant la guerre de Trente Ans.

1670

Léopold Ier chasse les juifs viennois de l'Unterer Werd et rebaptise le quartier Leopoldstadt, un nom toujours en usage.

Marie-Thérèse et les Lumières

Marie-Thérèse d'Autriche (1717-1780), dont la statue trône aujourd'hui sur la Maria-Theresian-Platz de Vienne, eut, à maints égards, rang de mère de la nation. Propulsée sous les feux de la rampe à la mort de son père sans héritier mâle, elle régna pendant 40 ans tout en donnant naissance à 16 enfants, dont Marie-Antoinette, future épouse de Louis XVI.

Bien que célèbre pour ses nombreuses réformes éclairées, Marie-Thérèse se montra remarquablement prude. L'une de ses mesures les moins populaires fut la création, en 1752, d'une éphémère commission contre l'immoralité, dont les agents avaient mission de faire irruption dans les maisons dans l'espoir d'y surprendre les hommes en compagnie de femmes légères. Ladite commission s'en prit même à Casanova durant son séjour à Vienne et le chassa de la ville en 1767.

L'hostilité de l'impératrice à l'endroit des comportements luxurieux s'explique sans doute par la conduite de son époux, l'empereur François Ier qui, pour sa part, ne regimbait pas à la bagatelle. Malgré ses incartades, Marie-Thérèse lui resta fidèle et, suite à son soudain trépas en 1765, porta le deuil de son époux jusqu'à la fin de ses jours. Elle se retira au château de Schönbrunn, à Vienne, confia les rênes de l'État à son fils Joseph II en le nommant co-régent, et mena une existence discrète et chaste.

Disciple des Lumières, Joseph II déploya une intense activité réformatrice durant son règne. Il abolit le servage et la peine de mort, supprima les barrières douanières dans l'Empire et tenta, sans succès, d'assujettir la noblesse à l'impôt. Vienne se mua en capitale administrative, avec l'établissement d'une bureaucratie efficace sous la responsabilité directe de la monarchie. L'imposition de l'allemand comme langue officielle se heurta cependant à la réalité d'un Empire multiculturel aux nombreux particularismes locaux. Aussi mal acceptée était la politique religieuse de ce despote éclairé, connue sous le nom de "joséphisme". Désireux de contrecarrer le pouvoir temporel du pape, Joseph II entreprit de placer l'Église sous la tutelle de l'État. Dans le même temps, la liberté religieuse fut accordée aux protestants et aux juifs par l'édit de Tolérance de 1781, et des décrets garantirent aux juifs plus de liberté, ouvrant la voie à un rôle accru de leur part dans le commerce et l'éducation. La mort de Joseph II en 1791 et les bouleversements induits par la Révolution française sonnèrent cependant le coup d'arrêt de cette politique.

Napoléon, la Révolution et l'Empire

Entre 1789 et 1799, la Révolution française ébranla les institutions d'essence féodale en place, dont le Saint-Empire romain germanique était l'exemple même. Son fossoyeur et continuateur, Napoléon Bonaparte, mit en place un Code civil, dit Code Napoléon, lequel allait servir d'épine dorsale au système légal de maints États.

1683	1740-1748	1752	1764
Vienne assiégée par les Turcs, l'Europe chrétienne se mobilise. La menace persiste jusqu'en 1718, puis l'Empire ottoman décline peu à peu.	Marie-Thérèse hérite des terres habsbourgeoises. La Silésie (dans l'actuelle Pologne) est conquise par la Prusse qui se dresse contre l'Autriche-Hongrie des Habsbourg lors de la guerre de Succession.	Marie-Thérèse crée une commission contre l'immoralité, qui entre de force chez les particuliers dans l'espoir de les surprendre en compagnie de femmes faciles.	L'empereur réformateur Joseph II (1741-1790) accède au trône, l'âge des Lumières commencé sous Marie-Thérèse bat son plein, le pouvoir de l'Église est restreint.

L'Autriche prit part à presque toutes les guerres napoléoniennes entre 1803 et 1815, année où l'empereur des Français subit, au terme des Cent Jours, une ultime défaite à Waterloo. Les Français occupèrent Vienne par deux fois, en 1805 et 1809. En avril 1809, le Tyrol, alors aux mains de la Bavière, se souleva lorsque l'aubergiste Andreas Hofer (1767-1810) eut pris la tête d'un mouvement pour l'indépendance. Hofer fut traduit en justice et exécuté sur l'ordre de Napoléon. Son corps est enterré dans la *Hofkirche* d'Innsbruck.

Si elles se terminèrent sur un échec, les campagnes napoléoniennes n'en eurent pas moins leur lot de conséquences, au nombre desquelles la fin du Saint-Empire, avec l'abdication de son souverain, François II, devenu simplement empereur d'Autriche sous le nom de François Ier. Son principal ministre, Klemenz von Metternich, diplomate avisé qu'il avait nommé pour façonner l'Europe postnapoléonienne, domina, avec Talleyrand, la plus grande réunion diplomatique du continent, le congrès de Vienne, organisé en 1814-1815 pour redéfinir les contours de l'Europe. Les Habsbourg survécurent à tous ces bouleversements et, durant la période Biedermeier postnapoléonienne du Vormärz ("l'avant-mars"), régnèrent sur une Confédération germanique (Deutscher Bund) composée de centaines de petits "États" unis, par la nécessité, dans un climat oppressant de conservatisme.

Les révolutions de 1848

Dans la première moitié du XIXe siècle, les sujets autrichiens, bridés par leurs dirigeants, commencèrent à aspirer à plus de liberté. Klemenz von Metternich, devenu entre-temps chancelier, était un partisan de la monarchie absolue, et sa police traitait les libéraux et les nationalistes avec une grande rigueur. Le nationalisme, l'une des forces les plus à même de libéraliser la société autrichienne de l'époque, menaçait d'effriter le fragile Empire des Habsbourg. De plus, les conditions de vie misérables de la société industrielle alimentaient le mécontentement populaire.

Les étincelles de la révolution de février 1848 à Paris firent s'embraser Vienne en mars de la même année. Reflétant la fracture entre les villes et les campagnes, le soulèvement échoua cependant à s'étendre au reste de l'Autriche, hormis en Styrie. Encouragés par l'éclatement d'un mouvement similaire en Allemagne, certains révolutionnaires autrichiens militaient à présent pour l'intégration à une Allemagne unifiée et libérale. Cette question de la Grossdeutsch-Kleindeutsch (Grande Allemagne-Petite Allemagne, c'est-à-dire l'Allemagne avec ou sans l'Autriche) traduisait les relations incertaines entre les deux nations.

Les révoltés réclamant la formation d'un Parlement, l'empereur Ferdinand Ier publia en mai et juin 1848 des manifestes qui permirent l'élection d'une Assemblée parlementaire un mois plus tard, et se réfugia

1789-1799
La Révolution française ouvre une nouvelle ère de républicanisme qui remet en question les vieilles entités féodales, comme le Saint-Empire.

1793
Épouse de Louis XVI (1754-1793), la reine Marie-Antoinette ("l'Autrichienne"), 15e enfant de Marie-Thérèse, est guillotinée lors de la Révolution française.

1804-1805
Napoléon (1769-1821) occupe Vienne en 1805. Le Saint-Empire est aboli, François II devenant roi d'Autriche sous le nom de François Ier. En 1809, Napoléon prend de nouveau Vienne.

1809
Durant l'occupation napoléonienne, le Tyrol, tombé sous contrôle bavarois, se soulève quand l'aubergiste Andreas Hofer prend la tête d'un mouvement pour l'indépendance.

à Innsbruck avec sa famille. Contre toute attente, cela ne signa pas la fin des Habsbourg. Le Parlement ayant adopté une loi améliorant le sort des paysans, Ferdinand Ier l'approuva, une manœuvre astucieuse qui lui acquit du jour au lendemain le soutien des populations rurales. La position de la dynastie se vit encore affermie lorsque le général Radetzky (1766-1858) eut rétabli l'autorité de Vienne sur la Lombardie (Italie), à l'issue d'une campagne militaire couronnée de succès.

Cependant, la fièvre révolutionnaire s'intensifia en octobre 1848 et atteignit son paroxysme à Vienne. La révolte fut matée, mais les Habsbourg décidèrent de se passer de Ferdinand Ier et le remplacèrent par son neveu François-Joseph Ier, qui promulgua sa propre Constitution monarchique et suspendit le Parlement début 1849. Celui-ci ne renaîtrait réellement qu'en 1867.

En septembre 1849, le temps était venu d'évaluer les dégâts, de compter les morts et de faire le bilan. L'Autriche n'était pas une démocratie, car l'empereur y conservait des prérogatives lui permettant de mettre son veto aux lois et de gouverner par décret. Cependant, les révolutions avaient balayé les derniers vestiges du féodalisme et, en leur donnant un avant-goût du parlementarisme, avaient fait de simples sujets, des citoyens.

L'Empire austro-hongrois

En 1867, une double monarchie fut créée en Autriche et en Hongrie, dans une tentative des Habsbourg d'obtenir le soutien de la population hongroise en lui accordant une large autonomie. L'Empire austro-hongrois allait s'agrandir pour inclure l'Autriche, la Hongrie, la République tchèque, la Slovaquie, la Slovénie, la Croatie et la Bosnie-Herzégovine, ainsi que des régions comme la Voïvodine en Serbie et des pans de l'Italie du Nord, de la Roumanie, de la Pologne et de l'Ukraine.

Cette monarchie était surnommée "KuK" (*König und Kaiser* ; roi et empereur), l'empereur d'Autriche étant également roi de Hongrie. En pratique, les deux pays suivirent des voies de plus en plus différentes, simplement unis par la double monarchie, ainsi que quelques ministères de premier rang, comme celui de la Guerre et des Affaires étrangères. Cette "monarchie du Danube", ultime stade de développement de l'Empire des Habsbourg, durerait jusqu'en 1918 avant de s'effondrer pour de bon.

Les racines du Parti populaire autrichien (ÖVP, Österreichische Volkspartei) remontent à 1887 ; l'ancêtre du Parti social-démocrate d'Autriche (SPÖ, Sozialdemokratische Partei Österreichs) fut fondé un an plus tard.

L'Autriche fin de siècle

À l'instar de ce qui avait cours ailleurs en Europe, la fin du XIXe siècle fut, en Autriche, l'ère de l'industrialisation et de l'émergence de partis politiques issus des mouvements ouvriers. Le plus ancien parti politique du pays, le Sozialdemokratische Partei Österreichs (SPÖ ; parti social-démocrate d'Autriche), fut fondé sous le nom de Parti social-démocrate ouvrier en 1889, sous l'influence des modèles allemands. Au tournant du

1813 et 1815
Napoléon est défait à Leipzig en 1813, puis définitivement vaincu à Waterloo en 1815. La même année, tandis que l'Empereur vaincu connaît son premier exil à l'île d'Elbe, débute le Congrès de Vienne.

1815-1848
Le système Metternich, visant à soutenir les monarchies autrichienne, russe et prussienne, inaugure la période Biedermeier.

1848
Le chancelier Metternich est renversé et s'enfuit dans une voiture de blanchisseuse. François-Joseph Ier annule de nombreuses réformes. Formation du premier Parlement autrichien.

1850
Les limites de Vienne sont étendues jusqu'au Linienwall (actuel Gürtel). Les quartiers sont numérotés : 1 pour la vieille ville, de 2 à 9 pour les faubourgs (*Vorstädte*).

XXe siècle, l'Autriche et Vienne en particulier entrèrent dans une période d'intense foisonnement culturel. Ayant presque doublé entre 1860 et 1890, la population de la capitale dépassait alors les 2 millions d'habitants.

Vienne, cœur politique et culturel d'un empire qui englobait l'Autriche, la Hongrie et 15 autres minorités, attirait les artistes, les architectes, les réprouvés et quiconque voulait tenter sa chance dans cette grande ville. Toutefois, les Autrichiens et les Hongrois bénéficiaient d'un statut de fait plus élevé que les autres composantes de la mosaïque impériale ; en résultait un climat de tension, qui trouvait à s'exprimer dans la capitale.

Sur le plan architectural, Vienne prit un nouveau visage, avec la mise en œuvre de plusieurs grands projets de construction qui la dotèrent, entre autres, d'un chemin de fer métropolitain. La ville vit naître le courant artistique de la Sécession, équivalent autrichien de l'Art nouveau caractérisé par son rejet de l'historicisme. Des villas surgirent de terre dans la capitale et ailleurs, et les cafés, surtout à Vienne, devinrent le centre de l'activité littéraire et musicale. En 1913, le compositeur Arnold Schönberg commença à faire connaître son style "atonal" en dirigeant le fameux Watschenkonzert ("concert des gifles") au Musikverein de Vienne, au grand scandale d'un public nourri aux harmonies du romantisme.

Dans le même temps, Sigmund Freud (1856-1939) avait ouvert son cabinet dans la Bergstrasse à Vienne. Battant en brèche les mœurs sexuelles et psychosociales du siècle précédent, le père de la psychanalyse mit en évidence la place de la sexualité dans le développement de la personnalité – une sexualité qui imprégnait d'ailleurs l'atmosphère de ce temps et constituait un thème majeur dans les œuvres d'écrivains comme Arthur Schnitzler, et d'artistes expressionnistes tels Egon Schiele, Gustav Klimt et Oskar Kokoschka. La Première Guerre mondiale allait mettre fin à ce foisonnement.

Les Autrichiennes ont obtenu le droit de vote à l'occasion des élections législatives de 1919, juste après les Britanniques et les Allemandes (1918).

La Première Guerre mondiale

L'assassinat de François-Ferdinand, neveu de François-Joseph, à Sarajevo le 28 juin 1914, fut le déclencheur de la Première Guerre mondiale, un conflit où allait s'abîmer le rayonnement autrichien de la fin du XIXe siècle. L'Autriche déclara la guerre à la Serbie un mois après l'attentat, persuadée qu'il ne s'agirait là que d'une courte campagne de représailles. L'armée impériale n'était toutefois pas, en termes d'équipement comme de préparation, à la hauteur des ambitions de ses généraux, et l'ensemble de l'Europe se trouva bientôt, par l'inexorable jeu des alliances, entraînée dans le conflit. L'Allemagne, l'Autriche-Hongrie et la Turquie s'opposèrent à une coalition formée par la Russie, la Grande-Bretagne et la France, rejointes en 1915 par l'Italie. François-Joseph s'éteignit au beau milieu de la guerre, et Charles Ier lui succéda. En 1918, la paix signée avec la Russie n'empêcha pas l'écroulement

1857
Les remparts de Vienne sont abattus pour construire les imposants monuments bordant aujourd'hui la Ringstrasse.

1866
L'Autriche et ses principautés alliées en Allemagne participent à la guerre austro-prussienne ; la victoire de la Prusse à Sadowa jette les bases d'une Allemagne unie excluant l'Autriche.

1867
Affaiblie par ses pertes contre la Prusse, l'Autriche est contrainte par la Hongrie de créer une double monarchie austro-hongroise (Ausgleich). Formation d'un parlement démocratique.

1878
Pour limiter l'influence de la Russie dans les Balkans après sa victoire dans la guerre russo-turque de 1877-1878, l'Autriche-Hongrie occupe la Bosnie-Herzégovine.

Dans son ouvrage de référence, *Vienne fin de siècle* (Seuil, 1983), Carl E. Schorske livre sept études magistrales sur l'histoire intellectuelle de la capitale autrichienne. Une lecture essentielle pour qui veut s'aventurer en profondeur dans le Vienne de la fin du XIXe et du début du XXe siècle.

des fronts balkaniques et italiens. Des mutineries éclatèrent parmi les troupes cantonnées en Vénétie, en pleine déroute après la bataille de Vittorio Veneto, précipitant la défaite et l'effondrement de l'Empire. La Première Guerre mondiale coûta la vie à 1,4 million d'Austro-Hongrois, et 3,5 millions d'autres furent blessés.

La Première République

Après la défaite et l'abdication de Charles Ier, la république autrichienne fut proclamée le 12 novembre 1918. L'Autriche n'était plus désormais qu'un petit pays d'environ 6,5 millions d'habitants, germanophones pour la plupart. Le Tyrol du Sud fut cédé à l'Italie. Nés de l'incertitude de l'époque, plusieurs mouvements divergents apparurent, certains partisans d'une union avec l'Allemagne, d'autres prônant un retour au système monarchique, d'autres encore militant pour la sécession et l'intégration à un autre pays, comme dans le Vorarlberg, où d'aucuns prônaient le rattachement à la Suisse. Aux pertes territoriales, correspondirent de graves difficultés économiques. Des secteurs industriels entiers s'effondrèrent et le taux de chômage grimpa en flèche, aggravé par le retour des soldats démobilisés et l'afflux de réfugiés, mais aussi par la perte d'emploi d'innombrables fonctionnaires du défunt Empire.

L'un des problèmes les plus sérieux qu'affrontait la jeune République était la fracture entre les villes tenues par les socialistes, notamment "Vienne la Rouge", et les régions rurales, très conservatrices. L'armée de 30 000 hommes créée pour assurer la protection des frontières du pays constituait une force conservatrice supplémentaire, laquelle ne se montra cependant pas plus capable que la police d'empêcher la formation de groupes paramilitaires de gauche et de droite.

Le Parti social-démocrate ouvrier mit sur pied sa Ligue de défense républicaine (Schutzbund), tandis que de l'autre côté de l'échiquier politique, le Parti chrétien-social (Christlichsoziale Partei), un parti catholique nationaliste apparu à la fin du XIXe siècle, qui survivrait jusqu'en 1934, se liait avec des mouvements paramilitaires ultraconservateurs.

Au milieu des années 1920, les milices des deux bords se livraient à des affrontements sanglants dans les rues de Vienne et d'ailleurs. En 1927, un tribunal viennois acquitta des membres d'une milice de droite, le Front des combattants (Frontkämpfer), accusés d'avoir tué deux personnes lors d'une manifestation. Les sympathisants de gauche descendirent alors dans la rue et saccagèrent le palais de justice. La police intervint pour reprendre le contrôle du bâtiment, mais l'émeute fit quelque 90 morts et plus de 1000 blessés. Les temps devenaient aussi violents qu'incertains.

Janv. 1889

L'archiduc Rodolphe, fils du couple impérial et héritier du trône, est retrouvé mort, avec sa maîtresse, à Mayerling. Le sort funeste de ces amants suicidés inspira nombre de livres et de films.

Sept. 1898

Alors qu'elle allait s'embarquer pour une croisière sur le lac Léman, l'impératrice Élisabeth Ire, passée à la postérité sous le surnom de Sissi, est assassinée à Genève par un anarchiste italien.

1897

Érection d'une roue géante (Riesenrad) dans le parc viennois du Prater, qui avait servi de réserve de chasse aux Habsbourg jusqu'en 1766.

1900

Vienne devient le centre du mouvement Jugendstil (Art nouveau) grâce à Otto Wagner et aux autres artistes de la Sécession viennoise.

Les juifs autrichiens au bord de l'abîme

Comme l'Autriche entrait dans les années 1930, les brimades contre sa population juive s'intensifièrent. La communauté juive était riche d'une longue histoire dans le pays. La première mention de sa présence à Vienne datait de 1194, année où la couronne avait nommé un monnayeur du nom de Schlom. Celui-ci fut plus tard tué, ainsi que 16 autres juifs viennois, par des croisés en route pour la Terre sainte. Peu à peu, un ghetto s'installa autour de l'actuelle Judenplatz, où se dressait au XIIIe siècle une grande synagogue.

Les juifs ne pouvaient exercer que certaines professions. Rarement autorisés à entrer dans les guildes ou à cultiver la terre, ils gagnaient leur vie en échangeant et en vendant des biens ou en prêtant de l'argent, une situation à l'origine de bien des stéréotypes. Au Moyen Âge, deux accusations étaient régulièrement portées contre eux : l'une concernant la profanation de l'hostie (on les accusait de profaner le Christ en enfonçant des aiguilles dans les hosties pour les faire pleurer ou saigner), l'autre leur prêtant l'habitude de boire le sang des chrétiens au cours de leurs rites religieux. En 1420, ces rumeurs déclenchèrent l'un des pires pogroms de l'histoire viennoise, qui se solda par un suicide collectif. La synagogue de la Judenplatz fut détruite et ses pierres récupérées pour bâtir l'université.

Officiellement, il fut interdit aux juifs de venir s'installer à Vienne jusqu'en 1624, mais cette loi était régulièrement assouplie. En 1670, Léopold Ier (1640-1705) les chassa de l'Unterer Werd et rebaptisa le quartier Leopoldstadt, nom qu'il a conservé à ce jour. Les juifs finirent cependant par y revenir, et cette zone resta l'un des principaux quartiers juifs de Vienne jusqu'à la Seconde Guerre mondiale.

Après le siège turc de 1683, le Saint-Empire manquant d'argent, on encouragea les juifs à s'installer à Vienne en tant que prêteurs. Une fois la menace ottomane éloignée, à partir de 1718, des juifs séfarades d'Espagne arrivèrent à leur tour et furent autorisés à établir leur propre communauté religieuse. Un édit de l'empereur Joseph II (1741-1790) améliora leurs conditions de vie, et après que l'empereur François II, devenu François Ier d'Autriche, eut autorisé les juifs à fonder des écoles, certains se firent un nom dans les cercles bourgeois et littéraires viennois.

Les plus grands changements survinrent avec la révolution de 1848. Les juifs viennois se trouvaient au premier rang du soulèvement. Ils y gagnèrent la liberté religieuse, ainsi que la liberté de la presse et de l'éducation. Cela conduisit aussi indirectement à la création de la Communauté du culte israélite (Israelitische Kultusgemeinde), plus d'un siècle après la fondation par les juifs séfarades de leur communauté. Il s'agit encore aujourd'hui du principal organe représentatif juif d'Autriche.

La population viennoise dépassa la barre des 2 millions entre 1910 et 1914. Après la Première Guerre mondiale, Vienne était l'une des cinq plus grandes villes du monde.

1905

L'auteur et pacifiste autrichienne Bertha von Suttner est la première femme à recevoir le prix Nobel de la paix.

1908

L'administration de la Bosnie-Herzégovine est confiée à l'Autriche-Hongrie en prévision d'une annexion totale.

1910

La population viennoise atteint un record en franchissant la barre des 2 millions d'habitants, un essor dû surtout à un afflux d'immigrants, en majorité tchèques.

1914

L'assassinat de l'archiduc François-Ferdinand à Sarajevo par un nationaliste serbe déclenche la Première Guerre mondiale, où l'Autriche-Hongrie s'allie à l'Allemagne et à l'Empire ottoman.

En 1878, Theodor Herzl (1860-1904), fondateur du sionisme, un mouvement associant les idées du mouvement ouvrier et l'appel à la fondation d'un État juif, quitta Budapest pour s'installer en Autriche. Son livre, *L'État des juifs* (*Der Judenstaat*, 1896), jouerait plus tard un rôle central dans la création d'Israël.

Avec Adolf Fischhof (1816-1893), dont le discours sur la liberté de la presse en 1848 avait contribué à déclencher la révolution, puis avec Herzl, et enfin avec Victor Adler (1852-1918), père de la social-démocratie autrichienne, les juifs guidèrent les réformes menées dans le pays et jouèrent un rôle-clé au temps de "Vienne la Rouge", dans les années 1920 et au début des années 1930.

L'Anschluss et la Seconde Guerre mondiale

Le rôle de l'Autriche dans la Seconde Guerre mondiale est l'une des facettes les plus controversées de son histoire moderne. Hitler bénéficiait d'une forte popularité dans le pays, qui fournit de très nombreux officiers aux SS et à l'armée allemande. Ce qu'Hitler et les nazis ne purent réussir par la pression, beaucoup d'Autrichiens contribuèrent à l'accomplir par leur soutien actif ou passif au nazisme et à la guerre.

L'austro-marxisme et l'austro-fascisme

La crise économique mondiale provoquée par le krach de 1929 attisa le mécontentement et la division. Environ 25% de la population active se trouvait sans emploi. L'austro-marxisme, partisan d'une troisième voie, entre le léninisme russe et le révisionnisme qui se manifestait au sein de certains mouvements sociaux-démocrates européens, jouissait d'une forte popularité dans les villes. Ses penseurs, dont beaucoup de rues viennoises portent aujourd'hui les noms, étaient Karl Renner (1870-1950), Otto Bauer (1882-1938), Friedrich Adler (1879-1960), Max Adler (1873-1937) et Rudolf Hilferding (1877-1941). Par contraste avec le marxisme révolutionnaire, les chefs de file de l'austro-marxisme voulaient "convaincre des esprits et non fracasser des têtes", selon les mots d'Otto Bauer.

Le premier gouvernement de la République autrichienne fut une coalition de partis de gauche et de droite dirigée par le chancelier Karl Renner. Figure de proue de la droite, farouchement opposé aux marxistes, Ignaz Seipel (1876-1932) fut deux fois chancelier au cours des années 1920.

En 1930, les conservateurs parvinrent à faire modifier la Constitution pour conférer un pouvoir accru au président et affaiblir le Parlement. Dans une atmosphère de radicalisation politique, les groupes paramilitaires proches de la droite soutinrent l'austro-fascisme, et la nomination d'Engelbert Dollfuss (1892-1934) au poste de chancelier en 1932 fit franchir au pays un pas de plus vers l'établissement d'un État fasciste.

1918	Années 1920	1934	1938
Fin de la guerre et abdication de Charles Ier ; proclamation de la Première République à Vienne. De l'empire des Habsbourg, l'Autriche garde la plupart des régions germanophones.	Acquis à l'austro-marxisme, le Parti social-démocrate autrichien contrôle "Vienne la Rouge", tandis que les provinces sont aux mains des conservateurs.	La vie politique est paralysée par les milices. Le Parlement est bloqué et une guerre civile éclate – 3 jours de combats font des centaines de morts et se soldent par la défaite des sociaux-démocrates.	Entrée des troupes nazies en Autriche ; Hitler se rend à Linz, puis à Vienne, où il s'adresse à 200 000 personnes en liesse sur la Heldenplatz. Après un plébiscite, l'Autriche est intégrée au IIIe Reich.

En 1933, lors d'une séance parlementaire chaotique tenue après la réaction sévère des autorités à une grève ouvrière, Dollfuss annonça son intention de gouverner sans le Parlement. Les socialistes et les socio-démocrates furent progressivement interdits et les mouvements ouvriers affaiblis. La police pénétra de force dans les locaux de la milice de gauche Schutzbund, ce qui déclencha à Linz, à Vienne et dans d'autres centres industriels des émeutes qui dégénérèrent en guerre civile. L'armée écrasa l'insurrection, les dirigeants sociaux-démocrates furent exécutés et le mouvement social-démocrate fut déclaré illégal. La lutte contre le fascisme entra alors dans la clandestinité.

Dollfuss, un homme profondément pieux, soutenu par Benito Mussolini, fut assassiné en 1934 lors d'une tentative de coup d'État organisée par les nazis autrichiens, dont il avait également interdit le parti.

Alors qu'en Allemagne, Hitler, ayant pris le pouvoir en 1933, liquidait l'opposition, en Autriche, un gouvernement austro-fasciste leva l'interdiction qui frappait les sections locales du Parti national-socialiste des travailleurs allemands (Nationalsozialistische Deutsche Arbeiterpartei, NSDAP), le parti d'Hitler, qui n'était ni démocratique, ni soucieux des ouvriers, ni socialiste. Prise sous la pression d'Hitler, cette décision permit aux nazis autrichiens de venger le fiasco de 1934 et de s'emparer du pouvoir. Le 12 mars 1938, les troupes allemandes franchirent la frontière et occupèrent l'Autriche, désormais intégrée à une grande Allemagne dans le cadre de l'Anschluss (annexion). Cet événement mit fin à une période ambivalente durant laquelle les dirigeants autrichiens avaient établi une quasi-dictature tout en rejetant, avec l'appui du contre-pouvoir italien, l'idée de devenir partie intégrante de l'Allemagne nazie. Quelques jours plus tard, Hitler prononça devant des dizaines de milliers de personnes enthousiastes son célèbre discours de la Heldenplatz de Vienne, déclarant le rattachement de l'Autriche à la nation allemande.

Faites un voyage virtuel dans l'histoire des juifs autrichiens du Moyen Âge à nos jours : www.jewishvirtuallibrary.org/jsource/vjw/Austria.html.

L'Holocauste

Les événements de l'ère nazie, dont la Shoah constitua le paroxysme, restent gravés dans la mémoire collective : les lois de Nuremberg, la vente forcée et la spoliation des biens des juifs, et la Nuit de cristal (*Kristallnacht* ou *Reichspogromnacht*) du 9 au 10 novembre 1938, durant laquelle des synagogues et des commerces juifs furent incendiés et des juifs attaqués dans les rues.

L'arrivée d'Hitler à Vienne en mars 1938 envoya un signal sans équivoque aux juifs qui n'étaient pas encore parvenus à quitter le pays. Le père de la psychanalyse moderne, Sigmund Freud, qui s'était jusque-là refusé à partir, se réfugia en Angleterre en juin de la même année. Le compositeur le plus novateur de son temps, Arnold Schönberg (1874-1951), privé de son poste de

1938-1939
Lors de la Nuit de cristal en novembre 1938, des boutiques et maisons juives sont pillées et détruites dans tout le pays. 120 000 juifs quittent Vienne.

1939-1945
Guerre et génocide en Autriche. Quelque 65 000 juifs perdent la vie. En 1945, l'Armée rouge libère Vienne. Les Alliés occupent l'Autriche et Vienne.

1948
Graham Greene vient à Vienne en quête d'une idée de film, qui devient *Le Troisième Homme*, avec Orson Welles. Une scène célèbre est tournée dans la grande roue (Riesenrad).

1955
Ratification du traité d'État (*Staatsvertrag*). L'Autriche proclame sa souveraineté et sa neutralité, mettant fin à 10 ans d'occupation. Des organismes internationaux s'installent à Vienne ; l'ONU suivra plus tard.

professeur à Berlin en 1933, partit pour les États-Unis. De nombreux autres juifs éminents prirent eux aussi le chemin de l'exil.

D'autres n'eurent pas cette chance. L'Holocauste (ou Shoah), politique d'élimination systématique des juifs d'Europe mise en place par Hitler, vit 65000 juifs autrichiens périr dans les camps de concentration. Ce génocide porta un coup d'arrêt à la longue histoire de la présence juive en Autriche, laquelle remontait au début du Moyen Âge.

Même de nos jours, la population juive en Autriche n'est plus que l'ombre de ce qu'elle fut. Y vivent quelque 8000 juifs affiliés à une communauté, auxquels il faut ajouter environ 3000 à 5000 personnes de même confession, mais non affiliées. Cette démographie a toutefois connu, à sa modeste mesure, une relative embellie, avec l'installation, à partir des années 1990, de juifs venus des anciennes Républiques soviétiques et, plus récemment, de Hongrie, où l'antisémitisme est en hausse.

La résistance et la libération

Après l'annexion de l'Autriche en 1938, l'opposition entra dans la résistance. Comme dans d'autres pays sous occupation allemande, résister de l'intérieur était extrêmement difficile. Au Tyrol, les leaders de la résistance rejoignirent souvent l'opposition au nazisme en se réclamant d'Andreas Hofer, l'aubergiste qui, en 1809, avait mené une rébellion pour l'indépendance. Un bataillon de partisans autrichiens (Österreichisches Freiheitsbataillon) combattait aux côtés de l'Armée de libération populaire yougoslave, et des résistants en Styrie et en Carinthie étaient en lien avec des groupes de l'autre côté de la frontière yougoslave. Mais, contrairement à d'autres pays, l'Autriche n'avait pas de gouvernement en exil.

La résistance s'intensifia quand il apparut que la guerre était perdue pour Hitler. Impliqué dans la tentative d'assassinat du Führer par de hauts officiers le 20 juillet 1944, l'Autrichien Robert Bernardis (1908-1944) fut exécuté par les nazis. Un autre conjuré, Carl Szokoll (1915-2004), ne fut pas identifié et échappa à la mort. Le groupe de résistants le plus célèbre reste cependant l'O5, auquel appartenait Adolf Schärf (1890-1965), futur président autrichien de 1957 à 1965.

Comme l'Armée rouge approchait de Vienne en 1945, le groupe O5 collabora étroitement avec Carl Szokoll et d'autres militaires à l'opération Radetzky montée pour libérer la ville durant les derniers jours de la guerre. Ils purent établir le contact avec l'Armée rouge mais furent trahis au dernier moment, et plusieurs furent pendus à des lampadaires. Les Soviétiques, et non les Autrichiens, libérèrent donc la capitale.

L'Autriche après 1945

Peu après la libération, l'Autriche déclara son indépendance et un gouvernement fédéral provisoire fut établi sous la direction du socialiste

1955-1966
De "grandes coalitions" gouvernent le pays selon un système proportionnel (*Proporz*) où les principaux partis se partagent les ministères. Ce système devient une caractéristique de la vie politique.

1972-1978
L'île du Danube (Donauinsel) est créée pour protéger Vienne contre les inondations. C'est aujourd'hui un parc, avec des plages au bord du fleuve, des sentiers et des zones boisées.

1979
L'ONU ouvre à Vienne un troisième siège qui regroupe l'Agence internationale de l'énergie atomique, l'Office contre la drogue et le crime, et d'autres institutions.

1981
Création du parc national des Hohe Tauern, le premier des 7 parcs nationaux autrichiens.

ORSON WELLES À VIENNE

En 1948, l'auteur britannique Graham Greene s'envola pour Vienne et ses rues désolées post-bombardements dans l'espoir d'y trouver de l'inspiration pour un film qu'on venait de lui commander sur l'occupation d'après-guerre dans la capitale. Il en résulta le script de l'un des plus beaux films européens sur cette époque tragique – *Le Troisième Homme*, avec Orson Welles dans le rôle d'un trafiquant de pénicilline, Harry Lime. Dans une scène tournée sur le Prater, le personnage qu'il incarne évoque les maîtres et splendeurs des arts italiens durant le règne sanglant des Borgia qui a duré 30 ans. "Tandis qu'en Suisse, ils ont pratiqué la fraternité, ils ont connu durant 500 ans la démocratie et la paix et ils ont produit une pendulette... qui fait coucou." Et tant pis si le coucou vient en réalité de Bavière – pas exactement un exemple en matière de stabilité, mais c'est une autre histoire.

Karl Renner. Les Alliés – Américains, Russes, Britanniques et Français – occupèrent le pays et divisèrent Vienne en quatre zones, une période dépeinte avec justesse dans le film et le roman de Graham Greene, *Le Troisième Homme*.

Le durcissement des relations entre les superpuissances fit se prolonger l'occupation alliée durant 10 ans. Le 15 mai 1955 eut lieu la ratification du traité d'État. Celui-ci proclamait la neutralité permanente de l'Autriche, condition sur laquelle l'Union soviétique avait insisté pour mettre fin à son occupation du pays. En revanche, on supprima au dernier moment une clause sur la reconnaissance par l'Autriche de sa responsabilité dans la guerre.

Les Alliés se retirèrent et, en décembre 1955, l'Autriche rejoignit l'ONU. L'économie amorça un virage positif grâce à l'aide accordée par le plan Marshall et à la récupération des biens industriels qui avaient été réquisitionnés par les Soviétiques. Devenue capitale d'un pays neutre proche du rideau de fer, Vienne attira son lot d'espions et de diplomates : Kennedy et Khrouchtchev s'y rencontrèrent en 1961, Carter et Brejnev en 1979 ; l'ONU y implanta l'un de ses sièges en 1979.

Le culturiste, acteur et réalisateur Arnold Schwarzenegger est originaire de Styrie. Naturalisé américain en 1983, "Arnie" a été gouverneur de Californie de 2003 à 2011.

L'affaire Kurt Waldheim

L'élection en 1986 du président Kurt Waldheim a porté un coup à l'image internationale de l'Autriche. Il est en effet apparu qu'il avait servi dans une unité de la Wehrmacht impliquée dans des crimes commis durant la guerre. Pour la première fois, l'Autriche a dû se confronter sérieusement à son passé nazi. S'il ne fut jamais prouvé que Waldheim, alors lieutenant dans les Balkans, avait pris part à ces exactions, l'intéressé ne s'en est jamais non plus totalement expliqué, ni n'a exprimé de regret, sur cette période de sa vie.

1986
Kurt Waldheim (1918-2007), candidat à la présidentielle accusé de crimes de guerre, est élu malgré une réputation entachée.

1995
L'Autriche rejoint l'UE mais renonce à adhérer à l'Otan en raison des garanties de neutralité données à Moscou en 1955.

1999
L'Autriche abandonne le schilling et adopte l'euro en ayant facilement satisfait aux critères concernant la dette et le taux d'inflation.

2007
Formation d'un grand gouvernement de coalition entre les sociaux-démocrates (SPÖ) et le Parti populaire autrichien (ÖVP) sous la houlette d'Alfred Gusenbauer.

L'illustre famille des Habsbourg existe toujours et compte environ 500 membres, dont quelque 280 vivent en Autriche. L'actuel héritier est Charles de Habsbourg-Lorraine, né en 1961, devenu le chef de famille à la mort de son père, Otto de Habsbourg (1912-2011). Connu pour ses bons mots, celui-ci avait renoncé à ses droits de prétendant au trône d'Autriche en 1961, ce qui lui avait permis de rentrer dans son pays et de démarrer une carrière politique.

En 1993, le chancelier Franz Vranitzky a reconnu que les Autrichiens avaient été des serviteurs volontaires du nazisme, ouvrant la voie à des réparations. L'année 1998 a vu la création d'une Commission historique chargée d'enquêter sur les spoliations commises à l'époque nazie et, en 2001, le maire de Vienne, Michael Häupl, a souligné que l'Autriche, après s'être présentée pendant des années comme la première victime du nazisme, devait à présent reconnaître sa contribution active, toute contrainte qu'elle eût pu être à tel ou tel égard, aux crimes du régime.

L'"occidentalisation" de l'Autriche

Selon l'historien politique hongrois Anton Pelinka, après avoir consacré les premières décennies de la Seconde République à définir et à affirmer sa propre voie politique et sociale, l'Autriche est engagée depuis le milieu des années 1980 dans un processus d'"occidentalisation". Les deux étapes en ont été l'adhésion à l'UE en 1995 et l'adoption de l'euro en 1999.

Le consensus qui voyait les deux principaux partis, le Parti social-démocrate d'Autriche (SPÖ, Sozialdemokratische Partei Österreichs) et le Parti populaire autrichien (ÖVP, Österreichisches Volkspartei), dominer sans partage la scène politique a fait place à une polarisation. Le parti des Verts (Die Grünen) a été fondé en 1986 en étroite liaison avec un parti écologiste similaire en Allemagne. À l'autre bout du spectre politique se trouve le Parti autrichien de la liberté (FPÖ, Freiheitliche Partei Österreichs), qui comptait lors de sa création en 1955 une forte proportion d'anciens nazis. Arrivé à sa tête en 1986, le charismatique Jörg Haider en a fait un parti d'extrême droite dont les thèmes de prédilection sont l'immigration, les lois sur le droit d'asile et l'intégration.

En 2000, le FPÖ est entré pour la première fois au gouvernement dans le cadre d'une coalition avec l'ÖVP, ce qui a entraîné la tenue de manifestations de protestation tous les jeudis et l'imposition de sanctions par l'UE. La fragmentation politique s'est poursuivie au cours des dernières années, le meilleur exemple étant la création en 2012 du parti de Team Stronach par l'industriel le plus puissant d'Autriche, Frank Stronach, avec un programme politique qui reprend bon nombre des thèmes de l'extrême droite. Cette petite formation n'a toutefois pas pris part au scrutin présidentiel de 2016, lequel a vu Norbert Hofer, candidat du FPÖ, obtenir, avec 35% des suffrages exprimés, le meilleur score du premier tour, pour finir battu, après un second tour fleuve joué en deux fois, par l'écologiste Alexander Van der Bellen. Plus jeune dirigeant de la planète à son arrivée au pouvoir en 2017 à la faveur d'une alliance avec le FPÖ, l'actuel chancelier, Sebastian Kurz de l'ÖVP a été renversé en 2019 après un scandale touchant son vice-chancelier d'extrême droite. Il est de nouveau chancelier depuis début 2020, à la tête cette fois d'un gouvernement de coalition avec les écologistes.

2010

Soutenu par le SPÖ et se présentant comme indépendant, Heinz Fischer est réélu président à une écrasante majorité face à la candidate d'extrême droite Barbara Rosenkranz.

2016

L'élection présidentielle de 2016 met au pouvoir un candidat des Verts, Alexander Van der Bellen.

2017

Le Parti populaire autrichien, avec à sa tête Sebastian Kurz, remporte les législatives. À tout juste 31 ans, le politicien devient le plus jeune chancelier de l'histoire du pays

2019

Après la chute du gouvernement de coalition formé par l'ÖVP et le FPÖ, balayé par un scandale, le parti de Sebastian Kurz remporte le scrutin. Celui-ci est de nouveau investi chancelier en janvier 2020.

Histoire récente

Ces dernières années, la vie politique autrichienne a pris des allures de montagnes russes. Lorsqu'il fut élu chancelier lors des élections anticipées de 2017, le président de l'ÖVP, Sebastian Kurz (né en 1986), devint le plus jeune chef d'un gouvernement de l'UE et fut présenté comme un prodige de la politique. Pourtant, en mai 2019, il dut démissionner : une vidéo tournée à Ibiza avait montré son partenaire de coalition, Heinz-Christian Strache (FPÖ), qui tentait de monnayer son appui politique avec des contrats publics. Brigitte Bierlein, présidente de la Cour constitutionnelle, devint la première chancelière d'Autriche.

Kurz retrouva le pouvoir en 2020, après les élections législatives anticipées de septembre 2019, et forma une coalition avec les Verts (Die Grünen – Die Grüne Alternative, ou Grüne). Peu après l'assermentation du cabinet en janvier 2020, la pandémie de Covid-19 bouleversa l'agenda politique. Mais d'autres turpitudes allaient suivre : en octobre 2021, le bureau de Kurz fut accusé d'avoir manipulé des sondages d'opinion en sa faveur, en utilisant l'argent du contribuable, entre 2016 et 2018 (au moins). Kurz fut remplacé par Alexander Schallenberg au poste de chancelier, mais il demeura chef de parti et de groupe parlementaire, grâce à son immunité parlementaire. Son immunité fut finalement levée en novembre 2021. L'enquête pour corruption se poursuivait lors de l'écriture de ce guide ; si sa culpabilité est avérée, son avenir politique sera considérablement assombri.

2019-2020

Le gouvernement de coalition ÖVP-FPÖ est renversé suite au scandale de l'affaire d'Ibiza. Kurz est réélu et forme une coalition avec les Verts (Grüne). Début de la pandémie de Covid-19.

2021

Après des soupçons de corruption, Kurz démissionne. Le ministre des Affaires étrangères Alexander Schallenberg (ÖVP) devient chancelier.

Architecture

Les œuvres architecturales d'envergure ne manquent pas en Autriche, grâce notamment à la volonté des Habsbourg de marquer leur règne dans la pierre. Les prémices de grands travaux collectifs remontent aux tumuli de la civilisation de Hallstatt (premier âge du fer) aux abords de Grossklein, tandis que les ruines romaines de Vienne et de Carnuntum témoignent d'un développement architectural dont les styles qui se succédèrent au fil des siècles furent les justes continuateurs. Durant les siècles suivants, des édifices romans, gothiques, Renaissance et baroques ont surgi un peu partout.

Le baroque en force

Le baroque semble tenir un rang tout particulier en Autriche. Ne prenant son véritable essor qu'après l'échec du siège de Vienne par les Ottomans, en 1683, l'architecture baroque y atteignit son apogée à la fin du XVIIe-début du XVIIIe siècle. Le mouvement emprunta les colonnes et la symétrie gracieuses de la Renaissance pour y ajouter le foisonnement de courbes et d'ornements qu'on lui connaît.

Avec ses imposantes colonnes décoratives dressées sur la Karlsplatz, sa coupole peinte de fresques et son intérieur constellé de rayons dorés et de chérubins en stuc, l'église Saint-Charles (Karlskirche ; p. 74) de Vienne est un parfait exemple de ce type d'architecture. Commandée par Charles VI de Habsbourg après la peste de 1713 et dédiée à saint Charles Borromée, qui avait secouru, en Italie, les victimes de semblable épidémie, cette église est sans doute l'un des chefs-d'œuvre majeurs du baroque impérial.

À ne pas manquer

Vienne : Hofburg, MuseumsQuartier, église Saint-Charles, château de Schönbrunn et musée des Beaux-Arts

Graz : maison des Arts et château d'Eggenberg

Salzbourg : forteresse de Hohensalzburg

Melk : abbaye de Melk

Innsbruck : Hofburg et église impériale

Bernhard Fischer von Erlach

Johann Bernhard Fischer von Erlach (1656-1723), auquel on doit l'église Saint-Charles, est le premier architecte baroque d'Autriche et probablement le plus talentueux. Né à Graz, capitale de la Styrie, il commença à travailler en tant que sculpteur dans l'atelier de son père, avant de partir pour Rome en 1670, où il étudia les styles baroques pendant près de 20 ans. Revenu en Autriche en 1686, il acheva en 1693 l'une de ses premières œuvres dans la capitale : la nébuleuse colonne de la Peste (Pestsäule ; p. 211), au sommet doré, qui commémore la fin de l'épidémie.

Pendant ces premières années, Fischer von Erlach déploya son art dans l'ornementation intérieure. Ainsi lui doit-on, à Graz, celle du mausolée de Ferdinand II (p. 198). En 1689, il commença à donner des leçons d'architecture à Joseph Ier du Saint-Empire (1678-1711), puis fut nommé architecte de la cour de Vienne en 1694. Malgré sa réputation et ses relations haut placées à la cour, il se retrouva sans commandes, et travailla en Allemagne, en Grande-Bretagne et en Hollande, avant que Joseph Ier, son étudiant favori, ne lui confiât en 1705 la haute main en matière d'architecture sur les territoires impériaux.

Bien que ses plans d'origine à Vienne aient été revus, le château de Schönbrunn (p. 95) est l'une des œuvres majeures de Fischer von Erlach. Il figure parmi les plus beaux ensembles baroques, pour son palais et ses jardins agrémentés de fontaines, de figures mythologiques inspirées des époques classiques et d'une zone de chasse (l'actuel zoo de Vienne).

Johann Lukas von Hildebrandt

Avec le château de Schönbrunn, le palais du Belvédère (p. 89) est l'autre pièce maîtresse du baroque profane à Vienne. On le doit au deuxième grand architecte autrichien de cette période : Johann Lukas von Hildebrandt (1668-1745).

De son vivant, Hildebrandt resta dans l'ombre de l'illustre Fischer von Erlach. Mais comme ce dernier, il dirigea le Bureau des constructions de la Cour impériale (Hofbauamt) des Habsbourg. Si on lui doit plusieurs églises et de majestueuses demeures pour la cour royale, ses œuvres les plus remarquables furent des palais d'aristocrates. Il devint ainsi l'architecte de prédilection du maréchal et homme d'État Eugène de Savoie, et ce même prince lui commanda une résidence d'été à Vienne. Aujourd'hui, ce magnifique ensemble de palais et de jardins demeure, sous le nom de Belvédère, l'héritage le plus important de Hildebrandt.

Le baroque à travers l'Autriche

Les églises et palais viennois étaient le clou de l'art baroque, mais ce style se répandit dans toute l'Autriche. Bijou du genre, la nouvelle cathédrale Saint-Rupert de Salzbourg (Salzburger Dom ; p. 247) fut achevée en 1628, sur l'emplacement de l'ancienne cathédrale romane, anéantie par les flammes. De même, à Melk sur le Danube, Jakob Prandtauer (1660-1726) et son disciple Josef Munggenast (1680-1741) travaillèrent sur l'abbaye de Melk (Stift Melk ; p. 140), entre 1702 et 1738. À Graz, le château d'Eggenberg (p. 193) fut commandé en 1625 à l'architecte italien Giovanni Pietro de Pomis (1565-1633), et a lui aussi rang, avec ses jardins, d'autre joyau du baroque autrichien, plus marqué de maniérisme.

Les transformations baroques

D'aucuns ironisent volontiers sur le rôle niveleur du baroque, en ce que celui-ci tenait, entre autres choses, d'une ostentation de pouvoir et de richesse. De fait, une fois la vogue en route, la quasi-totalité des églises furent remises au goût du jour et modifiées suivant ce style.

Comme ailleurs, le baroque en Autriche avait commencé dans l'architecture pour gagner peu à peu les beaux-arts. Les fresques du maître autrichien Paul Troger (1698-1762) devinrent par la suite emblématiques du baroque tardif. Troger travailla avec Munggenast sur des bâtiments comme l'abbaye de Melk, dont il peignit les fresques de la bibliothèque et de la salle de marbre, en jouant habilement de la lumière pour donner une impression d'espace.

Les empereurs autrichiens Léopold Ier (1640-1705), Joseph Ier et Charles VI (1685-1740) prisaient les fioritures et œuvres d'art totales du baroque primitif. À la fin du XVIIe siècle, l'influence de l'Italie et des maîtres italiens, tels que Solari, célèbre pour la cathédrale de Salzbourg, de Pomis, pour le château d'Eggenberg, et d'autres étrangers, était caractéristique du mouvement. Le Vorarlberg faisait toutefois exception : Autrichiens, Allemands et Suisses y jouèrent le rôle principal. Si le

Vers l'an 40

Les Romains fondent Carnuntum et établissent leur camp militaire à Vindobona, l'actuelle Vienne.

XIe siècle

Construction de la cathédrale romane de Gurk et de l'abbaye bénédictine de Millstatt en Carinthie.

XIIe-XVe siècle

Édification de la cathédrale Saint-Étienne de Vienne, de l'église impériale à Innsbruck et de la cathédrale de Graz.

XVIe siècle

Le château de Hochosterwitz et la forteresse de Landskron en Carinthie, le château de Schallaburg en Basse-Autriche, le château d'Ambras à Innsbruck et la porte des Suisses de la Hofburg de Vienne sont le fruit de la Renaissance autrichienne.

XVIIe-milieu du XVIIIe siècle

Parmi les innombrables chefs-d'œuvre baroques autrichiens : le palais du Belvédère et le château de Schönbrunn.

Milieu du XVIIIe-milieu du XIXe siècle

Le néoclassicisme prend racine : construction de la porte de la Ville à Vienne et du château de Grafenegg en Basse-Autriche.

1815-1848

Architecture d'intérieur simple mais élégante, courbes et légèreté pour les meubles et la décoration : le style Biedermeier s'affranchit de la rigueur du classicisme.

baroque atteignit son apogée à l'époque de Fischer von Erlach (début du XVIIIe siècle), l'Autriche connut sa plus grande vague de transformations baroques sous le règne de Marie-Thérèse (1717-1780) dès le milieu du XVIIIe siècle, mais sans qu'il y eût davantage d'édifices neufs ou innovants. Le néoclassicisme gagnait alors en popularité et, en Autriche comme ailleurs, ce mouvement rompit avec le foisonnement d'antan pour adopter un nouveau style plus épuré.

"Les gens adorent tout ce qui comble leur désir de confort. Ils détestent tout ce qui a vocation à leur enlever cette position de sécurité qu'ils ont acquise. Par conséquent, les gens adorent les maisons et détestent l'art."
Adolf Loos

Retour vers le futur : néoclassicisme et historicisme

Si vous vous promenez sur le Ring de Vienne et admirez la porte de la Ville (Burgtor ; début XIXe siècle) qui fait face à la Hofburg sur son aile sud-ouest, le Nouveau Palais (Neue Burg ; fin XIXe siècle ; p. 64), ou le Parlement dessiné à la fin du XIXe siècle par le Danois Theophil von Hansen (1813-1891), sans doute aurez-vous le sentiment de contempler une version idéalisée de la Grèce ou de la Rome antiques. À Innsbruck, l'Arc de triomphe (Triumphpforte ; 1765 ; p. 316), qui est l'une des premières œuvres néoclassiques en Autriche, produit la même impression.

En Autriche, l'engouement pour tout ce qui avait trait au style néoclassique commença à battre son plein à partir de la seconde moitié du XIXe siècle, et fut favorisé localement par la démolition des murailles de l'ancienne Vienne, qui ceignaient la ville intérieure (*Innere Stadt*). On bâtit plusieurs édifices majestueux dans l'espace ainsi libéré.

OTTO WAGNER – L'ÉVEIL MODERNISTE DE L'AUTRICHE

Nul n'incarne mieux l'éveil architectural moderne en Autriche qu'Otto Wagner (1841-1918). Originaire de Vienne, cet architecte, qui dirigea le Bureau des constructions de la Cour impériale (Hofbauamt) de nombreuses années durant, donna à l'architecture une orientation nouvelle et fonctionnelle au tournant du XXe siècle. Lorsqu'il en eut fini avec la capitale autrichienne, le métro viennois comptait nombre de jolies stations Art nouveau. Wagner avait pourvu la rivière Vienne d'un "sarcophage" en pierre permettant à l'espace vert alentour, inondable, d'être aménagé, notamment au niveau du marché alimentaire du Naschmarkt (p. 75). Il avait aussi conçu le bâtiment de la Caisse d'Épargne de la Poste (Postsparkasse ; p. 74) et d'autres réalisations intéressantes dans Vienne et sa banlieue.

Le style de Wagner était en conformité avec son époque. Dans ses jeunes années, il fut fortement influencé par les architectes des bâtiments du Ring et par le style néoclassique (lequel s'inspirait de la Rome et de la Grèce antiques), et il soumit même (sans succès) ses propres plans pour le nouveau palais de justice (Justizpalast) de Vienne, dans la lignée du Ring. Peu à peu, cependant, Wagner devint sceptique à l'égard de l'historicisme et critiqua vertement ses premières œuvres, décrivant ce style comme relevant d'un "bal masqué". Ses édifices s'affranchirent de l'ornementation classique du XIXe siècle, et l'architecte se distingua par l'emploi imaginatif de matériaux modernes comme le verre, l'acier, l'aluminium et le béton armé – les "clous" en façade de la Postsparkasse l'illustrent parfaitement. Ceux qui s'aventureront dans son église Saint-Léopold (Kirche am Steinhof ; 1907) trouveront un autre chef-d'œuvre atypique : une église moderne et fonctionnelle, dotée d'une coupole et bâtie sur les fondations d'une institution psychiatrique.

L'une des réalisations les plus fonctionnelles de Wagner fut le système du métro (U-Bahn) viennois, qu'il développa entre 1892 et 1901. Pendant cette longue période, il dirigea le Bureau du bâtiment de Vienne et fut en charge de 35 stations : celles de la Josefstädter Strasse (U6) et de la Karlsplatz (U4) en sont de superbes exemples (p. 74). Une façon intéressante de s'imprégner des chefs-d'œuvre de Wagner consiste simplement à monter à bord du métro (*U-Bahn*) et à prendre l'U6 direction nord depuis la gare de l'Ouest (Westbahnhof). Cette ligne est parfois appelée la *Gesamtkunstwerk* (œuvre d'art totale) de Wagner : vous serez littéralement assis dedans.

Le modèle hellénique

L'époque néoclassique prit racine pendant la seconde moitié du XVIIIe siècle : sur les 100 années qui suivirent, des bâtiments inspirés de l'Antiquité furent érigés dans toute l'Autriche et ailleurs en Europe. Vers le milieu du XIXe siècle, ce goût pour le passé essaima en une mosaïque de styles : néogothique, néo-Renaissance, et même une "néo-forme" de néoclassicisme.

Dès les prémices de la Renaissance, les architectes avaient puisé leurs idées chez les Grecs antiques. L'architecture romaine était bien connue, mais, à partir du XVIIIe siècle, les monarques et leurs bâtisseurs furent attirés par le classicisme de la Grèce, tenu pour plus pur, et certains architectes se fendirent à dessein de périples en Hellade. La mise au jour, en 1740, de trois temples doriques dans une colonie gréco-romaine d'Italie du Sud connue sous le nom de Paestum joua un grand rôle dans cette redécouverte.

La Ringstrasse

Les fortifications médiévales de Vienne étaient devenues anachroniques vers le milieu du XIXe siècle. Les clairières situées de l'autre côté de la muraille furent utilisées comme champs de manœuvre. Après son avènement, François-Joseph Ier eut l'idée de tirer parti de ce glacis pour élever des bâtiments publics grandioses, témoins du pouvoir et de l'opulence de l'Empire. En résulta la Ringstrasse, ou Ring. Les plans en furent tracés entre 1858 et 1865, et dans la décennie suivante, la plupart des édifices qui longent aujourd'hui cette artère passante avaient déjà été construits. Entre l'Opéra national (Staatsoper ; 1861-1869 ; p. 74), le musée des Arts appliqués (Museum für Angewandte Kunst, MAK ; 1868-1871 ; p. 94), le Muséum d'histoire naturelle (Naturhistorisches Museum ; 1872-1881 ; p. 88), l'Hôtel de Ville (Rathaus ; 1872-1883 ; p. 88), le musée des Beaux-Arts (Kunsthistorisches Museum ; 1872-1891 ; p. 80), le Parlement (Parlament ; 1873-1883), le Théâtre national (Burgtheater ; 1874-1888 ; p. 119) et la façade du Nouveau Palais (Neue Burg ; 1881-1908 ; p. 64) de la Hofburg sur la Heldenplatz, le Ring a tout d'un florilège.

Avec sa grande statue d'Athéna au-devant, le Parlement de Theophil von Hansen symbolise l'amour du temps pour la Grèce antique, tant sur le plan esthétique que politique. Le musée des Beaux-Arts, l'un des plus beaux édifices du Ring, est non seulement un chef-d'œuvre néo-Renaissance, mais se révèle aussi annonciateur des mouvements à venir.

Construit sur mesure pour être la pinacothèque des Habsbourg, ce musée, où sont notamment exposés des tableaux de Gustav Klimt (1862-1918), se caractérise par ses lunettes colorées et son plafond encastré circulaire, lequel permet de distinguer la coupole dès l'entrée.

La Première Guerre mondiale signa la perte de l'Empire et, partant, la fin du grand projet de François-Joseph. Cependant, Gustav Klimt et ses contemporains allaient faire prendre à l'Autriche de nouvelles directions.

À partir de 1850

Le long règne du néoclassicisme débouche sur un retour vers les styles gothique, baroque, Renaissance sur le Ring de Vienne.

Fin du XIXe-début du XXe siècle

L'historicisme passéiste cède le pas à des styles plus modernes et épurés, comme celui des bâtiments Sécession de Vienne.

XXe siècle

Si la Sécession est toujours palpable, des logements ouvriers à grande échelle sont construits pendant la période de Vienne la Rouge, avant l'apparition de bâtiments postmodernes et contemporains, comme la maison des Arts de Graz (Kunsthaus Graz).

XXIe siècle

L'Autriche dévoile un visage novateur avec des bâtiments futuristes habillés de verre, le plus souvent à haute qualité environnementale. De nouveaux édifices poussent aux quatre coins du pays, à l'image de la DC Tower 1 qui, du haut de ses 250 m, domine le nouveau quartier urbain viennois, Donau City. À Linz, Graz et dans le Bregenzerwald, l'architecture fait aussi parler d'elle.

Sécession et Art nouveau

"Temple des grenouilles-taureaux", "temple d'un mouvement artistique anarchique", "le mausolée", "le crématorium" ou encore "la tête de chou" (en référence à son dôme en or ouvragé) : tels furent les sobriquets donnés au pavillon de la Sécession (p. 74). D'aucuns pensaient également que le bâtiment évoquait un hybride entre une serre et un haut-fourneau.

En 1897, 19 artistes progressistes s'affranchirent de l'ordre artistique conservateur établi à Vienne pour former la Sécession. En Autriche, le mouvement est synonyme d'Art nouveau, bien que ses membres se fussent adonnés à une large variété de styles. Ses modèles furent puisés dans la scène contemporaine berlinoise et munichoise, avec pour but de se défaire de l'historicisme, qui conduisit aux répliques historiques édifiées sur le Ring de Vienne. À cette époque, la maison des Artistes (Künstlerhaus) de Vienne représentait le statu quo artistique, et les sécessionnistes s'en détachèrent pour fonder leur propre association. Parmi eux : Gustav Klimt, Josef Hoffmann, Kolo Moser et Joseph Maria Olbrich.

Ce fut à Olbrich, ancien étudiant d'Otto Wagner, que revint l'honneur de concevoir un centre d'expositions pour les jeunes sécessionnistes. Le "temple des grenouilles-taureaux" fut achevé en 1898, mêlant fonctionnalité réduite et motifs stylistiques.

À l'origine, Klimt, Olbrich et leurs collègues souhaitaient construire le palais sur le Ring, mais les autorités de la ville refusèrent de voir dénaturer le caractère néoclassique de leur artère avec l'œuvre osée d'Olbrich. Elles acceptèrent cependant que le palais fût installé à proximité : un bâtiment temporaire où, pendant 10 ans, les sécessionnistes tinrent leurs expositions.

L'Art nouveau étant principalement d'essence urbaine, les théâtres de ses plus grandes réalisations furent les capitales ou les grandes villes : Paris, Bruxelles, New York, Glasgow, Chicago et Vienne. À l'instar des mouvements Renaissance et baroque en leur temps, la Sécession abolit les frontières entre peinture et architecture. Mais elle fut aussi une réaction à l'ère industrielle et manifesta la volonté d'intégrer l'artisanat traditionnel à sa philosophie. Le mouvement suivit l'exemple britannique et, en 1903, Josef Hoffmann et Kolo Moser créèrent l'Atelier viennois (Wiener Werkstätte), en collaboration avec l'École des arts appliqués de Vienne et le mouvement Sécession pour promouvoir leurs idées.

Friedensreich Hundertwasser (1928-2000) abhorrait les lignes droites. Dans son *Manifeste de la moisissure*, il affirmait en avoir compté 546 sur une lame de rasoir. Convaincu que les villes devraient être en harmonie avec leur environnement naturel, il s'achemina vers la spiritualité écologique : une philosophie dont ses "instables" maison de l'Art (KunstHaus Wien ; p. 94) et maison de Hundertwasser (Hundertwasserhaus ; p. 203) de Vienne sont la métaphore.

ADOLF LOOS – "CHAQUE VILLE A L'ARCHITECTE QU'ELLE MÉRITE"

En 1922, le *Chicago Tribune* lança un concours pour construire "l'immeuble de bureaux le plus beau au monde" afin d'y établir ses locaux. Parmi les grands noms de l'architecture en lice : Adolf Loos (1870-1933). Son audacieux projet de gratte-ciel en forme de colonne dorique ne fut pas retenu par le jury, mais il est resté dans les annales.

D'origine tchèque, Loos étudia en Bohême, puis à Dresde, avant de partir pour les États-Unis, où il travailla comme maçon, et plongeur de temps à autre. Il fut fortement influencé par Otto Wagner, mais on raconte que la période où il travailla comme maçon lui permit de "ressentir", avec davantage d'acuité les matériaux. Il détestait les ornements, d'où sa bataille contre les tenants de l'Art nouveau, dont les fleurs et fioritures ornementales lui semblaient comme autant d'anathèmes jetés sur ses motifs fonctionnels et épurés. L'espace, les matériaux, voire la main-d'œuvre ("L'ornement est de la main-d'œuvre gaspillée, donc de la santé gaspillée") devaient selon lui être mis au service d'un résultat le plus proche possible de son but fonctionnel premier. Miroirs, surfaces reluisantes en onyx et impression d'espace : aujourd'hui, quiconque arrive à entrer dans le minuscule bar américain de Loos à Vienne aura non seulement droit à un cocktail, mais se fera aussi une bonne idée des intentions de l'architecte.

Vienne fascinait les artistes de tout l'Empire habsbourgeois, et la Sécession eut un écho international. Le mouvement fut aussi influencé par Otto Wagner : ainsi le pavillon de la Sécession a beau être coiffé d'un "chou", sa forme présente des lignes rigoureuses, signature de l'architecte.

Les icônes contemporaines

L'architecture autrichienne ne se limite pas à son héritage. Ces dernières années, partout dans le pays, des esprits novateurs ont ainsi transformé, construit et imaginé des musées, des bureaux et autres espaces. Beaucoup de ces réalisations s'insèrent avec bonheur entre de majestueux édifices anciens, dont ils sont pourtant l'antithèse en termes de style.

Dans les collines de Basse-Autriche, près de la vallée du Danube, le château de Grafenegg (p. 139) est un bon exemple de salle de concert postmoderne. Haut lieu de la musique classique, ce palais néoclassique en bord de lac s'est adjoint un nouvel élément : une scène à ciel ouvert longue de 15 m, la tour des Nuages (Wolkenturm), œuvre du cabinet d'architectes viennois The nextENTERprise®. Installé dans le renfoncement d'un espace vert impeccablement aménagé, cet amphithéâtre naturel en dents de scie évoque une sculpture et se fond dans la nature alentour.

À Langenlois, le Loisium Weinwelt (p. 144), de l'architecte new-yorkais Steven Holl, est un centre dédié au vin, sous la forme d'un cube en aluminium. Sur les rives du Danube, le musée d'art Lentos (Lentos Kunstmuseum ; p. 170) de Linz, capitale de la Haute-Autriche, est un bâtiment cubique postmoderne à la façade en verre reflètant les alentours.

En matière d'architecture novatrice, on ne penserait pas d'emblée aux contrées vallonnées et montagnardes du Vorarlberg. Et pourtant : on y trouve le Werkraum Bregenzerwald (p. 362), à Andelsbuch, où sont mises en valeur les créations de 90 entreprises artisanales de la région. Le bâtiment, toit en béton noir et façade vitrée, présente une silhouette impeccable, pensée pour se fondre dans son environnement. Il a été imaginé par Peter Zumthor, lauréat du prix Pritzker. À Bregenz, le musée du Vorarlberg (Vorarlberg Museum ; p. 357) a pour bardage 16 656 bouteilles en plastique recyclées, qui reflètent la lumière.

"La prose est de l'architecture, et non de la décoration intérieure, et le baroque est dépassé." Voici ce qu'Ernest Hemingway pensait de l'architecture baroque (ce qui explique pourquoi il écrivait sur la corrida plutôt que sur les églises autrichiennes, par exemple).

L'évolution à flux tendu

Aux édifices modernes se fondant dans leur environnement s'oppose une autre approche de l'architecture contemporaine, visant à bâtir des bâtiments en constante évolution. À Linz, l'Ars Electronica Center (p. 171) s'est vu ajouter une façade de LED s'illuminant de couleurs changeantes la nuit. La maison des Arts de Graz (Kunsthaus Graz ; p. 193), devenue un symbole de la capitale de Styrie, en est un autre exemple : œuvre des architectes britanniques Peter Cook et Colin Fournier, cet édifice en forme de limace présente un extérieur qui change de couleur en fonction de l'éclairage. La modernité du bâtiment cherche à instaurer un "dialogue esthétique" avec la partie historique de Graz, sur un promontoire sur l'autre rive de la Mur. Cet échange est établi par l'île sur la Mur (Murinsel ; p. 197), un pont flottant en forme de coquille au milieu de la rivière, avec un café, une aire de jeux et un amphithéâtre pour les spectacles.

Le MuseumsQuartier

L'une des œuvres architecturales les plus innovantes de ces dernières années est le MuseumsQuartier de Vienne : cet ensemble de bâtiments du XVIIIe siècle, qui occupe d'anciennes écuries impériales, s'est vu agrémenté de cafés et de boutiques, et agrandi avec de nouveaux édifices, tels que le MUMOK (Museum Moderner Kunst ; musée d'Art moderne ; p. 87) en basalte foncé et le Leopold Museum (p. 79). Tous deux sont séparés par la Kunsthalle (p. 131) et un espace public qui s'est agrandi pour devenir l'un des lieux de rendez-vous les plus prisés de la ville.

"Parce que l'ornementation n'est plus une partie biologique de notre culture, elle ne l'exprime plus. Un ornement créé aujourd'hui n'a rien à voir avec nous, n'a pas de lien avec les êtres humains et rien à voir avec l'ordre du monde. Il est incapable de se développer davantage." Adolf Loos

Arts visuels, musique et lettres

Pays de taille modeste, l'Autriche a pourtant énormément influencé les arts. Les Habsbourg ont laissé en héritage sculptures, peintures historiques, salles de concert, ainsi que l'Orchestre philharmonique de Vienne, l'un des meilleurs orchestres de la planète. C'est en Autriche que s'épanouit le génie de Mozart et que Strauss apprit au monde à valser ; c'est également le pays de naissance de Klimt, célèbre pour ses peintures dorées, et de Schiele, artiste expressionniste emblématique. Aujourd'hui encore, l'art et la musique imprègnent l'âme autrichienne.

Arts visuels

Les grands fresquistes

La tradition des fresques en Autriche remonte au XIe siècle, au milieu de la période romane. Les premières d'entre elles apparurent dans les églises, comme dans l'ancienne cathédrale de Gurk (Carinthie orientale), où les fresques romanes d'origine furent rénovées en 1270, et enrichies de motifs "en zigzag", propres à conférer un meilleur rendu au plissé des robes des personnages. On peut toujours en voir certaines à Gurk aujourd'hui.

Pendant la période gothique qui suivit, vers le XIVe siècle, l'art de la fresque se trouva limité par les canons architecturaux du temps (à l'exemple de la cathédrale Saint-Étienne de Vienne), tout en plafonds voûtés et grandes fenêtres (le second facteur ayant en revanche favorisé la peinture sur verre). L'âge d'or des fresques fut donc atteint pendant la période baroque (XVIIe-début XVIIIe), et il fut associé à 3 figures majeures : Johann Michael Rottmayr (1654-1730), Daniel Gran (1694-1757) et Paul Troger (1698-1762). Aujourd'hui, les œuvres de ces maîtres prédominent à Vienne, et particulièrement en Basse-Autriche.

Rottmayr et Gran œuvrèrent pendant le baroque classique, lequel s'étend de la fin du XVIIe siècle au début du XVIIIe siècle. Paul Troger, lui, réalisa la plupart de ses travaux pendant la période rococo (ou baroque tardif), à partir du milieu du XVIIIe siècle. Il passa plusieurs années en Italie pour y apprendre les techniques, et officia à Salzbourg avant de s'installer à Vienne, où Rottmayr avait donné le ton de l'art des fresques depuis 1696. Au fil du temps, Troger devint le peintre de prédilection en matière d'art ecclésial et abbatial de Basse-Autriche : de beaux exemples de son travail subsistent dans les abbayes de Melk, de Zwettl et d'Altenburg, mais aussi dans la cathédrale de Klagenfurt, qui renferme l'un de ses tableaux d'autel, ou dans le château de Schönbrunn à Vienne.

Les Habsbourg, mécènes des arts, confièrent aux fresquistes le soin de sublimer leurs bâtiments, en leur apportant relief et cachet. Ils utilisèrent la musique comme vecteur de leur pouvoir et de leur grandeur.

Rottmayr est tenu pour le premier peintre baroque d'Autriche. Il passa ses jeunes années en tant que peintre de cour des Habsbourg à Salzbourg, avant de partir pour Vienne en 1696, où il tint un rôle de premier plan au long des 3 décennies suivantes. Devenu fresquiste favori de l'architecte Johann Bernhard Fischer von Erlach, il est souvent comparé au peintre flamand Petrus Paulus Rubens. Son œuvre fit converger les influences italienne et flamande dans un style foisonnant, ponctué de silhouettes dynamiques et de couleurs vives. De jolies fresques de Rottmayr décorent l'église Saint-Charles (Karlskirche) à Vienne, et l'on peut les admirer de près en rejoignant la coupole par un ascenseur en verre, à plus de

70 m de hauteur. En Basse-Autriche, ses œuvres ornent l'abbaye de Melk (Stift Melk) et celle de Klosterneuburg.

Troisième fresquiste de ce triumvirat, Daniel Gran étudia lui aussi en Italie, mais, contrairement à celui des œuvres de Troger et de Rottmayr, son style jugula les extravagances du baroque, offrant un avant-goût du néoclassicisme : sa fresque de plafond dans la Bibliothèque nationale (Nationalbibliothek) de Vienne en est peut-être la meilleure illustration.

Art nouveau, symbolisme et expressionnisme

Le Jugendstil et la Sécession

Branche viennoise du mouvement européen Art nouveau, le Jugendstil ("style jeune") trouve son origine à l'Académie des beaux-arts (Akademie der Bildenden Künste). Or, ce courant, tout novateur qu'il fût, restait ancré dans le néoclassicisme, ce qui valut à un groupe de rebelles, parmi lesquels Gustav Klimt (1862-1918), de s'en affranchir en 1897. Des architectes, notamment Otto Wagner, Joseph Maria Olbrich (1867-1908) et Josef Hoffmann (1870-1956), se joignirent au mouvement.

À la fin de la première décennie du XXe siècle, Wagner et d'autres avaient évolué vers un style typiquement viennois baptisé "Sécession", débarrassé de certains des aspects les plus décoratifs du Jugendstil, mais encore associé à l'Art nouveau. Son joyau et navire-amiral, le pavillon de la Sécession, dessiné par Olbrich, servit de lieu d'exposition aux œuvres graphiques et design du nouveau style artistique. Représentation physique des idéaux du mouvement – fonctionnalité et modernisme –, l'édifice présente néanmoins de remarquables éléments décoratifs, notamment l'immense "chou doré" sur le toit.

Hoffmann, inspiré par le mouvement britannique Arts and Crafts dirigé par William Morris et le travail du designer Art nouveau de Glasgow Charles Rennie Mackintosh, avait, quant à lui, abandonné les formes fluides et les couleurs vives du Jugendstil en 1901, pour devenir l'un des représentants du style Sécession. Il marqua de son empreinte la scène artistique viennoise en fondant le Wiener Werkstätte, auquel se joignirent, entre autres, Klimt et Kolo Moser (1868-1918). Cet atelier de design contribua à abolir la distinction entre art majeur et art mineur, et ouvrit le Jugendstil et ses épigones aux classes moyennes. Le WW ferma en 1932, faute d'avoir pu rivaliser avec la production en série, par de grandes fabriques, d'articles bon marché.

Nul n'incarna mieux la sensualité du Jugendstil et de la Sécession que Gustav Klimt (1862-1918). Sans doute le plus célèbre artiste viennois de son temps, il suivit une formation traditionnelle à l'Académie des beaux-arts, avant de la quitter en 1897 pour développer son propre style, nourri d'éléments inspirés du symbolisme et de l'impressionnisme français. La fascination de Klimt pour les femmes transparaît dans son art au point de confiner à l'intemporalité, ainsi qu'en témoigne l'engouement toujours intact que rencontrent

Époque romaine, an 20 av. J.-C.
Pour parer la forteresse de Carnuntum, en Basse-Autriche, les Romains utilisent des mosaïques décoratives, dont certaines subsistent dans le musée à ciel ouvert.

Époque romane, VIIIe-XIIe siècle
Salzbourg connaît une floraison de fresques, dont beaucoup d'influence byzantine.

Gothique primitif, XIIIe siècle
Transition du roman au gothique, illustrée par les fresques retrouvées dans l'ancienne cathédrale de Gurk.

Gothique classique, XIVe siècle
Les intérieurs gothiques nervurés et les hautes fenêtres laissent peu de place aux fresques, mais ouvrent de nouvelles possibilités à la peinture sur verre. Les peintures d'autel trouvent leur place dans les églises.

École du Danube, XVIe siècle
Émergence d'une école du Danube de peinture paysagère contemporaine de la transition du gothique flamboyant à la Renaissance.

Baroque classique et tardif, 1680-1740
L'art des fresques atteint des sommets vertigineux à l'époque de Johann Michael Rottmayr, de Paul Troger et de Daniel Gran.

Biedermeier, début du XIXe siècle
En pleine vogue de la peinture néoclassique, Ferdinand Georg Waldmüller, du courant Biedermeier, devient le peintre le plus célèbre de cette époque.

ses tableaux. L'utilisation de feuilles d'or et d'éléments de style mosaïque est caractéristique de la période dorée de l'artiste, qui s'inspira de l'imagerie byzantine découverte lors de son voyage à Venise. Propice à une immersion dans l'œuvre de Klimt, le palais du Belvédère de Vienne conserve la plus grande collection au monde de ses travaux.

Schiele, Kokoschka et les expressionnistes

Ville tranquille des bords du Danube, Tulln a vu naître Egon Schiele (1890-1918), tenu pour le plus important peintre expressionniste autrichien. Fort d'une belle collection de ses peintures et croquis, un musée y retrace son parcours. D'autres œuvres sont conservées au Leopold Museum, dans le MuseumsQuartier de Vienne. Plus grand de son genre dédié, en Autriche, à l'art expressionniste, celui-ci expose aussi des œuvres d'Oskar Kokoschka, de Herbert Boeckl (né à Klagenfurt) et de Gustav Klimt.

Egon Schiele

Un des artistes les plus controversés de son temps, Egon Schiele s'installa dans la capitale en 1906 pour en fréquenter l'Académie des beaux-arts (Akademie der Bildenden Künste), l'une des plus anciennes d'Europe. Au moment où il cofonda le groupe viennois connu sous le nom de Neukunstgruppe (groupe de l'Art nouveau), son travail commença à trouver un écho. Bien que fortement influencé par Gustav Klimt, il est bien plus étroitement associé à l'expressionnisme que ce dernier.

Sigmund Freud ne goûtait pas spécialement le travail des expressionnistes tels que Schiele, leur préférant l'art classique et ses avatars néoclassiques. Freud et Schiele se rejoignaient cependant sur un point : l'érotisme. Si le premier échafaudait ses théories sur Éros et l'inconscient, Schiele, lui, en capturait l'essence dans ses toiles, avec souvent la mort et le désir pour thèmes directeurs.

Schiele avait parcouru beaucoup de chemin depuis la campagne idyllique de Tulln. Un peu trop, de l'avis de certains. En 1912, le peintre passa 3 semaines en détention provisoire, avant d'être déclaré coupable de corruption de mineurs par exhibition pornographique. Son arrestation et son emprisonnement furent le point d'orgue d'une suite d'événements qui virent le peintre et son amante et modèle de 17 ans, "Wally" Neuzil, fuir le cadre viennois pour la Bohême (Ćesky Krumlov, dans l'actuelle République tchèque), dont ils durent également bien vite s'en aller. De retour à Vienne, Schiele quitte Wally et se marie. L'artiste acquit une certaine reconnaissance en participant à plusieurs expositions internationales, mais il fut emporté en novembre 1918 avec sa femme, enceinte de 6 mois, par l'épidémie de grippe espagnole qui sévissait alors.

Oskar Kokoschka

Comme Schiele, Oskar Kokoschka (1886-1980), deuxième grand nom de l'expressionnisme autrichien, est né au bord du Danube, à Pochlarn,

LE COURS DE L'HISTOIRE S'EN SERAIT-IL TROUVÉ CHANGÉ ?

L'Académie des beaux-arts de Vienne n'était pas seulement connue pour être un lieu abruptement décrit par Oskar Kokoschka comme "un bouillon de conservatisme où l'on allait pour devenir un artiste en jupe en velours et avec un béret". En 1907, un jeune ambitieux nommé Adolf Hitler y passa l'examen d'entrée, mais ne fut pas du nombre des 28 candidats reçus sur 128 impétrants. Il s'en retourna panser ses plaies à Linz, où il vécut de ses allocations d'orphelin (sa mère était morte), avant que de se représenter et d'échouer à nouveau. Désenchanté, il s'engagea (quoique autrichien) dans l'armée allemande lorsqu'éclata la Première Guerre mondiale. Le reste appartient, hélas, à l'Histoire.

près de Melk. Comme Klimt, il étudia à l'École des arts appliqués (Kunstgewerbeschule) de Vienne. Comme Schiele, il fut très influencé par Klimt, mais aussi par Van Gogh. À partir de 1907, il travailla à l'Atelier viennois (Wiener Werkstätte). Si ses premiers travaux se rattachaient à la Sécession et à l'Art nouveau, il s'engagea ensuite dans l'expressionnisme. La Galerie autrichienne (Österreichische Galerie), au palais du Belvédère (Belvédère supérieur ; Oberes Belvedere), loge une dizaine de ses huiles : certains portraits font ressortir le don qu'il avait pour représenter la psyché perturbée de ses sujets sans recourir aux couleurs lugubres.

La longue vie de Kokoschka fut rythmée par l'exil et le voyage. Il s'installa à Prague en 1934 pour fuir l'austrofascisme. Arrivés au pouvoir, les nazis déclarèrent ses œuvres "dégénérées" en 1937 et saisirent plus de 400 d'entre elles dans des musées allemands : Kokoschka fit ses bagages pour la Grande-Bretagne et devint citoyen britannique. Tout décadent qu'il fût, Kokoschka n'en représentait pas moins une forme de continuité artistique à laquelle l'actionnisme viennois allait, plus tard, délibérément tourner le dos.

L'actionnisme : choquer la République

Le milieu de l'art a toujours été émaillé de scandales. L'expressionniste Egon Schiele et l'architecte Adolf Loos furent impliqués dans des affaires de morale et condamnés ; de leur côté, Kokoschka et Klimt explorèrent l'érotisme au fil de leurs tableaux. Puis, un jour de 1968, un groupe d'artistes fit irruption dans un amphithéâtre bondé de l'université de Vienne : l'un des intrus entreprit de satisfaire divers besoins naturels, tandis qu'un autre braillait ce qui ressemblait à l'hymne national autrichien. Cette performance, baptisée Uni-Ferkelei ("université des cochonneries"), avait pour but avoué de briser les tabous.

À l'instar de Fluxus (inspiré d'un mouvement similaire aux États-Unis), l'art des années 1960 consistait en partie en ces happenings livrés sur des scènes improvisées. L'actionnisme revêtit une forme plus radicale, avec notamment le "théâtre des orgies", un projet total associant masochisme, exhibition, violence et rituels expiatoires. Selon Hermann Nitsch, il s'agissait pour l'artiste d'"endosser le mal au profit de l'humanité".

Qu'on lui accorde ou non le rang de mouvement artistique, l'actionnisme cadre mal avec l'univers formel des galeries. Certaines de ses performances, à dessein provocatrices, ont été captées en vidéo et sont régulièrement présentées au MUMOK (Museum Moderner Kunst), le musée d'Art moderne de Vienne. L'action de l'Uni-Ferkelei ne subsiste qu'à travers quelques photos et une brève séquence d'archives. Günter Brus (né en 1938) fut condamné pour "dénigrement d'un symbole de l'État autrichien", tandis qu'Oswald Wiener (né en 1935) est devenu un auteur respecté dans son pays. Quant au persévérant Hermann Nitsch (né en 1938), il est exposé au MUMOK de Vienne, au musée Lentos (Lentos Kunstmuseum) de Linz et au Musée régional (Landesmuseum) de Sankt Pölten. Enfin, Otto Muehl, cofondateur du mouvement, s'est éteint en mai 2013 à l'âge de 87 ans.

Art nouveau, 1900

Avec des artistes tels que Gustav Klimt, Hans Makart ou Kolo Moser, Vienne devient la capitale mondiale de l'Art nouveau.

Expressionnisme, 1910-1920

À la recherche d'un nouveau langage artistique, les expressionnistes Egon Schiele et Oskar Kokoschka se placent à l'avant-garde de la peinture autrichienne.

Nouvelle Objectivité, 1918-1939

La Neue Sachlichkeit s'éloigne de l'approche "subjective" de l'expressionnisme.

Actionnisme viennois, années 1960

Émergence de l'actionnisme viennois, marqué par les performances provocatrices de ses membres.

Période contemporaine, XXIe siècle

Dans les années 1980, le mouvement néo-expressionniste des Nouveaux Fauves (Neue Wilde) ouvre la voie aux explorations du XXIe siècle par l'utilisation d'illustrations numériques en complément des formes picturales traditionnelles.

HOLLYWOOD À LA SAUCE AUTRICHIENNE

Après la prise de pouvoir des nazis, nombre de réalisateurs allemands et autrichiens prirent la route de l'exil, gagnant d'abord la France, puis les États-Unis.

Erich von Stroheim surprit l'Amérique par le caractère démesuré et scandaleux de ses œuvres muettes. L'inoubliable interprète de *La Grande Illusion* (1937) joua également dans le fameux *Boulevard du crépuscule* (1950) de **Billy Wilder**, d'origine autrichienne lui aussi. Autre Viennois, **Joseph von Sternberg** s'arrogea la paternité du mythe Dietrich, qu'il dirigea notamment dans *L'Ange bleu* (1930). Quant à **Otto Preminger**, on lui doit *Laura* (1944), classique du film noir avec Gene Tierney. Le réalisateur du western *Le train sifflera trois fois* (1952) et du mélodrame *Tant qu'il y aura des hommes* (1953), célèbre pour sa scène du baiser sur une plage de Hawaï, n'est autre que **Fred Zinneman**, lui aussi originaire de Vienne. Enfin, impossible de ne pas citer **Fritz Lang**, immense réalisateur allemand d'origine autrichienne, même si la plupart de ses chefs-d'œuvre (*Metropolis*, *M le Maudit*) furent réalisés en Allemagne.

Le cinéma

Pour le public francophone, le cinéma autrichien évoque des icônes indémodables du septième art, flirtant parfois avec les frontières du kitsch. Au premier rang des visages autrichiens inoubliables figure **Romy Schneider**, de nationalité allemande, mais viennoise de naissance. Si certains l'ont longtemps cantonné à son rôle de *Sissi*, où elle incarnait la jeune épouse de l'empereur François-Joseph Ier d'Autriche, Romy (comme les Français l'appellent) tourna pourtant sous l'égide des plus grands. Ce fut le cas de René Clément (*Plein soleil*, 1959), Luchino Visconti (*Ludwig, le crépuscule des dieux*, 1972), Orson Welles (*Le Procès*, 1962), Otto Preminger (*Le Cardinal*, 1963), Joseph Losey (*L'Assassinat de Trotsky*, 1971) Claude Sautet (*Max et les ferrailleurs*, 1971 ; *César et Rosalie*, 1972 ; *Vincent, François, Paul… et les autres*, 1974 ; *Une histoire simple*, 1978) et Jacques Rouffio (*La Passante du Sans-Souci*, 1982). Côté masculin, on retiendra surtout **Helmut Berger**, l'acteur fétiche de Luchino Visconti (*Les Damnés*, 1969 ; *Ludwig, le crépuscule des dieux*, 1972), incarnation absolue de la beauté masculine mâtinée de perversité, et **Oskar Werner**, l'inoubliable Jules du *Jules et Jim* de François Truffaut (1962).

Pour beaucoup, l'icône autrichienne ultime reste toutefois *La Mélodie du bonheur* (Robert Wise, 1965), qui a pour cadre l'Autriche au temps du rattachement à l'Allemagne nazie. On y voit Maria, une jeune gouvernante iconoclaste, s'occuper de 7 enfants, tomber amoureuse de leur veuf de père et oublier sa vocation de religieuse, le tout dans un tourbillon de chansons, de romances et de sommets alpins idylliques. Cette comédie musicale s'inspire de l'histoire authentique (quoique très romancée) de la famille du baron von Trapp, qui avait fui le pays en 1938, au moment de l'Anschluss, pour trouver refuge aux États-Unis.

Un autre film très célèbre, *Le Troisième Homme* (Carol Reed, 1949), fut tourné en Autriche. Dans cette adaptation expressionniste du roman de Graham Greene, portée par la musique d'Anton Karas (dont on fredonne encore le célébrissime *Harry Lime Theme*), Orson Welles et Joseph Cotten évoluent, sur fond de trafic de pénicilline, dans la Vienne dévastée des lendemains de la Seconde Guerre mondiale.

Plus près de nous, le cinéma autrichien est invariablement associé au nom de **Michael Haneke**. Au fil de son œuvre, le réalisateur, qui a grandi à Wiener Neustadt, à 50 km au sud de Vienne, explore le mal sous toutes ses formes : violence liée à la culture du divertissement, notamment la télévision (*Benny's Video*, 1993), dictature de l'éducation (*Le Ruban blanc*, 2009) ou encore poids du remords (*Caché*, 2005). Bien connu du public francophone (ce familier du Festival de Cannes a tourné avec maints acteurs français, dont Isabelle Huppert, Daniel Auteuil, Jean-Louis Trintignant et feu Emmanuelle Riva, disparue en janvier 2017), il a adapté *La Pianiste*, roman de sa compatriote Elfriede Jelinek, et reçu la palme d'or pour *Amour*, couronné par l'oscar du meilleur film étranger en 2013. Formidable humaniste, moraliste et rigoriste pour les uns, il suscite chez d'autres la controverse et le rejet, qui lui reprochent une fascination pour tout ce qu'il entend dénoncer, voyeurisme, perversité et banalisation de la violence.

Musique

Quel autre pays est mieux assorti à son héritage musical ou aux forces créatives de ses grands compositeurs que l'Autriche ? Même les Habsbourg avaient des talents de musiciens : Léopold Ier (1640-1705) composait, Charles VI (1685-1740) s'essayait au violon, sa fille Marie-Thérèse (1717-1780) jouait convenablement de la contrebasse, tandis que son fils Joseph II jouait du clavecin et du violoncelle avec maestria.

Le classicisme viennois

Le classicisme viennois (Wiener Klassik), qui date de la seconde moitié du XVIIIe siècle, détermine beaucoup de notre perception actuelle de la musique classique. À l'époque, cette période a marqué un écart par rapport à la musique baroque céleste de la cour royale et des églises, apportant des formes de musique classique telles que l'opéra et les symphonies dans les salons et théâtres des classes moyennes supérieures de Vienne et d'Autriche.

Le tout premier de ces grands compositeurs fut **Joseph Haydn** (1732-1809). Né en Basse-Autriche, Haydn contribua largement à l'émergence de la symphonie et du quatuor à cordes. Compositeur prolifique, il laissa à la postérité quelque 104 symphonies, 84 quatuors et divers concertos. À un moment de sa longue carrière, il eut pour élève un jeune compositeur originaire d'Allemagne nommé Ludwig van Beethoven (1770-1827). Haydn influença également un certain **Wolfgang Amadeus Mozart** (1756-1791), dernier élément de cette mythique "trinité classique viennoise". Né à Salzbourg, Mozart fit tinter ses premiers airs au piano à l'âge de 4 ans, ce qui lui valut le titre impressionnant d'enfant prodige (*Wunderkind*) d'Autriche. Souvent incompris, perçu comme frivole et "facile", tiraillé entre la nécessité de plaire à ses employeurs et de produire une œuvre personnelle, il composa divers opéras, quatuors à cordes et concertos pour piano. Dissimulant souvent sa gravité sous un masque de légèreté, comme dans *Così fan tutte* (1790), il exprima ses convictions franc-maçonnes dans son ultime opéra, *La Flûte enchantée* (1791), œuvre totale, à la fois conte philosophique et fable merveilleuse, inspirée de la philosophie des Lumières. En juillet 1791, un inconnu lui passa commande du *Requiem*, qu'il n'eut pas le temps de terminer. Affaibli par la maladie, les dettes et les privations, il s'éteignit dans l'indifférence quasi générale.

Quelques années plus tard, **Franz Schubert** (1797-1828), né à Vienne, donna ses lettres de noblesse au *lied* (chant avec piano), produisant notamment *Le Roi des Aulnes*, inspiré du poème éponyme de Goethe. Toutefois, le nom de Schubert reste attaché à *La Truite* (1817). Composé à Steyr, où il passait des vacances, ce *lied* aurait été inspiré par sa première vision des montagnes de Haute-Autriche. Disparu à seulement 31 ans, Schubert composa pourtant près d'un millier d'œuvres (dont de fameux quatuors à cordes et les célèbres *Impromptus* pour piano), marquant une évolution déterminante dans le passage du classicisme au romantisme.

Le Vormärz et le temps des révolutions

La Vienne du XIXe siècle vit s'essouffler le classicisme viennois. La société autrichienne et l'Europe tout entière vécurent alors une période de répression conservatrice, qui déboucha sur les révolutions de 1848, prônant des réformes libérales. La période prérévolutionnaire fut appelée le Vormärz ("avant-mars": les révolutions commencèrent en mars 1848), et elle sonna le glas du classicisme viennois pour marquer une trêve dans la création musicale. Ce ne fut qu'une fois les braises révolutionnaires refroidies qu'une nouvelle vague de compositeurs – comme Franz Liszt (1811-1886), Johannes Brahms (1833-1897) ou Anton Bruckner (1824-1896) – firent triompher le romantisme sur la scène musicale.

La valse des Strauss

Au début du XIXe siècle, **Johann Strauss père** (1804-1849) donna ses lettres de noblesse à une danse nouvelle : la valse. Ce musicien et compositeur autodidacte se fit remarquer en se produisant dans la brasserie Sperl, à Vienne, avec une formation à cordes, puis au sein de son propre orchestre. Parmi ses admirateurs figuraient Chopin et Wagner. Nommé directeur des bals de la cour, Strauss composa quelque 150 valses, dont la fameuse *Loreley-Rheinklänge* (*Échos de la Loreley*). Terrassé par la scarlatine, il eut droit à des funérailles nationales.

Si l'on doit à Johann Strauss père d'avoir fait valser toutes les cours d'Europe, c'est bien à **Johann Strauss fils** (1825-1899) qu'il faut attribuer les compositions les plus célèbres du genre, dont *Le Beau Danube bleu* (1867). Embrassant la carrière de musicien contre l'avis de son père, dont il devint le rival, il fit passer la valse du statut de musique de danse à celui de danse symphonique. Admiré de Brahms, de Mahler et de Lizt, il composa 260 valses et 16 opérettes parmi lesquelles *La Chauve-Souris*.

Le compositeur novateur Arnold Schönberg (1874-1951) porta les conventions tonales jusqu'à leur point de rupture avec ses compositions à 12 sons. Alban Berg (1885-1935) et Anton von Webern (1883-1945), tous deux nés à Vienne, furent ses disciples les plus influents ; ils continuèrent à développer la technique de Schönberg.

Les compositeurs de la modernité

Parmi les derniers symphonistes, **Gustav Mahler** (1860-1911) incarna parfaitement la transition entre la Vienne crépusculaire de Stefan Zweig et le XXe siècle. Chef d'orchestre reconnu, il peina en revanche à faire accepter ses propres compositions. Postromantique obsédé par Beethoven, il accoucha de 9 symphonies (la dixième restant inachevée), ainsi que de nombreuses œuvres vocales, dont *Das Lied von der Erde* (*Le Chant de la terre*).

Le novateur **Arnold Schönberg** (1874-1951) décida de rompre avec les règles de l'harmonie classique. Avec ses compositions à 12 sons, il porta les conventions tonales jusqu'à leur point de rupture. Il forma également la fameuse "école de Vienne" avec ses élèves les plus influents, Anton von Webern (1883-1945) et Alban Berg (1885-1935). Ce dernier, après avoir composé un opéra (*Wozzeck*), entama une période dodécaphonique avec le *Kammerkonzert* (Concerto de chambre) et livra avec *Lulu* un dernier opéra inachevé.

Quant au compositeur Franz Lehár (1870-1948), d'origine hongroise, il est surtout connu pour ses opérettes, dont la plus fameuse, *La Veuve joyeuse*, fut créée à Vienne en 1905.

Les musiques actuelles

L'Autriche ne manque pas d'artistes talentueux, même si peu d'entre eux se font connaître en dehors du monde germanophone, exception faite du célèbre Falco (alias Hans Hölzel ; 1957-1998), dont le *Rock Me Amadeus* a caracolé en tête des hit-parade en 1986.

Capitale de la Carinthie, Klagenfurt a vu naître Penny McLean (née Gertrude Wirschinger), dont la chanson *Lady Bump* est un titre phare du disco des années 1970, et le crooner Udo Jürgens. Roi incontesté du *Schlager* (vaste genre de variété, voire de musique populaire avec une touche sentimentale), il a composé des tubes pour des stars américaines telles que Shirley Bassey ou Frank Sinatra.

Naked Lunch (www.nakedlunch.de) est probablement le groupe autrichien le plus connu depuis le chanteur Falco. Un peu plus undergound, le duo Attwenger (www.attwenger.at) fait de nombreux adeptes avec sa musique aux accents traditionnels, hip-hop et trance. Pour compléter ce triumvirat de quasi-vétérans, Rainer Binder-Krieglstein (né en 1966, se produisant sous le nom de Binder & Krieglstein), originaire de Graz, a débuté par un mélange éclectique de trip-hop, de hip-hop, de groove et de nu jazz pour finir par se concentrer sur la musique folk.

Dans le domaine du hip-hop, le groupe Texta (www.texta.at) est une référence. L'étrange Bauchklang (www.bauchklang.com) se distingue par le seul recours aux voix pour composer des morceaux reggae, hip-hop d'influence ethnique et trance. Parmi les autres noms intéressants, on peut citer le duo pop funky Bilderbuch, le duo drum'n'bass Camo & Krooked et Fatima Spar, dont les rythmes du monde vont du balkanique au swing.

Les amateurs d'électroswing connaissent peut-être Parov Stelar, musicien, producteur et DJ de Linz, dont les morceaux mêlent jazz, house, électro et breakbeat.

Pour se tenir au courant sur la musique contemporaine (rock, jazz, pop, musique électronique, musiques du monde, classique et tout ce qui y ressemble de près ou de loin), consulter le site Music Autria : www.musicaustria.at/en.

Littérature

Vienne, entre crépuscule et renaissance

Au tournant du XXe siècle, Vienne constituait la brillante capitale culturelle et cosmopolite de la Mitteleuropa. Pourtant, la fin d'une époque s'annonçait, précipitée par la Première Guerre mondiale. Alors que l'Empire austro-hongrois s'apprêtait à disparaître et que l'antisémitisme galopant augurait de tristes lendemains, la littérature autrichienne brillait de mille feux sous l'influence de plusieurs romanciers et poètes majeurs.

Arthur Schnitzler (1862-1931). Médecin par obligation, Schnitzler se tourna vers la littérature à la mort de son père. Auteur de pièces de théâtre, comme *La Ronde* (1897), mais aussi de romans et de nouvelles – *La Nouvelle rêvée* (*Traumnovelle*) fut adaptée au cinéma par Stanley Kubrick sous le titre *Eyes Wide Shut* –, ce Viennois s'affirma comme l'un des grands écrivains de la folie, créant un univers onirique marqué par une description sans fard de la sexualité. Sigmund Freud (1856-1939), père de la psychanalyse, lui avoua un jour : "Je pense que je vous ai évité par une sorte de crainte de rencontrer mon double."

Robert Musil (1880-1942). Natif de Klagenfurt, en Carinthie, Robert Musil fut révélé par *Les Désarrois de l'élève Törless* (1906), classique du roman d'apprentissage. Il travailla ensuite pendant plus de 30 ans à l'écriture de *L'Homme sans qualités*, resté inachevé. Considéré comme l'un des chefs-d'œuvre de la littérature du XXe siècle, ce roman-fleuve dresse le portrait implacable d'un Empire austro-hongrois agonisant et d'une culture européenne en perdition, annonciateurs du désastre à venir.

Stefan Zweig (1881-1942). Auteur autrichien le plus lu en France, le Viennois Stefan Zweig était l'ami de Freud et de Schnitzler. Réfugié à Londres pour fuir la montée du nazisme, il alterna poèmes, pièces, romans et nouvelles. Il reste essentiellement connu pour ces dernières (*Vingt-Quatre heures de la vie d'une femme*, *Le Joueur d'échecs*, *Lettre d'une inconnue*, etc.), des histoires de passion pouvant conduire à la folie. Miné par la montée des nationalismes, entre autres obsessions, il se suicida en 1942 en compagnie de son épouse Lotte. Dans *Le Monde d'hier*, son autobiographie parue en 1944, on perçoit toute sa nostalgie de la Vienne du début du XXe siècle. Déjà portée à la scène et à l'écran du vivant de Zweig, son œuvre a connu depuis un grand nombre d'adaptations cinématographiques, dont on doit l'une des plus récentes, *Une promesse* (2013), à Patrice Leconte.

Franz Werfel (1890-1945). Si cet auteur expressionniste n'est souvent mentionné que comme dernier mari de la célèbre Alma Mahler, il n'en a pas moins commis des textes de premier plan, dont *Les Quarante Jours du Musa Dagh*, sur le génocide arménien, et *L'Étoile de ceux qui ne sont pas nés*, monumental et prophétique roman de science-fiction. Ayant fui avec son épouse l'avancée nazie, en passant par Sanary-sur-Mer et Lourdes, Werfel consacra à Bernadette Soubirous, sitôt débarqué aux États-Unis, une biographie romancée. *Le Chant de Bernadette* rencontra son public dès sa sortie, tout comme le film qui en fut tiré l'année suivante.

Dans la première moitié du XXe siècle, outre la création littéraire, Vienne se distingua dans les domaines de la psychologie, de la science et de la philosophie. **Sigmund Freud** fonda la psychanalyse, dont il expliqua la théorie dans *La Science des rêves* (1900), et créa la Société psychanalytique de Vienne. Quelques années plus tard, le Cercle viennois, dont faisait notamment partie Ludwig Wittgenstein, développa une nouvelle philosophie de la science.

L'angoisse moderne

À la fin des années 1950, dans une Autriche hantée par un sentiment de culpabilité lié à son rôle au cours de la Seconde Guerre mondiale, la littérature autrichienne résolut de s'attaquer à la fois au passé récent et au présent. Certains romanciers se livrèrent ainsi à un travail d'introspection, réfutant la vision d'une Autriche rurale, pure et mythifiée. Parallèlement, le Groupe de Vienne (Wiener Gruppe) s'efforça de se libérer des conventions à travers des recherches stylistiques et formelles. À partir des années 1970, le paysage littéraire national se renouvela sous l'impulsion de plusieurs auteurs fondamentaux.

Thomas Bernhard (1931-1989). Dès ses débuts littéraires, Thomas Bernhard dénonça l'imposture des romans "régionalistes", qui dépeignaient l'Autriche sous les traits d'une nation pure et incorruptible, symbolisée par la perfection pastorale de ses paysages. Délaissant la poésie pour le roman, il développa un style obsédant à base de phrases longues et répétitives, cultivant sans relâche sa détestation de son pays et de sa famille. Citons en particulier *Le Naufragé* (1983), *Maîtres anciens* (1985), ou *Le Neveu de Wittgenstein* (1982). Avec sa pièce *Place des héros* (1988), il provoqua une énorme polémique en Autriche en évoquant l'accueil triomphal reçu par Hitler, sur cette fameuse place, lors de l'annexion de l'Autriche par l'Allemagne nazie. Quelques jours avant sa mort, le dramaturge a interdit la représentation de ses pièces en Autriche pendant 70 ans et leur entrée dans le domaine public.

Peter Handke (né en 1942). Originaire de Griffen, en Carinthie, Peter Handke entama une carrière littéraire sous le sceau de l'anticonformisme, rejetant le réalisme et les modèles littéraires classiques au profit d'une écriture expérimentale. Fortement influencé par Kafka et Beckett, il est l'auteur d'une œuvre romanesque, poétique et théâtrale où dominent l'angoisse, l'incommunicabilité et la solitude propres au monde moderne. On se souvient notamment de *L'Angoisse du gardien de but au moment du penalty*, roman qu'il adapta pour le cinéaste allemand Wim Wenders. L'écrivain s'est vu attribuer le prix Nobel de Littérature 2019.

Elfriede Jelinek (née en 1946). Aussi provocatrice et scandaleuse que ses compatriotes Bernhard et Handke, Elfriede Jelinek n'a jamais caché le regard hautement critique qu'elle porte sur l'Autriche et son lourd passé. Dans son œuvre romanesque (*Enfant des morts*, 1995) et dramatique (*Sportstück*, 1998), elle privilégie le travail sur la langue. Dans *La Pianiste* (1983), adapté à l'écran par Michael Haneke, elle s'intéresse aux notions d'humiliation, de domination et d'enfermement psychologique. En 2004, Elfriede Jelinek a vu son œuvre récompensée par le prix Nobel de littérature.

Alpes autrichiennes

Pour bien des gens, l'Autriche se résume aux Alpes. Ces montagnes ont inspiré des symphonies à Mozart, engendré des légendes du ski alpin et fourni le décor de films hollywoodiens.

Les paysages alpins

Les Alpes englobent près des deux tiers de la superficie de l'Autriche, qui représente 83 858 km². On dirait presque qu'une main invisible a dessiné une ligne toute droite en plein milieu pour mettre les Alpes à l'ouest et les plaines à l'est. Le contraste entre les altitudes vertigineuses des sommets et la platitude des plaines est saisissant. Façonnées au fil des millénaires, les montagnes se composent de splendides lacs glaciaires, de forêts, de pics majestueux et de vallées encaissées.

Les Alpes autrichiennes se subdivisent en trois massifs principaux bien distincts, se déployant d'ouest en est. Les paysages karstiques des Alpes calcaires septentrionales, qui bordent l'Allemagne, culminent à près de 3 000 m et s'étendent à l'est jusqu'au Wienerwald ("bois de Vienne"). La vallée de l'Inn les sépare des Alpes centrales, granitiques, chaîne où s'élèvent les plus hauts sommets d'Autriche, dont son point culminant, le Grossglockner (3 798 m). Les Alpes calcaires méridionales, qui comprennent le massif des Karavanke, forment une barrière naturelle avec l'Italie et la Slovénie.

Des cours d'eau alimentés par la fonte des neiges aux cascades brumeuses, l'eau est un élément majeur du paysage. Les eaux riches en minéraux de rivières comme l'Enns, la Salzach et l'Inn sinuent à travers de larges vallées et offrent un cadre de toute beauté à des activités de plein air, par exemple le rafting en été. Il existe aussi une multitude de lacs différents, des lacs glaciaires typiques des montagnes aux eaux du Wörthersee, en Carinthie, célèbres pour leur température d'environ 28°C.

Les meilleurs sites pour (peut-être) apercevoir des...

Marmottes : *Kaiser-Franz-Josefs-Höhe, route du Grossglockner*

Aigles royaux : *parc national des Hohe Tauern*

Lynx : *parc national de Kalkalpen (Nationalpark Kalkalpen)*

Faucons : *parc national de Gesäuse (Nationalpark Gesäuse)*

Ibex : *Alpes calcaires septentrionales*

La vie sauvage des Alpes autrichiennes

Dame Nature règne ici de manière impériale. En été, plus on s'éloigne de la civilisation pour grimper en altitude, plus on a de chances d'apercevoir des animaux et des plantes rares. Partez à l'aventure en vous armant d'une paire de jumelles correctes et de patience.

La flore alpine

Au-dessous de la limite de la flore arborescente, la majeure partie des Alpes autrichiennes est densément boisée. À basse altitude, on trouve des forêts d'arbres à feuilles caduques du type hêtres et bouleaux, tandis que les conifères comme le sapin, l'épicéa et le mélèze s'épanouissent plus en hauteur. Vers 2 000 m, les arbres cèdent la place aux *Almen* (pâturages alpins) et aux sapins nains. Au-delà de 3 000 m, seuls les mousses et les lichens s'accrochent à la roche nue.

Dans les Alpes autrichiennes, les mille couleurs et senteurs des fleurs sauvages parent les hauts pâturages de mai à septembre. Ce sont des espèces robustes, dont les longues racines les aident à résister aux fortes bourrasques. Leurs couleurs vives les protègent de certains insectes et leurs pétales sont faits pour résister au gel et à la déshydratation.

Au printemps fleurissent les crocus, les soldanelles des Alpes et les anémones. En été, place aux roses des Alpes et aux gentianes. L'automne est la saison des chardons, des pieds-d'alouette et des aconits. Certes, il est très tentant de les cueillir, mais outre que ces fleurs sont bien plus à leur place en montagne, la plupart des espèces sont protégées.

Autrefois, les hommes risquaient leur vie en allant cueillir des edelweiss sur les rochers les plus escarpés afin de les offrir à leur bien-aimée. Emblème de l'Autriche, l'edelweiss symbolise le courage, l'amour et la force.

Le site de l'agence pour l'environnement autrichienne, www.umweltbundesamt.at/naturschutz, est une mine d'informations sur le paysage, la flore et la faune du pays.

L'observation de la vie sauvage

L'aube et le crépuscule sont les meilleurs moments de la journée pour apercevoir des animaux, en sachant que la chance joue un rôle non négligeable. En tête de la liste des stars des montagnes, l'ibex, bouquetin aux grandes cornes incurvées, a un temps été menacé. Ce n'est heureusement plus le cas aujourd'hui. Maître incontesté de l'escalade, il migre dès juillet jusqu'à 3 000 m et plus. Le chamois, plus commun que l'ibex, est tout aussi à l'aise pour gambader à flanc de montagne. Il est capable d'effectuer des sauts à la verticale de 4 m. Ses sabots, pareils à des semelles en caoutchouc à la bordure rigide, lui assurent une excellente adhérence sur les rochers et les éboulis.

À environ 2 000 m, il faut tendre l'oreille et ouvrir l'œil, car ce sont les hauteurs où vivent les marmottes, espèce de rongeurs de la famille de l'écureuil endémique des Alpes. Très sociable, cet animal vit en groupes d'une bonne dizaine d'individus. Comme les suricates, elles ont des sentinelles qui se tiennent sur leurs pattes arrière et scrutent les alentours pour donner l'alerte en cas de danger. Elles sifflent une fois à l'approche d'un prédateur venant des airs (par exemple un aigle), et deux fois pour un prédateur venant de la terre ferme (comme le renard). Toute la tribu se réfugie alors en hâte dans un réseau de terriers.

Les ornithologues viennent notamment dans cette région pour observer des aigles royaux, des gypaètes barbus et des vautours fauves.

Tout comme les inséparables, les aigles royaux restent en couple pour la vie. Vous recueillerez des précisions sur ces rapaces et bien d'autres espèces aviaires autrichiennes sur le site www.birdlife.at. (en allemand)

Les espèces menacées

Le campagnol souterrain de Bavarie (*Bayerische Kurzohrmaus*), espèce endémique du Tyrol que l'on ne trouve qu'en six endroits, est l'espèce la plus menacée du pays. Il est suivi de près par l'aigle impérial (*Kaiseradler*), qui avait un temps disparu mais a

AU FIL DES SAISONS

Printemps À la fonte des neiges, entre le bleu des fleurs de gentiane en forme de clochette et le fuchsia des roses des Alpes, les fleurs sauvages offrent un véritable feu d'artifice de couleurs.

Été Passez la nuit dans un refuge de montagne, baignez-vous dans l'eau pure des lacs alpins et enfilez vos chaussures de marche pour de splendides randonnées sur des cols culminant à plus de 2 000 m.

Automne Les mélèzes se parent de splendides teintes dorées, et c'est la saison des amours des cerfs, que l'on entraperçoit parfois. Il faut venir à la fin de septembre pour l'*Almabtrieb* (transhumance). Les vaches parées de fleurs et de cloches redescendent des alpages pour l'hiver.

Hiver De la neige, de la neige et encore de la neige. Au programme : ski, bol d'air pur et plats d'hiver généreusement garnis de fromage. Votre douillet chalet en bois à flanc de montagne n'attend plus que vous.

Ci-dessus : Réserve de la biosphère de Nockberge

Ci-contre : Aigle royal dans le parc national des Hohe Tauern

heureusement été réintroduit depuis. La vipère cornue (*Europäische Hornotter*), que l'on trouve en Carinthie, est certes venimeuse, mais les humains représentent une bien plus grande menace pour sa survie que l'inverse.

Au bord de l'extinction, la population d'ours bruns est estimée à moins de 10 individus. De temps à autre, des ours bruns en provenance de Slovénie et d'Italie viennent grossir ses rangs. On a de vraies chances de les voir dans le massif des Karavanke, les Alpes carniques (Karnischen Alpen), les Alpes de Gailtal (Gailtaler Alpen), en Carinthie, et dans le Tyrol oriental (Osttirol). La survie des populations d'ours locales et la sécurité des ours qui migrent à travers le territoire dépendent en grande partie des efforts d'organismes comme le Brown Bear Life Project autrichien et le WWF. Des millions d'euros ont été investis dans la réintroduction de l'espèce dans les Alpes, et dans l'éveil des consciences quant à la nécessité de la protéger.

Pour tout savoir des espèces menacées, consultez la liste rouge (Rote Liste ; www.umweltbundesamt.at, en allemand) établie par l'Umweltbundesamt (Agence fédérale pour l'environnement).

Les parcs nationaux des Alpes autrichiennes

La nature est d'une telle beauté qu'on s'étonnera peut-être de ne dénombrer dans la région que trois parcs nationaux (Hohe Tauern, Kalkalpen et Gesäuse) et une grande réserve naturelle (Nockberge). Mais au diable les chiffres, surtout lorsque l'un de ces parcs est le magnifique parc national des Hohe Tauern, à la fois le plus grand des Alpes et le deuxième d'Europe par ses dimensions, qui rassemble des pics de 3 000 m, de gigantesques glaciers et des cascades.

Les autorités des parcs nationaux ont réussi à atteindre un juste équilibre entre protection de la nature et maintien des activités locales

PARCS NATIONAUX ALPINS

PARC (SUPERFICIE)	CARACTÉRISTIQUES	FAUNE	ACTIVITÉS	MEILLEURE SAISON	SITE INTERNET
Hohe Tauern ($1\,786\ km^2$)	Paysage alpin classique avec montagnes de 3 000 m, glaciers, lacs, pâturages de haute altitude	Ibex, chamois, marmottes, gypaètes barbus, aigles royaux	Randonnée, escalade et alpinisme, ski, canyoning, parapente	Toute l'année	hohetauern.at
Gesäuse ($110\ km^2$)	Rivières, prairies, gorges, forêt épaisse, pics calcaires	Chouettes, aigles, faucons, cerfs, chauves-souris, pics	Randonnée, rafting, spéléologie, VTT, escalade	Printemps, été, automne	www.nationalpark.co.at
Kalkalpen ($210\ km^2$)	Landes d'altitude, forêt mixte, montagnes calcaires aux contours accidentés	Lynx, ours bruns, aigles royaux, chouettes, pics, papillons	Randonnée, vélo, escalade, ski de fond	Toute l'année	www.kalkalpen.at
Nockberge ($184\ km^2$)	Sommets arrondis, pâturages alpins, bois	Marmottes, aigles des neiges, salamandres alpestres, papillons	Marche, escalade, ski de fond et ski de piste	Toute l'année	www.biosphaerenparknockberge.at

telles que l'agriculture, la chasse et le tourisme. Le site Internet www.nationalparksaustria.at comporte des liens renvoyant à tous les parcs nationaux, ainsi qu'une brochure téléchargeable en anglais.

Outre les parcs nationaux, des zones protégées et des réserves naturelles émaillent l'ensemble des Alpes autrichiennes, des envoûtants paysages de montagne du parc naturel des Alpes de la Ziller, au Tyrol et aux lacs du Salzkammergut. Renseignez-vous sur les parcs naturels autrichiens à l'adresse www.naturparke.at.

L'écologie

Étant donné la fragilité de l'écosystème des Alpes autrichiennes, la protection de l'environnement, l'énergie renouvelable et le tourisme responsable sont autant de sujets brûlants. Retrait des glaciers, fonte des neiges, baisse du nombre d'animaux et érosion : les habitants des Alpes sont confrontés quotidiennement aux effets du réchauffement climatique et à l'impact de l'activité humaine sur l'environnement.

Des mesures sont mises en place depuis des années pour protéger les régions montagneuses d'Autriche, et, pourtant, on assiste à une dégradation de la forêt due à la pollution atmosphérique et à la pollution des sols. Pollutions elles-mêmes causées par les installations industrielles, les gaz d'échappement et l'utilisation d'engrais et de pesticides agricoles.

Mais, par chance, les Autrichiens sont dans l'ensemble plutôt écologistes et amoureux de la nature. Récemment, toute la population de Sankt Anton am Arlberg, depuis l'hôtellerie haut de gamme jusqu'à l'agriculture du land de Salzbourg (Salzburgerland), a redoré son blason écologique en œuvrant en faveur du recyclage, de l'énergie solaire, de l'énergie propre et des transports en commun.

Le gouvernement a donné le *la* par un train de mesures : interdiction de l'essence comportant du plomb, et aide aux commerces et aux entreprises afin d'éviter le gaspillage et d'encourager le recours aux énergies renouvelables, par exemple solaire et éolienne. Certains bus roulent au gaz, et le tramway, moyen de transport écologique, fonctionne dans de nombreuses villes.

Le réchauffement climatique

C'est une triste réalité : avec le réchauffement climatique, il n'est plus certain de trouver de la neige dans les stations de basse altitude des Alpes autrichiennes. Chaque année, la limite des neiges "éternelles" ou permanentes semble repoussée un peu plus haut, et les canons à neige sont constamment prêts à fonctionner.

Selon un rapport du Programme des Nations unies pour l'environnement (PNUE) sur le changement climatique, l'augmentation des températures pourrait entraîner la disparition de 75% des glaciers alpins dans les 45 prochaines années. En outre, de nombreuses stations de ski de basse altitude comme Kitzbühel (762 m) pourraient être complètement séparées de leurs pentes dès 2030. D'après certaines prévisions, en 2100, la limite des neiges sera passée de 1 200 m à 1 800 m. Outre son impact sur le tourisme autrichien, la fonte des neiges aura à coup sûr d'autres répercussions, en particulier l'érosion, les inondations et un risque accru d'avalanches.

Le ski

En Autriche, l'industrie très lucrative du ski doit faire face à ses propres défis environnementaux. Avec le réchauffement climatique, les stations sont poussées à s'étendre et à construire toujours plus haut dans les montagnes pour survivre. Pendant de nombreuses années, elles n'ont guère rendu de services à la cause environnementale : le damage des pistes dérange la faune et provoque l'érosion des sols, la neige artificielle

Records autrichiens

La plus haute cascade d'Europe : *Krimmler Wasserfälle (380 m)*

Les plus grandes grottes de glace accessibles du monde : *Eisriesenwelt, Werfen*

Le plus grand parc national des Alpes : *Hohe Tauern (1 786 km²)*

Le plus long glacier des Alpes orientales : *Pasterze (8 km)*

Le plus haut sommet d'Autriche : *Grossglockner (littéralement la "grosse cloche", 3 798 m)*

a elle aussi un impact sur la flore et la faune, et les déplacements motorisés dans la neige augmentent l'émission de gaz d'échappement.

Néanmoins, les stations autrichiennes sont désormais nombreuses à réaliser qu'elles avancent en équilibre très précaire. Elles tentent donc de minorer leur impact environnemental en recourant à l'énergie hydroélectrique renouvelable, au traitement écologique des eaux usées et en construisant des bâtiments respectueux de l'environnement.

Les stations de ski écolo

Afin de compenser l'impact du ski sur l'environnement, de nombreuses stations autrichiennes se lancent sur la piste verte en prenant des mesures écologiques. Pour plus de précisions sur les moyens de réduire votre empreinte carbone sur la neige, consultez www.saveoursnow.com.

➡ Lech am Arlberg, dans le Vorarlberg, est une excellente élève : elle compte une centrale thermique communale à biomasse, des panneaux photovoltaïques fournissent l'énergie nécessaire aux télésièges, et elle applique une politique très stricte en matière de recyclage.

➡ Zell am See a inauguré le premier téléphérique autrichien certifié ISO sur le glacier Kitzsteinhorn. Elle fait fonctionner une navette de ski gratuite en hiver et gère un programme écologique de plantation d'arbres et d'herbe.

➡ Kitzbühel gère des bâtiments écologiques et œuvre en faveur de la protection du climat. Elle prend des mesures pour restreindre la circulation automobile et l'utilisation de sources d'énergie non renouvelables.

➡ Sankt Anton am Arlberg a créé des zones protégées de sorte à réduire le phénomène d'érosion. La station produit de la neige artificielle sans produits chimiques. Étant très bien desservie par le train, il y a moins de voitures.

➡ Ischgl fonctionne à l'énergie renouvelable. Le recyclage est la règle dans tous les hôtels, remontées mécaniques et restaurants. Enfin, il est interdit de conduire la nuit entre 23h et 6h.

➡ Mayrhofen fait fonctionner ses remontées mécaniques à l'hydroélectricité, procède au tri sélectif et propose des navettes de ski gratuites pour réduire la circulation.

Autriche pratique

Un vététiste dans le Salzburgerland (p. 241)

Carnet pratique

Ambassades et consulats

Ambassades et consulats étrangers en Autriche

Pour connaître la liste des représentations diplomatiques étrangères en Autriche, ainsi que les missions autrichiennes à l'étranger, consultez le site www.bmeia.gv.at.

Ambassade de Belgique (☎(1) 502 070 ; austria.diplomatie.belgium.be/fr ; Schönburgstrasse 10, 1040 Vienne)

Ambassade du Canada (☎(1) 531 38 30 00 ; www.canadainternational.gc.ca ; Laurenzerberg 2, 3e ét, 1010 Vienne)

Ambassade de France (☎(1) 502 750 ; at.ambafrance.org ; Technikerstrasse 2, 1040 Vienne)

Ambassade de Suisse (☎(1) 795 05 ; www.eda.admin.ch ; Prinz-Eugen-Strasse 9a, 1030 Vienne)

Ambassades et consulats d'Autriche à l'étranger

Ambassade d'Autriche en France (☎01 40 63 30 63, 01 40 63 30 69 ; www.bmeia.gv.at ; 6, rue Fabert, 75007 Paris)

Ambassade d'Autriche en Belgique (☎32-(0)2 289 07 00 ; www.bmeia.gv.at ; Avenue de Cortenbergh 52, B-1000 Bruxelles)

Ambassade d'Autriche en Suisse (☎41-31-3565-251, 3565-252 ; www.bmeia.gv.at ; Kirchenfeldstrasse 77/79, CH-3005 Bern)

Ambassade d'Autriche au Canada (☎1-613-789 14 44 ; www.bmeia.gv.at ; 445 Wilbrod Street, Ottawa, Ontario K1N 6M7)

UN FIL D'ARIANE EN VOYAGE

Le **portail Ariane** (pastel.diplomatie.gouv.fr/fildariane), mis en place par le Centre de crise du ministère des Affaires étrangères, est un service gratuit permettant au voyageur français à l'étranger d'être contacté par le service consulaire, sur son téléphone portable ou par e-mail, au cas où des événements graves (crise politique, catastrophe naturelle, attentat...) se produiraient dans le pays durant son séjour, ou de contacter rapidement sa famille ou ses proches en France en cas de besoin.

La procédure d'inscription se réalise en ligne, où donner des informations sur son voyage (date de départ, de retour, numéro de téléphone portable, coordonnées d'éventuels contacts sur place, adresses de séjour et itinéraire prévu, etc.).

Grâce à ce service, vous recevrez en outre, avant votre départ, des recommandations de sécurité par courriel si la situation dans le pays le justifie.

Il existe une application pour les smartphones et les tablettes, intitulée *Conseils aux voyageurs*.

Argent

Distributeurs automatiques de billets (DAB)

Les *Bankomaten* (DAB) sont omniprésents et accessibles jusqu'à minuit. Certains fonctionnent 24h/24. La plupart acceptent les cartes Visa et MasterCard. Les instructions sont disponibles en anglais. Le plafond de retrait journalier est fixé à 400 €. Renseignez-vous auprès de votre banque avant le départ sur les commissions relatives à l'utilisation des *Bankomaten*. En principe, la banque autrichienne n'en prélève pas.

Cartes bancaires

Les cartes Visa et MasterCard (EuroCard) sont largement

acceptées. Toutefois, un nombre étonnant de commerces et de restaurants refusent le paiement par carte bancaire. Ce n'est pas le cas des boutiques, hôtels et restaurants haut de gamme. Les billets de train peuvent être payés par carte dans les grandes gares.

Devise

Comme les autres membres de l'Union monétaire européenne (UME), l'Autriche a pour devise l'euro. Il existe des pièces de 1, 2, 5, 10, 20 et 50 centimes, et de 1 et 2 €, ainsi que des billets de 5 €, 10 €, 20 €, 50 €, 100 €, 200 € et de 500 €.

Pourboires

Bars Environ 5% au comptoir et 10% à une table.

Hôtels De 1 à 2 € par valise pour les portiers et les voituriers dans les hôtels haut de gamme. Un peu de monnaie pour le personnel de ménage est appréciée.

Restaurants Environ 10% (à moins que le service ne soit abominable). Arrondissez l'addition et indiquez le montant que vous payez en rendant la note, ou laissez le pourboire sur la table au moment de partir.

Taxis Environ 10%.

Assurance

Il est conseillé de souscrire une assurance qui vous couvrira en cas d'annulation de votre voyage, de vol, de perte de vos affaires, de maladie ou encore d'accident.

Vérifiez notamment que les "sports à risques", comme le ski, l'alpinisme, la moto ou même la randonnée ne sont pas exclus de votre contrat, ou encore que le rapatriement médical d'urgence, en ambulance ou en avion, est couvert. De même, le fait d'acquérir un véhicule dans un autre pays ne signifie pas nécessairement que vous serez protégé par votre propre assurance.

RESTAURATION PAR CATÉGORIES DE PRIX

Les prix indiqués font référence au prix moyen d'un repas composé de 2 plats, sans boisson.

€ moins de 15 €

€€ 15 € à 30 €

€€€ plus de 30 €

Vous pouvez contracter, étendre ou faire jouer une assurance à n'importe quel moment, même si votre voyage a déjà commencé. Attention ! Avant de souscrire une police d'assurance, vérifiez bien que vous ne bénéficiez pas déjà d'une assistance par votre carte de crédit, votre mutuelle ou votre assurance automobile.

N'oubliez pas de prendre avec vous les documents relatifs à l'assurance, ainsi que les numéros à appeler en cas d'urgence.

Bénévolat

Le bénévolat est un bon moyen de rencontrer les habitants d'un pays et de participer à la vie locale, les programmes durant entre une semaine et 18 mois. En Autriche, l'entretien des sentiers de randonnée rencontre un vif succès, mais il existe d'autres formules, qui vont du projet d'aide sociale à la réparation des barrières d'une école à l'extérieur de Vienne. Vous pouvez contacter les réseaux de bénévolat dans votre pays d'origine et/ou, si vous parlez allemand, vous adresser directement à un organisme autrichien.

Bergwald Projekt (☎0512-595 470 ; www.alpenverein.at ; Olympiastrasse 37, Innsbruck). Excellents programmes orientés sur l'entretien et la protection des forêts de montagne en Autriche, en Allemagne et en Suisse. Les programmes proposés en Autriche durent généralement une semaine.

Freiwilligenweb (www.freiwilligenweb.at). Portail officiel du gouvernement autrichien pour le travail bénévole.

Service civil international (SCI ; www.sciint.org). Organisme mondial disposant de branches dans divers pays. Consultez le site Internet pour obtenir les coordonnées du SCI de votre choix.

En France, quelques organismes offrent des opportunités de travail bénévole sur des projets de développement ou d'environnement, parfois sur des périodes courtes, de 1 à 4 semaines. Certaines associations s'adressent plus spécifiquement aux jeunes. Les chantiers proposés vont de la réfection d'une école aux travaux liés à l'environnement. Il s'agit d'une bonne formule pour s'immerger dans le pays, connaître l'envers du décor touristique et bénéficier d'une ambiance internationale (les volontaires viennent de divers pays en général). En revanche, les conditions de vie sur un chantier sont spartiates, et prenez garde au décalage fréquent entre le programme et la réalité. La fouille archéologique peut rapidement se transformer, une fois sur place, en coup de peinture donné à la maison des jeunes locale. Le matériel est parfois rudimentaire, et la réalité du terrain souvent plus dure qu'on ne l'imaginait.

Voici quelques organismes à connaître :

Comité de coordination du service volontaire international (CCIVS ; ☎01 45 68 49 36 ; ccivs.org).

Cotravaux (☎01 48 74 79 20 ; www.cotravaux.org ; 11, rue de Clichy, 75009 Paris).

Solidarités Jeunesses (☎01 55 26 88 77 ; www.solidaritesjeunesses.org ; 10, rue du 8-mai-1945, 75010 Paris). S'occuper d'enfants (6-12 ans) ou de jeunes avec un handicap.

Cartes de réduction

Il existe différentes cartes de réduction, la plupart valables dans une région ou une province entière. Certaines sont gratuites pour les voyageurs séjournant une nuit sur place (comme la Neusiedler See Card, dans le Burgenland et la Zell am See-Kaprun Summer Card, dans le Salzburgerland), tandis que d'autres coûtent une somme modique (comme la Salzkammergut Erlebnis Card). Certaines, comme la Kärnten Card, en Carinthie, et l'Innsbruck Card, doivent être achetées, mais elles donnent droit à des avantages importants, comme des entrées gratuites dans certains musées et sites, et des réductions dans les transports en commun.

Cartes étudiants/jeunes La carte d'étudiant international (International Student Identity Card, ou ISIC) et la carte Jeunes européenne (European Youth Card ; rendez-vous sur www.eyca.org pour les réductions) donnent droit à des réductions dans la plupart des musées, galeries d'art et théâtres. Le prix d'entrée est généralement un peu supérieur au tarif enfant.

Cartes seniors Dans certains cas, les voyageurs seniors ont droit à des réductions sur les entrées des sites. Vous pouvez toujours demander et présenter vos papiers d'identité. L'âge minimal pour les Autrichiens est de 60 ou 65 ans pour les hommes, et de 60 ans pour les femmes.

Climat

Innsbruck

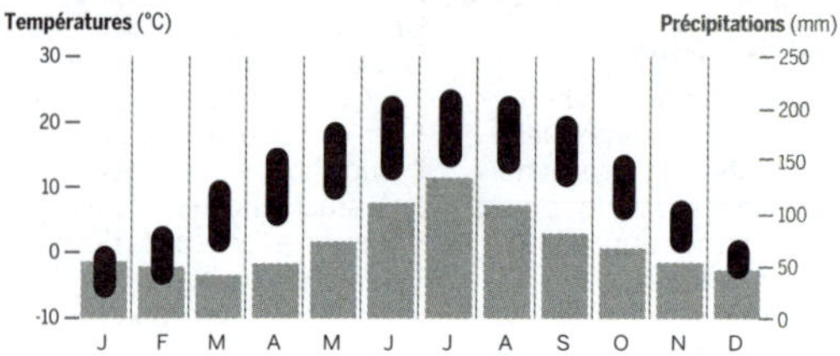

Salzbourg

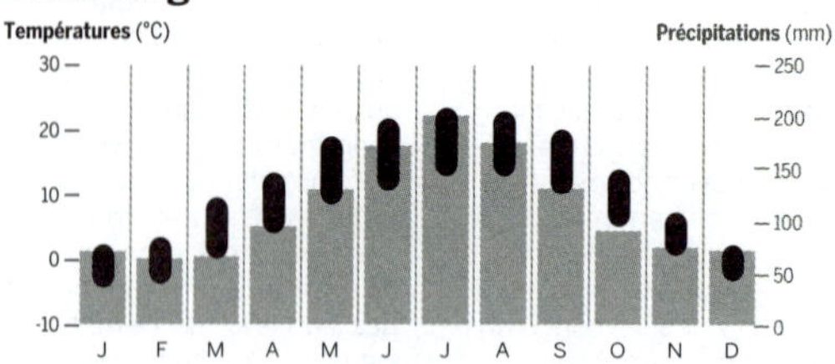

Vienne

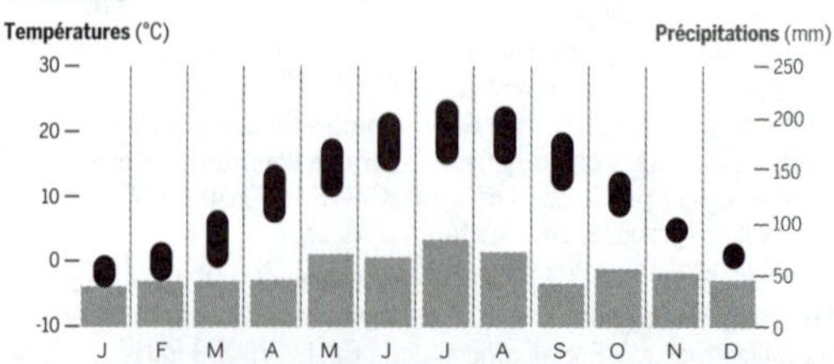

Douane

Les formalités des douanes autrichiennes sont conformes à celles des autres pays de l'UE. Le transport de certaines marchandises, comme les armes, certaines drogues (légales ou non), la viande, certaines plantes et les produits animaux, est sujet à un contrôle strict. Les produits transportés sont uniquement à usage personnel. Le site Internet du ministère des Finances (english.bmf.gv.at) présente toutes les réglementations.

Vous trouverez ci-après quelques réglementations relatives aux quantités maximales autorisées pour l'import de certaines marchandises, en provenance des pays de l'UE et hors UE (entre parenthèses) pour les plus de 17 ans. Les produits du tabac sur lesquels n'est inscrit aucun message dissuasif en allemand sont également limités (quantité entre parenthèses).

Alcool Bière 110 l (16 l) ; alcools titrant à plus de 22% 10 l (1 l) ; alcools titrant à moins de 22%, vin pétillant, liqueurs 20 l (2 l) ; vin 90 l (4 l).

Cigarettes 800 (200) ; cigarillos 400 (100) ; cigares 200 (50) ; tabac 1 kg (250 g).

Argent Les voyageurs transportant plus de 10 000 € en espèces ou en chèques de voyage (ou l'équivalent en devise étrangère) doivent déclarer la somme en entrant et en sortant de l'UE. Il n'y a pas de limite à l'intérieur de l'UE, mais les autorités ont le droit de demander quelle somme vous transportez.

Électricité

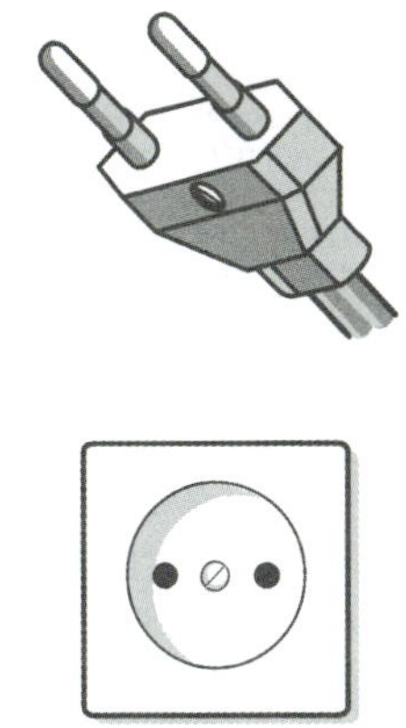

Type C
220 V/50 Hz

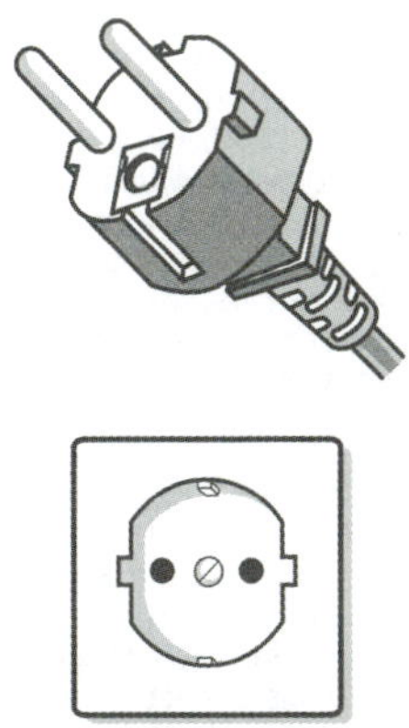

Type F
230 V/50 Hz

Enfants

Avec ses parcs, ses aires de jeux et ses nombreuses activités de plein air, l'Autriche est une destination idéale avec des enfants.

➡ Les offices du tourisme régionaux fournissent souvent des brochures spécialement destinées aux familles (que l'on peut télécharger sur le site officiel de tourisme autrichien brochures.austria.info).

➡ Certains musées (en particulier à Vienne) ont des aires de jeux. Musées, parcs et théâtres proposent également des programmes jeune public pendant les vacances d'été. Certains événements et festivals sont accessibles aux enfants.

➡ De nombreux lacs comptent une plage surveillée, avec zone de baignade pour enfants, toboggans et jeux pour les plus jeunes.

➡ Les randonnées familiales ne manquent pas, allant des plus faciles aux difficiles, même en haute altitude.

➡ De nombreux musées viennois sont gratuits pour les moins de 18 ou 19 ans.

Pour des informations d'ordre général, consultez le guide *Voyager avec ses enfants* publié par Lonely Planet.

Infos pratiques

Équipements Les équipements destinés aux enfants sont de bonne qualité. Certains musées (surtout à Vienne) possèdent une aire de jeux pour enfants ; les restaurants ont des chaises hautes ; et bon nombre d'hôtels proposent des chambres communicantes parfaites pour les familles. Dans la plupart des hôtels et pensions, les moins de 12 ans profitent d'importantes réductions, variant en fonction de l'âge. Ceux de catégories moyenne et supérieure ont des berceaux (réservez). Les établissements les plus accueillants pour les familles ou les enfants sont indiqués dans nos adresses.

Restaurants La plupart des restaurants de catégorie moyenne proposent un menu enfant, ou prépareront des portions adaptées sur demande. Quelques-uns ont une aire de jeux.

Voyager avec un bébé Dans les grandes villes, allaiter en public ne choque personne. Vous trouverez facilement tout ce qu'il faut – lait en poudre, couches jetables, etc. – dans les *Drogerien*, sortes de parapharmacies. Les grands restaurants, hôtels et gares ferroviaires sont équipés d'espaces de change pour bébés.

Circuler avec des enfants Les agences de location de voitures peuvent fournir des sièges auto. Les transports publics récents, comme les tramways et les bus à Vienne, sont facilement accessibles aux poussettes, mais les anciens modèles relèvent parfois du cauchemar. Jusqu'à 6 ans, les enfants voyagent généralement gratuitement, et à moitié prix jusqu'à 15 ans.

Ressources Le site www.kinderhotels.at renseigne sur les meilleurs hôtels où loger avec des enfants dans tout le pays.

Formalités et visas

L'Autriche est un pays membre de l'espace Schengen. Pour entrer en Autriche, les ressortissants français, belges et suisses doivent présenter une carte d'identité ou un passeport valide (le permis de conduire n'est pas une pièce d'identité). Les ressortissants européens n'ont pas de limite de temps, mais ils devront s'enregistrer auprès du *Magistratisches Bezirksamt* (bureau du magistrat) local si leur séjour dépasse 60 jours.

Les Canadiens peuvent séjourner en Autriche 90 jours sans visa en présentant un passeport valable encore 3 mois après leur départ.

Pour prolonger leur séjour au-delà de 3 mois (dans une période de 6 mois consécutifs), les Canadiens (ou autres non-ressortissants de l'espace Schengen), devront se procurer un visa à l'ambassade autrichienne de leur pays d'origine. Cette démarche ne peut s'effectuer en Autriche même.

À compter de fin 2022, les non-ressortissants de l'UE qui n'ont pas besoin de visa pour entrer dans l'espace Schengen devront demander une autorisation préalable dans le cadre de l'ETIAS (Système européen d'information et d'autorisation concernant les voyages ; etias.com). Les voyageurs pourront faire la demande en ligne ; l'autorisation, valable pour 3 ans et plusieurs entrées, coûtera 7 €. Munis de leur autorisation, les visiteurs pourront séjourner 90 jours par période de 180 jours dans tous les pays ETIAS.

Les Autrichiens doivent toujours être en possession de leur carte d'identité, tout comme les visiteurs étrangers.

Avant le départ, il est impératif de contacter les ambassades et les consulats pour s'assurer que les modalités d'entrée sur le territoire n'ont pas changé. Nous vous conseillons de scanner ou de photocopier tous vos documents importants (pages d'introduction de votre passeport, cartes de crédit, police d'assurance, billets de train/d'avion/de bus, permis de conduire, etc.). Conservez ces copies à part des originaux. Vous remplacerez ainsi plus aisément ces documents en cas de perte ou de vol.

Handicapés

Les voyageurs handicapés ne rencontreront pas de difficultés à Vienne. Toutefois, en dehors de la capitale, le voyage est loin d'être de tout repos. Les bâtiments sont parfois équipés de rampes d'accès. La plupart des stations d'U-Bahn ont des ascenseurs accessibles aux fauteuils roulants. Dans les bus et les tramways, il faut en revanche souvent faire attention aux espaces entre la chaussée et le véhicule, et franchir une ou deux marches. Téléchargez gratuitement le guide du voyage accessible de Lonely Planet sur shop.lonelyplanet.com/products/accessible-travel-online-resources (en anglais).

Pour les déplacements longue distance, rendez-vous sur le site des **Chemins de fer autrichiens** (ÖBB ; Österreichische Bundesbahnen ; ☎hotline 24h/24 05 1717 ; www.oebb.at), qui comporte une rubrique spécifique pour les personnes handicapées. Choisissez l'option "anglais", puis, dans le menu, cliquez sur "Travel planning & services", avant de sélectionner "Barrier-free travelling". Composez le 05 171 75 pour obtenir une aide spécialisée (c'est faisable pendant que vous effectuez votre réservation téléphonique). Le personnel des gares vous aidera à la montée et à la descente. Optez pour ce service au moins 24 heures avant le trajet (48 heures sur les trajets internationaux). Aucune aide spécifique n'est fournie dans les gares où il n'y a pas de personnel. Les passagers handicapés ont droit à une réduction de 50% sur le tarif standard.

La brochure détaillée *Accessible Vienna* est disponible en anglais et en allemand auprès du **Tourist Info Wien** (☎01-245 55 ; www.wien.info ; 01, Albertinaplatz/Maysedergasse ; ⏲10h-16h ; 📶 ; 🚋D, 1, 2, 71 Kärntner Ring/Oper, Ⓤ Stephansplatz). La liste exhaustive des établissements viennois en mesure d'accueillir les visiteurs handicapés est téléchargeable à l'adresse www.wien.info/en/travel-info/accessible-vienna. Dans les autres villes, prenez contact directement avec l'office du tourisme pour plus de détails.

Certains des hôtels les plus chers (4-étoiles et au-dessus) ont des équipements sur mesure pour les voyageurs handicapés. Ce n'est pas le cas des hôtels bon marché.

Il n'existe pas d'association nationale à l'intention des handicapés, mais vous pouvez vous renseigner auprès des offices du tourisme régionaux ou des organismes suivants :

Behinderten Selbsthilfe Gruppe (☎03332-654 05 ; www.bsgh.at ; Sparkassenplatz 4, Hartberg, Styrie). Gère une

SAVOIR-VIVRE

Les Autrichiens affichent une certaine formalité, et font usage du second degré, davantage que d'une approche frontale, pour contourner les règles de bien-séance.

Au téléphone Donnez systématiquement votre nom en début d'appel, notamment pour une réservation. Clôturez la conversation par un *auf Wiederhören* (au revoir), formule de politesse consacrée.

S'adresser aux gens Utilisez *Sie* (vouvoiement), excepté si vous êtes âgé d'une vingtaine d'années et en présence de personnes du même âge, ou si vos interlocuteurs vous tutoient (en utilisant *Du*). Saluez les randonneurs que vous croisez en disant *Servus*, *Grüss di* (ou *Grüss dich*, informel) ou *Grüss Gott*.

Se restaurer et prendre un verre Si vous êtes invité chez quelqu'un, apportez du chocolat ou des fleurs. Avant de manger, souhaitez un *Guten Appetit* aux convives. Pour trinquer, dites *Zum Wohl* (avec du vin) ou *Prost!* (avec de la bière).

banque de données à l'adresse www.barrierefreierurlaub.at (en allemand) comportant une liste d'hôtels et de restaurants adaptés aux personnes à mobilité réduite.

Bizeps (☎01-523 89 21 ; www.bizeps.at ; 02, Schönngasse 15-17, Vienne ; Ⓤ Messe-Prater). Ce centre vient en aide aux handicapés. Situé à deux rues au nord de la station U-Bahn Messe-Prater, à Vienne.

Office du tourisme de Haute-Autriche (☎0732-22 10 22 ; www.barrierefreies-oberoesterreich.at ; Freistädter Strasse 119, Linz). Renseignements et listes d'adresses à destination des personnes handicapées voyageant en Haute-Autriche.

WUK (☎01-401 21-0 ; www.wuk.at ; 09, Währinger Strasse 59, Vienne). Fournit des informations aux jeunes gens avec un handicap. Se trouve au nord de la station U-Bahn Pilgramgasse.

L'**APF France Handicap** (☎01 40 78 69 00 ; www.apf-francehandicap.org ; 17, bd Auguste-Blanqui, 75013 Paris) peut fournir des informations utiles sur les voyages accessibles. **Yanous** (www.yanous.com), **Hizy** (hizy.org), **Handicap.fr** (www.handicap.fr) et **Tourisme et handicaps** (www.tourisme-handicaps.org) constituent également de bonnes sources d'information.

Désormais, les principales plate-formes d'hébergement que sont **Abritel** (www.abritel.fr), **Airbnb** (www.airbnb.fr), **Booking** (www.booking.com) et **Hotels.com** (fr.hotels.com) ont intégré des critères d'accessibilité à leur moteur de recherche. **Mobee Travel** (www.mobeetravel.com) est une startup qui regroupe des hébergements accessibles et qui propose aussi des séjours sur mesure. Les agences de voyages **Yoola** (www.yoola.fr) et **Comptoir des voyages** (www.comptoir.fr) organisent des voyages adaptés aux personnes à mobilité réduite.

Hébergement

Services de réservation

Les sites Internet des offices du tourisme municipaux et régionaux disposent souvent d'un système de réservation qui fonctionne bien.

Office national autrichien du tourisme (www.austria.info/fr). L'Office national autrichien du tourisme dispose de nombreux bureaux à l'étranger. Le site Internet fournit une liste exhaustive des hébergements.

Bergfex (www.bergfex.fr). Fonction recherche par région d'hôtels, de pensions, d'auberges de jeunesse, de maisons d'hôtes, de fermes et de refuges de montagne.

Best Alpine Wellness Hotels (www.wellnesshotel.com). Les meilleurs hôtels thalasso familiaux d'Autriche.

Camping in Österreich (www.camping.info/fr). Fonction recherche de campings par emplacement, équipements ou critiques.

Lonely Planet (www.lonelyplanet.fr/destinations/europe/autriche). Recommandations et réservations.

Hôtels et maisons d'hôtes

La plupart des touristes logent dans un hôtel ou dans une *Pension* (maison d'hôtes) ou *Gasthof* (auberge ou restaurant, possédant généralement des chambres). Tous sont notés selon les mêmes critères (d'une à cinq étoiles).

Les hôtels offrent plus de prestations, notamment des bars, restaurants et places de parking. Les *Pensionen* et *Gasthöfe*, plus petites, ont moins d'équipements standards, mais, parfois, leurs chambres sont plus spacieuses.

DEUX-ÉTOILES

Les hôtels pour petits budgets et les maisons d'hôtes proposent des chambres fonctionnelles au mobilier bon marché. La plupart facturent moins de 40/80 € la chambre simple/double. Une bonne chambre dans une auberge de jeunesse est généralement plus intéressante, même si les 2-étoiles sont souvent plus près du centre et de la gare ferroviaire. Petit-déjeuner ordinaire ; douche dans la chambre.

HÉBERGEMENT PAR CATÉGORIES DE PRIX

€ moins de 80 €

€€ de 80 à 200 €

€€€ plus de 200 €

TROIS-ÉTOILES

C'est la catégorie moyenne, dans laquelle entrent la plupart des établissements. En majorité, les chambres simples coûtent 60-70 €, les doubles 100-130 € (à partir de 70/140 € la simple/double à Vienne).

Les chambres sont agréables et propres, et le buffet petit-déjeuner correct, avec charcuterie, fromages et petits pains. Elles sont en général dotées d'un minibar et des en-cas sont parfois offerts ; un endroit où s'asseoir ou même un bureau peuvent être disponibles. Généralement, elles proposent une connexion Wi-Fi ou le réseau Ethernet gratuitement ou moyennant une somme modique. Certains établissements ont pour spécialité l'accueil des voyageurs d'affaires, et proposent salles de conférences et espaces de travail. Douches et TV dans les chambres.

QUATRE ET CINQ-ÉTOILES

Dans une adresse 4 étoiles, attendez-vous à des équipements consacrés au bien-être ; dans un 5-étoiles, les prestations sont grand luxe.

ÉCO-HÔTELS
Les Bio- ou Öko- ("éco") hôtels sont très répandus. La plupart se situent hors des villes dans un cadre bucolique. Beaucoup sont dotés d'équipements consacrés au bien-être du type saunas et bains de vapeur. En outre, du fait qu'ils se trouvent à la campagne, ils permettent souvent de faire du ski en hiver et d'autres activités sportives. Généralement, il faut avoir son propre véhicule (voiture ou vélo) pour les rejoindre. Les offices du tourisme référencent ces établissements ou disposent d'une rubrique spécifique dans la liste des hébergements et sur leurs sites Internet. Le site www.biohotels.info/en comporte aussi quelques adresses.

Campings et villages de vacances

L'Autriche compte quelque 500 campings avec tout un éventail de commodités du type machines à laver, branchements électriques, commerces et, de temps à autre, équipements pour cuisiner. On trouve facilement cartouches de gaz et réchauds en vente sur place. Les emplacements bénéficient souvent d'un cadre agréable, dans des lieux un peu reculés, au bord d'un cours d'eau ou d'un lac – idéal pour découvrir la campagne, un peu moins pour le tourisme urbain. C'est pourquoi il vaut mieux être motorisé. Les tarifs s'échelonnent de 5 € par personne ou petite tente, jusqu'à 12 €.

RÉSERVATION EN LIGNE

Trouvez un vol, un séjour ou un hôtel en quelques clics dans la rubrique "Réservation" de www.lonelyplanet.fr.

La majorité des campings ferment en hiver. Lorsque la demande est faible au printemps et à l'automne, certains ferment aussi, quand bien même leurs brochures et documentations annoncent le contraire. À ces périodes de l'année, mieux vaut d'abord vérifier par téléphone s'ils sont bien ouverts.

Le stationnement pour la nuit d'un camping-car est autorisé sur les aires de repos des autoroutes, ainsi qu'au bord des axes routiers, à condition bien sûr de ne pas gêner la circulation. En revanche, il est illégal de planter sa tente sur ces aires.

Sur place, procurez-vous des guides de camping dans les librairies ou auprès de l'Österreichischer Camping Club (www.campingclub.at, en allemand). Consultez également la page dédiée sur le site www.austria.info, ou le site Camping in Österreich (www.camping.info/fr).

Séjours à la ferme

Si vous avez un véhicule et souhaitez séjourner à la campagne, le séjour à la ferme est une option agréable. On trouve beaucoup de *Bauernhöfe* (fermes) en zone rurale qui proposent ce type d'hébergements. La plupart louent des appartements pour 3 nuits au minimum, mais certaines ont aussi des chambres pour une nuit seulement. Selon la région et le type d'hébergement, le tarif le moins cher est d'environ 35 €/pers et peut monter jusqu'à 100 € ou plus la nuit dans un appartement élégant avec tout le confort moderne.

Dans les régions montagneuses, vous trouverez des *Almhütten* (chalets d'estive), qui appartiennent généralement à une ferme. Certains sont accessibles en téléphérique, d'autres par la route, et les plus isolés se rejoignent uniquement par des chemins forestiers, à pied ou à VTT. La plupart sont fermés d'octobre à avril ou mai. Les chalets ont un service de restauration pour les randonneurs. Beaucoup proposent un hébergement modeste et rustique (en principe avec salle de bains commune). Ils proposent aussi parfois la pension complète.

Pour trouver des fermes proposant l'hébergement, rendez-vous sur les sites www.urlaubaufderalm.com (en allemand) et www.farmholidays.com (en anglais). Les offices du tourisme peuvent également vous indiquer les Almhütten situés dans les alpages.

Auberges de jeunesse

L'Autriche compte des *Jugendgästehäuser* (auberges de jeunesse) et des *Jugendherbergen* (maisons ou pensions de jeunes). Les équipements sont souvent excellents : les dortoirs de 4 à 6 lits avec douches/toilettes sont la norme dans les auberges de jeunesse, tandis que beaucoup de pensions ont des chambres familiales. Il est également courant d'avoir l'accès à Internet, le Wi-Fi et un restaurant ou un café sur place.

Plus d'une centaine d'auberges de jeunesse sont affiliées Hostelling International (HI ; www.hihostels.com/fr), auxquelles s'ajoutent une poignée d'établissements privés.

La carte de membre est nécessaire pour bénéficier des meilleurs tarifs, mais elle n'est pas obligatoire. Les non-membres paient un supplément d'environ 3,50 € par nuit. Au bout de 6 nuits tamponnées sur leur Welcome Card (carte de bienvenue), ils sont considérés comme des adhérents à part entière. La plupart des auberges de jeunesse acceptent les réservations par téléphone ou e-mail, et sont intégrées au système international de réservation en ligne via le site Internet HI. En moyenne, une nuit en dortoir coûte 22 €.

Les auberges de jeunesse HI sont gérées par deux organismes, l'**Österreichischer Jugendherbergsverband** (ÖJHV ; ☎01-533 53 53 ; www.oejhv.at ; 01, Zelinkagasse 12, Vienne ; ⌚9h-13h lun, mer et ven, 9h-16h mar et jeu ; 🚋1, 31 Schottenring, Ⓤ Schottenring) et la **JUFA** (☎réservations 05 70 83 800 ; www.jufa.eu). Il existe 40 pensions JUFA disséminées dans tout le pays. Dans chacune, on peut réserver par téléphone en composant un numéro local, via le central de réservations ou encore sur le site Internet. Ces établissements proposent en principe un standing plus haut de gamme que les auberges de jeunesse, et ont prioritairement des chambres simples, doubles et familiales. En moyenne, comptez de 40 à 60 € pour une chambre simple avec salle de bains et toilettes, et de 35 à 40 €/pers en chambre double ou familiale. Pas de frais pour devenir membre. Les prix varient généralement en fonction de la saison.

Chambres chez l'habitant

Les chambres chez l'habitant sont bon marché (souvent de l'ordre de 60 € pour une double). Dans la plupart des villes, des panneaux affichent *Privatzimmer* (chambre privée) ou *Zimmer frei* (chambre libre). La plupart des hôtes sont sympathiques ; toutefois, le niveau de service n'égale pas celui d'un hôtel.

PRATIQUE

Tarifs saisonniers Dans les stations de montagne, les tarifs pratiqués en haute saison peuvent représenter le double de ceux appliqués en basse saison (mai et novembre, périodes intermédiaires entre été et hiver). Ailleurs, la différence peut s'élever à 10%, voire moins.

Tarifs réduits Nombre de musées et de monuments proposent des tarifs réduits aux familles et aux enfants (moins de 16 ans en général). Certains pratiquent aussi des tarifs réduits pour les étudiants et les seniors, qui sont légèrement plus élevés que les tarifs enfants. Les enfants de moins de 12 ans ont généralement droit à des réductions substantielles s'ils occupent un lit placé dans la chambre de leurs parents. Renseignez-vous au moment de réserver. Enfin, les enfants ont également droit à des tarifs réduits dans les transports en commun.

Poids et mesures L'Autriche utilise le système métrique.

Tabagisme Il est officiellement interdit de fumer dans les lieux publics depuis 2009, et dans les cafés, bars et restaurants depuis novembre 2019.

Locations

Les *Ferienwohnungen* (appartements tout équipés) sont très courants dans les stations de montagne, mais il faut parfois les réserver longtemps à l'avance. Le mieux est de s'adresser aux offices du tourisme locaux pour en obtenir la liste et les tarifs ou, quand c'est possible, de réserver en ligne *via* le site Internet de l'office du tourisme.

Résidences universitaires

Les *Studentenheime* (résidences universitaires) sont ouvertes aux touristes pendant les vacances d'été (de début juillet jusqu'à fin septembre environ). Certaines chambres ont une salle de bains privative. Les hôtes n'ont généralement pas accès à la cuisine commune. Vienne offre le choix le plus varié. Les offices du tourisme de Graz, Salzbourg, Krems an der Donau et Innsbruck pourront aussi vous en indiquer. Les tarifs vont de 20 € à 75 €/pers pour une nuit, petit-déjeuner parfois compris.

Heure locale

En 2019, le Parlement européen a voté la fin du changement d'heure saisonnier. La loi devait encore être finalisée lors de la rédaction de ce guide. L'Autriche pratique le système heure d'été/heure d'hiver. La *Sommerzeit* (heure d'été) entre en vigueur le dernier dimanche de mars. On avance alors les montres d'une heure. Le dernier dimanche d'octobre, on retarde d'une heure pour suivre l'heure d'Europe centrale (HEC).

Attention : en allemand, le mot *halb* (demi) désigne la demi-heure qui précède l'heure. Ainsi *halb acht* signifie 7h30 et non 8h30.

Heures d'ouverture

Banques 8h ou 9h-15h lun-ven, jusqu'à 17h30 jeu.

Bars 17h30-entre minuit et 4h.

Bureaux et services publics 8h-15h30, 16h ou 17h lun-ven.

Cafés 7h ou 8h-23h ou minuit ; les cafés traditionnels ferment à 19h ou 20h.

Magasins 9h-18h30 lun-ven (souvent jusqu'à 21h jeu ou ven dans les grandes villes) et 9h-17h sam.

Postes 8h-midi et 14h-18h lun-ven ; certaines sont ouvertes le samedi matin.

Restaurants Généralement 11h-14h30 ou 15h, et 18h-23h ou minuit ; cuisine ouverte parfois toute la journée.

Heures d'ouverture saisonnières

Les heures d'ouverture peuvent varier considérablement entre la haute saison (avril à octobre) et l'hiver. Nombre de sites touristiques et d'offices du tourisme fonctionnent en horaires restreints de novembre à mars. Nous indiquons les heures d'ouverture de la haute saison. En dehors de cette période, il est plus prudent de vérifier.

Homosexualité

Vienne se montre relativement tolérante à l'égard de la communauté LGBT+, davantage en tout cas que le reste du pays. L'Autriche tend à se rapprocher de l'Europe occidentale en matière d'acceptation de l'homosexualité.

Vous trouverez des renseignements en ligne (en allemand) sur www.gayboy.at, www.rainbow.at et www.gaynet.at. Le *Spartacus International Gay Guide*, publié par Bruno Gmünder (Berlin), est un guide pratique international répertoriant les lieux de sortie dans le monde entier (quoiqu'il s'adresse principalement aux hommes).Consultez-le en ligne sur spartacus.gayguide travel.

Depuis janvier 2019, le mariage entre personnes du même sexe est légal en Autriche.

Internet (accès)

Wi-Fi Il est disponible dans la plupart des hôtels, dans de nombreux cafés et bars, et de plus en plus dans les lieux publics. Beaucoup d'offices du tourisme ont aussi le WLAN ("vi-lan" en allemand), ou réseau local sans fil. Dans cet ouvrage, un pictogramme indique qu'un établissement donné propose une connexion Wi-Fi gratuite ou à faible coût.

Ordinateurs reliés à Internet Nombre d'hôtels ont des ordinateurs connectés à Internet, que leurs clients peuvent utiliser gratuitement ou moyennant une somme modique. Dans cet ouvrage, le pictogramme @ indique les établissements concernés.

Cybercafés Il n'y a pas de cybercafés dans les petites villes, mais, souvent, la bibliothèque locale dispose d'un ordinateur connecté.

Internet sur smartphones Le GPS et la navigation fonctionnent bien dans la plupart des régions.

Trouver un hotspot Le site www.freewave.at/en/hotspots répertorie les spots gratuits dans Vienne, et www.freewlan.at dans toute l'Autriche.

Jours fériés

Nouvel An (Neujahr) 1er janvier

Épiphanie (Heilige Drei Könige) 6 janvier

Lundi de Pâques (Ostermontag) Mars/avril

Fête du Travail (Tag der Arbeit) 1er mai

Lundi de Pentecôte (Pfingstmontag) 6e lundi après Pâques

Ascension (ChristiHimmelfahrt) 6e jeudi après Pâques

Fête-Dieu (Fronleichnam) 2e jeudi après le dimanche de Pentecôte

Assomption (Maria Himmelfahrt) 15 août

Fête nationale (Nationalfeiertag) 26 octobre

Toussaint (Allerheiligen) 1er novembre

Immaculée Conception (Mariä Empfängnis) 8 décembre

Noël (Christfest) 25 décembre

Saint-Étienne (Stephanitag) 26 décembre

Offices du tourisme

Austria Info (www.austria.info). Site Internet officiel de l'Office du tourisme autrichien.

Bodensee-Vorarlberg Tourismus (☎05574-434 43 ; www.bodensee-vorarlberg.com). Installé à Bregenz, il donne les dernières informations sur la région du Vorarlberg.

Burgenland Tourismus (☎2682 63384-0 ; www.burgenland.info). Site à consulter avant toute visite dans le Burgenland : renseignement sur les événements, activités, transports, hébergements, etc., et brochures et applications à télécharger.

Graz Tourismus (☎0316-807 50 ; www.graztourismus.at ; Herrengasse 16 ; ⏲10h-17h jan-mars et nov, 10h-18h avr-oct et déc ; 📶; 🚋1, 3, 4, 5, 6, 7 Hauptplatz). Renseignements utiles pour l'exploration de Graz.

Innsbruck Tourismus (☎0512-598 50 ; www.innsbruck.info ; Burggraben 3 ; ⏲9h-18h lun-sam, 10h-16h30 dim). Parfait pour planifier la visite d'Innsbruck et des environs.

Kärnten Information (☎463 3000 ; www.visitcarinthia.at). Portail touristique pour la Carinthie. Ce site Internet multilingue donne d'excellents renseignements sur les curiosités et activités dans la région. Service de réservation en ligne.

Niederösterreich Werbung (☎2742 9000 ; www.niederoesterreich.at). Site Internet officiel du tourisme en Basse-Autriche, organisé par régions. Détails sur les visites, activités, culture, gastronomie, hébergement, etc.

Oberösterreich Tourismus (☎732 221022 ; www.oberoesterreich.at). Idéal pour démarrer les recherches sur la Haute-Autriche.

Salzburg Info (662 88987 340 ; www.salzburg.info ; Salzburg Hauptbahnhof, Südtiroler Platz 1 ; 9h-14h30 mars, 9h-17h avr-juin, 8h30-18h juil-août, 9h-17h sept-déc). Pratique pour les renseignements de base sur Salzbourg.

Salzburgerland Tourismus (0662-66 88 44 ; www.salzburgerland.com). Renseigne sur la région de Salzbourg au sens large.

Salzkammergut Touristik (06132-2400 051 ; www.salzkammergut.co.at). Toutes les dernières infos sur la Salzkammergut.

Steirische Tourismus (316 4003-0 ; www.steiermark.com). Bonne vue d'ensemble de la Styrie et de ses atouts – gastronomie, culture, ski et randonnée. Recherche et réservation d'hôtels en ligne.

Tirol Info (512 7272-0 ; www.tirol.at). Le site Internet officiel du tourisme du Tyrol est une mine d'informations sur la région. Carte interactive, service de réservation, brochures et applications à télécharger.

Tourist Info Wien (01-245 55 ; www.wien.info ; 01, Albertinaplatz ; 10h-16h). Site Internet officiel du tourisme à Vienne.

Linz Tourismus (0732-7070 2009 ; www.linztourismus.at ; Hauptplatz 1 ; 10h-17h). Informations sur la Haute-Autriche, brochures et listes d'hébergements.

Poste

- La poste autrichienne (www.post.at) est fiable, bon marché et relativement rapide. Les timbres sont en vente dans les bureaux de poste, ainsi que dans certaines boutiques et chez des marchands de tabac ayant une licence. Les boîtes postales et les camionnettes sont jaune vif.
- Le coût du courrier dépend de son poids : pour une lettre de moins de 20 g, comptez 0,70 € pour l'Autriche, 0,90 € pour un pays de l'UE et 1,80 € pour le reste du monde.

Problèmes juridiques

Ayez toujours votre passeport sur vous ou sa photocopie, car la police procède occasionnellement à des contrôles d'identité. En cas d'arrestation, les policiers doivent vous informer de vos droits dans une langue que vous puissiez comprendre.

En Autriche, les infractions sont divisées en deux catégories : *Gerichtsdelikt* (criminelles) et *Verwaltungsübertretung* (administratives).

La conduite en état d'ébriété est considérée comme un délit, même en cas d'accident. Si quelqu'un est blessé dans cet accident, l'infraction en question devient un crime.

Comme dans plusieurs pays européens, la consommation de cannabis n'est pas pénalisée. Toutefois, toute personne interpellée en possession de cannabis encourt une peine pouvant aller jusqu'à 6 mois de prison. La détention et le trafic de drogue sont passibles de 5 ans de prison.

Santé

Voyager en Autriche ne présente quasi aucun risque pour la santé. Partout, on peut boire l'eau du robinet. Quant à la baignade dans les lacs et les cours d'eau, l'eau est généralement propre et ne présente pas de danger d'infection.

Avant le départ

ASSURANCE MALADIE

La carte européenne d'assurance maladie (CEAM), nominative et individuelle et valable un an, assure l'aide médicale d'urgence (mais non le rapatriement sanitaire) aux citoyens de l'Union européenne. En France, vous devez en faire la demande auprès de votre caisse d'assurance maladie ou en ligne sur www.ameli.fr. Comptez un délai de 2 semaines pour la réception.

Pour les autres pays, renseignez-vous sur l'existence d'un accord éventuel avec l'Autriche donnant droit à des soins gratuits.

Si vous n'avez pas besoin d'assurance santé, pensez à souscrire une police d'assurance couvrant les pires scénarios, comme un rapatriement d'urgence. Vérifiez avant le départ si votre assurance paie directement les soins, ou si vous devez avancer l'argent. Voir aussi p. 413.

VACCINS RECOMMANDÉS

L'Organisation mondiale de la santé (OMS) recommande aux voyageurs, quelle que soit leur destination, de se faire vacciner contre la diphtérie, le tétanos, la rougeole, les oreillons, la rubéole et la polio, ainsi que contre l'hépatite B. Il est également vivement conseillé de se faire vacciner contre l'encéphalite à tiques.

En Autriche

DISPONIBILITÉ ET COÛT DES SOINS MÉDICAUX

La carte européenne d'assurance maladie (CEAM) vous couvre pour l'essentiel des soins. Sinon, comptez entre 40 € et 75 € pour une consultation médicale classique non urgente. Les soins médicaux ne sont pas donnés en Autriche, notamment ceux pour une blessure de ski, par exemple, qui peuvent rapidement atteindre quelques centaines d'euros. Assurez-vous donc de posséder une assurance qui vous couvre en toutes circonstances avant de partir.

AFFECTIONS LIÉES À L'ENVIRONNEMENT

L'été, les guêpes peuvent être envahissantes à la campagne, mais elles ne sont dangereuses qu'en cas d'allergie ou lorsqu'elles piquent à la gorge. Soyez attentif si vous prenez une boisson sucrée en extérieur.

Les moustiques peuvent être très pénibles autour des lacs.

MALADIES INFECTIEUSES

Les tiques peuvent être porteuses de la maladie de Lyme et de l'encéphalite à tiques, et constituent une sérieuse menace pour la santé dans de nombreuses régions d'Europe. Elles sont généralement plus présentes à moins de 1200 m d'altitude, dans les sous-bois, à la lisière des forêts ou le long des sentiers de randonnée.

La meilleure prévention contre les tiques est de porter un pantalon long coincé dans les chaussettes ou les chaussures de randonnée et d'utiliser un produit insectifuge contenant du DEET. Si vous découvrez une tique sur vous, utilisez un tire-tique (disponible en pharmacie). Glissez-le sous le corps de l'insecte et tournez toujours dans le même sens, sans tirer, jusqu'à ce qu'il se détache. Désinfectez bien la plaie à l'alcool et lavez vos mains avec une solution hydro-alcoolique après vous être débarrassé de la tique. Il est vivement conseillé aux randonneurs de se procurer un tire-tique.

Sécurité

L'Autriche est un pays très sûr. Les visiteurs ne rencontreront généralement aucun danger en se promenant de nuit, dans les villes.

Vol Prenez les précautions de bon sens habituelles : conservez vos objets de valeur hors de vue (sur vous et dans votre véhicule garé). Des pickpockets peuvent agir dans les transports publics et dans les grands sites touristiques.

Dangers naturels Tous les ans, des gens meurent lors de glissements de terrain et d'avalanches dans les Alpes. Consultez toujours la météo avant de sortir, n'hésitez pas à louer les services d'un guide lorsque vous faites du ski hors piste. Avant de vous lancer dans une randonnée dangereuse, assurez-vous d'être en possession du bon matériel et d'être en bonne condition physique. Indiquez toujours votre destination et l'heure prévue de votre retour à une personne de votre hôtel ou de votre pension.

Téléphone

- Pour accéder à l'international depuis l'Autriche, composer le 00 ; l'indicatif pays est le 43.
- Chaque ville et chaque région possèdent leur propre indicatif commençant par "0" (exemple pour Vienne : 01). Ne le composez pas si vous appelez depuis l'étranger. En revanche, composez-le pour tous les numéros fixes en Autriche, à l'exception des appels locaux, des numéros payants et des numéros gratuits.
- Les numéros de *Handy* (téléphone portable) autrichien commencent par 0650 et vont jusqu'à 0699 (exemple : 0664/plus le reste du numéro). Les numéros commençant par 0900 sont outrageusement surtaxés ; mieux vaut les éviter. Certains grands organismes ont un numéro commençant par 050, qui ne nécessite pas de composer d'indicatif local ou régional (considéré comme un appel local depuis une ligne fixe, mais plus onéreux depuis un téléphone portable).
- Il existe un vaste choix de *Telefonwertkarten* (cartes téléphoniques) locales et internationales – un bon moyen de faire des économies et d'éviter de se tracasser avec la petite monnaie. Elles sont en vente dans les bureaux de poste, les boutiques Telekom Austria, les centres d'appels et les kiosques de Tabak (buralistes).

Urgences et numéros utiles

Pour appeler en Autriche depuis l'étranger, composez le code d'accès international, l'indicatif pays, l'indicatif de la ville, puis le numéro de téléphone.

Indicatif pays de l'Autriche	☎43
Code accès international	☎00
Opérateur international et renseignements	☎11 88 77 (Autriche, UE et pays voisins) ; ☎0900 11 88 77 (autres pays)
Secours en montagne	☎140
Urgences (police, pompiers, ambulance)	☎112

Téléphones portables

Les voyageurs ne venant pas d'Europe devront posséder un téléphone portable tri-bande ou quadri-bande (international) pour le *roaming*. Les cartes SIM locales (environ 15 €) sont très répandues pour les téléphones non verrouillés. Les ressortissants de l'UE profitent de l'itinérance au prix de leur pays d'origine.

ROAMING

Les *Handy* (téléphones portables) autrichiens sont bi-bande et correspondent aux fréquences GSM 1800 et GSM 900, utilisées en France et dans la plupart des pays européens. Ces fréquences ne sont pas compatibles avec le système utilisé en Amérique du Nord, à moins de posséder un modèle tri-bande capable de capter l'une de ces fréquences. Le *roaming* peut revenir très cher si votre opérateur n'est pas dans l'UE.

CARTES SIM PRÉPAYÉES

Les boutiques de téléphonie vendent des cartes SIM prépayées permettant de passer des appels, ou des cartes SIM utilisables sur smartphones pour naviguer sur Internet, mais aussi pour passer des appels. En général, on paie environ 15 € la carte SIM qui donne droit à 10 € de crédit. Pour pouvoir en utiliser une, votre téléphone portable ne doit pas être attaché à un opérateur particulier.

WI-FI ET DONNÉES

Assurez-vous d'avoir désactivé la connexion des données mobiles pendant que vous êtes à l'étranger. L'Autriche compte de nombreux spots Wi-Fi permettant de surfer sur Internet ou de téléphoner via Internet en utilisant un téléphone en Wi-Fi.

Toilettes

- Les toilettes publiques sont généralement répandues dans les grandes stations de ski et dans les sites touristiques, mais vous aurez besoin d'une pièce de 0,50-1 € (gardez-en toujours plusieurs, car il n'est pas possible de faire de la monnaie sur place).

CONSEILS AUX VOYAGEURS

La plupart des gouvernements possèdent des sites Internet qui recensent les dangers possibles et les régions à éviter. Consultez notamment les sites suivants :

Ministère des Affaires étrangères français (www.diplomatie.gouv.fr)

Ministère des Affaires étrangères de Belgique (diplomatie.belgium.be)

Département fédéral des Affaires étrangères suisse (www.eda.admin.ch/eda/fr/dfae.html)

Ministère des Affaires étrangères du Canada (www.voyage.gc.ca)

- Le personnel des bars et cafés n'apprécie pas que l'on se serve de leurs toilettes sans prendre de consommation, mais il arrive qu'ils vous en autorisent l'accès si vous le demandez poliment.

Travailler en Autriche

- Les ressortissants des pays de l'UE et de Suisse n'ont pas besoin de permis de travail ou de séjour pour travailler en Autriche. Toutefois, dans la mesure où ils vont résider dans le pays, ils doivent se faire enregistrer par les services de police.
- Les citoyens des pays hors UE doivent quant à eux posséder un permis de travail et un permis de séjour. Se procurer ces permis n'est pas une mince affaire, à moins d'être éligible à l'obtention d'une carte "rouge-blanc-rouge", conçue pour attirer les travailleurs hautement qualifiés. C'est votre employeur autrichien qui doit faire la demande de votre permis de travail. Et c'est à vous de faire la demande d'un permis de séjour via l'ambassade d'Autriche de votre pays d'origine.
- L'enseignement est l'emploi qui remporte le plus de suffrages parmi les expatriés. Consultez la rubrique "Sprachschulen" dans les *Gelbe Seiten* (pages jaunes) pour trouver les coordonnées des écoles. En dehors de cette profession, et de celle de barmaid/barman, il vous sera difficile de trouver un emploi si vous n'êtes pas germanophone.

Quelques sites utiles pour l'emploi :

Arbeitsmarktservice Österreich (www.ams.at). Service public de l'emploi autrichien.

Monster (www.monster.at).

StepStone (www.stepstone.at). Offres d'emploi.

Virtual Vienna Net (www.virtualvienna.net). Conçu pour les expatriés.

Transports

DEPUIS/VERS L'AUTRICHE

Grâce à sa situation au cœur du Vieux Continent, l'Autriche est très bien reliée au reste de l'Europe. Vienne, ainsi que plusieurs capitales régionales, sont desservies par des compagnies aériennes classiques ou low cost. Un vaste réseau de bus et de trains sillonne le pays en tous sens, et de grandes autoroutes le relient à l'Allemagne et à l'Italie. On peut aussi entrer en Autriche par bateau depuis la Hongrie, la Slovaquie et l'Allemagne.

AVERTISSEMENT

Les informations contenues dans ce chapitre sont particulièrement susceptibles de changements. Vérifiez directement auprès de la compagnie aérienne ou de l'agence de voyages les modalités d'utilisation de votre billet d'avion. N'hésitez pas à comparer les prestations. Les détails fournis ici doivent être considérés à titre indicatif et ne remplacent en rien une recherche personnelle attentive.

Entrer en Autriche

Papiers d'identité Pour entrer en Autriche, les ressortissants français, belges et suisses doivent présenter une carte d'identité ou un passeport valide. Les Canadiens peuvent séjourner en Autriche 90 jours sans visa en présentant un passeport valable encore 3 mois après leur départ.

Formalités aux frontières Il n'y a pas de formalités pour les voyageurs en provenance des pays de l'UE ou de Suisse. Toutefois, des contrôles inopinés peuvent avoir lieu à la frontière ou en Autriche même.

Voie aérienne

Vienne est le principal carrefour des transports autrichiens. Des vols internationaux desservent aussi Graz, Linz, Klagenfurt, Salzbourg et Innsbruck. Les vols à destination de ces villes coûtent souvent moins cher que ceux à destination de la capitale. C'est aussi le cas pour ceux qui se rendent à l'aéroport de Bratislava, en Slovaquie, qui n'est qu'à 60 km à l'est de Vienne. Bregenz n'a pas d'aéroport. De rares liaisons existent avec la ville proche de Friedrichshafen, en Allemagne. Zürich, en Suisse, est bien mieux desservie.

Aéroports et compagnies aériennes

Austrian Airlines (www.austrian.com) est la compagnie nationale, située à Vienne. Elle est membre de **Star Alliance** (www.staralliance.com).

Aéroport Blue Danube de Linz (LNZ ; ☎07-221 600 0 ; www.linz-airport.com ; Hörsching). À 12 km au sud-ouest de Linz. Dessert Vienne, Francfort et Düsseldorf, ainsi que d'autres villes européennes en été.

Aéroport de Bratislava (BTS ; ☎02-3303 3353 ; www.bts.aero ; Ivanská cesta). À 9 km au nord-est du centre. Liaisons avec l'Autriche, l'Italie, l'Allemagne, l'Espagne, la Grande-Bretagne, etc.

Aéroport de Graz (GRZ ; ☎0316-290 21 72 ; www.flughafen-graz.at). À 10 km au sud du centre. Desservi entre autres par easyJet, Austrian Airlines, KLM, Eurowings et Lufthansa.

Aéroport d'Innsbruck (INN ; ☎0512-22 52 50 ; www.innsbruck-airport.com ; Fürstenweg 180). Austrian Airlines, easyJet et Eurowings desservent notamment l'aéroport d'Innsbruck, à 4 km à l'ouest du centre-ville.

Aéroport de Kärnten (☎0463 415 000 ; www.airport-klagenfurt.at ; Flughafenstrasse 60-64). À 3 km au nord de Klagenfurt. Desservi par easyJet, Austrian, Transavia et Eurowings.

Aéroport de Salzbourg (☎0662-858 00 ; www.salzburg-airport.com ;

AGENCES EN LIGNE

Vous pouvez réserver votre vol via une agence en ligne ou vous renseigner auprès d'un comparateur de vols :

- www.bourse-des-vols.com
- www.ebookers.fr
- www.expedia.fr
- www.govoyages.com
- www.illicotravel.com
- www.kayak.fr
- www.opodo.fr
- www.partirou.com
- www.skyscanner.fr
- www.trainline.fr
- www.tui.fr
- voyages.kelkoo.fr

Innsbrucker Bundesstrasse 95 ;). À 20 minutes en bus du centre-ville, l'aéroport propose des vols réguliers vers de nombreuses destinations dans toute l'Autriche et l'Europe.

Aéroport international de Vienne (VIE ; 01-700 722 233 ; www.viennaairport.com ;). Bonnes liaisons avec le monde entier. L'aéroport se trouve à Schwechat, à 19 km au sud-ouest de Vienne.

Depuis la France

Quelques transporteurs au départ de la France proposent des tarifs intéressants :

Air France (09 69 39 36 54 ; www.airfrance.fr) assure plusieurs liaisons par jour depuis Paris CDG, d'autres depuis Lyon, Nice et Marseille. Le prix d'un vol Paris-Vienne (2 heures environ) aller-retour commence à environ 200 €.

Austrian Airlines (0820 816 816, 0,20 €/min ; www.austrian.com) propose des vols directs pour Vienne depuis Paris CDG, Lyon et Nice, et offre des promotions régulières (consulter le site Internet).

Swiss (892 23 25 01 ; www.swiss.com) assure une liaison entre Paris et Vienne à partir de 110 € avec une escale à Zürich.

Ryanair (www.ryanair.com). Autre option à bas coût (moins de 100 €), Ryanair propose un vol entre Paris-Beauvais et Bratislava. La capitale slovaque n'est en effet qu'à une soixantaine de kilomètres de Vienne.

Depuis la Belgique

Quelques transporteurs et agences au départ de la Belgique :

Brussels Airlines (0902 51 600, 0,75 €/min. ; www.brusselsairlines.com) dessert Vienne depuis Bruxelles plusieurs fois par jour à partir de 100 €.

Austrian Airlines (32-2 620 0851 ; www.austrian.com) propose une liaison Bruxelles-Vienne plusieurs fois par jour.

Airstop (070 233 188 ; www.airstop.be).

Connections (070 23 33 13 ; www.connections.be).

Gigatours-Voyages Eole (02/672 35 03 ; www.voyageseole.be).

Depuis la Suisse

Quelques transporteurs et agences au départ de la Suisse :

Austrian Airlines (41-43 547 97 97 ; www.austrian.com) assure des vols quotidiens vers Vienne depuis Genève ou Bâle (1 heure 35 ou 1 heure 25).

Swiss (41-848 700 700 ; www.swiss.com) propose des vols directs Genève-Vienne à partir de 130 FS.

STA Travel (058 450 49 49 ; statravel.ch).

Depuis le Canada

Air Canada (888 247 2262 ; www.aircanada.com), **Austrian Airlines** (800 843 0002 ; www.austrian.com), **Lot Polish Airlines** (1 416 236 42 42 ; www.lot.com) ou **Lufthansa** (800 563 5954 ; www.lufthansa.fr) proposent des vols directs entre Toronto et Vienne (8 heures 20 ; à partir de 1 350 $C). Les vols avec escale présentent souvent des tarifs plus avantageux.

Deux agences à partir du Canada :

Expedia (www.expedia.ca).

Travel CUTS-Voyage Campus (800 667 2887 ; www.travelcuts.com). L'agence de voyages des étudiants canadiens.

Voie terrestre

Train

Tirant profit de son emplacement central en Europe, Vienne est l'un des principaux carrefours ferroviaires d'Europe centrale. Les passagers n'ont pas à descendre de train à la frontière, mais doivent s'assurer d'être munis de tous les papiers d'identité requis.

Le réseau ferré international propose de nombreux trains de nuit ; voir www.night-trains.com.

HORAIRES ET BILLETS

European Rail Timetable (www.europeanrailtimetable.eu). Horaires, suppléments et renseignements sur les réservations de tous les trains. L'édition mensuelle peut être commandée en ligne. Une édition numérique et une application sont aussi disponibles.

Deutsche Bahn (01 70 38 50 98 ; www.bahn.de et www.bahn.com). Pratique pour trouver des bonnes affaires depuis/vers l'Allemagne ou pour trouver des correspondances (sans prix ni possibilité de réserver) en Autriche. Également pratique pour profiter de réductions sur les réservations faites très en avance.

ÖBB (05 1717 ; www.oebb.at). Correspondances nationales et internationales, et réservations sur les trains domestiques. Le site Internet affiche aussi les liaisons Postbus.

Oui SNCF (☎3635, 0,40 €/min ; www.oui.sncf). Le site de la SNCF pour rechercher des horaires et réserver son billet depuis la France.

SERVICES

Les trains rapides et les trains internationaux affichent parfois des prix avec supplément. Il est plus prudent (et parfois obligatoire) de réserver sa place pour les périodes chargées et sur certaines lignes. Les tarifs que nous indiquons, que ce soit pour des trajets nationaux ou internationaux, peuvent varier légèrement en fonction de l'itinéraire et du type de train.

➡ Les trains express sont identifiés par les sigles EC (EuroCity, itinéraires internationaux) et IC (InterCity, itinéraires interurbains ou nationaux). Les trains nationaux et internationaux Railjet sont plus rapides que les trains IC/EC. D'un prix identique, ils sont équipés du Wi-Fi gratuit (dans la plupart) et ont des prises électriques à côté des sièges. Le German InterCityExpress (ICE) est l'équivalent du TGV. Des suppléments sont à payer pour ces trains.

➡ Les trains de nuit offrent en général le choix entre le *Liegewagen* (wagon-couchette) et le *Schlafwagen* (wagon-lit), plus cher. Les trains longue distance disposent d'un wagon-restaurant ou servent des en-cas.

DEPUIS LA FRANCE

Gagner l'Autriche en train depuis Paris et l'est de la France n'est pas si compliqué bien qu'assez long. Plusieurs options s'offrent à vous au départ de Paris. Depuis la gare de l'Est (Paris), vous pouvez prendre un train pour Vienne avec une correspondance à Francfort ou Munich, ou pour Salzbourg avec une correspondance à Mannheim ou Stuttgart.

Autre possibilité, celle d'une correspondance à Zürich, en Suisse, en partant de la gare de Lyon (Paris). Cette option est à privilégier pour rejoindre Innsbruck, dans l'ouest de l'Autriche.

Pour un aller-retour Paris-Vienne via Zürich comptez à partir de 150 € et pour un Paris-Salzbourg via Stuttgart, Zurich ou Mannheim, comptez à partir de 300 €.

DEPUIS LA BELGIQUE

De Bruxelles, vous pouvez prendre un Thalys jusqu'à Cologne (1 heure 50) ou un train ICE vers Francfort (3 heures 15), d'où vous pourrez prendre une correspondance pour l'Autriche. Comptez entre 10 et 12 heures de voyages et des tarifs à partir de 150 €.

Informations et réservations sur les sites de Thalys (www.thalys.com), de la Deutsche Bahn (www.bahn.de) ou de l'ÖBB (www.oebb.at).

DEPUIS LA SUISSE

Plusieurs trains directs de la société des Chemins de fer fédéraux suisses relient chaque jour Zürich à Salzbourg (5 heures 30 ; à partir de 120 CHF) ou à Innsbruck (3 heures 30 ; à partir de 80 CHF).

Informations et réservations sur le site

LIAISONS FERROVIAIRES INTERNATIONALES

LIAISONS	PRIX (€)	DURÉE
Belgrade-Villach	82	11 heures
Budapest-Graz	79	6 heures
Dortmund-Linz	169	9 heures (départ de Vienne, correspondance à Stuttgart ou Würzburg pour le nord de l'Allemagne)
Ljubljana-Graz	32	3 heures 45 (certains trains continuent jusqu'à Zagreb et Belgrade)
Ljubljana-Villach	17	1 heure 45
Munich-Graz	96	6 heures (via Salzbourg)
Munich-Innsbruck	45	2 heures
Munich-Salzbourg	41	1 heure 45
Munich-Villach	79	4 heures 30
Prague-Linz	51	5 heures 30
Vérone-Innsbruck	44	3 heures 30
Zagreb-Villach	48	4 heures
Zürich-Innsbruck	70	3 heures 30

VOYAGES ET CHANGEMENTS CLIMATIQUES

Tous les moyens de transport fonctionnant à l'énergie fossile génèrent du CO_2 – la principale cause du changement climatique induit par l'homme. L'industrie du voyage est aujourd'hui dépendante des avions. Si ceux-ci ne consomment pas nécessairement plus de carburant par kilomètre et par personne que la plupart des voitures, ils parcourent en revanche des distances bien plus grandes et relâchent quantité de particules et de gaz à effet de serre dans les couches supérieures de l'atmosphère. De nombreux sites Internet utilisent des "compteurs de carbone" permettant aux voyageurs de compenser le niveau des gaz à effet de serre dont ils sont responsables par une contribution financière à des projets respectueux de l'environnement. Lonely Planet "compense" les émissions de tout son personnel et de ses auteurs.

des Chemins de fer fédéraux suisses (www.cff.ch).

Bus

Le bus est un moyen de transport économique, mais moins confortable pour se rendre en Autriche. Parmi les différentes compagnies de bus, citons Eurolines, Flixbus et ÖBB Intercity Bus.

FLIXBUS

La compagnie low-cost **FlixBus** (☎+49 30 300 137 300 ; global.flixbus.com/bus/austria) a pris de l'ampleur ces dernières années. Ses bus relient une trentaine de villes autrichiennes et circulent depuis/vers quelque 35 pays d'Europe. Consultez les cartes, horaires et tarifs des itinéraires sur le site Internet.

BUSABOUT

Basé au Royaume-Uni, **Busabout** (☎+44 8450 267 576 ; www.busabout.com) propose des forfaits montée/descente à volonté permettant de voyager dans 50 villes d'Europe de mai à fin octobre.

Les arrêts sont définis selon différentes "boucles" qui peuvent être combinées entre elles. La **Boucle Nord** regroupe Vienne, Salzbourg, Prague, Amsterdam, Paris et plusieurs villes d'Allemagne. Plus de détails sur le site Internet.

ÖBB INTERCITY BUS

Les bus **ÖBB** (☎05 1717 ; www.oebb.at) relient Klagenfurt via Villach et Udine à Venise (20-40 €, 5 heures 15, 5/jour).

Voiture et moto

Pour entrer en Autriche en voiture, vous devrez pouvoir prouver que vous êtes propriétaire de votre véhicule et que vous êtes assuré au tiers (p. 413). Un autocollant indiquant le pays d'origine du véhicule doit être apposé à l'arrière. On ne peut emprunter les *Autobahn* (autoroutes ; encadré p. 432) que si l'on s'est procuré une *Vignitte* (taxe autoroutière).

Tous les postes-frontières (ci-dessous) sont ouverts 24h/24, et les stations-service sont en général situées à proximité.

Passage de frontière

Les frontières routières sont multiples en provenance d'Allemagne, de République tchèque, de Slovaquie, de Hongrie, de Slovénie, d'Italie et de Suisse. Il n'existe en revanche qu'une frontière avec le Liechtenstein, près de Feldkirch, en Autriche. Les Alpes limitent les possibilités de rejoindre le Tyrol depuis le Sud (Suisse et Italie). Tous les postes-frontières sont ouverts 24h/24.

Voie fluviale

Le Danube (Donau) est la principale voie navigable d'Autriche. Des croisières partent du pays vers l'est. Assurez-vous d'avoir les visas nécessaires avant d'entrer en Autriche.

Croisières sur le Danube

Avalon Waterways (www.avalonwaterways.ca) est une compagnie internationale avec une branche au Canada. Elle peut se charger des réservations depuis d'autres régions.

Elle propose notamment des croisières de 8 jours entre Budapest et Vienne (à partir de 2 074 €), ou de 7 jours entre Vienne et Nuremberg (à partir de 2 585 €). Les tarifs n'incluent pas les liaisons aériennes.

Liaisons internationales

Twin City Liner (☎01-904 88 80 ; www.twincityliner.com ; 01, Schiffstation, Schwedenplatz, Vienne ; aller adulte 31-36 € ; 🚋1, 2 Schwedenplatz, ⓤSchwedenplatz). Vienne depuis/vers Bratislava (1 heure 15, 3 à 5 fois/jour) de fin mars à début novembre. Les bateaux accostent au terminal Twin City Liner de Vienne, sur le Danube.

LOD (☎en Slovaquie 421 2 529 32 226 ; www.lod.sk ; 02, Schiffstation Reichsbrücke, Handelskai 265 (départ de Vienne) ; aller/aller-retour 24/39 € ; ⓤVorgartenstrasse). Compagnie slovaque dont les hydroptères circulent entre Bratislava et Vienne (1 heure 30, 5 à 7 fois/sem) de fin avril à fin octobre. Particulièrement avantageux le week-end et pour les trajets aller-retour. Réservation en ligne, à moins de téléphoner au bureau de Bratislava pour réserver, puis de payer le trajet à bord en espèces.

VOYAGES ORGANISÉS

L'Autriche fait l'objet de nombreux séjours et circuits organisés, qu'ils soient plutôt culturels ou consacrés aux activités de plein air (ski, cyclotourisme, randonnée, etc.). Les croisières sur le Danube, qui font étape dans plusieurs pays d'Europe centrale, figurent également au programme de certains tour-opérateurs ou croisiéristes. Pour des croisières dans la vallée du Danube, voir p. 130.

Allibert (☎France 04 76 45 50 50, Belgique 02 318 32 02, Suisse 022 519 03 23 ; www.allibert-trekking.com). Plusieurs circuits randonnée à pied ou à skis dans le Tyrol, notamment dans le massif glaciaire de l'Ötztal. Quant aux cyclistes, ils pédaleront agréablement le long du Danube.

Amslav (☎01 44 88 20 40 ; www.amslav.com). Week-ends à Vienne ou séjour combiné avec une autre capitale, comme Prague ou Bratislava.

Chamina voyages (☎04 66 69 00 44 ; www.chamina-voyages.com). Des circuits à vélo au fil du Danube.

Clio (☎01 53 68 82 82 ; www.clio.fr). La découverte de Vienne, de Salzbourg et une grande croisière sur le Danube.

Comptoir des voyages (☎01 86 95 65 04 ; www.comptoir.fr). Séjour entre Allemagne et Autriche, circuits dans les Alpes, circuit itinérant en train de Munich à Vienne.

Grand Angle (☎04 76 95 23 00 ; www.grandangle.fr). Randonnées pédestres dans le Vorarlberg, le Tyrol, près des lacs du Salzkammergut... Randonnées à vélo sur les rives du Danube.

Intermèdes (☎01 45 61 90 90 ; www.intermedes.com). Vienne, l'Autriche baroque, des croisières sur le Danube et des voyages musicaux en partenariat avec Radio Classique à Salzbourg, Linz, Graz ou Bregenz figurent au programme de ce voyagiste spécialisé dans les séjours culturels haut de gamme.

Sissitour (☎04 42 01 02 03, 03 62 26 37 15 ; www.sissitourvoyages.com). Spécialiste de l'Autriche, ce voyagiste propose de nombreux circuits : découverte du Tyrol, route des vins, Salzbourg, sports d'hiver, etc.

Terres d'aventure (☎France 01 70 82 90 00, Belgique 02 543 95 60, Suisse 022 519 1220 ; www.terdav.com). Randonnées pédestres dans les Alpes, le Tyrol ou le Salzkammergut, ou à skis dans le massif de Silvretta.

Voyageurs du monde (☎01 42 86 16 00 ; www.voyageursdumonde.fr). Séjours à Vienne, dans le Tyrol ou en Carinthie.

COMMENT CIRCULER

Avion

Dans un pays de la superficie de l'Autriche, il n'est pas nécessaire de prendre l'avion, sauf peut-être pour se rendre à Innsbruck, située aux confins occidentaux.

Le transporteur national **Austrian Airlines** (www.austrian.com) assure plusieurs vols quotidiens entre Vienne et Graz, Innsbruck, Klagenfurt, Linz et Salzbourg.

Bateau

Le Danube sert d'axe de circulation entre Vienne et les régions de Basse et Haute-Autriche. Mais les trajets relèvent davantage de croisières permettant d'admirer les paysages. Certains grands lacs du pays, comme le lac de Constance et le lac de Wörth, sont sillonnés par des bateaux.

Bus

Les itinéraires ferroviaires sont souvent complétés par un service de Postbus. C'est souvent le seul transport en commun dans les régions montagneuses les plus inaccessibles. Ces bus sont assez fiables et partent en principe d'un arrêt situé devant la gare ferroviaire.

➜ Dans les régions reculées, organisez-vous un jour ou deux à l'avance et voyagez en semaine. Les liaisons sont restreintes ou inexistantes le samedi, et, souvent, les bus ne circulent pas le dimanche.

➜ Plus de renseignements sur les sites Internet www.postbus.at et www.oebb.at. Les gares routières locales et les offices du tourisme ont en principe les horaires gratuits de chaque ligne de bus.

➜ En principe, les réservations ne sont pas nécessaires. On peut acheter ses billets à l'avance pour certains itinéraires. Pour d'autres, c'est seulement possible auprès du chauffeur.

➜ Curieusement, le transport en Postbus peut se révéler plus onéreux que le train, surtout si l'on dispose d'une Vorteilscard donnant droit à des réductions dans les trains (seules les Vorteilscard familiales sont valables dans les bus). Le bus interurbain ÖBB entre Graz et Klagenfurt (30,60 €, 2 heures) est direct, plus économique et légèrement plus rapide que le train. Mais en règle générale, les bus sont plus lents.

Train

Si les Autrichiens se lamentent sur le "délabrement" de leur réseau ferroviaire, les voyageurs, eux, le trouvent

Réseau ferré de l'Autriche

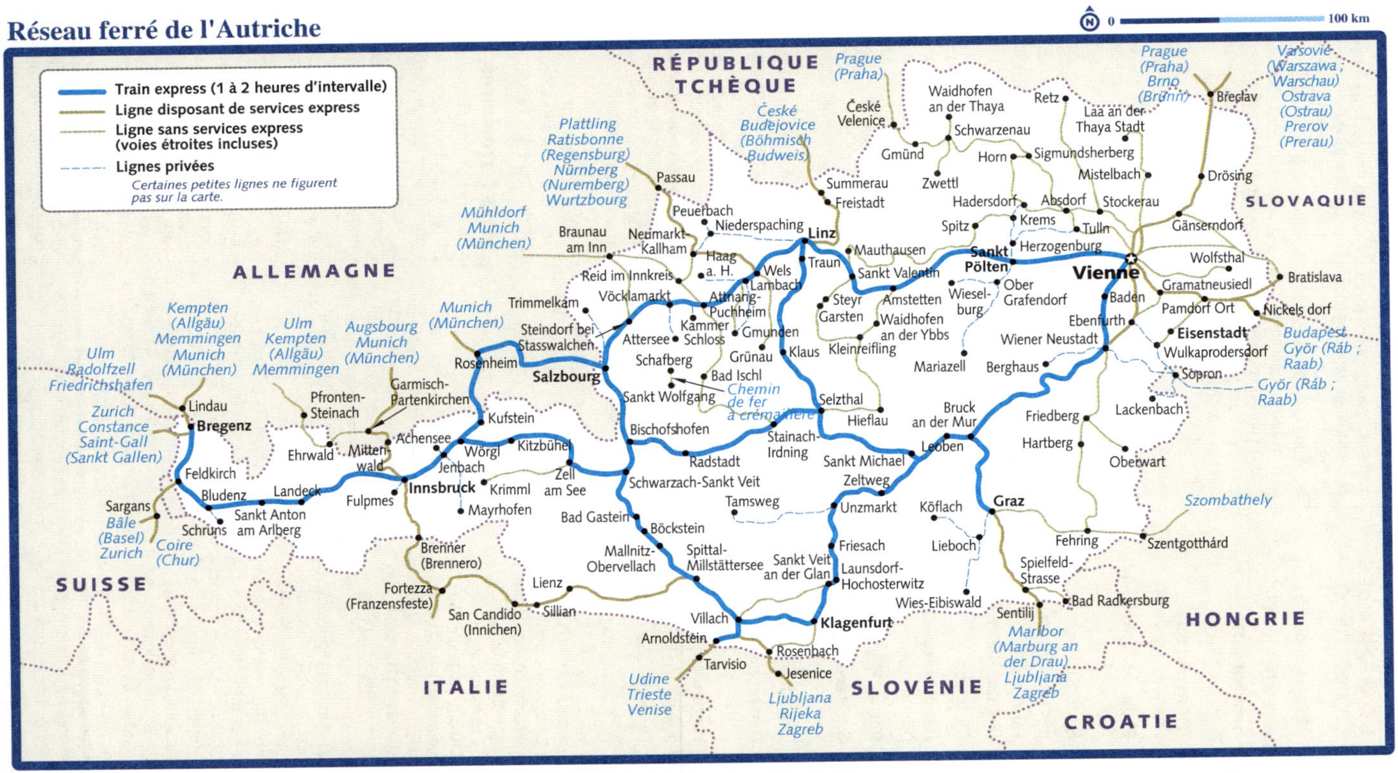

GLOSSAIRE DES TRANSPORTS

Abfahrt Départ

Ankunft Arrivée

Bahnhof (Bf) Gare ferroviaire

Bahnsteig Voie (numéro de la voie)

Einfache Fahrt ('hin') Aller simple

Erste Klasse Première classe

Fahrkarte (Fahrausweis) Billet

Gleis Quai

Hauptbahnhof (Hbf) Gare ferroviaire centrale

Retour Retour

Speisewagen Voiture-restaurant

Täglich Tous les jours

Umsteigen Correspondance

Wagen Voiture

Zweite Klasse Seconde classe

très performant. Ce qu'il est, objectivement. Et avec une carte de réduction, il est bon marché.

Les trains de l'**ÖBB** (Österreichische Bundesbahnen ; Chemins de fer autrichiens ; ☎hotline 24h/24 05 1717 ; www.oebb.at) principale compagnie ferroviaire, sont complétés par quelques lignes privées. Il est possible d'appeler pour réserver un billet ou obtenir des renseignements. Le site Internet indique les correspondances nationales et internationales, et il est possible de réserver les lignes nationales en ligne. Seuls les tarifs nationaux sont indiqués, sauf les offres spéciales depuis/vers les pays limitrophes. Le site affiche aussi les liaisons Postbus.

Achat des billets Les billets s'achètent par téléphone (dans ce cas, on vous donne un code à 12 chiffres qui permet de les imprimer à un distributeur ou à un guichet), en ligne (vous imprimez vous-même vos billets), aux guichets des gares et aux distributeurs automatiques.

Réservations Il en coûte 3,50 € pour la plupart des trains express en 2e classe circulant en Autriche. Si vous n'avez pas réservé, vérifiez (avant de vous asseoir) que la place en question ne l'a pas été par quelqu'un d'autre. Il est recommandé de réserver le week-end.

Passagers handicapés Composez le ☎05 1717 pour obtenir une aide spécifique (ce qui est également possible au moment de la réservation par téléphone). Dans les gares, le personnel vous aidera à monter dans les trains et à en descendre. Il faut prévenir au moins 24 heures avant la date du voyage (48 heures avant pour les trains internationaux).

À ne pas faire L'ÖBB ne tolère en aucune façon que l'on pose ses pieds sur les sièges. Vous vous exposez à une amende si vous enfreignez cette règle.

Tarifs des trains

En fonction de l'itinéraire exact, le tarif peut légèrement varier.

➡ On peut acheter ses billets en ligne ou par téléphone avec une carte bancaire (Visa, Diners Club, MasterCard, Amex et JCB), mais aussi en payant en espèces ou avec une carte Maestro aux distributeurs automatiques et aux guichets.

➡ Les billets EURegio aller-retour à prix réduit entre l'Autriche et la République tchèque, la Hongrie ou la Slovaquie sont d'un excellent rapport qualité/prix pour les excursions et courts séjours.

➡ Si vous allez immédiatement voir le conducteur, on ne vous facturera que 3 € de supplément par rapport au prix normal. Dans le cas contraire, vous devrez acquitter 95 € (prix du billet et amende), à moins qu'il n'y ait ni personnel ni distributeur automatique, ou encore que celui-ci soit en panne, dans la gare où vous avez pris le train.

➡ Les enfants âgés de 6 à 15 ans paient demi-tarif. Les moins de 6 ans voyagent gratuitement à condition de ne pas occuper de siège.

➡ Installés dans une cage ou une caisse de transport, les petits animaux voyagent gratuitement. Les plus gros paient demi-tarif.

➡ Les billets aller pour un trajet de 100 km ou moins ne sont valables qu'une journée et ne peuvent être réutilisés. Pour les trajets de 101 km ou plus, le billet est valable un mois et l'on peut descendre en chemin. Cela vaut la peine, car les longs trajets sont moins chers au kilomètre. Les billets aller-retour (jusqu'à 100 km sur chaque trajet) sont valables une journée. Les billets de trajets plus longs sont valables un mois, mais l'aller doit être effectué en l'espace de 6 jours. Généralement, un aller-retour coûte l'équivalent de deux allers simples.

Pass ferroviaires

En fonction du nombre de trajets que vous comptez effectuer et de votre lieu de résidence, les pass ferroviaires, en vente dans les grandes gares, peuvent permettre de faire des économies substantielles.

VORTEILSCARD

Ces cartes de réduction **ÖBB** peuvent être achetées par n'importe qui. Elle donne droit à 45% de réduction sur les trains intérieurs dont on achète les billets aux guichets, et à 50% de réduction sur les billets achetés aux distributeurs automatiques. Dès l'achat (apportez une photo d'identité et votre passeport ou un autre document d'identité), on reçoit une carte provisoire utilisable tout de suite. La carte permanente plastifiée sera envoyée chez vous. Elle est valable un an, mais pas dans les bus. Pour plus de précisions, rendez-vous sur le site Internet des ÖBB et cliquez sur "Tickets & Customer Cards/ ÖBB Customer Cards".

Classique (99 €). Pour les plus de 26 ans.

Famille (19 €). Valable pour 2 adultes et leurs enfants, quel que soit le nombre. Ceux-ci doivent voyager avec leurs parents. Avec cette carte, les moins de 14 ans voyagent gratuitement. Elle donne aussi droit à 50% de réduction dans les Postbus pour les familles de 2 adultes et jusqu'à 2 enfants.

Jeunes (Jugend <26 ; 19 €). Pour les moins de 26 ans.

Senior (29 €). Pour les plus de 60 ans.

PASS EURAIL

Disponibles pour les personnes résidant hors d'Europe, les pass Eurail permettent de faire un nombre illimité de voyages en 2e classe, sur les chemins de fer nationaux et certaines lignes privées, dans 31 pays. Il est également possible de voyager en 1re classe en payant un supplément. Les moins de 27 ans ont droit à des réductions importantes. Consultez www.eurail.com pour les différentes options.

Global Pass Permet de voyager 10/15 jours en 2 mois (310/380 €), ou en continu pendant 15 jours ou un mois (340 € à 516 €).

Eurail One-Country Pass Adulte 2e classe, trois/quatre/cinq/huit jours en l'espace d'un mois 200/236/269/353 €.

INTERRAIL

Ces forfaits sont destinés aux citoyens européens, et à quiconque a vécu en Europe pendant au moins 6 mois. Ils donnent droit à des réductions substantielles aux moins de 26 ans. Voir toutes les options sur www.interrail.eu.

One-Country Pass Austria 2e classe 3/4/5/8 jours à utiliser dans l'espace d'un mois : 195/230/262/344 €.

InterRail Global Pass Valable un certain nombre de jours ou en continu dans 31 pays ; le forfait de cinq jours de trajets en l'espace d'un mois coûte 212 €, celui de sept jours en un mois coûte 251 €, et un mois de trajets en continu vaut 503 €.

Transports locaux

Les réseaux de transports autrichiens sont efficaces, sûrs et bon marché.

Bus et tramways La plupart des villes sont desservies par des bus, lesquels sont relayés par quelques bus de nuit. À peu près partout, tramways et bus circulent de 5h à 23h ou minuit. Il faut demander l'arrêt en appuyant sur le bouton prévu à cet effet, même dans les tramways.

Métro À Vienne, le métro circule toute la nuit les vendredis et samedis. Du dimanche soir au jeudi soir, il s'arrête de circuler vers minuit ou 0h30. Aucune autre ville n'est équipée du métro.

Taxis Le plus souvent, les Autrichiens appellent les taxis par téléphone ou les attendent aux stations. Mais on peut aussi les héler dans la rue. Les chauffeurs s'attendent toujours à recevoir 10% de pourboire.

Billets

Le type de billets et les tarifs varient d'une région à l'autre. Souvent, ils sont en vente dans les distributeurs installés aux arrêts. Partout, les billets coûtent moins cher dans les bureaux de tabac (Tabak, aussi appelés Trafik). On trouve généralement des billets individuels pour un trajet, ainsi que des pass valables 24 heures, plusieurs jours ou une semaine. Pour être valables, tous les billets doivent être compostés dans les machines avant le trajet.

Les amendes sont lourdes pour ceux qui voyagent sans billet (de 60 à 100 €), et les contrôles sont fréquents, surtout dans les capitales provinciales.

Vélo

La plupart des offices du tourisme régionaux disposent de brochures relatives aux infrastructures cyclistes et aux itinéraires locaux. On trouve couramment des pistes cyclables dans les villes. Des pistes et itinéraires longue distance traversent aussi nombre des grandes vallées comme celles du Danube, de l'Enns et de la Mur. D'autres suivent le tracé des lacs, comme celle qui fait le tour du lac de Neusiedl au Burgenland et du Wörthersee en Carinthie. Les routes Landstrassen (L) sont en principe praticables à vélo.

La **piste cyclable** qui longe le Danube, entre les frontières allemande et slovaque, est le graal des cyclistes. Quant au **Tauern Radweg**, sentier de 310 km, il traverse les paysages de montagne du parc national des Hohe Tauern.

Location

Toutes les grandes villes disposent d'au moins un magasin de vélos faisant aussi office d'agence de location. Dans les endroits où le cyclisme est un passe-temps apprécié, comme la Wachau en Basse-Autriche et le lac de Neusiedl au Burgenland, pratiquement toutes les petites villes ont des boutiques ou des systèmes de location. Les tarifs sont variables d'une ville à l'autre, mais tablez sur 15 à 25 € la journée.

Certaines régions sont équipées de stations de location d'été, permettant de louer et de rendre des vélos à différents endroits, souvent à l'aide d'une carte de crédit. En Basse-Autriche et dans le Burgenland, ce système est très bien rodé. On trouve un réseau de ce type dans les alentours du Wörthersee en Carinthie. Vienne possède aussi un service de location et dépose de vélos avec une carte de crédit.

Transporter son vélo

On peut embarquer son vélo dans les trains dont les horaires sont surmontés d'un logo représentant un vélo. En revanche, c'est impossible dans les bus.

➡ Vous devrez acheter un billet pour votre vélo (10% du prix du billet de train ; tarif minimum de 2 €).

➡ Il existe aussi des billets hebdomadaires et mensuels.

➡ Il n'est pas possible de réserver d'espace à vélo sur les trains régionaux, les express régionaux et les S-Bahn – vérifiez simplement s'il y en a.

➡ Pour les trains longue distance (RailJet, Intercity, Eurocity et Euronight), il est possible de réserver un espace moyennant 3,50 € aux guichets des ÖBB ou en appelant le ☎+43 (0)5 1717.

➡ Pour plus de simplicité durant votre voyage, demandez au personnel de la gare à quel niveau du quai vous devez attendre pour vous retrouver devant le wagon des vélos à l'arrivée du train.

Vélos électriques

Des vélos électriques de tourisme (*e-bikes*) sont disponibles dans la plupart des régions. En pédalant de sorte à utiliser astucieusement l'option d'économie d'énergie, certains modèles permettent de parcourir une bonne centaine de kilomètres. Quelques adresses louent aussi des e-mountain bikes (ou *e-MB*), VTT fonctionnant sur le même principe et avec lesquels on affronte remarquablement bien les collines et les longues distances. Avec un bon modèle, et à condition de tirer le meilleur parti de l'électricité générée, il est même possible de rendre un *e-MB* avec pratiquement autant de batterie qu'au départ.

VTT

Les régions autrichiennes sont bien équipées pour la pratique du VTT, quel que soit le niveau de difficulté. La Carinthie (district de Hermagor) et le nord de la Styrie (parc national de Gesäuse, Schladming et Mariazell) sont des lieux de choix. Le circuit "**Dachstein Tour**" s'effectue en 3 jours. Le **Nordkette Single Trail** d'Innsbruck est l'une des descentes les plus difficiles, mais aussi les plus grisantes du pays.

Voiture et moto

➡ Les *Autobahn* sont marquées d'un "A", et d'un "E" si elles couvrent aussi d'autres pays d'Europe. On ne peut les emprunter qu'à condition d'avoir payé la vignette (taxe autoroutière). Les routes "B" ou *Bundesstrassen* sont de grands axes routiers. Les *Landstrassen* (L) sont des routes secondaires, davantage faites pour profiter du paysage que rallier rapidement un lieu à un autre.

➡ Certains petits cols montagneux sont bloqués par la neige de novembre à mai. Il est vivement recommandé de se déplacer avec des chaînes à neige en hiver. Dans certaines régions, c'est même obligatoire.

➡ Des pneus hiver ou toutes saisons sont obligatoires du 1er novembre au 15 avril.

➡ Le système GPS fonctionne très bien en Autriche, mais, comme partout ailleurs, ne vous en remettez pas complètement à lui et ouvrez l'œil.

➡ Le port du casque est obligatoire pour les motards et leurs passagers. Les feux de croisement doivent être allumés en journée, et il faut se munir d'une trousse de premiers secours.

➡ L'**office du tourisme national autrichien** (www.austria.info) fournit la brochure *Austrian Classic Tour*, qui détaille 3 000 km de routes idéales pour les motards dans le pays.

➡ Plusieurs trains permettent d'embarquer sa voiture.

Location

Il est beaucoup plus facile de louer une voiture dans les grandes villes. Ailleurs, soit il n'y a pas d'agences de location, soit le nombre restreint de véhicules fait que la location est onéreuse ou qu'il n'y a plus de voitures disponibles. Si vous avez du temps, renseignez-vous dans les petites agences qui sont parfois plus économiques (mais appliquent également davantage de restrictions).

Bien que les agences acceptent tout permis rédigé en alphabet latin, une traduction en allemand ou un permis de conduire international est nécessaire pour les ressortissants des pays hors UE.

OBLIGATIONS MINIMALES

Il faut avoir au moins 19 ans pour louer une petite voiture, et 25 ans pour un modèle haut de gamme. Le permis de conduire, valide, doit dater d'au moins un an. Si vous franchissez la frontière avec le véhicule, notamment vers l'Europe de l'Est, informez au préalable l'agence de location et renseignez-vous sur d'éventuels frais supplémentaires et exigences liées à l'âge minimum.

ASSURANCE

L'assurance au tiers constitue le minimum obligatoire en Autriche. Toutes les compagnies proposent une assurance personnelle pour le conducteur et les occupants du véhicule, ainsi qu'une garantie dommages matériels en cas d'accident moyennant des frais supplémentaires. L'assurance personnelle n'est pas toujours obligatoire si vous ou vos passagers êtes déjà couverts par une assurance voyage.

AGENCES DE LOCATION

Auto Europe (☎en Allemagne +49 89 412 07 295 ; www.autoeurope.de) est en relation avec d'autres agences de location. Les tarifs sont parfois plus intéressants qu'en s'adressant directement à une agence.

Avis (☎0800 10 44 07 ; www.avis.at). Entreprise réputée dotée d'agences dans toute l'Autriche.

Europcar (☎01-866 1611 ; www.europcar.at). Nombreuses agences en Autriche.

Hertz (☎01-795 32 ; www.hertz.at). Entreprise internationale possédant des agences partout en Autriche.

Buchbinder (☎05 07010-45000 ; www.buchbinder.de). Bon réseau d'agences dans les grandes villes, souvent moins chères que les autres.

Sixt (☎01-505 26 40 00 ; www.sixt.at). Bureaux dans tout le pays.

Amener son propre véhicule

Vous devez être en mesure de présenter les documents attestant que vous êtes propriétaire du véhicule et assuré au tiers. Un autocollant indiquant le pays d'origine du véhicule doit être apposé à l'arrière.

PERMIS DE CONDUIRE

Si vous conduisez votre propre véhicule, ayez toujours avec vous les documents qui prouvent que vous en êtes propriétaire, ainsi que votre permis de conduire. Les permis des pays de l'UE sont valables en Autriche. Les ressortissants des autres pays doivent se munir d'une traduction en allemand ou d'un permis de conduire international. Les traductions certifiées s'obtiennent sans délai moyennant une somme modique auprès des associations automobiles autrichiennes.

ASSURANCE

L'assurance au tiers constitue le minimum obligatoire. Pensez à vous munir de la carte verte, preuve que vous êtes couvert. Si vous êtes membre d'une association automobile, renseignez-vous sur les accords de gratuité réciproque avec les autres organismes qui y sont affiliés en Europe.

DISTANCES ROUTIÈRES (KM)

	Bad Ischl	Bregenz	Bruck an der Mur	Eisenstadt	Graz	Innsbruck	Kitzbühel	Klagenfurt	Krems	Kufstein	Landeck	Lienz	Linz	Salzbourg	Sankt Pölten	Vienne	Villach
Bregenz	432																
Bruck an der Mur	170	577															
Eisenstadt	297	704	127														
Graz	193	600	54	175													
Innsbruck	239	193	384	511	407												
Kitzbühel	191	300	275	469	400	113											
Klagenfurt	245	510	145	298	133	322	264										
Krems	222	626	175	132	229	433	372	320									
Kufstein	161	271	331	460	356	78	37	286	355								
Landeck	316	117	461	588	484	77	186	394	510	155							
Lienz	232	424	266	393	277	178	94	144	432	142	248						
Linz	103	507	190	246	237	314	247	253	145	236	391	359					
Salzbourg	58	374	228	362	264	181	129	223	257	103	258	180	138				
Sankt Pölten	206	610	140	123	194	417	356	285	32	339	494	416	129	241			
Vienne	266	670	145	50	191	477	420	316	79	399	554	411	189	301	66		
Villach	250	486	178	335	170	287	226	37	353	251	370	109	330	188	318	353	
Wiener Neustadt	268	675	98	31	146	482	441	267	137	431	559	364	237	339	114	53	316

PÉAGES DES AUTOROUTES ET DES TUNNELS

Il faut acheter une *Vignette* (taxe autoroutière) pour pouvoir circuler sur les autoroutes (*Autobahn*) du pays. Pour une voiture de moins de 3,5 tonnes, comptez 9,60 € les 10 jours, 28,20 € les 2 mois et 93,80 € l'année. Pour une moto, comptez 5,60 € les 10 jours, 14,10 € les 2 mois et 37,20 € l'année. La vignette s'achète auprès des associations automobiles, aux frontières, dans les stations-service, dans les bureaux de poste et dans les bureaux de tabac (*Tabak*).

Certaines routes de montagne et autres tunnels sont soumis à un péage qui n'est pas inclus dans la vignette. Pour vous procurer la liste exhaustive des routes à péage, adressez-vous à l'une des associations automobiles.

ASSOCIATIONS AUTOMOBILES

Il existe deux associations automobiles en Autriche. Toutes deux proposent une assistance dépannage 24h/24 à leurs membres, et ont des accords de réciprocité avec des organismes d'autres pays. Renseignez-vous auprès de la vôtre avant le départ. Les deux associations ont des bureaux dans toute l'Autriche. On peut s'y inscrire pour 6 mois minimum. Comptez respectivement 45 € environ. Moyennant une somme modique, ces associations assurent aussi la traduction en allemand des permis de conduire étrangers.

Si vous n'avez pas droit à l'assistance gratuite et que vous faites appel à leurs services, la somme à payer dépendra du moment de la journée.

ARBÖ (☎renseignements 050 123 123, assistance routière 123 ; www.arboe.at).

ÖAMTC (☎24h/24 aide d'urgence 120, bureau 01-711 99 10200 ; www.oeamtc.at ; Schubertring 1-3, Vienne ; ⏲8h-18h lun-ven, 9h-13h sam ; 🚋2 Weihburggasse, ⓤStadtpark).

Code de la route et sécurité

On conduit à droite. L'âge minimal requis est 18 ans.

Alcool La conduite en état d'ivresse (l'alcoolémie maximale autorisée est de 0,5 g/litre de sang) expose à une lourde amende à payer sur-le-champ, ainsi qu'au retrait immédiat du permis de conduire.

Enfants Les moins de 14 ans mesurant moins de 1,50 m doivent avoir un siège enfant adapté.

Amendes Peuvent être acquittées immédiatement. Demandez un reçu.

Céder le passage On cède toujours la priorité à droite, sauf si un panneau de signalisation annule cette règle ou que le véhicule de droite vient d'une rue équipée d'une bande indiquant de s'arrêter ou de céder le passage. Attention : aux carrefours, on cède également la priorité à droite.

Casque Obligatoire pour les motards et leurs passagers, ainsi que pour les enfants de moins de 13 ans circulant à vélo.

Stationnement Dans la plupart des centres-villes, on trouve des *Kurzparkzone* (zones de stationnement de courte durée). Le temps de stationnement sur ces places de parking dans la rue est limité (de 1 heure 30 à 3 heures, selon les endroits) et s'applique à certaines périodes de la journée. Les *Parkschein* (tickets de stationnement) s'achètent dans les *Tabak* (bureaux de tabac) ou aux horodateurs. Il faut ensuite les mettre en évidence sur le pare-brise. En dehors des heures de stationnement indiquées, se garer dans une *Kurzparkzone* est gratuit.

Sécurité Il est obligatoire de transporter avec soi un triangle de signalisation et une trousse de premiers secours.

Ceinture de sécurité Obligatoire.

Limitations de vitesse En journée : 50 km/h en ville, 130 km/h sur autoroute et 100 km/h sur les autres axes routiers. Dans certains endroits, la limitation de vitesse sur les routes de campagne est réduite à 70 km/h. De 22h à 5h, hormis sur l'A1 entre Vienne et Salzbourg et sur l'A2 entre Vienne et Villach, la vitesse sur autoroute est limitée à 110 km/h.

Tramways Ils ont toujours la priorité. Les véhicules doivent attendre derrière eux quand ils ralentissent et s'arrêtent pour prendre des passagers.

Langue

La langue nationale de l'Autriche est l'allemand, mais le pays compte certains dialectes régionaux. Par exemple, le dialecte parlé dans le Vorarlberg est bien plus proche du suisse-allemand (*Schwyzertütsch* ; une langue que les Suisses sont presque les seuls à comprendre) que du dialecte haut-allemand (*Hochdeutsch*), c'est-à-dire l'allemand standard. Cependant, les Autrichiens passent facilement de leur dialecte au haut-allemand.

De nombreux mots et expressions allemands sont employés par les seuls Autrichiens : certains à travers tout le pays, d'autres dans certaines régions seulement, bien qu'ils soient probablement compris ailleurs. La plupart de ces mots et expressions ne seront pas forcément compris par les germanophones non autrichiens. En contrepartie, les équivalents allemands "standard" ne seront pas compris par tous les Autrichiens. Les salutations mentionnées dans ce chapitre sont spécifiques à l'Autriche.

Prononciation

En allemand, les sons se prononcent pour la plupart comme ils s'écrivent. Il vous sera donc facile de vous faire comprendre si vous suivez nos instructions de prononciation en rouge.

Attention à la voyelle *u* qui se prononce comme le "ou" de *rouge*, mais comme le "u" de *tu* avec un tréma (*ü*). En ce qui concerne les consonnes, le son "ch" se prononce comme un "r" raclé après les voyelles a, o et u. Si vous aimez Bach, ne dites donc pas *bak* mais plutôt *BaRch*. Le "h" en début de mot se prononce : imaginez faire de la buée sur un miroir.

En règle générale, l'accent tonique tombe sur la première syllabe du mot : nous l'avons indiqué en *italique* dans nos guides.

POUR ALLER PLUS LOIN

Indispensable pour mieux communiquer sur place : le *Guide de conversation allemand* de Lonely Planet. Pour réserver une chambre, lire un menu ou simplement faire connaissance, ce manuel permet d'acquérir des rudiments d'allemand. Inclus : un minidictionnaire bilingue.

VOCABULAIRE DE BASE

L'allemand connaît le tutoiement et le vouvoiement (*du* et *Sie*, respectivement). Pour s'adresser à quelqu'un que l'on ne connaît pas bien, on emploie le vouvoiement (bien que les plus jeunes s'y attendront généralement moins). Dans ce guide, c'est cette forme de politesse ("pol") qui est entre autres utilisée pour le vouvoiement, sauf indication contraire entre parenthèses ("fam" pour *familier*).

Salut.	*Servus.*	*zèr*·vous
Bonjour.	*Guten Tag.*	*gou*·ténn tâk
Au revoir.	*Auf Wiedersehen.*	aof *vî*·dèr·zé·énn
Oui.	*Ja.*	ya
Non.	*Nein.*	nayn
S'il vous/te plaît.	*Bitte.*	*bi*·te
Merci.	*Danke.*	*dang*·ke
De rien.	*Bitte sehr.*	*bi*·te zér
Excusez-moi./ Pardon.	*Entschuldigung.*	énnt·*choul*·di·goung

Comment allez-vous/vas-tu ?
Wie geht es Ihnen/ dir? (pol/fam) vî gét èss *î*·nénn/ dîr

Bien, merci. Et vous/toi ?
Danke, gut. *dang*·ke gout
Und Ihnen/dir? (pol/fam) ount *î*·nénn/dîr

Comment vous appellez-vous/t'appelles-tu ?
Wie ist Ihr Name? (pol) vî ist îr *nâ*·me
Wie heisst du? (fam) vî hayst dou

Je m'appelle...
Mein Name ist... (pol) mayn *nâ*·me ist ...
Ich heisse... (fam) ich *hay*·sse...

EXPRESSIONS-CLÉS

Vous vous débrouillerez en allemand en combinant ces modèles simples avec les mots de votre choix :

Quand est (le prochain vol) ?
Wann ist (der nächste Flug)? — vann ist (dér *nèkss*·te flouk)

Où est (la gare)?
Wo ist (der Bahnhof)? — vô ist (dér *bânn*·hôf)

Où puise-je (acheter un ticket/un billet) ?
Wo kann ich (eine Fahrkarte kaufen)? — vô kann ich (*ay*·ne *fâr*·kar·te *kao*·fenn)

Avez-vous (une carte/un plan) ?
Haben Sie (eine Karte)? — *hâ*·benn zî (*ay*·ne *kar*·te)

Y a-t-il (des toilettes) ?
Gibt es (eine Toilette)? — guipt es (*ay*·ne toa·*lè*·te)

Je voudrais (un café).
Ich möchte (einen Kaffee). — ich *meuche*·te (*ay*·nen *ka*·fé)

Je voudrais (louer une voiture).
Ich möchte (ein Auto mieten). — ich *meuche*·te (ayn *au*·to *mî*·ten)

Puis-je (entrer) ?
Darf ich (hereinkommen)? — darf ich (hèr·*ayn*·ko·mmenn)

Pourriez-vous (m'aider), s'il vous plaît ?
Könnten Sie (mir helfen)? — *keuhnn*·ténn zî (mîr *hèl*·fen)

Dois-je (réserver un siège) ?
Muss ich (einen Platz reservieren lassen)? — mouss ich (*ay*·nen platz ré·zèr·*vî*·renn *la*·ssenn)

Parlez-vous français/anglais ?
Sprechen Sie Französisch/Englisch? — *chpré*·chénn zî *frann*·tseuh·zich/*ènng*·lich

Je ne comprends pas.
Ich verstehe nicht. — ich fer·*chté*·e nicht

SE LOGER

Avez-vous une chambre ?
Haben Sie ein Zimmer? — *hâ*·ben zî ayn *tsi*·mer

Quel est le prix d'une nuit/par personne ?
Wieviel kostet es pro Nacht/Person? — *vî*·fil *koss*·tèt èss prô narcht/per·*zôn*

auberge de jeunesse
Jugend herberge — *you*·guènnt hèr·bèr·gue

camping	*Campingplatz*	*kémm*·pinng·plats
chambre double	*Doppelzimmer*	*do*·pel·tsi·mer
chambre simple	*Einzelzimmer*	*ayn*·tsel·tsi·mer
clim	*Klimaanlage*	klî·ma·*an*·lâ·ge
fenêtre	*Fenster*	*fènns*·ter
hôtel	*Hotel*	ho·*tél*
pension	*Gasthof*	*gast*·ôf
pension de famille	*Pension*	pènn·*zyôn*
salle de bains	*Badezimmer*	*bâ*·de·tsi·mer

S'ORIENTER

Où est (la banque)?
Wo ist (eine Bank)? — vô ist (*ay*·ne bangk)

Quelle est l'adresse ?
Wie ist die Adresse? — vî ist dî a·*drè*·sse

Pourriez-vous me l'écrire ?
Könnten Sie das bitte aufschreiben? — *keuhnn*·ténn zî dass *bi*·te *aof*·chray·benn

Pouvez-vous me l'indiquer (sur la carte/le plan) ?
Können Sie es mir (auf der Karte) zeigen? — *keuh*·nénn zî ess mîr (aof dér *kar*·te) *tsay*·guénn

à côté	*nahe*	*nâ*·e
à gauche/ à droite	*links/ rechts*	lingks/ rechts
à l'angle	*an der Ecke*	an dér *é*·ke
aux feux de signalisation	*bei der Ampel*	bay dér *amm*·pèl
derrière...	*hinter...*	*hinn*·ter...
devant...	*vor...*	vôr...
en face (de)...	*gegenüber...*	gué·gueun·*u*·ber...
loin	*weit weg*	vayt vèk
près de...	*neben...*	*né*·ben...
tout droit	*geradeaus*	gué·râ·de *aoss*

SE RESTAURER ET PRENDRE UN VERRE

Une table pour (deux) personnes, s'il vous plaît.
Einen Tisch für (zwei) Personen, bitte. — *ay*·nénn tich fur (tsvay) per·*zô*·nénn *bi*·te

Que me conseillez-vous ?
Was empfehlen Sie? — vass emmp·*fé*·lénn zî

Qu'y a-t-il dans ce plat ?
Was ist in diesem Gericht? — vass ist in *dî*·zémm gué·*richt*

Je ne mange pas de...
Ich esse kein... — ich *é*·sse kayn...

Santé ! *Prost!* — prôst

C'était délicieux.
Das war sehr lecker. — dass vâr zèr *lè*·ker

L'addition, s'il vous plaît.
Die Rechnung, bitte. — dî *rech*·noung *bi*·te

Mots utiles

assiette	*Teller*	*té*·ler
avec/sans	*mit/ohne*	mit/*ô*·ne
bar	*Kneipe*	*knay*·pe
bol	*Schüssel*	*chu*·ssel
bouteille	*Flasche*	*fla*·che

carte des boissons	*Getränkekarte*	gué·*trenng*·ke-kar·te
cendrier	*Aschenbecher*	*a*·chenn·be·kêr
chaud	*heiss*	hayss
couteau	*Messer*	*mé*·sser
cuiller	*Löffel*	*le*·fel
déjeuner	*Mittagessen*	*mi*·tâk·é·ssenn
dîner	*Abendessen*	*â*·bennt·é·ssenn
entrées	*Vorspeisen*	*for*·chpay·zen
épicé	*würzig*	*vur*·tsich
épicerie	*Lebensmittelladen*	*lé*·bénns·mi·tel·lâ·denn
fourchette	*Gabel*	*gâ*·bel
froid	*kalt*	kalt
marché	*Markt*	markt
menu	*Speisekarte*	*chpay*·ze·kar·te
petit-déjeuner	*Frühstück*	*fru*·chtuk
plats principaux	*Hauptgerichte*	*haopt* gué·rich·te
repas	*Essen*	*é*·ssen
repas végétarien	*vegetarisches Essen*	vé·gué·*tâ*·ri·ches *é*·ssen
restaurant	*Restaurant*	rès·to·*rant*
spécialité locale	*örtliche Spezialität*	*ert*·li·che chpé·tsya·li·*têt*
tasse	*Tasse*	*ta*·sse
verre	*Glas*	glâss

Viandes et poissons

agneau	*Lamm*	lam
anguille	*Aal*	âl
bacon	*Speck*	chpèk
bœuf	*Rindfleisch*	*rint*·flaych
canard	*Ente*	*ènn*·te
carpe	*Karpfen*	*karp*·fenn
cerf	*Hirsch*	hirch
cervelle	*Hirn*	hîrn
dinde	*Puter*	*pou*·ter
foie	*Leber*	*lé*·ber
jambon	*Schinken*	*ching*·kenn
lièvre	*Hase*	*hâ*·ze
oie	*Gans*	gans
plie	*Scholle*	*cho*·le
porc	*Schweinfleisch*	*chvayn*·flaych
poisson	*Fisch*	fich
poulet	*Huhn*	houn
saumon	*Lachs*	laks
sole	*Zunge*	*tsoun*·gue
thon	*Thunfisch*	*toun*·fich

QUESTIONS

Comment ?	*Wie?*	vî
Quoi ?/ Qu'est-ce que ?	*Was?*	vass
Quand ?	*Wann?*	vann
Où ?	*Wo?*	vô
Qui ?	*Wer?*	vér
Pourquoi ?	*Warum?*	va·*roum*

truite	*Forelle*	fo·*rè*·le
viande hachée	*Hackfleisch*	*hak*·flaych
veau	*Kalbfleisch*	*kalp*·flaych

Fruits et légumes

abricot	*Aprikose*	a·pri·*ko*·ze
ail	*Knoblauch*	*knop*·laoch
ananas	*Ananas*	a·na *nas*
asperge	*Spargel*	*chpar*·guel
banane	*Banane*	ba·*nâ*·ne
betterave	*Rote Rübe*	*rô*·te *ru*·be
carottes	*Karotten*	ka·*ro*·tenn
cerises	*Kirschen*	*kir*·chenn
champignons	*Pilze*	*pil*·tse
chou	*Kohl*	kôl
concombre	*Gurke*	*gour*·ke
épinards	*Spinat*	chpi·*nât*
fraises	*Erdbeeren*	*ert*·bê·renn
framboises	*Himbeeren*	*him*·bê·renn
haricots	*Bohnen*	*bô*·nenn
haricots verts	*Fisolen*	fî·*zo*·lenn
maïs	*Mais*	mays
oignons	*Zwiebeln*	*tsvî*·bèlnn
petits pois	*Erbsen*	*erp*·zenn
poire	*Birne*	*bir*·ne
poivron	*Paprika*	*pap*·ri·kâ
pomme	*Apfel*	*ap*·fel
pommes de terre	*Kartoffeln*	kar·*to*·feln
prunes	*Zwetschgen*	*tsvetch*·guenn
raisin	*Trauben*	*trao*·benn
tomates	*Tomaten*	to·*mâ*·tenn

Autres

beurre	*Butter*	*bou*·ter
boulettes	*Knödel*	*kne*·del
chocolat	*Schokolade*	cho·ko·*lâ*·de

confiture	*Marmelade*	mar·me·*lâ*·de
crème	*Sahne*	*zâ*·ne
fromage	*Käse*	*kè*·ze
huile	*Öl*	el
miel	*Honig*	*ho*·nich
moutarde	*Senf*	zènnf
noix	*Nuss*	nouss
œufs	*Eier*	*ay*·er
pain	*Brot*	brôt
pâtes	*Nudeln*	*nou*·deln
poivre	*Pfeffer*	*pfè*·fer
riz	*Reis*	rayss
salade	*Salat*	za·*lât*
sel	*Salz*	zalts
sucre	*Zucker*	*tsou*·ker

Boissons

bière	*Bier*	bîr
café	*Kaffee*	*ka*·fê
eau (minérale)	*(Mineral-) wasser*	(mi·ne·*râl*-) va·sser
jus (d'orange)	*(Orangen-) saft*	(o·*râng*·guen-) zaft
lait	*Milch*	milch
thé	*Tee*	té
vin rouge	*Rotwein*	*rôt*·vayn
vin blanc	*Weißwein*	*vayss*·vayn

URGENCES

À l'aide !
Hilfe! — *hil*·fe

Laissez-moi tranquille !
Lassen Sie mich in Ruhe! — *la*·ssen zî mich in *rou*·e

Je suis perdu.
Ich habe mich verirrt. — ich *hâ*·be mich fer·*irt*

Appelez la police !
Rufen Sie die Polizei! — *rou*·fenn zî dî po·li·*tsay*

Appelez un médecin !
Rufen Sie einen Arzt! — *rou*·fenn zî *ay*·nen artst

PANNEAUX

Ausgang	Sortie
Damen	Femmes
Eingang	Entrée
Geschlossen	Fermé
Herren	Hommes
Offen	Ouvert
Toiletten	Toilettes
Verboten	Interdit

Je suis malade.
Ich bin krank. — ich binn kranngk

J'ai mal là.
Es tut hier weh. — ess tout hîr *vé*

Je suis allergique à/aux (antibiotiques).
Ich bin allergisch gegen (Antibiotika). — ich binn a·*lèr*·guich *gué*·guenn (an·ti·bi·o·ti·ka)

Où sont les toilettes ?
Wo ist die Toilette? — vô ist dî toua·*lè*·te

COMMERCES ET SERVICES

Je voudrais acheter...
Ich möchte... kaufen. — ich *meuch*·te... *kao*·fen

Je ne fais que regarder.
Ich schaue mich nur um. — ich *chao*·e mich nour oum

Puis-je y jeter un coup d'œil ?
Können Sie es mir zeigen? — *keuh*·nénn zî èss mîr *tsay*·guénn

Combien ça coûte ?
Wieviel kostet das? — vîfil *koss*·tet dass

C'est trop cher.
Das ist zu teuer. — dass ist tsou *toy*·er

Pouvez-vous baisser le prix ?
Können Sie mit dem Preis heruntergehen? — *keuh*·nénn zî mit dém prayss hé·*roun*·ter·guê·enn

Il y a une erreur sur la facture.
Da ist ein Fehler in der Rechnung. — dâ ist ayn *fê*·ler inn dér *rech*·noung

code PIN	*Geheimnummer*	gué·*haym*·nou·mer
DAB	*Geldautomat*	*guelt*·ao·to·mât
office du tourisme	*Fremden-verkehrsbüro*	*frèm*·den-fer·*kêrs*·bu·rô
poste	*Postamt*	*post*·amt

HEURE ET DATES

Quelle heure est-il ?
Wie spät ist es? — vî chpét ist èss

Il est (une) heure.
Es ist (ein) Uhr. — èss ist (ayn) our

Une heure et demie. (littéralement : "moitié de deux")
Halb zwei. — halp tsvay

matin	*Morgen*	*mor*·guen
après-midi	*Nachmittag*	*narch*·mi·tâk
soir	*Abend*	*â*·bènt
hier	*gestern*	*gess*·tern
aujourd'hui	*heute*	*hoy*·te
demain	*morgen*	*mor*·guenn
lundi	*Montag*	*monn*·tâk
mardi	*Dienstag*	*dînns*·tâk
mercredi	*Mittwoch*	*mit*·vorch
jeudi	*Donnerstag*	*do*·ners·tâk
vendredi	*Freitag*	*fray*·tâk

samedi	*Samstag*	*zamms*·tâk
dimanche	*Sonntag*	*zonn*·tâk
janvier	*Januar*	*yann*·ou·âr
février	*Februar*	*fé*·brou·âr
mars	*März*	mèrts
avril	*April*	a·*pril*
mai	*Mai*	may
juin	*Juni*	*you*·ni
juillet	*Juli*	*you*·li
août	*August*	ao·*goust*
septembre	*September*	zép·*témm*·ber
octobre	*Oktober*	ok·*tô*·ber
novembre	*November*	no·*vémm*·ber
décembre	*Dezember*	dé·*tsémm*·ber

TRANSPORTS

Transports en commun

avion	*Flugzeug*	*flouk*·tsoyk
bateau	*Boot*	bôt
bus	*Bus*	bouss
train	*Zug*	tsouk

À quelle heure part-il ?
Wann fährt es ab? vann fêrt ess ap

À quelle heure arrive-t-il ?
Wann kommt es an? vann kommt ess ann

Je veux aller à...
Ich möchte nach... fahren. ich *meuch*·te narch... *fâ*·renn

S'arrête-t-il à... ?
Hält es in...? hèlt èss inn...

Je souhaite descendre.
Ich möchte hier aussteigen. ich *meuch*·te hîr *aoss*·chtai·guenn

billet aller simple	*einfache Fahrkarte*	*ayn*·fâ·rche *fâr*·kar·te
billet aller-retour	*Rückfahrkarte*	*ruk*·*fâr*·kar·te
premier	*erste*	*èrs*·te
dernier	*letzte*	*lèts*·te
suivant	*nächste*	*nèks*·te
billetterie	*Fahrkarten-verkauf*	*fâr*·kar·tenn·fer·*kaof*
côté couloir	*Platz am Gang*	plats am gangg
côté fenêtre	*Fensterplatz*	*fènns*·ter·plats
gare ferroviaire	*Bahnhof*	*bânn*·hof
horaire	*Fahrplan*	*fâr*·plânn
quai	*Bahnsteig*	*bânn*·chtayk

NOMBRES

1	*eins*	ayns
2	*zwei*	tsvay
3	*drei*	dray
4	*vier*	fîr
5	*fünf*	funf
6	*sechs*	zèks
7	*sieben*	*zî*·benn
8	*acht*	archt
9	*neun*	noynn
10	*zehn*	tsénn
20	*zwanzig*	*tsvann*·tsich
30	*dreissig*	*dray*·sich
40	*vierzig*	*fîr*·tsich
50	*fünfzig*	*funf*·tsich
60	*sechzig*	*zèkh*·tsich
70	*siebzig*	*zîp*·tsich
80	*achtzig*	*archt*·tsich
90	*neunzig*	*noynn*·tsich
100	*hundert*	*hounn*·dèrt
1000	*tausend*	*tao*·sènnt

Voiture et deux-roues

Je voudrais louer un(e)...	*Ich möchte ein ... mieten.*	ich *meuch*·te ayn ... *mî*·tenn
vélo	*Fahrrad*	*fâr*·rât
voiture	*Auto*	ayn *ao*·to
moto	*Motorrad*	*mo*·tor·rât
casque	*Helm*	hèlm
essence	*Benzin*	bènn·*tsînn*
mécanicien	*Mechaniker*	mé·*châ*·ni·ker
pompe	*Luftpumpe*	*louft*·poum·pe
siège auto	*Kindersitz*	*kinn*·der·zits
station-service	*Tankstelle*	*tanngk*·chtè·le

Cette route mène-t-elle à...?
Führt diese Strasse nach...? furt *dî*·ze *chtrâ*·sse narch...

Puis-je stationner ici ?
Kann ich hier parken? kann ich hîr *par*·kenn

La voiture est tombée en panne (à...).
Ich habe (in...) eine Panne mit meinem Auto. ich *hâ*·be (inn...) *ay*·ne *pa*·ne mit *may*·nem *ao*·to

Mon pneu a crevé.
Ich habe eine Reifenpanne. ich *hâ*·be *ay*·ne *ray*·fenn·pa·ne

Je n'ai plus d'essence.
Ich habe kein Benzin mehr. ich *hah*·be kayn bènn·*tsînn* mêr

En coulisses

VOS RÉACTIONS ?

Vos commentaires nous sont très précieux et nous permettent d'améliorer constamment nos guides. Notre équipe lit toutes vos lettres avec la plus grande attention. Nous ne pouvons pas répondre individuellement à tous ceux qui nous écrivent, mais vos commentaires sont transmis aux auteurs concernés. Tous les lecteurs qui prennent la peine de nous communiquer des informations sont remerciés dans l'édition suivante, et ceux qui nous fournissent les renseignements les plus utiles se voient offrir un guide.

Pour nous faire part de vos réactions, prendre connaissance de notre catalogue et vous abonner à notre newsletter, consultez notre site Internet : **www.lonelyplanet.fr**

Nous reprenons parfois des extraits de notre courrier pour les publier dans nos produits, guides ou sites web. Si vous ne souhaitez pas que vos commentaires soient repris ou que votre nom apparaisse, merci de nous le préciser. Notre politique en matière de confidentialité est disponible sur notre site Internet.

À NOS LECTEURS

Merci à tous les voyageurs qui ont utilisé la dernière édition de ce guide et qui nous ont écrit pour nous faire part de leurs conseils, de leurs suggestions et de leurs anecdotes : E. Nacass et O. Cambon.

UN MOT DES AUTEURS

Catherine Le Nevez

Avant tout, *vielen Dank* à Julian, aux Autrichiens et à mes amis voyageurs à Vienne et dans tout le pays pour avoir partagé leur savoir, leurs bons conseils et de joyeux moments avec moi, pour cette nouvelle édition et au fil des ans. Un immense merci à Kerry, qui a cosigné le chapitre sur Vienne, ainsi qu'à toute l'équipe de ce guide. Merci à Brana Vladisavljevic, Dan Fahey et à tout le monde chez Lonely Planet. Comme toujours, merci encore à mes parents, à mon frère, à ma belle-sœur, à mon neveu et à ma nièce.

Marc Di Duca

Un grand merci à Manuela du domaine (Weingut) Burg Taggenbrunn et, de manière générale, aux équipes des offices du tourisme, avec une pensée particulière pour mes interlocuteurs à Klagenfurt, Krems et Eisenstadt. Et enfin, un énorme merci à mon épouse Tanya pour avoir veillé sur tout en mon absence.

Anthony Haywood

Merci beaucoup à tous ceux qui ont nourri mes recherches et investigations sur place. Un merci tout particulier à Gert et Susie, à Graz, pour avoir partagé avec moi leurs connaissances sur la région. À Markus, Sibylle et aux nombreuses bonnes âmes que j'ai croisées en chemin, dans les offices du tourisme, et qui ont répondu à mes tout aussi nombreuses questions.

Kerry Walker

J'envoie mille mercis à ceux que j'ai rencontrés lors de mes voyages en Autriche, parmi lesquels des professionnels du tourisme : Bettina Jamy-Stowasser et Helena Hartlauer à Vienne, Martina Trummer à Salzbourg et Peter Unsinn à Innsbruck. Et aussi un merci tout particulier à Eugene Quinn chez *Space and Place* à Vienne, ainsi qu'à Maggie Ritson à Sankt Anton pour leurs bonnes idées.

REMERCIEMENTS

Cartes climatiques adaptées de Peel M.C., Finlayson B.L. et McMahon T.A. (2007), "Updated World Map of the Köppen-Geiger Climate Classification", *Hydrology and Earth System Sciences*, 11, 1633-1644

Couverture : *Vue imprenable de Schafberg par Sankt Wolfgang im Salzkammergut sur Haus house Schafbergspitze, lac Mondsee.*

À PROPOS DE CET OUVRAGE

Cette 4e édition française du guide *Autriche* est la traduction-adaptation de la 10e édition du guide *Austria* (en anglais) de Lonely Planet, rédigée par Catherine Le Nevez, Marc Di Duca, Anthony Haywood et Kerry Walker qui avaient aussi signé la 3e édition. La 2e édition avait été signée par Marc, Kerry, Catherine et Donna Wheeler.

Traduction
Jeanne Robert, Sophie Lecoq, Christelle Taureau

Direction éditoriale
Didier Férat

Responsable éditorial
Dominique Bovet

Responsable prépresse
Jean-Noël Doan

Coordination éditoriale
Hugo Gadroy

Maquette
Denis Montagner

Cartographie
Adaptation en français par Nicolas Chauveau

Couverture
Adaptation par Laurent Briard

Remerciements à Angélique Adagio, Rose-Hélène Lempereur et Agnès Mauxion-Poujol pour leur travail sur le texte, et à Christophe François pour sa relecture attentive. Merci aussi à Olympe Richez pour sa préparation du texte, et à Dorothée Pasqualin pour son travail de référencement, merci à toute l'équipe parisienne de Lonely Planet. Enfin, merci à Luan Angel et Nigel Longuet à Londres et Jean-Pierre Masclef à Melbourne.

Index

Références des **cartes**
Références des **photos**

N

O

P

R

S

T

U

V

W

Z

Références des **cartes**
Références des **photos**

Légende des cartes

À voir

- Plage
- Réserve ornithologique
- Temple bouddhiste
- Château/palais
- Église/cathédrale
- Temple confucéen
- Temple hindou
- Mosquée
- Temple jaïn
- Synagogue
- Monument
- Musée/galerie/édifice historique
- Ruines
- Sentō (bain public)
- Temple shintoïste
- Temple sikh
- Temple taoïste
- Cave/vignoble
- Zoo
- Autre site

Activités, cours et circuits organisés

- Bodysurfing
- Plongée/snorkeling
- Canoë/kayak
- Cours/circuits organisés
- Ski
- Snorkeling
- Surf
- Piscine/baignade
- Randonnée
- Planche à voile
- Autres activités

Où se loger

- Hébergement
- Camping

Où se restaurer

- Restauration

Où prendre un verre

- Bar
- Café

Où sortir

- Salle de spectacle

Achats

- Magasin

Renseignements

- Banque
- Ambassade/consulat
- Hôpital/centre médical
- Accès Internet
- Police
- Bureau de poste
- Centre téléphonique
- Toilettes
- Office du tourisme
- Autre adresse pratique

Géographie

- Plage
- Refuge/gîte
- Phare
- Point de vue
- Montagne/volcan
- Oasis
- Parc
- Col
- Aire de pique-nique
- Cascade

Agglomérations

- Capitale (pays)
- Capitale (région/État/province)
- Grande ville
- Petite ville/village

Transports

- Aéroport
- Poste frontière
- Bus
- Téléphérique/funiculaire
- Piste cyclable
- Ferry
- Métro/Tube Station (anglais)
- Monorail
- Parking
- Station-service
- Station de métro
- Taxi
- T-Bane/Station T-Bane (norvégien)
- Gare/chemin de fer
- Tramway
- U-Bahn (allemand)
- Autre moyen de transport

Les symboles recensés ci-dessus ne sont pas tous utilisés dans ce guide

Routes

- Autoroute à péage
- Voie rapide
- Nationale
- Route secondaire
- Petite route
- Chemin
- Route non goudronnée
- Route en construction
- Place/rue piétonne
- Escalier
- Tunnel
- Passerelle
- Promenade à pied
- Promenade à pied (variante)
- Sentier

Limites et frontières

- Pays
- État/province
- Frontière contestée
- Région/banlieue
- Parc maritime
- Falaise
- Rempart

Hydrographie

- Fleuve/rivière
- Rivière intermittente
- Canal
- Étendue d'eau
- Lac asséché/salé/intermittent
- Récif

Topographie

- Aéroport/aérodrome
- Plage/désert
- Cimetière (chrétien)
- Cimetière (autre)
- Glacier
- Marais
- Parc/forêt
- Site (édifice)
- Terrain de sport
- Mangrove

LES GUIDES LONELY PLANET

Une vieille voiture déglinguée, quelques dollars en poche et le goût de l'aventure, c'est tout ce dont Tony et Maureen Wheeler eurent besoin pour réaliser, en 1972, le voyage d'une vie : rallier l'Australie par voie terrestre via l'Europe et l'Asie. De retour après un périple harassant de plusieurs mois, et forts de cette expérience formatrice, ils rédigèrent sur un coin de table leur premier guide, *Across Asia on the Cheap*, qui se vendit à 1 500 exemplaires en l'espace d'une semaine. Ainsi naquit Lonely Planet, dont les guides sont aujourd'hui traduits en 13 langues.

NOS AUTEURS

Catherine Le Nevez

Vienne, Haute-Autriche Le goût du voyage est venu à Catherine à l'occasion d'un *road trip* à travers l'Europe lorsqu'elle n'avait que 4 ans. Depuis, elle a voyagé dans une soixantaine de pays, tout en obtenant un doctorat en écriture créative. Elle a rédigé de nombreux articles et participé à quantité de guides Lonely Planet sur Paris, l'Europe et d'autres destinations à travers le monde. Son conseil numéro un : voyager sans nourrir d'attentes particulières.

Marc Di Duca

Basse-Autriche et Burgenland, Carinthie Auteur de guides de voyage depuis une dizaine d'années, Marc s'est rendu en Sibérie, en Slovaquie, en Bavière, en Angleterre, en Ukraine, en Autriche, en Pologne, en Croatie, au Portugal, à Madère et sur le Transsibérien. Lorsqu'il n'est pas sur la route, Marc vit près de Mariánské Lázně, en République tchèque avec sa femme et ses deux fils.

Anthony Haywood

Styrie, Salzkammergut Né dans la ville portuaire de Fremantle en Australie-Occidentale, Anthony a pour la première fois largué les amarres à la fin des années 1970, à destination de l'Europe, de l'Afrique du Nord et des États-Unis. Il a ensuite suivi des études de littérature comparée et de russe. Il vit aujourd'hui en Allemagne et œuvre en tant que journaliste indépendant. Il est l'auteur de guides Lonely Planet, d'une histoire culturelle de la Sibérie (*Signal Books/ Oxford University Press*), d'articles de voyage, mais aussi de nouvelles et de traductions.

Kerry Walker

Vienne, Salzbourg et Salzburgerland, Tyrol et Vorarlberg Kerry est une écrivaine voyageuse, photographe et auteure primée, spécialisée dans l'Europe centrale et du Sud. Elle vit au pays de Galles et a signé ou cosigné une dizaine de guides Lonely Planet. Elle adore l'aventure, la montagne, les climats froids et la nature sauvage. Découvrez son travail sur its-a-small-world.com et Twitter @kerryawalker. Elle écrit pour la revue *Adventure Travel* et pour le *Telegraph*. Kerry a aussi rédigé les chapitres *Préparer son voyage*, *Comprendre l'Autriche* et *Carnet pratique*.

Autriche

4e édition
Traduit et adapté de l'ouvrage *Austria, 10th edition, May 2022*

92 avenue de France - 75013 Paris

Dépôt légal Juin 2022
ISBN 978-2-81619-561-3

Imprimé par ESTIMPRIM, Autechaux, France

En Voyage Éditions | un département édi8